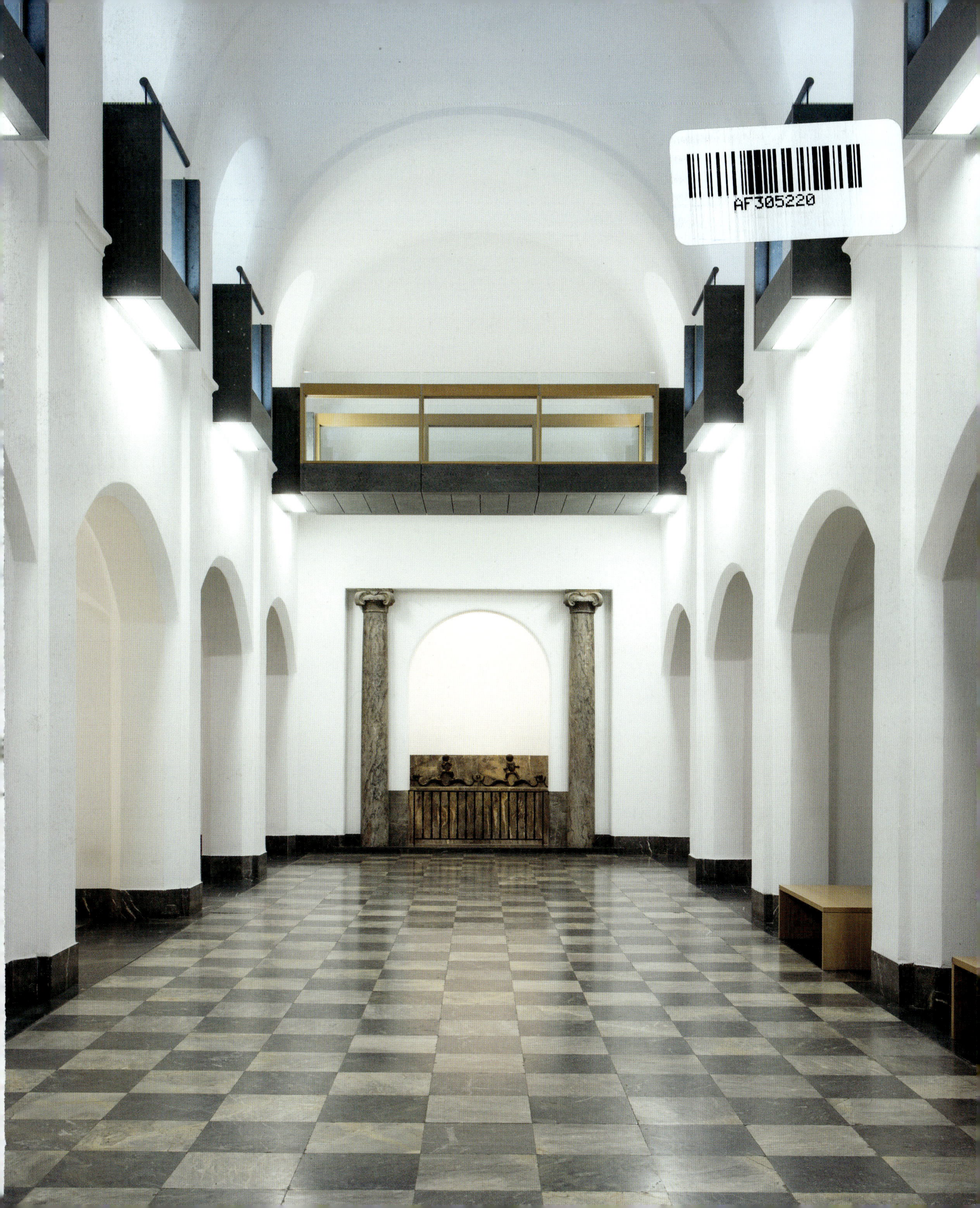

AF305220

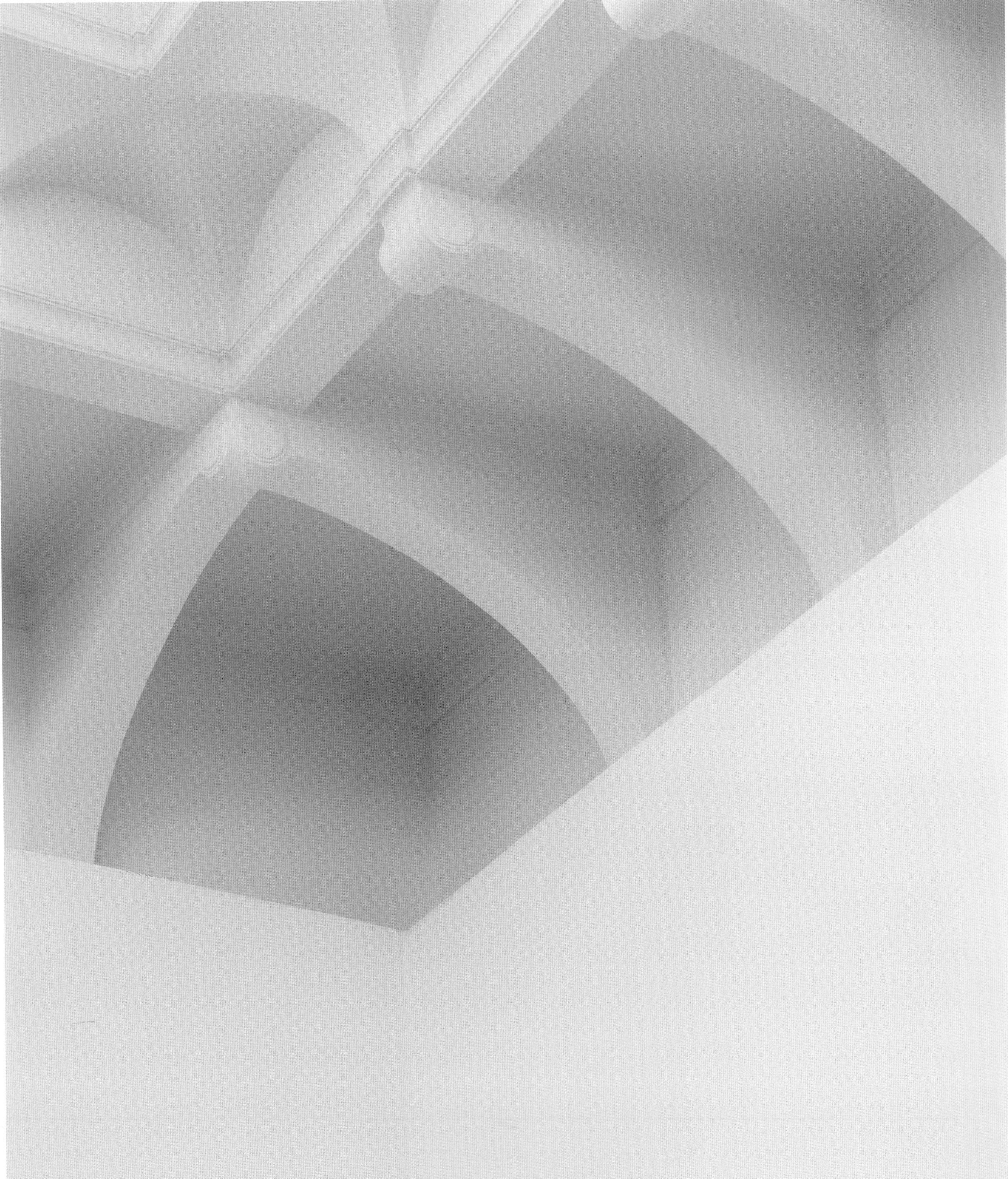

Die Kunstsammlungen

The Art Collections

HIRMER

Inhalt

Contents

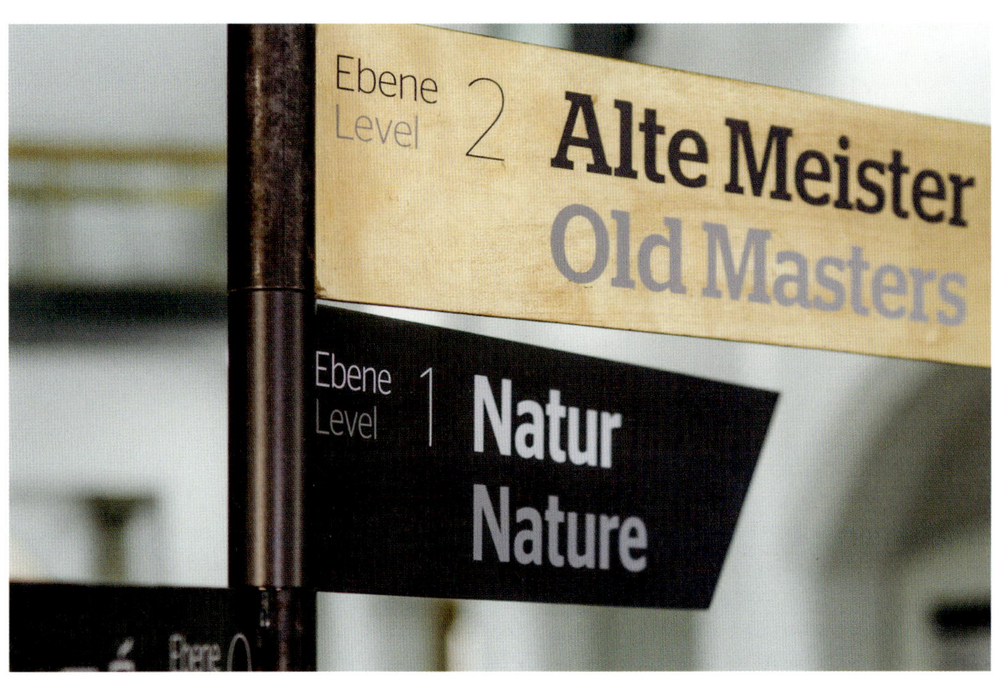
Ebene
Level
2
Alte Meister
Old Masters
Ebene
Level
1
Natur
Nature

Einleitung

Der Anlass dieses Buches ist das 100-jährige Bestehen des von THEODOR FISCHER entworfenen Museumsgebäudes, das nach der grundlegenden Sanierung der vergangenen beiden Jahrzehnte unseren Sammlungen und Sonderausstellungen heute Räume bietet, in denen architektonische Haltung und die für eine schöne Hängung gebotene Neutralität der Wände eine ideale Verbindung eingehen. Der am 2. Oktober 1915 eingeweihte Bau entstand als maßgeschneiderte Hülle für die damals drei Sammlungen der Kunst, der Naturgeschichte und der Geschichte. Heute bietet die durch die Abfolge von Oktogonen und unterschiedlich proportionierten Rechteckräumen rhythmisierte Innenarchitektur THEODOR FISCHERS den Rahmen für einen anregenden Peripatos durch 800 Jahre Kunst- und 400 Millionen Jahre Naturgeschichte.

Die Ästhetik des Architekten ist auch die unsere: Wie THEODOR FISCHER legen wir in unserer kuratorischen Arbeit Wert auf Präzision, klare Strukturen, Balance, Rhythmus und eine Ästhetik des „Weniger ist mehr". Darüber hinaus fühlen wir uns bei der Präsentation auch der formalen Haltung unserer beiden Sammlungsschwerpunkte Minimalismus und Konstruktivismus verpflichtet, was sich in quantitativer Zurückhaltung beim Hängen und einem gewissen gestalterischen Purismus äußert. Wandtexte vermeiden wir, wo wir nur können, unsere Informationen zu Werken oder zur Hängung finden sich auf Raumkarten, die man – anders als Wandtexte – auch mit nach Hause nehmen kann. Wir schätzen Klarheit an der Wand wie im Raum und möchten unsere Besucher in die Lage versetzen, ihre eigenen Urteile über das Gesehene und Erfahrene zu fällen. Die Betrachtung unserer Kunstwerke – wie im Übrigen der Naturobjekte auch – ist bei uns eine visuelle, sinnliche und intellektuelle Erfahrung. Diese Erfahrung wollen wir Besuchern aller Kenntnishintergründe bieten, sie setzt außer der Lust an sehendem Sehen lediglich eine wache Neugier und den Mut zum eigenen Urteil voraus.

Unser Selbstverständnis eines guten Museums ist ein Angebot, das ebenso vielfältig wie konturiert ist. Den uns obliegenden Aufgaben des Sammelns, Forschens, Vermittelns und Bewahrens auf höchstem Niveau nachzukommen, ist ebenso unser Ziel, wie unseren Besuchern einen anregenden und ebenso erkenntnis- wie fragenreichen Aufenthalt im Museum zu bieten. Was wir erwerben und zeigen, ist Kunst für das Auge wie für den Verstand. Kunst, die etwas in uns gemeinsam bewegt und Neues hervorbringt – und wenn es nur eine neue Frage sei. Wir zeigen, was uns berührt, und arbeiten mit

Introduction

This catalogue commemorates the 100th anniversary of the museum building designed by THEODOR FISCHER and inaugurated on 2 October 1915. Completely restored over the last two decades, its rooms offer the perfect rapport of architectural atmosphere and visual clarity ideal for exhibiting the museum's collections. The structure was designed specifically to house the museum's originally three collections of art, natural history and antiquity. Today, the measured design of Theodor Fischer's interior architecture, characterized by a series of octagons and variously proportioned quadrangles, sets the stage for a peripatetic adventure through 800 years of art history and 400 million years of natural history!

FISCHER'S aesthetic sense is something we share in our curatorial philosophy – emphasizing precision, clear structure, balance, rhythm and the belief that "less is more." These values are underscored in the display of two thematic focal points of the museum's collection, Minimalism and Constructivism, which mirrors the formal attitude of these movements through restraint in the number of works on the walls and a certain purism in presentation. We avoid wall texts wherever we can. Information on the works and objects displayed is provided, instead, on cards that – unlike wall texts – visitors can take with them. We value clarity on the wall and in the viewing space. We want to allow our visitors space and opportunity to form their own opinions about what they see and experience. Viewing the museum's collections, whether art or natural history, is a visual, sensory and intellectual experience – one we want to offer visitors from all backgrounds. The only requirements are interest in genuine seeing, an active curiosity and the courage to make your own judgments.

Our conception of a good museum is a collection as multifaceted as it is contoured. Our role is to collect, research, communicate and preserve, all at the highest possible standard. It is also our central objective to provide our visitors a stimulating and thought provoking stay in the museum. The pieces in our collection are art for the eye and the intellect. It is art that moves us in common, that brings about something new – if only a new question. We display the things that touch us and even work with artists themselves to achieve the ideal realization of their ideas in our space. We see ourselves

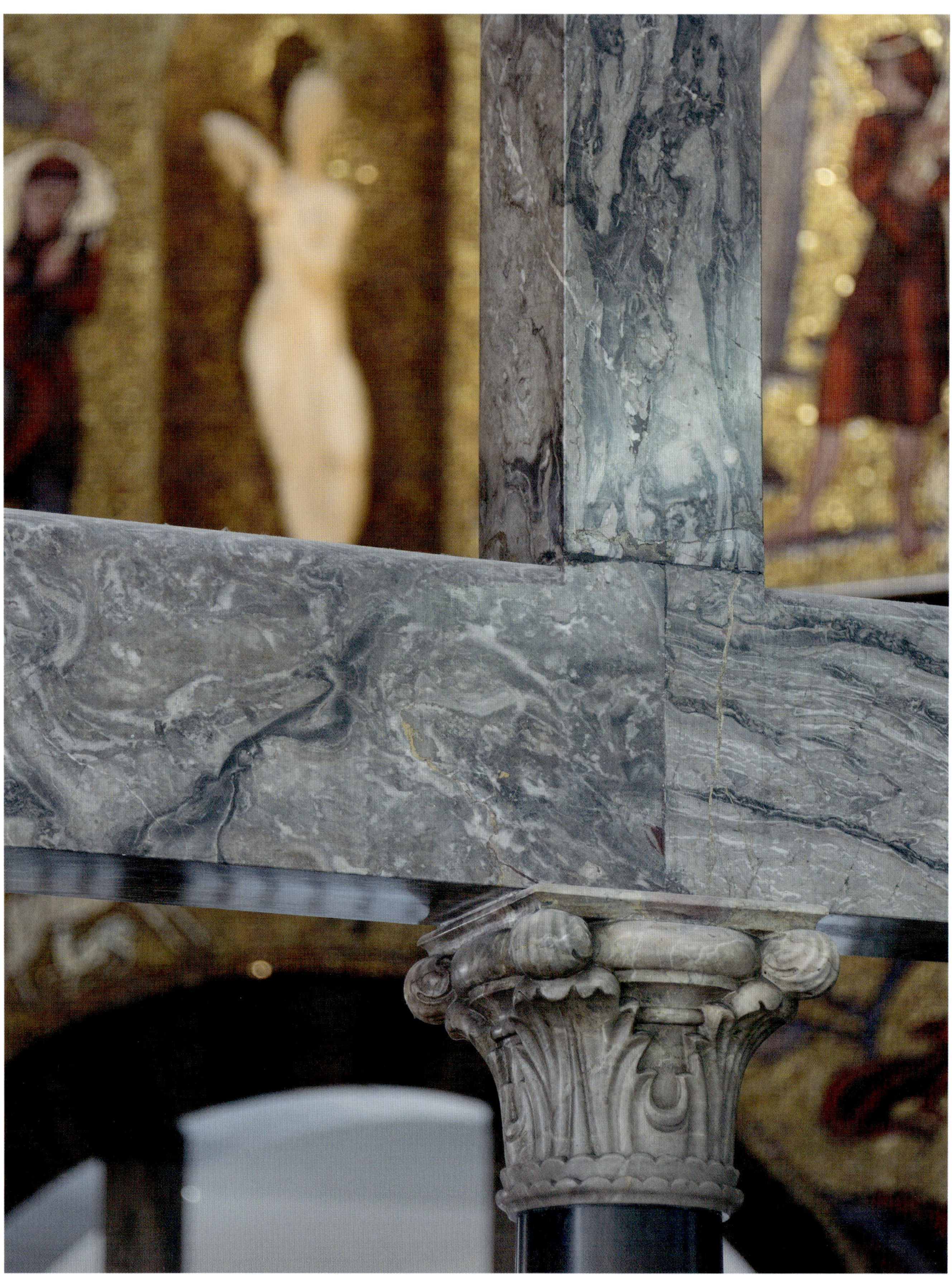

Künstlerinnen und Künstlern daran, ihre Vorstellungen bei uns idealiter umzusetzen. Wir verstehen uns in besonderer Weise als ein Museum für Künstlerinnen und Künstler, ohne deren Arbeit wir schließlich nichts zu zeigen hätten. Wir sind aber ebenso ein Museum für Besucher, denn ohne sie hätte diese Kunst keine Wirkung.

Dieses Buch soll einen Eindruck der Sammlungen, der Räume und des Parcours des Museums Wiesbaden vermitteln. Die Abfolge des Buches simuliert einen von mehreren möglichen Gängen durch das Haus, der im Museum Wiesbaden nicht chronologisch angelegt ist. Einer unserer wesentlichen Topoi ist die Feststellung, dass jede Kunst einmal zeitgenössisch war, eine historische Abfolge also keine Hilfe bei der unbefangenen Betrachtung eines Kunstwerkes ist. So kommt es, dass man bei uns zwar bei den Alten Meistern anfangen könnte, sich diese aber lieber als Leckerbissen für den Schluss aufheben sollte, da man die Alte Kunst mit ganz anderen Augen liest, wenn man sich zuvor in die Gegenwart eingesehen hat. Weil dieser Gang gegen den Kunstgeschichtsstrom in unseren Augen sehr erhellend ist, laden wir in diesem Buch ein, ihn zu gehen.

Diese erste Übersicht über die Kunstsammlungen des Hauses seit 1967 dokumentiert eindrücklich, in welchem Maße das Museum Wiesbaden seitdem gewachsen ist. Es ist dies die Leistung mehrerer Direktoren, die ich in meinem historischen Abriss würdige, sowie der Kustodinnen und Kustoden dieses Hauses, an deren Stelle hier stellvertretend für alle vorangegangenen den drei jetzigen Kustoden JÖRG DAUR, PETER FORSTER und ROMAN ZIEGLGÄNSBERGER gedankt sei. Ihren Beiträgen verdankt dieses Buch seine Qualität, was in gleicher Weise für die großartigen Fotografien von BERND FICKERT und die außergewöhnliche Gestaltung durch FRANK ÜBLER gilt. EVELYN BERGNER, KATRIN GÜNTHER, ANNIKA HAAS und SARAH MEISINGER danke ich zutiefst für die umfangreiche Lektoratsarbeit, KERSTIN LUDOLPH für die ebenso kritische wie wohlwollende Begleitung des Buches von Seiten des Verlages, und HANNES HALDER für seine Geduld bei den regelmäßigen Terminverschiebungen und der drastischen Vergrößerung des Umfanges dieses Buches. Schließlich geht noch ein großer Dank an STACI VON BOECKMANN für Ihre kongeniale Übersetzung des Bandes. Der Dank mit den weitest geöffneten Armen geht zum Schluss an alle Kolleginnen und Kollegen im Hause, die täglich den Geist und das Ansehen des Museums Wiesbaden durch ihre Arbeit prägen.

Wiesbaden im Juli 2015
ALEXANDER KLAR

as a museum for artists, without whose works we would have nothing to show. We also see ourselves as a museum for our visitors, without whom art could have no influence.

This book provides an impression of our collections and our unique exhibition space. It is organized as one of various possible tours of our exhibits. You will notice that the presentation of our works does not follow a chronological principle. In our minds, it is important to remember that every art was "contemporary" at one time, so that chronology does not necessarily foster the unencumbered viewing of the works. This means you might begin your visit with the Old Masters, or you might save them for the grand finale – we see the work of older periods from a vastly different perspective after having viewed that of contemporary artists. Moving against the grain of art historical chronology can be truly eye opening. This book is an invitation to do just that.

As the first overview of the museum's art collections since 1967, the catalogue documents the remarkable growth of the collection, as a whole, since that time, an achievement made possible by the museum's various directors, each of whose contributions are mentioned in my brief history. It is also the achievement of its various curators, represented, here, by our current trio, JÖRG DAUR, PETER FORSTER and ROMAN ZIEGLGÄNSBERGER. This book owes its quality to their contributions, as much as it owes to BERND FICKERT'S great photography and to FRANK ÜBLER'S extraordinary Design. I would like to thank EVELYN BERGNER, KATRIN GÜNTHER, ANNIKA HAAS and SARAH MEISINGER for copy-editing so meticulously this voluminous book and KERSTIN LUDOLPH for her critical and benevolent supervision of the project. Many thanks also to HANNES HALDER who displayed all the patience needed in the face of many changes of deadlines and the drastic growth of this book. Finally I would like to thank STACI VON BOECKMANN for her congenial translation of the book. My greatest thanks go to all my colleagues in the Museum who through their daily work shape the spirit and the reputation of the Museum Wiesbaden.

Wiesbaden, July 2015
ALEXANDER KLAR

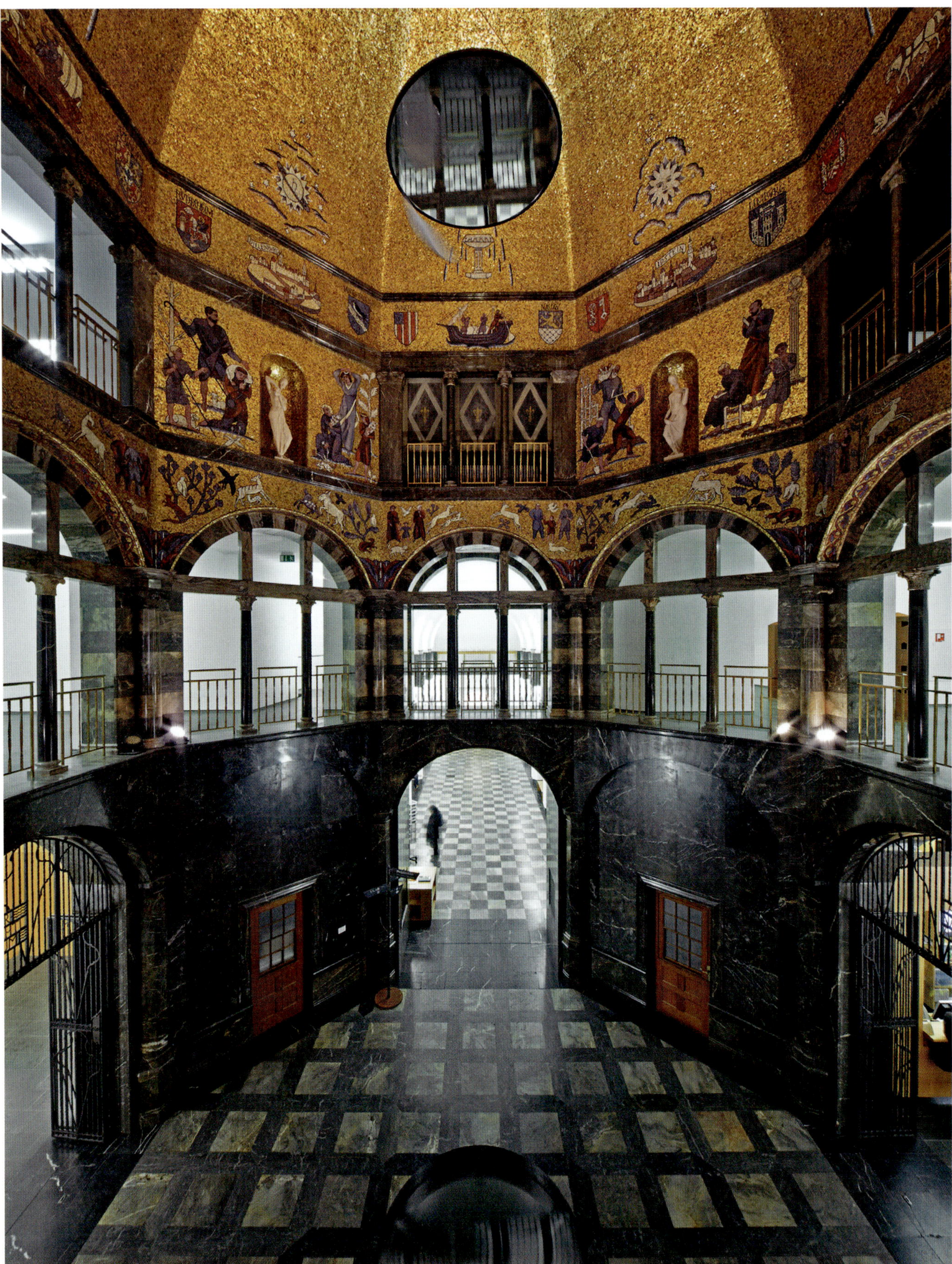

Das Museum Wiesbaden 1825–2015

The Museum Wiesbaden 1825–2015

VON ALEXANDER KLAR

Museen sind im direkten Wortsinne Denkmäler der Orte, an denen sie stehen: Sie sind Spiegel der Gesellschaft, die sie aufbaut, betreibt – oder vernachlässigt –, und sie sind die sichtbarsten Zeichen der Leistungsfähigkeit einer dem Gemeinwohl verpflichteten Kultur. Anders als Konzernzentralen florierender Unternehmen repräsentieren sie nicht die Macht eines profitorientierten Zusammenschlusses von Menschen, sondern machen sichtbar, worüber unsere Gesellschaft nachdenkt, was sie weiß oder was sie wissen möchte. Nicht nur zeigen sie Bemerkenswertes, Erkenntnisförderndes oder Hochrangiges einer Kultur, sie erzählen auch davon, wer diese Kultur aufgebaut hat, wer sie bewahrt und wer sie fördert. Aus dieser Perspektive lässt sich sowohl ausgehend von der Geschichte des Museums Wiesbaden als auch über den heutigen Stellenwert des Hauses einiges über das Land, das es betreibt, und die Stadt, in der es steht, aussagen.

Das Landesmuseum in der hessischen Hauptstadt blickt auf eine bald 200-jährige Geschichte zurück. Seine Entstehung in der Zeit zwischen 1812 und 1825 verdankte sich (bildungs-)bürgerlichen Initiativen in der noch jungen Kapitale des Herzogtums Nassau, sein Betrieb wurde zwischen 1825 und 1866 von bürgerlichen Vereinen gewährleistet. Von 1866 bis 1899 wurde das

Museums are monuments of the places where they stand. They are reflections of the societies that build and nurture – or neglect – them. They are the most visible symbol of a culture's capacity to fulfill its commitment to the common good. Unlike the boards of prosperous companies, they do not represent the power of a profit-oriented group of people, but rather make visible the preoccupations of our society, what it knows or what it would like to know. They do not merely exhibit the noteworthy, originary and superlative objects of culture but tell the story of who built that culture, who preserves it and who fosters it. As such, the history of Museum Wiesbaden and its reputation today tells us a good deal about the state that governs it and the city it calls home.

The state museum in the Hessian capital will soon be able to look back at a 200-year history. Its establishment between 1812 and 1825 is the result of the initiatives of the educated classes of the still young capital city of the Duchy of Nassau. It was operated between 1825 and 1866 by a citizen's association. From 1866 to 1899, the museum was maintained by the Prussian government; beginning in 1900 it was run by the city of Wiesbaden; and since 1973, along with Kassel and Darmstadt, it is one of three museum's belonging to the State of Hesse. In each of these periods, the fate and condition

Museum vom preußischen Staat unterhalten, ab 1900 war es ein städtisches Haus, seit 1973 ist es neben Kassel und Darmstadt eines der drei hessischen Landesmuseen. In jeder dieser Epochen spiegelten die Geschicke und der Zustand des Museums, die Sammlungen sowie ihre Entwicklung und Präsentation die Zeitläufte und die herrschende Gesinnung wie auch den Rang der Institution für ihren jeweiligen Betreiber wider. Der Blick in die Historie des Museums Wiesbaden ist daher zugleich ein sehr instruktiver Gang durch die deutsche, die hessische und die Wiesbadener Geschichte.

of the museum, its collections, as well as their development and exhibition reflect the dominant ethos and spirit of the age, as well as the status of the institution for its respective administrator. To examine the history of Museum Wiesbaden, then, is at once a highly instructive tour through the histories of Germany, of the State of Hesse, and of the city of Wiesbaden itself.

Die Museumsgründung

Am Beginn des Museums Wiesbaden stand der bürgerliche Wunsch nach Erforschung und Ausstellung der Sammlungen historischer Artefakte der regionalen Geschichte. Das sich im Zuge der Befreiungskriege ausprägende und artikulierende Interesse an der Untersuchung und Publikation der eigenen Historie gab den Anstoß für die Gründung eines Museums in der nassauischen Hauptstadt. Persönlichkeiten wie der Bibliothekar HELFRICH BERNHARD HUNDESHAGEN (1784–1858), der nassauische Hofkammerrat CHRISTIAN FRIEDRICH HABEL (1747–1814) oder der Dotzheimer Pfarrer JOHANN CHRISTIAN REINHARD LUJA (1767–1847) regten zu Beginn des 19. Jahrhunderts die Gründung wissenschaftlicher Vereinigungen zur Erforschung der Geschichte und Archäologie Wiesbadens und Nassaus an. Mit der nachfolgenden Gründung der „Altertumsgesellschaft für das Herzogtum Nassau und die angrenzenden Länder" konstituierte sich am 12. Januar 1812 nicht nur ein Pionierprojekt deutscher Historienvereine, hier begann auch die Geschichte des Museums Wiesbaden. Das Ende der napoleonischen Herrschaft und die Neuordnung der deutschen Gebiete stimulierte hier wie andernorts eine Vielzahl patriotischer Initiativen, welche die Geschichtswissenschaft als das Fundament einer funktionierenden Gesellschaft betrachteten. Wie es sich – zumindest im 19. Jahrhundert – für eine bürgerliche Einrichtung mit gewissem Anspruch geziemte, spielte in Wiesbaden bei der Gründungsgeschichte des Museums auch JOHANN WOLFGANG VON GOETHE eine nicht unwesentliche Rolle. 1814 und 1815 in den Sommermonaten zur Kur in der Stadt weilend, hatte der Dichterfürst die Mängel sowie die Möglichkeiten des seit 1806 als Hauptstadt des Herzogtums Nassaus fungierenden Bäderortes klar erkannt. Vor dem Hintergrund der politischen Veränderungen nach dem Ende der napoleonischen Ära publizierte GOETHE 1816 als einen Band seiner kulturpolitischen Denkschriften unter dem Titel *Ueber Kunst*

The Founding of the Museum

The story of Museum Wiesbaden begins with the desire of some of the city's citizens to research and display collections of historical artifacts from the history of the region. The proliferating and clearly articulated interest in the examination and publication of local history in the wake of the War of Liberation from NAPOLEON was the motivation for the founding of a museum in Wiesbaden, capital city of the Duchy of Nassau. In the early 19th century, prominent figures, such as librarian Helfrich BERNHARD HUNDESHAGEN (1784–1858), Nassau Privy Council CHRISTIAN FRIEDRICH HABEL (1747–1814) and Pastor JOHANN CHRISTIAN REINHARD LUJA (1767–1847) of Dotzheim, instigated the founding of a scientific and scholarly association dedicated to the exploration of the history and archeology of Wiesbaden and Nassau. The subsequent establishment of the "Altertumsgesellschaft für das Herzogtum Nassau und die angrenzenden Länder" (Archeological Society of the Duchy of Nassau and Neighboring States) on 12 January 1812 constituted not only a pioneering project for German historical societies, but marks the beginning of the history of Museum Wiesbaden. The end of napoleonic rule and the restructuring of German territory instigated, in Wiesbaden as in other locations, a plethora of patriotic initiatives seen by historians as the basis of a functional society. Fitting, at least in the 19th century, for a civic establishment with a certain degree of ambition, it was JOHANN WOLFGANG VON GOETHe who became a key player in the founding of the museum. GOETHE, who spent the summer of 1814 and 1815 in Wiesbaden on cure, clearly noticed the deficits and potential of the then unofficial capital of the Duchy of Nassau. In the context of political transformation after the Napoleonic era, GOETHE published a volume of cultural-political essays in 1816 entitled *Ueber Kunst und Alterthum in den Rhein und Mayn Gegenden* (On Art and Antiquity in the Rhine and Main Regions), in which he, among other things,

und Alterthum in den Rhein und Mayn Gegenden, in welchem er unter anderem anregte, Wiesbaden als „ … so viel besuchte, an Ausdehnung und Umfang täglich wachsende Stadt, durch Sammlungen und wissenschaftliche Anstalten noch bedeutender zu machen". [1] GOETHE war es auch, welcher den Namen des Frankfurter Privatiers JOHANN ISAAK VON GERNING (1767–1837) und dessen naturhistorische, Antiken- und Kunstsammlungen ins Spiel brachte. GERNING, Frankfurter Diplomat, Poet und Privatgelehrter, hatte den größten Teil seiner Kollektionen von seinem Vater geerbt. Da er mit diesen Sammlungen nun sowohl seine Reputation zu erhöhen als auch sein im Abnehmen begriffenes Vermögen aufzubessern gedachte, zielte er unter Zuhilfenahme der Empfehlungskraft GOETHES auf das Modell einer „remuneratorischen Schenkung oder Stiftung", [2] also einer Schenkung mit einer finanziellen Gegenleistung. GERNINGS Verhandlungen mit dem Herzogtum Nassau begannen 1817 mit seinem Angebot an den damals leitenden Staatsminister ERNST FRANZ LUDWIG FREIHERR MARSCHALL VON BIEBERSTEIN (1770–1834), in Wiesbaden (oder Biebrich) eine patriotische Gesellschaft für Altertum und Geschichte in Form eines Nassauischen Museums für Kunst und Natur zu gründen, wofür er seine sämtlichen Sammlungen stiften würde. [3] Die Diskussionen über diesen Vorschlag zogen sich schlussendlich bis 1824 hin, da GERNING zum einen eine wankelmütige Persönlichkeit war, zum anderen diese Schenkung mit der genannten und erwarteten Gegenleistung einer Leibrente verbunden war. Die Verhandlungen führte weitgehend der Bibliotheksdirektor JOHANN IGNATZ WEITZEL (1771–1837), dessen Bestand die Sammlung Gerning zugeführt werden sollte. Am 8. November 1824 genehmigte Herzog WILHELM I. schließlich die Erwerbung der Gerning'schen Kollektionen gegen Zahlung einer jährlichen Leibrente von 2.000 Gulden. „Die Sammlung umfasste 156 Ölbilder [nach WEITZEL 149], zumeist Italiener und Niederländer, Handzeichnungen, ca. 6.000 Kupferstiche, griechische und römische Münzen, Gemmen, Kameen, Plastiken (Götterbilder in Marmor, Bronce und Eisen), römische und ‚etruskische' Vasen, Schalen und Gläser, ferner einige 100 Bände wertvoller Kupferwerke für die Bibliothek. Zur Aufstellung im Museum werden 1825 die 3 Zimmer links vom Eingang mit Tapeten und Öfen ausgestattet." Und weiter: „Die Sammlung, wenngleich nicht besonders auch im Vergleich mit den Vorzüglichsten in Deutschland, gewährt einen überraschenden Anblick. Man kann sie unmöglich sehen ohne sich der schönen Acquisition zu freuen", so WEITZEL in seinem Schlussbericht vom 18. März 1825. „Die Aufstellung der Altertümer will er bis Ende März beendet haben, so daß mit dem 1. des künftigen Monats das Museum den Fremden geöffnet

urged that Wiesbaden as "… so frequented a city, expanding daily in size and scope, should be made more significant through collections and scientific establishments" [1]. It was GOETHE, too, who named JOHANN ISAAK VON GERNING (1767–1837), a wealthy resident of Frankfurt with extensive natural historical, antiquity and art collections. GERNING, a privately educated diplomat and poet, had inherited the majority of his collections from his father. With an eye to enhancing both his reputation and his waning fortune, GERNING, with the support of GOETHE's personal recommendation, sought to arrange a "remunerative beneficence or foundation" [2] for his collections, i. e. a donation for which he would be financial reimbursed. GERNING's negotiations with the Duchy of Nassau and its head minister of state ERNST FRANZ LUDWIG FREIHERR MARSCHALL VON BIEBERSTEIN (1770–834) began in 1817 in Wiesbaden (and Biebrich) with his offer to found a patriotic society for archeology and history in the form of a museum for art and nature, for which he would make available all of his collections. [3] Negotiations of the proposal went on until 1824 due, in part, to GERNING's fickle character and, in part, to the stipulation of the donation in exchange for a life annuity. Library director JOHANN IGNATZ WEITZEL (1771–1837), whose book collection was to be added to GERNING's art and nature collections, directed the talks. On 8 November 1824, Duke WILHELM I finally approved the acquisition of GERNING's collections in exchange for a life annuity of 2,000 Gulden per annum. "The collection encompassed 156 oil paintings [according to WEITZEL 149] by primarily Italian and Dutch painters; drawings, approximately 6,000 copper plates, Greek and Roman coins, gems, cameos, sculptures (idols of marble, bronze and iron), Roman and Etruscan vases, bowls and glasses, as well as some 100 volumes of valuable copper works for the library. The three rooms to the left of the entryway of the museum were prepared for exhibition with wallpaper and ovens. [...] Though not particularly exceptional in comparison to grander collections in Germany, the collection makes a surprising impression. One can hardly look at it without being pleased at the lovely acquisition," writes WEITZEL in his final report on 18 March 1825. "The installation of the antiquity [collection] is to be completed by the close of March, so that the museum can be opened to the public by the 1st of the following month. Permission is to be granted by the highest instance on 14 April 1825". [4]

The opening of the museum in the palace of the crown prince in Wilhelmstraße, Wiesbaden's promenade, on 1 April 1825 marks the official date of establishment of Museum Wiesbaden. The museum was open to local residents, who "come out of pure curiosity," every

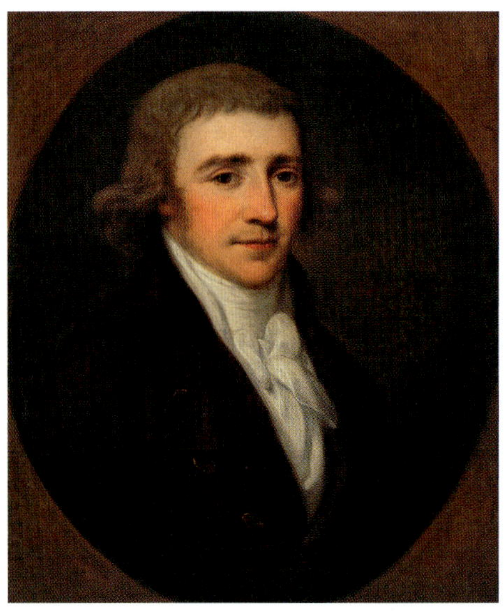

Angelika Kauffmann, Johann Isaak von Gerning, 1798

werden kann. Die allerhöchste Genehmigung liegt am
14. 4. 1825 vor.“ [4]

Die Eröffnung des Museums im Erbprinzenpalais
in der Wilhelmstraße und damit an der Flaniermeile
der nassauischen Hauptstadt am 1. April 1825 markiert
das offizielle Gründungsdatum des Museums Wiesbaden.
Den Einheimischen, „die aus bloßer Neugierde kommen“, stand das Haus jeweils am Dienstag und Donners-
tag von zwei bis vier Uhr offen, da an den anderen Tagen
die Bibliothek geöffnet hatte. Fremden, Reisenden
und Künstlern, „so [sie] nach Stand, Würde, Charakter
und Person geeignet sei[en]“, sollte das Museum unter
Aufsicht immer offenstehen.[5]

1830 folgte GERNINGS Naturaliensammlung als
Schenkung an den ein Jahr zuvor gegründeten „Verein
für Naturkunde im Herzogthum Nassau“. Dessen kon-
stituierende Sitzung am 31. August 1829 markiert dabei
eine der frühesten bürgerlichen Gründungen eines
Naturkundemuseums in Europa. Dem Verein wurde die
Verwaltung des Museums übertragen und die Mittel für
dessen Einrichtung und den Betrieb zur Verfügung
gestellt.

Der im Juli 1847 als „Gesellschaft der Freunde der
Bildenden Kunst im Herzogtum Nassau“ gegründete –
und bis heute bestehende – „Nassauische Kunstverein“
bemühte sich in den Jahren nach seiner Konstituierung
um einen größeren Einfluss auf die nach wie vor
dem Bibliotheksdirektor unterstellte Gemäldegalerie.

Tuesday and Thursday from two to four. On the other
days, the library, instead, was open. Under supervision,
the museum was always to be open to foreigners, travel-
lers and artists “appropriate in status, honor, character
and person”. [5]

GERING’s natural history collection was donated in
1830 to the “Verein für Naturkunde im Herzogthum
Nassau” (Association of Natural History of the Duchy of
Nassau), which had been founded a year earlier, on
31 August 1829, becoming one of the earliest civic natural
history museums in Europe. The association was made
responsible for the museum’s administration and funds
were made available for its set up and administration.

In the years after its establishment in July 1847, the
“Gesellschaft der Freunde der Bildenden Kunst im Herzogtum Nassau” (Society of Friends of the Fine Arts in
the Duchy of Nassau) – known after 1852 as the “Nassauische Kunstverein” (Nassau Art Association) and still in
existence today – sought to exert greater influence on
library director WEITZEL, who continued to administer
the picture gallery. The society’s 86 members, under the
directorship of State Council VON LÖW, later of Privy
Council KARL PHILIPP LEYENDECKER (1801–1866), included primarily artists, teachers, architects and state officials. A permanent exhibition of older and newer art-
works opened in the fall of 1847 for the inaugural
presentation in the museum’s gallery.[6] Beginning in
1848, exhibitions were held in the rooms of Wiesbaden’s

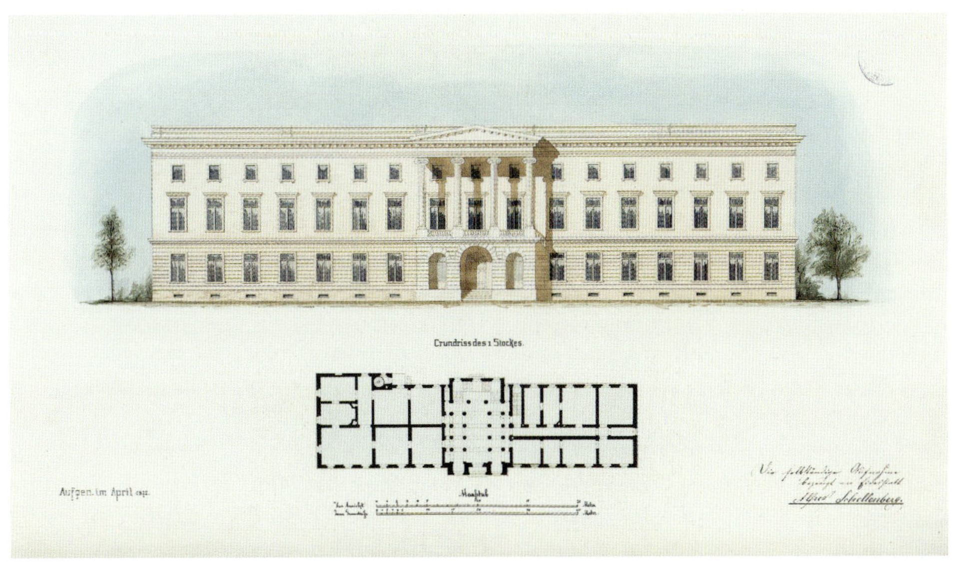

Christian Zais, Erbprinzenpalais, 1813–1821
Palace of the Crown Prince

Die 86 Mitglieder unter dem Direktorat des Regierungsrates VON LÖW, später des Hofrates KARL PHILIPP LEYENDECKER (1801–1866), setzten sich vor allem aus Künstlern, Lehrern, Architekten und Beamten zusammen. Im Herbst 1847 eröffnete mit der erstmaligen Präsentation im Gemäldesaal des Museums eine permanente Ausstellung älterer und neuerer Kunst,[6] ab dem folgenden Jahr fanden die Ausstellungen in den Sälen des Theatergebäudes statt. Die Gesellschaft, die sich ab 1852 offiziell „Nassauischer Kunstverein" nannte, bemühte sich beim Herzog um größeren Einfluss auf den Betrieb der Gemäldegalerie im Museum, unter anderem mit dem Ziel, dort selbst Ausstellungen durchzuführen. Am 17. November 1854 erteilte der Herzog dem Verein schließlich die Erlaubnis, die Bildergalerie im Museum zu übernehmen. Ab Juli 1855 lagen deren Verwaltung sowie die Ausstellungsplanung und -durchführung in seinen Händen respektive in der Verantwortung seines Vorstandes, ein Umstand, der bis 1929 bestehen bleiben sollte. 1857 zog die Sammlung des Kunstvereines in den rechten Erdgeschossflügel des Erbprinzenpalais, die Altertumssammlung fand ihren Platz gegenüber im linken Flügel des Gebäudes, die Naturhistorische Sammlung wurde im ersten Obergeschoss installiert, die Bibliothek im zweiten. Mit dieser faktischen Dreiteilung der Ausstellungsbereiche endete ein heftig kritisiertes Nebeneinander von Tierpräparaten, Kunst und historischen Artefakten in einem Ausstellungsraum.[7]

theater. The continued appeals of the Society of Friends to the Duke for greater influence over the museum's art gallery, especially with regard to its exhibits, were finally heard and on 17 November 1854 the (now) association was given permission to take control of the gallery. Beginning in July 1855, the gallery's administration, including the planning and implementation of its exhibits, was in its hands, that is, in the hands of the association's directorship, an arrangement that would remain until 1929. In 1857, the collection of the art association took up residence in its new home in the right wing of the first floor of the palace of the crown prince; the antiquity collection was housed in the palace's left wing, the natural history collection on the second floor, and the library on the third. The de facto division of the exhibition rooms into three distinct areas ended an ongoing conflict about the display of animal preparations, art and historical artifacts adjacent to one another in the same space.[7]

Preußen in Wiesbaden

Preußen in Wiesbaden

Mit der Annexion Nassaus durch Preußen im Jahr 1866 endete nicht nur das Herzogtum, sondern auch der Rang Wiesbadens als Hauptstadt des Landes. Die Sieger der Schlacht von Königgrätz zeigten nach der Übernahme der Geschäfte in der Stadt für hiesige Kultur jenseits der Bäder wenig Interesse, wie sich überhaupt weder der preußische Staat noch dessen Herrscherhaus durch ambitionierte Förderung der Künste vor Ort besonders hervortaten. Das Interesse der Hohenzollern an Wiesbaden war ein rein gesellschaftliches und WILHELMS II. besondere Zuneigung zur Stadt wurde weitgehend aus ihrer selbst für den Maßstab des zweiten Kaiserreiches ausgeprägt devoten Haltung dem Monarchen gegenüber genährt. Das bei Besuchen des Regenten regelmäßig aufgebaute Prunktor am Eingang der Wilhelmstraße, andere ephemere Festbauten und die aufwendige Beflaggung während des Kaisers Anwesenheiten waren die äußerlichen Gesten einer Stadt, welche ihren wirtschaftlichen Erfolg zu einem guten Teil der zeitweisen Gegenwart des preußischen Monarchen verdankte und dies mit herzlicher Loyalität vergalt. Sieht man von der Umbenennung in „Königliche Gemäldegalerie" im Jahr 1866 und der Überweisung von 21 Dauerleihgaben aus der Berliner Gemäldegalerie im Jahr 1884 ab, unternahm Preußen jedoch nichts, was zu einer Stärkung des Museums Wiesbaden geführt hätte, in der Sammlung hinterließ die preußische Herrschaft keinerlei Spuren. Auf dem Niveau einer nunmehr preußischen Provinzstadt spielte sich wie überall in Deutschland auch in Wiesbaden das schleichende Drama einer Verkrustung der Kultur im spürbaren Fehlen jeglicher intellektueller Initiativen ab. Die geistige Blüte der ersten Jahrhunderthälfte, in deren Kontext sich die Gründung der drei das Museum bildenden Vereine abgespielt hatte, war nun einer „falschen Renaissance" [8] eines Staates gewichen, welcher das Bild der Vergangenheit in seinem Sinne verwalten ließ, wegweisende neue Schöpfungen zu stimulieren aber nicht imstande war. Die Abstinenz, die sich der preußische Staat in kulturellen Dingen erlaubte, teilten die Wiesbadener und ihre politischen Vertreter im Stadtrat allerdings aus vollem Herzen: In der zweiten Hälfte des 19. Jahrhunderts taten sich weder das Ausstellungsprogramm noch die Sammlungstätigkeit des Museums in besonderer Weise hervor. Der kulturelle Geschmack der wilhelminischen Kurstadt bewegte sich in den engen Grenzen der „eleganten Romantik", [9] die Ausstellungspolitik war dilettantisch – „in der negativen Wortbedeutung" [10] –, Auftritte der Avantgarde gab es keine. Unglücklicherweise war jene seinerzeit weitgehend französisch; ein Umstand, der – besonders nach dem

The Prussians in Wiesbaden

The Prussians in Wiesbaden

The annexation of Nassau by Prussia in 1866 meant not only the end of the Duchy but of the stature of Wiesbaden as its capital city. Having taken control of the city's businesses, the Prussians showed little interest for the city's cultural institutions aside from its public baths and spas, as was clear by the lack of serious support for the arts in the city from either the Prussian government or its ruling house, the Hohenzollern dynasty. The latter's interest in Wiesbaden was purely economic, and the particular fondness of WILHELM II for the city was largely due to its pronounced submissiveness to the monarchy – even by the standards of the second empire. The bombastic portal installed at the entrance to Wilhelmstraße at each of the regents' visits to the city, together with other temporary constructions and the extensive flag-flying during the emperor's visits were the public manifestations of Wiesbaden's gratitude to the Prussian monarch for its economic prosperity, for which his recurrent presence in the city was partly responsible and for which he was repaid with genuine loyalty. Apart from adding "Royal" to the name of the picture gallery in 1866 and adding 21 works on permanent loan from the gallery in Berlin in 1884, the Prussian government did nothing to strengthen the standing of the museum. There are no traces of this period of Prussian rule in the museum's collection. At the level now of a provincial Prussian town, Wiesbaden, as did cities all across Germany, witnessed the gradual unfolding of a drama of the decay of culture through the palpable absence of any kind of intellectual initiative. The intellectual fruits of the first half of the century out of which the three societies responsible for the establishment of the museum had grown had now fallen prey to the "pseudo renaissance" [8] of a government that merely maintained the image of a static past that suited its interest, but was not capable of introducing any sort of innovation. The abstinence practiced by the Prussian government in the cultural sphere was whole-heartedly adopted by Wiesbaden and its political representatives. In the second half of the 19th century there was virtually no development in either the museum's exhibit program or its collection activities. The cultural taste of the Wilhelminian resort city moved within the limited boundaries of "elegant Romanticism" [9]. The museum's exhibition policy was dilettantish "in the pejorative sense". [10] Avant-garde thought – which at the time was unfortunately concentrated in France – was entirely absent, a situation that, particularly after the 1870/71 war, did not make French Realism and Impressionism more popular in patriotic cities like Wiesbaden. Later, but finally, at the initiative of the painter

Krieg 1870/71 – französischen Realismus oder Impressionismus in patriotisch gesonnenen Städten wie Wiesbaden nicht eben populär(er) machte. Spät, aber dann doch, gründete sich auf Initiative des Malers HANS VÖLCKER am 8. Januar 1901 die „Wiesbadener Gesellschaft für bildende Kunst", um dem Impressionismus in der Stadt zum Durchbruch zu verhelfen. In Auseinandersetzung mit und Abgrenzung zu der konservativen Ausrichtung des staatlich geförderten Nassauischen Kunstvereins betrieb diese neue Gesellschaft vor allem die Ausstellung und den Ankauf progressiver Werke mithilfe privater Unterstützer. Gezeigt wurden frühzeitig MAX LIEBERMANN, MAX SLEVOGT und LOVIS CORINTH, 1903 unter anderem VINCENT VAN GOGH und 1906 – als Zeichen einer Annäherung (vor der späteren Vereinigung) – die gemeinsam mit dem Nassauischen Kunstverein organisierte Ausstellung mit Werken von HANS THOMA und WILHELM TRÜBNER.

Das neue Museum

Der Aufschwung, den Wiesbaden in der zweiten Hälfte des 19. Jahrhunderts nahm, schlug sich alsbald in einem gesteigerten städtischen Selbstbewusstsein nieder, was direkte Folgen für die Kulturpolitik der „Weltkurstadt" haben sollte. Zum ersten Mal in der Geschichte der Stadt wurde Kultur als elementares Mittel der Repräsentation verstanden, als Symbol des Aufschwunges und als sichtbares Zeichen ihrer Prosperität. Da sich seit Längerem abzeichnete, dass das Erbprinzenpalais den Ansprüchen eines modernen Museumsbaus nicht mehr genügen konnte, entschloss sich die Stadt unter ihrem in großen Maßstäben denkenden ersten Oberbürgermeister CARL BERNHARD VON IBELL (1847–1927) – trotz der prognostizierten hohen Kosten –, die Übernahme der Sammlungen in städtischen Besitz und den Bau eines Museums zu betreiben. Ein am 20. Oktober 1899 zwischen der Stadt Wiesbaden und der preußischen Regierung geschlossener Vertrag sah in der Folge die Übernahme der Landesbibliothek sowie der drei Museumssammlungen in städtisches Eigentum vor. Die Stadt verpflichtete sich gleichzeitig, ein neues Museumsgebäude zu errichten, das auf dem ihr dafür übereigneten Gelände des früheren Ludwigsbahnhofes an der Ecke Rheinstraße und Kaiserstraße, der heutigen Friedrich-Ebert-Allee, entstehen sollte. Mit dem 1. April 1900 gingen die Landesbibliothek und die Sammlungen des Museums in das Eigentum der Stadt Wiesbaden über, am 14. Mai fand die offizielle Übernahme statt. Am 4. Juni 1904 genehmigte die Königlich Preußische Staatsregierung die Errichtung eines städtischen Museums.

HANS VÖLCKER, the "Wiesbadener Gesellschaft für bildende Kunst" (Wiesbaden Society of Fine Arts) was founded on 8 January 1901, paving the way for the introduction of Impressionism to the city. In conflict with and distinction from the conservative tendencies of the government-supported Nassau Art Association, the new Society, above all, organized exhibitions and the acquisition of progressive works with the support of private patrons. The Society's exhibits included early on the works of MAX LIEBERMANN, MAX SLEVOGT and LOVIS CORINTH, as well as VINCENT VAN GOGH in 1903. As a sign of rapprochement between the two cultural institutions (who would later merge), in 1906 the Society organized an exhibit in cooperation with the Nassau Art Association, featuring the work of HANS THOMA AND WILHELM TRÜBNER.

The New Museum

The boom experienced by Wiesbaden in the second half of the 19th century was immediately reflected in the city's greater self-confidence, which directly affected the cultural policy of this "international resort city." For the first time in Wiesbaden's history, "culture" was understood as a fundamental means of representation, as a symbol of progress and visible sign of the city's prosperity. It had long been clear that the palace of the crown prince, which had housed the collections to date, was no longer adequate for the requirements of a modern museum. Under the leadership of its progressive first mayor CARL BERNHARD VON IBELL (1847–1927), the city decided – despite the estimation of high costs – to assume ownership of the collections from the Prussians and build a museum of its own. The contract between the Prussian government and the city of Wiesbaden, signed on 20 October 1899, provided for the transfer of ownership of the library and the three museum collections to the city. Further, the city committed itself to building a new museum on the premises of the former train station at the corner of Rheinstraße and Kaiserstraße, today's Friedrich-Ebert-Allee. On 1 April 1900, the terms of the contract were carried out, with the city assuming ownership of the library and the three museum collections on 14 May and the Prussian government granting permission to build the museum on 4 June 1904. The subsequent start of planning for the construction of a spacious new building for the museum marks the beginning of a brief, splendid era of the city's history in which an entire series of monumental projects were carried out, among

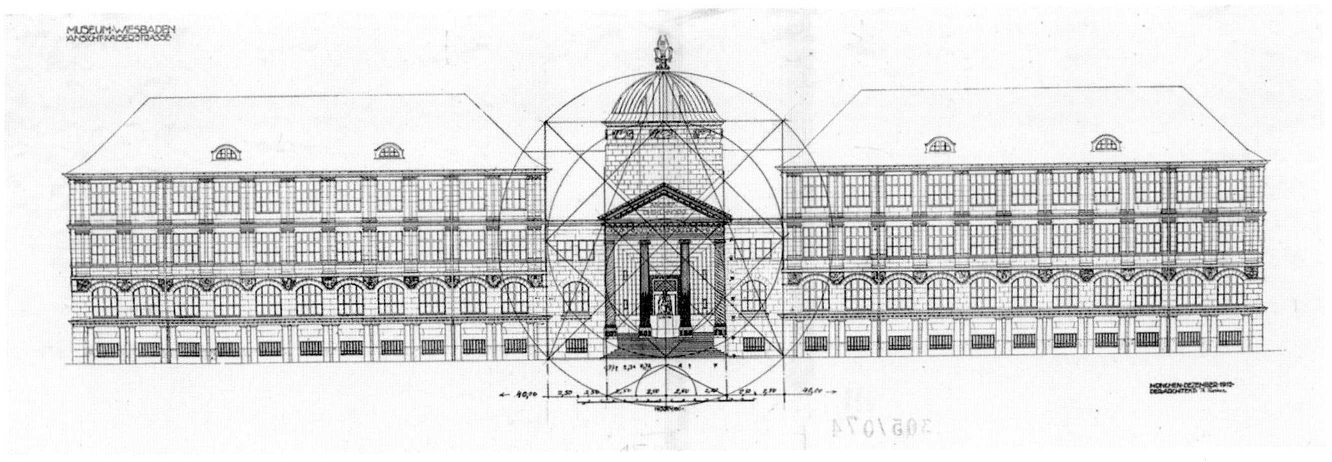

Theodor Fischer, Museum Wiesbaden, Ansicht Kaiserstraße, Dezember 1912
View from Kaiserstraße, December 1912

Der darauf folgende Planungsbeginn eines großzügigen Museumsneubaues markiert die kurze Epoche einer glanzvollen Ära der Stadt, in der seinerzeit eine ganze Reihe von repräsentativen Großprojekten – außer dem Museum auch das neue Kurhaus (erbaut 1902–1907), der Hauptbahnhof (1904–1906), das Kaiser-Friedrich-Bad (1910–1913) und die Landesbibliothek (1911–1913) – realisiert wurden.

Im Herbst 1907 erfolgte für das zukünftige Museum die Ausschreibung eines offenen Wettbewerbs unter deutschen Architekten durch die Stadt Wiesbaden, zu dem insgesamt 87 Entwürfe eingereicht wurden. Die Preisgerichtssitzung der Jury, bestehend aus den Professoren KARL HOFMANN (Darmstadt), ALFRED MESSEL (Berlin), GABRIEL VON SEIDL (München) und Stadtbaurat KARL FROBENIUS (Wiesbaden), fand am 29. Januar 1908 statt und vergab den mit 3.000 Mark dotierten ersten Preis an die Architekten HUMMEL & FÖRSTER aus Stuttgart. Zwei zweite Preise gingen an ADOLF PHILIPPI, Wiesbaden, sowie die Architekten SCHREITERER & BELOW, Köln, und zwei dritte Preise gingen an WERZ & HUBER aus Wiesbaden sowie DELISLE & INGWERSEN, München.[11] Dennoch konnte sich der für den Museumsbau zuständige Ausschuss in seiner Sitzung am 28. März 1908 für keinen der prämierten Entwürfe entscheiden und stellte das Museum zunächst zugunsten des Bibliotheksbaues zurück. Der 1908 aus Kassel nach Wiesbaden berufene Stadtbaurat CARL PETRI nahm das Museumsprojekt kurz nach seinem Amtsantritt dann wieder

them the new Kurhaus (built in 1902–1907), the main train station (1904–1906), the Kaiser-Friedrich-Bad (1910–1913) and the city library (1911–1913).

In the fall of 1907, Wiesbaden announced a competition among German architects for the design of the new museum, to which some 87 proposals were submitted. Members of the awarding jury, including Professors KARL HOFMANN (Darmstadt), ALFRED MESSEL (Berlin), GABRIEL VON SEIDL (Munich) and head of the municipal planning and building commission KARL FROBENIUS (Wiesbaden), met on 29 January 1908 to make their decision, selecting the Stuttgart architects HUMMEL & FÖRSTER as recipients of the 3,000 Mark first prize. Two second place prizes were awarded to ADOLF PHILIPPI, Wiesbaden, and the architects SCHREITERER & BELOW, Cologne, as well as two third place awards to WERZ & HUBER, Wiesbaden, and DELISLE & INGWERSEN, Munich.[11] Nevertheless, the committee responsible for the museum's construction was unable to reach a final decision in its session on 28 March 1908 on which of the premiered designs to use and, as a result, put the project on hold until after construction of the new library. The newly appointed head of the municipal planning and building commission CARL PETRI, who had been summoned from Kassel to Wiesbaden in 1908, revived the project shortly after assuming office, contacting THEODOR FISCHER (1862–1938), an architect who had been supervising construction of the state museum in Kassel since 1907. Though PETRI originally contacted FISCHER

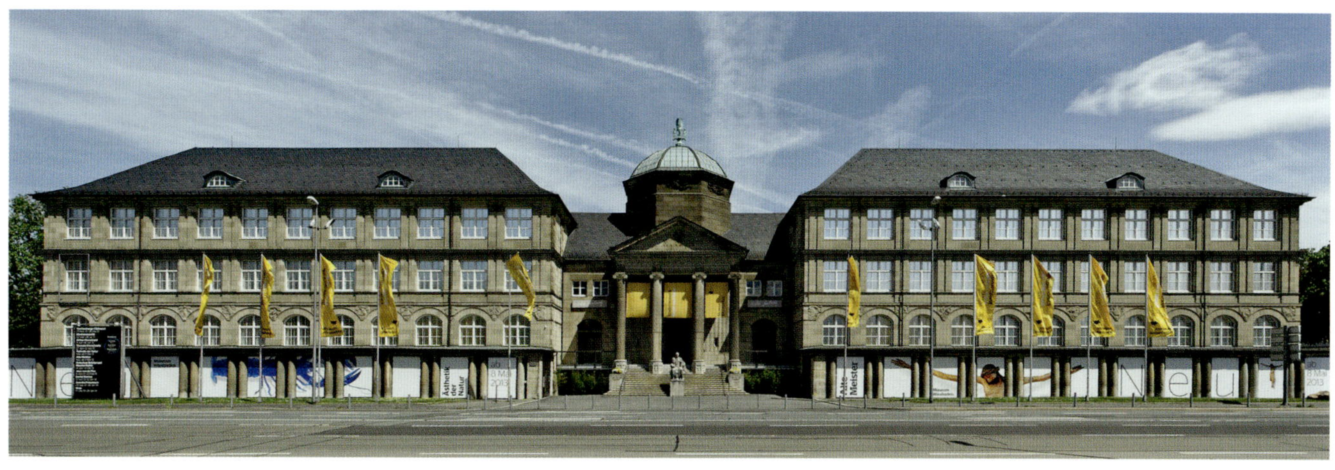

Museum Wiesbaden, Fassadenansicht, Mai 2013
Main Façade, May 2013

auf und stellte die Verbindung zu THEODOR FISCHER (1862–1938) her, der seit 1907 in Kassel das dortige Landesmuseum errichtete. Ursprünglich von PETRI nur als Berater bezüglich der festgefahrenen Museumsentscheidung hinzugezogen, wurde FISCHER 1911 selbst mit der Planung und Ausführung des neuen Museums in Wiesbaden betraut.[12] Sein Bauprogramm für den Neubau sah die Errichtung dreier separater Bauteile für die drei Sammlungen des Naturhistorischen Museums, des Museums für Nassauische Altertumskunde und der Gemäldesammlung vor. THEODOR FISCHER löste dies ein, indem er zwei dreigeschossigen Flügelbauten – einer für die Naturgeschichtliche sowie einer für die Sammlung Nassauischer Altertümer – einen zentralen eingeschossigen Pavillonbau entgegenstellte und die drei Baukörper durch ein als Verteiler fungierendes Eingangsoktogon verband. Diese Grundstruktur lag mit einem am 25. Oktober 1911 vorgelegten Grundriss und einer Skizze zur Fassadengestaltung bereits fest. Im November 1911 folgten dann die ersten Entwurfspläne im Maßstab 1:100, am 19. Januar 1912 teilte Oberbürgermeister VON IBELL den Stadtverordneten mit, dass – gemäß dem Vorschlag des Stadtbaurates PETRI – THEODOR FISCHER mit der Ausführung des Museums beauftragt worden sei. Nachdem im Dezember 1912 die Baupläne genehmigt und im Januar 1913 die Baustelle eingerichtet worden war, gingen die Arbeiten trotz des Kriegsausbruches 1914 zügig voran. Am 2. Oktober 1915 eröffnete der Nachfolger von Oberbürgermeister

to serve as an advisor to the stalemated Wiesbaden project, it was FISCHER who would ultimately be entrusted with the planning and construction of the new museum in 1911.[12] His plan for the new building provided for the construction of three distinct elements for each of the museum's collections. The result was a structure with two, three-story wings – one for the natural history collection and one for the Nassau antiquity collection – and a central, one-story pavilion structure in the shape of an octagon, which served to connect the structures. This basic structure, together with a blue print and a sketch of the building's façade, was decided on 25 October 1911. In November of that same year, the first models on a 1:100 scale were completed, and on 19 January 1912 Mayor VON IBELL announced to the city council that – on the basis of PETRI'S recommendation – THEODOR FISCHER would be charged with the implementation of the new museum's construction. After approval of the construction plans in December 1912 and the preparation of the construction site in January 1913, work on the new building was swiftly carried out, despite the outbreak of war in 1914. On 2 October 1915, the city's new mayor DR. KARL GLÄSSING officially opened the new museum, at that point already a monument to Wiesbaden's pre-war grandeur.

Yet the building's design did not go uncriticized even by contemporaries at the time of its opening. Above all its façade with the recessed octagonal middle structure, which was virtually dwarfed by the two side wings

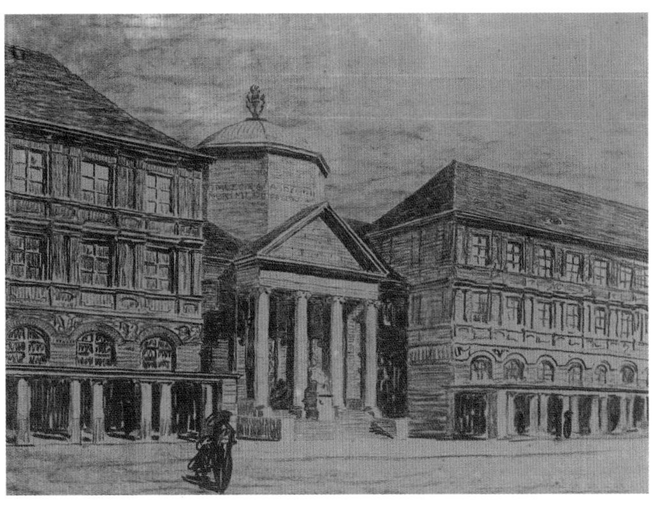

Theodor Fischer, Museum Wiesbaden, Perspektivische Ansicht
des Mittelbaues, undatiert
Perspective of the building's central section, undated

VON IBELL, DR. KARL GLÄSSING, den Neubau, der zu
diesem Zeitpunkt bereits ein Monument der Vorkriegs-
grandezza Wiesbadens war.

Unumstritten war die Form des Bauwerkes, vor
allem seine Fassade mit dem eingerückten Oktogon, das
von den Seitenflügeln geradezu bedrängt wirkt, selbst
zum Zeitpunkt seiner Eröffnung nicht: „Schade, daß der
Architekt – THEODOR FISCHER – der bekannte Stadt-
baumeister von Stuttgart und München – nicht auf den
Mittelbau verzichtete, so literarisch verständlich er ist.
Soll er doch drei gleichberechtigten Hausherren als
Eingang dienen: dem naturwissenschaftlichen Museum,
dem Landesmuseum Nassauischer Altertümer und der
Wiesbadener Gemäldegalerie, ihr wiederum als Unter-
mieter der Nassauische Kunstverein und die Wiesbadener Gesellschaft für bildende Kunst beigegeben. Das
klingt kompliziert, wird sich gewiß aber im Laufe der
kommenden Jahre noch mehr verschmelzen lassen." [13]

on either side, came under scrutiny: "It is regrettable
that the architect – THEODOR FISCHER, the renowned
municipal architect of Stuttgart and Munich – did not
eliminate the central structure, as intelligible as it is.
After all, it is supposed to serve as the entrance for three
equal heads of the household: The natural history museum, the Nassau antiquity collection and the Wiesbaden
picture gallery, in turn, a subtenant of the Nassau Art
Association and the Wiesbaden Society of Fine Arts. It
sounds complicated but will certainly merge more closely together in the course of the coming years". [13]

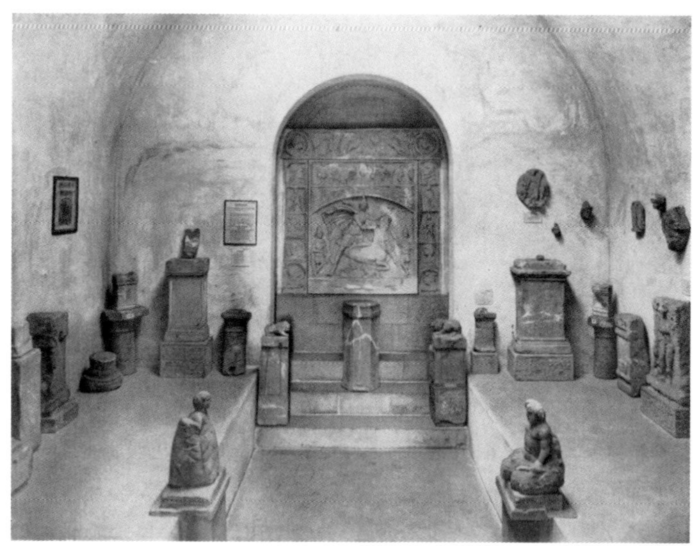

Raum mit den Denkmälern des Mithraskultes , 1921
Room with monuments to the Mithras cult

Die 1920er-Jahre

Der Einzug der drei Sammlungen in den Neubau im Jahr 1915 erfolgte zu einem Zeitpunkt, an dem das den Wohlstand Wiesbadens tragende Kurgeschäft kriegsbedingt zusammengebrochen war. Die Hoffnungen auf eine Rückkehr zur Größe der Vorkriegsjahre, die sich in den großen Bauprojekten des ersten Jahrzehnts des 20. Jahrhunderts abbildete, waren spätestens zu Kriegsende mit der Niederlage des Kaiserreiches erloschen. Der Einmarsch der französischen Besatzungsarmee im Dezember 1918 zog für die Stadt spürbarer als für andere Kommunen weitreichende finanzielle Einbrüche nach sich, da kein wirklich tragfähiger Wirtschaftssektor für eine mögliche Nachkriegsentwicklung vor Ort überlebt hatte respektive in Aussicht stand. Für einen Museumsbetrieb, der dem Niveau des neuen Bauwerkes angemessen gewesen wäre, fehlten damit sowohl die Mittel als auch das Publikum der Vorkriegszeit. Dennoch entfaltete der Nassauische Kunstverein in der Gemäldegalerie eine beachtliche Ausstellungstätigkeit: Zusammen mit dem seit 1908 in Wiesbaden lebenden Essener Industriellen HEINRICH KIRCHHOFF (1874–1934) hatte der Verein bereits 1915, 1917 und 1919 Schauen expressionistischer Malerei und Skúlptur präsentiert, ab 1924 kamen Werke des Dadaismus, der Neuen Sachlichkeit und der konstruktiven Kunst dazu. Die 1921 in der Gemäldegalerie gezeigte Ausstellung des Werkes ALEXEJ VON JAWLENS-KYS hatte einen derartigen Erfolg, dass sich der Künstler

The 1920s

The three collections were moved into the new building in 1915, when the city's main source of economic success – its spas – had disintegrated as result of the war. Hopes of a return to the grandeur of the prewar years and the grand construction projects of the first half-century were dashed – at the latest, by the end of the war and defeat of the German Empire. The arrival of French occupation troops in December 1918 brought wide-reaching economic hardship to Wiesbaden, more so than to other municipalities, due to the destruction of any truly viable economic sector that would stimulate the city's post-war development, nor was there any prospect for the development of such a sector. To operate a municipal museum that would match the distinction of the newly constructed facility there was neither adequate funding nor a public, as the city had known before the war. Despite these deficits, however, the Nassau Art Association succeeded in putting together a number of impressive exhibitions. In cooperation with HEINRICH KIRCHHOFF (1874–1934), an industrialist out of Essen who became a resident of Wiesbaden in 1908, the association organized exhibits in the years 1915, 1917 and 1919, featuring Expressionist painting and sculpture, adding works of Dadaism, New Objectivity and Constructivism in 1934. The gallery's 1921 exhibition of the work of ALEXEJ VON JAWLENSKY enjoyed so great a success as to inspire the artist himself, at the invitation of

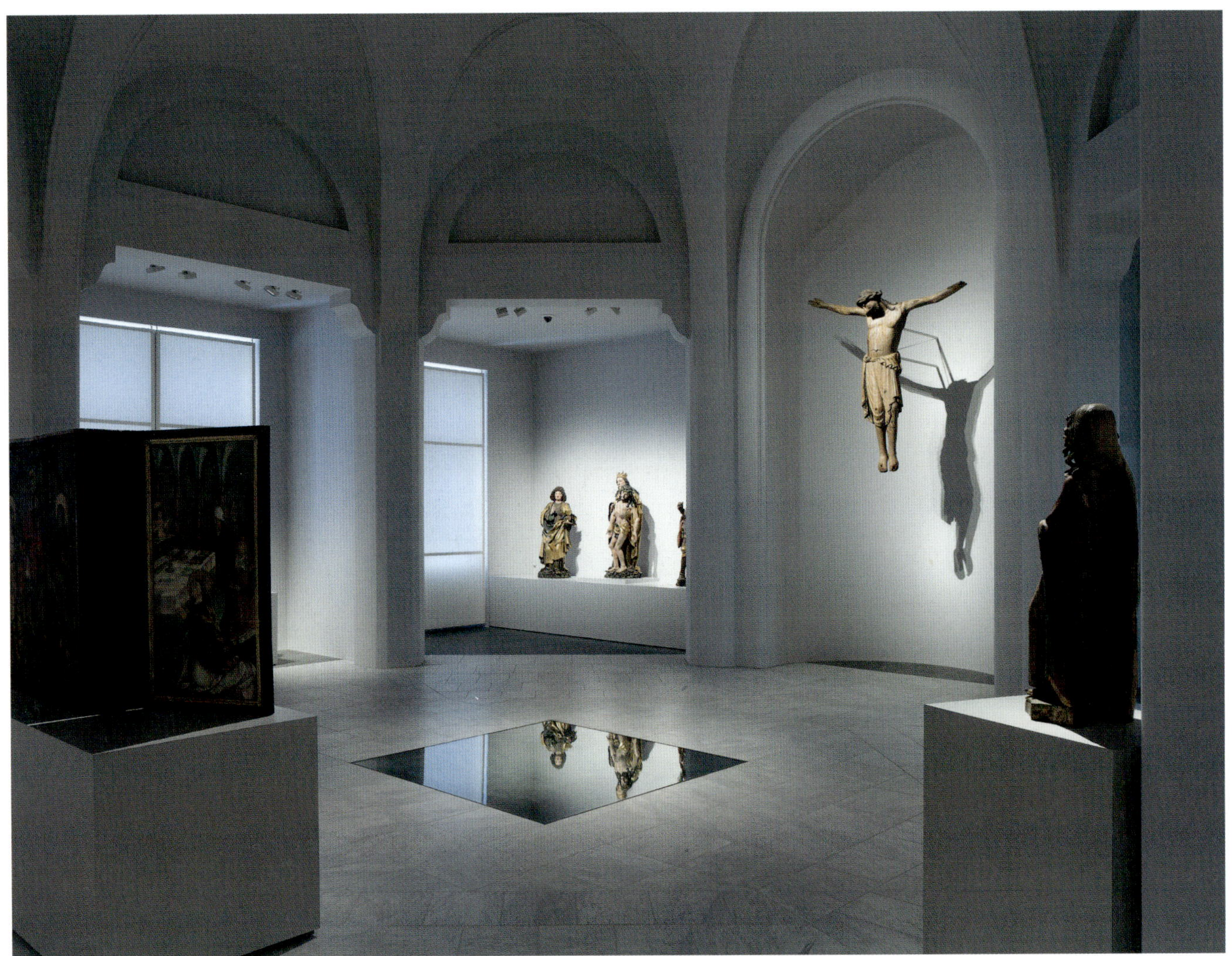

Der Kirchensaal
The Church Gallery

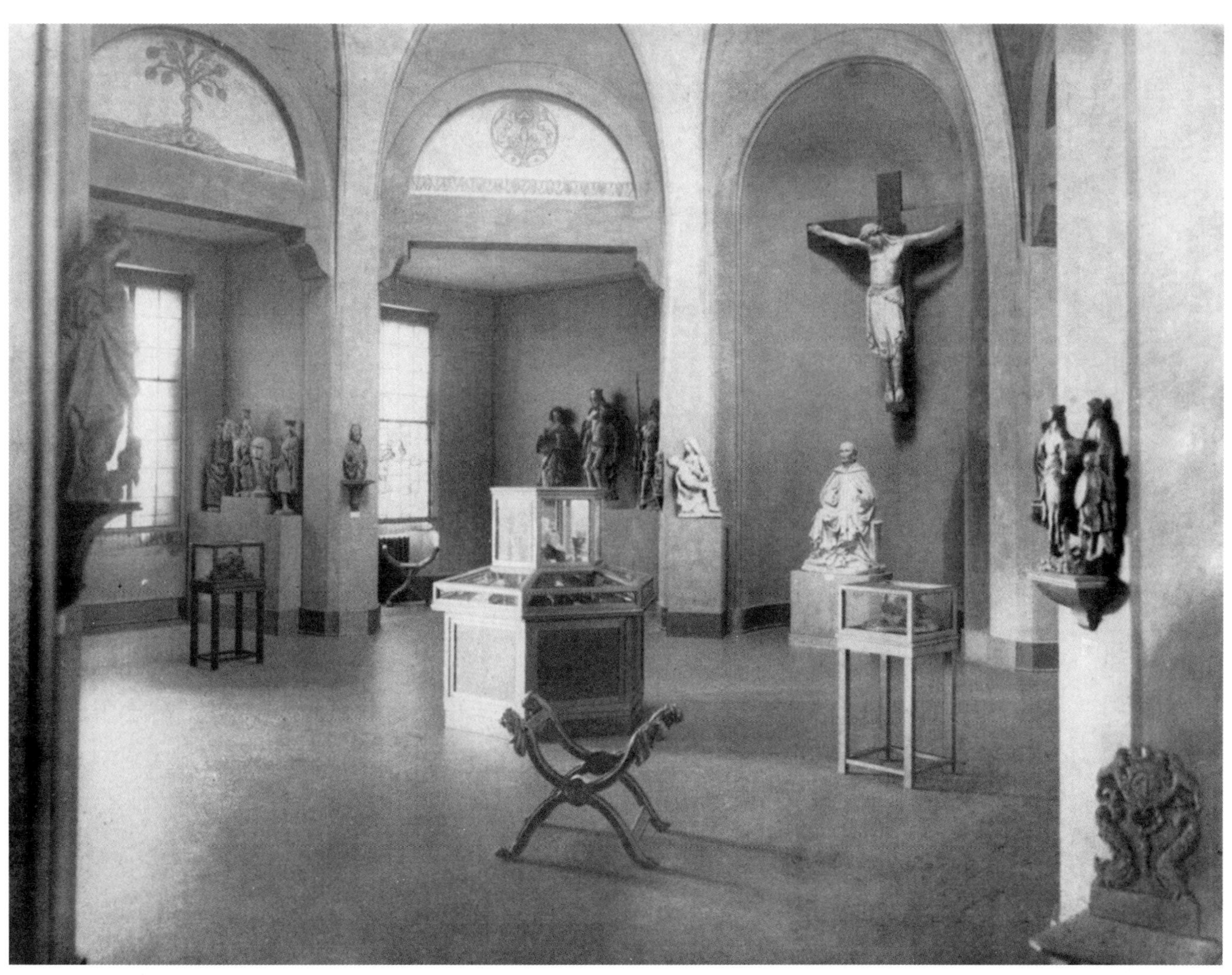

Blick in den Raum für Kirchliche Kunst, 1921
View of the sacred art exhibit space

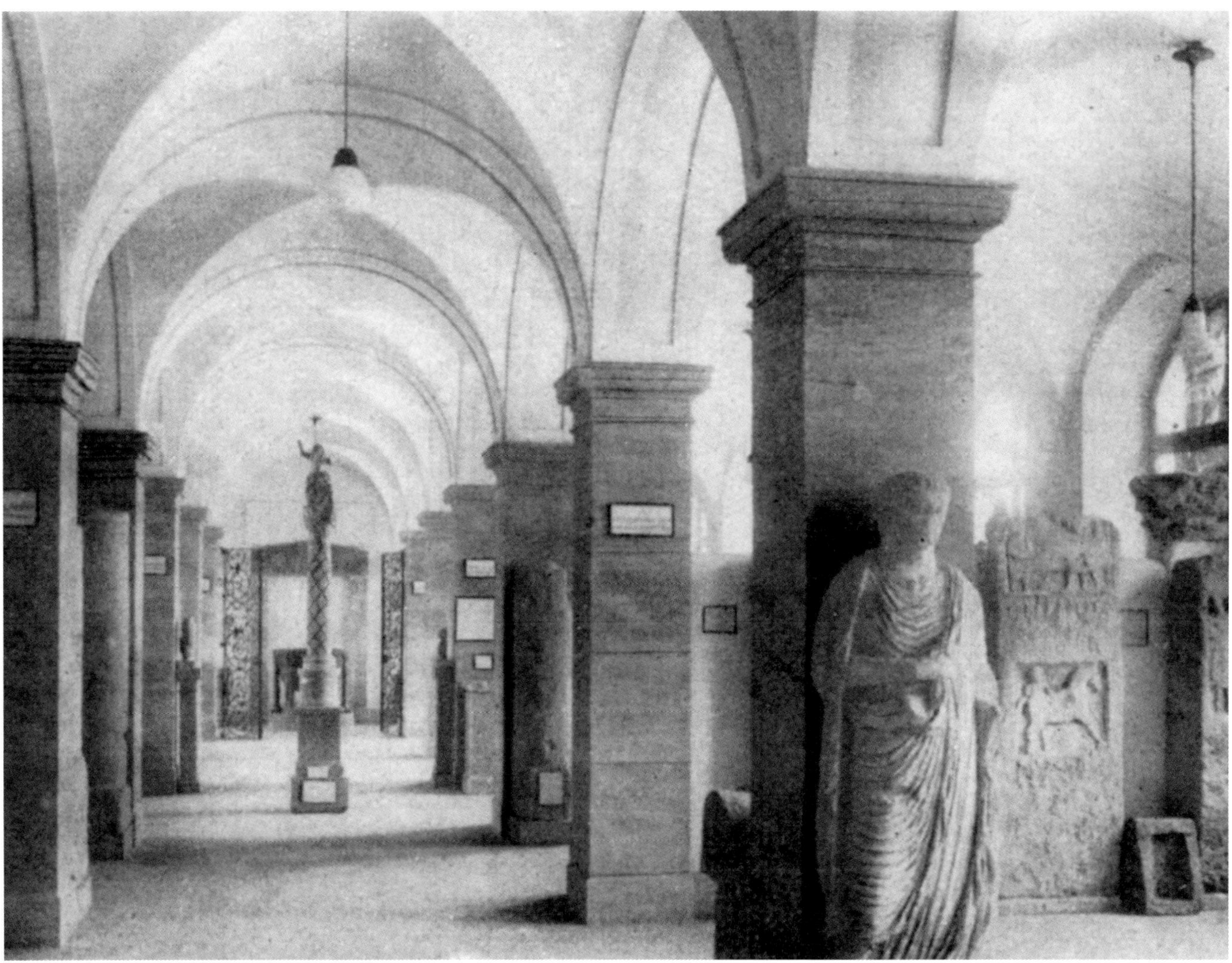

Blick in die Halle der Steindenkmäler, 1921
View into the hall of stone monuments

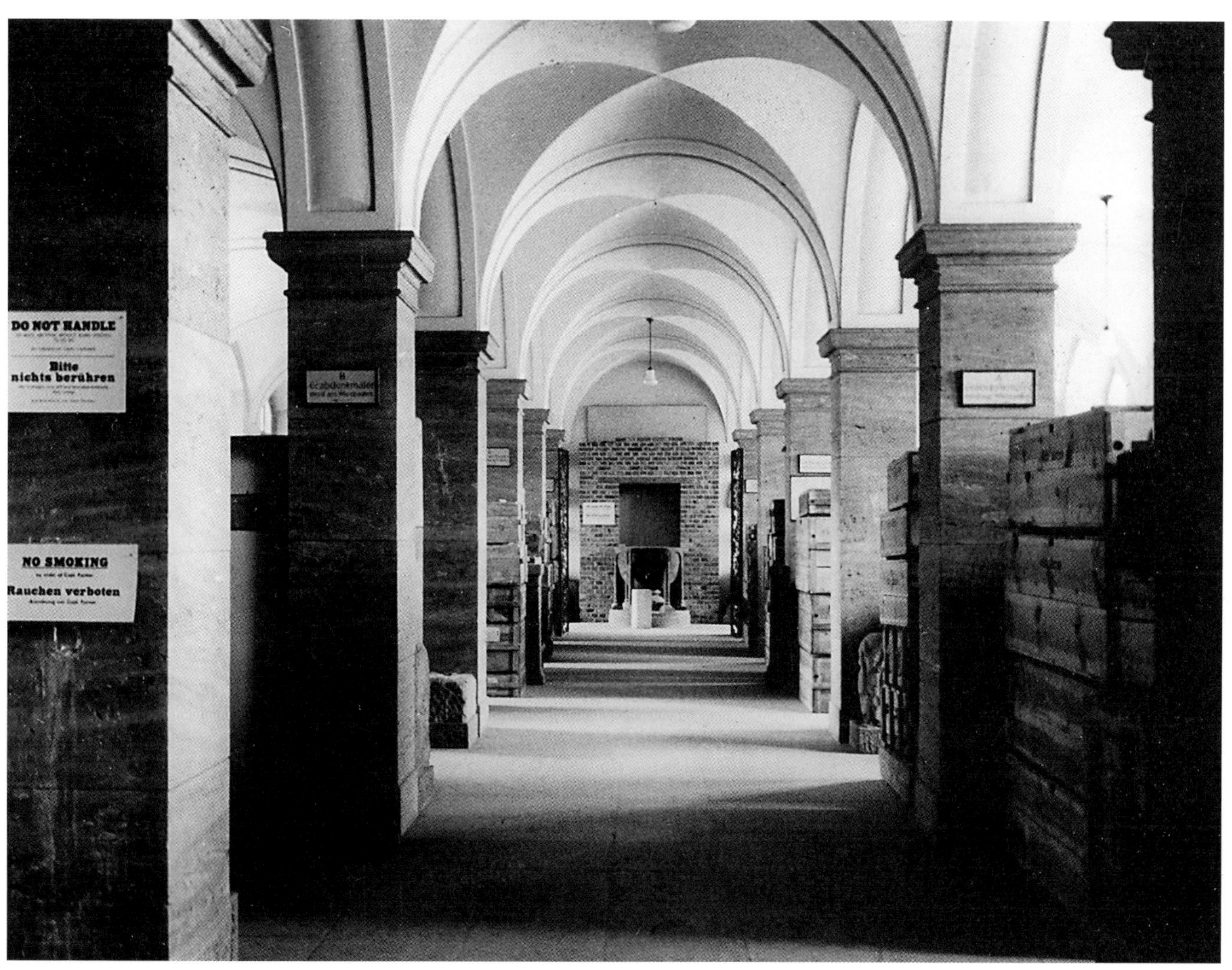

Das Museum als Central Collecting Point, 1945/46
The museum as Central Collecting Point

im folgenden Jahr – auf Einladung HEINRICH KIRCH-
HOFFS – sogar mit seiner Familie in Wiesbaden nieder-
ließ, wo er dann bis zu seinem Tod 1941 lebte. Im
Hause KIRCHHOFF lernte der Maler 1926 auch HANNA
BEKKER VOM RATH kennen, eine Begegnung, die sowohl
für das Leben der Sammlerin als auch für ALEXEJ VON
JAWLENSKY selbst folgenreich sein sollte: Für den ab 1927
unter einer arthritischen Erkrankung leidenden Künstler
gründete die resolute Kunstvermittlerin 1929, in einer
Zeit zunehmender finanzieller Bedrängnis für ihn,
die JAWLENSKY-Gesellschaft, deren Mitglieder durch ihre
Beiträge dem Maler zum einen ein regelmäßiges Ein-
kommen sicherten, andererseits dafür jeweils Anrechte
auf die Bilder JAWLENSKYS erwarben.

Eberhard von Schenk zu Schweinsberg

Im Mai 1929 übernahm mit dem Kunsthistoriker
und Bibliothekar EBERHARD FREIHERR VON SCHENK ZU
SCHWEINSBERG (1893 – 1990) der erste veritable Direktor
mit vorangegangener Museumslaufbahn die Leitung
der Gemäldegalerie des Hauses. SCHENK ZU SCHWEINS-
BERG hatte in Darmstadt und an den Universitäten in
München, Berlin, Frankfurt am Main und Jena studiert
und war seit 1919 Museumsassistent sowie ab 1925 Kustos
in Weimar gewesen. Unter seiner Führung begann das
Museum Wiesbaden nun eigenständig an der künstlerischen Moderne teilzunehmen. Nach innen ordnete
SCHENK ZU SCHWEINSBERG die Sammlungen neu, indem
er internationale und regionale Kunst in eine chronologische Dauerpräsentation integrierte. Nach außen
suchte er insbesondere die Moderne stärker zu vermitteln, indem er auch Gestaltung und Design miteinbezog,
dies in der Hoffnung, die Akzeptanz für die progressiven
Strömungen in Wiesbaden zu erhöhen. Doch diese
Bemühungen währten nur vier kurze Jahre. Die Zäsur
der Machtübernahme durch die Nationalsozialisten
am 30. Januar 1933 wurde bereits nach zwei Monaten
auch im Museum Wiesbaden brutal spürbar: Schon am
11. April wurden die Bestände KIRCHHOFFS an den
Sammler zurückgegeben sowie sämtliche Werke des
Expressionismus oder der Abstraktion abgehängt und
ins Depot verbracht. Nach dem Tod HEINRICH KIRCH-
HOFFS im Jahr 1934 verkaufte seine Frau TONY die meisten seiner Werke, einige wenige sollten erst in den
1950er-Jahren als Ankäufe in das Museum Wiesbaden
zurückgelangen.

HEINRICH KIRCHHOFF, to move to Wiesbaden with his
entire family the following year. He remained in the city
until his death in 1941. Through KIRCHHOFF, JAWLENSKY
met the painter and collector HANNA BEKKER VOM RATH
in 1926, an encounter that would significantly change the
lives of both. When in 1927 JAWLENSKY grew increasingly
handicapped by crippling arthrosis, BEKKER VOM RATH
founded a society on his behalf, whose members' contributions secured JAWLENSKY a regular income in exchange for rights to selected works by the renowned
artist.

Eberhard von Schenk zu Schweinsberg

In May of 1929, the art historian and librarian EBER-
HARD FREIHERR VON SCHENK ZU SCHWEINSBERG (1893–
1990) assumed directorship of the museum's picture
gallery. He was the first among its directors to have
relevant experience and qualifications in the field, having studied in Darmstadt and at the universities in Munich, Berlin, Frankfurt am Main and Jena and held the
post of museum's assistant in 1919, as well as of curator
beginning in 1925 in Weimar. Under his directorship
Museum Wiesbaden began to take part independently in
the Modern art movement. Within the museum, SCHENK
ZU SCHWEINSBERG reorganized the collection, integrating international and regional art in a chronologically
structured permanent exhibition. Beyond the museum's
walls, he endeavored to increase the public's exposure to
Modernist ideas, in particular, by integrating design in
hopes of raising levels of acceptance in Wiesbaden for
progressive currents. His efforts, however, would be
curtailed after four brief years with the seizure of power
by the National Socialist on 30 January 1933, the impact
of which became brutally palpable in Museum Wiesbaden a mere two months later. On 11 April the works
from KIRCHHOFF'S collection were returned to the collector and all those of Expressionist and Abstract artists
were removed from display and put in storage. After the
death of HEINRICH KIRCHHOFF in 1934, his wife TONY
sold most of his collection. Only a very few of them made
their way back to the museum in the 1950s through
purchase.

Hermann Voss

Am 1. Juli 1934 schied Schenk zu Schweinsberg aus dem städtischen Dienst aus, um nach Gotha zu wechseln, wo er an den Herzoglichen Anstalten für Kunst und Wissenschaft Direktor wurde. Sein Nachfolger in Wiesbaden war Hermann Voss (1884–1969), der dem Museum zwischen 1935 und 1945 als Direktor vorstehen sollte. Vor dem Hintergrund leerer Kassen und (nun) leerer Ausstellungsräume füllte Voss das Haus in den nächsten Jahren in völliger Übereinstimmung mit den kulturpolitischen Vorgaben der Nationalsozialisten mit altmeisterlicher Kunst und Werken des 19. Jahrhunderts. Als Renaissance- und Barockexperte setzte er vor allem in diesen Bereichen seinen Schwerpunkt. Seinem Bestreben, sich über eine überregional bedeutende und entsprechend wahrgenommene Ausstellungs- und Erwerbungstätigkeit für höhere Aufgaben zu empfehlen, stand allein der begrenzte Etat des Museums im Wege.[14] Um seine Ziele dennoch erreichen zu können, realisierte Voss bereits kurz nach seinem Amtsantritt eine erste Sonderausstellung zum Thema *Italienische Malerei des 17. und 18. Jahrhunderts* (1935). Im Kontext dieser und weiterer Schauen gelang es ihm, fruchtbare Kontakte zu privaten Sammlern, zum Kunsthandel und zu Kollegen in anderen Museen aufzubauen. Mehrfach verblieben Werke aus Privatbesitz und aus dem Kunsthandel nach Ausstellungsende als vorläufige Leihgaben im Wiesbadener Museum. Voss bemühte sich außerdem intensiv um den Ankauf einiger Arbeiten und begründete den gewünschten Erwerb bei den städtischen Stellen nicht selten mit der zuvor in einer Ausstellung festgestellten großen Resonanz, die diese Werke beim Wiesbadener Publikum erzielt hatten. Mangels Etat entschloss sich Voss auch wiederholt dazu, erwünschte Kunstwerke im Tausch gegen Gemälde aus dem Museumsbestand zu erwerben. Insbesondere bevorzugte er den Ringtausch mit zum Teil komplizierten und schwer durchschaubaren Konstrukten. Viele Werke, insbesondere der Klassischen Moderne, verließen – deklariert als minderwertige Depotware – auf diesem Wege das Museum Wiesbaden. Auch nach dem offiziellen Verbot durch die Nationalsozialisten tauschte Voss noch sporadisch die wenigen (oft durch Zufall) im Haus verbliebenen Werke der inzwischen als „entartet" gebrandmarkten Kunst. Zahlreiche dieser „Transaktionen" wurden dadurch begünstigt, dass Voss in der Eigenschaft als Kunstsachverständiger für den Kunsthandel und Galerien beratend tätig war. So kamen mehrfach Werke als Schenkungen ins Haus, die in Wirklichkeit „Vergütungen" für geleistete Gutachten darstellten. Prominentestes Beispiel ist das Werk *Mit einem Köcher spielende*

Hermann Voss

On 1 July 1934, Schenk zu Schweinsberg resigned from his position in Wiesbaden to assume directorship of the Ducal Institutes of Art and Science in Gotha. Hermann Voss (1884–1969) became his successor in Wiesbaden, directing the museum from 1935 until 1945. With an empty cash box and, meanwhile, empty exhibition rooms, Voss would spend the next years implementing an acquisitions policy in absolute conformity with the cultural politics of National Socialism, filling its rooms with works of the Old Masters and the 19th century. Himself an expert on Renaissance and Baroque art, Voss naturally chose to focus on these two periods. Yet his ambition to advance himself professionally with exhibits and acquisitions that would attract nation-wide attention was checked by the museum's limited budget.[14] To achieve his goal despite this stumbling block, Voss organized his first special exhibition of Italian Painting of the 17th and 18th Centuries shortly after assuming office in 1935. With this and other exhibitions, Voss was able to make fruitful contacts to private collectors, dealers and colleagues at other museums, so that often works from these exhibits owned by private collectors or dealers were placed on loan to the museum after the exhibitions were over. Voss exerted great effort to purchase several works, often defending his request to city officials with the popularity of the pieces in previous exhibitions. Lacking funds, Voss adopted the strategy of bartering with paintings in the museum's collection. He was particularly fond of the "revolving exchange," a rather complicated and dubious scheme. Numerous works, especially those of the Classical Modern period, left the museum this way, having been declared inferior stock. Even after the official ban by the National Socialists, Voss continued to sporadically trade the few works of "degenerate" art remaining (often by accident) in the museum's storage rooms. Many of these "transactions" were facilitated by Voss's role as an appraiser for art dealers and galleries. Numerous works were added to the museum's collection as "gifts," which were in fact remuneration for Voss' appraisals. The most prominent work to have arrived this way is *Putti Playing with Quiver* → 27 by Francesco Primaticcio, donated to the museum by the director himself in 1938. He had apparently acquired the painting from a Parisian art dealer in exchange for his services. These methods of trade and bestowal were practiced throughout Voss's term in office, with the exception of acquisitions he arranged through the regional association of Nassau, to which he turned in cases with certain urgency, when the museum's funds had run dry but yet another "fortuitous

Putten → 27 von FRANCESCO PRIMATICCIO, das der Museumsleiter VOSS dem Museum 1938 persönlich übereignete. Er hatte das Gemälde angeblich zuvor als Gegengabe für geleistete Auskünfte von einem Pariser Kunsthändler geschenkt bekommen. Diese Methoden des Tausches und der Schenkung ziehen sich durch VOSS' gesamte Amtszeit. Einen Sonderfall stellen die von ihm getätigten Erwerbungen über den Bezirksverband Nassau dar. An diesen wandte sich VOSS häufig, wenn die Mittel aus seinem Etat aufgebraucht waren, aber eine gewisse Dringlichkeit geboten schien, weil sich wieder einmal eine „günstige Gelegenheit" zum Kauf bot.

Zwischen 1935 und 1938 gelangten so insgesamt 18 Gemälde aus Mitteln des Bezirksverbandes Nassau in das Museum. Die Provenienzforschung des Museums hat inzwischen ergeben, dass, soweit nachweisbar, zumeist einschlägig bekannte Galerien wie beispielsweise HEINEMANN in Wiesbaden, KONRAD STRAUSS und DR. W. A. LUZ in Berlin diese Erwerbungen vermittelt haben. Voss nutzte darüber hinaus auch seine Funktion als Gutachter und Taxator für die Gestapo für die Erweiterung der Sammlungsbestände. Durch diese Tätigkeit sind spätestens nach 1938 mehrere Bilder aus jüdischem Besitz in das Museum Wiesbaden gelangt. Eine neue Qualität erlangte die „Methode Voss", als jener 1943 gleichzeitig als Leiter der Dresdner Gemäldegalerie, vor allem aber zum Nachfolger von HANS POSSE als Sonderbeauftragter für das von ADOLF HITLER in Linz geplante „Führermuseum" berufen wurde. Die Funktion als Direktor des Museums Wiesbaden behielt er dessen ungeachtet bis 1945 bei. Zwischen 1943 und 1945 „profitierte" das Museum Wiesbaden von diesem letztgenannten Sonderauftrag durch eine Häufung von Schenkungen, die in engem Zusammenhang mit den Ankäufen für Linz standen. Den hohen Summen, die Voss im Rahmen des „Sonderauftrages Linz" an verschiedene Galerien zahlte, standen offensichtlich großzügige Gaben für das Museum Wiesbaden gegenüber. Die Verquickungen zwischen den Erwerbungen für Linz und den Schenkungen an das Museum Wiesbaden sind bis heute von besonderer Bedeutung für die in den Jahren 1943 bis 1945 in das Museum gelangten Werke. HERMANN VOSS, der unter anderem auch mit HILDEBRAND GURLITT zusammengearbeitet hatte, beendete seine rege Einkaufstätigkeit erst Anfang 1945. In Dresden zunächst im Amt belassen, flüchtete er im Juli 1945 nach Wiesbaden, wo er dann verhaftet wurde und in den folgenden Monaten zu seiner Tätigkeit für ADOLF HITLER verhört wurde. Ihm gelang es schließlich, sich 1946 als „unbelastet" einstufen zu lassen und seine Karriere in der Bundesrepublik als Forscher, Berater und Gutachter fortzusetzen.

opportunity" presented itself. Between 1935 and 1938, a total of 18 paintings were added to the museum's collection, paid for with funding from the regional association of Nassau. Provenance research carried out by the museum in the meantime has revealed, insofar as can be traced, that these transactions were arranged primarily by pertinent, renowned galleries, such as HEINEMANN in Wiesbaden, KONRAD STRAUSS and DR. W. A. LUZ in Berlin. What is more, VOSS exploited his position as appraiser and advisor to the Gestapo for the expansion of the museum's collection. Numerous Jewish-owned paintings thus made their way into the museum, beginning at the latest in 1938. The "Vossian Method" took on new dimensions in 1943, when VOSS was appointed simultaneously to the directorship of the Dresden Art Gallery and, more significantly, to replace HANS POSSE as the special envoy to ADOLF HITLER's planned "Führer Museum" in Linz, Austria. VOSS nevertheless maintained directorship of Museum Wiesbaden until 1945, so that, between 1943 and 1945, the museum "profited" from the latter appointment in the form of a barrage of donations closely related to purchases made for Linz. The large sums of money paid by VOSS to various galleries within the scope of his activities as "special envoy" in Linz were apparently contingent upon generous donations to Museum Wiesbaden, a dubious dealing that still today carries weight for those works entering the museum's collection in these final years of VOSS's directorship. HERMANN VOSS, who had also worked with notorious Nazi art dealer HILDEBRAND GURLITT, ended his exuberant run of acquisitions in early 1945. He fled from Dresden to Wiesbaden in July 1945, where he was arrested and interrogated in the following months about his activities in the service of ADOLF HITLER. Ultimately, VOSS was cleared of wrongdoing in 1946 and went on to pursue a career in the Federal Republic of Germany as a researcher, advisor and appraiser.

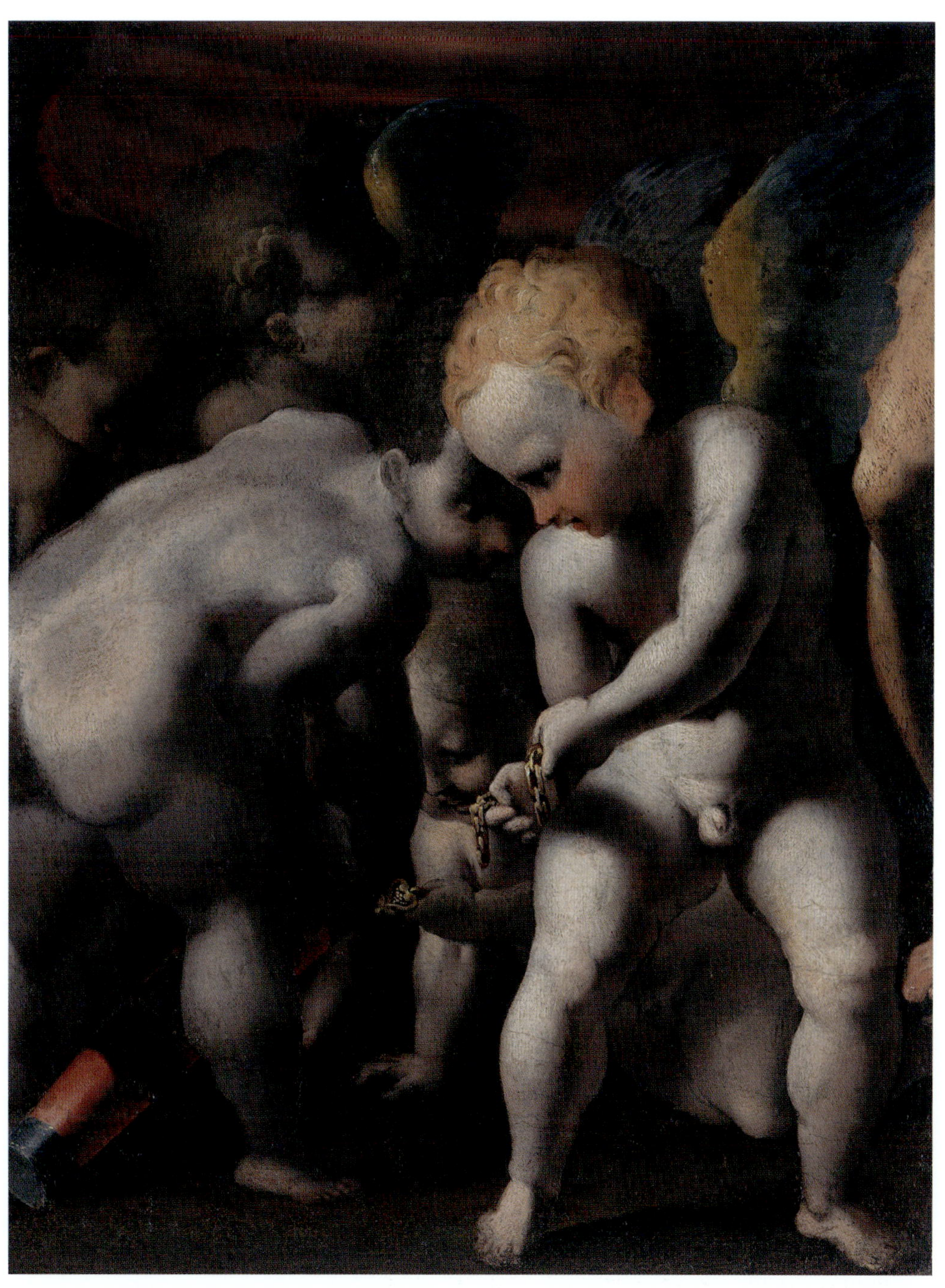

Francesco Primaticcio, Mit einem Köcher spielende Putten
Putti Playing with Quiver

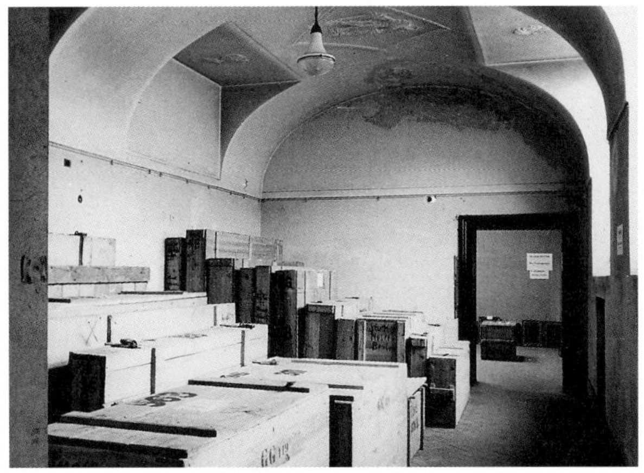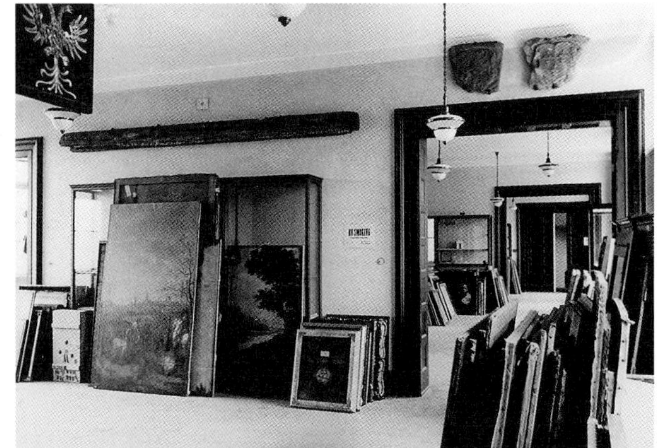

Das Museum als Central Collecting Point, 1945/46
The museum as Central Collecting Point

Central Collecting Point

Wenige Monate nach dem Zusammenbruch der NS-Herrschaft im Mai 1945 wurde im Museumsgebäude ein „Central Collecting Point" der US-Amerikaner installiert, das Museum damit zu einer von mehreren über Deutschland verteilten Sammelstellen von ausgelagertem und von den Alliierten beschlagnahmtem Kulturgut. Unter den in Wiesbaden zusammengetragenen Kunstwerken befanden sich vor allem bedeutende Teile der Berliner Museumsschätze, unter anderem die Büste der *Nofretete,* die bis 1956 im Museum Wiesbaden ausgestellt war, oder etwa REMBRANDTS *Mann mit dem Goldhelm.* Ab 1946 fanden dann in den im Krieg weitgehend unbeschädigten Museumsräumen zahlreiche Ausstellungen mit den vor Ort vorhanden Kunstwerken statt. Gedacht als Teil der „Reeducation" der deutschen Bevölkerung nach der Zeit des Nationalsozialismus, fanden diese Schauen einen enormen Publikumszuspruch und wurden zum Zeichen für einen kulturellen Neubeginn.

Ein besonderes Kapitel in der Geschichte des Hauses schrieb CAPTAIN WALTER FARMER, der im Juni 1945 als Kunstschutzoffizier der US-amerikanischen Armee nach Wiesbaden kam. In einer von ihm zusammen mit 23 weiteren der sogenannten „Monuments Men" unterschriebenen Erklärung, die als „Wiesbadener Manifest" bekannt wurde, protestierte er gegen den Plan der amerikanischen Regierung, über 200 Spitzenwerke aus deutschen Museen dauerhaft in die Vereinigten Staaten

Central Collecting Point

A few months after the downfall of the National Socialists in May 1945, the Americans designated Museum Wiesbaden a "Central Collecting Point," one of several throughout the country, where it collected cultural goods that had been evacuated and confiscated by the allies. Among the artifacts collected in Wiesbaden were major pieces from Berlin's collection, including the bust of *Nefertiti,* which remained on display in Wiesbaden until 1956, and REMBRANDT'S *The Man With the Golden Helmet.* Beginning in 1946, Wiesbaden held numerous exhibitions of the works that had been collected after the war in the largely unscathed rooms of its museum. These exhibits, seen as part of the "reeducation" program for the German public after its "detour" through National Socialism, were well received by the public and stood as a symbol of new cultural beginnings.

Captain WALTER FARMER, who arrived in Wiesbaden in June 1945 as an officer for the protection of art in the US Army, forms a special chapter in the museum's history. In a declaration that would come to be known as the "Manifest of Wiesbaden," signed by FARMER and 23 other so-called "Monuments Men," they protested a plan of the American government to send over 200 high-value artifacts from German museums permanently to the United States. Debates in the USA in the wake of the manifest's publication finally resulted in the return of works to Wiesbaden that had already been relocated to

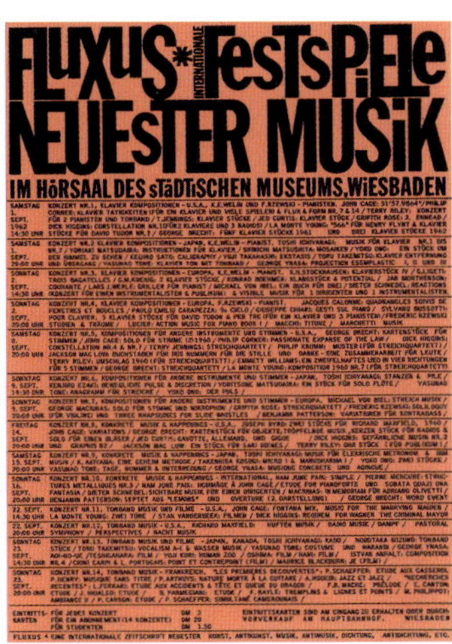
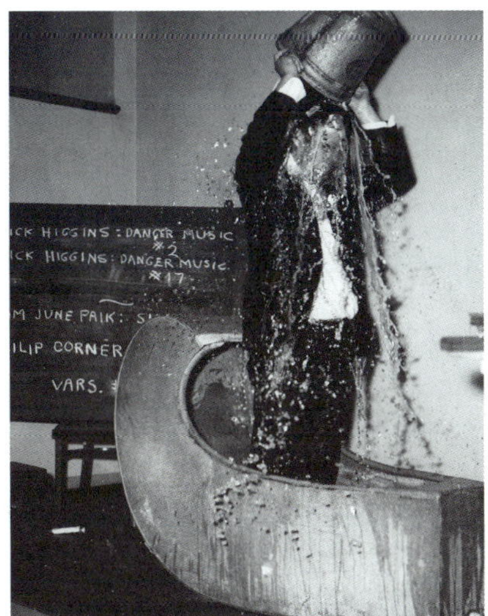

Plakat, Fluxus Festspiele Neuester Musik, 1962
Poster, Fluxus Festival of the Newest Music

Nam June Paik bei der Performance von *Simple*, Fluxus Festspiele Neuester Musik, 1962
Nam June Paik performing *Simple* at the Fluxus Festival of the Newest Music

zu verbringen. Die auf das Manifest folgende Debatte in den USA führte schlussendlich dazu, dass selbst die bereits nach Amerika überführten Gemälde im Anschluss an eine Ausstellungstournee nach Wiesbaden zurückkehren und wieder in ihren ursprünglichen Museen gezeigt werden konnten.

Clemens Weiler

Am 1. September 1946 wurde DR. CLEMENS WEILER (1909 – 1982) der erste Nachkriegsdirektor der Wiesbadener Gemäldegalerie. Er übernahm zu diesem Zeitpunkt ein Museum, aus dem die zuvor gut repräsentierte Moderne nun völlig verschwunden war. Nachdem bis 1938 die gesamten Bestände progressiver Kunst das Museum hatten verlassen müssen, sah er seine vordringlichste Aufgabe darin, die von der NS-Zeit geschlagenen Wunden wieder zu heilen. Er knüpfte dabei an die Vorkriegskontakte des Museums, etwa zu JAWLENSKYS Witwe HELENE und dessen Sohn ANDREAS, an und überzeugte die zögerlichen städtischen Gremien mehrfach, seinem Haus Ankäufe wichtiger Werke des Künstlers möglich zu machen. Angesichts der vielen deutschen Museen, die vor dem gleichen Problem standen und die ebenfalls vordringlich ihre expressionistischen Sammlungen wieder aufbauen wollten, war die Strategie, sich im Bezug auf JAWLENSKY direkt bei der Familie beziehungsweise bei JAWLENSKYS letzter Assistentin

the USA (after they had toured the states) and their ultimate return to their museums of origin here in Germany.

Clemens Weiler

On 1 September 1946, DR. CLEMENS WEILER (1909– 1982) became the first post-war director of the museum's picture gallery, assuming control of a collection whose once remarkable number of modern works had now been fully eradicated. With the museum's entire inventory of progressive art having been purged by 1938 under the Nazi edict against degenerate art, WEILER saw his most urgent task in healing the wounds of the Nazi era. He began by reviving the museum's network of contacts from before the war, reaching out to JAWLENSKY'S widow HELENE and his son ANDREAS and convincing the hesitant city council numerous times to enable the purchase of JAWLENSKY'S work for the museum. In the face of the "scramble" of numerous German museums to reconstitute their collections after the war, particularly in regard to works of Expressionism, WEILER'S decision to directly approach JAWLENSKY'S family and his last assistant LISA KÜMMEL regarding the (re)acquisition of his works was both obvious and successful. Yet WEILER also felt it

29

LISA KÜMMEL um Werke zu bemühen, so naheliegend wie erfolgreich. Gleichzeitig war ihm ein neuer Aufbruch mit Blick auf die unmittelbare Gegenwart wichtig, weswegen er beispielsweise den Kontakt zu KARL OTTO GÖTZ, damals Mitglied der Frankfurter Künstlergruppe „Quadriga" und Professor der Düsseldorfer Kunstakademie, suchte. Nicht nur stellte WEILER frühzeitig (zum ersten Mal in der Ausstellung *Kunst am Rhein* 1953) Werke von GÖTZ in Wiesbaden aus, er zog ihn auch als Berater bei der Auswahl junger Talente heran. Herausragendes Ergebnis dieser Zusammenarbeit war die Ausstellung *lebendige farbe – couleur vivante,* die von April bis Juni 1957 in Wiesbaden gezeigt wurde. Indem er die erste deutsche Museumsausstellung der jungen gestisch-abstrakten Malerei, die sich unter den Namen Tachismus, Informel oder Abstrakter Expressionismus den Weg in die Weltkunstgeschichte bahnte, in Wiesbaden organisierte, knüpfte CLEMENS WEILER mittelbar an die Hochzeit der Avantgarde unter HEINRICH KIRCHHOFFS Ägide an und legte zugleich den Grundstein für die erneuerte Bedeutung des Museums Wiesbaden als Ort der Gegenwartskunst. Im Herbst des Jahres 1962 fand mit den *Fluxus – Internationalen Festspielen Neuester Musik* die Weltpremiere einer neuen Kunstbewegung statt: Die Konzerte, die an vier Wochenenden zwischen dem 1. und 23. September im Vortragssaal des Museums stattfanden, gingen als erster Auftritt der Fluxus-Bewegung in die Geschichte ein. GEORGE MACIUNAS, der als Presseoffizier der US-amerikanischen Armee in Wiesbaden stationiert war, hatte WEILER angeschrieben und vorgeschlagen, ein Festival neuester Musik und performativer Kunst im Museum zu veranstalten. NAM JUNE PAIKS *Zen for Head* → 53 verblieb als Spur seines Auftrittes im Museum und auch WOLF VOSTELLS *Fluxus Memorial für George Maciunas 196 – 1978* → 47, eine Serie von vier Schaukästen, welche die Geburtsstunde von Fluxus hier im Haus, in Wiesbaden, künstlerisch feiern, wurde Teil der Sammlung. WEILERS Bemühungen um den künstlerischen Aufbruch der 1950er- und 1960er-Jahre und seine Begegnung mit K. O. GÖTZ führten noch zu weiteren Ausstellungen mit Werken der damals zeitgenössischen Künstlergeneration aus Frankfurt am Main und Düsseldorf samt nachfolgenden Erwerbungen, die den Beständen des Museums Wiesbaden bedeutende Frühwerke von THOMAS BAYRLE, JOSEPH BEUYS, SIGMAR POLKE, GERHARD RICHTER, DIETER ROTH, WOLF VOSTELL und der „Quadriga"-Gruppe hinzufügten. Am 31. Januar 1972 endete die Amtszeit von CLEMENS WEILER. Die Bilanz seines Direktorats ist angesichts der seinerzeit noch immer unter ihrem Bedeutungsverlust und manifester Geldknappheit leidenden Stadt Wiesbaden überwältigend: Ihm war es gelungen, in Wiesbaden

important give the museum a new beginning with respect to the immediate present, contacting KARL OTTO GÖTZ, member of the Frankfurt artists' group "Quadriga" and professor at the art academy in Dusseldorf. WEILER was not only among the first to exhibit GÖTZ work in his 1953 exhibition *Art on the Rhine,* he also looked to the artist for advice in the selection of young artistic talents. One remarkable outcome of their cooperation was the exhibition *lebendige farbe – couleur vivante* (living color), which ran from April to June of 1957 in Wiesbaden. By organizing in a German museum the first exhibition of contemporary gestural-abstract painting, which made its way into art history as Tachism, Informalism, and Abstract Expressionism, WEILER established an indirect link to the pinnacle period of the avant-garde under the aegis of HEINRICH KIRCHHOFF and laid the corner stone of Museum Wiesbaden's reputation as a site for contemporary art. In the fall of 1962, the museum was host to *Fluxus – International Festival of the Newest Music,* the world premier of a new art movement. The concerts that took place in the museum's auditorium over four weekends from 1–23 September have entered the historical record as the dawn of the Fluxus movement. GEORGE MACIUNAS, public relations officer of the US Army in Wiesbaden, had approached WEILER and proposed the museum as the location of a festival of the newest music and performative art. NAM JUNE PAIK'S *Zen for Head* → 53 remained in the museum as a trace of his performance there, as did WOLF VOSTELL'S *Fluxus Memorial to George Maciunas 1962–1978* → 47, a series of four showcases commemorating the birth of Fluxus at the museum – in Wiesbaden. WEILER'S efforts to keep apace with contemporary artistic developments of the 1950s and 60s and his relationship to K. O. GÖTZ brought about many more exhibitions featuring the work of new generation artists from Frankfurt am Main and Düsseldorf. Many of these works were subsequently acquired by the museum, adding major early works by THOMAS BAYRLE, JOSEPH BEUYS, SIGMAR POLKE, GERHARD RICHTER, DIETER ROTH, WOLF VOSTELL and the "Quadriga" group to its collection. On 31 January 1972, CLEMENS WEILER'S term in office expired. His achievements as director must be seen as staggering in the context of the city's relative insignificance and manifest financial hardship after the war. Weiler had succeeded in building the largest collection of JAWLENSKY'S work in Europe, encompassing some 28 paintings and numerous sketches, among them major works such as *Lady with Fan* from 1909, the *Self-Portrait* from 1912 and *Woman with Forelock* from 1913. He acquired works by other key artists, such as ILJA REPIN, MARIANNE VON WEREFKIN, PAULA MODERSOHN-BECKER and EMIL NOLDE. And, not least, he organized two

die mit 28 Gemälden und zahlreichen Zeichnungen
größte europäische Jawlensky-Sammlung aufzubauen,
darunter Schlüsselwerke wie die *Dame mit Fächer* von
1909, das *Selbstbildnis* aus dem Jahr 1912 und die *Frau mit
Stirnlocke* von 1913. Dazu treten Werke von Ilja Repin,
Marianne von Werefkin, Paula Modersohn-Becker
sowie Emil Nolde. Und nicht zuletzt ist die kunsthistorische Hinterlassenschaft der beiden Avantgarde-Mo-
mente des Museums Wiesbaden mit der *couleur-vivante*-
Ausstellung und den Fluxus-Festspielen hier zu nennen.

Ulrich Schmidt

Mit Dr. Ulrich Schmidt, der das Museum von
1972 bis 1982 leitete, setzte ein langjähriger Kustos am
Hause die Strategie Weilers fort, allerdings im Zeichen
zunehmender Malaise: In seinem ersten Amtsjahr musste Schmidt die Überführung des Museums aus der
städtischen Hoheit in die des Landes vorbereiten, da die
Stadt sich nicht mehr imstande sah, das Museum aus-
reichend zu finanzieren. Schmidt schrieb später diplo-
matisch: „Nach dem Zweiten Weltkrieg zeigten sich
die Probleme der gerechten Finanzierung einer Institution, die ihrem Charakter und schlicht schon der Größe
nach ein Landesmuseum war. Verhandlungen zwischen
Stadt und Land, die nicht zuletzt auch eine Folge der
Initiative von Museumsdirektor Weiler waren, führten
zu einem Übernahmevertrag, der festlegte, daß die
Sammlungen in Landeseigentum übergehen und ab
1. Januar 1973 als staatliches ‚Museum Wiesbaden'
geführt werden sollten. Es gab Stimmen, die darin eine
Minderung städtischer Kulturpolitik sahen. Wie man
auch die Akzente setzen mag: insgesamt gesehen ge-
reichte der Wechsel der Trägerschaft dem Museum
selbst zum Vorteil, als es nämlich in mehreren Bereichen
eine Verbesserung seiner personellen und vor allem
baulichen und technischen Ausstattung verzeichnen
konnte." [15] Die Abgabe der städtischen Sammlungen an
das Bundesland Hessen machte den Abstieg Wiesbadens
seit der Glanzzeit der Jahrhundertwende sinnbildlich
sichtbar und sollte Folgen bis in die unmittelbare Gegenwart haben: Der Geist, der aus tatsächlicher finanzieller
Überforderung aus der Flasche gelassen war, pflanzte
sich in einer der Kultur entfremdeten Stadtpolitik fort,
was 2014 dazu führte, dass der Versuch, ein eigenes
Stadtmuseum am Eingang der Wilhelmstraße zu gründen, aus Furcht vor dem Scheitern scheiterte. In die
Amtszeit von Ulrich Schmidt fällt auch der Auszug
des Nassauischen Kunstvereins aus dem Museum. 1979
übersiedelt dieser in die Wilhelmstraße 15 und beendete
damit eine jahrelange „Konkurrenz" von Museum und

avant-garde exhibitions at Museum Wiesbaden –
couleur-vivante and the Fluxus festival – that would have
significant reverberations for the history of art, as a
whole.

Ulrich Schmidt

Weiler's successor, Dr. Ulrich Schmidt, a long-
time curator at the museum and its director from 1972 to
1982, continued in his predecessor's footsteps, yet in
circumstances of increasing malaise. During his first
year in office, Schmidt oversaw the transfer of the
museum's control to the state rather than the city, which
no longer felt itself capable of providing adequate financial support. Schmidt later wrote, quite diplomatically,
"After the Second World War, the problem of appropri-
ately financing an institution that in both character and
quite simply in size was already a state museum. Negotiations between city and state governments, which were
not least the result of initiatives by the museum's director Weiler, lead to a takeover agreement stipulating
that ownership of the collections was to be transferred
to the state and, as of 1 January 1973, it was to be known
as the State Museum Wiesbaden. There were dissenting
voices that saw a weakening of the city's influence on
cultural policy. No matter how one looks at it, on the
whole, the museum itself benefitted from the transfer of
control, as it lead to improvements in its human resourc-
es and, above all, in its structural and technical equip-
ment". [15] The transfer of the municipal collections to the
State of Hessen was the symbolic manifestation of Wiesbaden's decline after the golden years of the turn of the
20th century, the repercussions of which continue to be
felt into the current day. The mood brought about by
genuine financial hardship gave rise to a municipal
politics estranged from culture, resulting in the city's
attempt in 2014 to found its own museum at the top of
the high street, Wilhelmstraße – a plan that failed for
fear of failure. In 1979, during Schmidt's term as director, the Nassau Art Association moved out of the museum's building, relocating to Wilhelmstraße 15 and end-
ing an ongoing "competition" between the two
institutions, a conflict arising primarily from the profes-
sionalization of the museum sector. At the latest, with
the series of special exhibits organized by Clemens

Kunstverein, die ihren Grund in der Professionalisierung der Museumsarbeit hatte. Spätestens mit der Reihe der *extra*-Ausstellungen CLEMENS WEILERS gab es unter der Regie des Museums ein Format, das dem Verein unmittelbar Konkurrenz machte. Heute besteht zwischen dem Nassauischen Kunstverein und dem Museum Wiesbaden ein anregendes Nebeneinander, das aus Gemeinschaftsaktivitäten, etwa dem übergreifend gefeierten Fluxus-Jubiläum im Jahr 2012, sich wechselseitig befruchtende Impulse zieht.

Arnulf Herbst

Nachfolger ULRICH SCHMIDTS, der 1982 die Leitung der Staatlichen Kunstsammlungen Kassel übernahm, wurde 1983 DR. ARNULF HERBST. Unter seinem Direktorat wurde 1986 eine der wichtigsten Erwerbungen des Museums Wiesbaden überhaupt in die Wege geleitet: der Ankauf von 30 Kunstwerken aus dem Nachlass der Sammlerin und Mäzenin HANNA BEKKER VOM RATH. Dieser gelang dem „Verein zur Förderung der bildenden Kunst in Wiesbaden e. V." mit finanziellen Zuschüssen der Nassauischen Sparkasse, der Landeshauptstadt Wiesbaden sowie der Hessischen Kulturstiftung und die erworbenen Meisterwerke wurden 1987 dem Museum Wiesbaden satzungsgemäß als Dauerleihgabe zur Verfügung gestellt. 1987 wurde ARNULF HERBST zum Direktor des Museums für Kunsthandwerk in Frankfurt am Main berufen, ihm folgte DR. VOLKER RATTEMEYER (* 1943) nach.

Volker Rattemeyer

Unter seinem 23-jährigen Direktorat sollte das Museum eine Neuaufstellung erfahren, die zum einen die umfassende bauliche Sanierung des Hauses, zum anderen eine konzeptuelle Erneuerung des Museums zum Ziel hatte. 1991 legte RATTEMEYER dem Hessischen Ministerium für Wissenschaft und Kunst ein weitreichendes Renovierungs- und Entwicklungskonzept für das Museum Wiesbaden vor. Zentraler Aspekt seines Entwurfes war die Neuaufstellung der drei Abteilungen des Hauses. Die Sammlung Nassauischer Altertümer, der RATTEMEYER eine vor allem regionale Bedeutung beimaß, sollte einen eigenen Standort außerhalb des Museums erhalten. Die Abteilungen für Kunst und Natur sollten demgegenüber verstärkt international ausgerichtet und unter einer gemeinsamen inhaltlichen Klammer präsentiert werden. Die Kosten für die überdies dringend erforderliche Sanierung der Gebäudesubstanz

WEILER under the name of *extra* Ausstellungen, a format was introduced at the museum that could be seen as direct competition to the association. Today, the two institutions enjoy a mutually inspiring cooperation on fruitful joint activities, such as the anniversary of Fluxus in 2012.

Arnulf Herbst

ULRICH SCHMIDT, who assumed directorship of the State Art Collection in Kassel in 1982, was succeeded in Wiesbaden by DR. ARNULF HERBST, who directed the museum from 1983 to 1987. During HERBST'S term as director, one of Museum Wiesbaden's most significant acquisitions was initiated. Namely, the purchase of 30 works from the estate of collector and patron HANNA BEKKER VOM RATH, made possible by the "Association for the Advancement of the Fine Arts in Wiesbaden" with financial subsidies from the Nassauischen Sparkasse, the State Capital Wiesbaden and the Hessian Cultural Foundation. As a result, the masterpieces acquired from the Bekker vom Rath estate were put on permanent loan to Museum Wiesbaden in 1987. In the same year ARNULF HERBST was appointed director of Frankfurt's Museum of Arts and Crafts to be succeeded in Wiesbaden by DR. VOLKER RATTEMEYER (* 1943).

Volker Rattemeyer

During RATTEMEYER'S 23 years as director, the museum experienced a realignment that would lead to the complete structural renovation of the building, as well as a conceptual reorientation. In 1991, RATTEMEYER presented a proposal to the Hesse State Ministry of Science and the Arts for the extensive renovation and development of the museum. A central aspect of his plan was the realignment of its three departments: The Nassau antiquity collection, whose primary significance RATTEMEYER considered regional, was to be moved to another location altogether, while the art and natural history collections were to be merged and become more explicitly international. The costs of the urgently needed structural repairs to the building were estimated at 60 million Marks; ultimately, the State of Hesse invested around 40 million euros in the project. After the Hesse State Ministry of Finance provided partial funding in the

wurden auf 60 Millionen DM geschätzt; am Ende sollte
die Investition des Landes Hessen knapp 40 Millionen
Euro betragen. Nachdem das Hessische Finanzministeri-
um im Jahr 1992 einen Teilbetrag von 17 Millionen DM für
den ersten Bauabschnitt zur Verfügung stellte, wurden
die Architekten SCHULTZE + SCHULZE aus Kassel mit der
Planung beauftragt. Im Oktober 1994 begann die Reno-
vierung der Kunstsammlung, die im März 1997 mit einer
Retrospektive des Künstlers FRIEDRICH VORDEMBER-
GE-GILDEWART wiedereröffnet wurde. Im Juli 2003 begannen die Sanierungsarbeiten im Mitteltrakt des Museums, die mit der Wiedereinweihung im September 2006
abgeschlossen waren. Im Juni 2007 wurden die Pläne für
die Instandsetzung der beiden Seitenflügel des Hauses
vorgestellt. Nach der inzwischen durch Stadt und Land
beschlossenen Rückübertragung der Sammlung Nassauischer Altertümer vom Land auf die Stadt sollte das
Museum Wiesbaden mit ihrem Abgang zu einem Landesmuseum für die zwei Sparten Kunst und Natur werden.
Künftig würden im Südflügel die Alten Meister sowie
Neuerwerbungen internationaler zeitgenössischer Kunst
gezeigt werden. Für den Nordflügel wurde unter dem
Thema *Ästhetik der Natur* eine komplette Neupräsentation der Naturhistorischen Sammlungen vorbereitet.
Im September 2009 begannen die Bauarbeiten für die Sanierung der beiden Seitenflügel, die bei der Pensio-
nierung VOLKER RATTEMEYERS im Jahre 2010 noch nicht
abgeschlossen waren.

Der zweite Aspekt der grundlegenden Erneuerung
des Museums Wiesbaden unter seiner Regie war die
Neuausrichtung der Sammlung im Bereich der Gegenwartskunst durch hochrangige Ankäufe. Symbolisch
dafür steht der von RATTEMEYER ins Leben gerufene,
international orientierte Alexej-von-Jawlensky-Preis der
Landeshauptstadt Wiesbaden für Malerei, der im Museum Wiesbaden verliehen wird. AGNES MARTIN war 1991
die erste Trägerin dieser neuen Auszeichnung, es folgten
ROBERT MANGOLD (1996), BRICE MARDEN (2004) und
REBECCA HORN (2007). Im Kontext des Preises gelangen
RATTEMEYER Erwerbungen wichtiger Werke der Preis-
träger, hinzu kamen im Verlauf seiner Amtszeit unter
anderem große Installationen von DONALD JUDD, ILYA
KABAKOV, JOCHEN GERZ und KAZUO KATASE. Krönung
seines Entwicklungskonzeptes war 2007 die Auszeichnung des Museums Wiesbaden als „Museum des Jahres"
durch die deutsche Sektion der AICA.

amount of 17 million Marks for the first stage of construction in 1992, the Kassel architects SCHULTZE + SCHULZE
were charged with planning the renovations. In October
1994 renovations of the art gallery began, to be reopened
three years later in March 1997 with a FRIEDRICH VOR-
DEMBERGE-GILDEWART retrospective. In July 2003, the
renovations on the central structure began; it was reopened in September 2006. In June 2007, plans for the
modernization of the two wings were presented. After
agreements were reached between the city and state
governments for the return of the Nassau antiquity
collection to municipal control, Museum Wiesbaden was
to become a state museum of art and natural history.
The museum's south wing was to house the Old Masters,
as well as recent acquisitions of contemporary international art, while the north wing, under the thematic title
"Aesthetics of Nature," was to house the fully reconcep-
tualized natural history collection. In September 2009,
renovation of the two wings commenced and was still
ongoing at the time of RATTEMEYER'S retirement in 2010.

The second fundamental development of the museum under his direction was the new orientation of its
contemporary art collection through the acquisitions of
the work of prominent artists. The internationally focused Alexej von Jawlensky Prize, introduced by RATTE-
MEYER during his term and awarded at the museum,
serves as a symbol of this development. AGNES MARTIN
was the first to receive the prize in 1991, followed by
ROBERT MANGOLD (1996), BRICE MARDEN (2004) and
REBECCA HORN (2007). Within the scope of the Jawlensky
Prize, RATTEMEYER acquired major works by prize
recipients, though he also acquired works of other prominent artists, including large-scale installations by DON-
ALD JUDD, ILYA KABAKOV, JOCHEN GERZ and KAZUO
KATASE. The crowning moment of RATTEMEYER'S directorship, due in no small part to developments he proposed, was the naming of Museum Wiesbaden to "Museum of the Year" in 2007 by the German section of AICA.

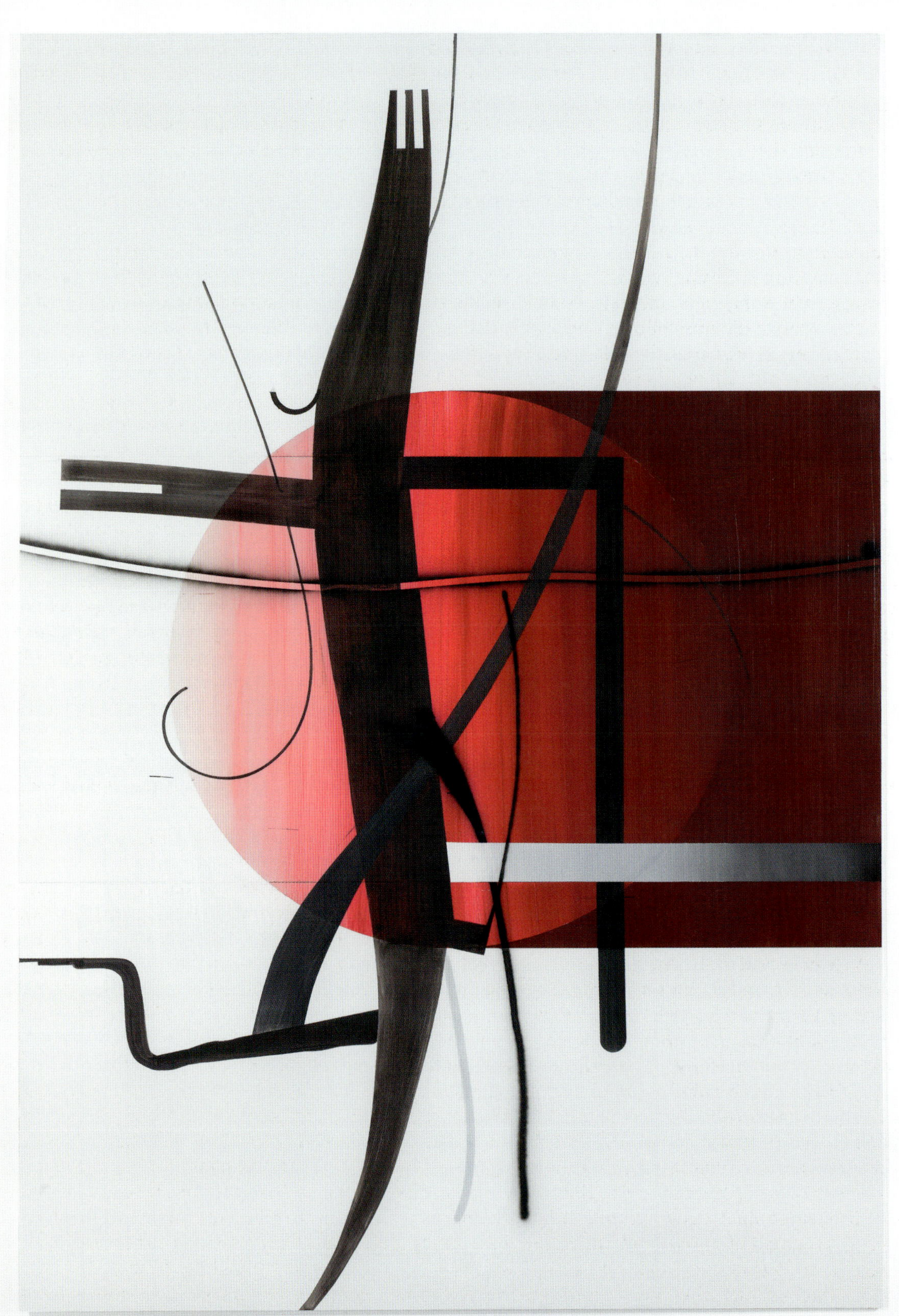

Mit meinem Amtsantritt im November 2010 lagen noch zweieinhalb Jahre Sanierungsphase vor uns, eine Zeit, in der es galt, das kleinste der drei hessischen Landesmuseen auf ein neues Dasein als ein veritables Hauptstadtmuseum des Landes Hessen vorzubereiten. Neben dem Vorantreiben der laufenden Sanierung und dem weiteren Ausbau der Sammlungen, war mein vorrangiges Ziel die Erarbeitung eines vielschichtigen Sonderausstellungsprogrammes, das allen Sammlungssträngen gleichermaßen Beachtung schenkt. Nachdem in der Vergangenheit weitgehend monografische Projekte zu JAWLENSKY (etwa die Ausstellung „*Meine liebe Galka!*" im Jahr 2004) und zu Künstlern der US-amerikanischen Nachkriegsavantgarde organisiert worden waren (hier sei besonders an die legendäre Schau zu EVA HESSE im Jahr 2002 erinnert), sollten nun mit Themen- beziehungsweise Thesenausstellungen auch weiter reichende kunsthistorische Zusammenhänge eine Rolle spielen.

Die Reihe der Jawlensky-Preisträger wurde 2010 mit ELLSWORTH KELLY fortgeführt, dem das Museum im Frühjahr 2012 eine große Retrospektive seines schwarzweißen Werkes widmete. Im Sommer desselben Jahres beging das Haus das 50. Jubiläum der *Internationalen Fluxus-Festspiele* von 1962, an denen am 1. September 2012 – neben ERIC ANDERSEN, WILLEM DE RIDDER, PHILIP CORNER und GEOFFREY HENDRICKS – mit BEN PATTERSON und ALISON KNOWLES auch zwei Protagonisten der Ur-Performance teilnamen. Im März 2013 eröffnete die Ausstellung *Rheinromantik. Kunst und Natur,* deren Ziel die Untersuchung und Präsentation des engen Zusammenhanges zwischen Naturforschung und Romantik um die Jahrhundertwende von 1800 war. Indem die Ausstellung zwei Themen der naturhistorischen Abteilung und der Kunstgeschichte zusammenführte, verdeutlichte sie beispielhaft, wie das Museum in seinen Ausstellungen Thesen aufstellen, diese im Rahmen des Projektes überprüfen, belegen sowie anschaulich vermitteln möchte und so mit und durch die Ausstellung forscht. Im Sommer des gleichen Jahres ehrte das Museum HANNA BEKKER VOM RATH mit einer großen Retrospektive und bot im Herbst mit der Schau *Nanna. Entrückt, überhöht, unerreichbar. Anselm Feuerbachs Elixier einer Leidenschaft* zum ersten Male die Möglichkeit, rund 40 der Nanna-Porträts von ANSELM FEUERBACH neben- und miteinander zu studieren. Mit Ausstellungen zu THOMAS FLORSCHUETZ und ABBAS KIAROSTAMI erweiterten wir unseren Blick auf die Gegenwartsfotografie, mit der Ausstellung *Wols – Das große Mysterium* zum 100. Geburtstag von WOLFGANG OTTO SCHULZE verwies das Museum auf die Tatsache, dass Wiesbaden zu den ersten

When I assumed directorship of the museum in November 2010, there were still 2½ years of renovation work ahead of us. Still, we had to prepare the museum, two-thirds of which was closed as a result, for its new start as a viable museum of the capital city of Hesse. Along with monitoring the ongoing renovations and further expansion of the collection, my chief objective was to organize a multi-faceted program of special exhibitions that would place equal emphasis on all divisions of the collection. Since the museum had already held largely monographic exhibits devoted to JAWLENSKY (with its *"Meine liebe Galka!"* [My Dearest Galka!] in 2004) and other US artists of the post-war avant-garde (with its legendary show on Eva Hesse in 2002), it seemed an appropriate time to shift the focus to thematic, or perhaps better said, argumentative exhibitions that would explain larger art historical contexts and relationships of the works in the collection.

The list of Jawlensky Prize recipients grew in 2010 with the addition of ELLSWORTH KELLY, whom the museum honored with a retrospective of his black-white works in the spring of 2012. In the summer of the same year, the museum organized an event marking the 50th anniversary of the *International Fluxus Festival* of 1962, attended by such prominent guests as ERIC ANDERSEN, WILLEM DE RIDDER, PHILIP CORNER and GEOFFREY HENDRICKS, as well as BEN PATTERSON and ALISON KNOWLES, both of whom had taken part in the original performances. In March 2013, the exhibit *Rhine Romantic. Art and Nature.* opened, whose goal was to investigate and illustrate the close relationship between natural scientific research and Romanticism at the turn of the 19th century. Bringing together two areas of expertise, in natural history and art history respectively, belonging to the two distinct divisions of the museum, the exhibit demonstrated the museum's new strategy of argumentative exhibition – presenting a thesis to be examined, supported and explicated within the scope of the project, that is, with and in the exhibit. In the summer of the same year, the museum honored HANNA BEKKER VOM RATH with a retrospective, while in the fall it presented *Nanna – Enraptured, Imposing, Unattainable. Anselm Feuerbach's Elixir of a Passion,* displaying for the first time some 40 of FEUERBACH'S Nanna portraits together in the same exhibit, allowing viewer's to establish new relationships and comparisons among the works. Exhibitions of THOMAS FLORSCHUETZ and ABBAS KIAROSTAMI extended our investigation of contemporary photography, while the show *Wols – The Great Mystery* commemorating the 100th anniversary of the birth of

Institutionen gehörte, die einst sein Werk in Deutschland zeigten.

Mit der Eröffnung der beiden Seitenflügel des Museums am 7. Mai 2013 kehrten die Naturhistorischen Sammlungen in ihre Räume zurück. Die Alten Meister zogen im Südflügel in den vormaligen Bereich der Sammlung Nassauischer Altertümer ein. Mit der Präsentation der herausragenden Exponate der Bestände auf nunmehr 7.000 Quadratmetern Ausstellungsfläche wurde auch ein funktionales Leitsystem erforderlich, das einen wichtigen Baustein des neuen Erscheinungsbildes des Museums darstellt. Die noch ausstehende Sanierung der Kolonnaden an der Gebäudefront und die Neugestaltung des Treppenbereiches vor dem Eingangsportikus sollen 2016 durchgeführt werden. Mit ihr wird sowohl ein barrierefreier Zugang ins Gebäude geschaffen als auch die im Inneren gepflegte Offenheit und Besucherfreundlichkeit im Äußeren angekündigt.

Eine anhaltend hohe Priorität hatte neben der Ausstellungstätigkeit stets auch der Ausbau der Sammlungen. Aus der seit 2010 bestehenden Zusammenarbeit mit dem Wiesbadener Kunstsammler FRANK BRABANT erwuchs im Jahr 2014 die bedeutendste Schenkung eines Einzelwerkes der vergangenen Jahrzehnte: ALEXEJ VON JAWLENSKYS Gemälde *Helene im spanischen Kostüm* von 1901/02 → 151 erweiterte den Bestand des Museums um ein frühes Hauptwerk des Künstlers. Die testamentarische Schenkung von 33 Werken der Klassischen Moderne bis in die 1980er-Jahre durch WOLFGANG und MARIANNE RICK im Jahr 2013 ließ den Bereich der Klassische Moderne um Arbeiten etwa von PAUL SIGNAC, MAX LIEBERMANN, LOVIS CORINTH, KARL SCHMIDT-ROTTLUFF, MAX PECHSTEIN, ERNST LUDWIG KIRCHNER, EMIL NOLDE, GABRIELE MÜNTER, LYONEL FEININGER, MARC CHAGALL, MAX ERNST, ERNST WILHELM NAY, ADOLF FLEISCHMANN, HANS HARTUNG, JOSEF ALBERS und HEINZ MACK anwachsen. Mit der Schenkung eines 84 Werke umfassenden Konvoluts des Malers EDUARD STEINBERG durch dessen Witwe GALINA MANEWITSCH erfuhren sowohl der russische Schwerpunkt des Hauses um die Künstler NATALIA GONCHAROVA, WLADIMIR JEWGRAFOWITSCH TATLIN, MARIANNE VON WEREFKIN, ALEXEJ VON JAWLENSKY und ILYA KABAKOV als auch die konstruktiven Positionen um LÁSZLÓ MOHOLY-NAGY, FRIEDRICH VORDEMBERGE-GILDEWART, ERICH BUCHHOLZ und WALTER DEXEL eine erfreuliche Erweiterung. Wichtige Ankäufe konnten in jüngster Vergangenheit ebenfalls getätigt werden, dies wesentlich verbunden mit einer vom Kuratorium der Freunde des Museums initiierten Museumsgala, die seit 2012 im Oktober jedes

WOLFGANG OTTO SCHULZE revealed, among other things, the museum's role as one of the first institutions to exhibit WOLS' work in Germany.

The reopening of the museum's two wings on 7 May 2013 allowed the natural history collection to return to its own rooms, while the "Old Masters" were moved to the south wing, which once housed the Nassau antiquity collection. The expansion of the exhibition space to some 7,000 m² called for the development of an orientation system to help visitors navigate the museum; the system forms as an important component of the museum's new image. The remaining renovations to the columns on the building's façade and the redesign of the stairway in front of the portico are to be completed in 2016. These modifications will offer barrier-free access to the building and enhance the openness of its interior and friendliness of its exterior appearance.

The expansion of the collection represents a continual focus and priority of the museum's exhibition activities. The museum's cooperation, since 2010, with the Wiesbaden collector FRANK BRABANT became the impetus for his bestowal in 2014 of one of the most significant single pieces acquired by the museum in the last decade – ALEXEJ VON JAWLENSKY's painting *Helene in Spanish Costume* from 1901/02 → 151 – expanding the museum's collection of the artist's work by a central early work. The testamentary donation of 33 works from the Classical Modernist period through to the 1980s by WOLFGANG and MARIANNE RICK in 2013 expanded the museum's collection in this area with works by PAUL SIGNAC, MAX LIEBERMANN, LOVIS CORINTH, KARL SCHMIDT-ROTTLUFF, MAX PECHSTEIN, ERNST LUDWIG KIRCHNER, EMIL NOLDE, GABRIELE MÜNTER, LYONEL FEININGER, MARC CHAGALL, MAX ERNST, ERNST WILHELM NAY, ADOLF FLEISCHMANN, HANS HARTUNG, JOSEF ALBERS and HEINZ MACK. The generous donation of an 84 work convolute of painter EDUARD STEINBERG by his widow GALINA MANEWITSCH expanded both its collection of Russian art with works by NATALIA GONCHAROVA, WLADIMIR JEWGRAFOWITSCH TATLIN, MARIANNE VON WEREFKIN, ALEXEJ VON JAWLENSKY and ILYA KABAKOV, as well as its Constructivist focus with works by LÁSZLÓ MOHOLY-NAGY, FRIEDRICH VORDEMBERGE-GILDEWART, ERICH BUCHHOLZ and WALTER DEXEL. The museum has also recently made some major purchases of its own, primarily in connection with the museum gala initiated by the Board of Trustees of the Friends of Museum Wiesbaden, which has taken place annually since October 2012. Thanks to the engagement of STEPHAN ZIEGLER, Chairman of the Board of Trustees of the

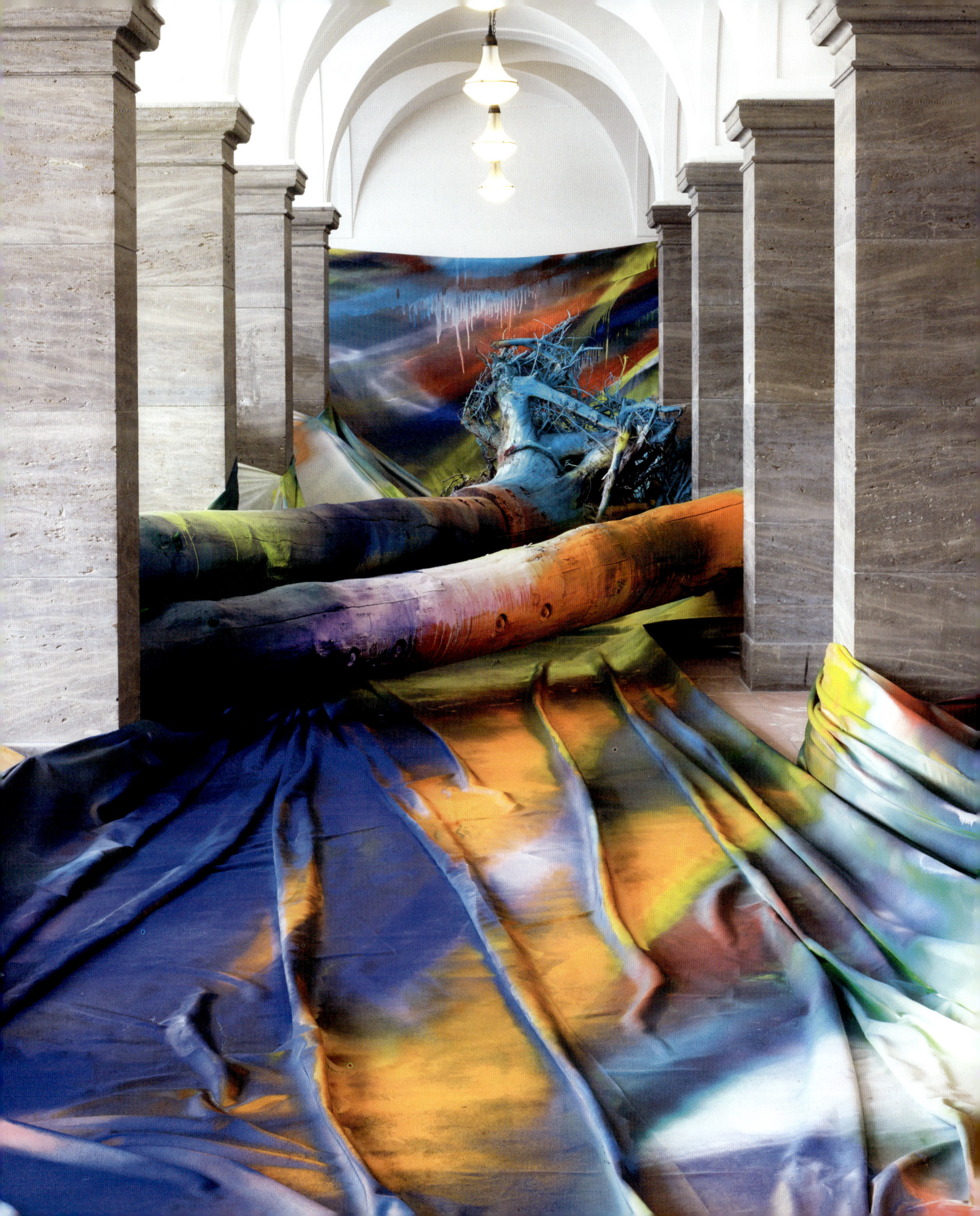

1 Zit. nach: Wolfgang P. Cilleßen, „„Eine so viel besuchte, an Ausdehnung und Umfang täglich wachsende Stadt, durch Sammlungen und wissenschaftliche Anstalten noch bedeutender zu machen'. Der Frankfurter Sammler Johann Isaak von Gerning (1767–1837) und das Museum Wiesbaden", in: *Rheinromantik. Kunst und Natur*, hg. von Peter Forster (Ausst.-Kat. Museum Wiesbaden), Regensburg 2013.

2 Franz Götting/Rupprecht Leppla, *Geschichte der Nassauischen Landesbibliothek zu Wiesbaden und der mit ihr verbundenen Anstalten 1813–1914. Festschrift zur 150-Jahrfeier der Bibliothek am 12. Oktober 1963*, Wiesbaden 1963, S. 189.

3 Ebda., S. 177.

4 Zit. nach: ebda., S. 191.

5 Ebda., S. 193.

6 Ulrich Schmidt, „Bürgerliche Kunstförderung in Wiesbaden. Zur Geschichte des Nassauischen Kunstvereins", in: *Nassauische Annalen*, Bd. 84, 1973, S. 154.

7 Ulrich Schmidt, „Zur Geschichte der Wiesbadener Gemäldegalerie", in: *Städt. Museum Wiesbaden, Gemäldegalerie*. Katalog, bearb. von dems., Wiesbaden 1967, o. S.

8 Golo Mann, *Deutsche Geschichte des 19. und 20. Jahrhunderts*, Frankfurt am Main 1958, S. 463.

9 Clemens Weiler, zit. nach: Schmidt 1973, wie Anm. 7, S. 156.

10 Ebda.

11 *Zentralblatt der Bauverwaltung*, 28. Jg., Nr. 10, (Berlin) 5.2.1908, S. 76.

12 Paulgerd Jesberg, „Museum Wiesbaden", in: *Neues Bauen in Wiesbaden, 1900–1914*, Redaktion ders. (Ausst.-Kat. zur Ausstellung der Landeshauptstadt Wiesbaden, Stadtentwicklungsdezernat u. a. im Nassauischen Kunstverein Wiesbaden), Wiesbaden 1984, S. 158.

13 Fred Lübbecke, „Das neue Museum in Wiesbaden", in: *Feuer, Monatsschrift für Kunst und Künstlerische Kultur*, Bd. 2, 1920/21, (Saarbrücken, Leipzig und Stuttgart) April/Mai 1921, S. 387.

14 Diese und die folgenden Informationen zur „Methode Voss" verdanke ich den Forschungen von Miriam Merz und Peter Forster im Hause. Mein Text greift weitgehend auf eine Denkschrift von Miriam Merz aus dem Jahr 2014 zurück.

15 Ulrich Schmidt, *Die Kunstsammlungen im Museum Wiesbaden*, München u. a. 1988, S. 30 f. (Kleine Kunstführer Nr. 1301, 1. Aufl. 1981).

1 Cited in Wolfgang P. Cilleßen. "'Eine so viel besuchte, an Ausdehnung und Umfang täglich wachsende Stadt, durch Sammlungen und wissenschaftliche Anstalten noch bedeutender zu machen'. Der Frankfurter Sammler Johann Isaak von Gerning (1767–1837) und das Museum Wiesbaden" in Rheinromantik. Kunst und Natur, Ed. Peter Forster (exhibit catalog, Museum Wiesbaden) Regensburg, 2013.

2 Franz Götting/Rupprecht Leppla. Geschichte der Nassauischen Landesbibliothek zu Wiesbaden und der mit ihr verbundenen Anstalten 1813–1914. Festschrift zur 150-Jahrfeier der Bibliothek am 12. Oktober 1963. Wiesbaden, 1963: 189.

3 ibid: 177.

4 cited in ibid: 191.

5 ibid: 193.

6 Ulrich Schmidt. "Bürgerliche Kunstförderung in Wiesbaden. Zur Geschichte des Nassauischen Kunstvereins" in Nassauische Annalen, Vol. 84. 1973: 154.

7 Ulrich Schmidt. "Zur Geschichte der Wiesbadener Gemäldegalerie" in Städt. Museum Wiesbaden, Gemäldegalerie. Katalog. Ed. Ulrich Schmidt. Wiesbaden: 1967, o. S.

8 Golo Mann. Deutsche Geschichte des 19. und 20. Jahrhunderts. Frankfurt am Main, 1958: 463.

9 Clemens Weiler. Cited in Schmidt 1973: 156.

10 ibid

11 Zentralblatt der Bauverwaltung. 28th ed. Nr. 10 (Berlin) 5.2.1908: 76.

12 Paulgerd Jesberg. "Museum Wiesbaden" in Neues Bauen in Wiesbaden, 1900–1914. Ed. Paulgerd Jesberg (exhibit catalog of the State Capital of Wiesbaden, Department of City Development in the Nassau Art Association Wiesbaden) Wiesbaden, 1984: 158.

13 Fred Lübbecke. "Das neue Museum in Wiesbaden" in Feuer, Monatsschrift für Kunst und Künstlerische Kultur. Vol. 2. 1920/21 (Saarbrücken, Leipzig and Stuttgart) April/May 1921: 387.

14 The information contained in this essay on the "Vossian Method" was derived from the work of Miriam Merz and Peter Forster at Museum Wiesbaden. My essay references in large part an expose by Miriam Merz from 2014.

15 Ulrich Schmidt. Die Kunstsammlungen im Museum Wiesbaden. Munich, 1988: 30 f. (Kleine Kunstführer Nr. 1301, 1. ed. 1981).

Vorherige Seite: Katharina Grosse, Sieben Stunden, Acht Stimmen, Drei Bäume, 2015
Previous page: Seven Hours, Eight Voices, Three Trees

Jahres stattfindet. Dieser alljährliche, dank des Engagements des 2012 zum Vorsitzenden des Kuratoriums gewählten Vorstandsvorsitzenden der Nassauischen Sparkasse, STEPHAN ZIEGLER, von Anfang an höchst erfolgreiche Fundraising-Abend half im ersten Jahr beim Ankauf von WILHELM LEHMBRUCKS *Büste der Knienden – geneigter Frauenkopf* → 172/173, die das Museum aus dem Nachlass HANNA BEKKERS erwerben konnte. Die bis heute bestehende Verbundenheit der Familie der einstigen Mäzenin mit dem Museum bekundete ebenso das Geschenk des SCHMIDT-ROTTLUFF-Porträts von HANNA BEKKER, das ihre Tochter MAXIMILIANE KRAFT 2013 aus Anlass der Ausstellung *Zwischen Brücke und Blauem Reiter. Hanna Bekker vom Rath als Wegbereiterin der Moderne* dem Museum machte. Zum Ankauf von ELLSWORTH KELLYS Werk *White Relief Over Black* → 94 trug die zweite Museumsgala im Jahr 2013 bei; 2014, im dritten Jahr ihres Bestehens, sicherte sie ein Drittel des Kaufpreises von HANS VON MARÉES Gemälde *Die Labung* von 1880 → 331, welches das Museum nach vorangegangener Restitution von den Erben des ursprünglichen Besitzers MAX SILBERBERG zurückkaufte. Ein weiteres Drittel der hierfür benötigten Summe brachte eine eigens dafür initiierte Spendenkampagne unter den Bürgern der Stadt mit dem Motto „Wiesbaden schafft die Wende" auf. Neben dem monetären Erlös war deren wesentliches Ziel auch die Verbreitung des titelgebenden Hinweises darauf, dass das im Museum Wiesbaden durch HERMANN VOSS besonders wichtige Thema der Provenienzforschung ein Öffentliches ist und die Abtragung der deutschen Schuld der Teilnahme aller bedarf. Mit der durch den seit 2014 amtierenden Minister für Wissenschaft und Kunst, BORIS RHEIN, initiierten *Zentralen Stelle für Provenienzforschung in Hessen,* die seit 2015 direkt im Haus angesiedelt ist, begeben sich das Museum Wiesbaden wie das Land Hessen an die Aufarbeitung und Wiedergutmachung eines Teils dieser Schuld.

Das Museum Wiesbaden gehört heute zu den wichtigsten deutschen Sammlungen der Kunst des 20. Jahrhunderts und besitzt mit seinen zwei Schwerpunkten Kunst und Natur einen ganz besonderen Charakter. In Zeiten, in denen multidisziplinäres Denken einen Teil des künstlerischen Prozesses darstellt, ist die Verbindung der beiden Bereiche unter einem Dach nicht nur sehr inspirierend, das Zusammenspiel ist auch *very contemporary*. Mit der Präsentation der Dauerausstellung der Naturhistorischen Sammlungen unter der Überschrift *Ästhetik der Natur* verbindet das Museum seine beiden Abteilungen durch ein übergreifendes Präsentationskonzept und Erscheinungsbild sowie durch eine Vielzahl von thematischen Bezügen.

Friends and CEO of the Nassauische Sparkasse, this annual fundraising event has enjoyed great success, enabling the purchase of WILHELM LEHMBRUCK'S *Bust of Kneeling Woman – Inclined Female Head* → 172/173 from the estate of HANNA BEKKER VOM RATH in the first half of the year. The museum's long-standing connection to the family of this one-time patron also lead to the donation of SCHMIDT-ROTTLUFF'S portrait of HANNA BEKKER VON RATH by her daughter MAXIMILIANE KRAFT in 2013 on the occasion of the exhibition *Between the Bridge and Blue Rider. Hanna Bekker vom Rath as Forerunner of Modernity.* The second museum gala in 2013 enabled the purchase of ELLSWORTH KELLY'S *White Relief Over Black* → 94 and in 2014 the gala raised one-third of the funding for the purchase of HANS VON MARÉE'S painting *Die Labung* (Refreshment) from 1880 → 331, which the museum repurchased from the heirs of its original owner MAX SILBERBERG in restitution. An additional third was generated by Wiesbaden's residents themselves through a special campaign entitled "It's your turn, Wiesbaden!" Aside from raising the necessary funds, the campaign sought to communicate, in part, with the very title of the campaign, that provenance research – which for Museum Wiesbaden represents a particularly sensitive issue due to its history under the directorship of HERMANN VOSS – is, in fact, a public concern and making amends for Germany's wrongs requires everyone's participation. With the Central Office for Provenance Research in Hesse, initiated by minister of science and arts BORIS RHEIN in 2014 and housed in Museum Wiesbaden since 2015, both the museum and the state of Hesse make a meaningful contribution to the historical reappraisal and reparations of Germany's crimes during the Nazi era.

Today, Museum Wiesbaden boasts one of Germany's most significant collections of 20th century art and possesses a particularly unique character in Germany's museum landscape as a result of its two divisions of art and natural history. In times when multi-disciplinary thinking forms an essential part of the artistic process itself, the connection of the two divisions under one roof is not only inspiring but very contemporary. The title of the Natural History Collection's permanent exhibition *Aesthetics of Nature* underscores the variety of mutual thematic relationships between the two divisions and the museum's union of its two collections under a single presentational concept.

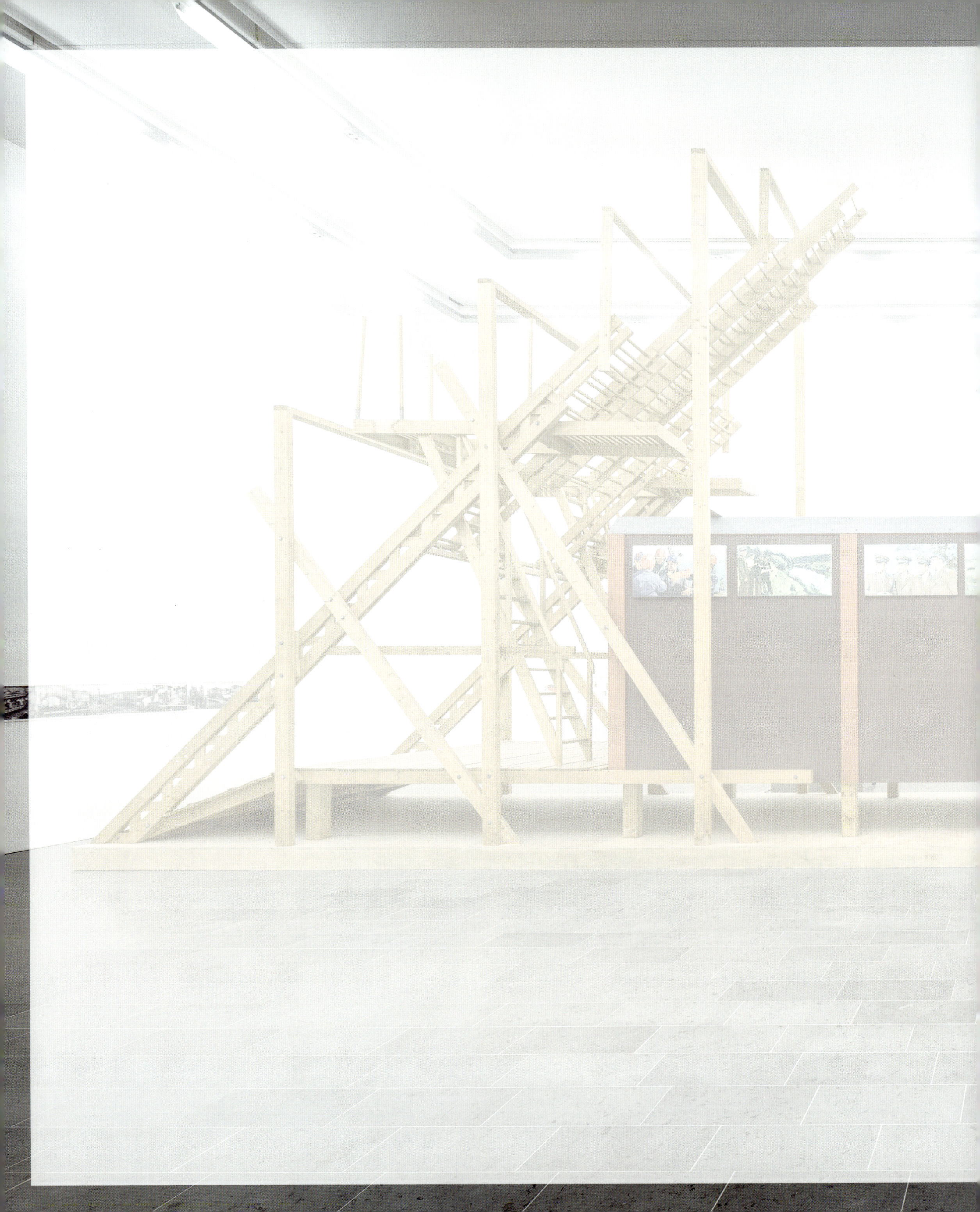

Moderne und Gegenwart

Modern and Contemporary Art

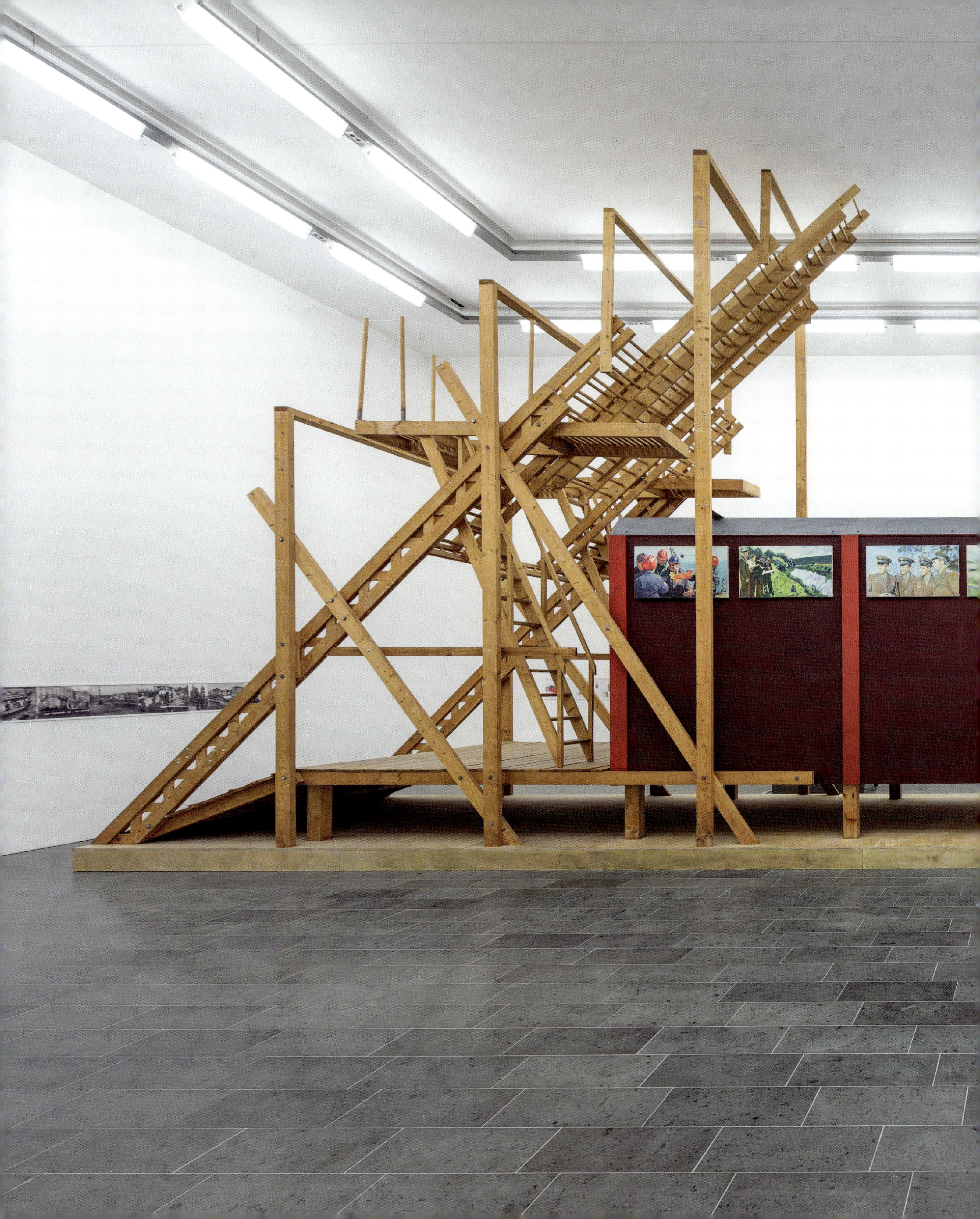

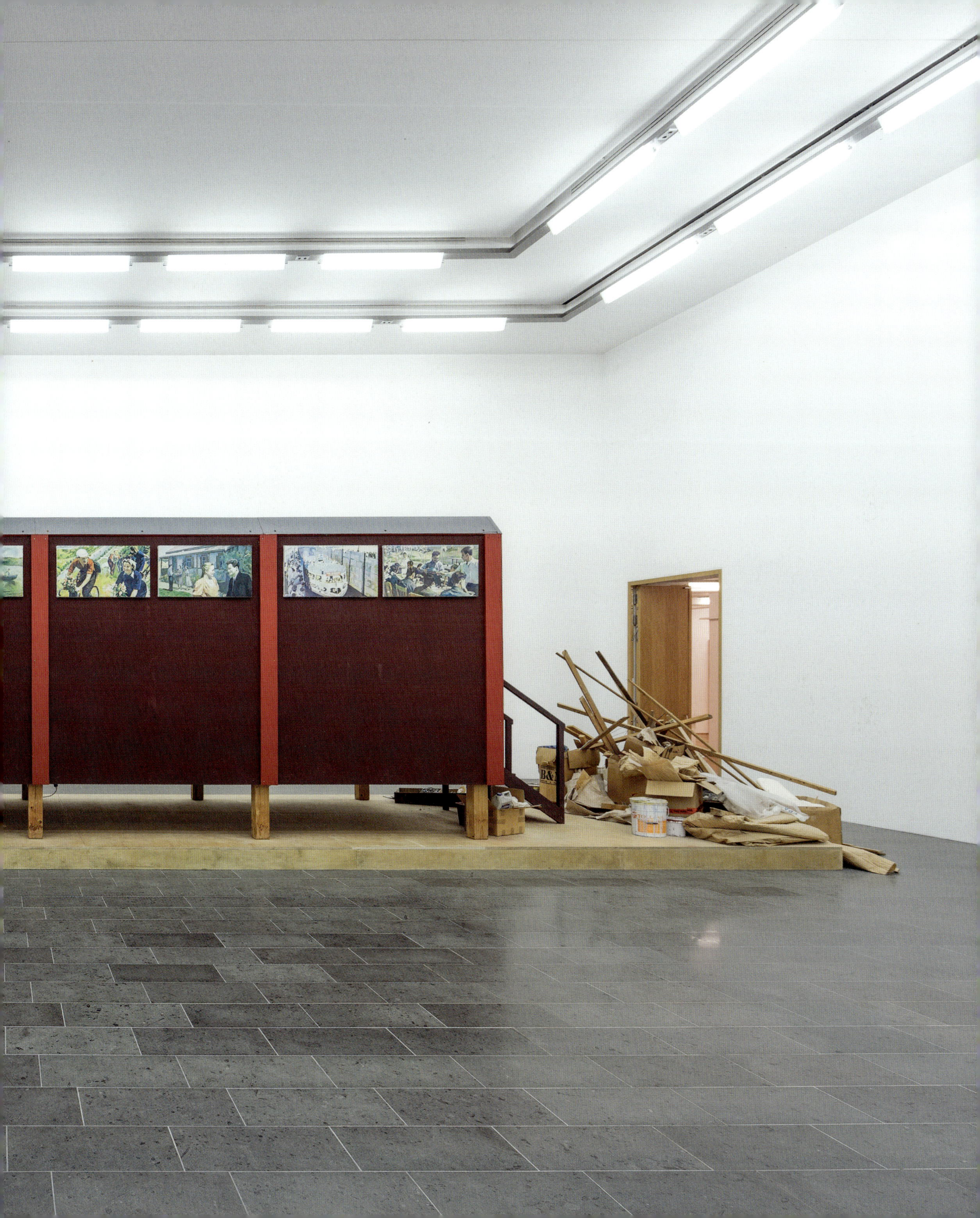

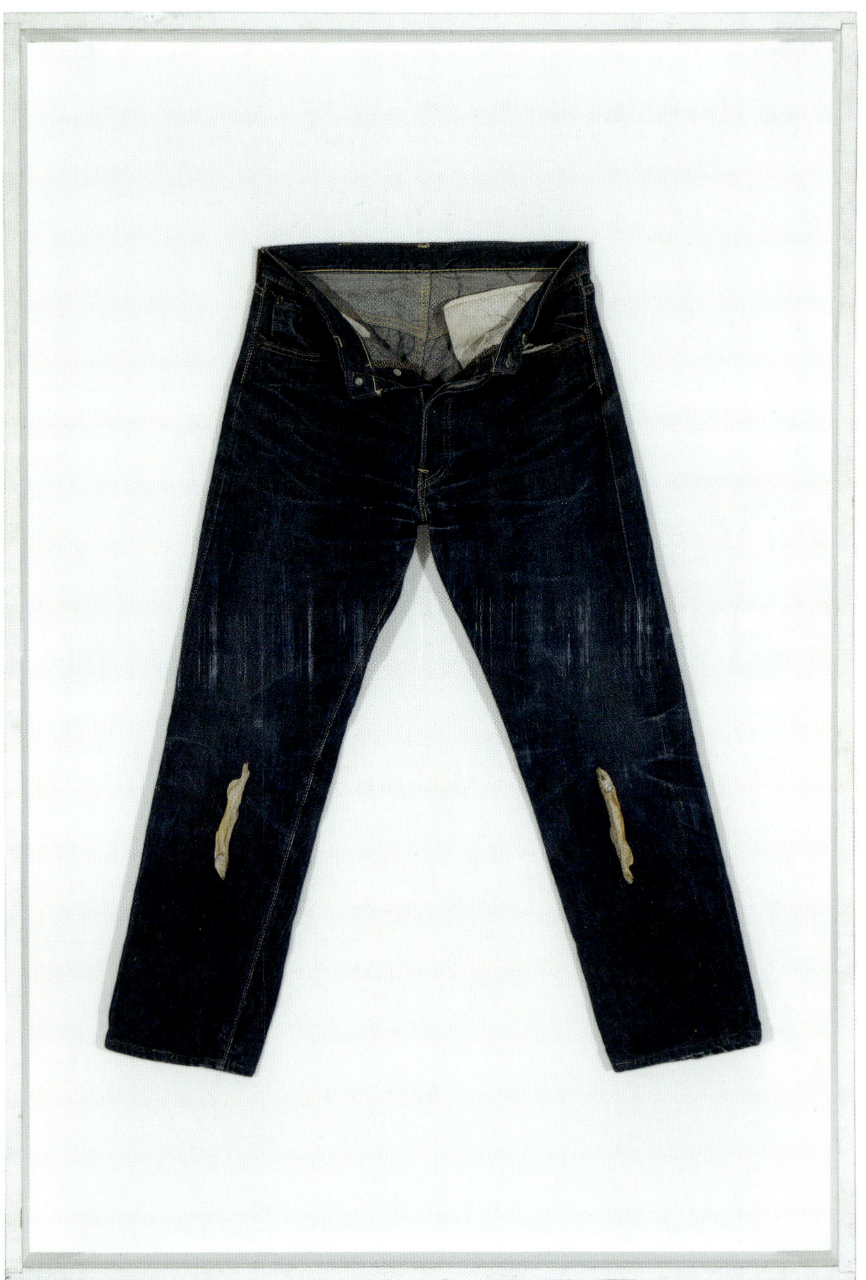

Vorherige Seite: Ilya Kabakov,
Der Rote Waggon, 1991
Previous page: The Red Wagon

Diese Seite: Joseph Beuys, Blue Jeans mit
getrockneten Fischen, 1970
This page: Blue Jeans with Dried Fish

Ein Neubeginn mit Auswirkungen bis in die Gegenwart: Die Kunst der 1950er- und 1960er-Jahre im Museum Wiesbaden

VON JÖRG DAUR

The Resonance of New Beginnings: Art of the 1950s and 1960s in Museum Wiesbaden

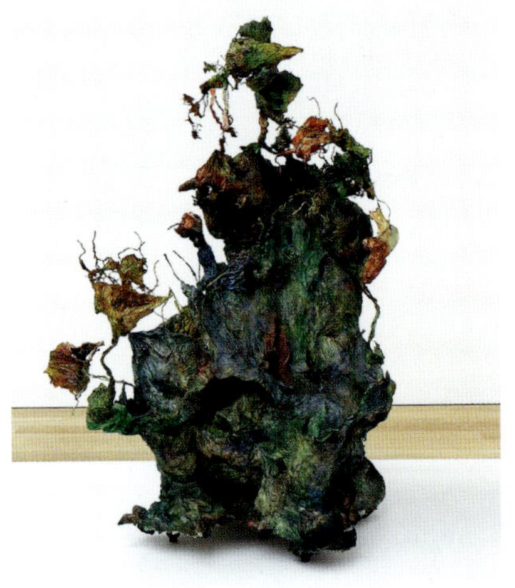

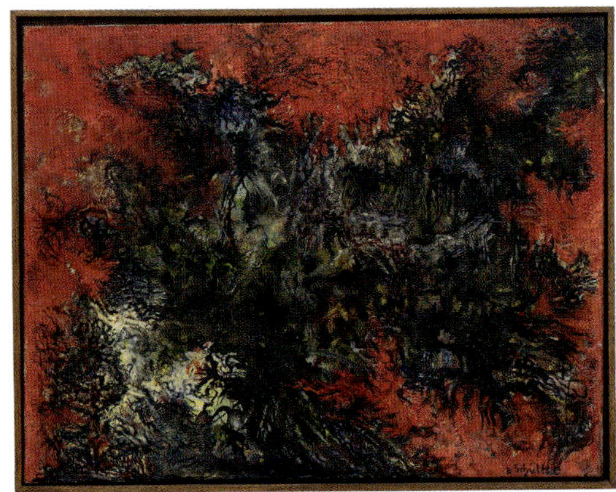

Bernard Schultze, Sitting Mahood, 1961

Bernard Schultze, Venen und Tang, 1955
Veins and Seaweed

Die zwölf Jahre der Herrschaft des Nationalsozialismus und ihre Folgen bilden den aufgewühlten Hintergrund, vor dem sich die Kunst Europas seit 1945 neu finden musste. Anders als nach dem Ersten waren nach Beendigung des Zweiten Weltkrieges Utopien rar. Sowohl junge deutsche Künstler als auch Kuratoren und Direktoren blickten nun vor allem nach Paris, wo sich mit der „art autre" oder auch der als Informel bezeichneten Kunstrichtung revolutionäre Möglichkeiten eines genuin neuen künstlerischen Ausdrucks abzeichneten. Auf der Suche nach einer gemeinsamen Sprache entdeckte eine Künstlergeneration, deren Werk ab 1945 Bedeutung erlangen sollte, die gestisch-expressive Abstraktion für sich. Das spontane, aus der körperlichen Bewegung heraus entwickelte Malen stand für eine neue Freiheit, mit der, unbeschwert von ideologisch „verdorbener" Tradition, Emotionen direkt auf der Leinwand abgebildet werden konnten.

Im Frühjahr 1957 organisierte CLEMENS WEILER im Museum Wiesbaden mit der Ausstellung *lebendige farbe – couleur vivante* die erste Ausstellung dieser neuen Malerei in einem deutschen Museum. Gezeigt wurden junge französische Maler in Gegenüberstellung zu ihren deutschen Kollegen, darunter K. O. GÖTZ → 48, GERHARD HOEHME → 49, BERNARD SCHULTZE ↑ oben und HEINZ KREUTZ → 50/51. WEILER, der mit dem Wiederaufbau der Wiesbadener Sammlung vor allem die einschneidende Kulturpolitik der Nationalsozialisten zu revidieren suchte und im Zuge dessen die für Wiesbaden

Twelve years of National Socialist rule and its aftermath form the turbulent context out of which European art – post-1945 – sought to reinvent itself. Unlike the period after the First World War, utopias were rare after the Second. German artists, curators and museum directors, alike, trained their gaze toward Paris, where movements such as *art autre* and *Informel* attracted attention to the revolutionary possibilities of a genuinely new form of artistic expression. In search of a common language, an entire generation of artists, whose post-war production would soon take on major significance, discovered gestural, expressive abstraction. Gestural painting, generated through spontaneous bodily movement, was a technique that came to stand for a new kind of freedom, unburdened by ideologically "tainted" tradition, enabling the direct portrayal of emotion on canvas.

With its *lebendige farbe – couleur vivante* (living color) exhibition in the spring of 1957, Museum Wiesbaden became the first German museum to exhibit artists using this new technique of painting. The show displayed the work of young French painters in juxtaposition with their German colleagues, including such figures as K. O. GÖTZ → 48, GERHARD HOEHME → 49, BERNARD SCHULTZE ↑ above and HEINZ KREUTZ → 50/51. CLEMENS WEILER – whose strategy for rebuilding the museum's collection after the war sought first and foremost to amend the radical cultural politics of the National Socialists, attempting to recover the Expressionist art purged from the museum's collection in the

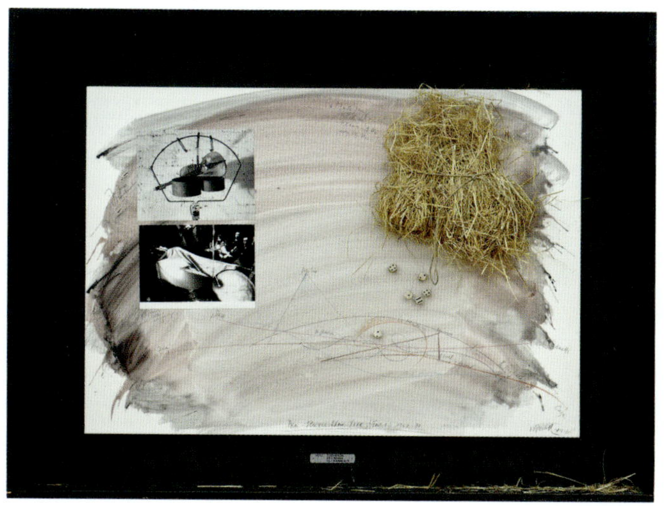 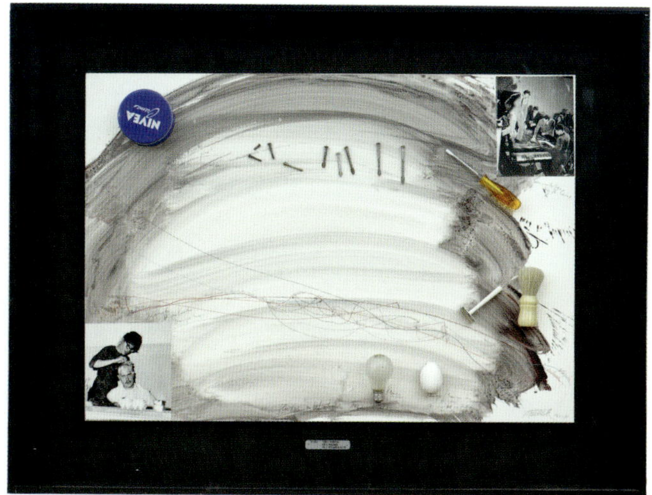

Wolf Vostell, Fluxus Memorial für George Maciunas 1962–1978
Fluxus Memorial to George Maciunas 1962–1978

verlorene Kunst des Expressionismus und hier im Besonderen die Malerei des wichtigsten Künstlers der Stadt, ALEXEJ VON JAWLENSKY, wieder in den Blick zu nehmen begann, verschloss seine Augen keineswegs vor diesen aktuellen Tendenzen. Vielmehr streckte er seine Fühler aus in Richtung der Galerien und Kunsthochschulen, um auch das aktuellste Kunstgeschehen in Sonderausstellungen integrieren zu können. Bereits 1953 stellte er mit der Schau *Die Kunst am Rhein* neben verlorenen und diffamierten Künstlern auch ganz aktuelle Tendenzen aus.

Mitte der 1950er-Jahre erfolgten die ersten Ankäufe in diesem Bereich und zu Beginn der 1960er-Jahre hatte sich Weiler bereits einen so offenen Kunstbegriff zu eigen gemacht, dass er ohne Zögern GEORGE MACIUNAS den Vortragssaal für die *Fluxus – Internationalen Festspiele Neuester Musik* zur Verfügung stellte. Der Rest ist Geschichte – die Veranstaltung in Wiesbaden gilt heute als eine der Geburtsstunden von Fluxus.

In der Sammlung des Museums befinden sich noch heute Dokumente der damaligen Performances, darunter NAM JUNE PAIKS Krawatte sowie die Papierbahn, die er in *Zen for Head* mittels Haarschopf mit Tusche „bemalt" hatte → 53 und WOLF VOSTELLS *In Memoriam George Maciunas* ↑ oben. Ausgehend von JOHN CAGE und ALLAN KAPROW führten die Fluxisten Kompositionen und Handlungsanweisungen auf, die meist erst im „Happening" vor Ort ihre eigentliche Form fanden. Das Publikum wurde miteinbezogen, seine Reaktionen als Bestandteil der Kunst mit einkalkuliert.

war years, especially paintings by the city's most significant "local" artist ALEXEJ VON JAWLENSKY – was by no means impervious to contemporary trends in the art world. On the contrary, WEILER actively reached out to galleries and academies of art to discover and integrate the newest artistic currents in special exhibitions at the museum. As early as 1953, Museum Wiesbaden displayed the works of lost and defamed artists along with the absolutely latest contemporary artistic trends in its *Die Kunst am Rhein* (Art along the Rhine) exhibition.

The museum's first acquisitions of contemporary post-war art were made in the mid-1950s, while by the early 1960s WEILER had adopted so liberal a concept of art as to offer GEORGE MACIUNAS use of the museum's auditorium, without hesitation, as the event location for 53. The rest is history – Wiesbaden is now considered the birthplace of Fluxus.

The museum's collection today still contains materials from those historical performances in 1962, such as NAM JUNE PAIK'S necktie or the paper web he "painted" in *Zen for Head* using a shock of hair and ink → 53, and WOLF VOSTELL'S *In Memoriam George Maciunas* ↑ above. With JOHN CAGE and ALLAN KAPROW as points of departure, Fluxists performed compositions and gave directives to the audience, generally in the form of Happenings that took shape on site, incorporating the public, whose reactions were anticipated as an element of the performance.

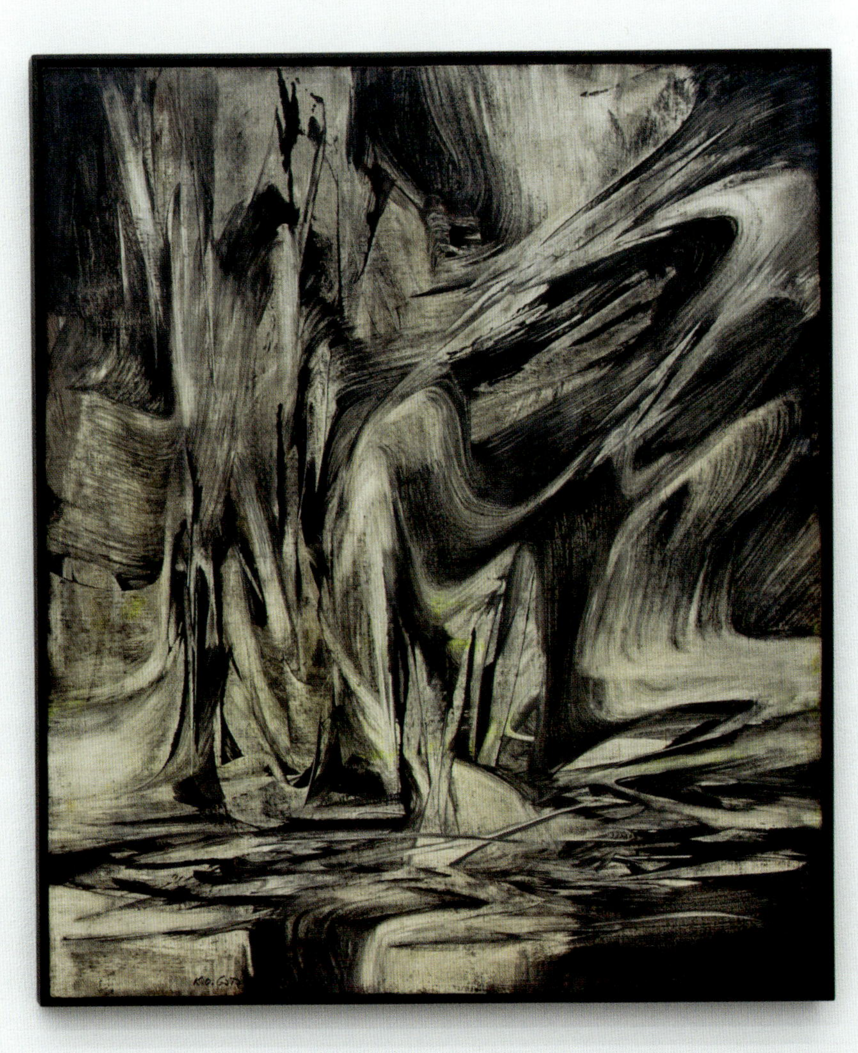

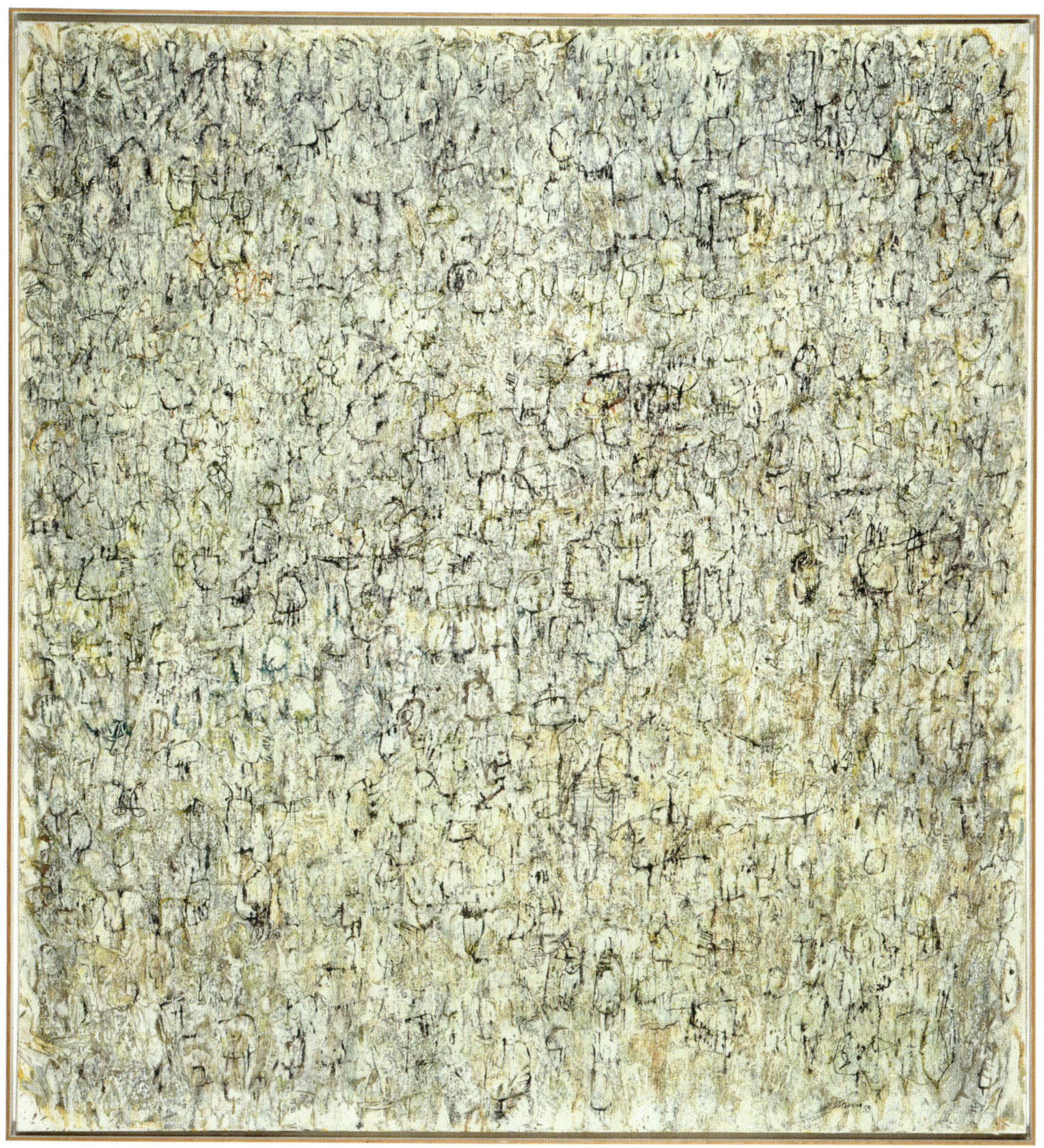

Gerhard Hoehme, Spazio Meteorologico, 1959

K. O. Götz, Krakmo, 1958

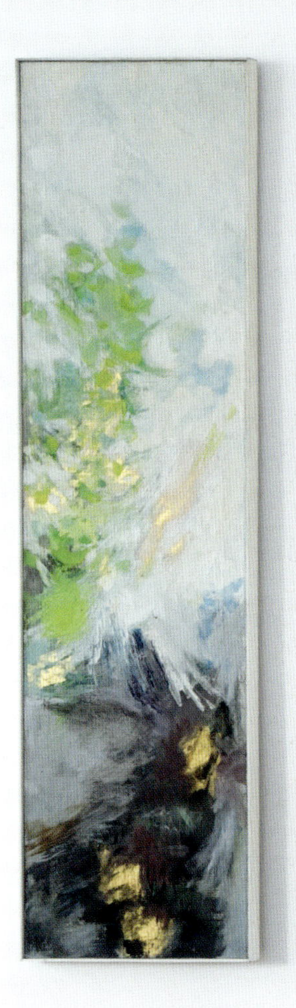
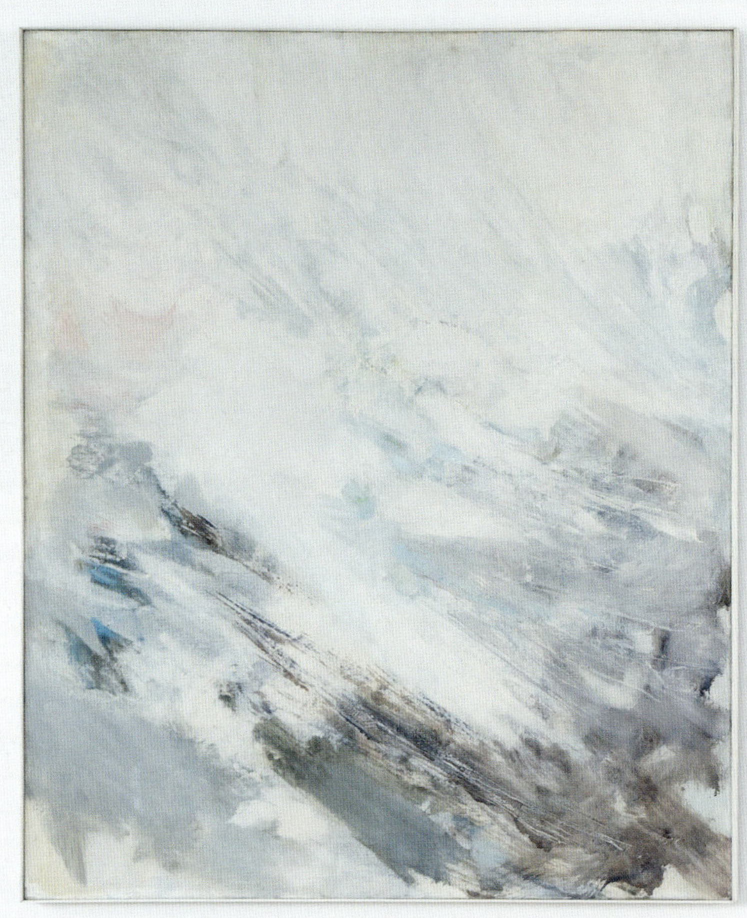
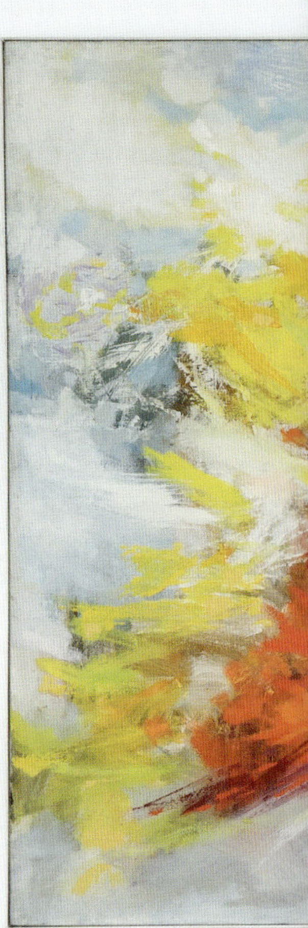

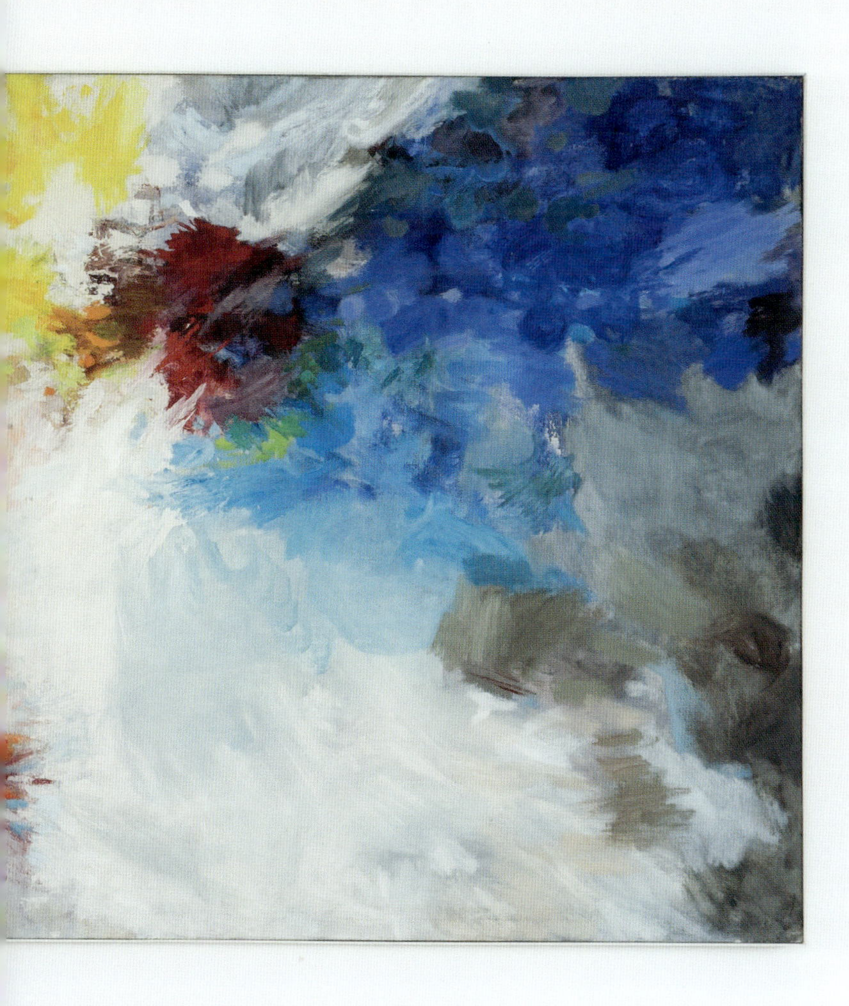
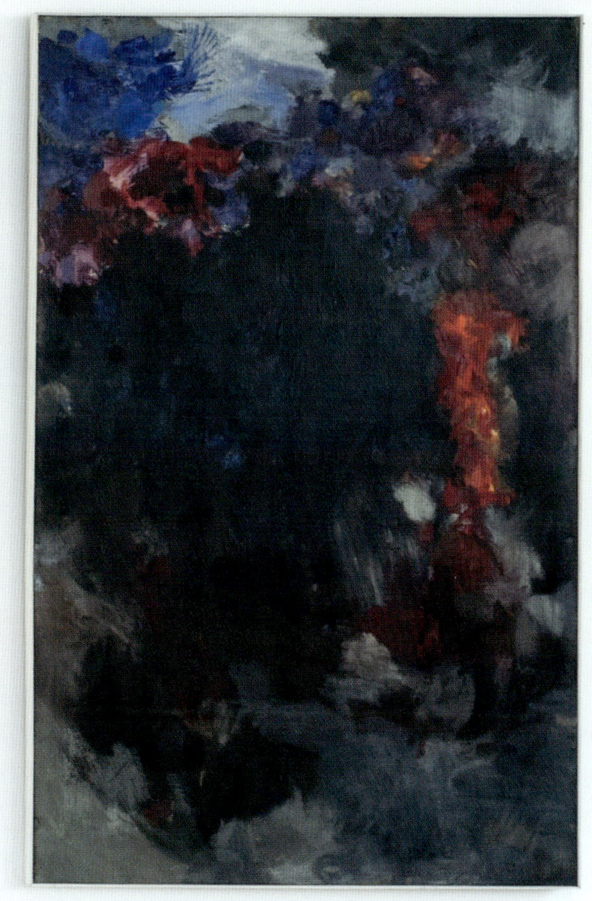

Diese Öffnung und Erweiterung des Kunstbegriffs
fand ihren Niederschlag in Strömungen der 1960er-Jahre.
So beschäftigten sich etwa THOMAS BAYRLE → rechts
und PETER ROEHR → 53 mit Phänomenen der modernen
Gesellschaft und deren Massenkultur. Zwischen Faszina-
tion, kühler Beobachtung und beißender Kritik beweg-
ten sich ihre Arbeiten, die – aus sich ständig wiederho-
lenden Versatzstücken bestehend – wie ein Flimmern
der Konsum- und Warenwelt erschienen. Zwar hielt hier
der Gegenstand als Bruchstück unserer Wirklichkeit
wieder Einzug in die Kunst, jedoch wurde er seines
eigentlichen Verweischarakters enthoben und zum Platz-
halter für eine Überfülle der Alltagskultur. Statt persön-
lichem Duktus rückten vorgefundene Motive in den
Vordergrund, spielerische Momente und Zufälligkeiten
wurden forciert, akzeptiert und bewusst integriert. In
ähnlicher Weise verwendete GERHARD RICHTER Foto-
vorlagen für seine Malerei. Er befragte das Bild als Gemälde und zugleich als Abbild unserer Wirklichkeit. Als
Vorlage für *Terese Andeszka* wählte er einen Zeitungsaus-
riss, der zunächst eine private Tragödie (mit letztlich
glücklichem Ausgang) zu thematisieren scheint, in Wahrheit aber über diese hinaus auf die Teilung Europas
durch den Eisernen Vorhang und damit die eigene Bio-
grafie RICHTERS verweist → 67,68. Diese „Wahrheit"
jedoch wurde von RICHTER verborgen; sie ist nur über
den „Umweg" seines als *Atlas* veröffentlichten Bildar-
chivs greifbar. Denn erst hier erscheint die vollständige
Unterzeile des Zeitungsausrisses, welche besagte Familie
als Flüchtlinge aus Ungarn benennt, deren Rettung nun
vor einem ganz anderen Hintergrund einzuordnen ist.
Parallel zu dieser Verschlüsselung des Inhalts vollzog
RICHTER in seiner Malerei eine Chiffrierung des Bildes
selbst, das in abstrakte Partien abgleitet und dadurch die
grundsätzlichen Möglichkeiten einer Darstellung von
Sichtbarkeit im Medium der Malerei analysiert und
gleichsam visuell nachvollziehbar macht.

Auch GEORG BASELITZ, der kurz nach dem Entstehen des Wiesbadener Bildes beginnt, seine Gemälde „auf
den Kopf zu stellen" oder vielmehr diese „über Kopf" zu
konzipieren, beschäftigte sich mit diesen malerischen
Fragen: Wann wird die Farbe zum Gegenstand, wie
entsteht ein Abbild und wie entzieht sich dieses der
Wahrnehmung und lässt stattdessen die Malerei selbst,
als Auftrag von Farbe auf Leinwand, in den Vordergrund
rücken? Dass er sich bei seinem Gemälde *Stilleben
(Farbtöpfe)* → 61 Farbspuren und Spritzer in beinahe
abstrakt-gestischer Manier bediente, mag im Zuge dessen als Replik auf die Kunst der Nachkriegszeit, vielleicht
aber auch ganz praktisch als „Verschleierungstaktik" zu
sehen sein: Das camouflageartige Muster, das sich als
All-over über die Bildfläche zieht, lässt das Kernmotiv

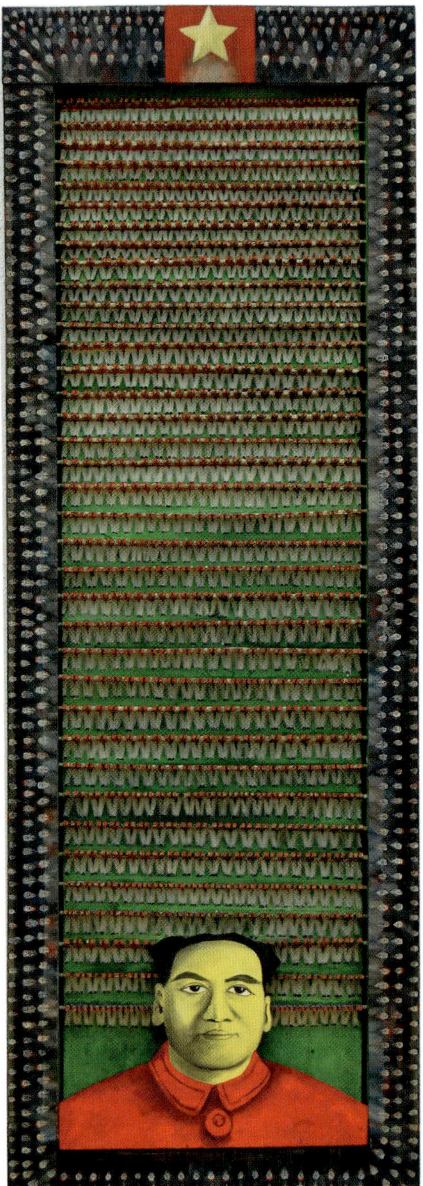

Thomas Bayrle, Mao und die Gymnasiasten, 1965
Mao and the Schoolboys

This opening up and expansion of the concept of art found its expression in the cultural currents of the 1960s. Artists like THOMAS BAYRLE → 52 and PETER ROEHR → below engaged with the phenomena of modern society and mass culture, their work moving between fascination, distanced observation and biting critique. Ever-repeating elements form the basis of their work, appearing like a flash of consumer and commodity culture. While the object as fragment of reality makes its way back into art, here, it is denied referentiality and becomes merely a place holder for the excesses of everyday culture. Personal meanings became less relevant than preexisting motifs, moments of playfulness and accident were encouraged, accepted and purposefully integrated. Similarly, GERHARD RICHTER used photographs as models for his paintings. His work questions the image as painting and as representation of our reality. The model for *Terese Andeszka* is a newspaper clipping, which initially appears to deal with a private tragedy (that ultimately turned out well) but in reality it moves far beyond the private narrative to thematize the division of Europe by the Iron Curtain, ultimately, making reference to RICHTER'S own biography → 67, 68. RICHTER veils this "reality," however, which only becomes apparent with a "detour" through the archive of images published as *Atlas*. For the first time, we see here the complete caption of the newspaper clipping, identifying the family as Hungarian refugees whose rescue then stands in an entirely different light. RICHTER'S paintings, however, do more than encrypt content. They encode the image itself, which diffuses into abstract elements, interrogating the fundamental possibility of a representation of visibility through the medium of painting, while at the same time making it visually comprehensible.

GEORG BASELITZ – who soon after the painting in Wiesbaden's collection began to turn his paintings "on their heads," or rather to conceive of them already "upside down" – was also preoccupied by the questions: When does color become an object? How does a reproduction come into being? How does it evade perception and, instead, bring painting, as the application of color to canvas, into the foreground? BASELITZ's almost abstract-gestural application of color in *Still Life (Pots of Paint)* → 61 with its paint tracks and splatters, may be understood, in this context, as a reply to post-war art, or perhaps quite simply as "obfuscation." The camouflage-like pattern extending across the entire surface of the painting, all-over style, obscures the core subject of the work – the artist's atelier – which only becomes visible at second glance. Painting as gesture vs. painting as representation are two conceptual poles that can be

Peter Roehr, FO-2, 1964

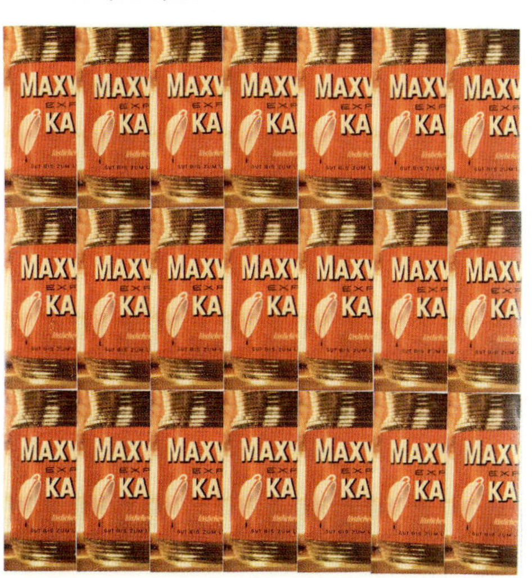

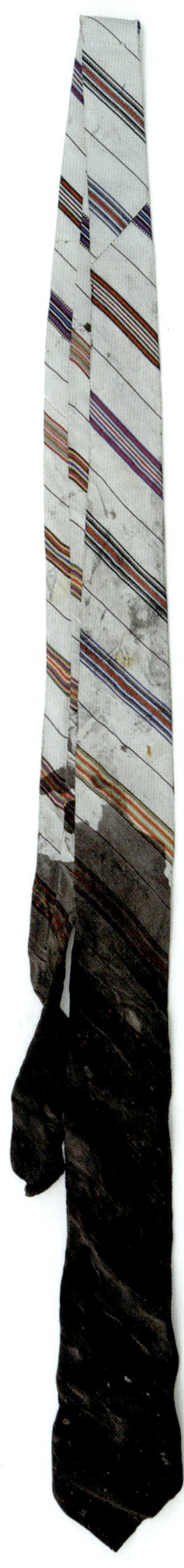

Nam June Paik, Zen for Head, 1962

des Bildes, das Atelier des Malers, erst auf den zweiten Blick erkennen. Malerei als Geste versus Malerei als Darstellung, diese beiden Pole können im Museum Wiesbaden in der Sammlung bis hin zur aktuellsten Gegenwartskunst verfolgt werden. So ist auch ALBERT OEHLENS *Baum* → 34 als jüngster Neuzugang im Spannungsfeld dieser künstlerischen Auseinandersetzungen zu verorten, inzwischen jedoch ergänzt um ganz neue Praktiken der Bildgestaltung: Sehen wir einen Baum, ein Computerbilder als Vorlage oder am Ende doch die Natur?

Ein zweiter wesentlicher Strang der Sammlung der Moderne im Museum Wiesbaden zeigt sich in der – zumeist ungegenständlichen – Beschäftigung mit dem optischen Wert der Farbe und deren zugleich haptischer oder zumindest materieller Erscheinung auf der Leinwand. Bereits in der Malerei des Expressionismus und hier vor allem bei den späten *Meditationen* ALEXEJ VON JAWLENSKYS lässt sich eine Beschäftigung mit diesem grundlegenden Aspekt malerischer Produktion nachvollziehen. In besonderem Maße trifft dies jedoch auf die Malerei des Wiesbadeners OTTO RITSCHL → 55 sowie seiner in der Sammlung vertretenen Kollegen RUPPRECHT GEIGER → 57, GOTTHARD GRAUBNER → 58 und ULRICH ERBEN → 72/73 zu. GRAUBNER und ERBEN, neben KAZUO KATASE und KATHARINA GROSSE Träger des renommierten Otto-Ritschl-Preises, begannen in den 1960er-Jahren ihre künstlerischen Untersuchungen zur Farbe und deren Räumlichkeit mittels monochromer oder leicht changierender Farbflächen, die eine ganz eigene Räumlichkeit jenseits der gewohnten Wahrnehmung hervorrufen. Das Bild als Fläche bekommt einen unbestimmten Raum, der jedoch – anders als in perspektivisch geordneten Gemälden – keine klar wahrnehmbare formale Definition oder gar Erzählstruktur hervorbringt. Dass dies selbst in der alleinigen Beschränkung auf die Farbe Weiß beziehungsweise leichter Nuancen derselben möglich ist, beweisen Werke von Künstlern wie RAIMUND GIRKE oder BRUNO ERDMANN → 59.

traced in Museum Wiesbaden's collection through to its newest pieces of contemporary art. ALBERT OEHLEN'S *Tree* → 34, for example, is one of the museum's most recently acquired works that can be situated in the field of tension surrounding this debate, though it adds new dimensions with entirely new techniques of composition: Are we looking at a tree, a computer image as template, or, perhaps, actual nature?

A second major theme of the museum's Modern collection can be seen in works – primarily abstract – preoccupied with the visual character of color and its simultaneous haptic or, at least, material presence on the canvas. These concerns can already be found in Expressionist works in Wiesbaden's collection, above all, in the late *Meditations* of ALEXEJ VON JAWLENSKY but particularly in the work of OTTO RITSCHL → 55 and his contemporaries RUPPRECHT GEIGER → 57, GOTTHARD GRAUBNER → 58 and ULRICH ERBEN → 72/73. GRAUBNER and ERBEN, like KAZUO KATASE and KATHARINA GROSSE recipients of the prestigious Otto Ritschl Prize, began their investigations of color and spaciality in the 1960s with monochrome or slightly varying surfaces of color that bring about an entirely unique experience of space beyond normal perception. The image as surface becomes an indeterminate space that, unlike perspective painting, produces no clearly perceptible formal definition or even a narrative structure. As the work of artists such as RAIMUND GIRKE or BRUNO ERDMANN → 59 shows, this can be achieved alone with the color white or slight nuances thereof.

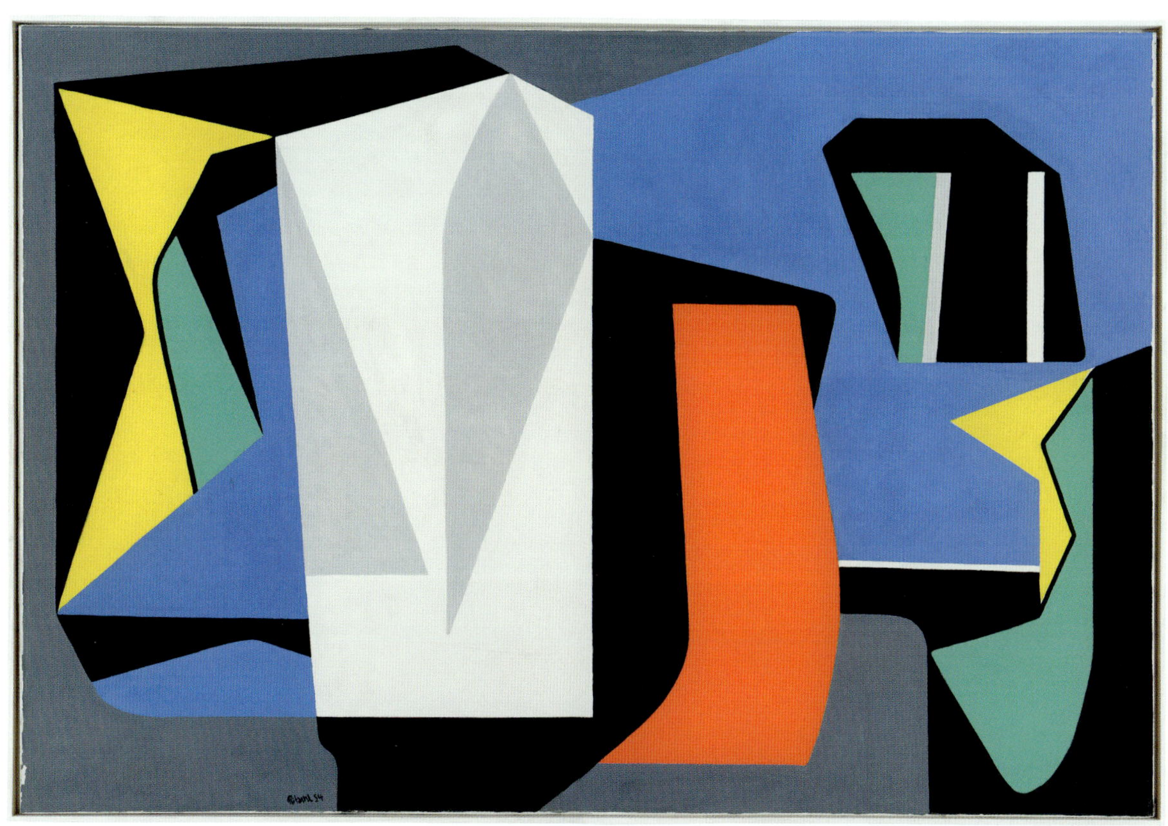

Otto Ritschl, 54/53, 1954

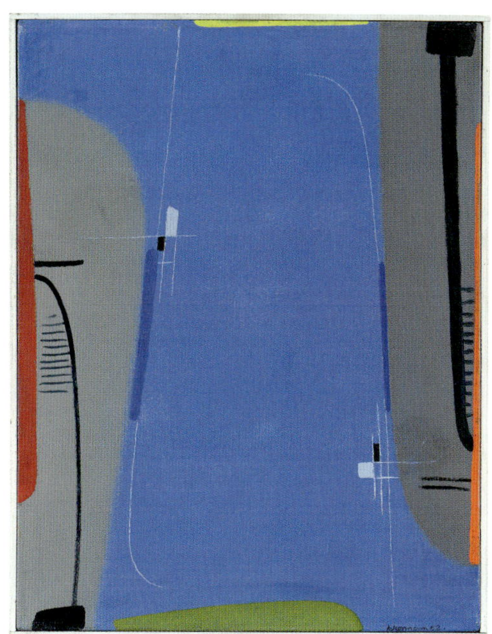

Max Ackermann, Kompositi-
on 3.6.62 — Überbrückte
Kontinente, 1962
Composition 3.6.62 — Bridged
Continents

Rupprecht Geiger, Blau auf Schwarz , 1959
Blue on Black

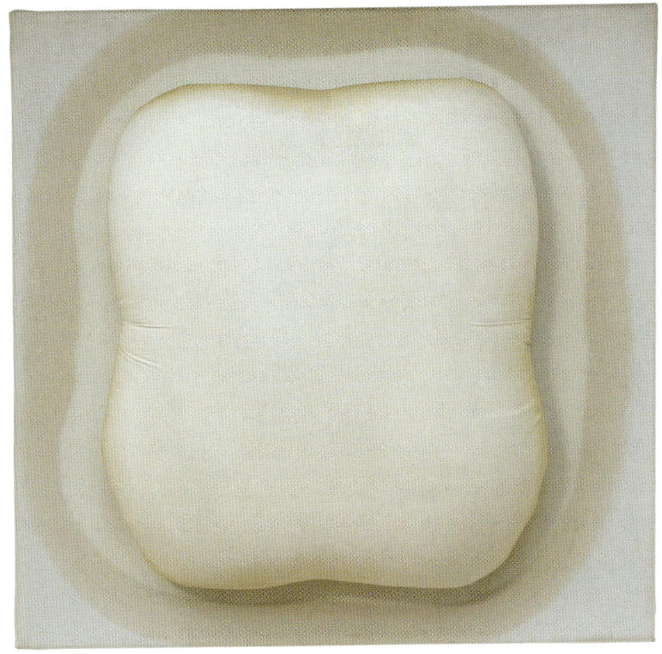

Gotthard Graubner, Weißer Torso, 1966
White Torso

Bruno Erdmann, Hommage
à Florenz, 1981

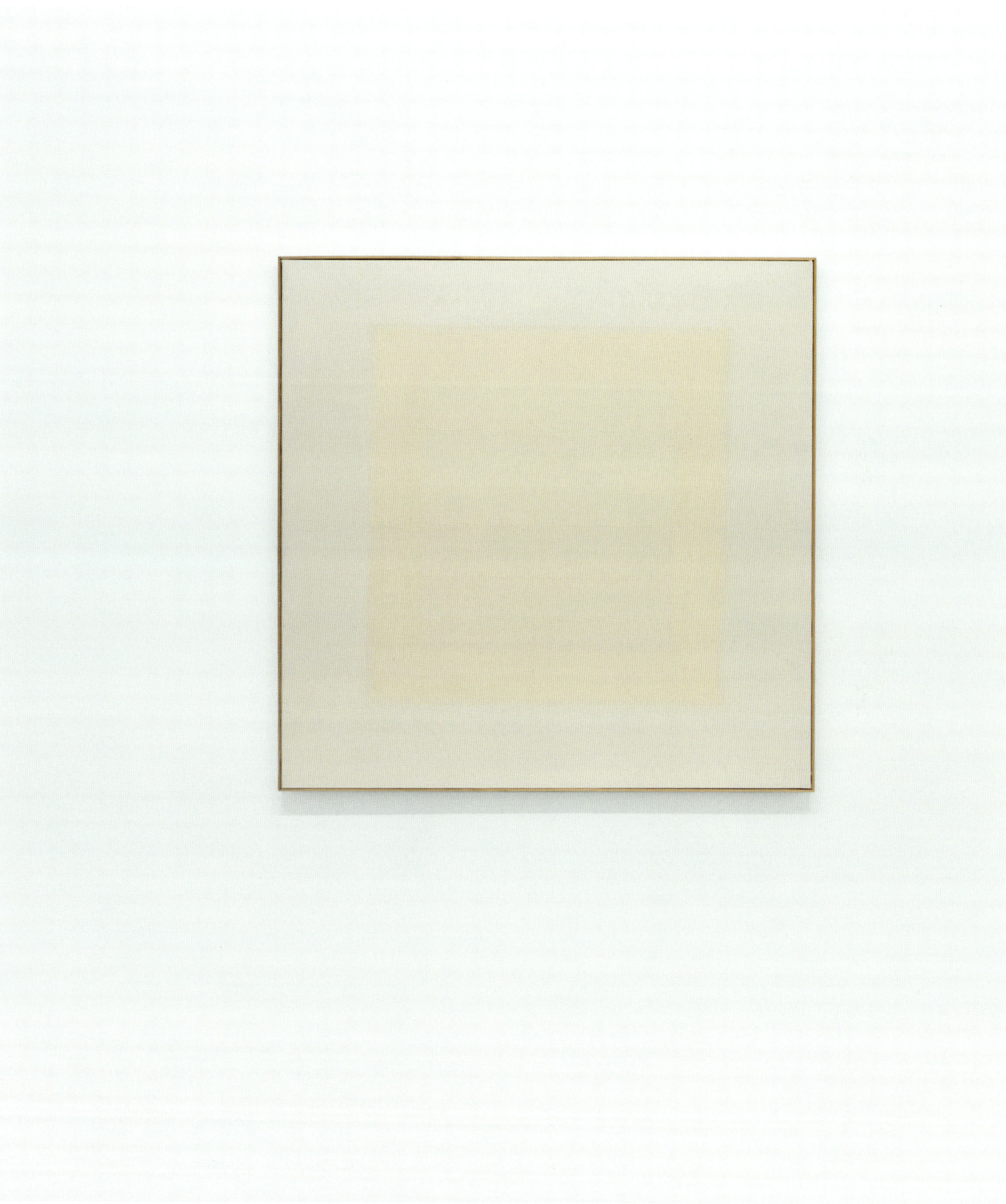

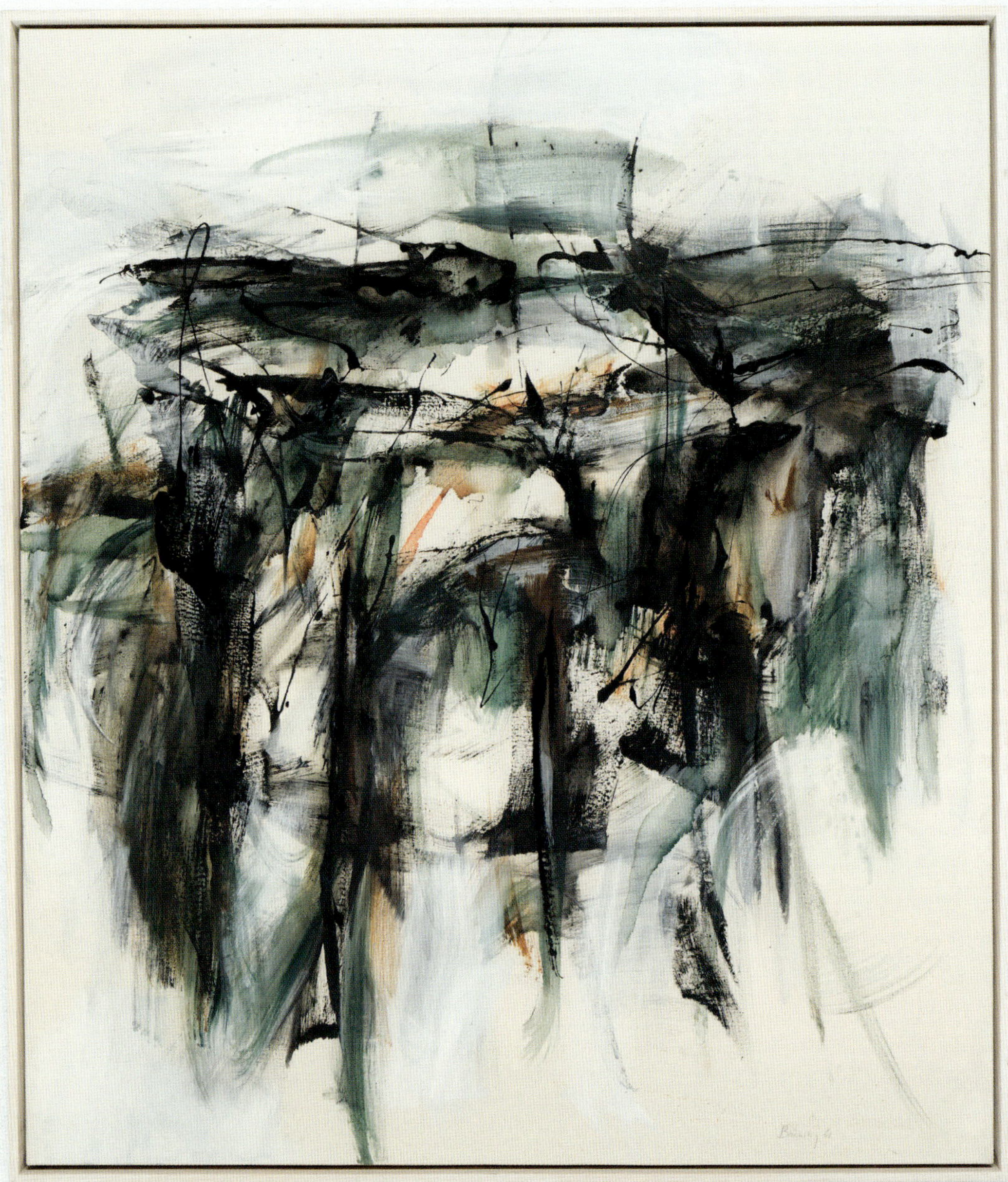

Peter Brüning, 74 / 61, 1961

Georg Baselitz, Stillleben (Farbtöpfe), 1969
Still life (Paint-pots)

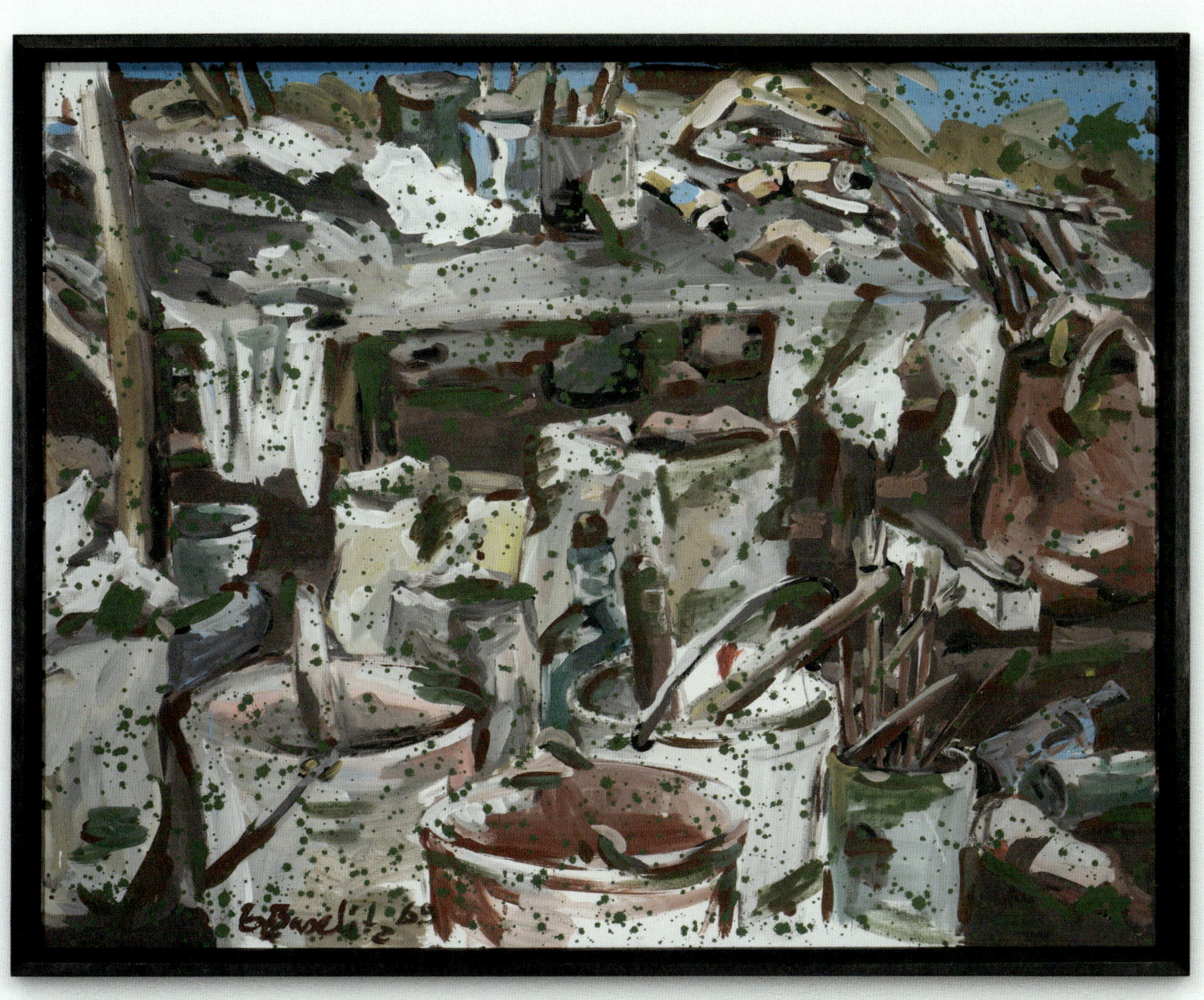

Walter Stöhrer,
Black Man, 1977

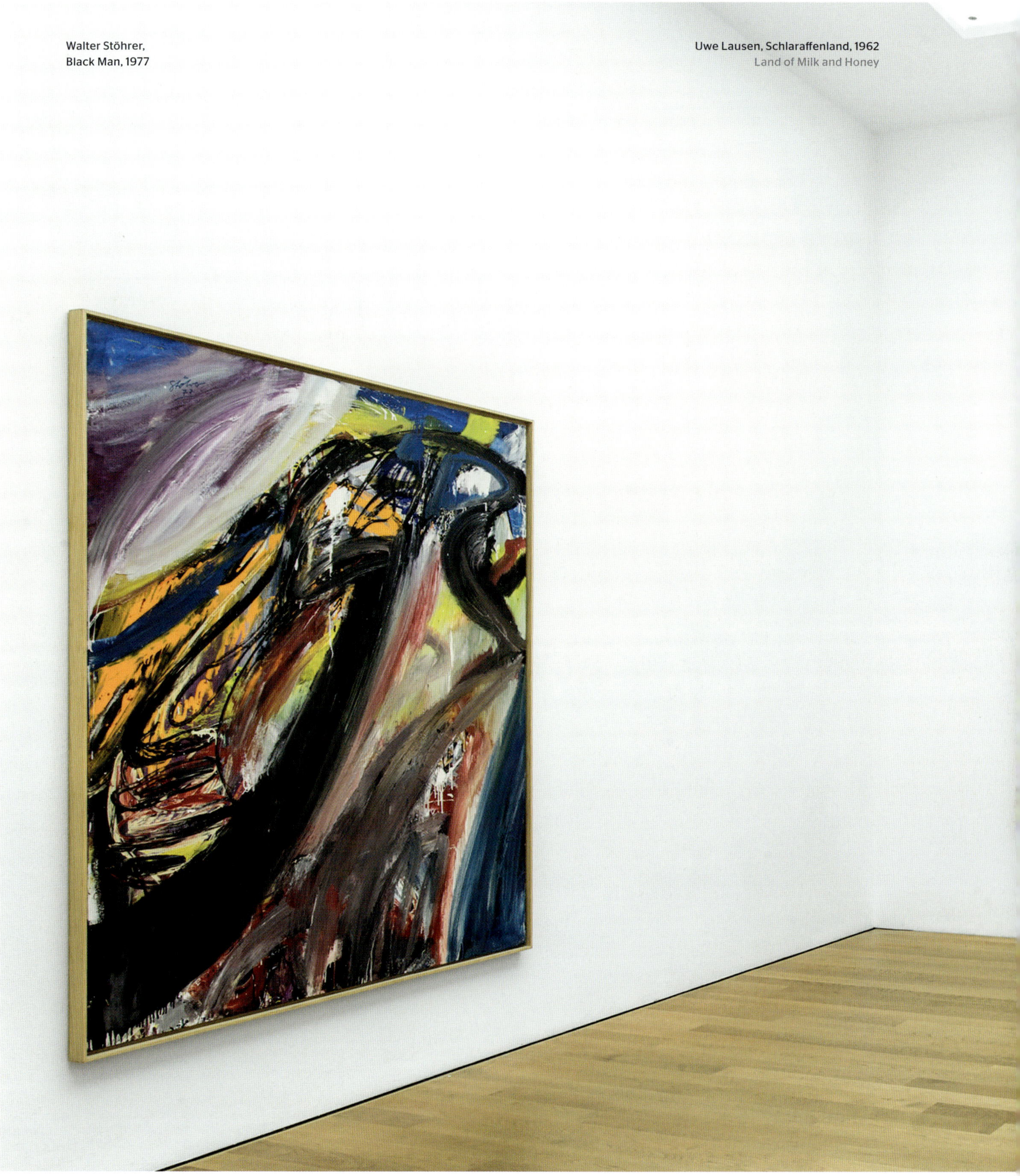

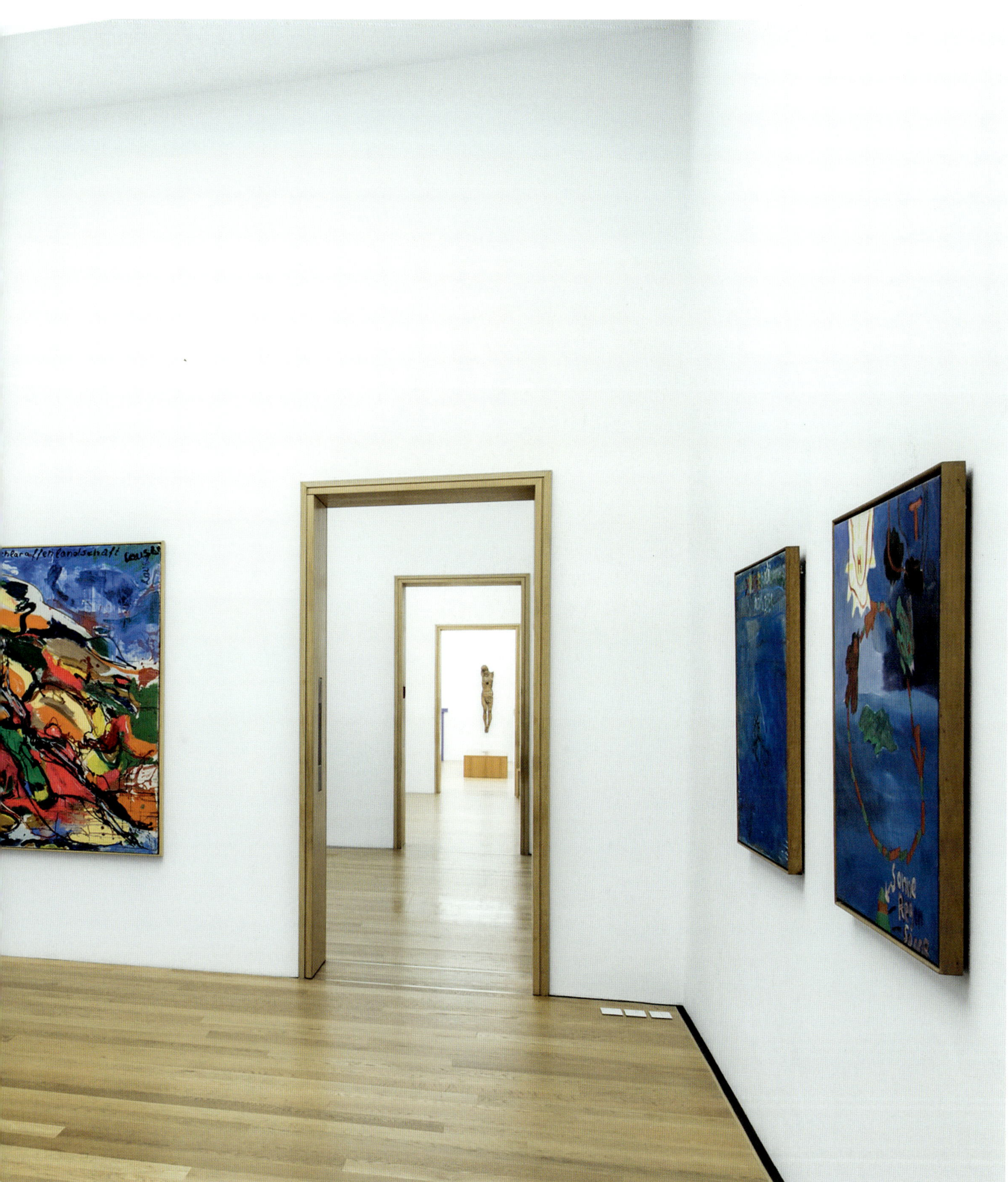

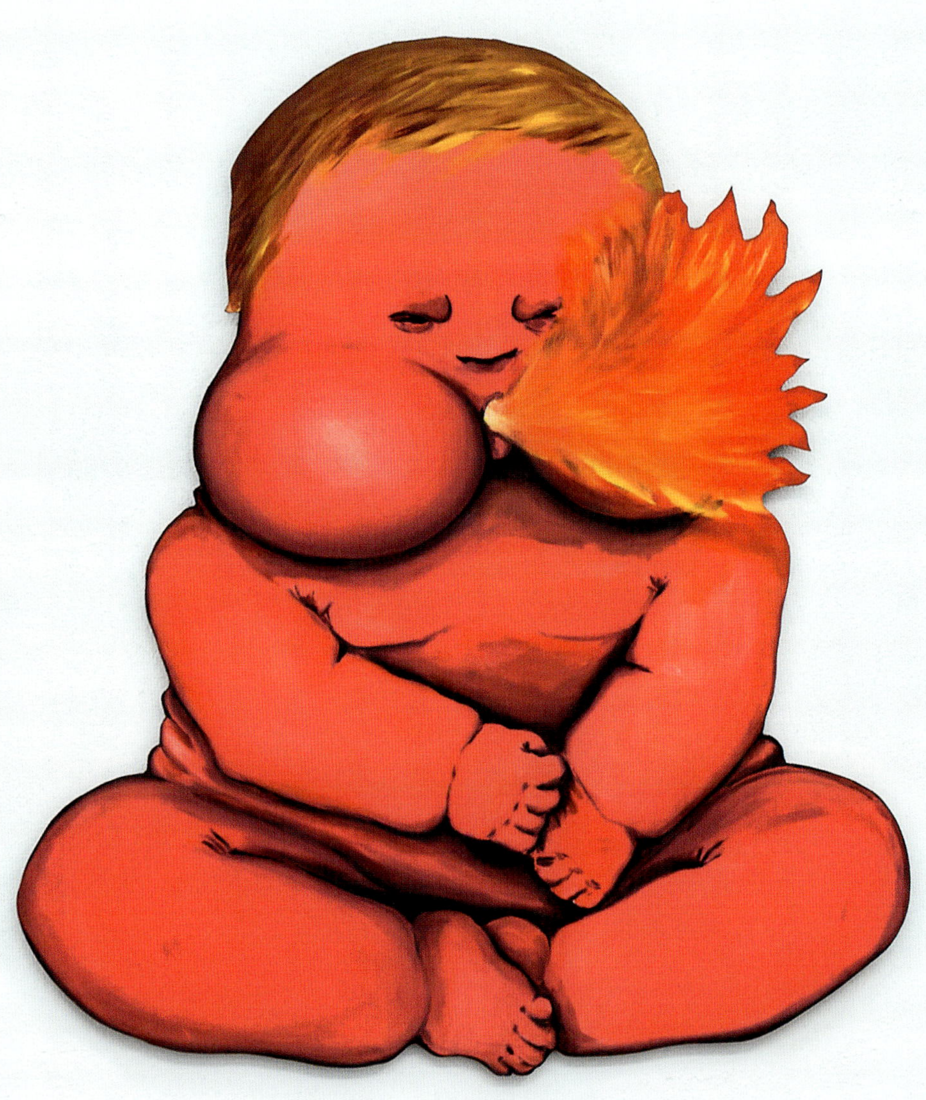

Jörg Immendorff,
Baby für Zunder-Zunder, 1966
Baby for tinder tinder

Jörg Immendorff, Deutsche
Nichtschwimmer ins Wasser, 1965
German Non-swimmers
into the Water

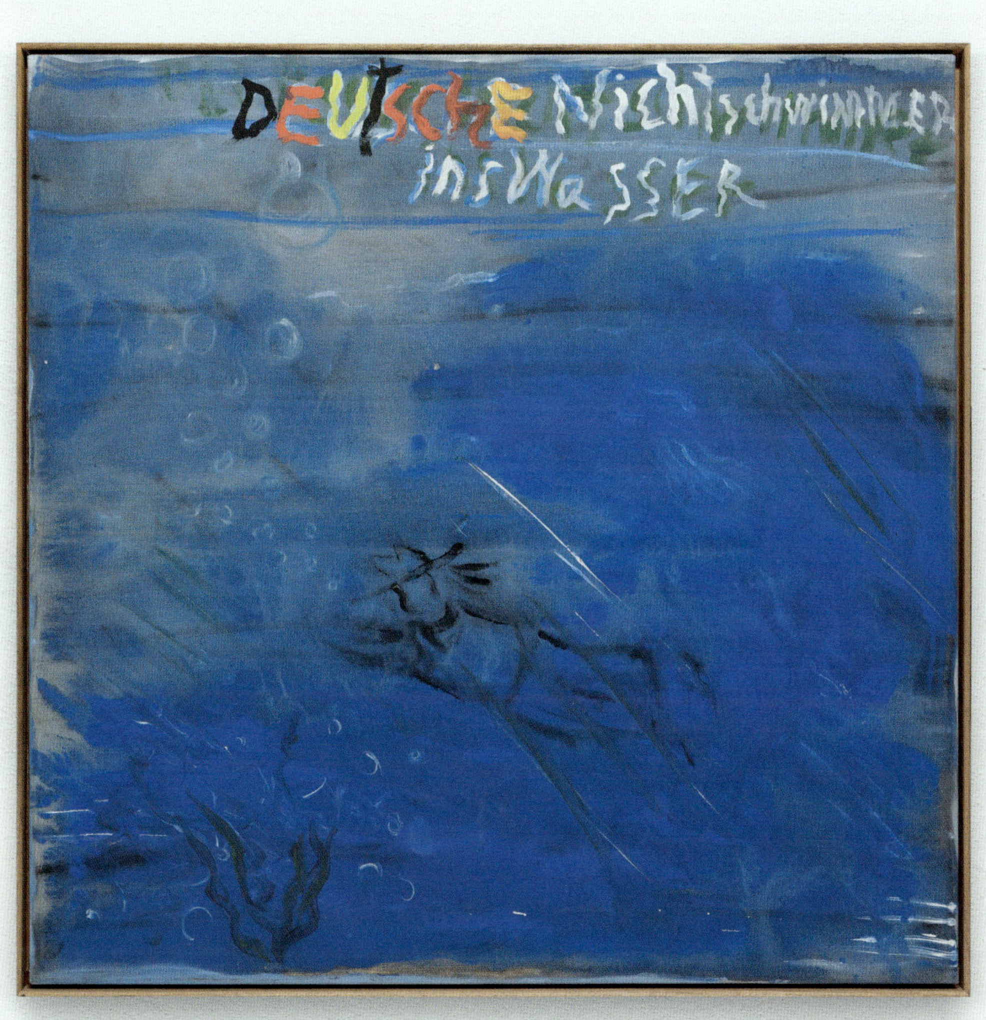

DEUTSCHE Nichtschwimmer
ins Wasser

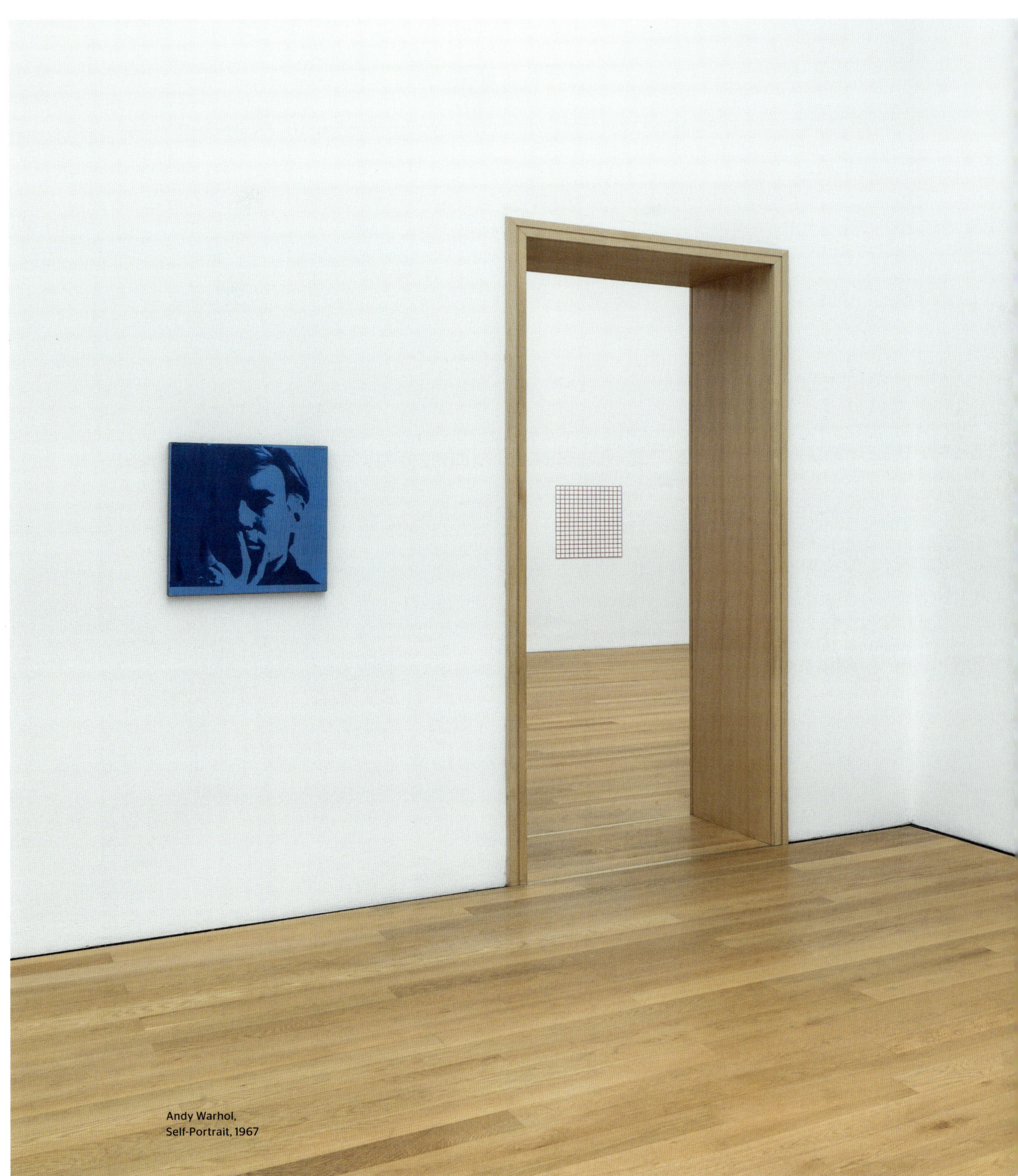

Andy Warhol,
Self-Portrait, 1967

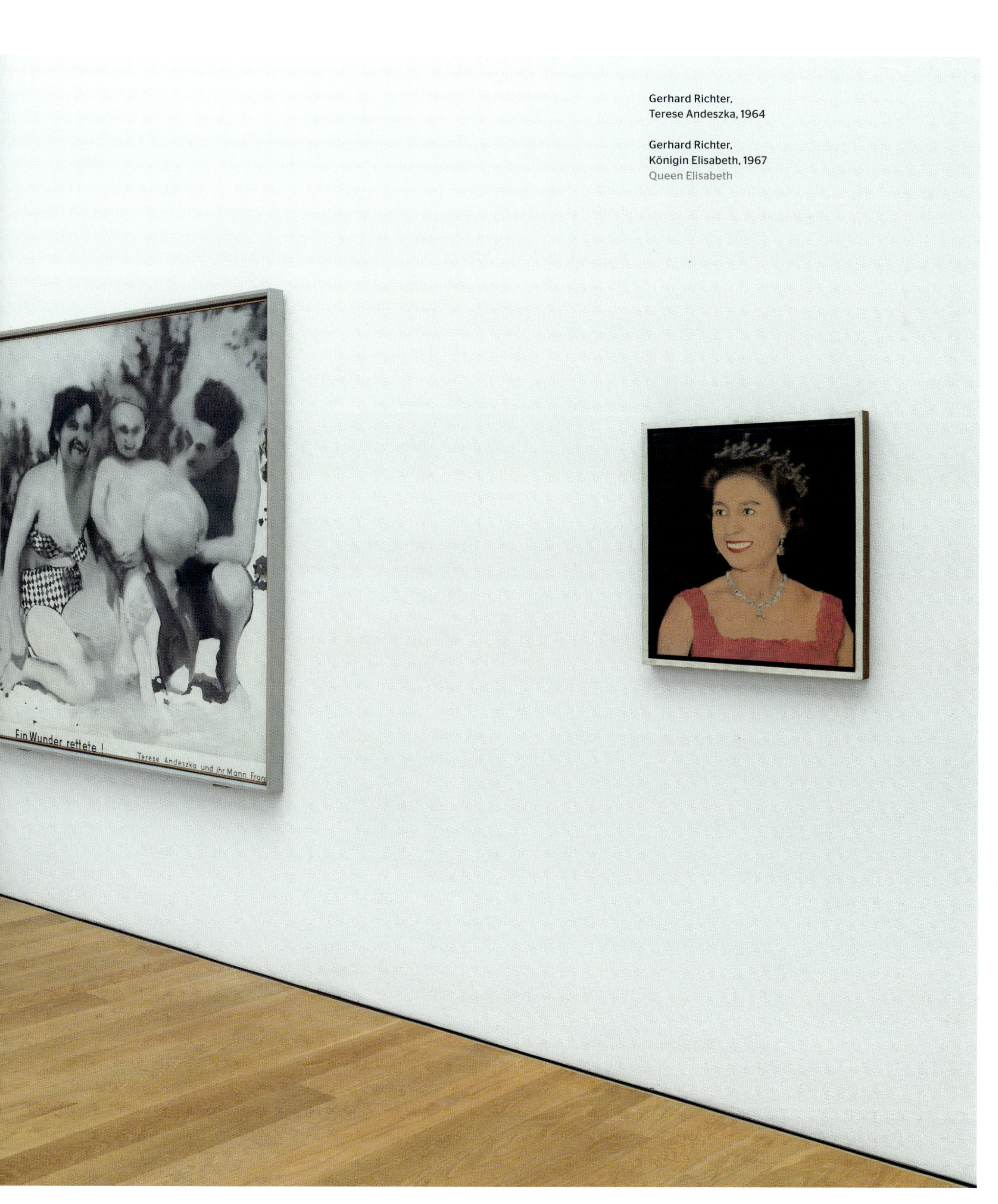

Gerhard Richter,
Terese Andeszka, 1964

Gerhard Richter,
Königin Elisabeth, 1967
Queen Elisabeth

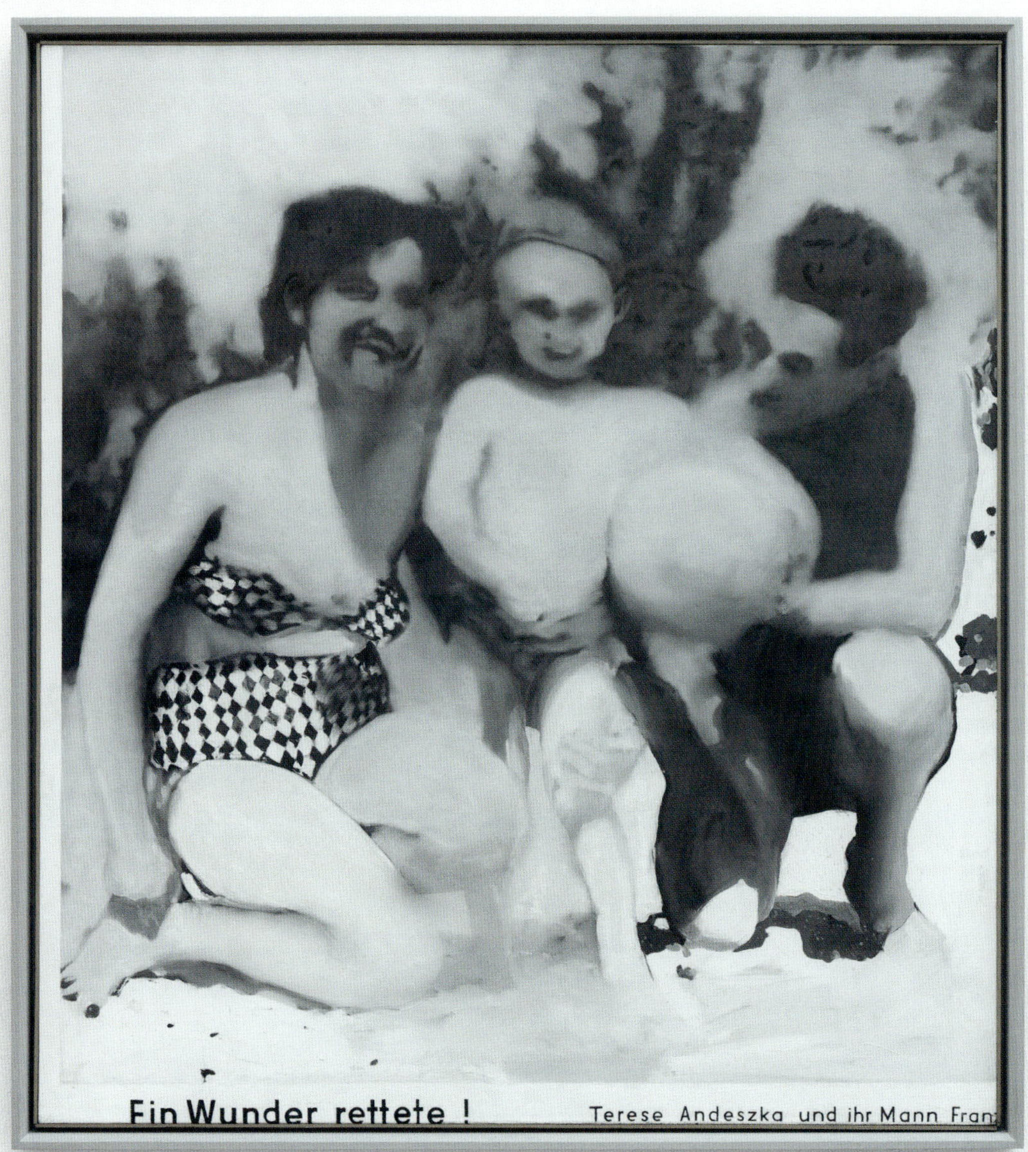

Fin Wunder rettete !
Terese Andeszka und ihr Mann Fran

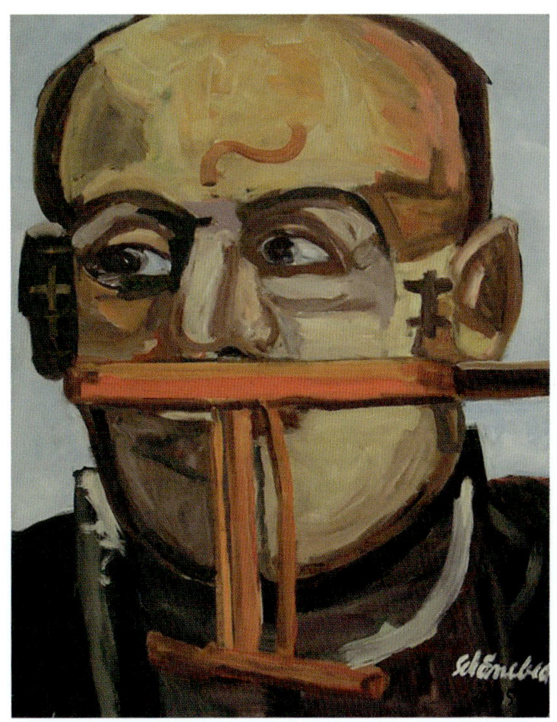

Eugen Schönebeck, Kopf, 1965
Head

Gerhard Richter,
Terese Andeszka, 1964

Kazuo Katase,
Schale 21.2.2012, 2012
Bowl

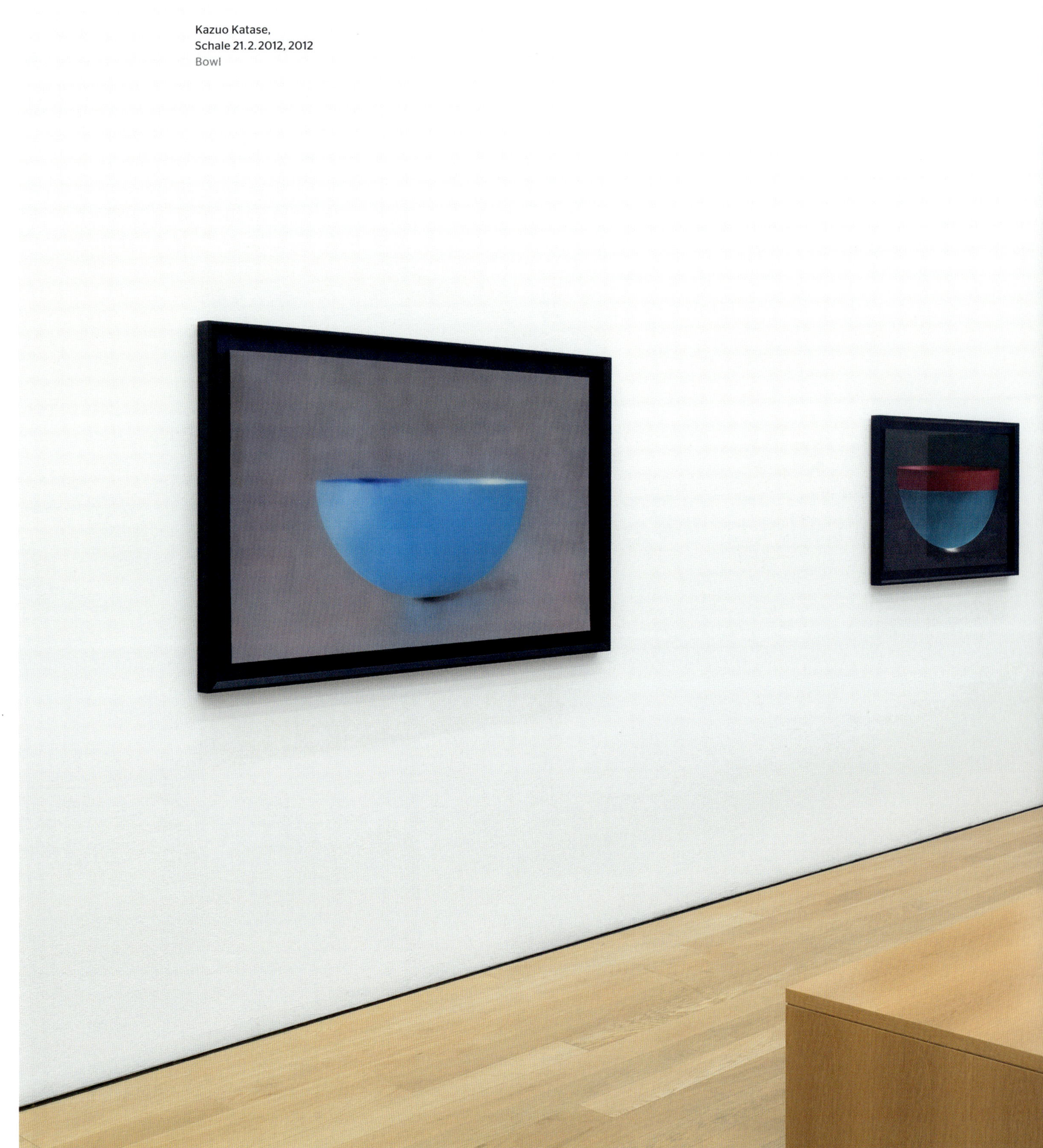

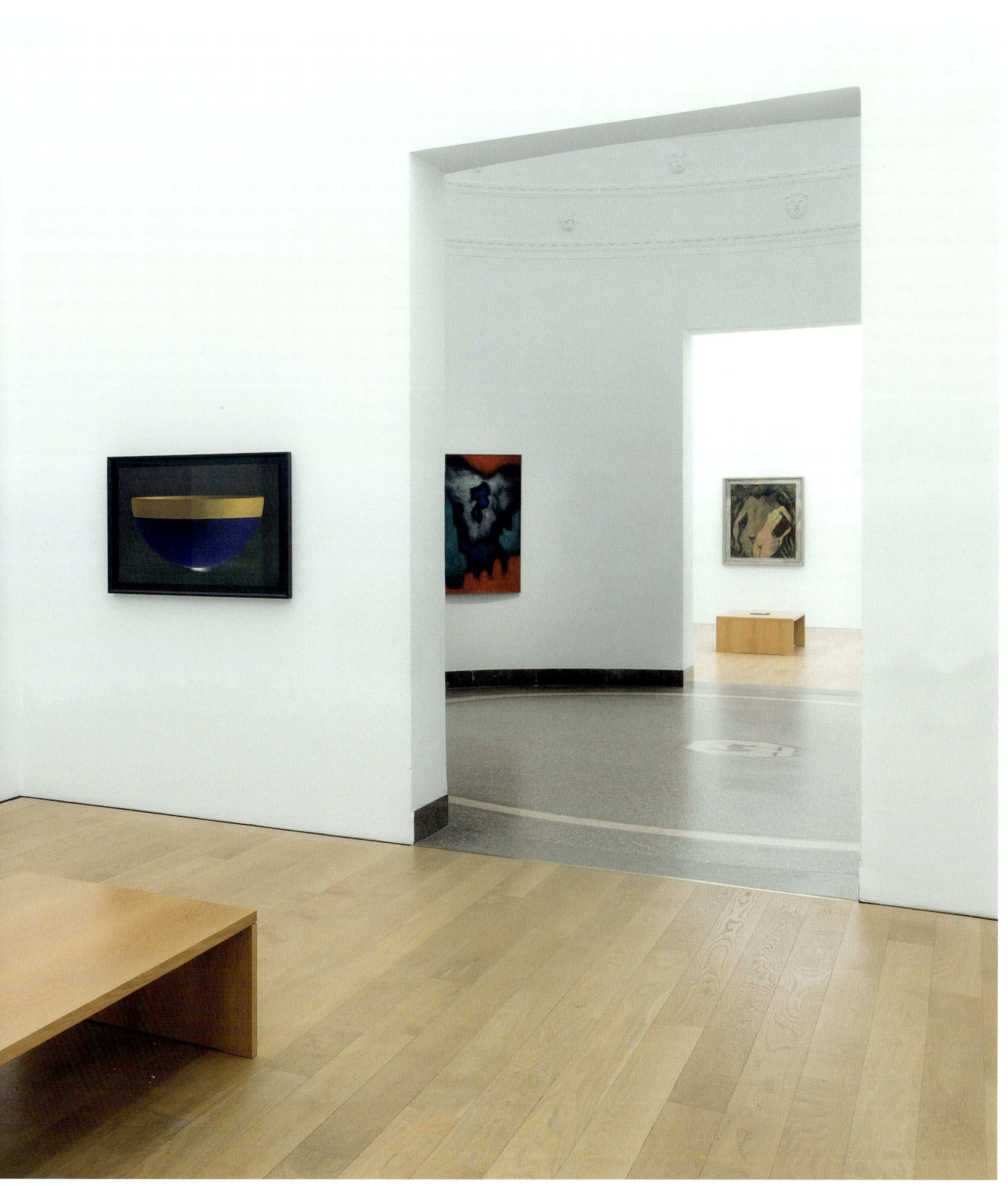

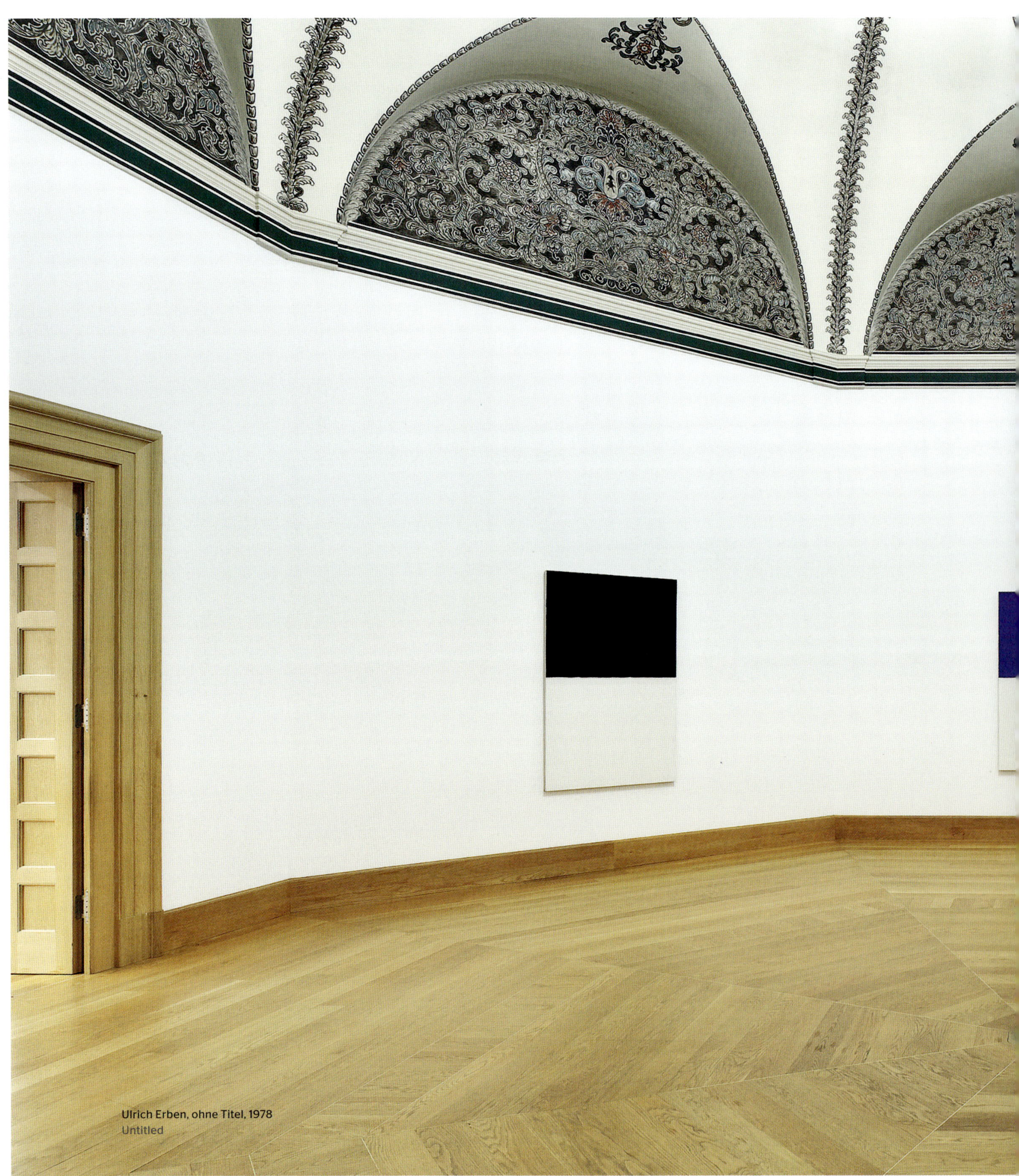

Ulrich Erben, ohne Titel, 1978
Untitled

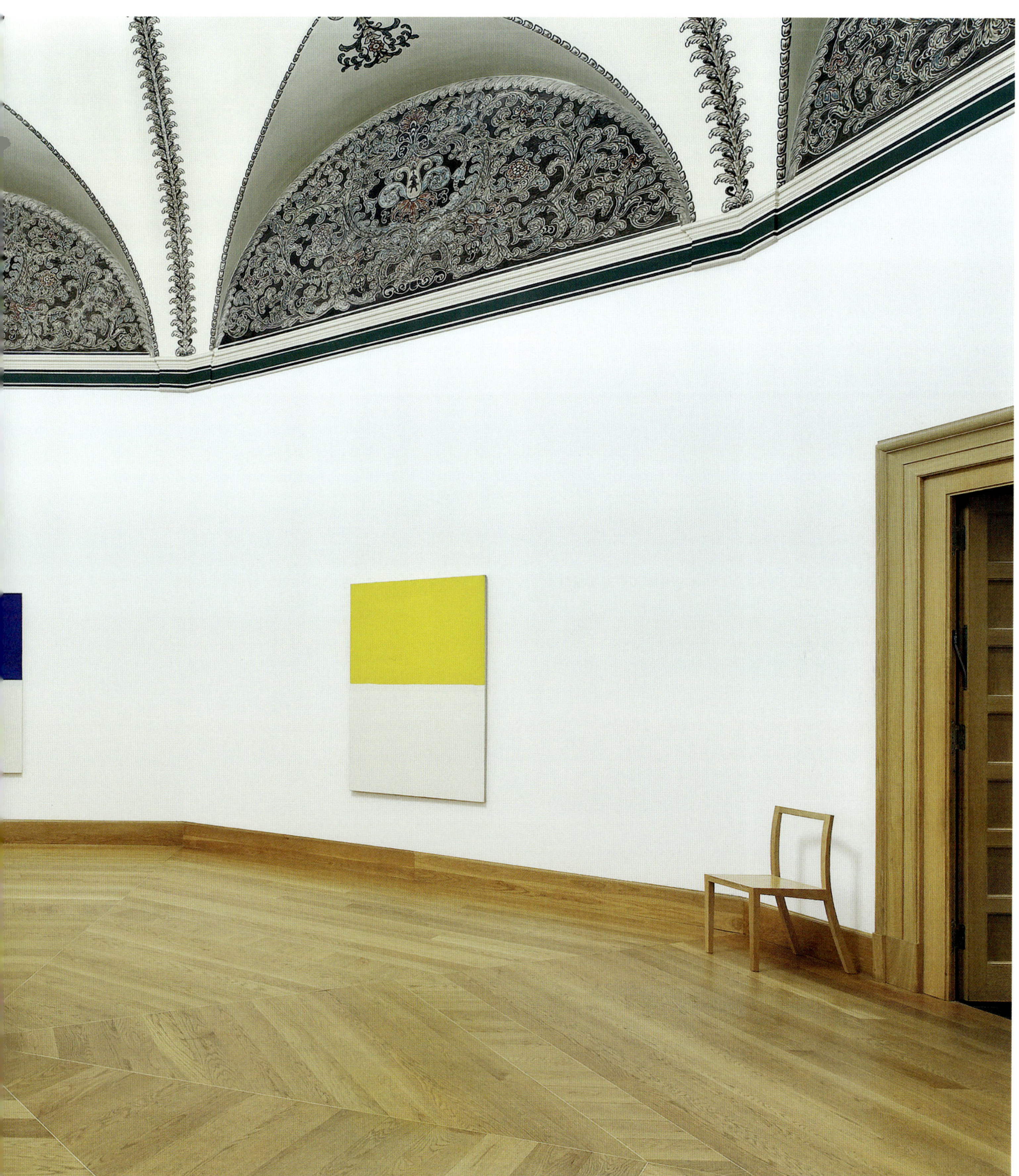

**Über den großen Teich –
Amerikanische Kunst im Museum Wiesbaden**

Amerikanische Kunst, gemeint sind hier vornehmlich Werke aus den Vereinigten Staaten, ist einer der zentralen Schwerpunkte der Moderne und Gegenwart nach 1950 im Museum Wiesbaden. AD REINHARDT und MARK ROTHKO → 79 bilden das Pendant zur europäischen Farbmalerei und beeinflussten deutsche Künstler wie RITSCHL, GEIGER und GRAUBNER. Zugleich sind sie selbst in der Folge einer Entwicklung zu sehen, die einst mit dem Expressionismus in Europa begann, über Künstler wie HANS HOFMANN, aber auch ALEXEJ VON JAWLENSKY eine Fortsetzung fand bis diese schließlich in der Farbmalerei des Abstrakten Expressionismus der 1950er-Jahre kulminierte. Gerade JAWLENSKY nimmt dabei eine besondere Rolle ein, werden dessen späte Arbeiten doch seit den 1920er-Jahren durch seine engagierte Mäzenin EMMY („GALKA") SCHEYER in den Vereinigten Staaten systematisch vorgestellt und sind bis heute mit einer der wichtigsten Kollektionen seiner Malerei im Norton Simon Museum in Pasadena präsent.

Auch deswegen greift der zu seinen Ehren ausgelobte Jawlensky-Preis der hessischen Landeshauptstadt Wiesbaden diese Verbindungslinie immer wieder auf. Die Malerei von Preisträgern wie ROBERT MANGOLD, BRICE MARDEN oder ELLSWORTH KELLY weist jeweils unterschiedliche Bezüge zum Werk des Wahlwiesbadeners auf, sei es das Studium der Farbe in Fläche und Raum, das Interesse an Maltechniken oder das Arbeiten in Serien. Das derlei Bezüge bis in die Gegenwart wirken, zeigen die jüngsten Arbeiten des New Yorker Malers WINSTON ROETH, der in subtiler Weise und mit viel Gespür für Pigment und Trägermaterial eine Form der Malerei entwirft, in der die Farbe als optische Sensation bis zum Äußersten befragt wird → 93. Zugleich entfalten seine Werke eine Poesie, die ihre Nichtreferenzialität, sprich Ungegenständlichkeit, beinahe vergessen macht.

**Across "the Pond" –
American Art in Museum Wiesbaden**

American art, meaning principally work produced in the United States, forms a central focus of the Modern and post-1950 Contemporary Art collection in Museum Wiesbaden. AD REINHARDT and MARK ROTHKO → 79 represent the counterpart to European Color Painting, influencing German artists like RITSCHL, GEIGER and GRAUBNER. At the same time, these artists can be seen as the outgrowth of an historical line extending all the way back to European Expressionism from HANS HOFMANN through ALEXEJ VON JAWLENSKY and culminating in the color painting of 1950s Abstract Expressionism. JAWLENSKY, in particular, represents a central figure of this continuity, insofar as his late works had been widely exhibited in the United States by his devoted patron EMMY "GALKA" SCHEYER beginning in the 1920s. Even today, one of the most significant collections of his paintings outside Wiesbaden can be viewed in the Norton Simon Museum in Pasadena, California.

The Jawlensky Prize of the Hessian State Capital Wiesbaden recognizes this continuity in the artist's honor. The work of prize holders, such as ROBERT MANGOLD, BRICE MARDEN and ELLSWORTH KELLY, each establishes its own unique reference to JAWLENSKY'S artistic production, be it in the study of color in relation to surface and space, his interest in new techniques of painting, or his serial work. The latest work of New York painter WINSTON ROETH reveals the resonance of this relationship into the present day. With its keen instinct for color and base material, it creates a form of painting that interrogates color to the utmost extent as an optical sensation → 93. At the same time, ROETH'S work possesses something poetical that causes us to forget its missing referent, its abstractness.

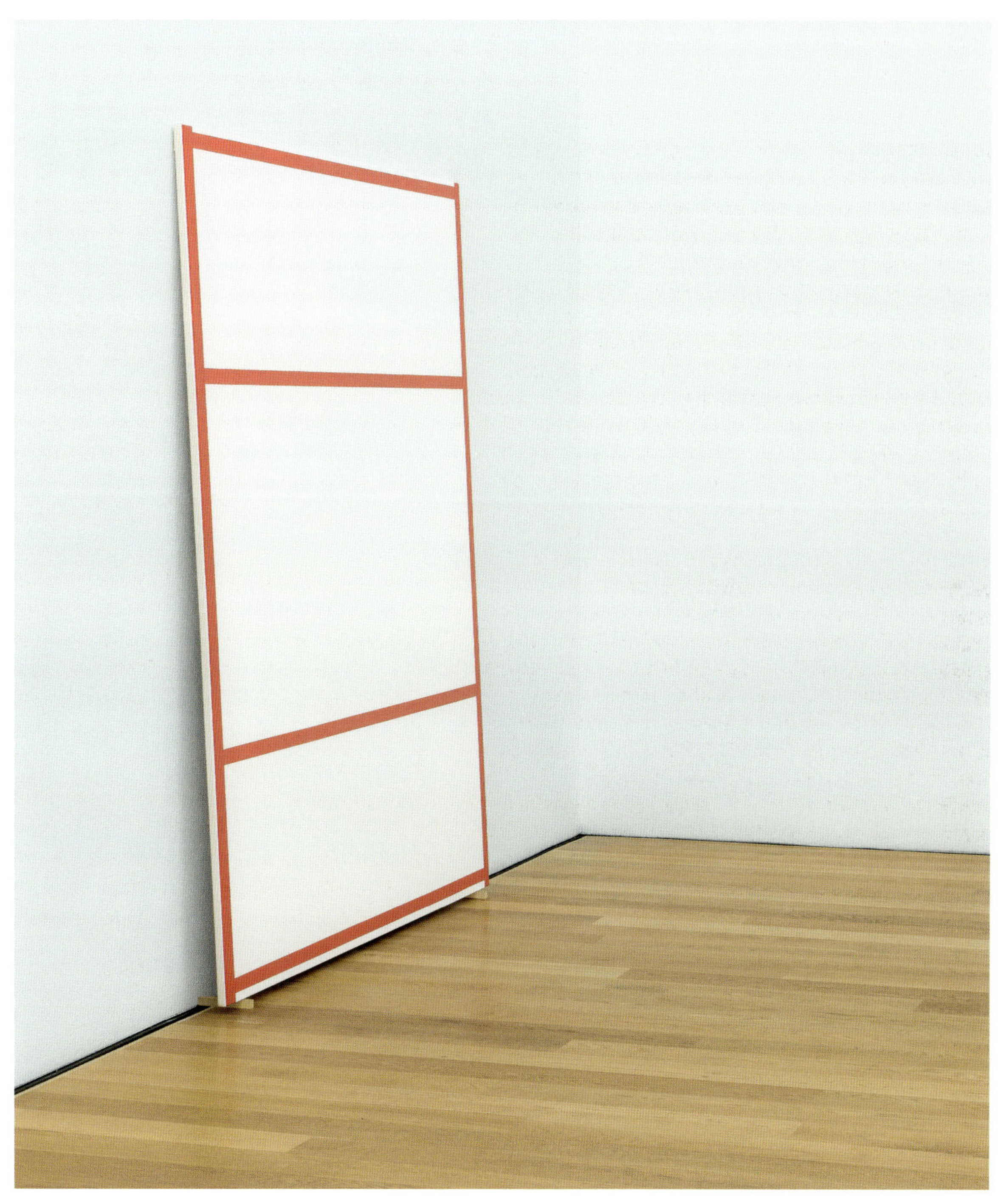

Alan Uglow, Standard, 1993

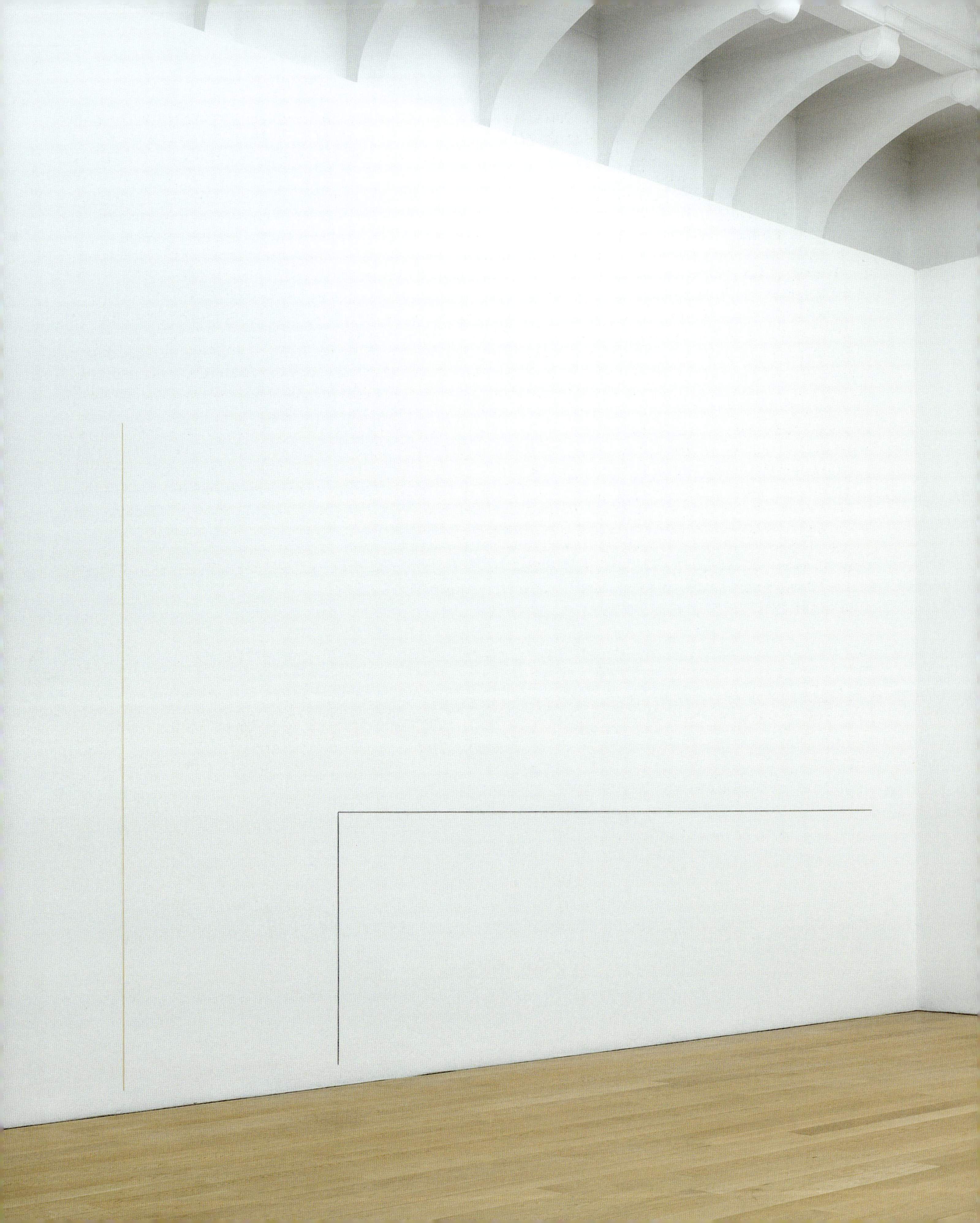

Zusammen mit Arbeiten von DAVID NOVROS → 82/83, DONALD JUDD → 90/91, FRED SANDBACK → 76 und nicht zuletzt von EVA HESSE manifestiert dieses Werkkonvolut einen Schwerpunkt der Wiesbadener Bestände, der ausgehend von der Kunst der späten 1960er-Jahre ein neuartiges Verständnis von Skulptur wie auch Malerei vorstellt. Minimal Art, Konzeptkunst und installative Arbeiten durchdringen sich mit malerischen Positionen. Dabei werden Bezüge bis in die Gegenwart sichtbar, so etwa am Werk des Angloamerikaners ALAN UGLOW → 75. Von ihm wie auch von EVA HESSE beherbergt die Sammlung zentrale Werkkomplexe, herausragend und einzigartig in der europäischen Museumslandschaft. HESSES Arbeiten reichen dabei von frühen Gemälden über das in Deutschland entstandene Relief *Eighter from Decatur* → 89 bis zu den späten Skulpturen aus Latex, Kunstharz und Fiberglas (*Sans II* → 87). Wie ihr gesamtes Œuvre sind sie geprägt vom Interesse an und der Beschäftigung mit neuen Materialien und Formen, die sie in spielerischer Weise zueinander in Beziehung setzte. Dabei akzeptierte HESSE die Eigenheiten der verwendeten Materialien genauso wie Zufälligkeiten oder die Eingriffe Dritter und trotz ihres frühen Todes im Jahr 1970 war, ist und bleibt ihr Werk Inspirationsquelle für nachfolgende Künstlergenerationen.

Together with works by DAVID NOVROS → 82/83, DONALD JUDD → 90/91, FRED SANDBACK → 76 and, not least, EVA HESSE, this group of artists constitutes a focus of Wiesbaden's collection taking art of the 1960s as a point of departure for a new understanding of sculpture and painting. Painterly perspectives and attitudes permeate Minimal Art, Concept and Installation art, revealing relationships to contemporary production, such as the work of American artist ALAN UGLOW → 75. Major work complexes by both UGLOW and EVA HESSE in the museum's collection are exceptional in the European museum landscape. The range of HESSE'S work in Wiesbaden's collection extends from early paintings to the relief *Eighter from Decatur* → 89, which was produced in Germany, through to late sculptures of latex, synthetic resin and fiberglass (*Sans II* → 87). These pieces, like her entire œuvre, are shaped by her fascination with new materials and forms, which she puts into playful relation to one another. Yet HESSE respects the unique qualities of each material, just as she admits accident and external influence to her creative process. Though her artistic production was cut short by her early death in 1970 at the age of 34, her work was, is and remains a source of inspiration for subsequent generations of artists.

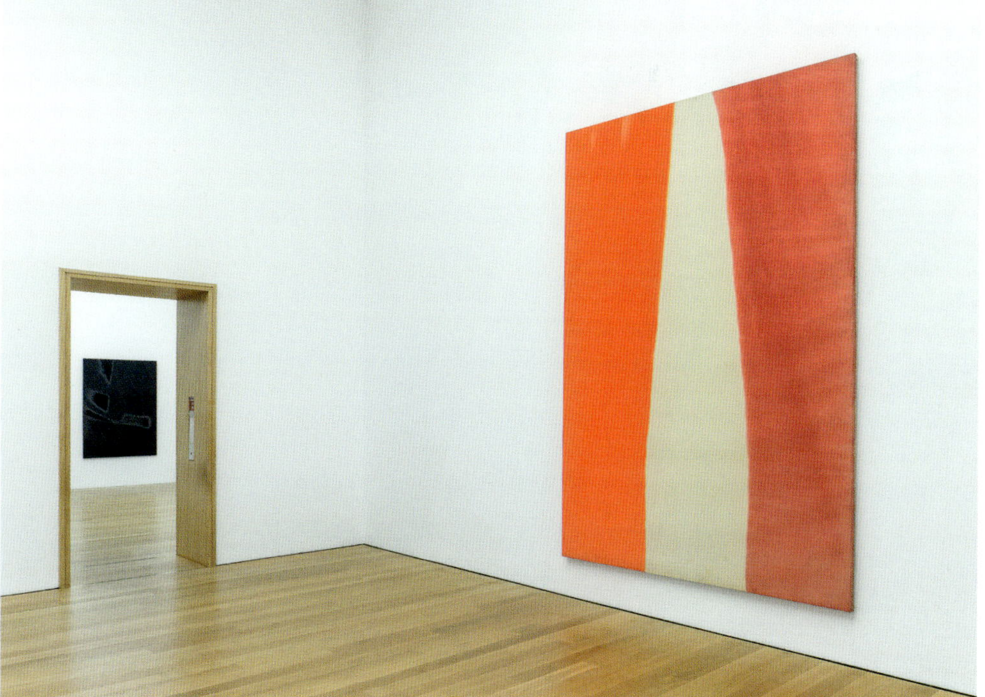

Fred Sandback, ohne Titel
(Construction in
one plane #2423), 2001
Untitled (Construction in one
plane #2423)

Andy Warhol, Diamond Dust
Shadow, um 1979
around 1979

Morris Louis, Loom, 1959

Robert Mangold,
Green/Black Zone VIII, 1997

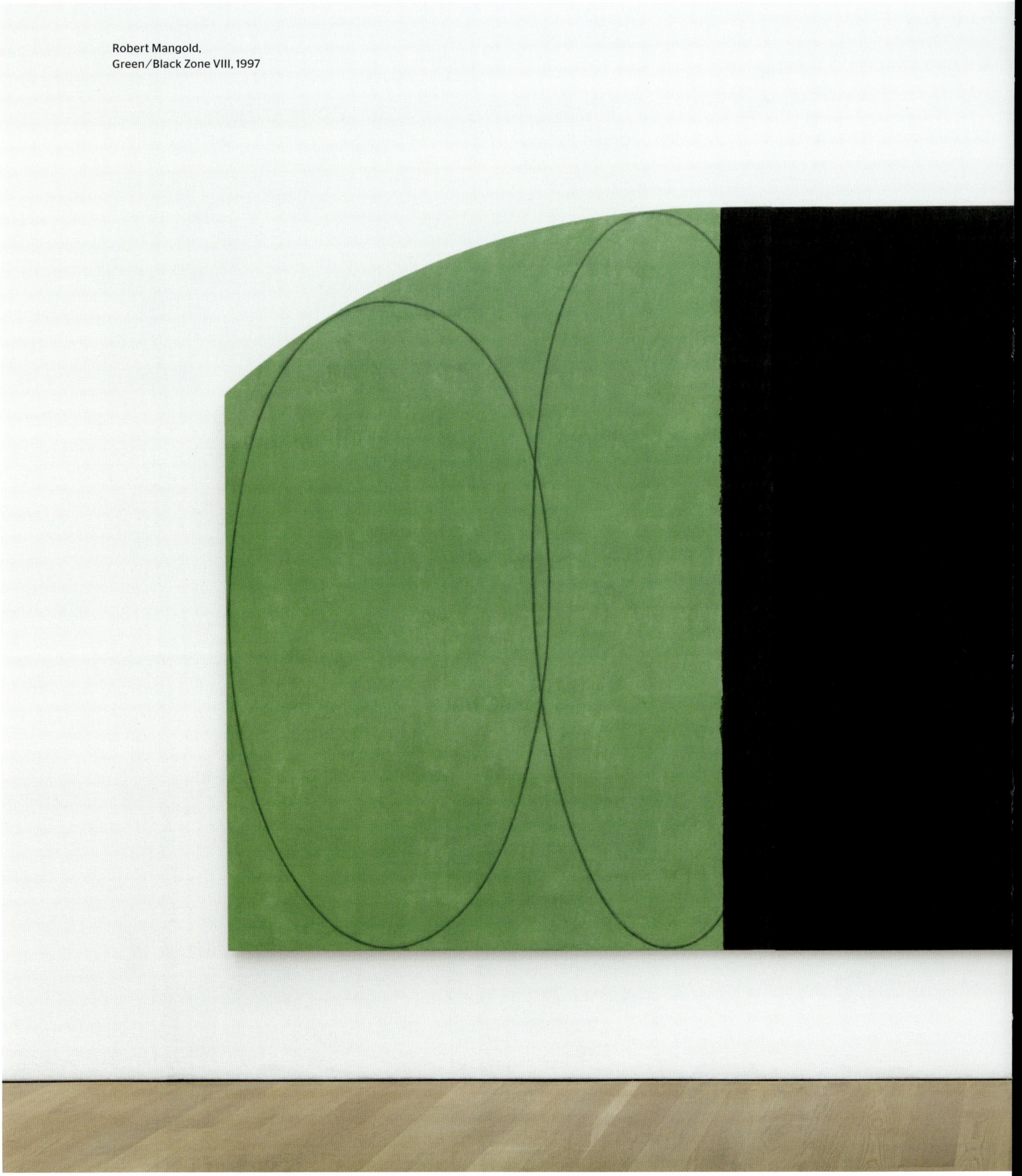

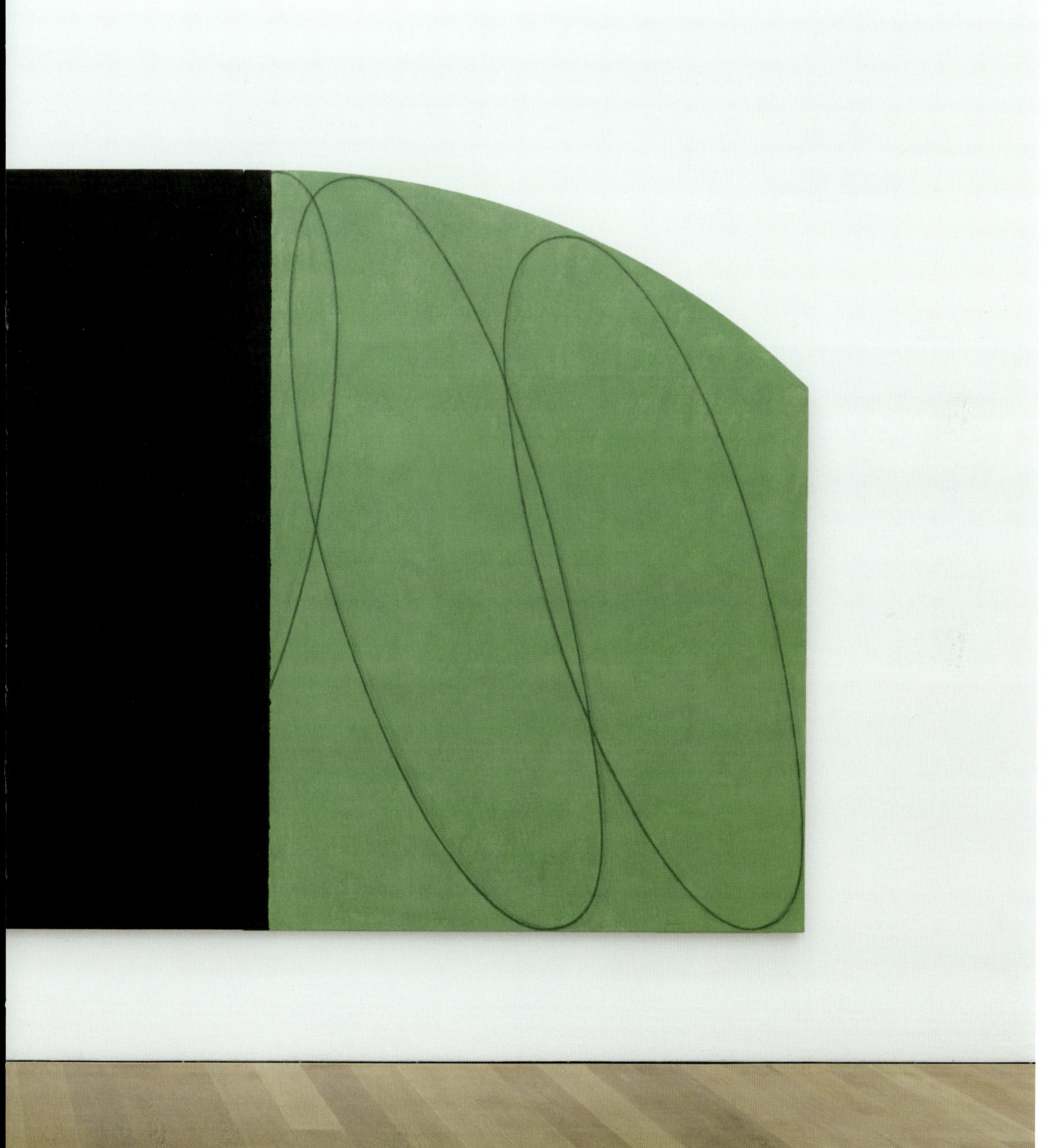

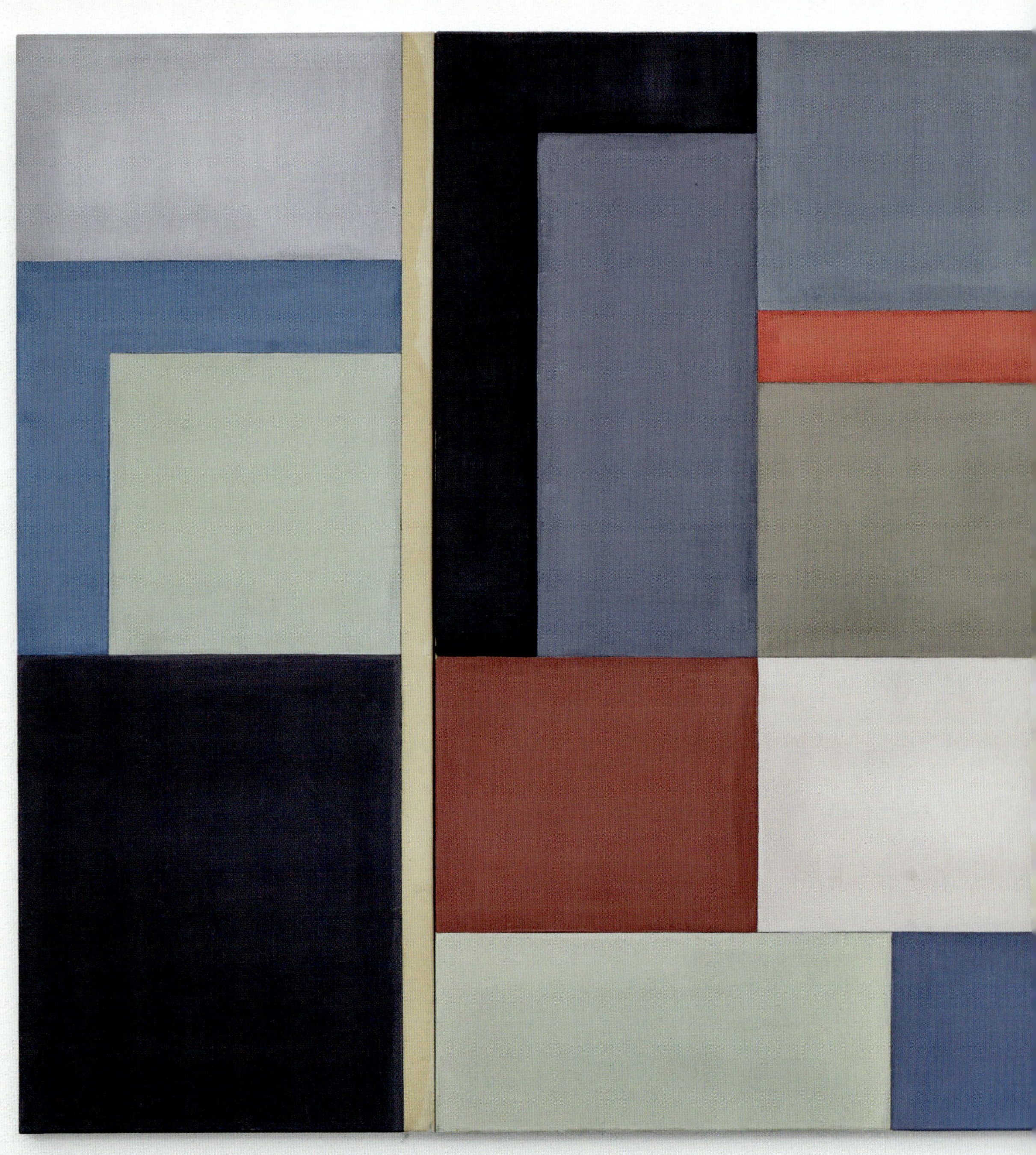

David Novros, ohne Titel, 1972
Untitled

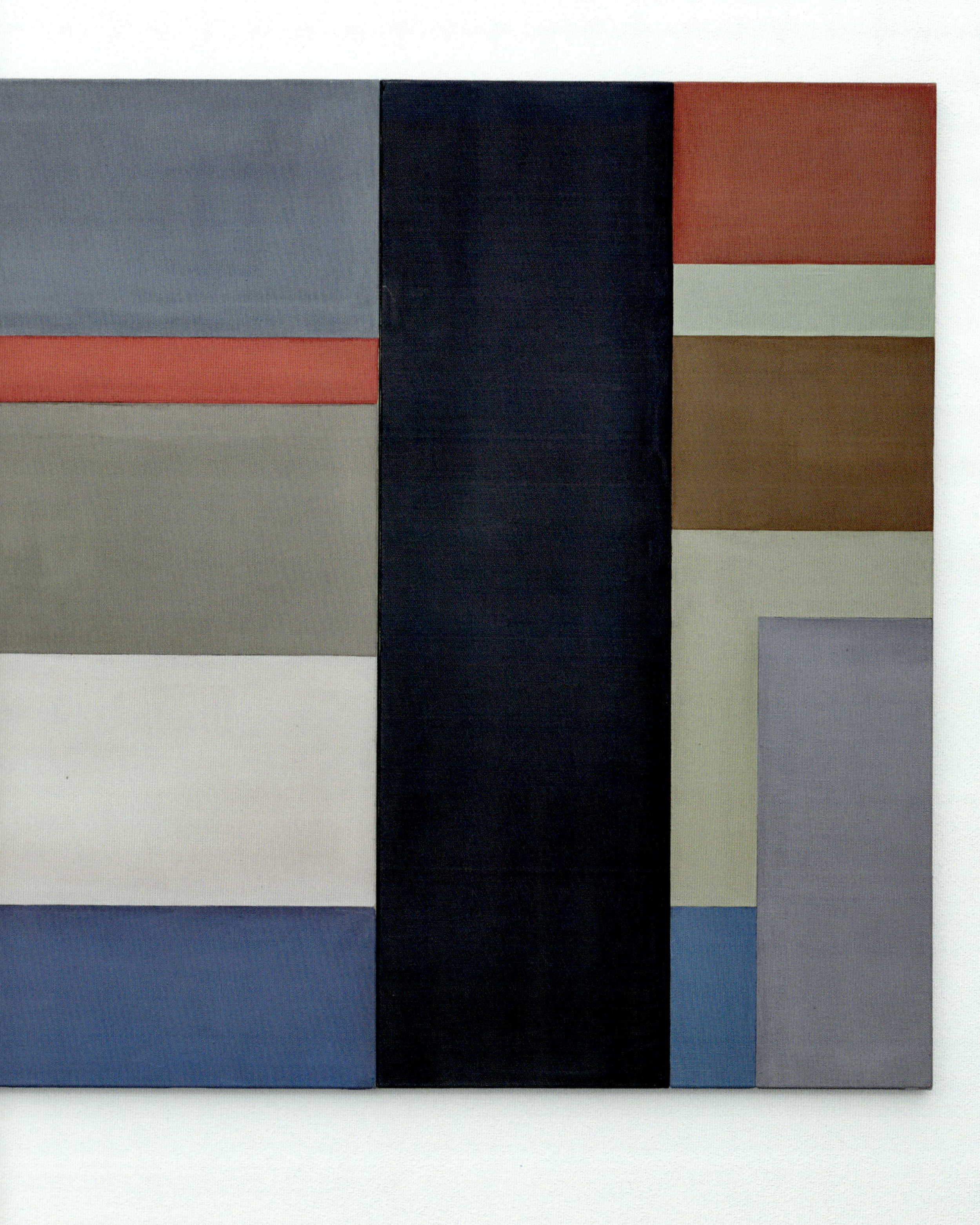

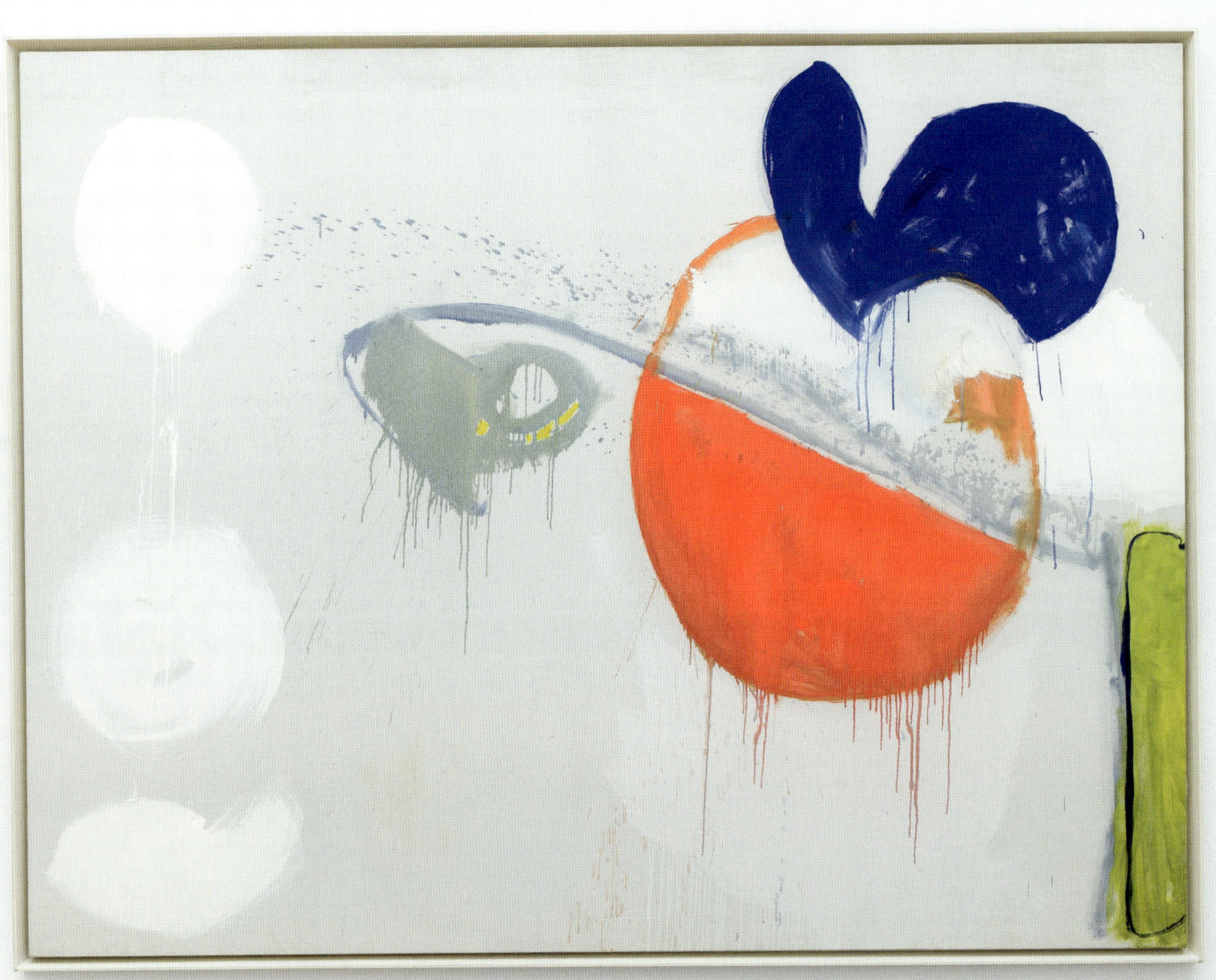

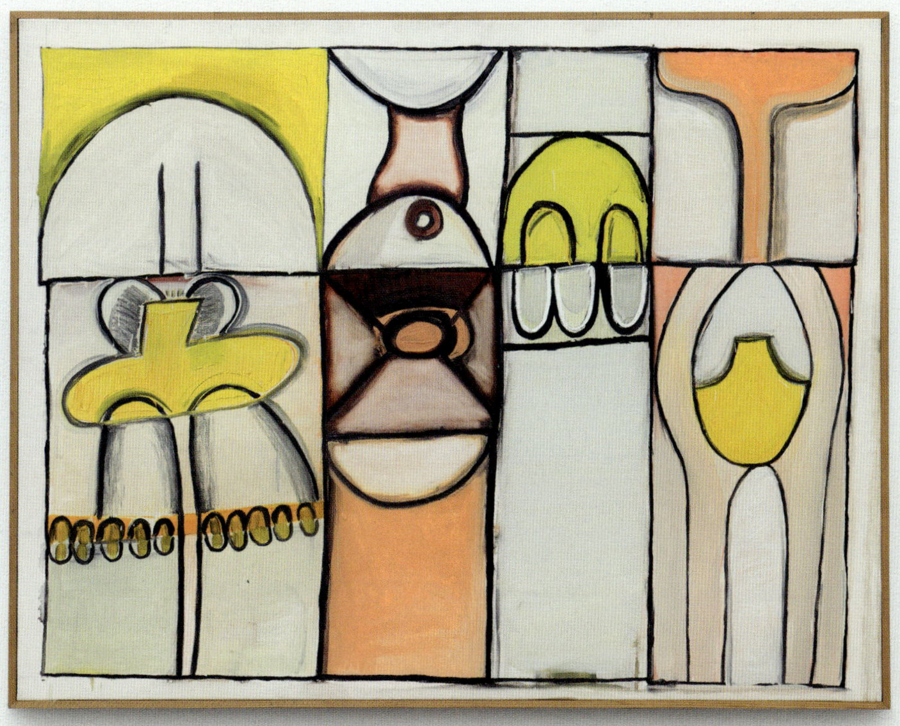

Eva Hesse, ohne Titel, 1965
No title

Eva Hesse,
ohne Titel, 1961/62
No title

Eva Hesse, Sans II, 1968

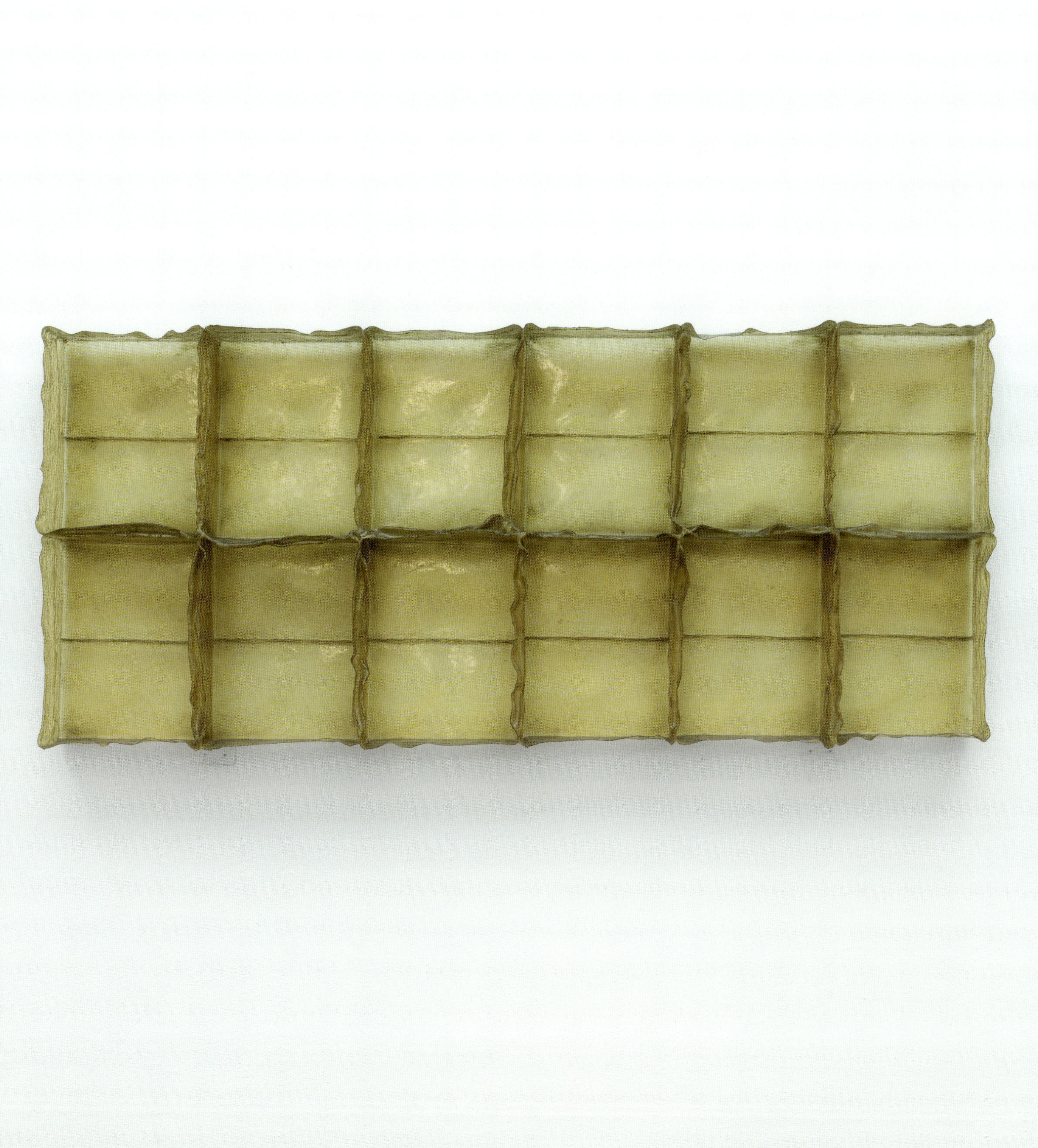

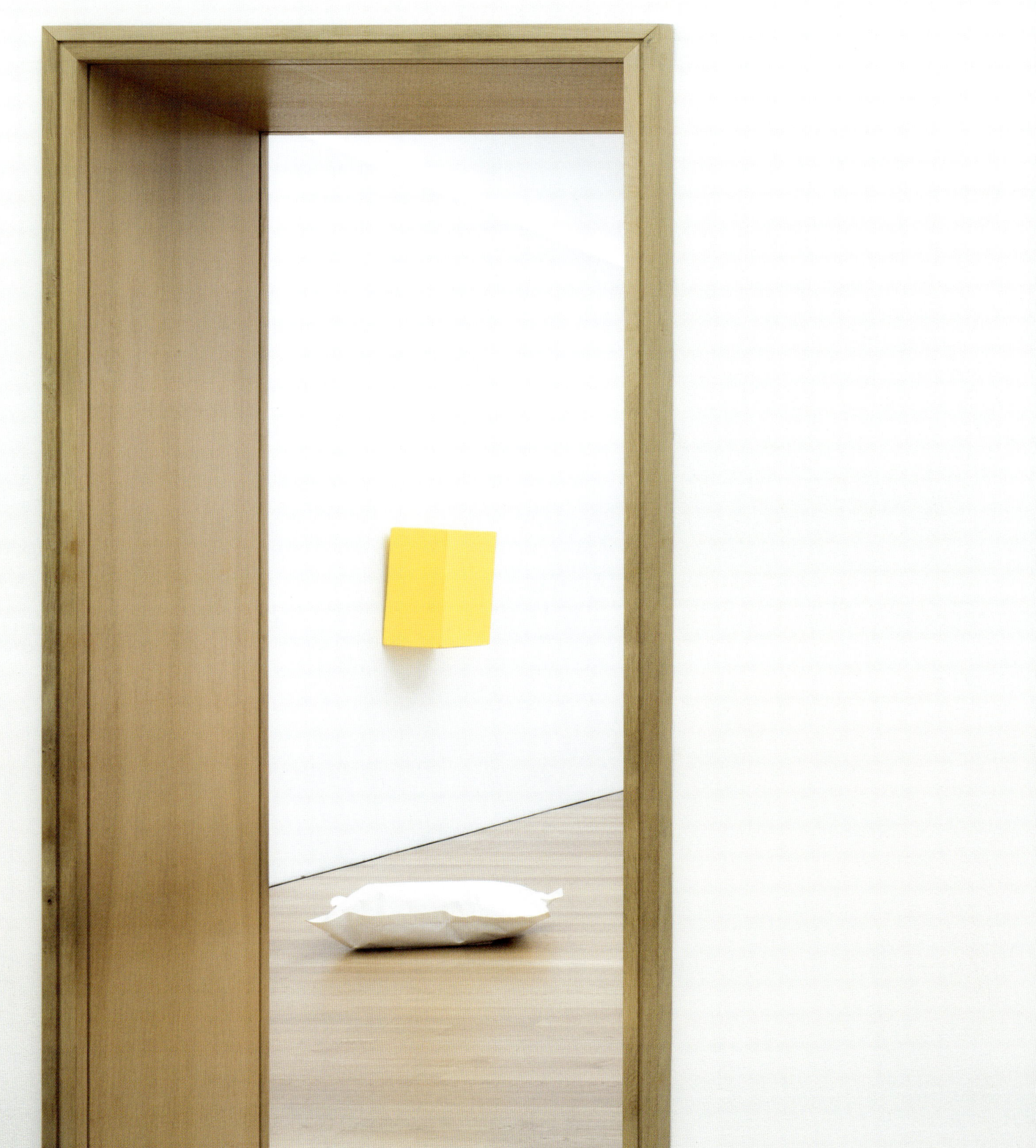

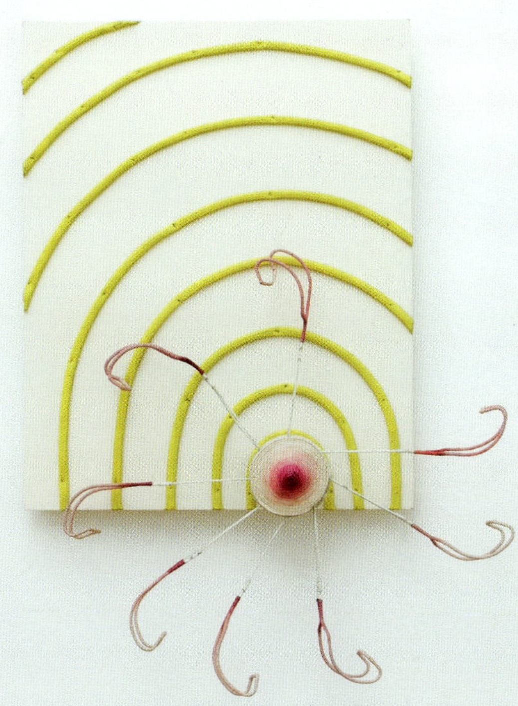

Eva Hesse, Eighter from
Decatur, 1965

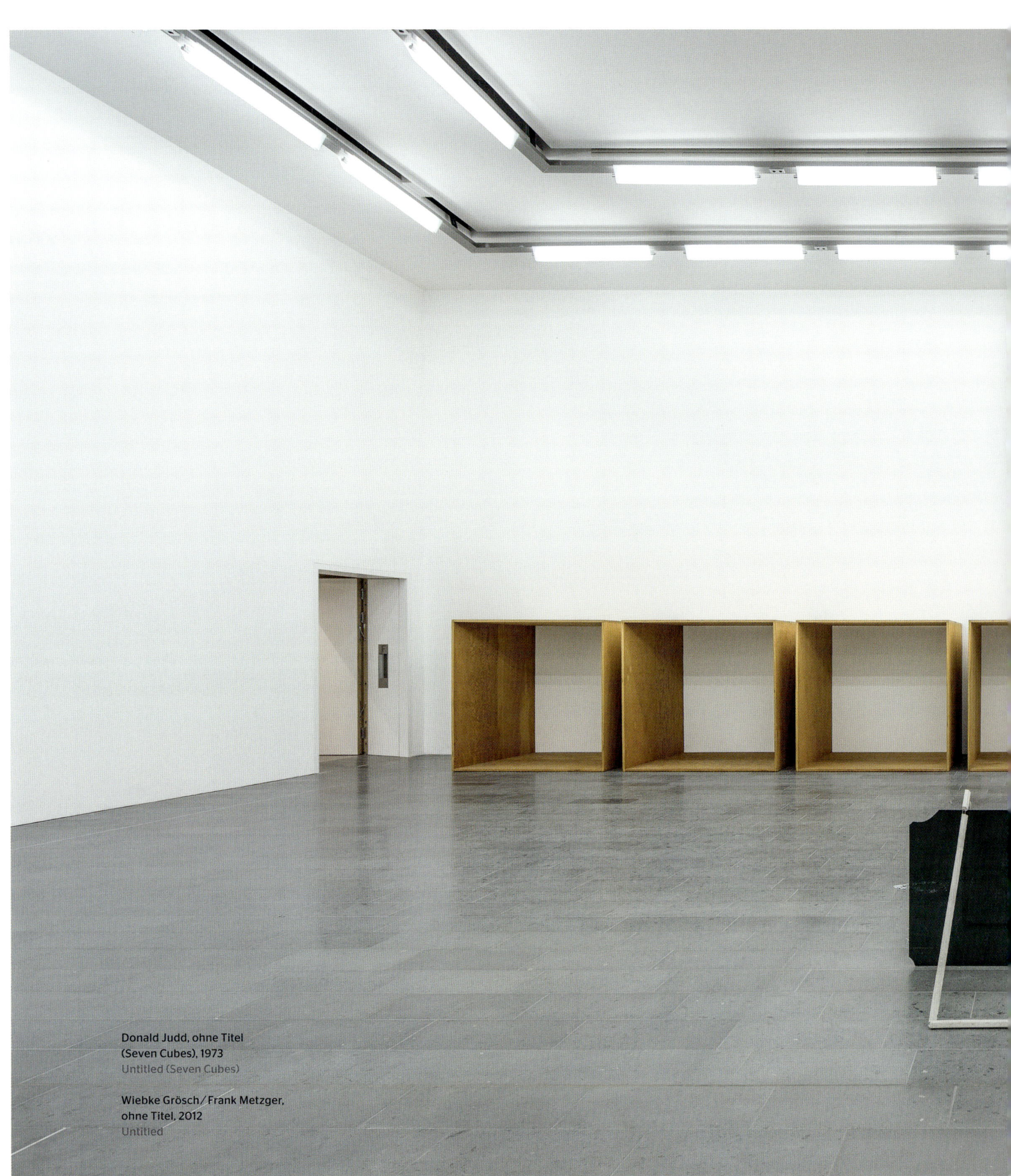

Donald Judd, ohne Titel
(Seven Cubes), 1973
Untitled (Seven Cubes)

Wiebke Grösch / Frank Metzger,
ohne Titel, 2012
Untitled

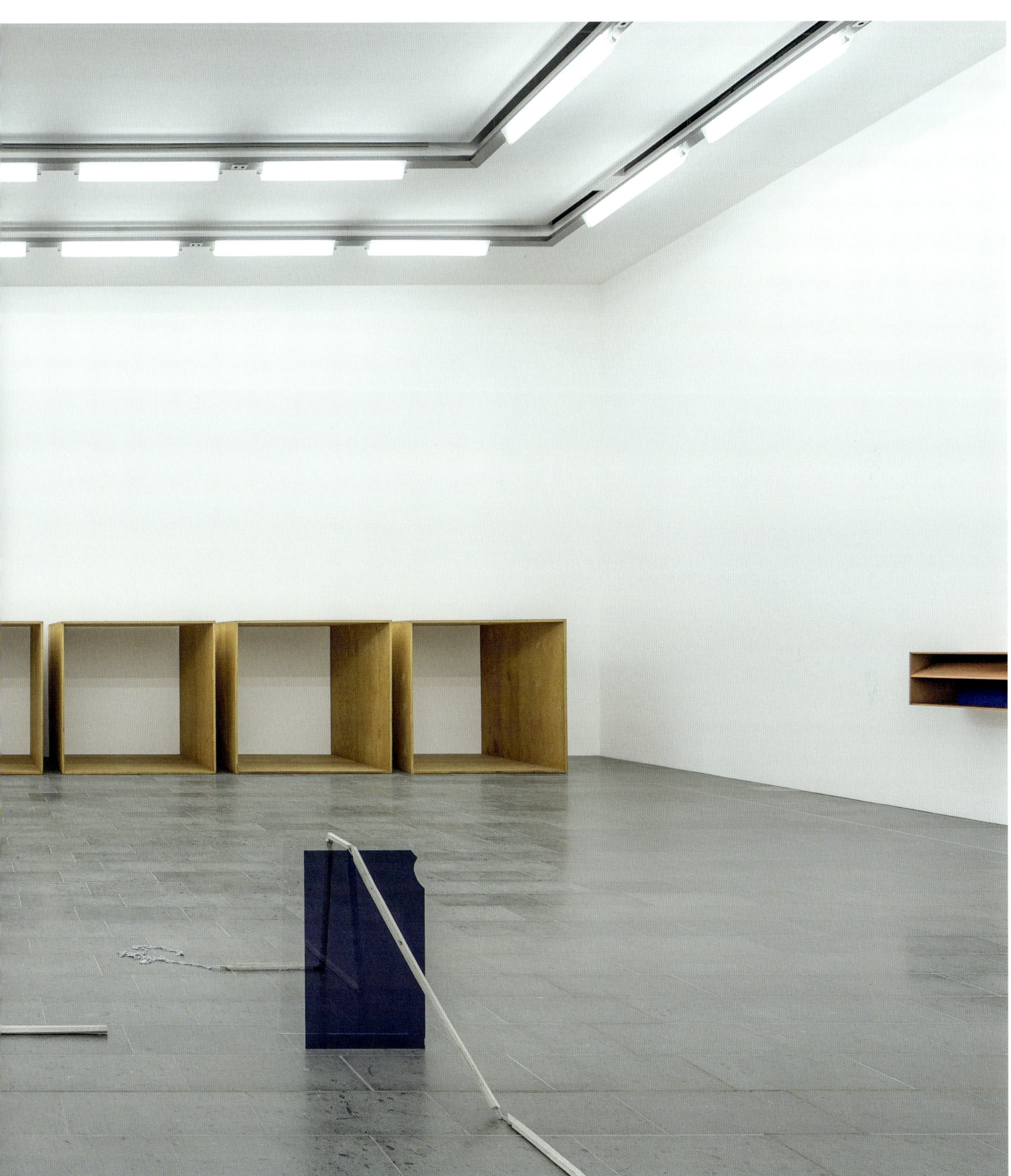

Ellsworth Kelly, White Relief
over Black, 2004

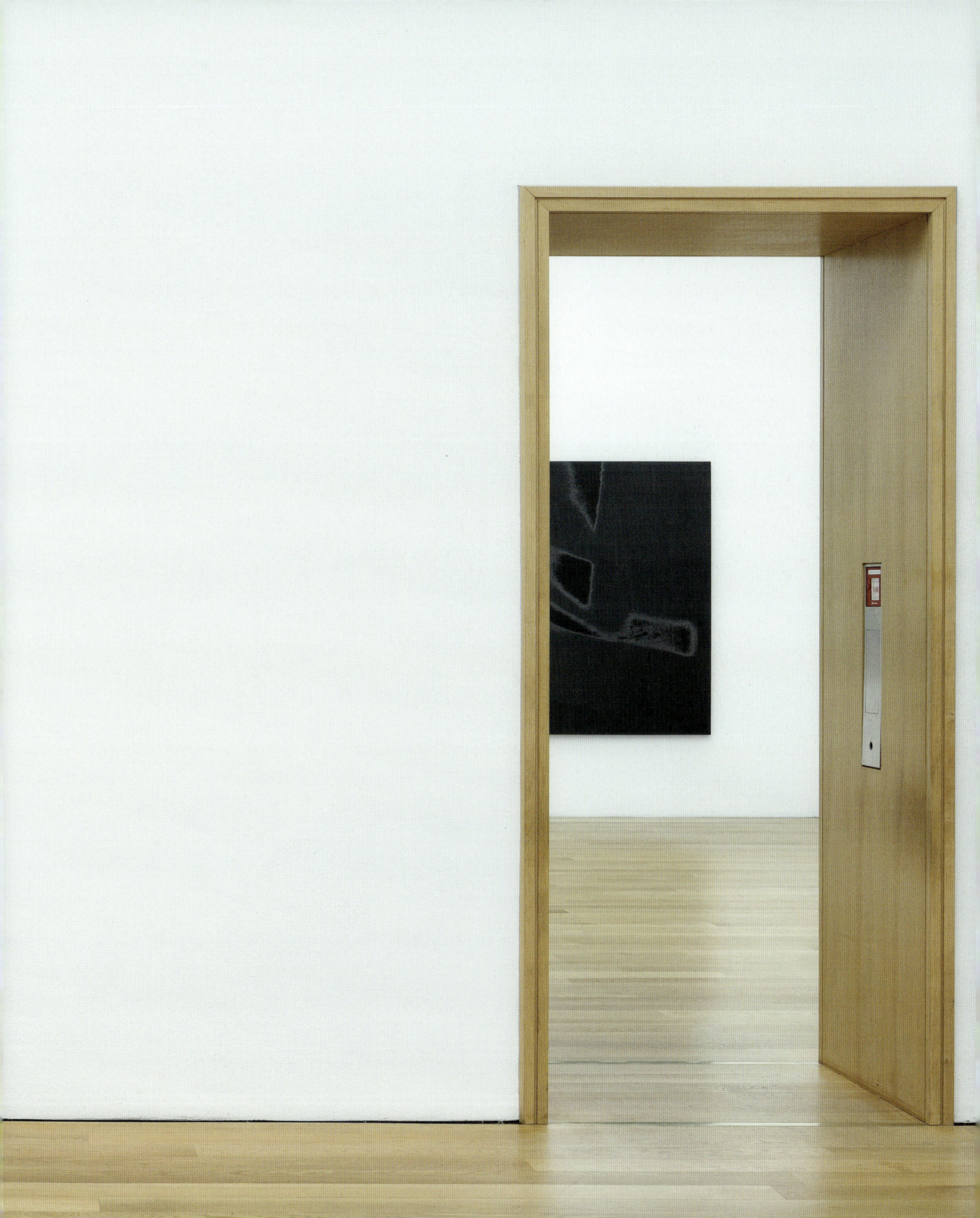

AGNES MARTIN, ROBERT MANGOLD, BRICE MARDEN, REBECCA HORN, ELLSWORTH KELLY sowie in naher Zukunft RICHARD SERRA – Künstlerinnen und Künstler von Weltrang werden in Wiesbaden seit Anfang der 1990er-Jahre mit einem Preis zu Ehren des wichtigsten Malers der Stadt ausgezeichnet und ausgestellt. Der Aufbruch des Museums zu einem international renommierten Haus, der mit der grundlegenden Sanierung des Gebäudes und Sammlungserweiterung über die letzten 25 Jahre einherging, konnte im Kontext dieser Auszeichnung stets in wegweisenden Sonderausstellungen manifestiert werden. Und auch die Sammlung selbst erhielt auf diese Weise einen kontinuierlichen und erfreulichen Zuwachs kapitaler Werke. So findet sich heute ein Großteil des grafischen Werks von BRICE MARDEN ↓ unten in Wiesbaden, ebenso wie zentrale Arbeiten von ROBERT MANGOLD → 80/81 und REBECCA HORN → 115–119. ELLSWORTH KELLYS *White Relief over Black* stellt den jüngsten Zugang in dieser Reihe dar → 94. Äußerst reduziert und nur in Schwarz-Weiß gehalten, zeigt uns KELLY darin auf, wie vielgesichtig eine auf die absoluten Grundbedingungen zurückgenommene Malerei sein kann.

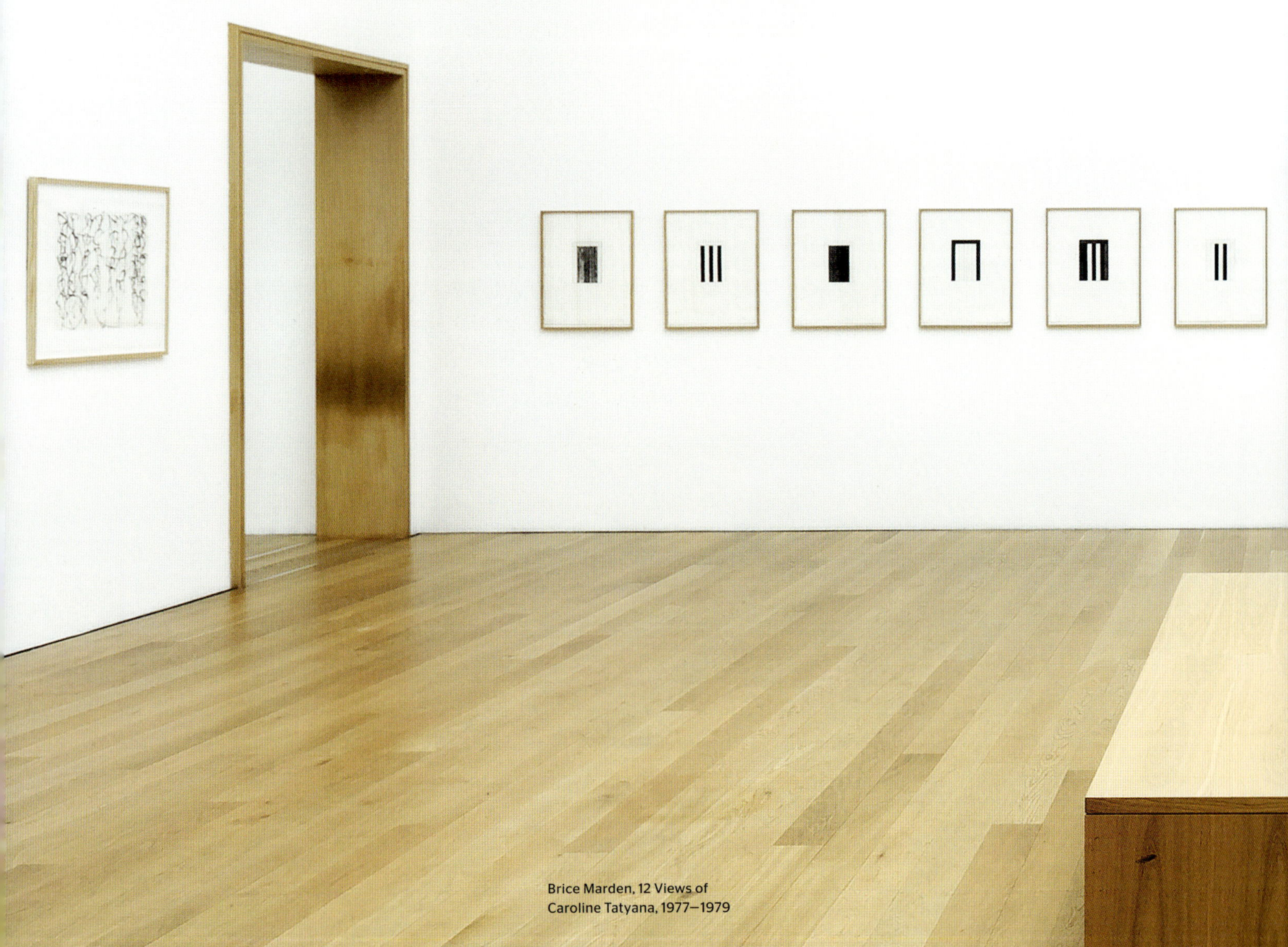

Brice Marden, 12 Views of
Caroline Tatyana, 1977–1979

AGNES MARTIN, ROBERT MANGOLD, BRICE MARDEN, REBECCA HORN, ELLSWORTH KELLY and, soon, RICHARD SERRA all belong to a group of prominent artists, who have been awarded the Jawlensky Prize, bestowed since the early 1990s by the city of Wiesbaden in honor of its most significant resident artist. The award and special exhibitions of the path-breaking artists associated with it offer a platform for celebrating the development of the museum's international reputation as a top address for art, which began with the complete renovation of its buildings and subsequent expansion of its collection over the last 25 years. The collection itself also experiences continual growth in the number of major artists represented there as a result of the award, so that a large part of BRICE MARDEN's graphic work is now at home in Wiesbaden ↓ below, as well as major works by ROBERT MANGOLD → 80/81 and REBECCA HORN → 115–119. ELLSWORTH KELLY's *White Relief over Black* is the museum's latest acquisition in this series → 94. Extraordinarily minimal, restricted only to black-white, KELLY shows us how multifaceted painting can be when reduced to its absolute basic requirements.

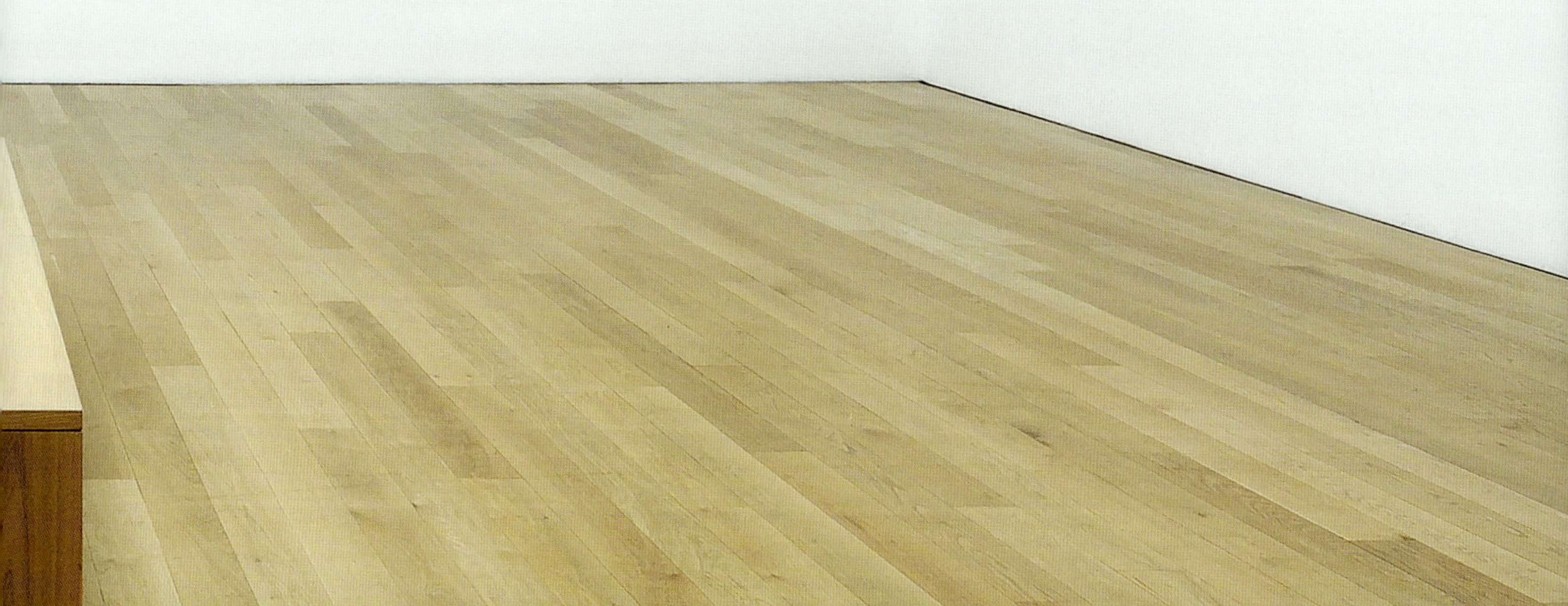

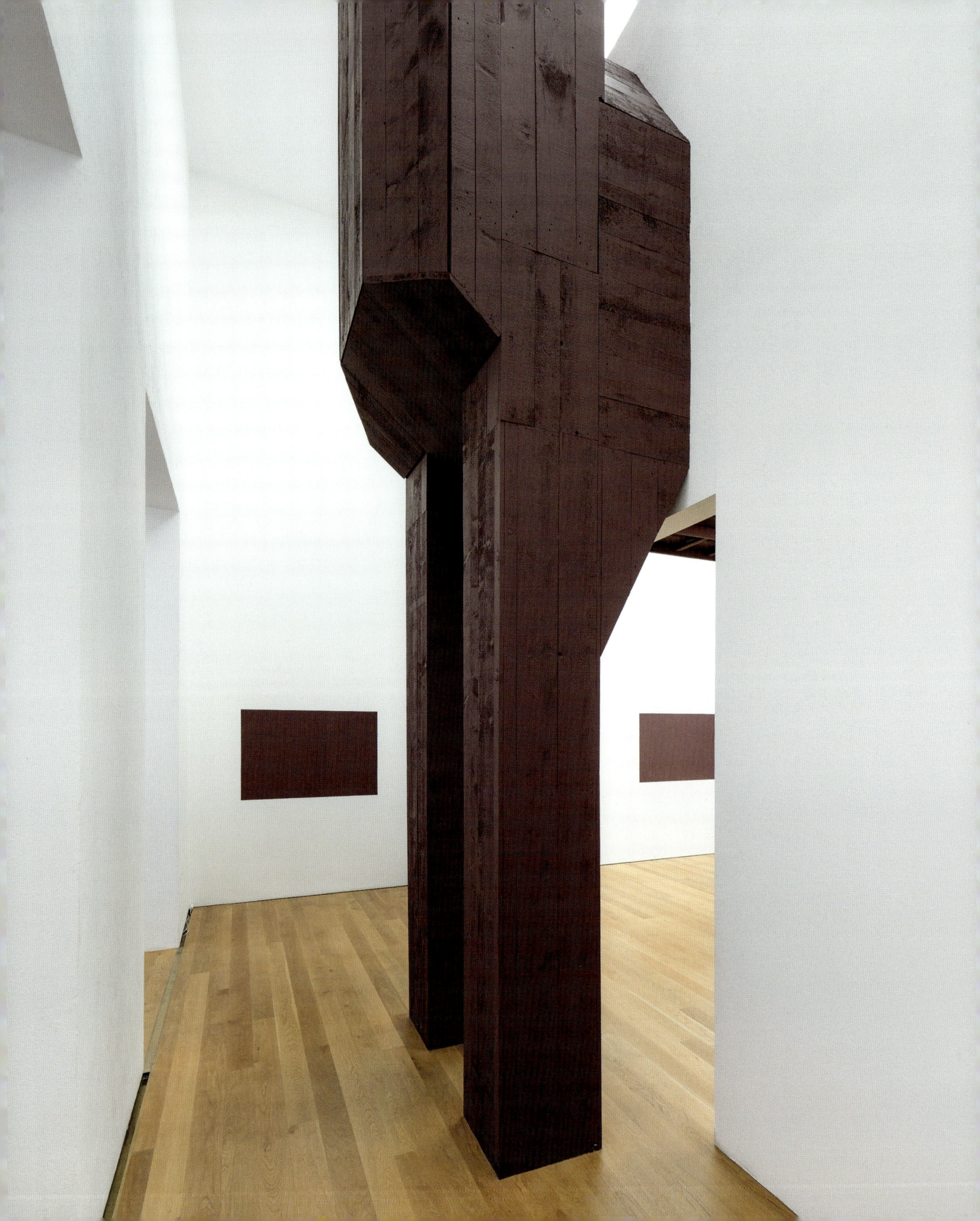

Künstlerräume

Von Künstlern gestaltete Räume und Rauminstallationen stellen eine weitere originäre Qualität und damit einen besonderen Schwerpunkt der Wiesbadener Kunstsammlung dar. Ganze Werkkomplexe versammeln sich in Künstlerräumen, die einer einzelnen Künstlerin oder einem Künstler gewidmet sind, oft eng verbunden mit der Architektur des Hauses. Diese meist dauerhaften Präsentationen bieten den Besuchern konstante Angel und Ausgangspunkte beim Streifgang durch die Museumsräume. Als gewohnt erscheinen sie vertraut und werden doch immer wieder neu befragt im wechselnden Zusammenspiel mit den unterschiedlichen Sonderausstellungen des Hauses.

Zudem bieten die großen Säle mit den Arbeiten von Donald Judd → 90/91, Ilya Kabakov → 42/43, Mario Merz → 124/125 und Joseph Beuys → 120–123 allein schon durch ihre zentrale Lage im Museumsgebäude vielfältige Anknüpfungspunkte in die benachbarten Sammlungsbereiche. Das Museum Wiesbaden zeigt sich hier bewusst als Haus der Gegenwart, jedoch nicht isoliert, sondern stets im Kontext und im Bezug zur eigenen Historie. Ebenso wirken die architektonisch verankerten Werke von Rebecca Horn → 115–119 und Micha Ullman → 108/109 gleichsam leitmotivisch und als Bindeglieder zwischen dem historischen Museumsgebäude und der Kunst der Gegenwart: *Jupiter im Oktogon* → 8/115 bringt zunächst mittels der modernen Materialien Glas und Stahl – in Form von sich drehenden Spiegeln – die Architektur des Eingangsoktogons visuell ins Wanken, zugleich wird dieses aber auch in den Blick und ins Bewusstsein des Betrachters gerückt. Der Besucher des Museums erfährt sich bereits beim Eintreten in das Haus über sein eigenes Spiegelbild als Bestandteil der Historie des Ortes: Das Eingangsoktogon als historisches Entree, als Signal an die Eintretenden und zugleich Vermächtnis der Erbauer, findet über die Spiegel bild und gleichnishaft Anschluss an die Gegenwart.

Und auch in den Räumen der Gemäldegalerie finden sich solche Setzungen: Die beiden Installationen von Jochen Gerz in den ehemaligen Lichthöfen befragen Funktion und Wesen von Kunst sowie die Rollen von Betrachter und Künstler. Zieht sich Letzterer in der Zentaur-Arbeit noch zurück und isoliert sich damit von der Gesellschaft → 98, so berichtet *Der Transsib.Prospekt* in Form einer vorgestellten Eisenbahnreise von der Kraft der Imagination und damit der künstlerischen

Artist's Rooms

Rooms and room installations produced by individual artists represent another distinctive mark and particular focus of Wiesbaden's collection. Entire work complexes are united in artist rooms, space devoted to a single artist, whose staging often incorporates the architectonics of the building. The largely permanent exhibitions offer visitors continuously varying perspectives and starting points as they move through the museum. Familiarity conveys a sense of trust, while the interplay of these rooms with varying temporary exhibitions allows visitors to see them again and again in a new light.

The architectural centrality of the museum's great rooms, featuring works by Donald Judd → 90/91, Ilya Kabakov → 42/43, Mario Merz → 124/125 and Joseph Beuys → 120–123, moreover, offers a multitude of thematic connections to neighboring displays in other areas of the collection. This cross-reference of its various exhibits reflects Museum Wiesbaden's commitment to contemporary art, not in isolation but always within the context of its own history. The "built-in" works of Rebecca Horn → 115–119 and Micha Ullman → 108/109, literally incorporating elements of the museum's architecture, have the character of both leitmotif and connective tissue to the building's history and art of the present era. Through modern materials of glass and steel, *Jupiter in the Octagon* → 8/115 puts the architectonics of the octagonal entryway initially into visual motion with its multiple rotating mirrors, bringing the entryway at once into the visitor's focus and awareness. Upon entering the building, museum visitors experience themselves as part of the museum's history through their reflection in the mirrors: Through the mirror, the octagonal entryway, as an historic site, as a sign to visitors and, at once, legacy of the architect, establishes a visual and allegorical connection to the present.

The rooms of the picture gallery, too, produce this effect: The two installations by Jochen Gerz in the former atriums of the museum interrogate the function and essence of art, as well as the roles of viewer and artist. While the artist himself withdraws, isolating himself from society, in *The Centaur's Difficulty when Dismounting the Horse*, → 98 Gerz's *The Transsib.Prospect* relates the power of the imagination and, in turn, of artistic representation in the form of a travel "brochure" for a journey by train. Christian Boltanski's *Resèrves*

Jochen Gerz, Die Schwierigkeit des Zentaurs beim vom Pferd steigen (zweite Fassung), 1997
The Centaur's Difficulty when Dismounting the Horse

Darstellung. CHRISTIAN BOLTANSKI thematisiert in seiner Arbeit *Resèrves Détectives II* → 126/127 die Fragilität und Vergänglichkeit des menschlichen Daseins, die Verortung des Individuums in der modernen Gesellschaft, zugleich jedoch auch dessen Verschwinden. Was bleibt in den Archiven, wenn wir nicht mehr sein werden, wer hat die Schlüssel, wer hat den Zugang dazu? Was ist Erinnerung, worin liegt die Wahrheit?

Die Werkkomplexe von FRANZ ERHARD WALTHER → 106/107 und DIETRICH HELMS → 101 stehen hingegen für den Aufbruch und das Umdenken innerhalb der künstlerischen Praxis in den 1960er-Jahren. Kartonplastiken von ERWIN HEERICH → 102/103 verknüpfen konstruktive mit minimalistischen Tendenzen, entwerfen Räume im Kleinen, in denen Skulptur und Architektur miteinander verschmelzen. Ergänzend zum Schwerpunkt der ungegenständlichen Malerei, der in unterschiedlicher Weise – sowohl gestisch als auch in der reinen Beschäftigung mit der Farbe – an die Kunst des Expressionismus anschließt, erweisen sich die konzeptuellen wie auch die konkreten und minimalistischen Tendenzen als Fortschreibung und Übertragung zentraler Ansätze der konstruktiven Kunst aus dem Bereich der Klassischen Moderne.

Gerade in der Reduktion auf einzelne Positionen, die mittels Werkkomplexen möglichst umfassend dargestellt werden sollen, zeigen sich diese – je unterschiedlichen – Anknüpfungen. Ausgehend von der Kunst der Klassischen Moderne lassen sich Fortschreibung und Weiterentwicklung dieser Ansätze bis in die Gegenwart aufzeigen. Die Kunst der Moderne, im Sinne einer Epoche, die bereits im 19. Jahrhundert ihren Anfang nahm und in dieser Lesart bis an die Gegenwart heranreicht, wird so zum Generalbass, der die Sammlung des Museums Wiesbaden durchzieht. ILYA KABAKOVS *Roter Waggon* → 42/43, der als monumentale Rauminstallation die Besucher auf Ebene 1 empfängt, steht dafür in geradezu symptomatischer Art und Weise: Die Installation „bespielt" im Sinne der durchwandelbaren Theaterkulisse eines klassischen Historiengemäldes die Geschichte der Kunst, aber auch der Gesellschaft der Sowjetunion im 20. Jahrhundert. Ausgehend vom Traum von einer besseren Welt (und deren Beförderung und Begleitung durch eine neue Form von Kunst) schlägt der Glaube an die Utopie bald um in Resignation und Enttäuschung, wenn das ewige, süßlich-melancholische Warten letztlich nicht belohnt, sondern der Traum auf dem „Müllhaufen der Geschichte" abgelegt wird.

Détectives II → 126/127 evokes the fragility and transitoriness of human existence, the presence – and simultaneous disappearance – of the individual in modern society. What remains in the archives when we are gone? Who has the key? Who can access the archive? What is memory? Where does truth lie?

Work complexes by FRANZ ERHARD WALTHER → 106/107 and DIETRICH HELMS → 101, by contrast, stand for departure and re-vision within the artistic practice of the 1960s. The cardboard sculptures of ERWIN HEERICH unite constructive and minimalist tendencies, designing miniature spaces that merge sculpture and architecture → 102/103. As complement to the abstract painting collection – which in various ways, both gesturally and in its preoccupation with pure color, can be associated with Expressionist art – these conceptual, concrete and minimalist tendencies can be understood as extensions and transmissions of the central approaches of constructivist art in Classical Modernism.

Precisely in the reduction to individual artistic positions presented as exhaustively as possible in work complexes, these various connections – each unique – become apparent. The continuation and development of approaches found in works of Classical Modernism can be seen in contemporary art. Modern art, in the sense of an epoch having its beginnings in the 19th century and extending into the present, thus becomes the basso continuo of the museum's collection, as a whole. ILYA KABAKOV'S *Red Wagon* → 42/43, a monumental installation that greets museum visitors as they enter level one of the museum, is virtually symptomatic in this respect. The installation "stages," in the sense of a walk-through theater backdrop of a classic historical painting, the history of art but also of 20th-century Russian society. Beginning with the dream of a better world (and the advancement and accompaniment of this struggle by a new form of art), the belief in utopia soon transforms into resignation and disappointment, when the eternal, sweet melancholic [act of] waiting is not rewarded and the dream is discarded onto the "garbage heap of history."

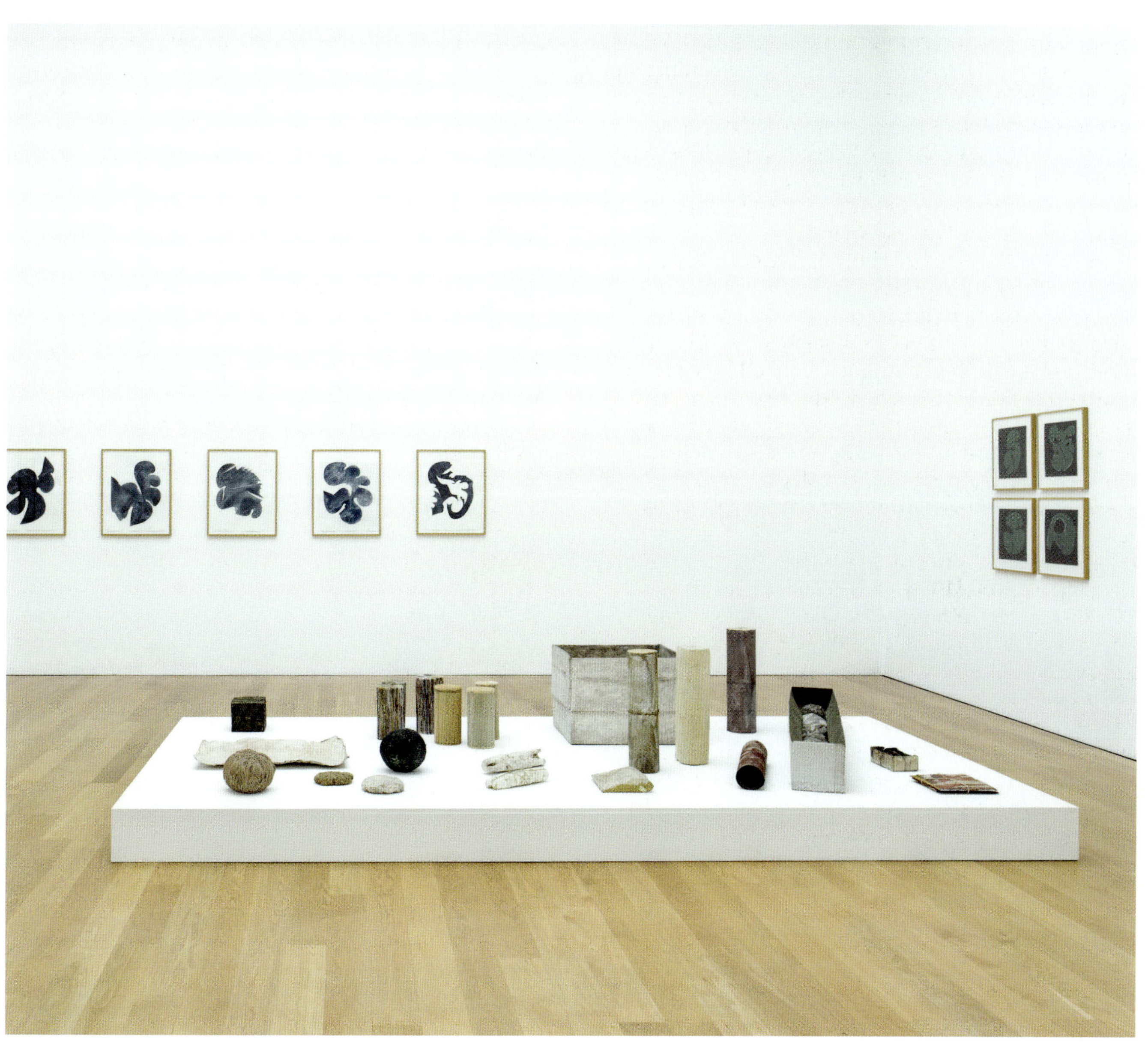

Dietrich Helms, diverse Arbeiten, 1967—1971
Various Works

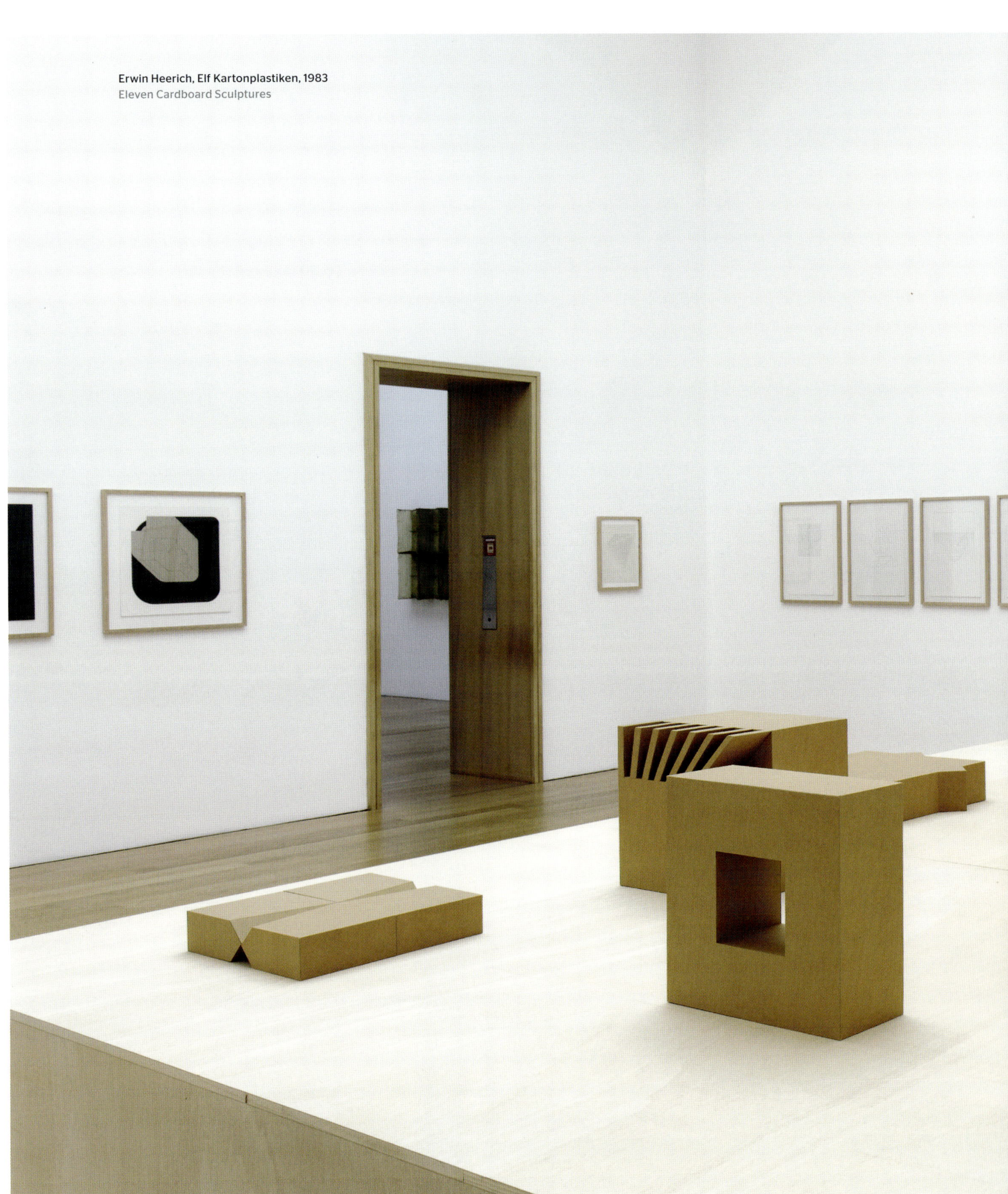

Erwin Heerich, Elf Kartonplastiken, 1983
Eleven Cardboard Sculptures

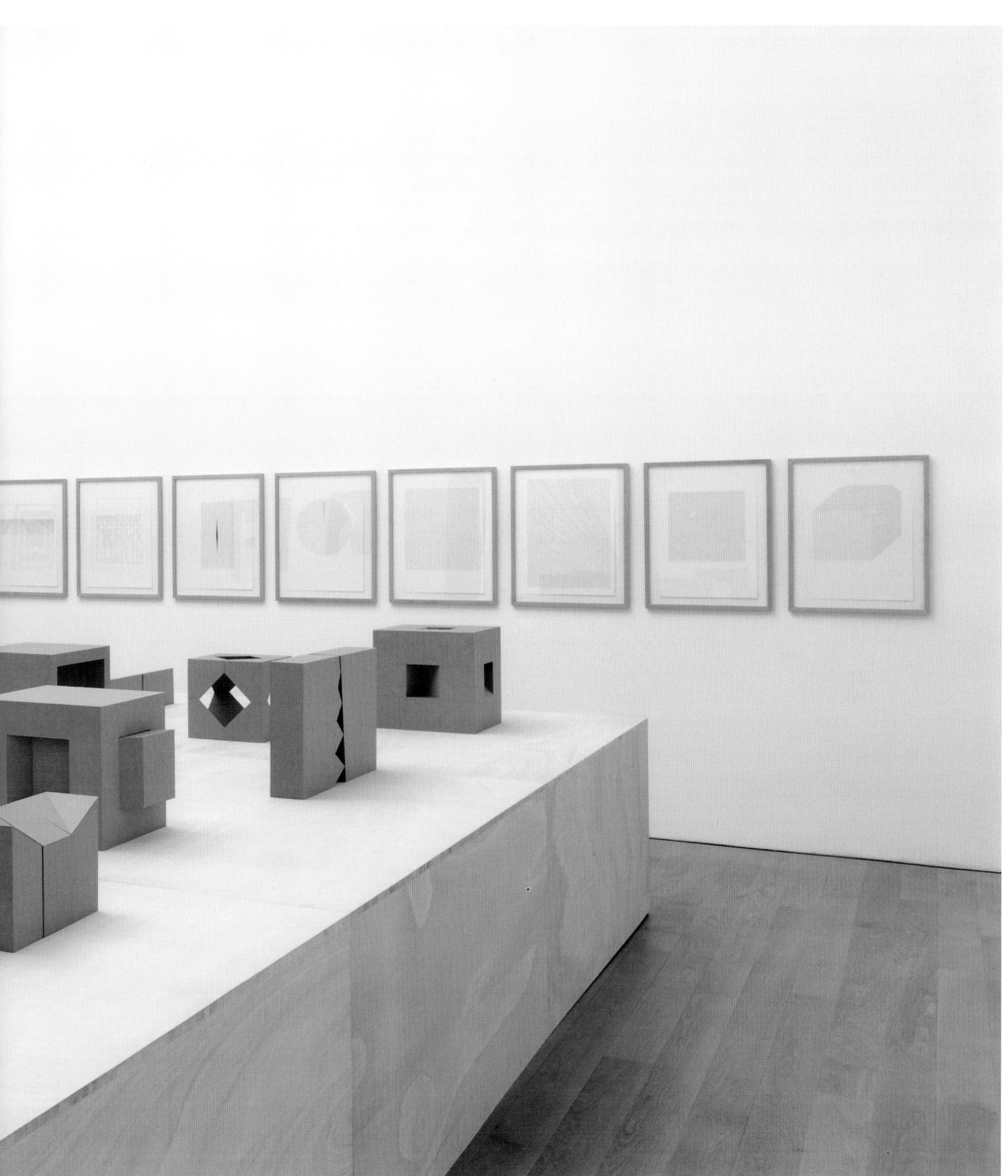

ILYA KABAKOV, 1990 in den Westen emigrierter
Russe, repräsentiert jedoch noch in einer zweiten Weise
gleichnishaft die Wiesbadener Kunstsammlung der
Moderne. In Ost und West zu Hause spannt der heute mit
seiner Frau EMILIA auf Long Island bei New York lebende
Künstler den Bogen auf für eine Erzählung der Kunstgeschichte von ALEXEJ VON JAWLENSKY und NATALIA
GONTCHAROVA zu EDUARD STEINBERG und sich selbst,
die von der internationalen Wirkung russischer Kunst
berichtet und zugleich einen Gegenpol bildet zum
Schwerpunkt der nordamerikanischen Kunst im Museum Wiesbaden. Beide Bereiche, Ost und West, sind in
Wiesbaden verankert. Traditionsreich war hier die
russische Gemeinde zu Beginn des 20. Jahrhunderts wie
auch heute wieder, ebenso gelangten aber schon früh
Einflüsse aus Kunst und Kultur der Vereinigten Staaten
in die hessische Landeshauptstadt. Mit den US-amerikanischen Befreiern kam nicht nur ein Central Collecting
Point nach Wiesbaden, sondern auch Impulse von Avant-
garde-Bewegungen wie Fluxus oder die Kunst des Abstrakten Expressionismus, die wiederum ihren Widerhall
etwa im Werk des Wiesbadeners OTTO RITSCHL fanden.

Am Zugang zum Südflügel gelegen, der die Werke
der europäischen Kunstgeschichte seit dem Spätmittelal-
ter beherbergt, leitet das KABAKOV'SCHE „Historienbild"
über zu künstlerischen Ansätzen, die sich in ganz unterschiedlicher Weise mit der europäischen Kulturgeschichte beschäftigen und gleichsam als eine Art Echo zu den
darüberliegenden Räumen der Alten Meister verstanden
werden dürfen. Allen voran steht hier der Sammlungs-
komplex zu JOSEPH BEUYS → 120−123, hervorgegangen
aus der privaten Sammlung des Medizinhistorikers AXEL
HINRICH MURKEN. Die heute als Teilschenkung dem
Museum Wiesbaden überlassene Kollektion wurde im
Dialog mit BEUYS seit den späten 1960er-Jahren zusam-
mengetragen. Das gemeinsame Interesse des Mediziners
MURKEN und des Künstlers BEUYS an Heilkunst, Scha-
manismus und kultisch-religiösen Mythen spiegelt sich
in dieser einzigartigen Zusammenstellung ebenso wie
das Ringen um Anerkennung alternativer Ansätze und
Methoden im Bereich der Kunst und der Medizin. BEUYS'
Blue Jeans mit getrockneten Fischen zeigt die im Kontext
einer Performance vom ihm getragene und hernach
abgelegte Hose, die – quasi wiederbelebt durch die den
Blutkreislauf symbolisierenden Fische – wie eine Reli-
quie an des Künstlers statt präsentiert wird. Die Ver-
schränkung der Bedeutungsebenen zwischen der Erscheinung des Künstlers, seiner realen physischen
Gegenwart und seiner bloß imaginären Präsenz mittels
des von ihm zur Künstleruniform erhobenen Kleidungs-
stücks der Arbeiterklasse (respektive der politisch

ILYA KABAKOV, a Russian artist who emigrated to
the west in 1990 and lives today with his wife EMILIA on
Long Island, New York, represents the museum's Modern
collection in yet another, allegorical way. At home in
both the East and West, KABAKOV forms a connective
element in a narrative of art history extending from
ALEXEJ VON JAWLENSKY and NATALIA GONTCHAROVA to
EDUARD STEINBERG and himself. This narrative tells the
story of the international influence of Russian art and, at
the same time, forms the antithesis to the thematic
focus on North American art in Museum Wiesbaden.
Both geographical regions, East and West, are anchored
in Wiesbaden. The city's Russian community at the
beginning of the 20th century was rich in tradition, as it
is again today, while the influence of US art and culture
in the city was also felt early on. The post-war era
brought not only US liberators and the Central Collecting
Point to Wiesbaden but new sources of inspiration from
avant-garde movements such as Fluxus and Abstract
Expressionism, whose echoes can be found in the work
of Wiesbaden native OTTO RITSCHL.

At the entrance to the museum's south wing, housing the works of European art history beginning in the
late middle ages, KABAKOV'S "history painting" transitions to other artistic approaches that in a very different
ways thematize European cultural history and which, at
the same time, can be understood as a kind of echo of
the rooms featuring the Old Masters, on the next level of
the museum. First and foremost among this group of
artists is the work complex of JOSEPH BEUYS → 120−123
out of the private collection of medical historian AXEL
HINRICH MURKEN. MURKEN'S collection, assembled in
dialogue with BEUYS himself beginning in the late 1960s,
was a gift to Museum Wiesbaden. BEUYS' *Blue Jeans
with Dried Fish* features a pair of blue jeans worn by the
artist in one of his performances and later cast aside.
Now resurrected, so to speak – the fish symbolizing the
circulation of the blood – they stand in as relic for the
artist himself. The jeans, that symbol of the working
class (and student movement) whose status BEUYS had
raised to something like a uniform, convey intertwining
levels of meaning between the artist's appearance, his
real, physical presence and his purely imagined presence, while associations with magic cannot be entirely
ruled out.

orientierten Studentenbewegung) wird durchgespielt, wobei auch eine mögliche magische Wirkung nicht ganz ausgeschlossen erscheint.

Auch MARIO MERZ → 124–125 spielt im daran anschließenden Saal mit Bedeutungsebenen überlieferter Materialien und Kulturtechniken. Das Iglu als Behausung, als Schutzraum und Kuppel ist für ihn zentrales Motiv, genauso wie die Spiralform, die er mittels der Fibonacci-Reihe beschreibt. Diese Progression steht – ähnlich wie der Goldene Schnitt – für eine bereits in der Natur vorkommende Verhältnismäßigkeit, deren inhärente Ordnung in der europäischen Kulturgeschichte von jeher als stimmig wahrgenommen wurde. Sowohl BEUYS wie auch MERZ verstanden den Bezug auf und die Verortung in der kulturellen Tradition jedoch nicht allein als Rückgriff auf die Vormoderne, sondern vor allem und darüber hinaus als Weiterentwicklung zu einer Kunst, die weit mehr sein sollte, als eine bloße Erzählung oder ein Abbild der jeweiligen Gegenwart.

MARIO MERZ, too, whose work is displayed in the adjacent room, plays with the levels of meaning of traditional materials and cultural technology → 124/125. The iglu, as dwelling, shelter and dome, is a central motif of his work, as is the spiral, which he illustrates by means of the Fibonacci sequence. This progression – like the "golden mean" – stands for a principle of relativity occurring in nature, whose inherent order has always been perceived within European cultural history as harmonious. Both BEUYS and MERZ understood the relationship to and situatedness in cultural tradition not merely as a reaching back to pre-modern times but, above all and beyond that, as the continued development toward a form of art that was to be much more than merely a narrative of their respective historical present.

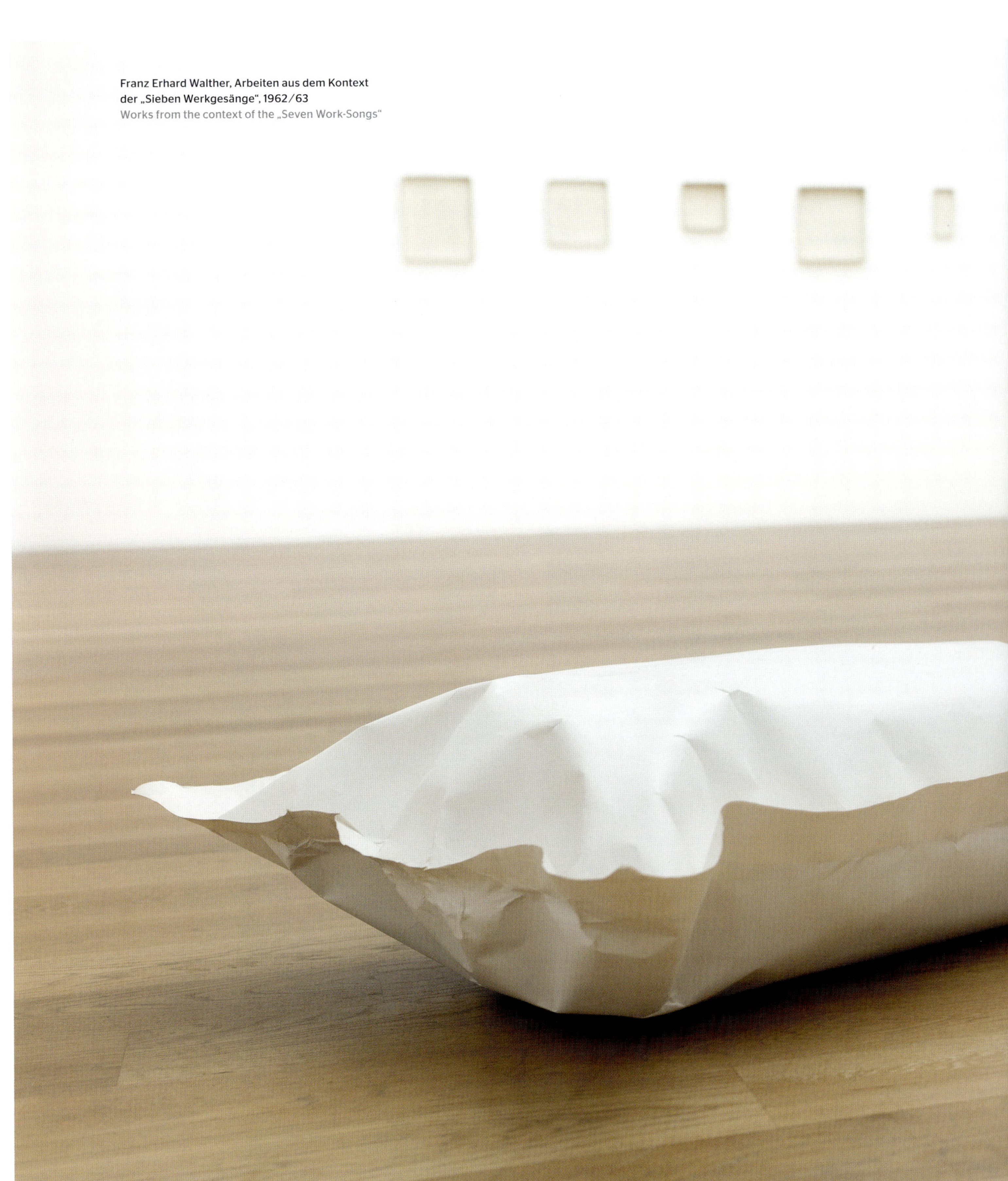

Franz Erhard Walther, Arbeiten aus dem Kontext
der „Sieben Werkgesänge", 1962/63
Works from the context of the „Seven Work-Songs"

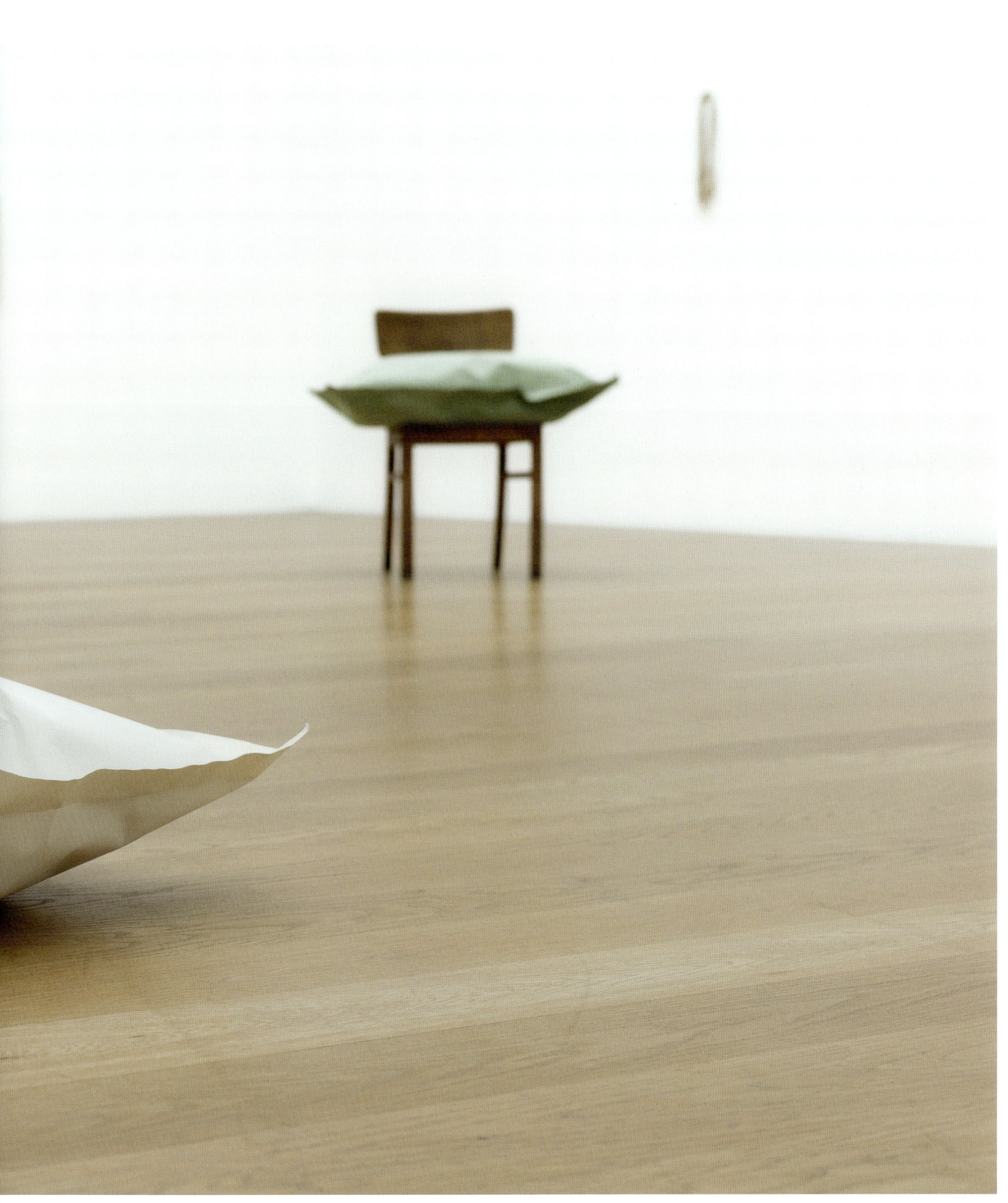

Micha Ullman, Nachtag, 2006
Nightday

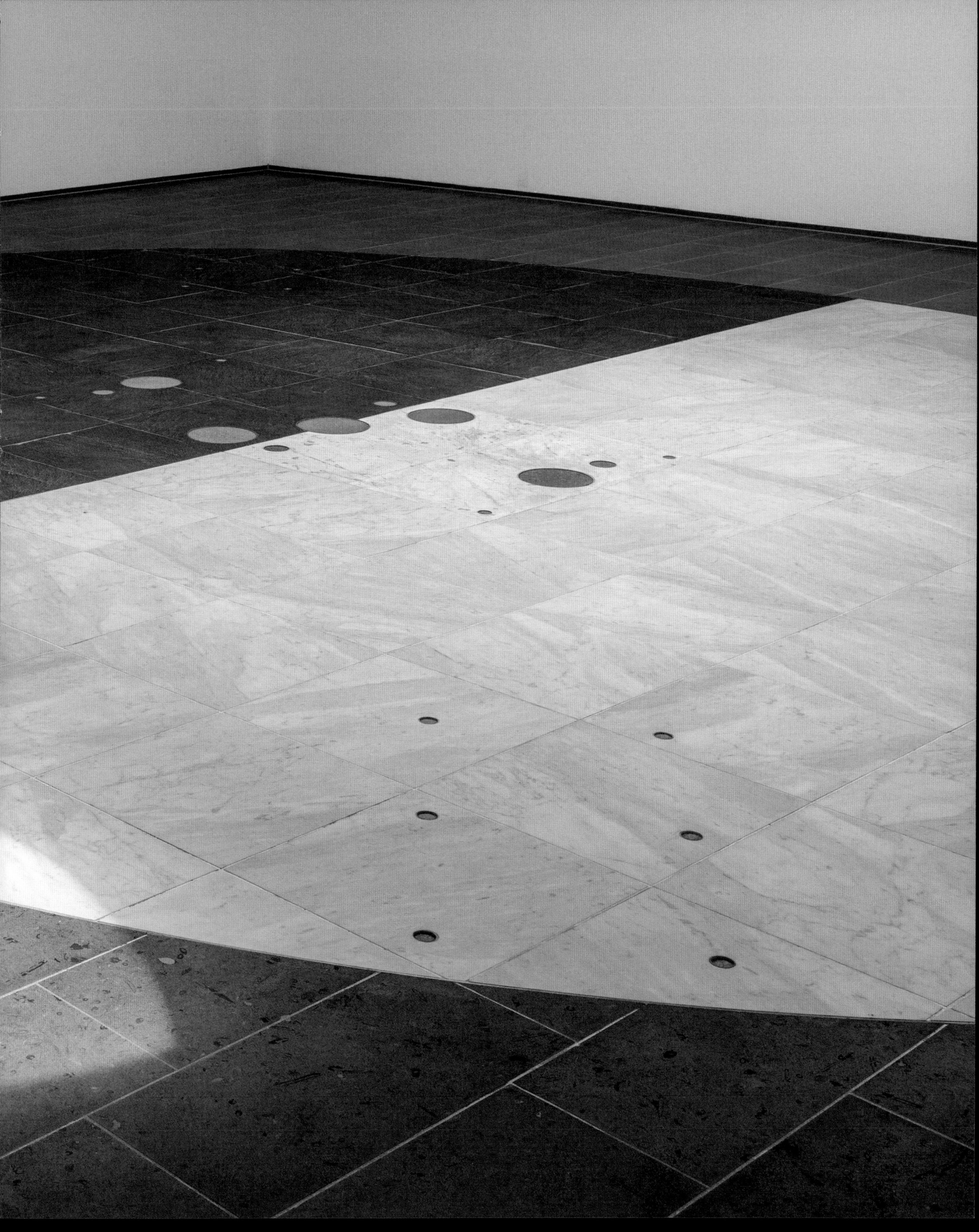

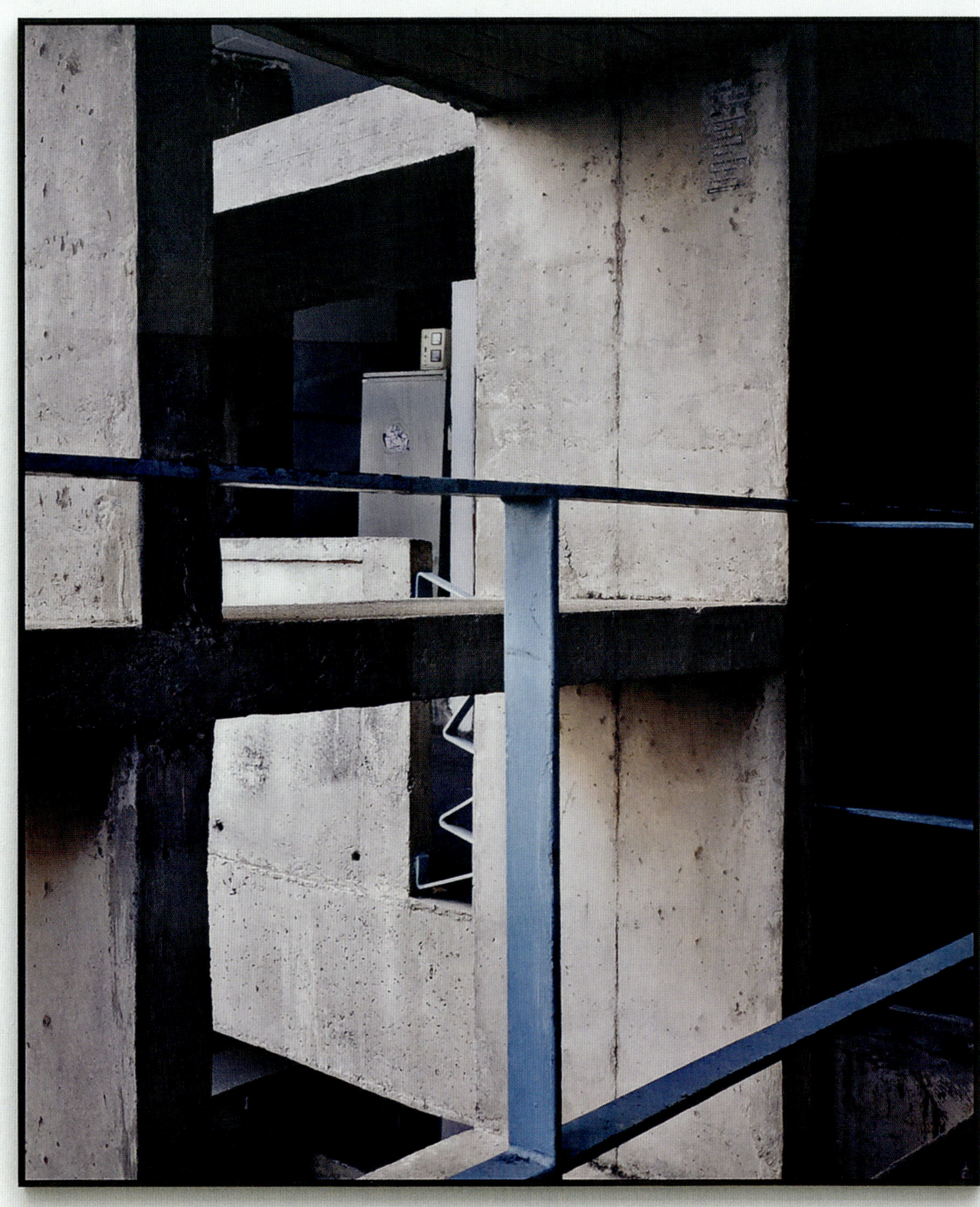

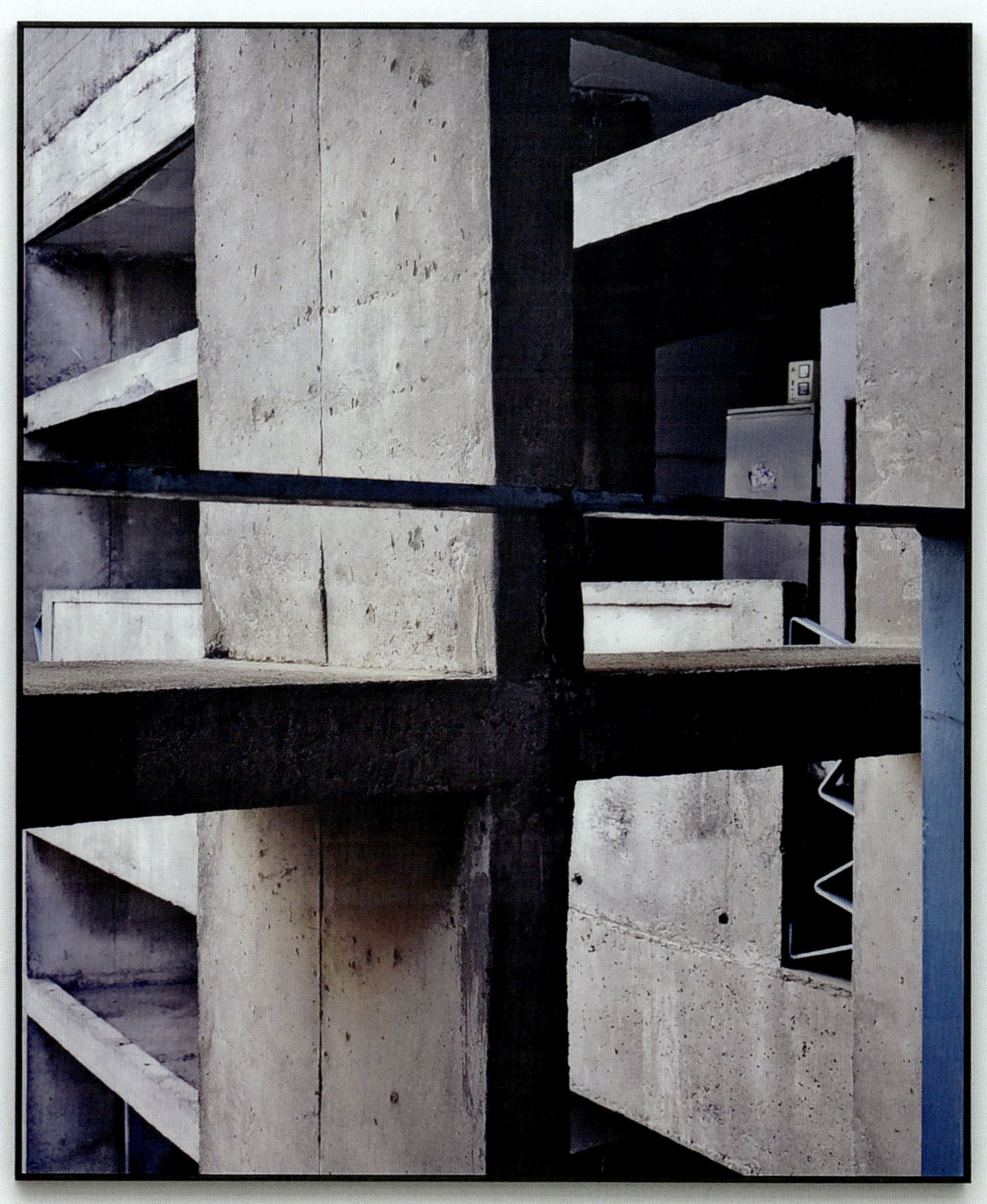

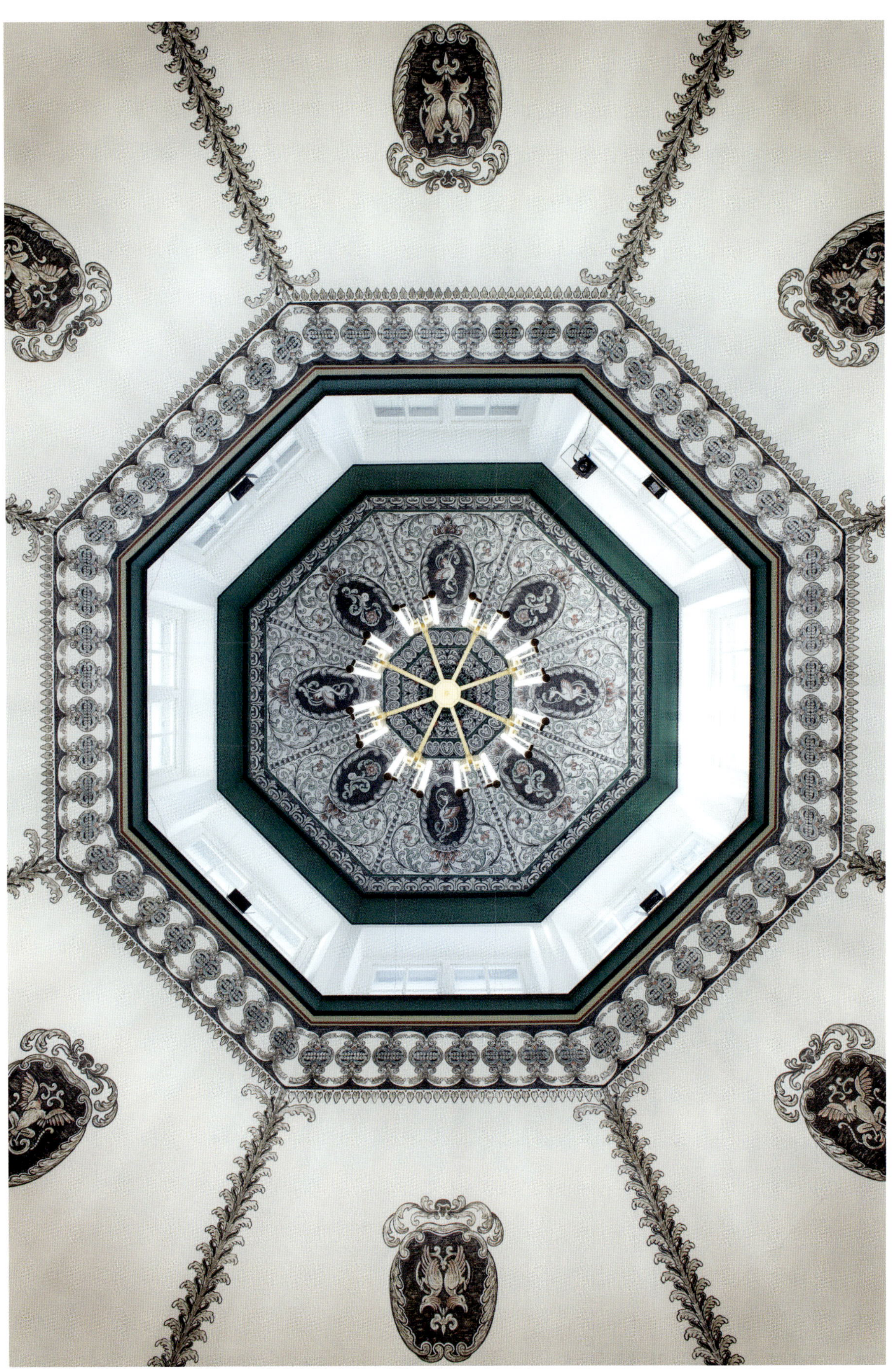

Rebecca Horn, Jupiter im Oktogon, 2007
Jupiter in the Octagon

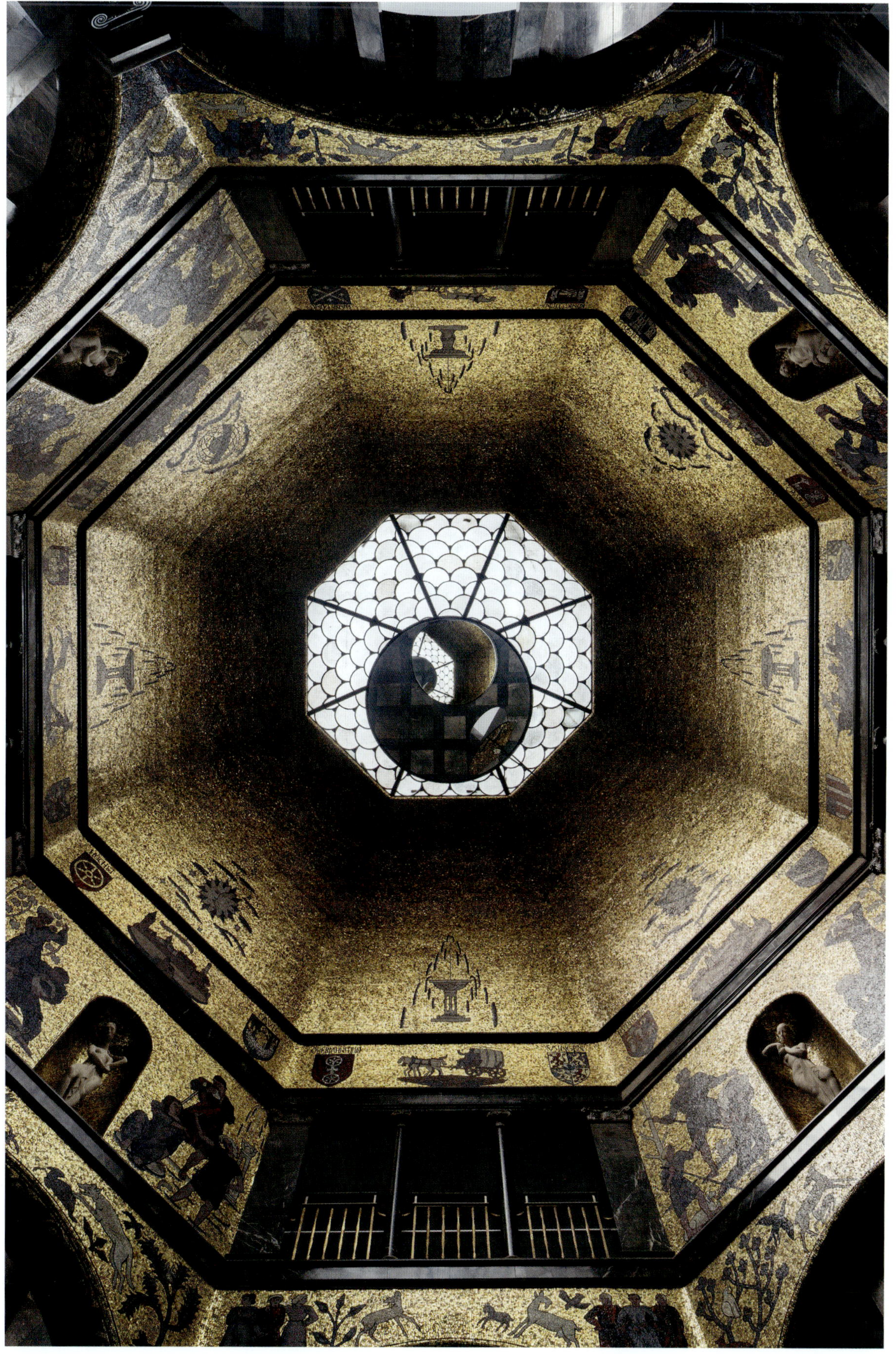

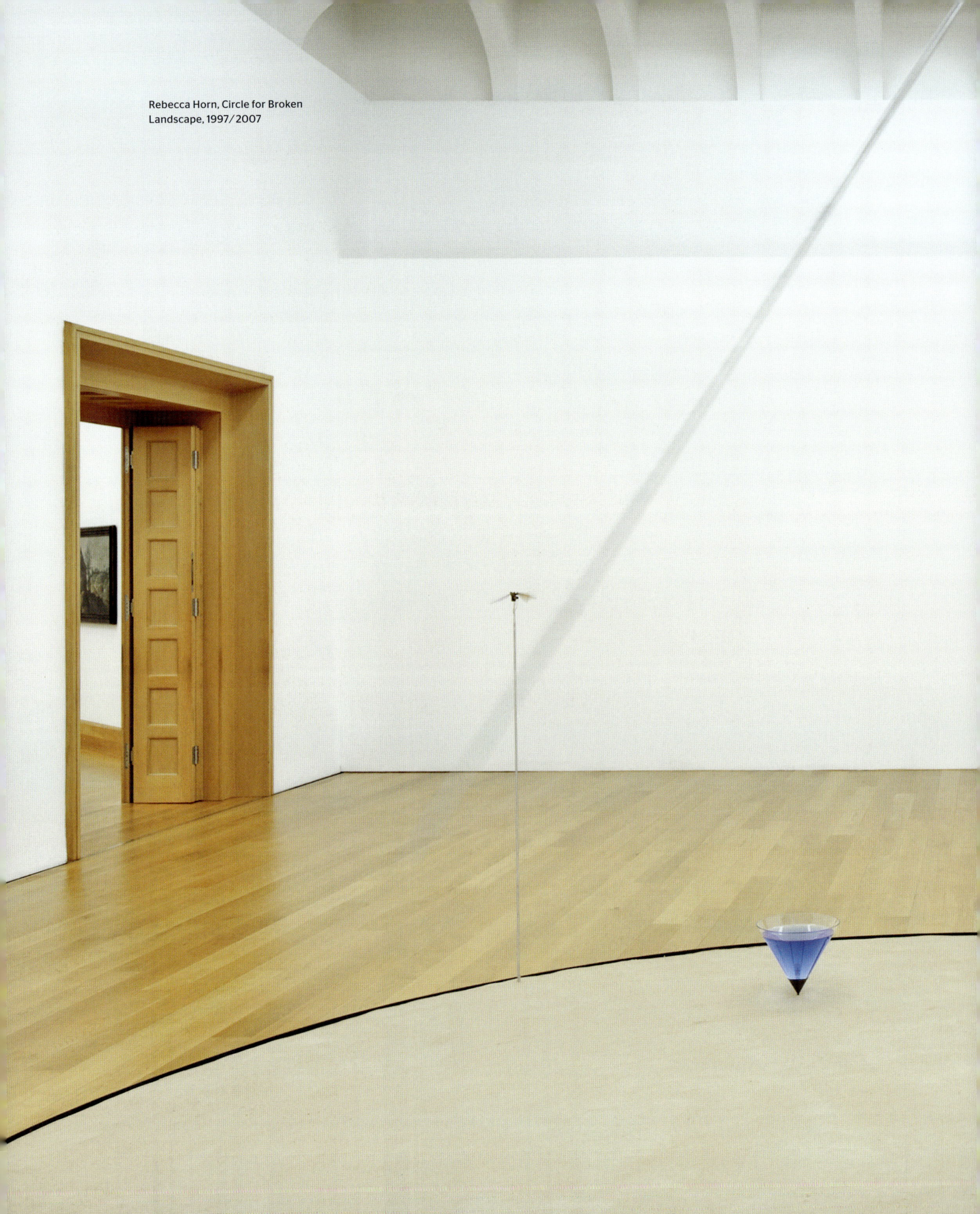

Rebecca Horn, Circle for Broken
Landscape, 1997/2007

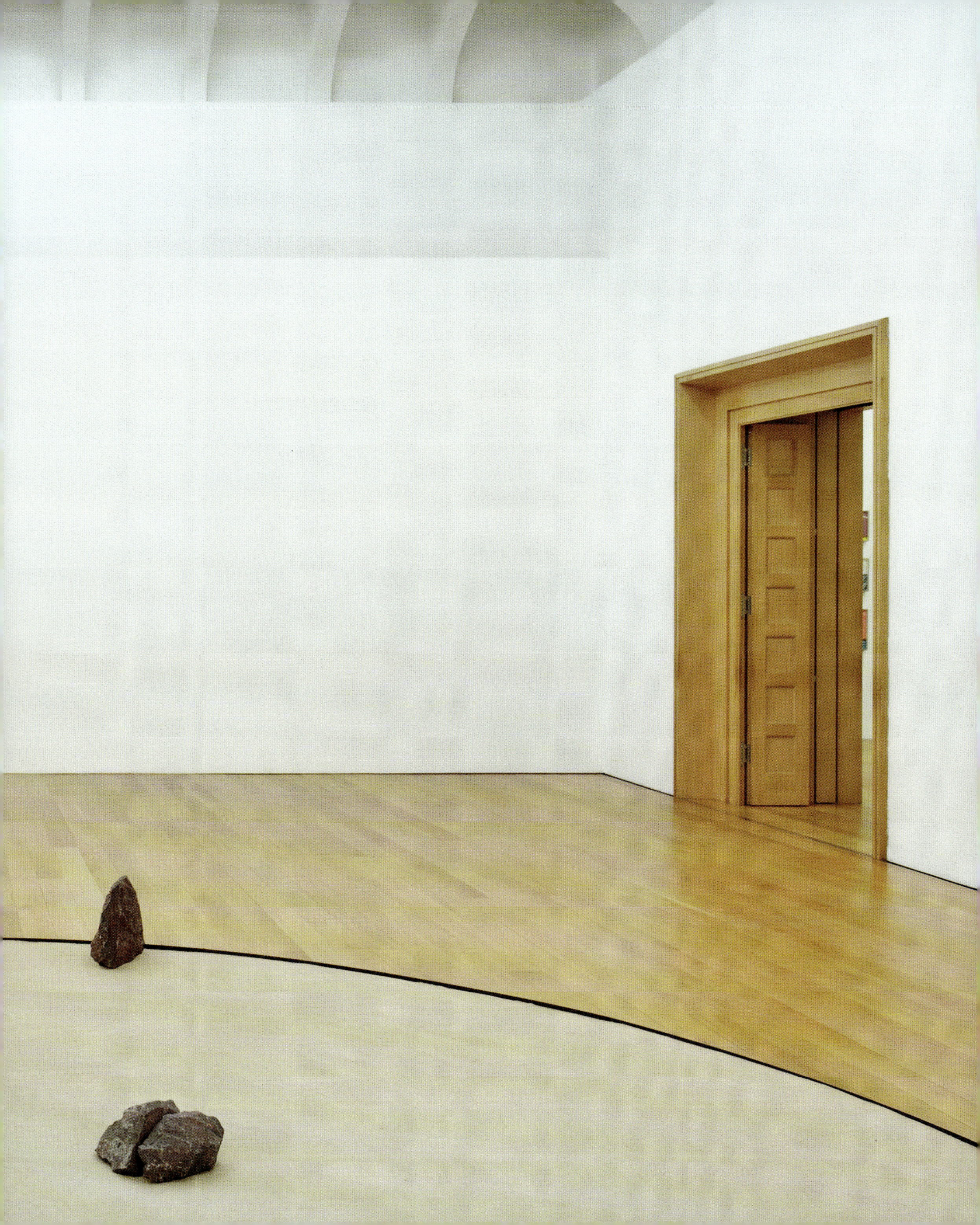

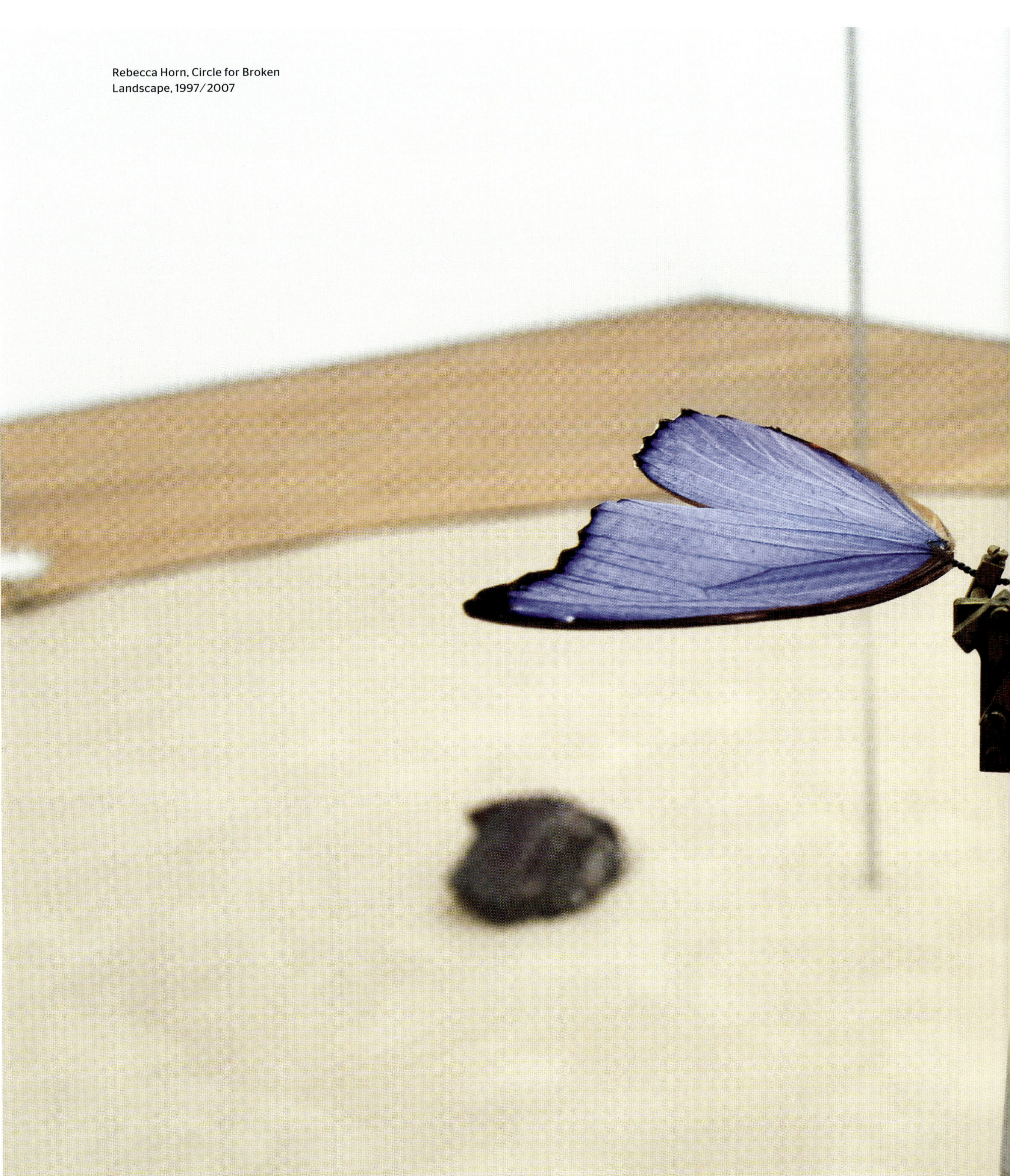

Rebecca Horn, Circle for Broken
Landscape, 1997/2007

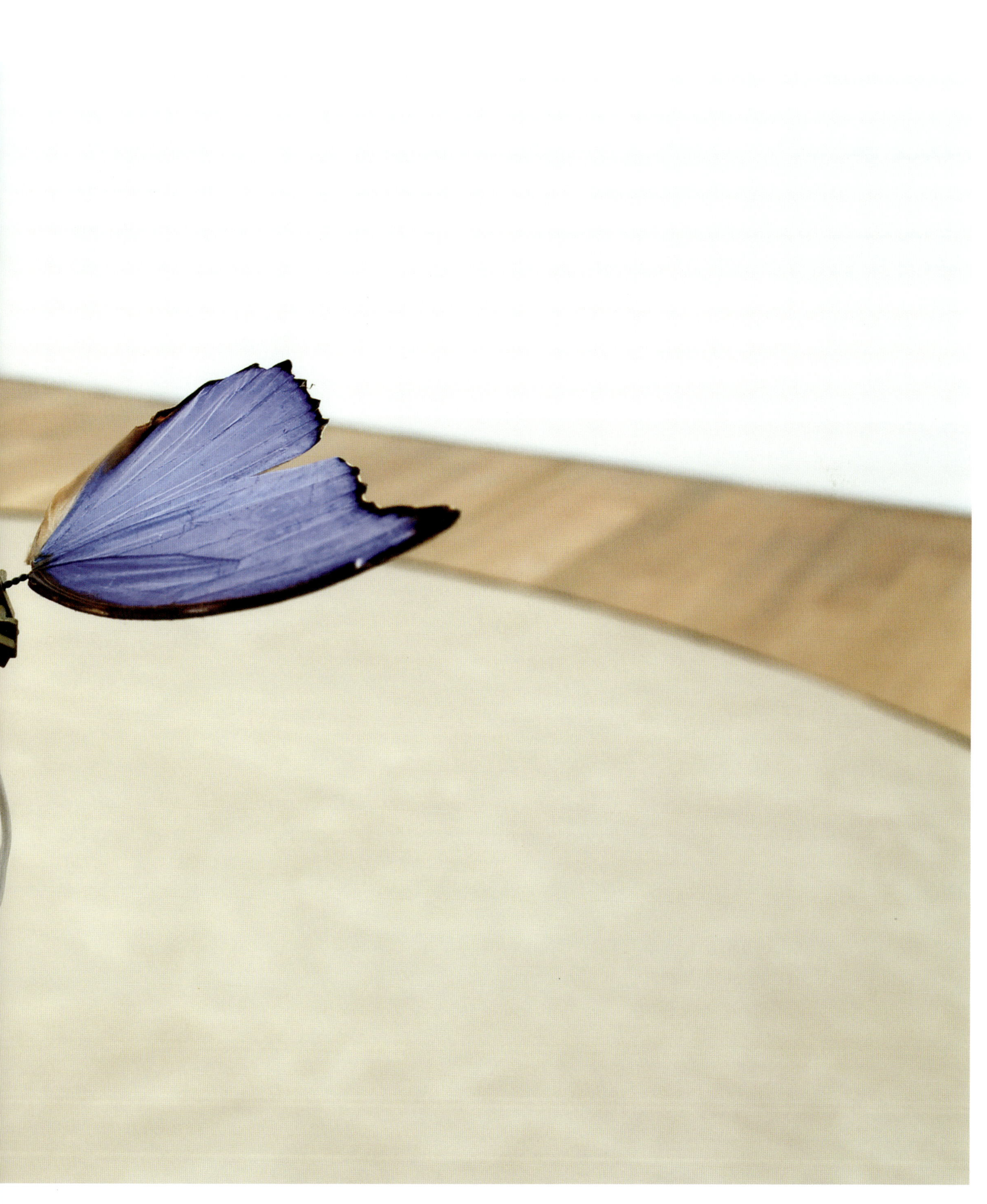

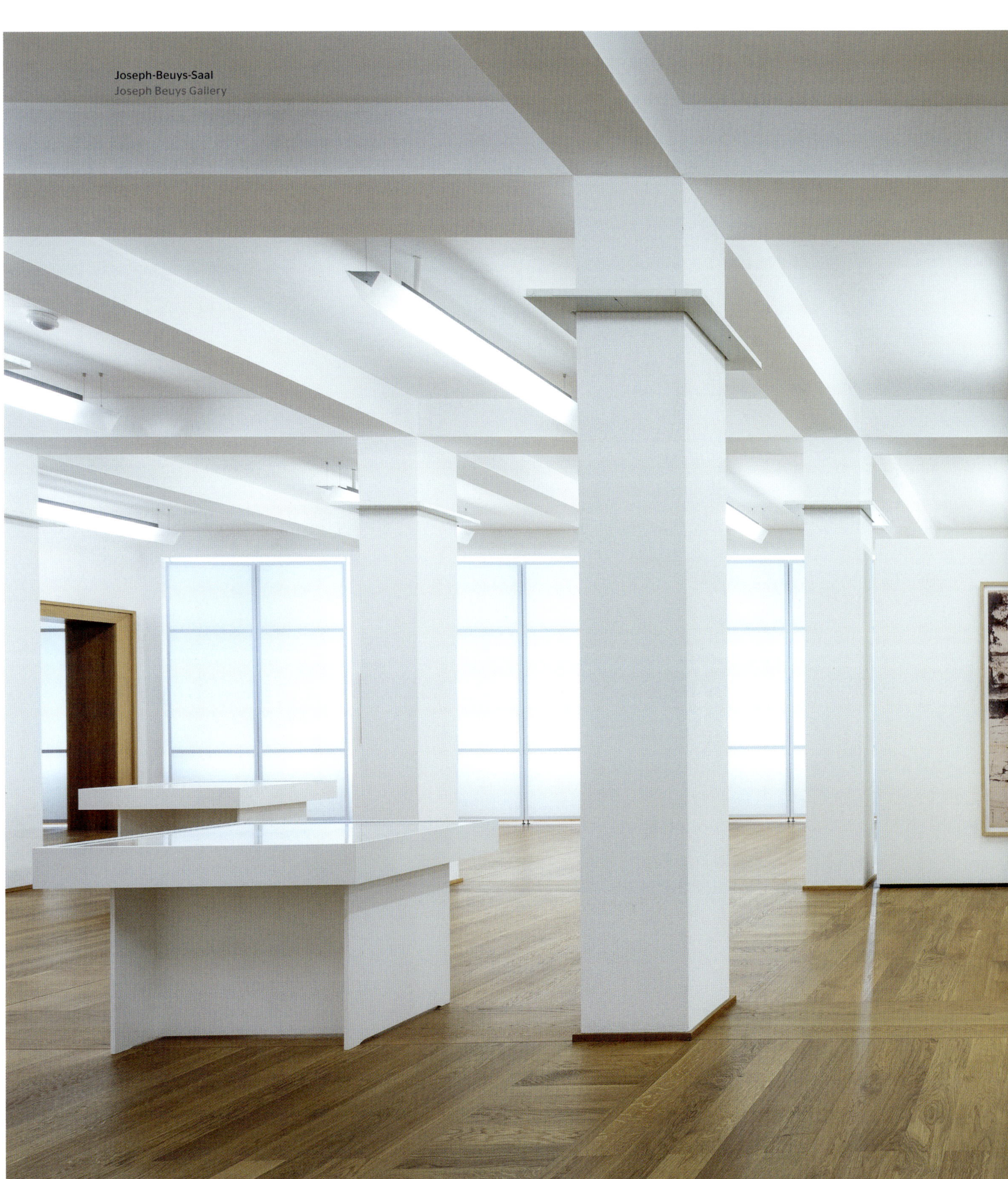

Joseph-Beuys-Saal
Joseph Beuys Gallery

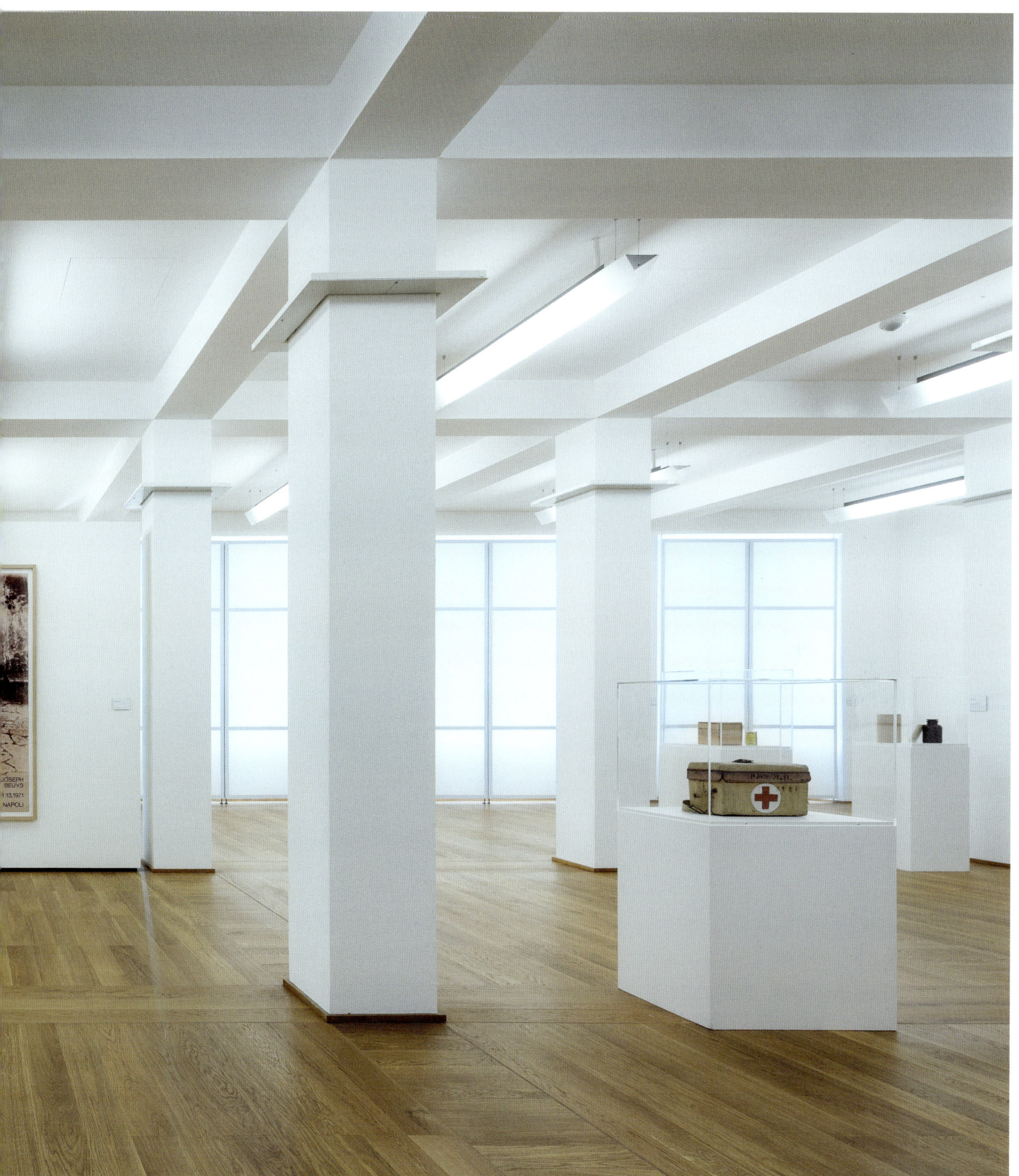

Joseph Beuys, Unbetitelt
(Sanitätstasche,
Zweiter Weltkrieg), um 1978
Untitled, around 1978

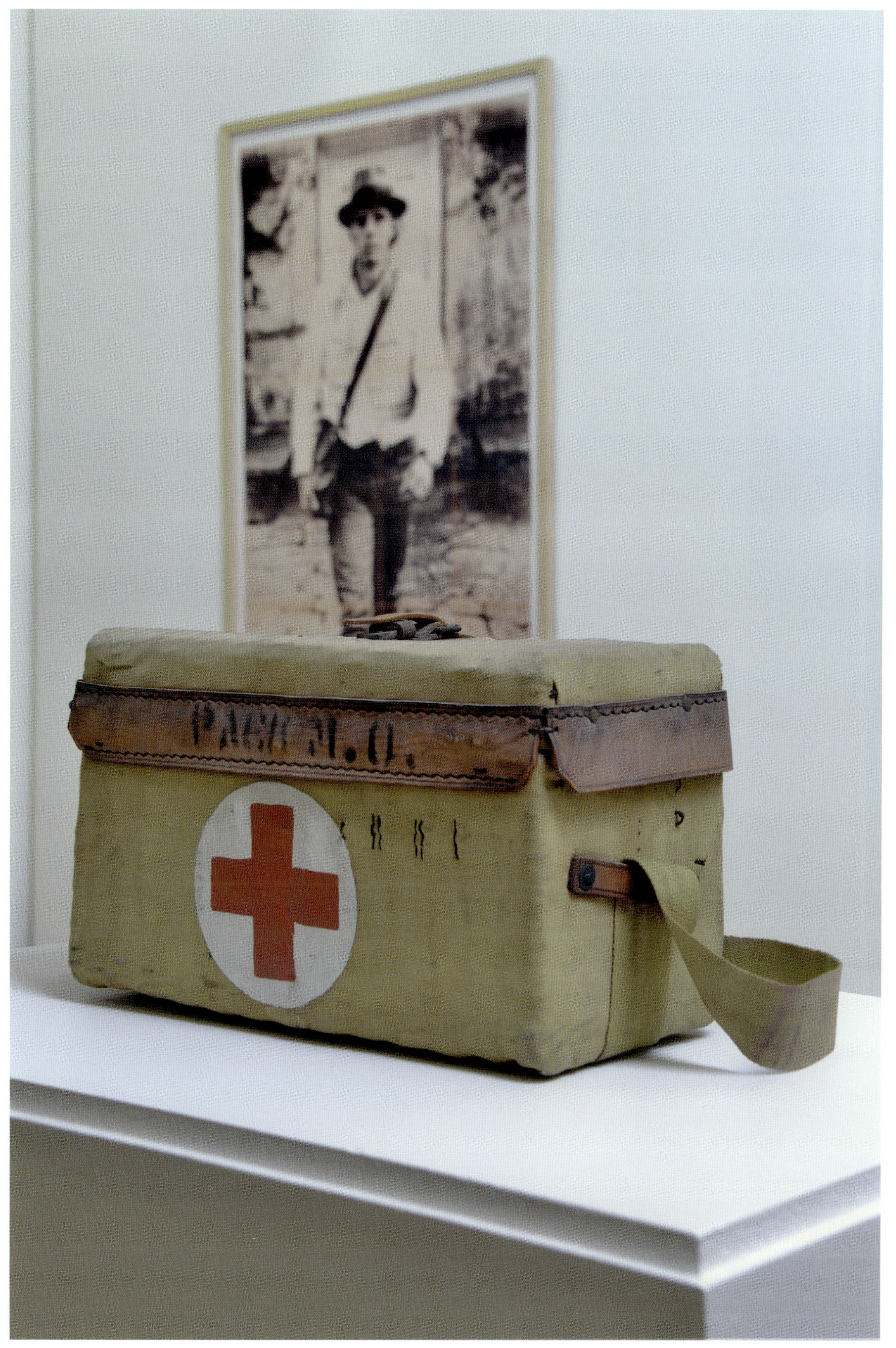

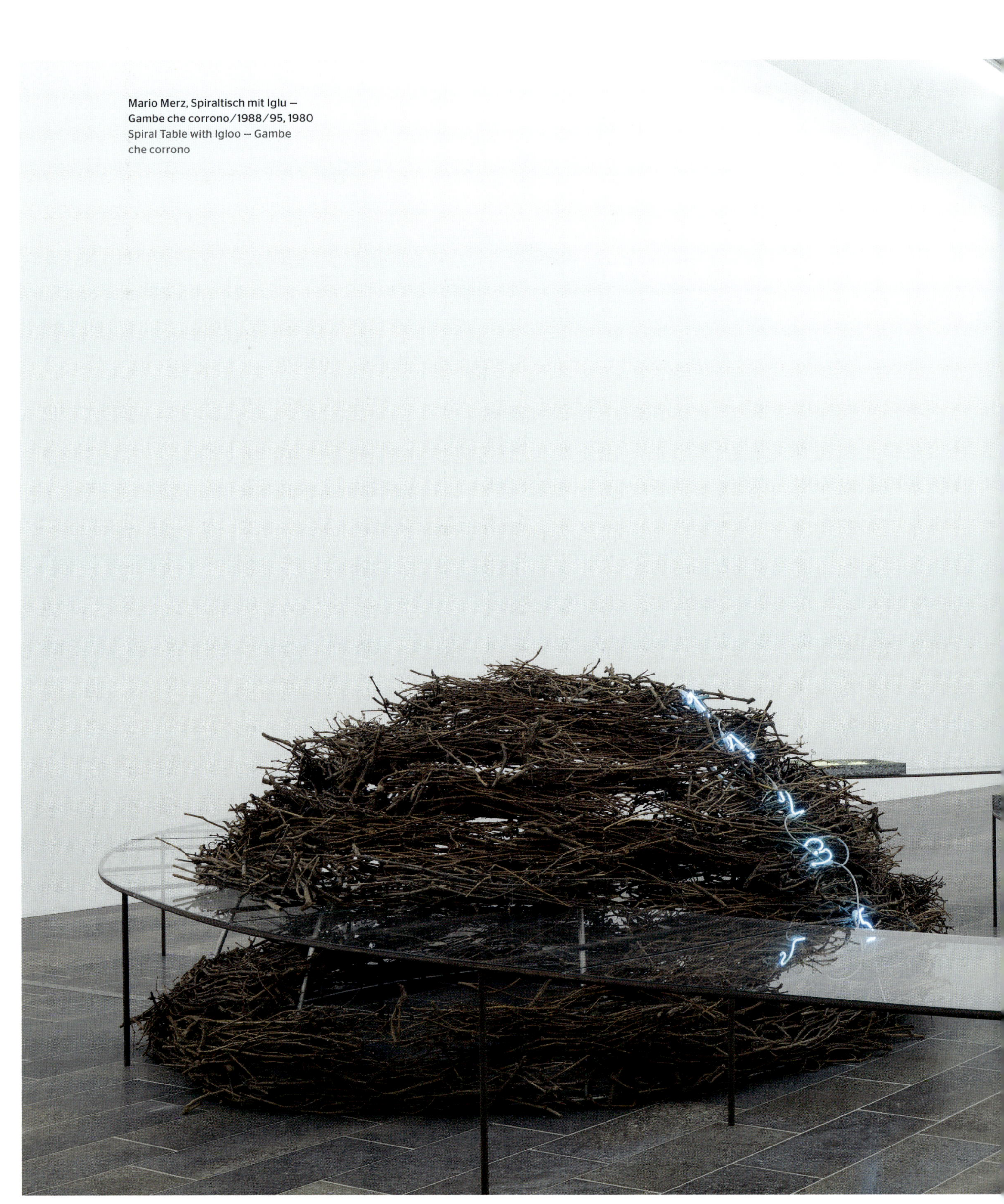

Mario Merz, Spiraltisch mit Iglu —
Gambe che corrono / 1988 / 95, 1980
Spiral Table with Igloo — Gambe
che corrono

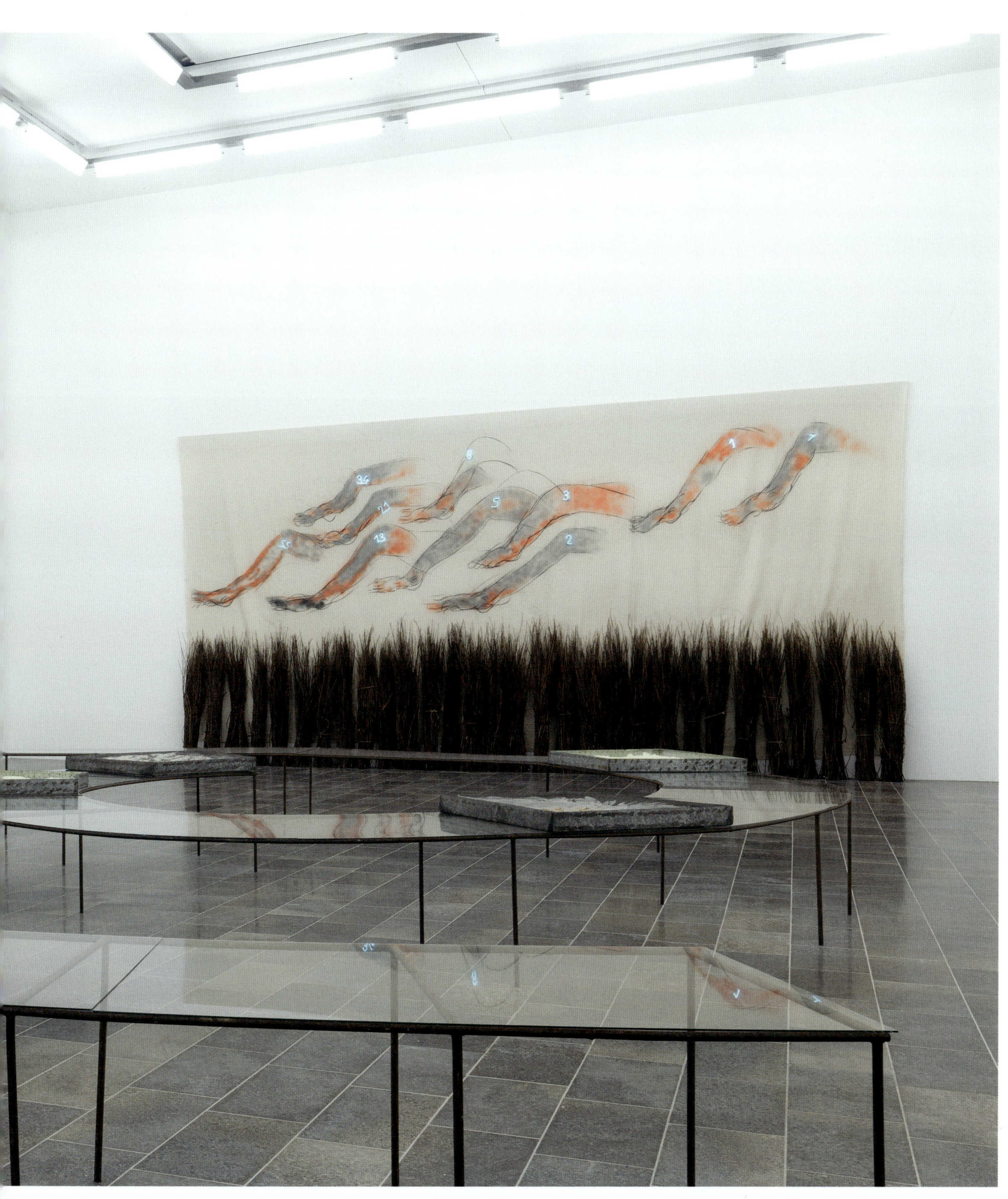

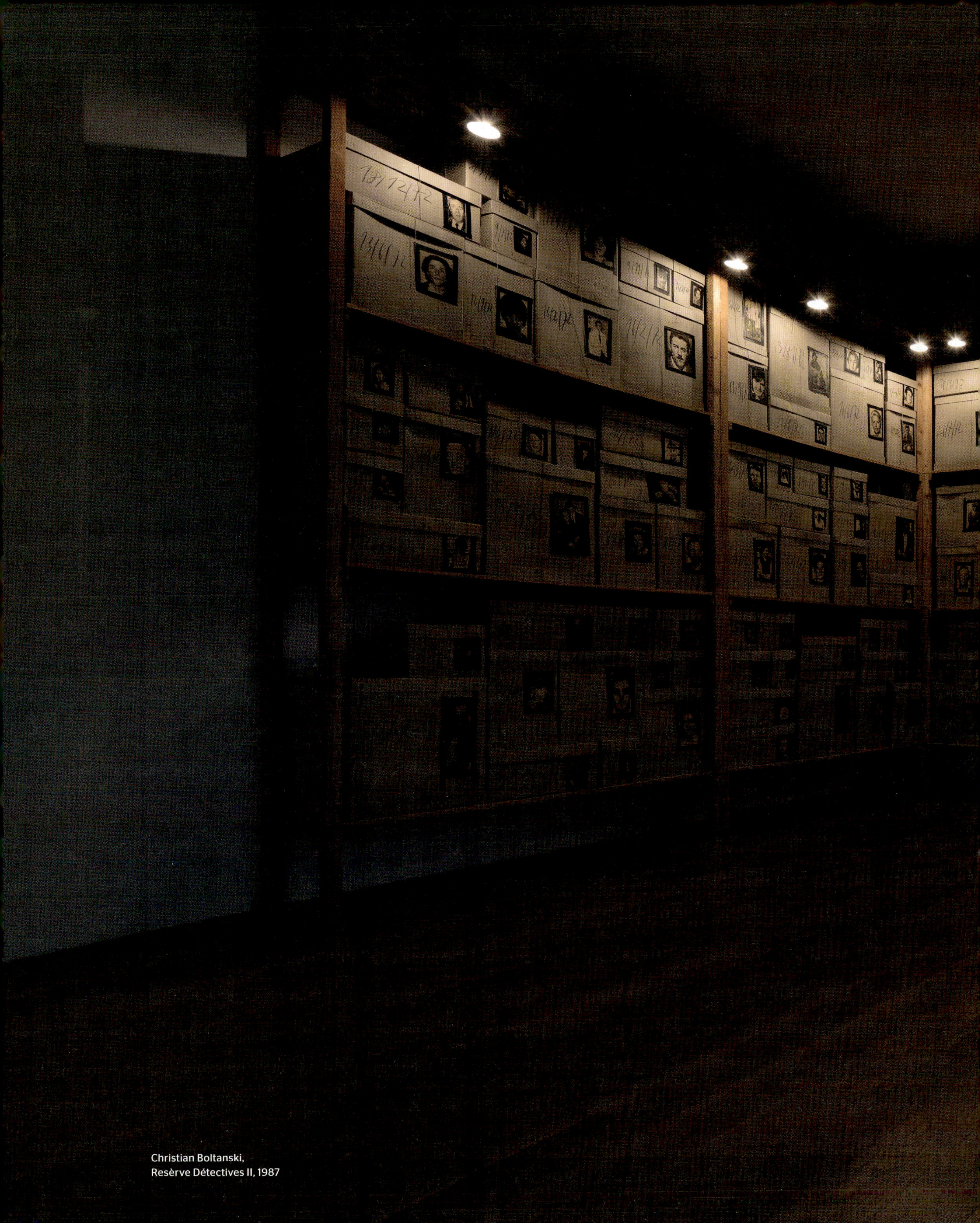

Christian Boltanski,
Resèrve Détectives II, 1987

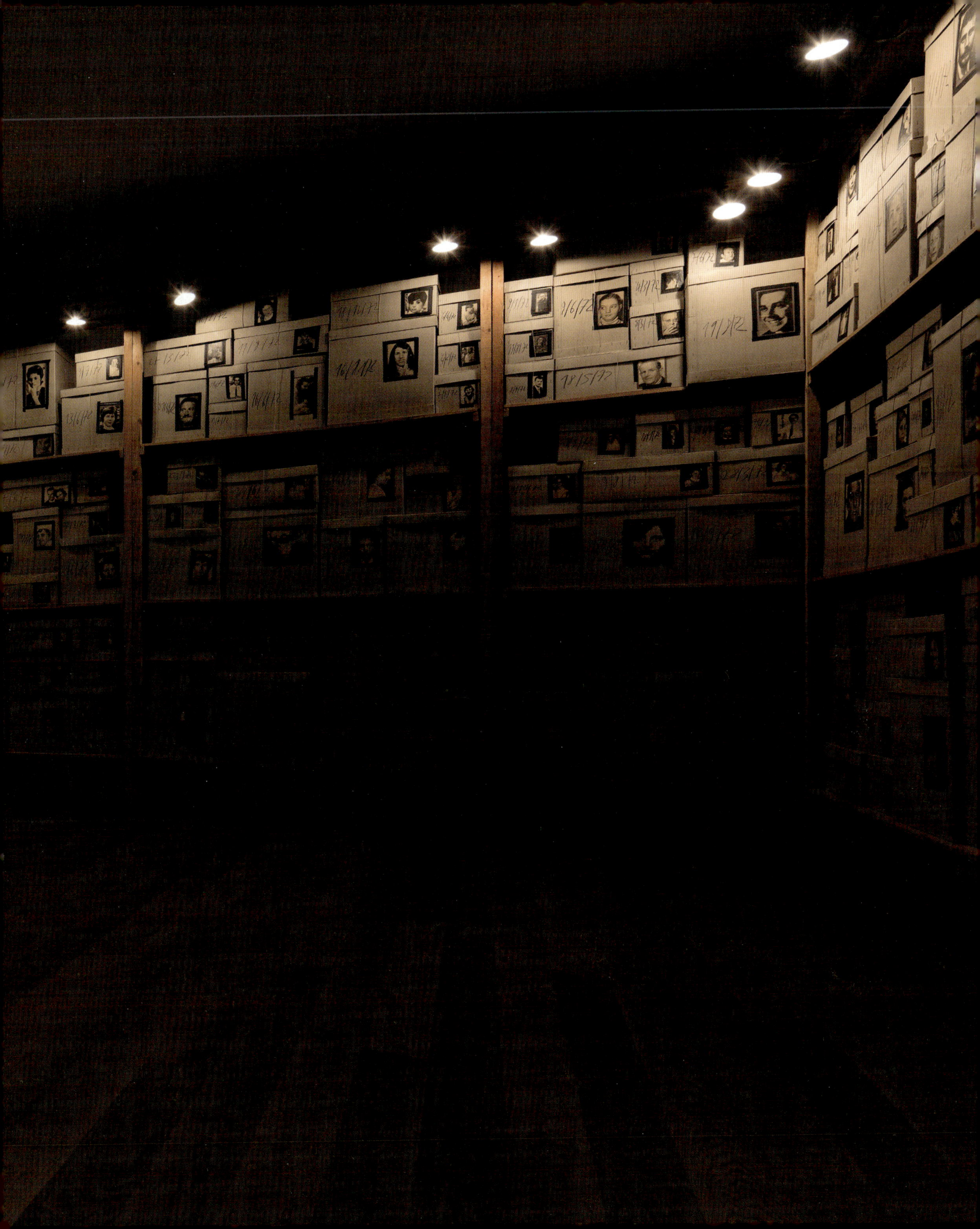

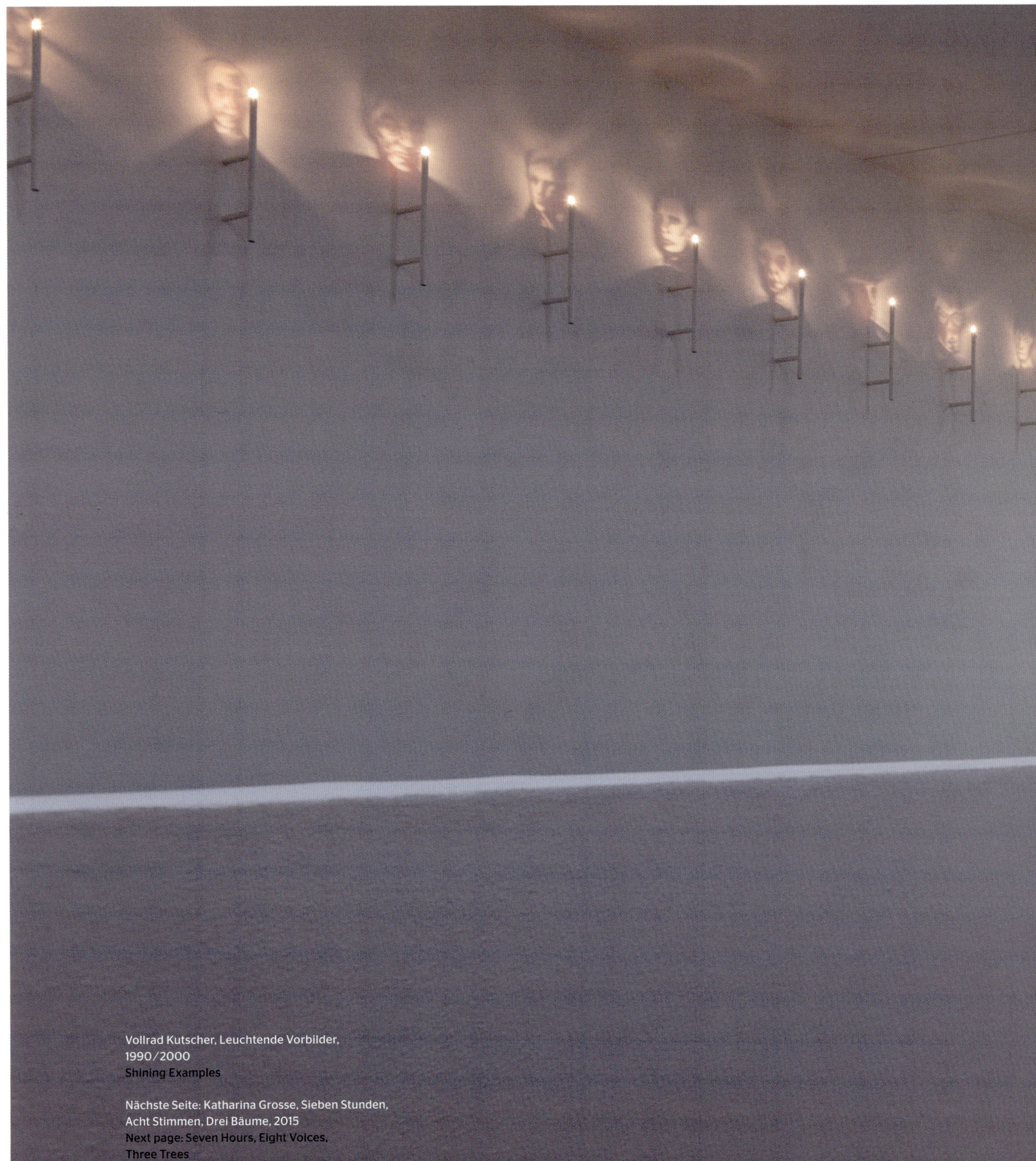

Vollrad Kutscher, Leuchtende Vorbilder,
1990/2000
Shining Examples

Nächste Seite: Katharina Grosse, Sieben Stunden,
Acht Stimmen, Drei Bäume, 2015
Next page: Seven Hours, Eight Voices,
Three Trees

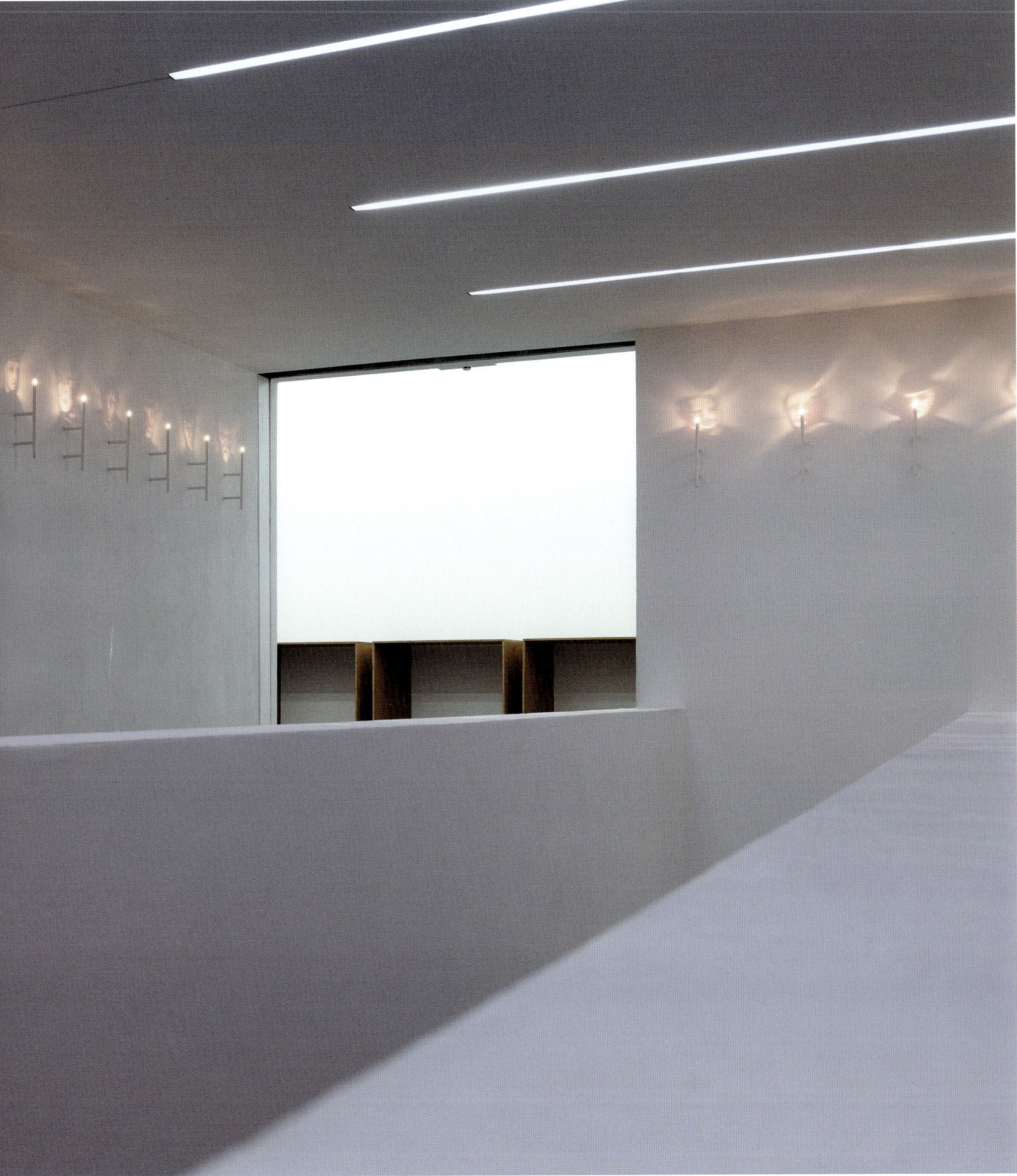

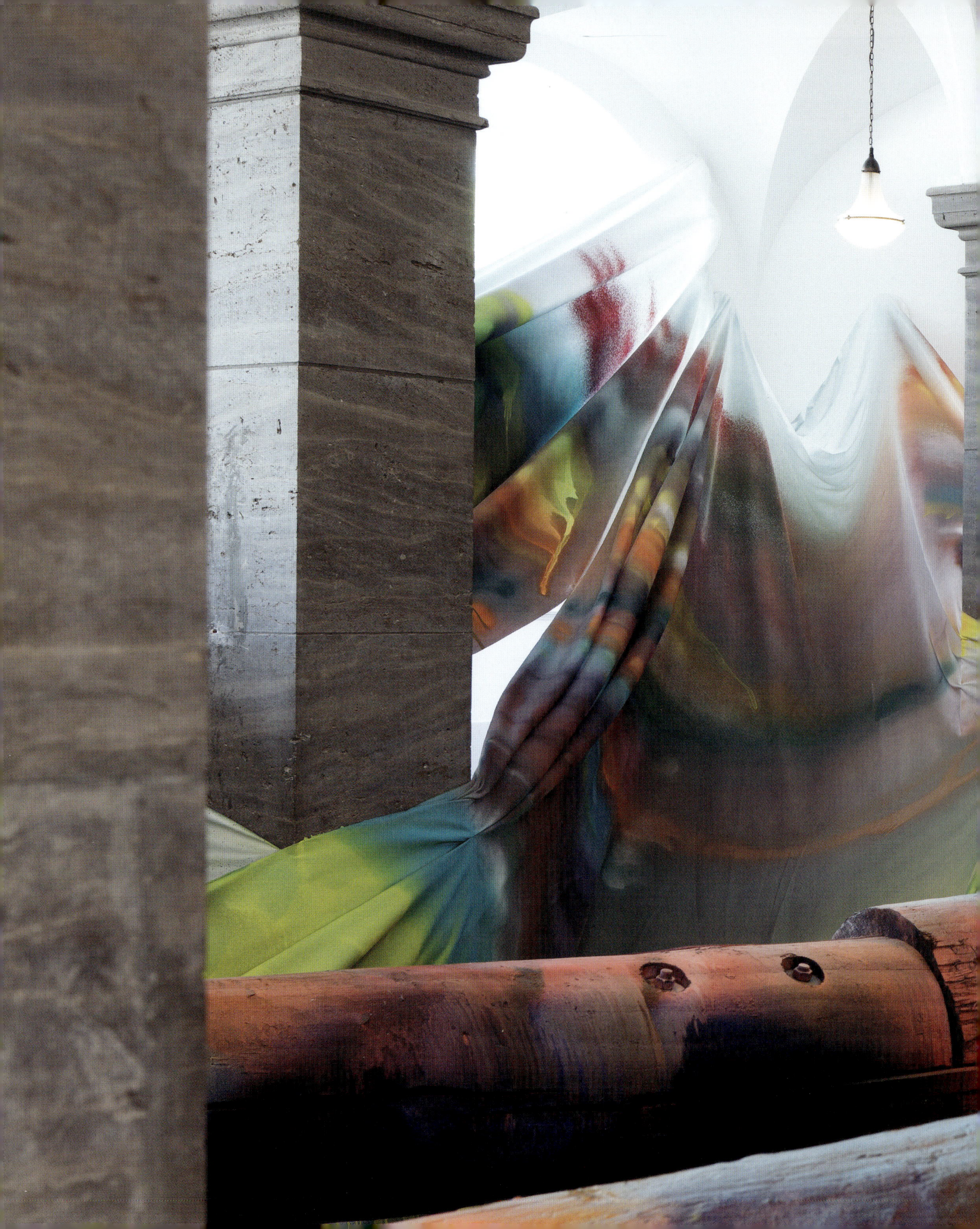

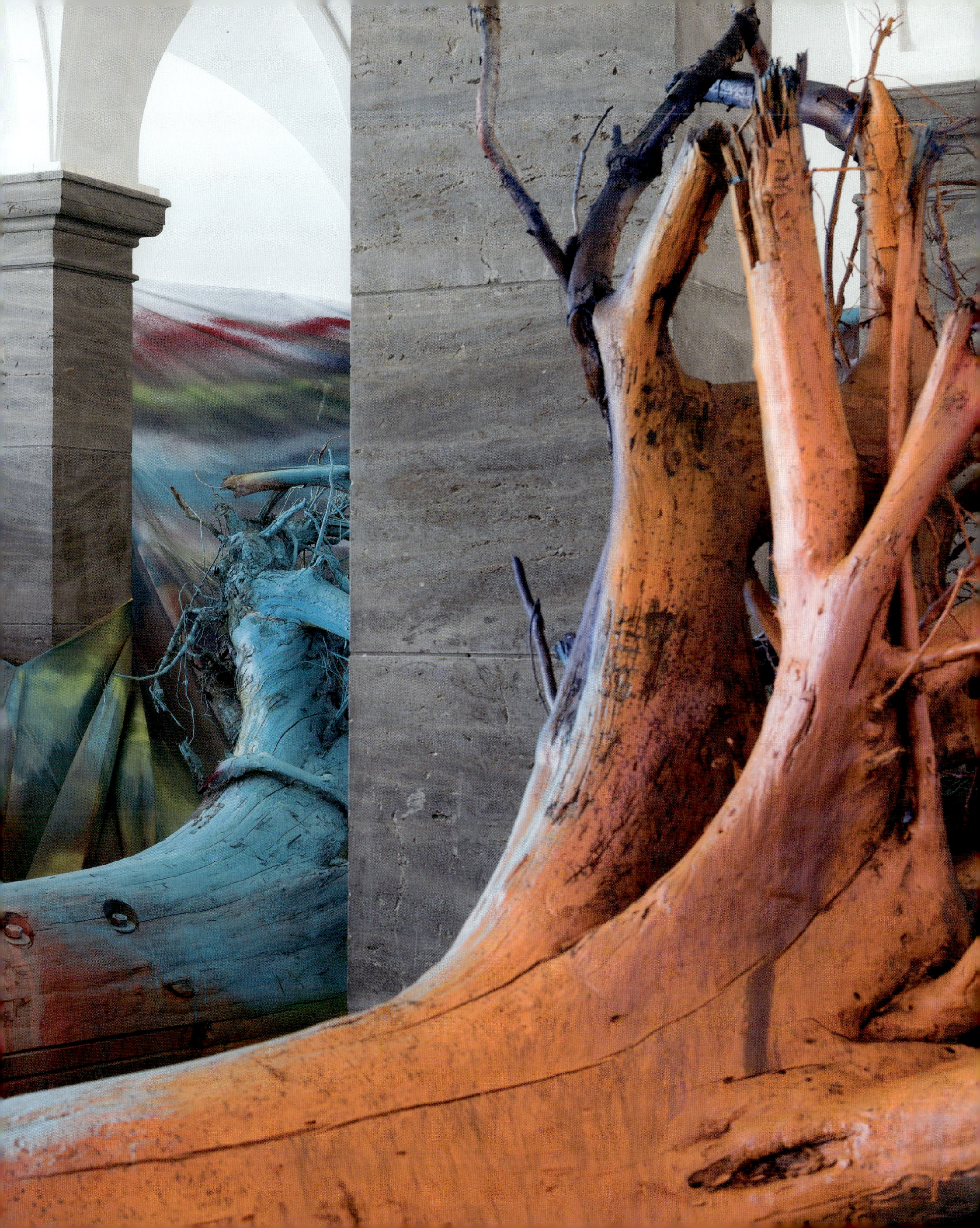

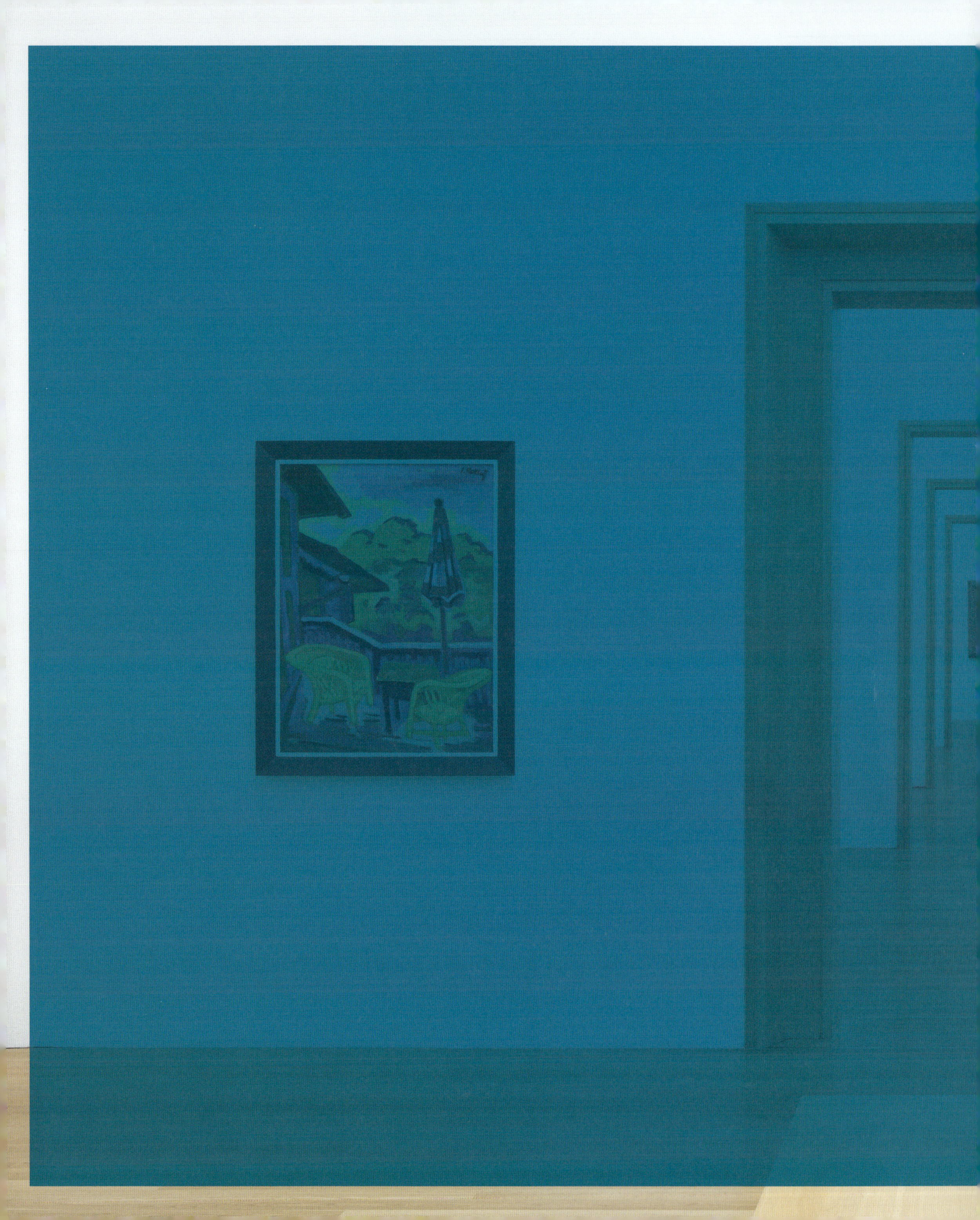

Klassische Moderne

Classical Modernism

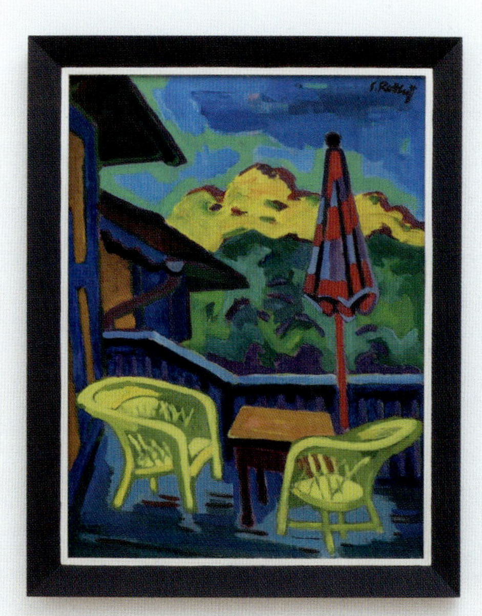

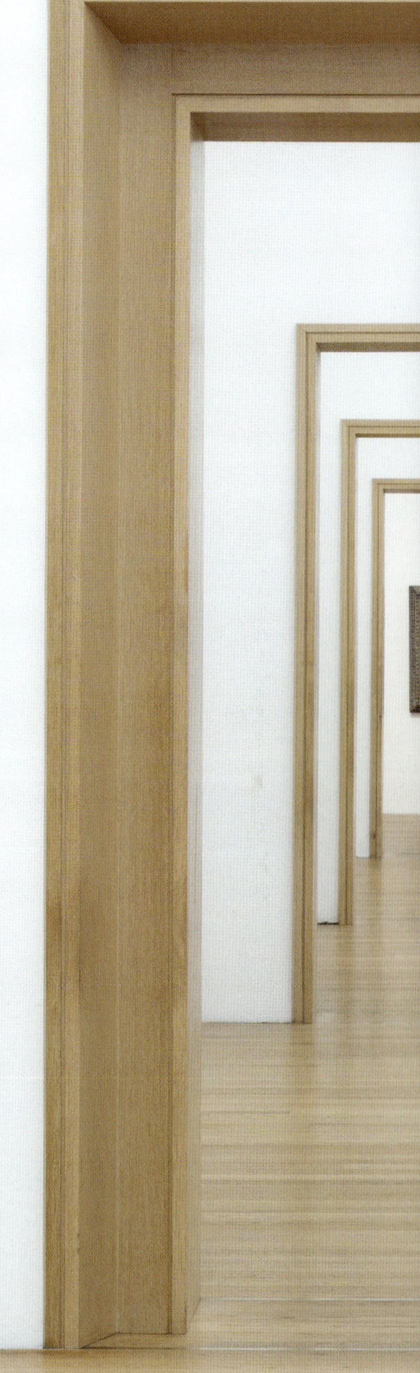

Karl Schmidt-Rottluff, Verandamorgen, 1951
Veranda Morning

Karl Schmidt-Rottluff, Abend im Zimmer, 1935
Evening in the Room

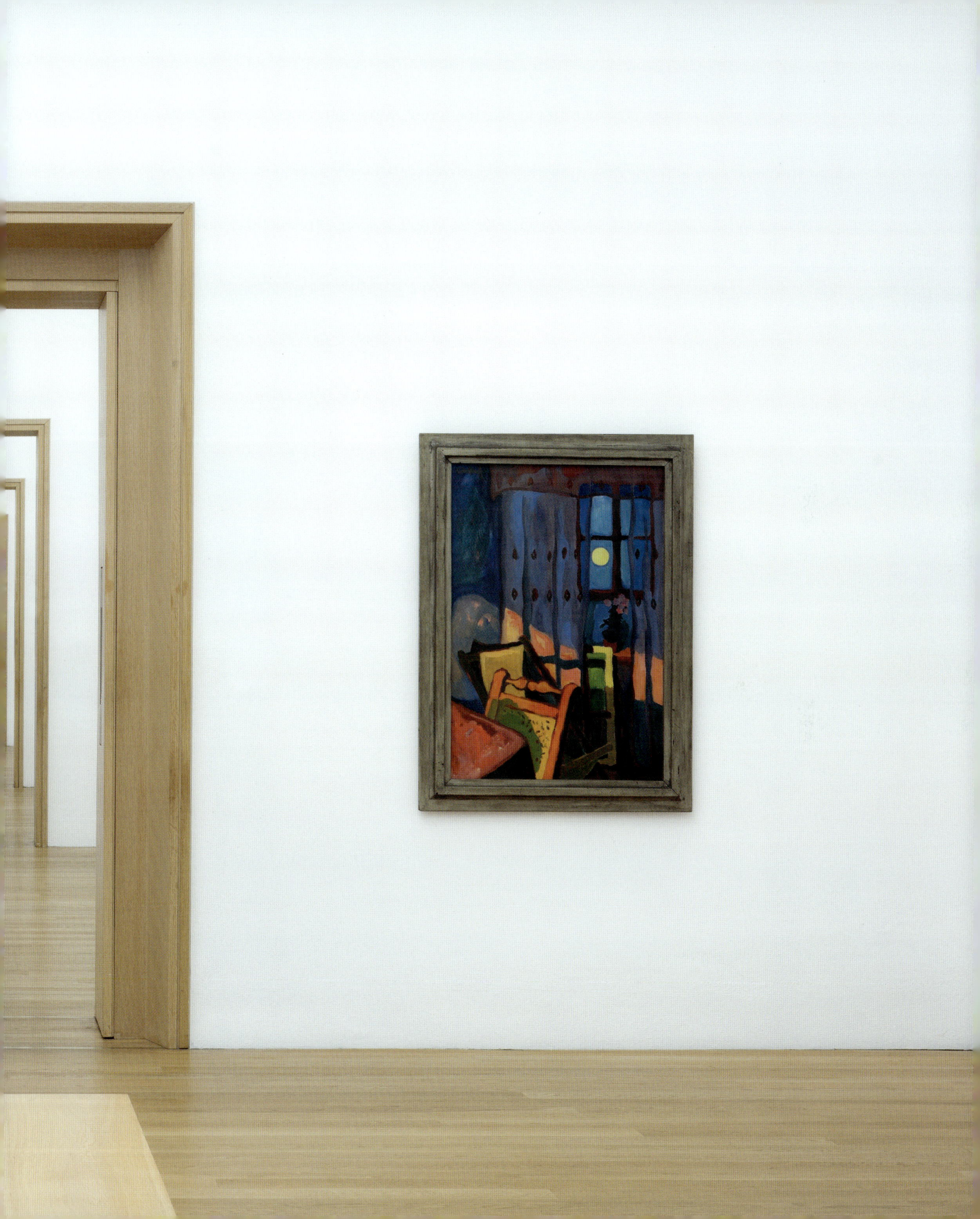

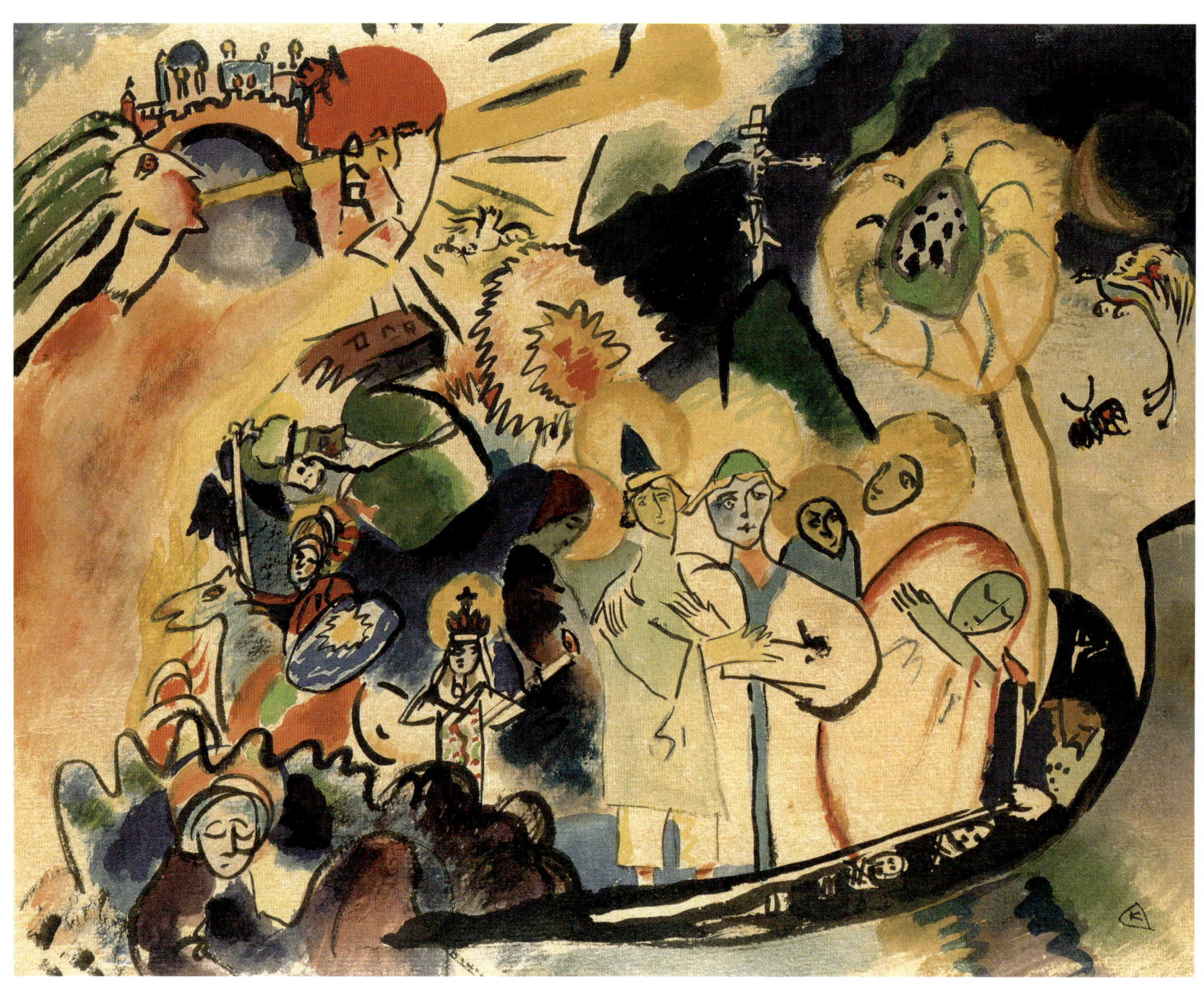

Wassily Kandinsky, Allerheiligen, um 1910
All Saints, around 1910

1909   1921   1927

Ein Dreisprung: Wiesbadens Anschluss an die Moderne am Beginn des 20. Jahrhunderts

VON ROMAN ZIEGLGÄNSBERGER

Triple Jump: Wiesbaden's Ingress to Modernity in the Early 20th Century

Die Sammlung des Museums Wiesbaden wäre vermutlich heute ohne jene drei Persönlichkeiten, die alle in den 1920er-Jahren die bildende Kunst und das kulturelle Leben in dieser Stadt maßgebend geprägt haben – zumindest was den Zeitraum betrifft, den man mit dem Begriff der Klassischen Moderne begreift –, völlig belanglos. Es geht um HEINRICH KIRCHHOFF, ALEXEJ VON JAWLENSKY und HANNA BEKKER VOM RATH. Der erste kam im Jahr 1909, der zweite im Jahr 1921 und die zuletzt Genannte im Jahr 1927 nach Wiesbaden.

1909 – Erster Sprung:
Heinrich Kirchhoff

HEINRICH KIRCHHOFF (1874 – 1934) war für Wiesbaden und das hiesige Museum – man muss es so deutlich ausdrücken – das größte Glück. Mit dem Zuzug des aus Essen kommenden Sammlers, der einer erfolgreichen Baudynastie entstammte, siedelte sich im Jahr 1909 der erste und wichtigste Protagonist in Wiesbaden an, der maßgeblich dafür verantwortlich ist, dass sich die Avantgarde des beginnenden 20. Jahrhunderts schon früh auch hier bemerkbar machte.

KIRCHHOFFS Erscheinen in Wiesbaden fällt mit dem 1915 begonnenen Neubau des Museums nach Plänen des Architekten THEODOR FISCHER zusammen. Durch KIRCHHOFFS Einfluss und seine enge Verbindung zum Nassauischen Kunstverein, der die neuen Räumlichkeiten nach ihrer Fertigstellung für Ausstellungen nutzte und überhaupt in den ersten Jahren für die Sammlung und den Betrieb der neuen Gemäldegalerie zuständig war, hielten erstmals zeitgenössische progressive Tendenzen nicht nur in Form von Leihgaben, sondern auch in Form von Ankäufen Einzug in das Museum. KIRCHHOFF, der nunmehr als vermögender Privatier just mit seinem Umzug nach Wiesbaden begann, seine eigene Sammlung aufzubauen, erwarb zunächst Werke der deutschen Impressionisten (MAX LIEBERMANN, LOVIS CORINTH, MAX SLEVOGT). Schon bald besaß er auch Arbeiten sowohl aus dem Umfeld der Brücke (ERICH HECKEL, ERNST LUDWIG KIRCHNER, MAX PECHSTEIN, EMIL NOLDE) und des Blauen Reiters (WASSILY KANDINSKY, PAUL KLEE, FRANZ MARC, ALEXEJ VON JAWLENSKY) wie auch von vielen anderen heute weltberühmten expressionistischen Künstlern aus dem deutschsprachigen Raum (MAX BECKMANN, OSKAR KOKOSCHKA, OTTO DIX, GEORGE GROSZ). Ein erster Höhepunkt war 1917 die Ausstellung *Privatsammlung Kirchhoff* (weitere folgten

Without those three figures, who in the 1920s so markedly shaped the art and culture of the city of Wiesbaden – at least in the period we refer to as "Classic Modernism" – Museum Wiesbaden's collection might be wholly insignificant today. The successive arrivals of these three major figures in Wiesbaden, HEINRICH KIRCHHOFF in 1909, ALEXEJ VON JAWLENSKY in 1921, and, finally, HANNA BEKKER VOM RATH in 1927, represent three defining moments in the development of the city's relationship to Modernity.

1909 – Hop:
Heinrich Kirchhoff

It must be said that the arrival of HEINRICH KIRCHHOFF (1874 – 1934) in Wiesbaden in 1909 was the best thing that could have happened to the city and its museum. The collector, a native of Essen and descendant of a prominent construction dynasty, is the first and most important protagonist of this development, largely responsible for the presence and influence of the Modernist avant-garde in Wiesbaden in its early stages at the beginning of the 20th century.

KIRCHHOFF'S appearance in Wiesbaden roughly coincides with the construction of the museum, designed by architect THEODOR FISCHER, in 1915. As a result of KIRCHHOFF'S influence and close connection to the local art association – the Nassauische Kunstverein, which used the newly built space for its exhibits and was responsible for the collection and operation of the gallery in its early years – contemporary progressive ideas made their way into the museum not only in the form of borrowed works but as works acquired for the permanent collection. A man of sizeable independent means, Kirchhoff began accumulating a private collection upon his arrival in Wiesbaden, beginning with works of major figures of German Impressionism, such as MAX LIEBERMANN, LOVIS CORINTH and MAX SLEVOGT. Soon after, he acquired pieces by artists associated with The Bridge, such as ERICH HECKEL, ERNST LUDWIG KIRCHNER, MAX PECHSTEIN, EMIL NOLDE, and with The Blue Rider, such as WASSILY KANDINSKY, PAUL KLEE, FRANZ MARC, ALEXEJ VON JAWLENSKY, as well as a number of other renowned German Expressionists, including MAX BECKMANN, OSKAR KOKOSCHKA, OTTO DIX, and GEORGE GROSZ. The first exhibit of KIRCHHOFF'S private collection in the new gallery space in 1917 (and again in 1919, 1924, and 1930) marks a highpoint in the museum's

Conrad Felixmüller, Familienbildnis Kirchhoff, 1920
Family-Portrait Kirchhoff

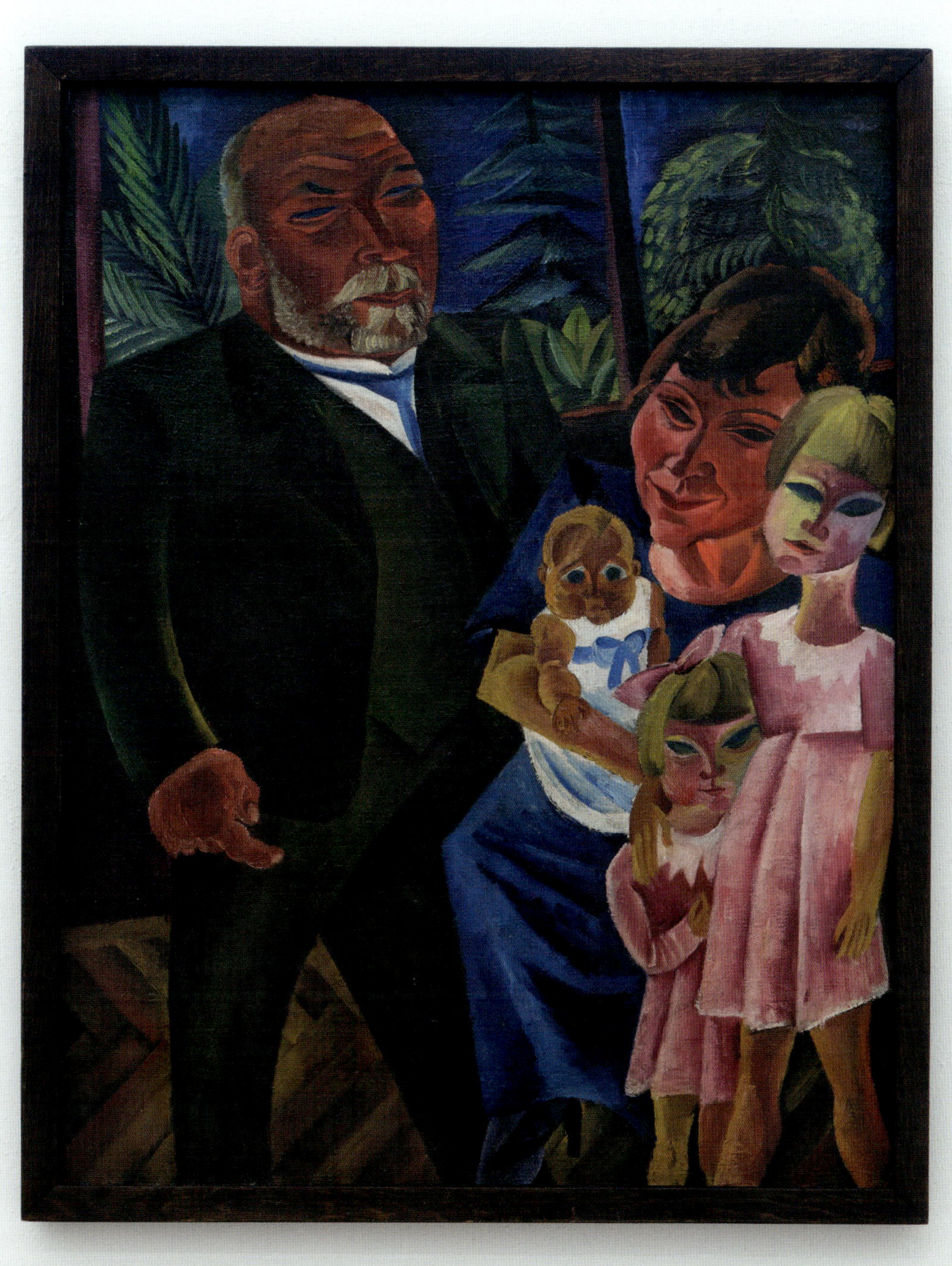

1919, 1924 und 1930) in den soeben fertiggestellten
Galerieräumen des neuen Museums. Die regen Aktivitäten des dem Museum angegliederten Nassauischen
Kunstvereins, der in jenen spannenden Jahren mit der
1901 gegründeten Wiesbadener Gesellschaft für bildende
Kunst fusionierte, und der schnell anwachsende und
bald weit über die Grenzen der Rhein-Main-Region
hinausreichende Ruhm der Sammlung Kirchhoff lockten
seinerzeit auch viele Künstler in die Stadt. Zwischen 1915
und 1917 wurde KIRCHHOFF besucht von JOSEF EBERZ
→ 180, FRITZ ERLER → 152/153, EDMUND FABRY, MAX
LIEBERMANN → 156, OSKAR MOLL → 157, EMIL NOLDE
→ 174 oder WALTER PÜTTNER, später folgten intensive
Beziehungen zwischen dem Sammler und CONRAD
FELIXMÜLLER, WALTER JACOB sowie ab 1921 zu ALEXEJ
VON JAWLENSKY.

Von einem waren nahezu alle Künstler gleichermaßen fasziniert, die mit HEINRICH KIRCHHOFF in Kontakt
standen: von seinem botanischen, von der Außenwelt
beinahe völlig abgeschiedenen Garten, der sich hinter
der von ihm und seiner Familie 1909 bezogenen repräsentativen Stadtvilla in der Beethovenstraße ausbreitete.
Der Dada-Künstler KURT SCHWITTERS beschrieb den
kleinen Park 1927 in einer Postkarte und benannte das
im doppelten Wortsinn „Phantastische", das sich um
KIRCHHOFF und seine Sammlung rankte: „Soeben aus
dem Garten zurückgekehrt, muss ich gestehen, dass von
ihm ein seltener Reiz und Zauber ausgeht. ... Eigentlich
gibt es den ganzen Garten überhaupt nicht, er ist so
unwirklich, dass man ihn gar nicht glaubt. Er ist so
unwirklich, wie die Kunst, die es also auch eigentlich
nicht gibt. Und im Grunde gibt es auch keinen HEINRICH
KIRCHHOFF, denn er ist so unwirklich, wie sein Garten
und seine Bilder." Zugleich wird klar, dass für viele
Künstler in den Wirren des Ersten Weltkriegs (vor allem
aufgrund der von ihnen – denkt man etwa an LUDWIG
MEIDNER – vorausgeahnten, in einem umfassenden
Sinne alles mit sich reißenden Apokalypse) der Garten
zum Sinnbild für ein mögliches Rückzugsgebiet des
Menschen in eine arkadisch unberührte „Gegenwelt"
avancierte. Er steht für ein selbst geschaffenes Paradies,
in welchem man – der inneren Emigration ähnlich – vor
dem Wahnsinn der „Großstadthölle", dem Kriegsgesche-
hen oder dem Nachkriegselend Schutz findet. Somit ist
er durchaus vergleichbar mit dem Sehnsuchtsort der
Südsee-Idylle, von der als erster PAUL GAUGUIN, später
auch EMIL NOLDE und MAX PECHSTEIN angezogen wurden. HEINRICH KIRCHHOFF jedenfalls war, so zeigen es
sowohl CONRAD FELIXMÜLLER → 139 als auch WALTER
JACOB → 182 in ihren Familienbildern, der Wächter
jenes Paradieses. An seiner mächtigen Gestalt und seinem grimmigen Blick musste man vorbei, um in den

history. The industrious activity of the Nassauische
Kunstverein on behalf of the museum, and its merger
with the Wiesbaden Society of Fine Arts, which had been
established in 1901, together with the rapidly growing
Kirchhoff collection, now renowned far beyond the
borders of the Rhine-Main region, attracted many artists
to the city. Between 1915 and 1917, a number of them
visited Kirchhoff, including JOSEF EBERZ → 180, FRITZ
ERLER → 152/153, EDMUND FABRY, MAX LIEBERMANN
→ 156, OSKAR MOLL → 157, EMIL NOLDE → 174 and WAL-
TER PÜTTNER. In later years, some, such as CONRAD
FELIXMÜLLER, WALTER JACOB and, beginning in 1921,
ALEXEJ VON JAWLENSKY, developed close and enduring
relationships to the collector.

All of HEINRICH KIRCHHOFF'S artist friends and
acquaintances shared an equal fascination for his garden: an expansive botanical paradise almost entirely
closed-off from the external world and located behind
the family's villa in Beethovenstraße, where they had
lived since relocating to Wiesbaden. Dada artist KURT
SCHWITTERS described the little park on a post card in
1927, comparing it to the milieu surrounding KIRCHHOFF
and his collection as "fantastical" in every sense of the
word. SCHWITTERS writes, "Just returned from the
garden, I must admit it possesses so seldom an allure
and enchantment ... It is as if the garden did not actually
exist at all, it is so unreal, as unreal as art, which does
not actually exist either. In fact, there is no HEINRICH
KIRCHHOFF either, for he is as unreal as his garden and
his pictures." SCHWITTERS' impressions are not uncom-
mon for the period. For many artists in the wake of the
First World War (which many of them, like LUDWIG
MEIDNER, had foreseen as an all-encompassing apoca-
lypse), the garden as such became a metaphor for a site
of human retreat to an Arcadian, untouched "counter"
existence. It stands for a self-made paradise, a refuge,
enabling something like inner migration from the mad-
ness of "big city hell," the ruins of war and post-war
suffering. Insofar, the garden serves as a site of longing
similar to the South Sea ideal, which attracted, first,
PAUL GAUGUIN and, later, others such as EMIL NOLDE
and MAX PECHSTEIN. HEINRICH KIRCHHOFF, in any case,
served as guardian of this paradise, as we see in the
family photos of CONRAD FELIXMÜLLER → 139 and
WALTER JACOB → 182. One had to get past his daunting
figure and serious gaze to partake of the sweet pleasures
of the abundant, almost exotic and "unreal" idyllic
space, painted again and again by many an inspired
artist. FELIXMÜLLER, for example, rendered the view
from above onto the many, sometimes potted, Phoenix
palms below, which lined the garden paths → 180. The
grandest of all the garden's depictions, however, is JOSEF

süßen Genuss der überreichen, exotisch anmutenden und damit auch unwirklichen Idylle zu gelangen, welche die Künstler auch immer wieder zu Darstellungen inspirierte. FELIXMÜLLER warf beispielsweise einen Blick von oben auf eine der vielen Phönix-Palmen, die die angelegten Wege – teilweise in Blumentöpfe eingepflanzt – im Garten säumten → 180. Höhepunkt war das 1917 entstandene Mappenwerk *Der Garten Heinrich Kirchhoff* von JOSEF EBERZ, das in zehn Lithografien die paradiesische Flora des Förderers und Mäzens einfing. Darunter befindet sich auch das *Vogelhaus* mit einer Vielzahl von kleinen eingesperrten Paradiesvögeln. Dieses Blatt ist es schließlich, das den idyllischen Garten des Sammlers als ein verlorenes Paradies entlarvt, das nur mehr als künstlich geschaffener goldener Käfig existiert und zudem – einer Seifenblase gleichkommend – als ein von allen Seiten bedrohtes Refugium erscheint.

In diesem Sinne suchte EMIL NOLDE sein „Gegenparadies" im *Blumengarten* des 1916 bezogenen Bauernhauses Utenwarf an der Nordsee, das ihn zu zahlreichen Gartenbildern anregte → 174. OTTO MUELLER schuf mit seinen Zigeuner-Gemälden und Liebespaaren heimatlose, aus ihrer Wirklichkeit verstoßene Menschenfiguren, die sich wie im Wiesbadener Gemälde Schutz suchend ins dunkle Gebüsch zurückziehen müssen, um nicht als aus ihrer natürlichen Umgebung Herausgerissene entlarvt zu werden → 174 / 175, 178.

ERNST LUDWIG KIRCHNER „flieht" 1917 nach Davos in die idyllische Schweiz, wo sehr bald Gemälde wie *Seehorn* entstehen → 181, in welchen dem Betrachter winzige Menschen begegnen, die sich der Erhabenheit der Natur nicht nur zu unterwerfen, sondern auch die vorgegebenen, zumeist nicht geradlinig verlaufenden (Lebens-)Wege fatalistisch anzunehmen haben. Und während sich MAX LIEBERMANN 1909/10 ein Refugium am Berliner Wannsee suchte – sein von ihm so genanntes „Schloss am See" → 156 –, baute sich LOVIS CORINTH 1918/19 als Gegenpart zu seinem Berliner Atelier das nach dem Kosenamen seiner Frau CHARLOTTE benannte „Haus Petermann" am Walchensee in Oberbayern → 361.

EBERZ'S 1917 portfolio *Heinrich Kirchoff's Garden* encompassing ten lithographs of the flora and fauna in KIRCHHOFF'S oasis. The work also contains the *Bird House* depicting a variety of little, caged birds of paradise. It is this painting that ultimately reveals the collector's idyllic garden as a paradise lost, existing now as little more than an artificial golden cage, a refuge whose existence was threatened from all sides, like a soap bubble waiting to be burst.

In this same spirit, EMIL NOLDE sought his own "counter paradise" in the *Flower Garden* of the farm house in Utenward on the North Sea, to which he relocated in 1916 and which served as inspiration for numerous garden paintings → 174. In OTTO MUELLER'S Roma paintings and his numerous works depicting pairs of lovers, the human figures appear displaced, divorced from their realities. These figures, like those in the painting in Wiesbaden's collection, seek the protection of the shadowy bushes to avoid detection as beings torn from their natural surroundings → 174 / 175, 178. In 1917, ERNST LUDWIG KIRCHNER "fled" to idyllic Davos, Switzerland, where soon after his arrival he completed paintings such as *Seehorn* → 181, an image that confronts the viewer with meager human shapes, appearing not only to subjugate themselves to the sublimity of nature, but to fatalistically traverse predefined, often winding (life)paths. While MAX LIEBERMANN sought refuge at Berlin's Wannsee in 1909/10 in his "castle by the lake," as he referred to it → 156, LOVIS CORINTH built "Haus Petermann," using his wife CHARLOTTE'S nickname to refer to the house, in 1918/19 on Walchensee in Upper Bavaria → 361, as a retreat from his Berlin atelier.

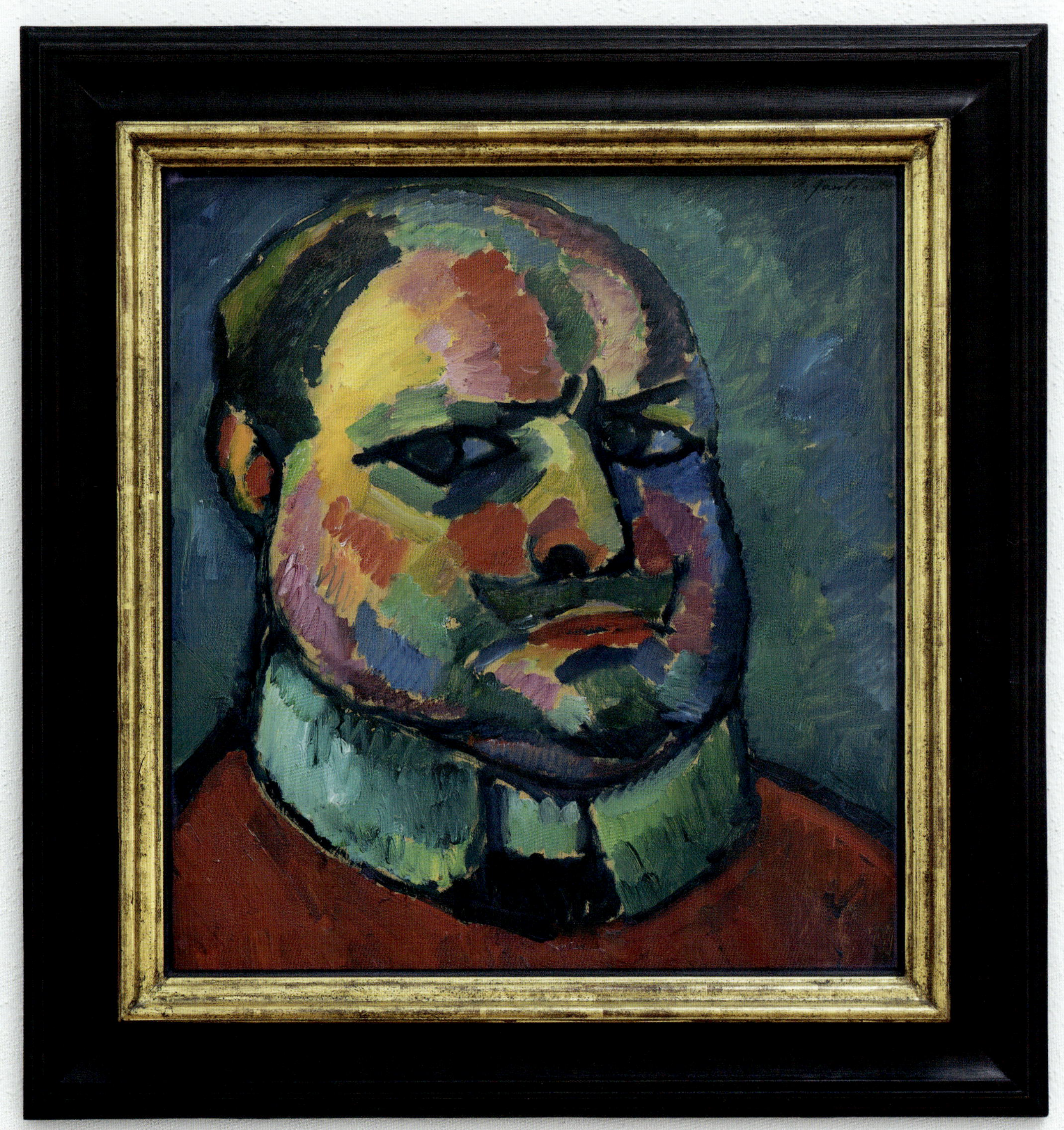

**1921 – Zweiter Sprung:
Alexej von Jawlensky**

Nachdem ALEXEJ VON JAWLENSKY aufgrund des Ausbruchs des Ersten Weltkriegs im Jahr 1914 sieben Jahre in der Schweiz und hier an wechselnden Orten gelebt hatte (Saint-Prex am Genfer See, Zürich, Ascona), sehnte er sich 1921 zurück nach Deutschland. Dies lag vornehmlich an der endgültigen Trennung von seinem „Lebensmenschen" MARIANNE VON WEREFKIN, die ihn lange Jahre gefördert hatte. Doch wohin in Deutschland, wo er sich vor dem Weltkrieg in München so außerordentlich wohlgefühlt hatte? Letzteres war wohl keine Option mehr, da die Erinnerungen an jene glückseligen Vorkriegsjahre zu schmerzhaft gewesen sein dürften. Warum JAWLENSKY nun gerade Wiesbaden als seine neue Heimat auswählte, hatte mehrere Gründe. Gemeinsam mit EMMY („GALKA") SCHEYER löste er 1920 die Münchner Wohnung in der Giselastraße endgültig auf, was seine Kunsthändlerin dazu nutzte, die dort während des Krieges gelagerten Bilder für eine große Ausstellungstournee zusammenzustellen.

Diese umfangreiche Jawlensky-Retrospektive tourte durch Deutschland und kam „Anfang 1921 nach Stationen in Berlin, Hamburg, München, Hannover und Frankfurt" nach Wiesbaden. Zu der Entscheidung für Wiesbaden trug aber nicht nur bei, dass jene Ausstellung, aus der nicht weniger als 25 Gemälde verkauft werden konnten, ein so großer Erfolg war, sondern auch die Begegnung mit HEINRICH KIRCHHOFF, der JAWLENSKY – wie auch die Stadt Wiesbaden selbst – in der Folgezeit durch zahlreiche Ankäufe unterstützte. So konnte KIRCHHOFF beispielsweise innerhalb kurzer Zeit eine Sammlung von über 40 Jawlensky-Arbeiten vorweisen. Die seit Beginn des 19. Jahrhunderts hier ansässige russische Gemeinde und generell das Mondäne der Kurstadt, das ihm gefallen haben dürfte, taten ihr Übriges dazu, dass JAWLENSKY in Wiesbaden rasch heimisch wurde. Hier sollte er bis 1938, als ihm das Arbeiten aufgrund einer schmerzhaften Gelenkerkrankung endgültig unmöglich wurde, neben vielen Gelegenheitsarbeiten und bislang unterschätzten Stillleben → 165 vor allem seine weltberühmten Serien *Abstrakte Köpfe* → 192 / 193 und *Meditationen* → 194 / 195 schaffen.

Zu Beginn der 1930er-Jahre, spätestens mit der Machtergreifung der Nationalsozialisten, trat jedoch auch in Wiesbaden rasch der „modernefeindliche" Geist der neuen Kulturpolitik zutage. Die bis zu diesem Punkt so erfolgreich verlaufene Sammlungsentwicklung mit

**1921 – Skip:
Alexej von Jawlensky**

After his 7 year exile in Switzerland, where he had fled to at the outbreak of WWI in 1914, living variously in Saint-Prex on Lake Geneva, Zurich and Ascona, ALEXEJ VON JAWLENSKY longed to return home to Germany in 1921 – in large part because of his final separation from his life partner MARIANNE VON WEREFKIN, who had supported him for numerous years. The only question was where in Germany? Back to Munich, where had felt so at home before the war? Not with all of the painful memories. JAWLENSKY chose Wiesbaden as his new home for a variety of reasons. In 1920, together with EMMY ("GALKA") SCHEYER, he forfeited the residence in Munich's Giselastraße entirely, which his art dealer saw as an opportunity to organize a large-scale travelling exhibit using the paintings that had been stored there during the war.

This extensive Jawlensky retrospective toured throughout Germany, arriving in Wiesbaden in "early 1921 after stations in Berlin, Hamburg, Munich, Hannover and Frankfurt." While the immense success of this exhibit in Wiesbaden, at which no fewer than 25 paintings were sold, certainly contributed to JAWLENSKY'S decision to settle in the city, it was his encounter with HEINRICH KIRCHHOFF, who supported not only JAWLENSKY but the city itself in the years after the war with his numerous acquisitions, that solidified the decision. In fact, KIRCHHOFF purchased over 40 of JAWLENSKY'S paintings in a brief period. Yet, JAWLENSKY was likely drawn to the city not merely by his personal success there, Wiesbaden had also been home to a sizeable Russian community since the early 19th century and enjoyed a general reputation as a "health resort," both of which factors must have increased its appeal. JAWLENSKY remained in Wiesbaden until 1938, when he could no longer paint as a result of painful arthrosis. Along with numerous casual works and, to date, underappreciated still lifes → 165, JAWLENSKY produced his internationally renowned series *Abstract Heads* → 192 / 193 and his *Meditations* → 194 / 195 in this period.

In the early 1930s, however, most certainly by the time the National Socialists had come to power, Wiesbaden, too, fell prey to the anti-Modernist spirit of the new cultural politics. The development of the collection, which had been so auspicious with its meanwhile nearly exclusive focus on progressive contemporary art, came to an almost grinding halt. JAWLENSKY, who could hardly

Alexej von Jawlensky, Selbstbildnis, 1912
Self-Portrait

ihrer inzwischen beinahe ausschließlichen Ausrichtung auf progressive zeitgenössische Kunst kam nahezu gänzlich zum Erliegen. Nicht nur JAWLENSKY bekam dies zu spüren, der kaum mehr verkaufen konnte und dessen Bilder bis 1937 alle aus dem Museum veräußert wurden. Auch die meisten der bis dahin im Museum befindlichen, nun jedoch als „entartet" gebrandmarkten Arbeiten anderer expressionistischer Künstler sowie die zahlreichen Dauerleihgaben der Sammlung Kirchhoff wurden von dem linientreuen Direktor HERMANN VOSS nicht nur ohne Zögern, sondern vielmehr aus Überzeugung weggegeben. Wie dies bereits vor der großen Beschlagnahmungsaktion vonstattenging, die von den Nationalsozialisten im August 1938 vor Ort durchgeführt wurde, verdeutlicht ein Schreiben von VOSS an den Dezernenten für Wissenschaft und Kunst vom 20. Oktober 1936, in dem er ein Tauschgeschäft vorschlägt: „Als Gegenwert [für ein Hasenclever- und ein Kügelgen-Gemälde] erhält die Galerie Vömel von uns zwei ausgesprochen expressionistische Bilder, die seit 1933 im Depot des Museums aufbewahrt werden und nicht wieder ausgestellt werden können. Das ist eine Hafenszene von AUGUST MACKE, das andere ein sog. ‚abstraktes' Bild von LYONEL FEININGER. Diese beiden Bilder sind, wie gesagt, für die Galerie [des Museums Wiesbaden] wertlos, aber auch als Vertreter der expressionistisch bzw. futuristischen Kunstauffassung nicht besonders repräsentativ." (Brief im Archiv des Museums Wiesbaden)

sell his work anymore and whose paintings were all excised from the museum's collection by 1937, was not the only one to feel the effects of this reversal. Most of the works of other Expressionist artists in the museum's collection, which were now considered "degenerate," as well as numerous pieces from Kirchhoff's collection on permanent loan, were disposed of not merely without hesitation but with conviction by then director HERMANN VOSS, a devoted party member. Voss purged the museum's collection of its controversial art well before it was seized by the National Socialists there in August 1938, as a letter from VOSS to the directors of the Department of Science and the Arts dated 20 October 1936, in which he suggests the following exchange, makes clear: "As an equivalent value (for one Hasenclever and one Kügelgen painting), Gallery Vömel will receive from us two explicitly expressionist paintings that have been stored in the museum since 1933 and that can no longer be displayed. The works in question include a harbor scene by AUGUST MACKE and a so-called "abstract" painting by LYONEL FEININGER. These two paintings, as explained, are of no value to the gallery [Museum Wiesbaden] and, moreover, not particularly representative exemplars of expressionist or futurist art."

Für JAWLENSKY und viele andere Künstler wie IDA KERKOVIUS, LUDWIG MEIDNER oder ERNST WILHELM NAY → 190/191 war im Dunkel des Nationalsozialismus die in Hofheim am Taunus unweit von Wiesbaden ansässige Künstlerin, Sammlerin und Galeristin HANNA BEKKER VOM RATH (1893–1983), die 1927/28 in Wiesbaden lebte und von der wichtige Teile ihres Nachlasses seit 1987 im Museum Wiesbaden bewahrt werden, ein rettendes Licht am Ende des Tunnels. JAWLENSKY wurde von ihr beispielsweise bereits ab 1929 unterstützt, indem sie die „Gesellschaft der Freunde der Kunst von Alexej von Jawlensky" begründete, als die nationalsozialistische Kulturpropaganda – zunächst noch schleichend – ihre ersten Wirkungen zeigte. Dazu kamen regelmäßige gegenseitige Besuche sowie Förderung durch inzwischen von anderer Seite äußerst selten gewordene Ankäufe. In ihrem „Blauen Haus" in Hofheim beherbergte HANNA BEKKER unter anderem den ehemaligen Brücke-Maler KARL SCHMIDT-ROTTLUFF, den sie 1930 kennengelernt hatte und der sich „seit 1932 alljährlich mehrere Wochen zum Malen" dort aufhielt (MARIAN STEIN-STEINFELD, Enkelin HANNA BEKKERS). Von ihm besaß sie denn auch mit 67 Arbeiten das größte Konvolut – darunter die Hauptwerke *Nächtlicher Mittelmeerhafen, Mädchenbildnis* und *Abend im Zimmer* → 135,177. Letzteres ist sogar bei einem der vielen Aufenthalte des Künstlers im Blauen Haus entstanden und hat in seiner geschilderten Enge „die bedrückende Lebens- und Arbeitssituation dieser Jahre" zum Thema (INGRID KOSZINOWSKI). Das selbstbewusste, in Anlehnung an die Einfachheit afrikanischer Plastiken entstandene *Selbstbildnis mit Cigarre* → 185 erwarb HANNA BEKKER VOM RATH erst nach dem Zweiten Weltkrieg von FRANZ RADZIWILL.

Neben diesem von den Künstlern dankbar angenommenen Refugium im Taunus, das jenen oftmals ein letzter Zufluchtsort gewesen ist, veranstaltete HANNA BEKKER VOM RATH zwischen 1939 und 1943 für die ihr persönlich bekannten, inzwischen als „entartet" diffamierten und deshalb in Bedrängnis geratenen Maler in ihrer Berliner Atelierwohnung kleinere Ausstellungen. Jenseits der oben bereits erwähnten Künstler hatten hier auch WILLI BAUMEISTER und ERICH HECKEL ihre „verborgenen" Auftritte. So war es HANNA BEKKER VOM RATH nach dem Zweiten Weltkrieg möglich, ihr während der Diktatur unerschrocken aufgebautes Netzwerk zu Künstlern, entlassenen Museumsdirektoren oder Sammlern für ihr eigenes 1947 eröffnetes Frankfurter Kunstkabinett zu nutzen.

For JAWLENSKY and many other artists, such as IDA KERKOVIUS, LUDWIG MEIDNER and ERNST WILHELM NAY → 190/191, the artist, collector and gallery owner HANNA BEKKER VOM RATH (1893–1983) became a light of hope in the dark years of National Socialism. BEKKER VOM RATH, who was a resident of Wiesbaden in 1927/28 and part of whose collection has been housed in the museum since 1987, lived in Hofheim in the Taunus, not far from Wiesbaden, and fostered numerous artists in a variety of ways. For JAWLENSKY, BEKKER VOM RATH founded the "Society of Friends of the Art of Alexej von Jawlensky" in 1929, when the effects of Nazi cultural propaganda, at first incrementally, began to take hold. The two figures visited one another regularly, and BEKKER VOM RATH raised money through ever more infrequent sales of JAWLENSKY'S work. Her "blue house" in Hofheim was a refuge for "Bridge" member KARL SCHMIDT-ROTTLUFF, whom she met in 1930 and who "since 1932 spent several weeks each year there painting" (MARIAN STEIN-STEINFELD, BEKKER VOM RATH'S granddaughter). BEKKER VOM RATH owned the largest number of his paintings, some 67 pieces, including the major works *Mediterranean Harbor by Night*, *Portrait of a Girl* and *Evening in the Room* → 135,177. The latter was even painted in the "blue house" on one of the artist's many stays there. Its depiction of extremely close quarters is a visualization of the "oppressive living and working conditions in these years" (INGRID KOSZINOWSKI). BEKKER VOM RATH acquired the *Selfportrait with Cigar* → 185, a confident self-portrayal in the stylistic simplicity of African sculpture, from FRANZ RADZIWILL after WWII.

In addition to her retreat in the Taunus, often a last refuge for these artists, BEKKER VOM RATH organized small "secretive" exhibitions between 1939 and 1943 in her Berlin atelier and apartment, displaying the work of artists with whom she was acquainted and who had, in the meantime, fallen into hardship after having been labeled "degenerate" – these included not only the artists above but WILLI BAUMEISTER and ERICH HECKEL, as well. As a result of her undaunted engagement on behalf of artists, former museum directors and art collectors during the war, BEKKER VOM RATH was able to resort to this community for its support when she opened her Frankfurter Kunstkabinett in 1947, after the war had ended.

Following the collapse of the Third Reich, Museum Wiesbaden, at least as far as its collection of Expressionist works is concerned, was in an extremely poor state. All but three works acquired by the museum during

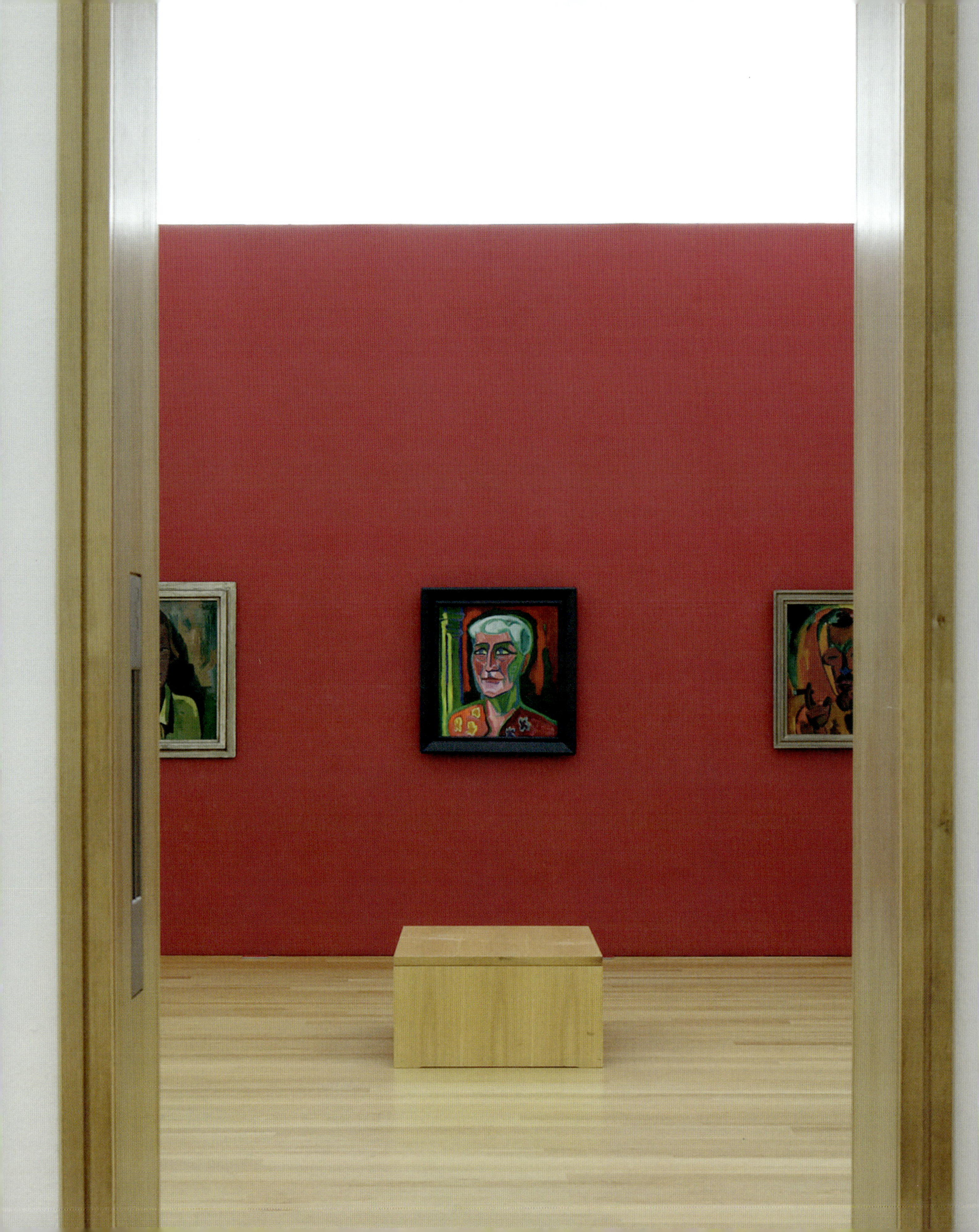

Nach dem Zusammenbruch des Dritten Reiches war auch das Museum Wiesbaden, zumindest was seine Sammlung an expressionistischen Werken betrifft, in der sogenannten Stunde null angelangt. Nur wenige Arbeiten aus den ersten Jahrzehnten des so hoffnungsvollen Aufbruchs in die Moderne waren in der Sammlung verblieben – darunter zwei Druckgrafiken von FRANZ MARC sowie das Blatt *Selbstporträt für Charlie Chaplin* von GEORGE GROSZ –, und das wohl nur, weil sie in den Magazinen der Grafischen Sammlung übersehen worden waren. Somit galt es nach dem Krieg, die Expressionismus-Sammlung völlig neu aufzubauen, was von CLEMENS WEILER, dem ersten Museumsdirektor nach 1945, auch sogleich im Hinblick auf die Geschichte des Hauses mit seinen vielfältigen Bezügen zur Sammlung Kirchhoff, zu ALEXEJ VON JAWLENSKY und HANNA BEKKER VOM RATH forciert wurde. Der Grundstein der heute mit über 100 Arbeiten weltweit bedeutendsten Jawlensky-Sammlung mit Hauptwerken aus allen Schaffensphasen (den Münchner Jahren 1896 bis 1914, dem Schweizer Exil bis 1921 und der Wiesbadener Periode bis 1941) wurde im Jahr 1948 gelegt, in welchem es WEILER gelang, insgesamt acht Gemälde des Künstlers zu erwerben. Eines der heute wichtigsten Bilder der Wiesbadener Kunstsammlung – OTTO MUELLERS *Liebespaar* → 174 / 175, 178 – kam 1954 über das Frankfurter Kunstkabinett von HANNA BEKKER VOM RATH ins Museum und zwei Jahre darauf erstand WEILER aus dem Nachlass von JAWLENSKY die *Dame mit Fächer,* die es heute als beliebtestes Bild zum liebevollen Beinamen „Wiesbadener Mona Lisa" gebracht hat → 163. Auch die Sammlung HEINRICH KIRCHHOFFS konnte durch die Erwerbungen der Gemälde von CORINTH → 238, 290, 361, EBERZ → 180, FELIXMÜLLER → 139, 180, JACOB → 182 / 183 und LIEBERMANN → 156 dauerhaft in den Beständen repräsentiert werden. Aber erst seit 1987 zählt die nach 1945 wieder gänzlich neu aufgebaute Abteilung der Klassischen Moderne mit ihren exemplarischen Werken aus dem Umfeld des Blauen Reiters sowie der Künstlergemeinschaft Brücke innerhalb Deutschlands wieder zu den ersten Adressen. Denn vier Jahre nach dem Tod von HANNA BEKKER, die testamentarisch verfügt hatte, dass ihre Sammlung der Rhein-Main-Region nicht nur erhalten bleiben, sondern auch der Öffentlichkeit zugänglich gemacht werden solle, fanden 30 der bedeutendsten Kunstwerke ihrer Kollektion Eingang in das Museum Wiesbaden. Neben 14 Jawlensky-Arbeiten waren dies unter anderem Werke von WILLI BAUMEISTER → 206 / 207, MAX BECKMANN → 149, 197, 198, ERICH HECKEL → 175, WASSILY

those first, so promising decades of the city's ingress to Modernity had disappeared from its collection. Two prints by FRANZ MARC and the leaf *Selfportrait for Charlie Chaplin* by GEORGE GROSZ were the only traces of this bourgeoning period of the museum's history, and that only because they were overlooked in the archives of the graphic arts collection. In short, the museum's Expressionist collection was in dire need of rebuilding – an objective pursued with rigor by the museum's first postwar director CLEMENS WEILER, particularly with regard to the history of the museum's relationship to the Kirchhoff collection, to ALEXEJ VON JAWLENSKY and to HANNA BEKKER VOM RATH. The cornerstones of the museum's now expansive and internationally unequalled Jawlensky collection, encompassing over 100 works with representative works from every period of his artistic production (the Munich years from 1896 to 1914, the exile years in Switzerland until 1921 and the years in Wiesbaden until 1941), were laid in 1948 under WEILER'S direction. In all, the new director was able to acquire 8 of JAWLENSKY'S works. One of the most significant pieces in the museum's collection today – OTTO MUELLER'S *Pair of Lovers* → 174 / 175, 178 – was acquired in 1954 through HANNA BEKKER VOM RATH'S gallery, the Frankfurter Kunstkabinett. Two years later, WEILER purchased *Lady with Fan* from the JAWLENSKY estate, a painting that has since been given the affectionate epithet "Mona Lisa of Wiesbaden" → 163. The significance of the Kirchhoff collection for the museum was restored through the purchase of paintings by CORINTH → 238, 290, 361, EBERZ → 180, FELIXMÜLLER → 139, 180, JACOB → 182 / 183, LIEBERMANN → 156. But it was not until 1987 that Museum Wiesbaden was able to restore its reputation as one of Germany's top addresses for Classical Modernism with its newly reconstituted department, including representative works from the artists' circle The Blue Rider, as well as The Bridge. This development of the museum's post-war collection was made possible largely by the posthumous philanthropy of HANNA BEKKER VOM RATH, who bequeathed her private collection to the Rhine-Main region, stipulating in her last will and testament, moreover, that it was to be made accessible to the public. So it was that four years after her death 30 of the most significant works in her collection made their way into Museum Wiesbaden, among them 14 works by JAWLENSKY, as well as others by WILLI BAUMEISTER → 206/207, MAX BECKMANN → 149, 197, 198, ERICH HECKEL → 175, WASSILY KANDINSKY → 136, Ernst Ludwig Kirchner → 181 und KARL SCHMIDT-ROTTLUFF → 134, 135, 146, 176/177, 184/185.

Kandinsky → 136, Ernst Ludwig Kirchner → 181 und Karl Schmidt-Rottluff → 134, 135, 146, 176/177, 184/185.

Eines der Gemälde aus ihrer Sammlung aber, das 1987 ins Museum Wiesbaden gelangte, macht mit dem Wissen, dass es 1937 in München auf der Femeausstellung *Entartete Kunst* an den „Pranger" gestellt war, besonders betroffen: Das Gemälde *Ochsenstall (Vieh im Pferch)* von Max Beckmann → 149, 197 entstand wenige Monate, nachdem jenem zum 15. April 1933 die Lehrtätigkeit an der Frankfurter Städtischen Kunstgewerbeschule von den Nationalsozialisten untersagt worden war, und steht somit in unmittelbarem Zusammenhang mit der Machtergreifung Adolf Hitlers. Gemalt wurde es im Sommer 1933 im Atelier seines Schwiegervaters Friedrich August von Kaulbach im oberbayerischen Ohlstadt. Ähnlich eingesperrt wie so mancher Weber Vincent van Goghs in einem dunklen Zimmer ohne Platz zur Entfaltung zeigt Beckmann hier fünf Ochsen eingepfercht in einem engen düsteren Stall, dessen grobes Balkenwerk gefährlich instabil wirkt. Die als Schicksalsgemeinschaft zusammengetriebenen unfreien Tiere, die vom Künstler mit unterschiedlichen Persönlichkeiten charakterisiert wurden, unterscheiden sich gehörig in ihrem Verhalten während der „Gefangenschaft". Wenn man die Ochsen als Sinnbilder für menschliche Reaktionen auf die Unterdrückung durch das nationalsozialistische Regime versteht, dann trifft man im Bild auf das gesamte Spektrum der möglichen Verhaltensweisen, etwa Feigheit oder Mitläufertum. Im Zentrum aber steht ein Stier der den Machthabern frontal die Stirn bietet. Mit kantigem Schädel, fixierendem Blick und durch die Glocke am Maul klangvoll verstärkt, weist er (der Künstler!) – in Gestalt des unerschrockenen Tieres – mutig auf das zerstörerische Klima der Angst hin und versucht zugleich, die ihn umgebenden „trägen" Ochsen aufzurütteln beziehungsweise zum Widerstand zu animieren. Es gelang dem Künstler nicht. Weil jedoch leider, wie man weiß, nur wenige aufzuwecken waren, wurde deshalb auch im eigenen Land durch das Hitlerregime vieles zerstört. Dies wird gerade am Beispiel der Sammlung des Museums Wiesbaden klar, wenn man sich vor Augen führt, dass es bis 1987 dauerte, diese auf die Höhe zurückzuführen, die sie 1933 bereits innehatte.

One of the paintings acquired in 1987 from Bekker vom Rath's collection carries particular weight, however, for its immediate historical connection to Hitler's rise to power, underscored by its inclusion in the Nazi-organized Degenerate Art exhibition in Munich in the summer of 1937. Max Beckmann's *Ox Stable (Livestock in Fold)* → 149, 197 was painted but a few months after Beckmann was forced to leave his post as instructor at the Frankfurter Städtischen Kunstgewerbeschule, Frankfurt's municipal school of applied arts, on 15 April 1933. Beckmann produced this work in the summer of 1933 in the atelier at the home of his father-in-law, Friedrich August von Kaulbach, in Ohlstadt, Upper Bavaria. Caged in, like Vincent van Gogh's weavers in dark rooms with little space for movement, the five oxen in Beckmann's *Ox Stable* fully consume the cramped space of a tiny, dark pen, whose timberwork appears perilously unstable. Beckmann depicts each member of this ill-fated community of corralled and contained animals with its own distinct personality; each has its own distinctive response to the condition of "imprisonment." Taken as a metaphor for the human reaction to the oppression experienced under the National Socialist regime, the painting provides an entire spectrum of human responses from cowardice and conformism to bold defiance. At the center of the image, a steer stands facing squarely front opposite the "on-looking" potentate. With angular skull and fixed gaze, amplified by the bell beneath the jowls, the artist – in the guise of this unshaken animal – points to the destructive climate of fear and attempts, at the same time, to arouse the other "lethargic" oxen surrounding him to action, to revolt. The artist's efforts, as history would show, were in vain. For far too few were awakened and the Hitler regime ravaged a great deal at home in Germany and beyond. The degree of this devastation becomes all too clear when we consider that it was not until 1987 that Museum Wiesbaden's collection was able to be restored to the status of its 1933 collection.

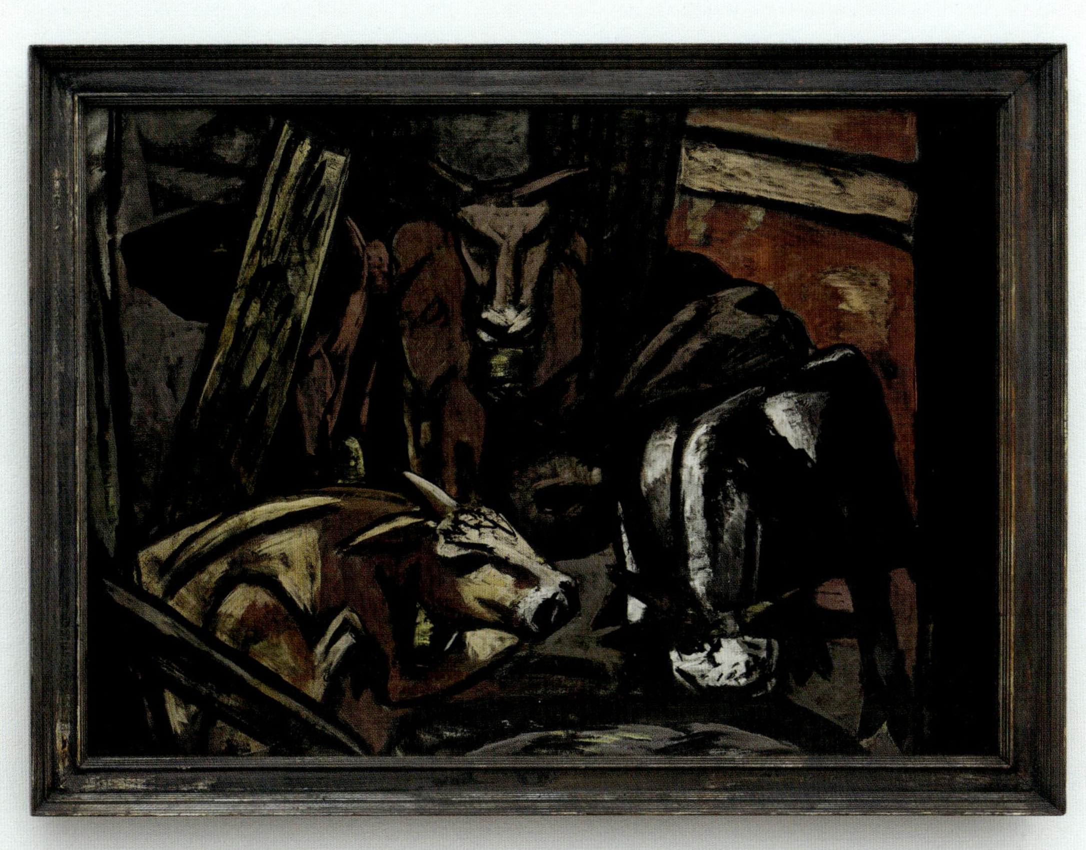

Jüngste Sprünge

Die Sammlung wuchs auch im Bereich des deutschen Expressionismus nach 1987 kontinuierlich weiter an. Durch die Erwerbungen der Jawlensky-Gemälde *Früchtestillleben* 1998, *Heilandsgesicht – Ruhendes Licht* 2006 und die Schenkung der berühmten lebensgroßen *Helene im spanischen Kostüm* → 151 2014 durch den Wiesbadener Sammler FRANK BRABANT, der sich mit größter Leidenschaft seit den frühen 1960er-Jahren insbesondere der „verschollenen" Generation der Expressionisten widmet, wuchs nicht nur der Bestand an Werken des russischen Malers selbst an. Durch Gemälde wie *Stillleben mit Äpfeln* von PIERRE-PAUL GIRIEUD → 154, seit 2012 im Museum, oder der fauvistisch wirkenden Ölskizze *Landschaft bei Jerusalem* von JAN VERKADE (PATER WILLIBRORD), seit 2013, sowie je zwei Bilder von MARIANNE VON WEREFKIN → 166 / 167 und GABRIELE MÜNTER → 171, die 1990 beziehungsweise 2012 ins Haus kamen, hat sich der Schwerpunkt der Klassischen Moderne inzwischen auch auf das Umfeld des russischen Farbmalers ausgeweitet. Die letztgenannten Bilder gehören dabei zu einem 40 Werke umfassenden Konvolut – darunter auch Gemälde von MAX ERNST → 202 / 203 und KARL SCHMIDT-ROTTLUFF, mehrere Aquarelle von EMIL NOLDE und LYONEL FEININGER sowie Skulpturen von ERNST BARLACH und HANS ARP –, das MARIANNE und WOLFGANG RICK im Jahr 2013 dem Museum großherzig überlassen haben. Gedenkt man im Kontext der jüngsten Erwerbungen schließlich noch dem *Geneigten Frauenkopf – Büste der Knienden* von WILHELM LEHMBRUCK → 172 / 173, die – neben der Schenkung des *Porträts H. B.* von SCHMIDT-ROTTLUFF 2013 – aus dem Nachlass HANNA BEKKERS noch im selben Jahr gelang, und der Arbeiten von GERHARD MARCKS oder GEORG KOLBE, die sich schon länger im Bestand des Museums befinden, so ist all dies der beste Beweis dafür, dass die Abteilung der Klassischen Moderne im Museum Wiesbaden auch auf dem Gebiet der Skulptur nach und nach an Bedeutung gewinnt.

Recent Exertions

The museum's collection of German Expressionist works continued to grow after 1987. Its Jawlensky collection was expanded through the acquisition of his *Still Life with Fruit* in 1998 and *The Redeemer's Face – Dormant Light* in 2006, as well as the famous, life-size *Helene in Spanish Costume* → 151, which was given to the museum by local collector FRANK BRABANT in 2014, an avid collector of the works of the "lost generation" of Expressionists since the early 1960s. Moreover, the purchase of such paintings as *Still Life with Apples* by PIERRE-PAUL GIRIEUD → 154, part of the museum's collection since 2012, or the Fauvist-like oil sketch *Landscape near Jerusalem* by JAN VERKADE (PATER WILLIBRORD), acquired in 2013, as well as two paintings by MARIANNE VON WEREFKIN → 166 / 167 and GABRIELE MÜNTER → 171, acquired in 1990 and 2012, respectively, expanded the focus of the museum's Classical Modernist collection to include artists in Jawlensky's circle. The works in this last set of acquisitions listed above form part of a 40 piece collection – including works by MAX ERNST → 202 / 203 and KARL SCHMIDT-ROTTLUFF, numerous aquarelles by EMIL NOLDE and LYONEL FEININGER, as well as sculptures by ERNST BARLACH and HANS ARP – generously donated to the museum by MARIANNE and WOLFGANG RICK in 2013. If we consider, in addition to these latest acquisitions, the *Inclined Head of Kneeling Woman* by WILHELM LEHMBRUCK → 172 / 173, purchased from the estate of BEKKER VOM RATH in 2013, the same year the museum was given the *Portrait of H. B.* by SCHMIDT-ROTTLUFF, as well as works by GERHARD MARCKS and GEORG KOLBE, which have been in the museum's collection for some time now, the significance of Wiesbaden's collection of Classical Modernist sculpture also continues to grow.

Alexej von Jawlensky, Helene im spanischen Kostüm, um 1901 / 02
Helene in Spanish Costume, around 1901 / 02

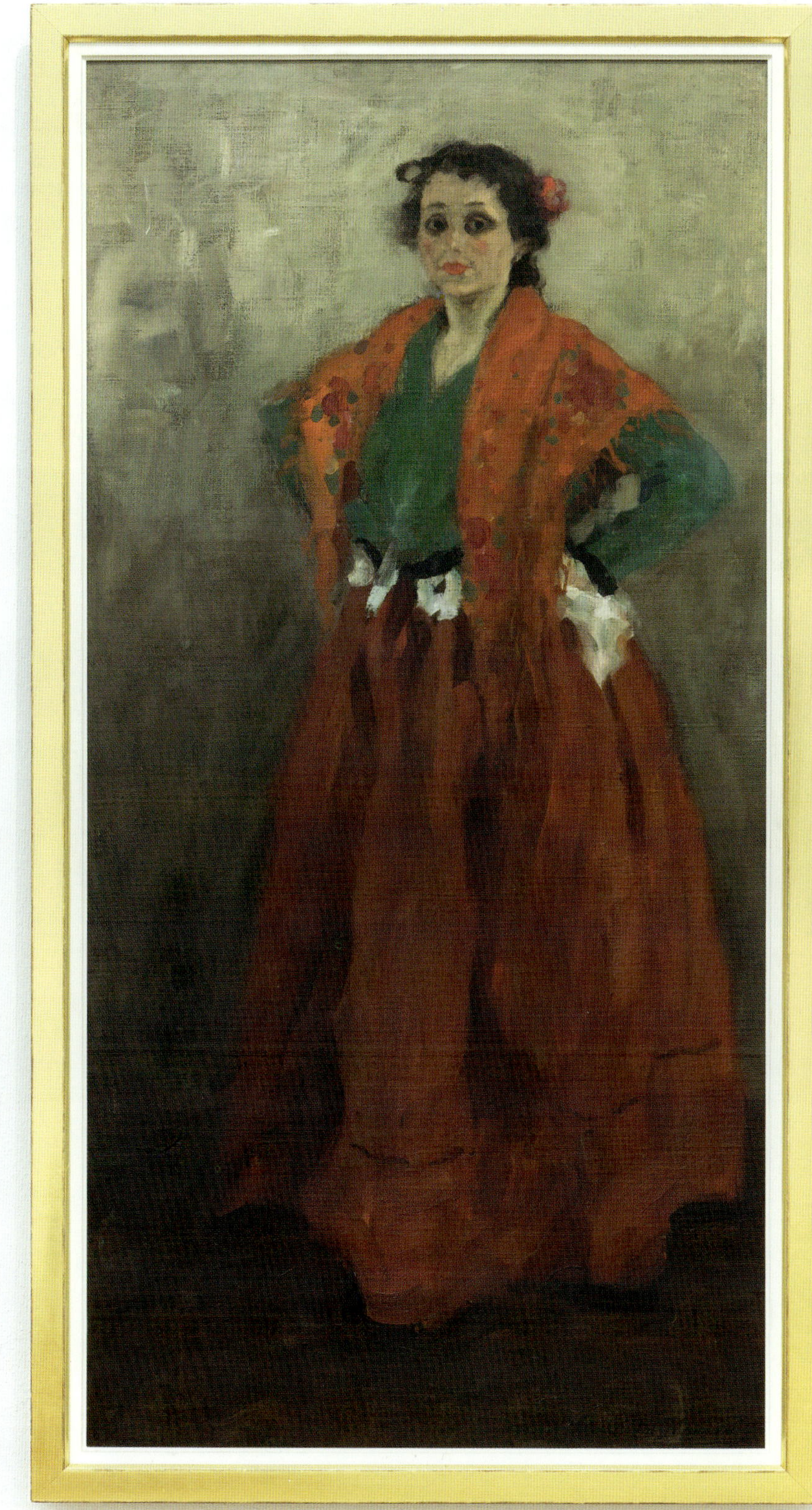

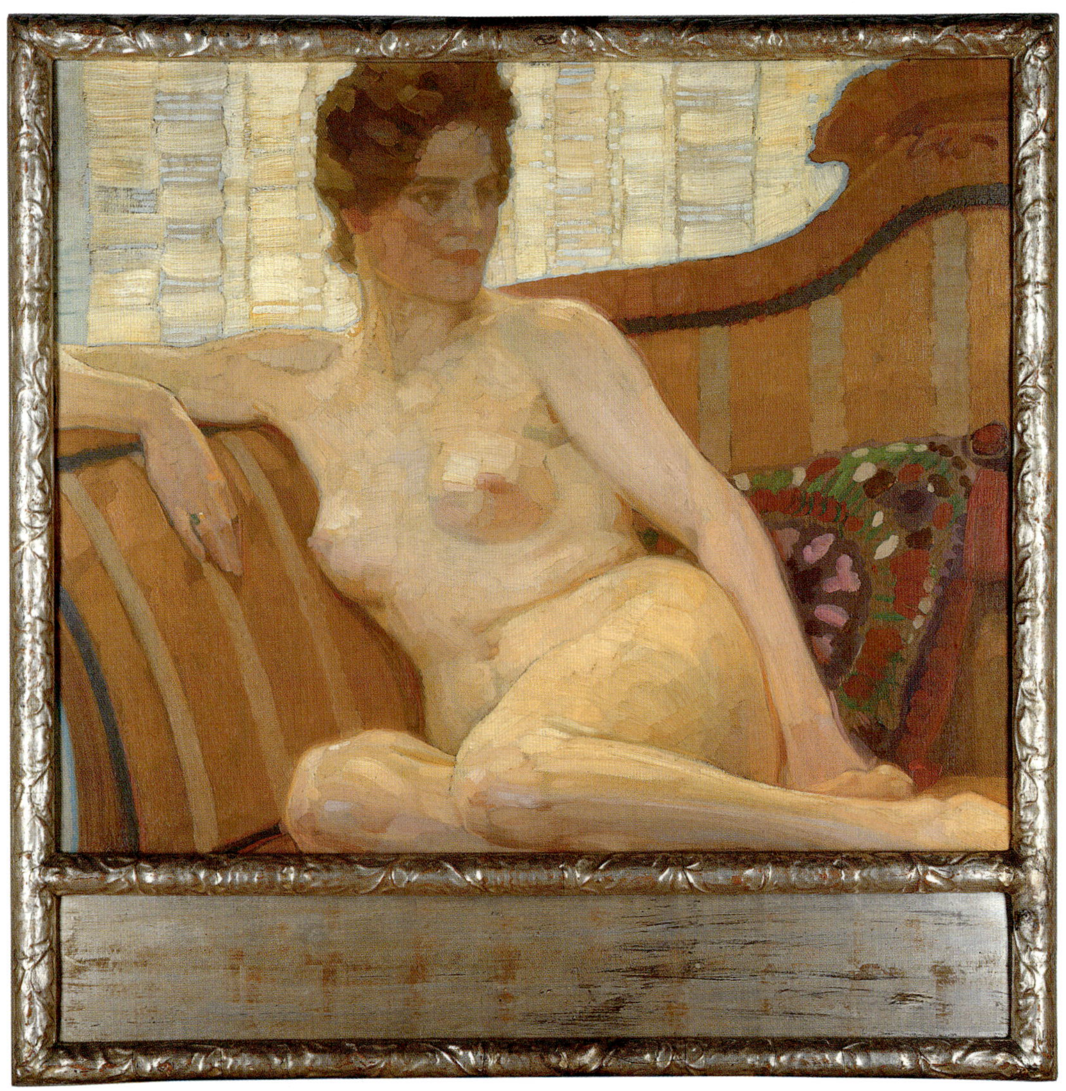

Fritz Erler, Weiblicher Akt, 1909/10
Female Nude

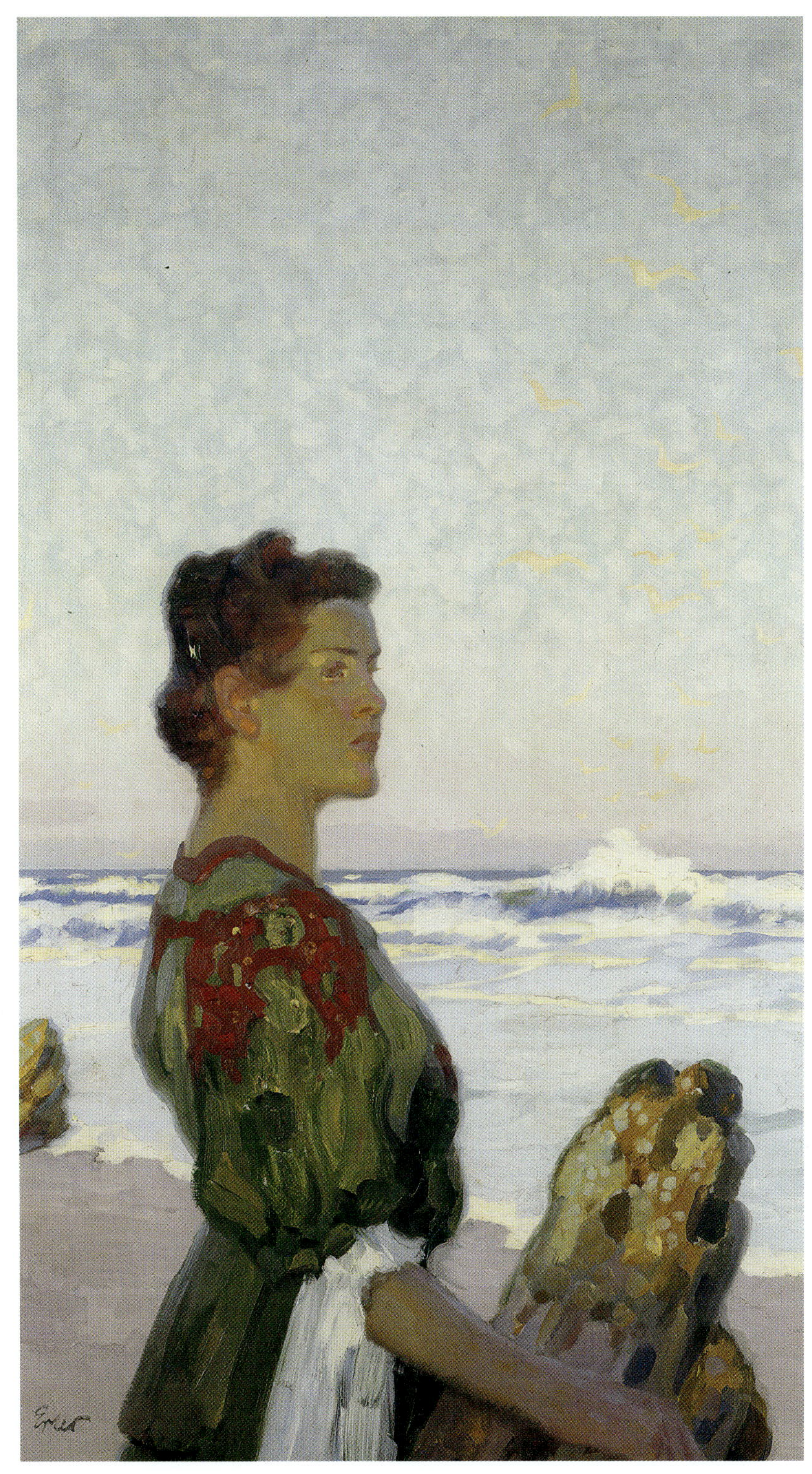

Fritz Erler, Frau am Meer, um 1906
Woman at the Sea, around 1906

153

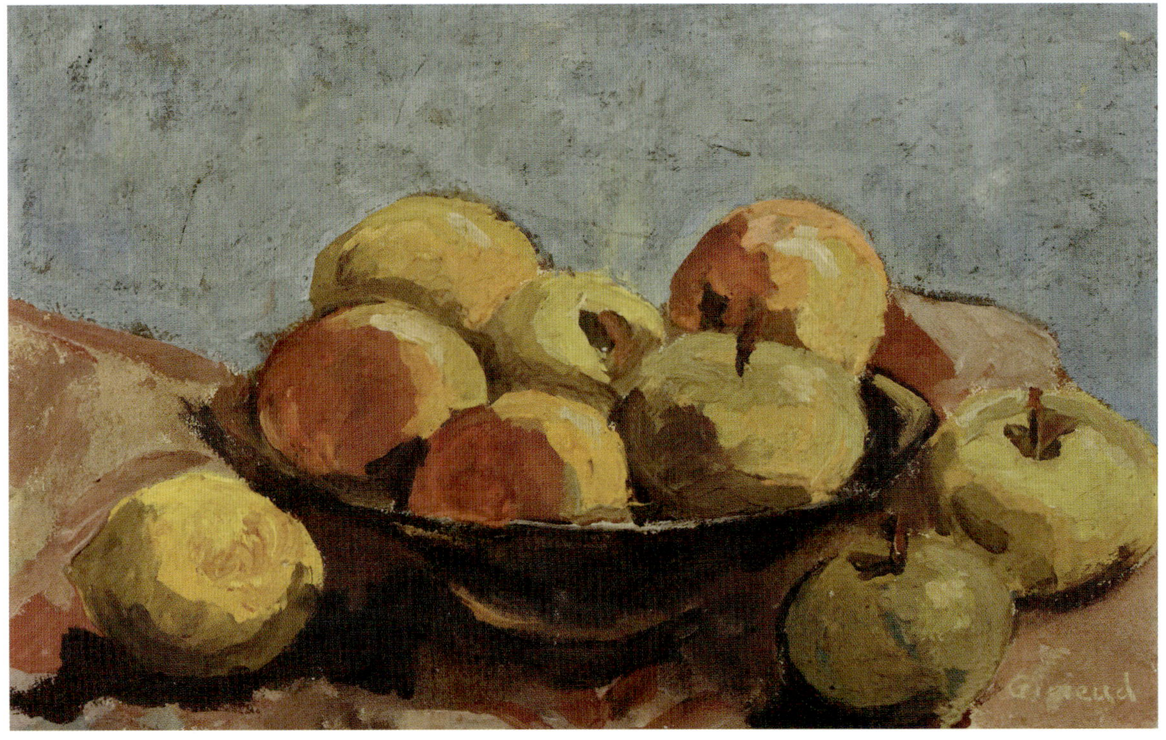

Pierre-Paul Girieud, Stillleben mit Äpfeln, um 1910/30
Still life with Apples, around 1910/30

Paula Modersohn-Becker,
Armhäuslerin mit Ziege, 1903
Poor Woman with Goat

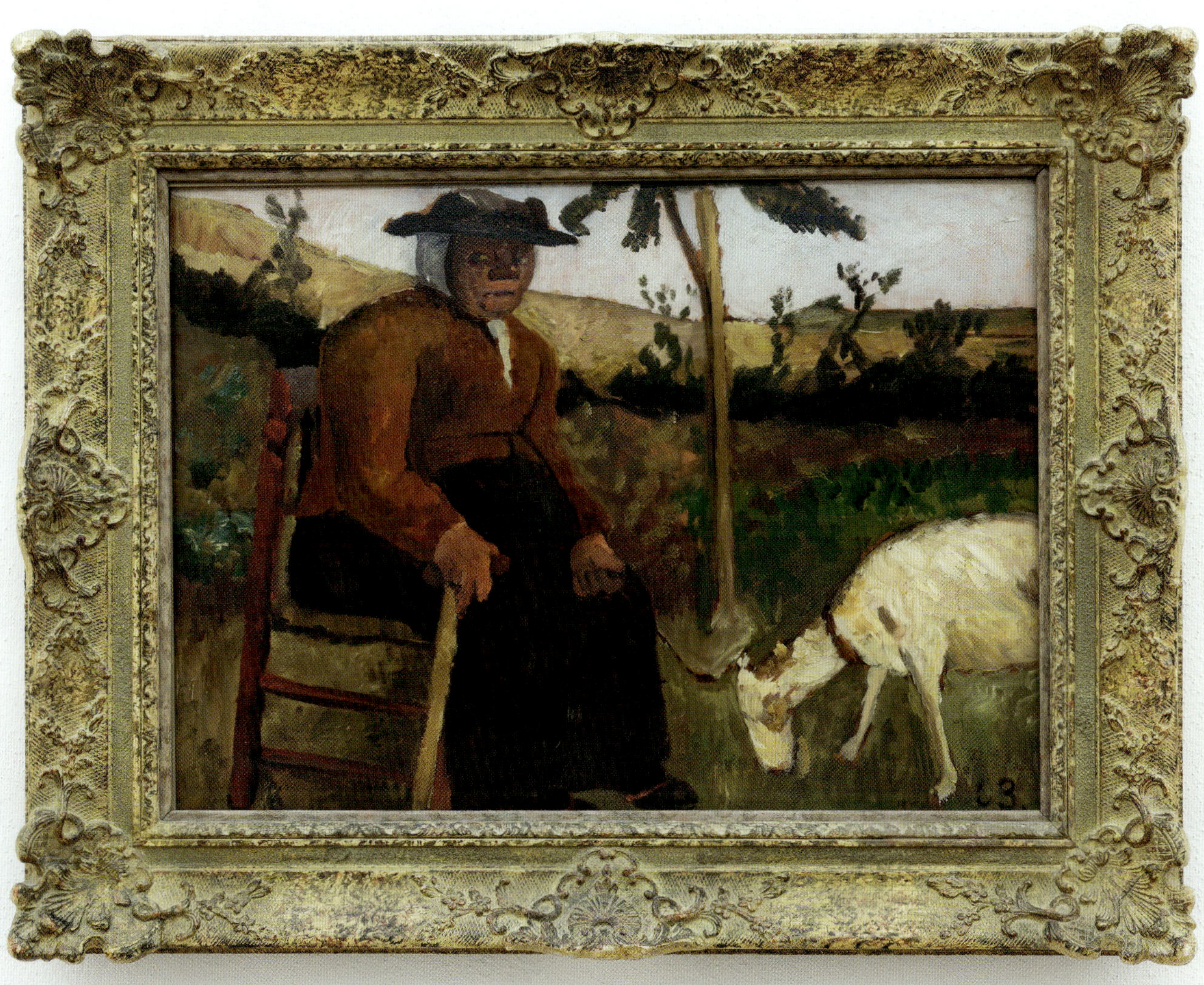

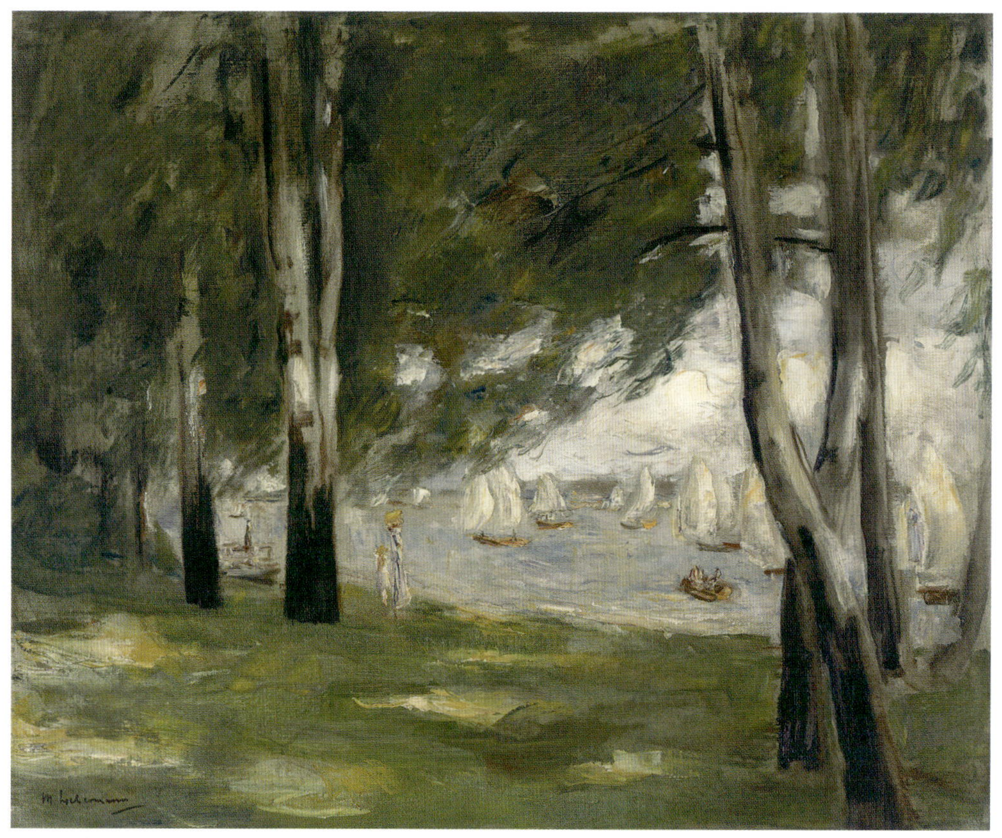

Max Liebermann, Landschaft (Wannsee), um 1924
Landscape (Wannsee), around 1924

Oskar Moll, Havelkähne, um 1907
Tubs on the Havel, around 1907

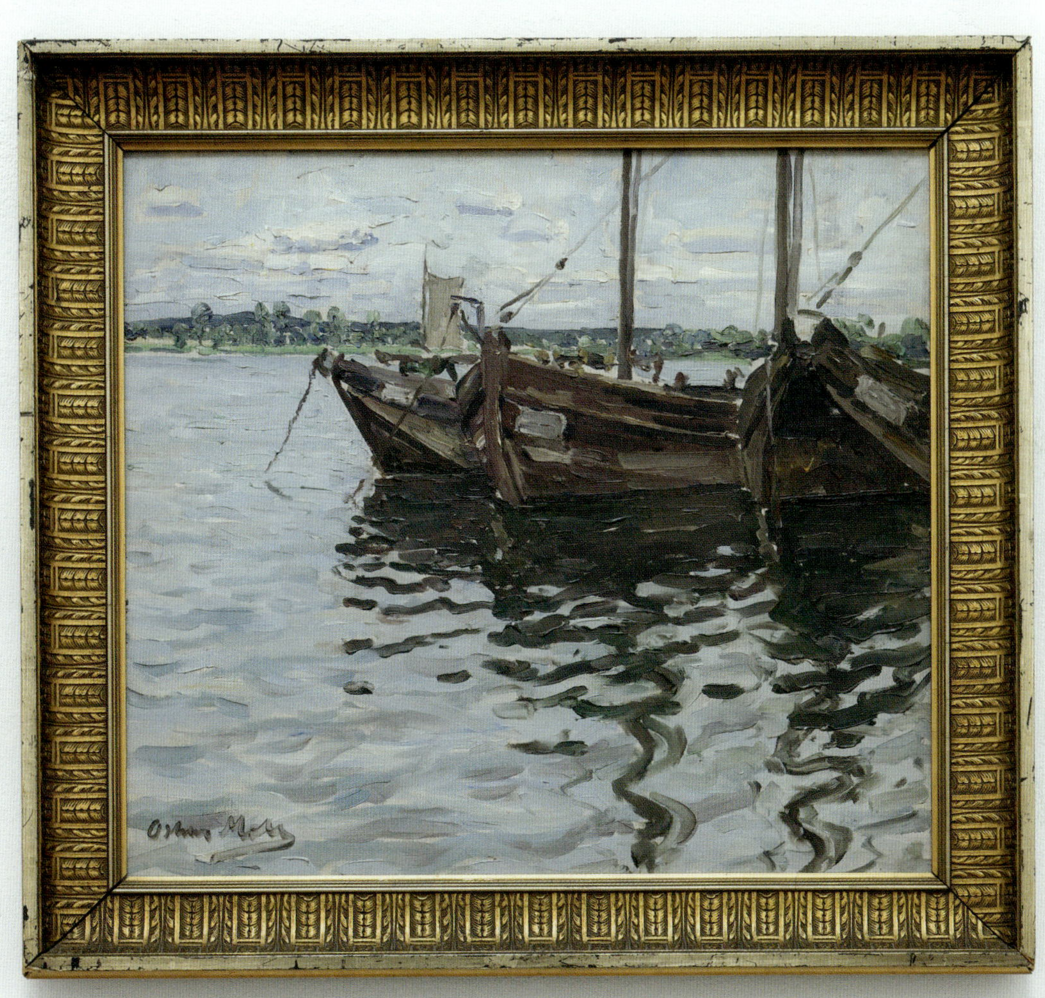

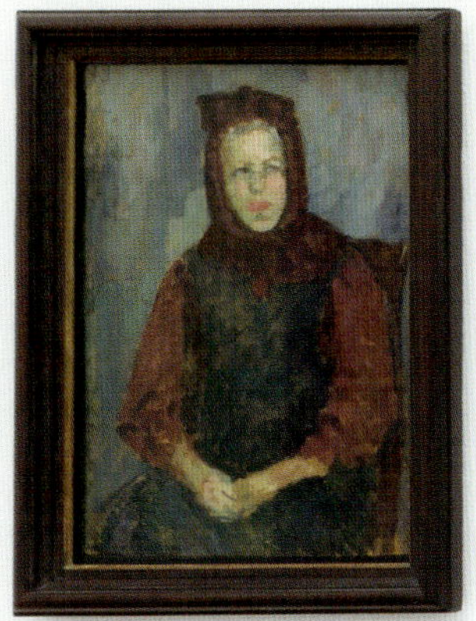

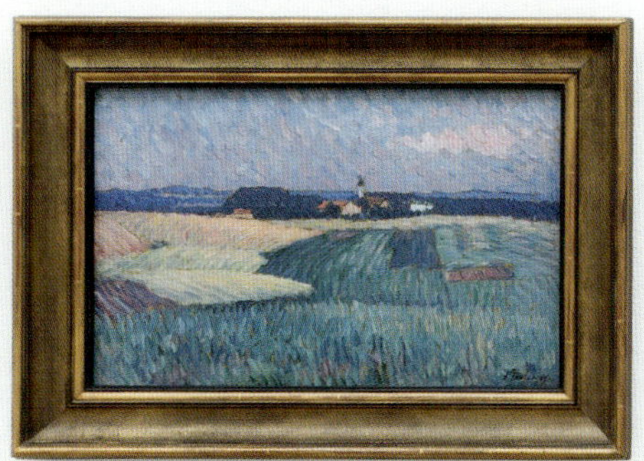

Alexej von Jawlensky, Bauernmädchen mit Haube, um 1906/07
Peasant girl wearing a bonnet, around 1906/07

Alexej von Jawlensky, Dorf in Bayern (Wasserburg/Kirch-Eisselfing), um 1907
Village in Bavaria, around 1907

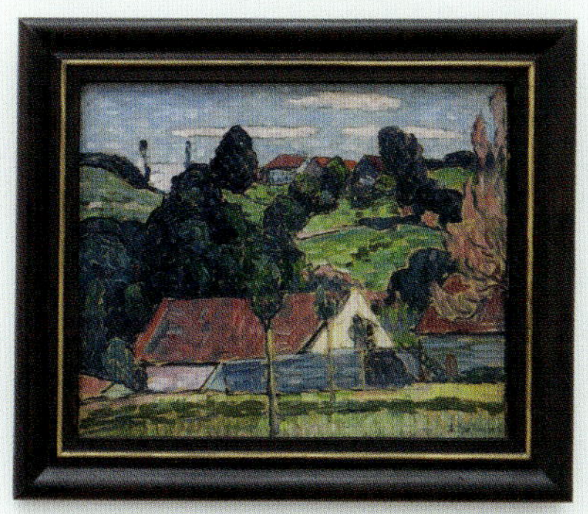

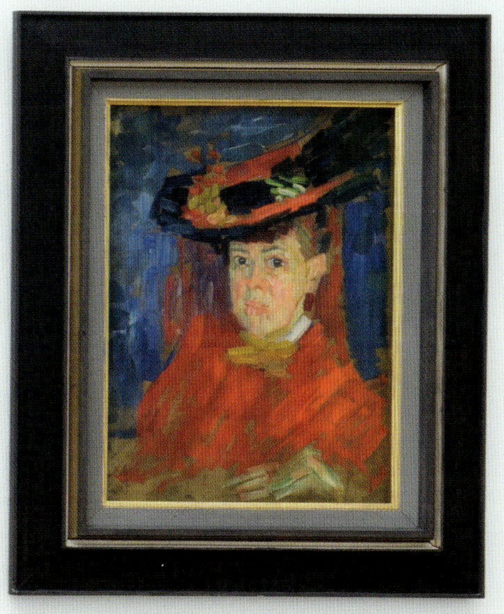

Alexej von Jawlensky, Sommertag, 1907
Summer day

Alexej von Jawlensky, Bildnis Marianne von Werefkin, um 1906
Portrait Marianne von Werefkin, around 1906

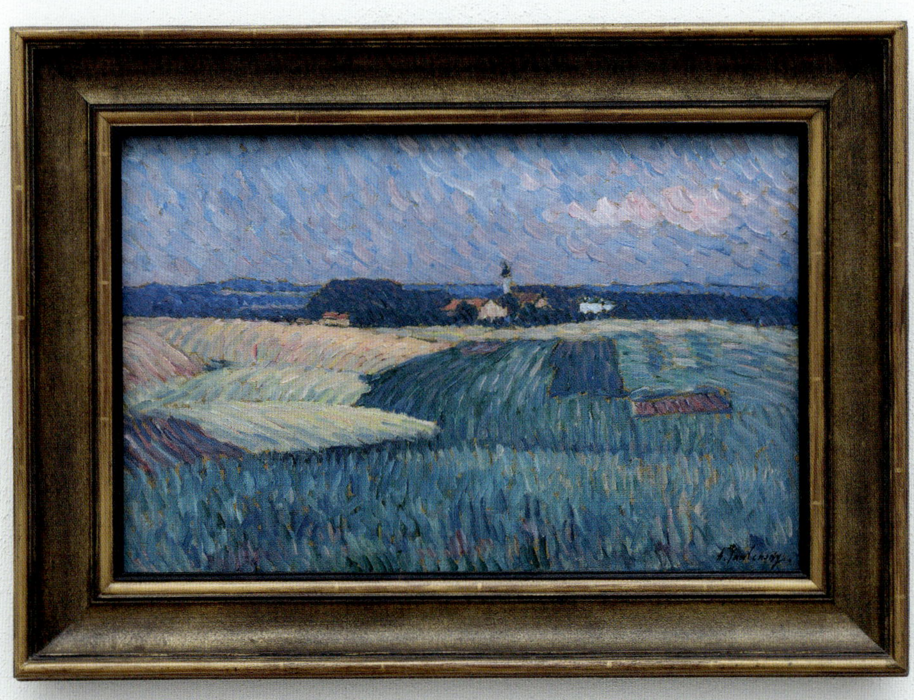

**Alexej von Jawlensky, Dorf in Bayern
(Wasserburg/Kirch-Eisselfing), um 1907**
Village in Bavaria, around 1907

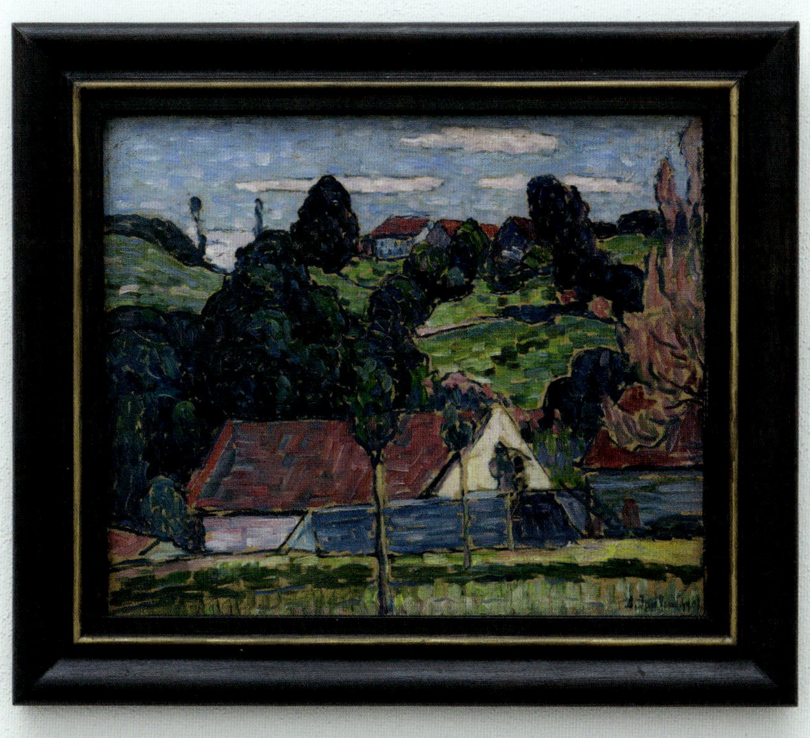

Alexej von Jawlensky, Sommertag, 1907
Summer day

Alexej von Jawlensky, Dame mit Fächer, 1909
Lady with Fan

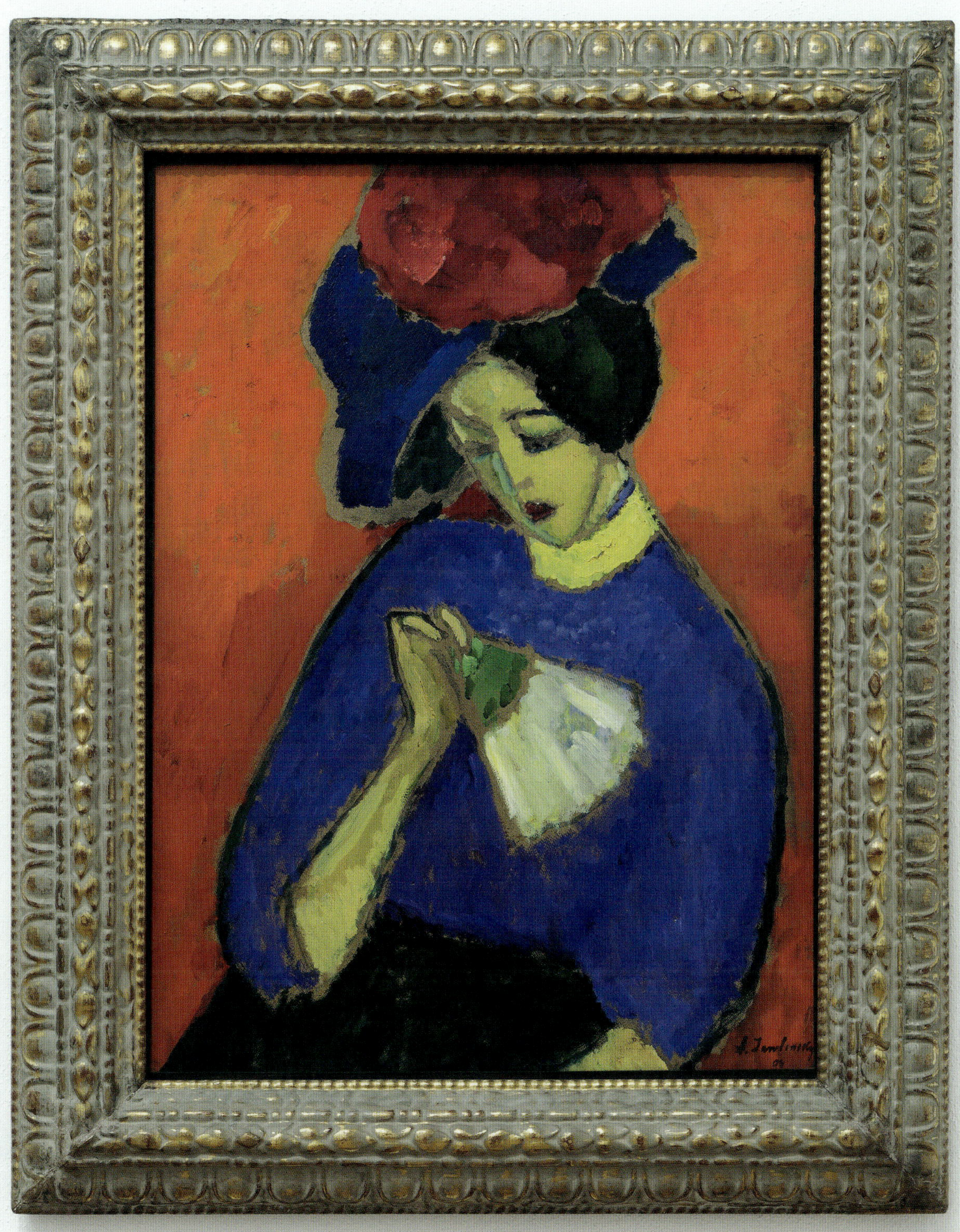

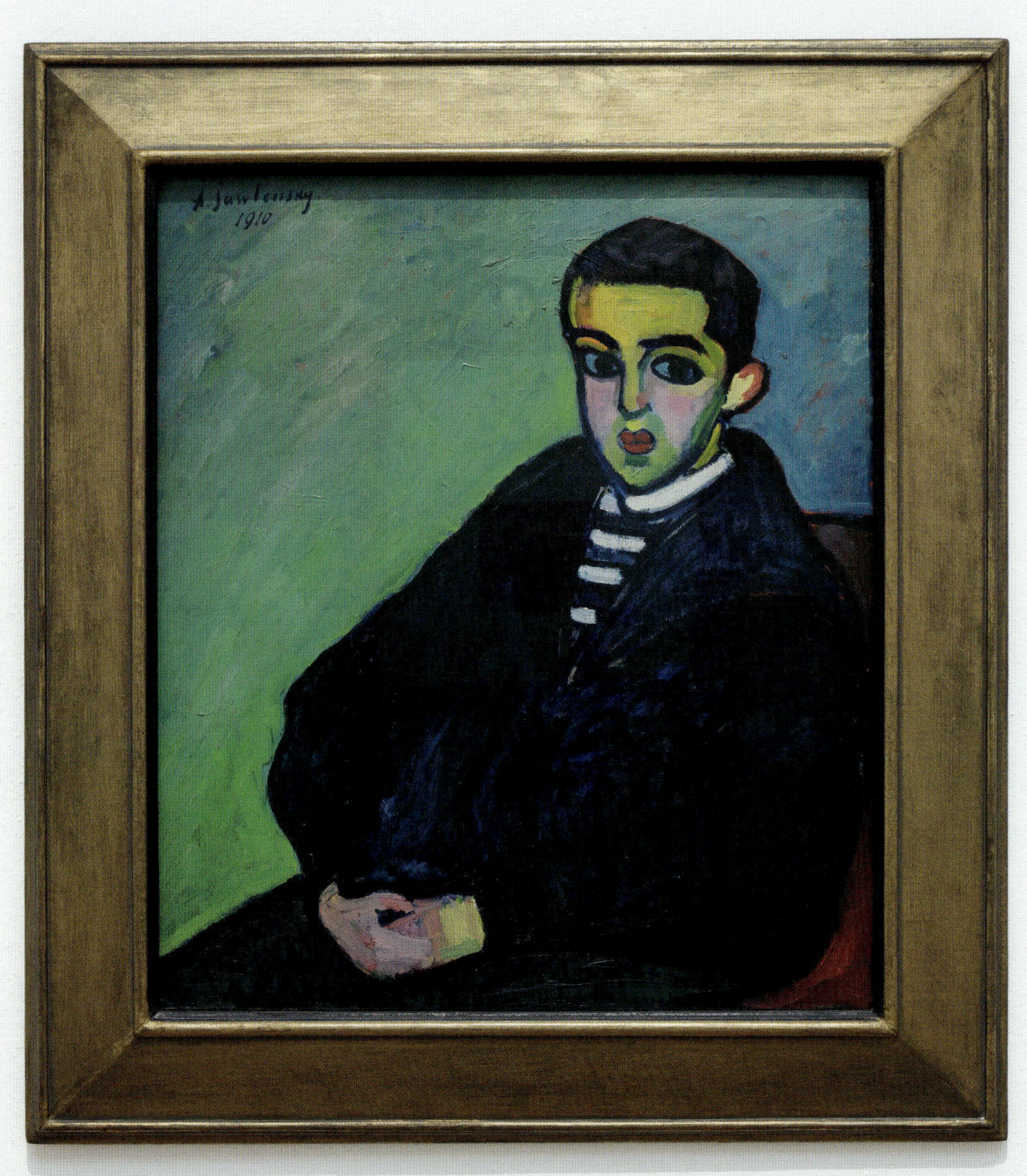

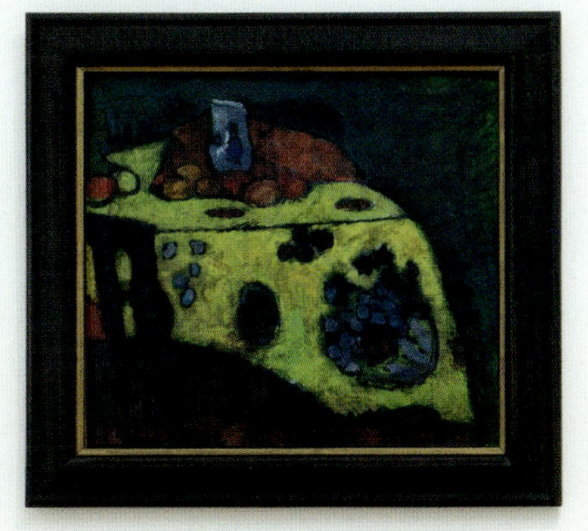
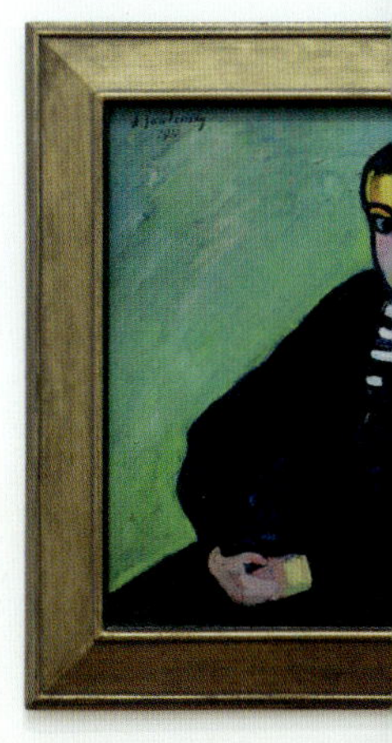
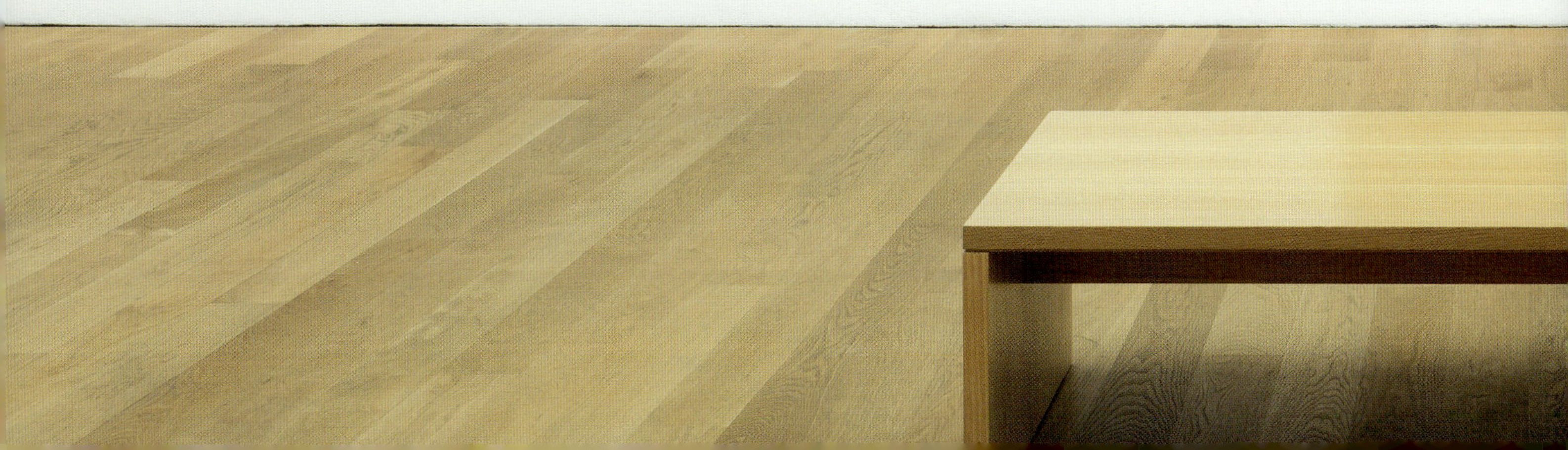

Alexej von Jawlensky, Nikita, 1910

Alexej von Jawlensky, Stillleben mit
gelber Decke (Rückseite von Nikita), 1910
Still Life with Yellow Table
Cloth (Background of Nikita)

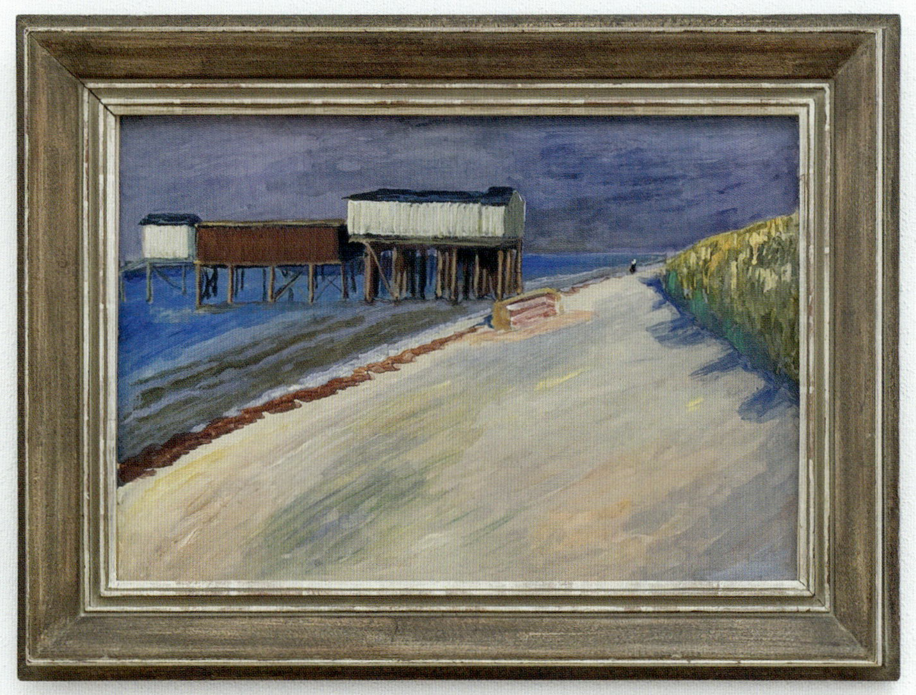

Marianne von Werefkin, Badehaus, um 1911
Bath House, around 1911

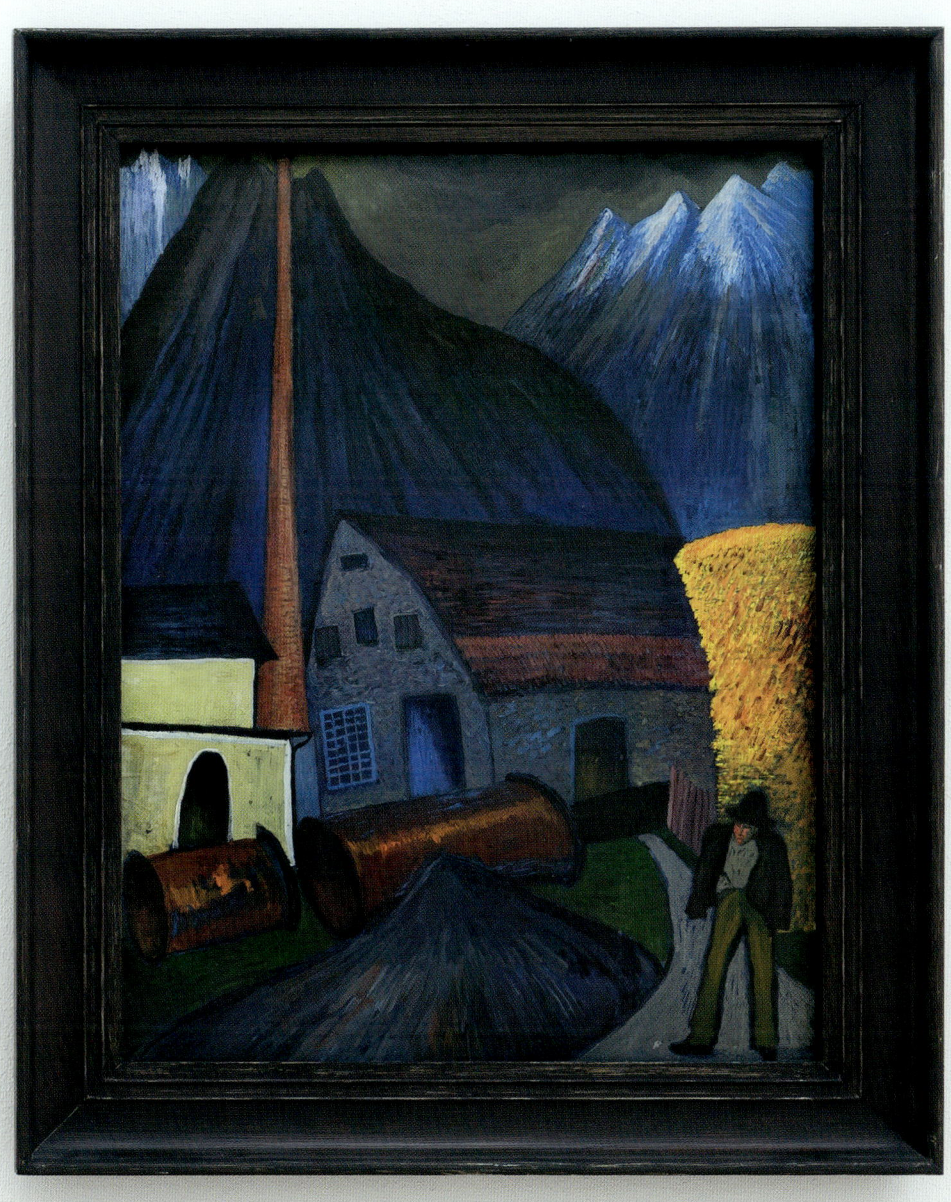

Marianne von Werefkin, Schindelfabrik, 1910
Clapboard Factory

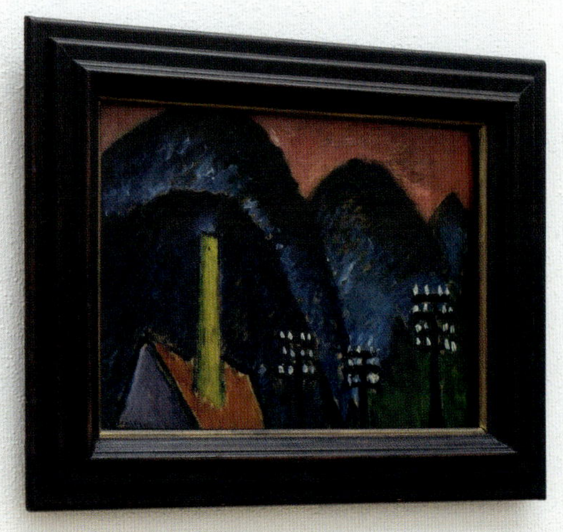

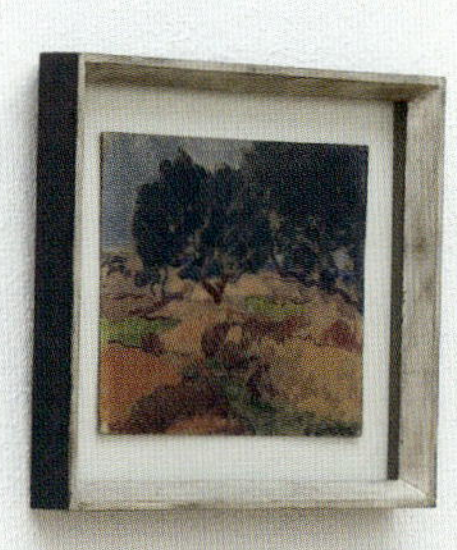

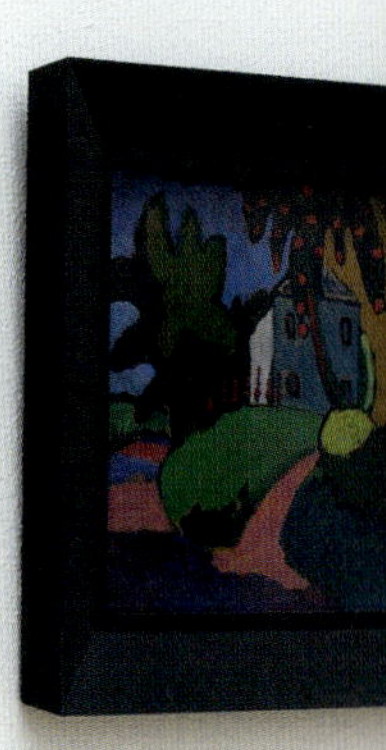

Alexej von Jawlensky, Blaue Berge
(Landschaft mit gelbem Schornstein), 1912
Blue mountains

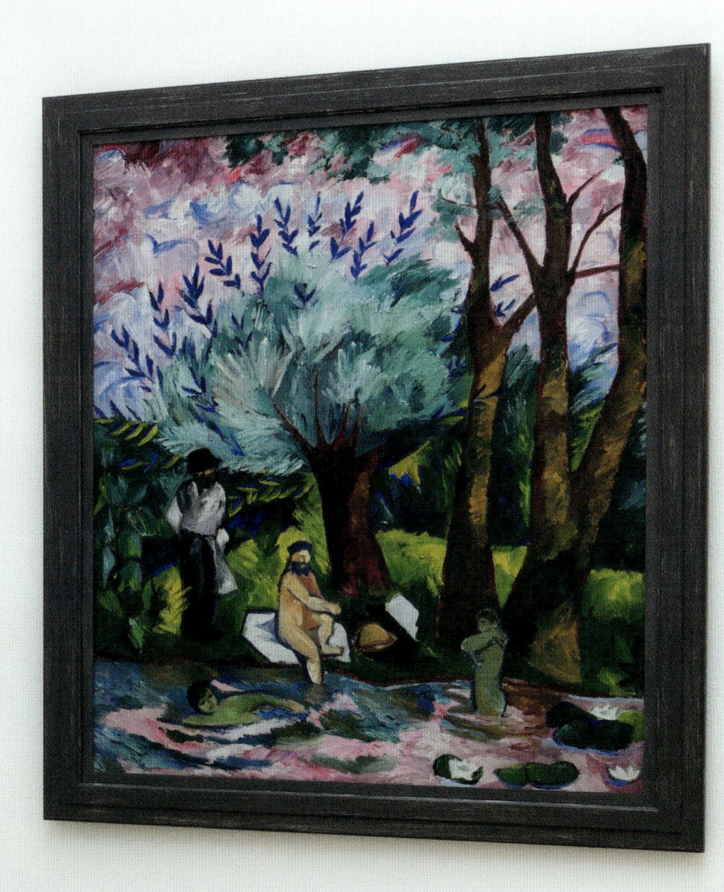

Natalia Gontcharova, Baignade, um 1911
Bath, around 1911

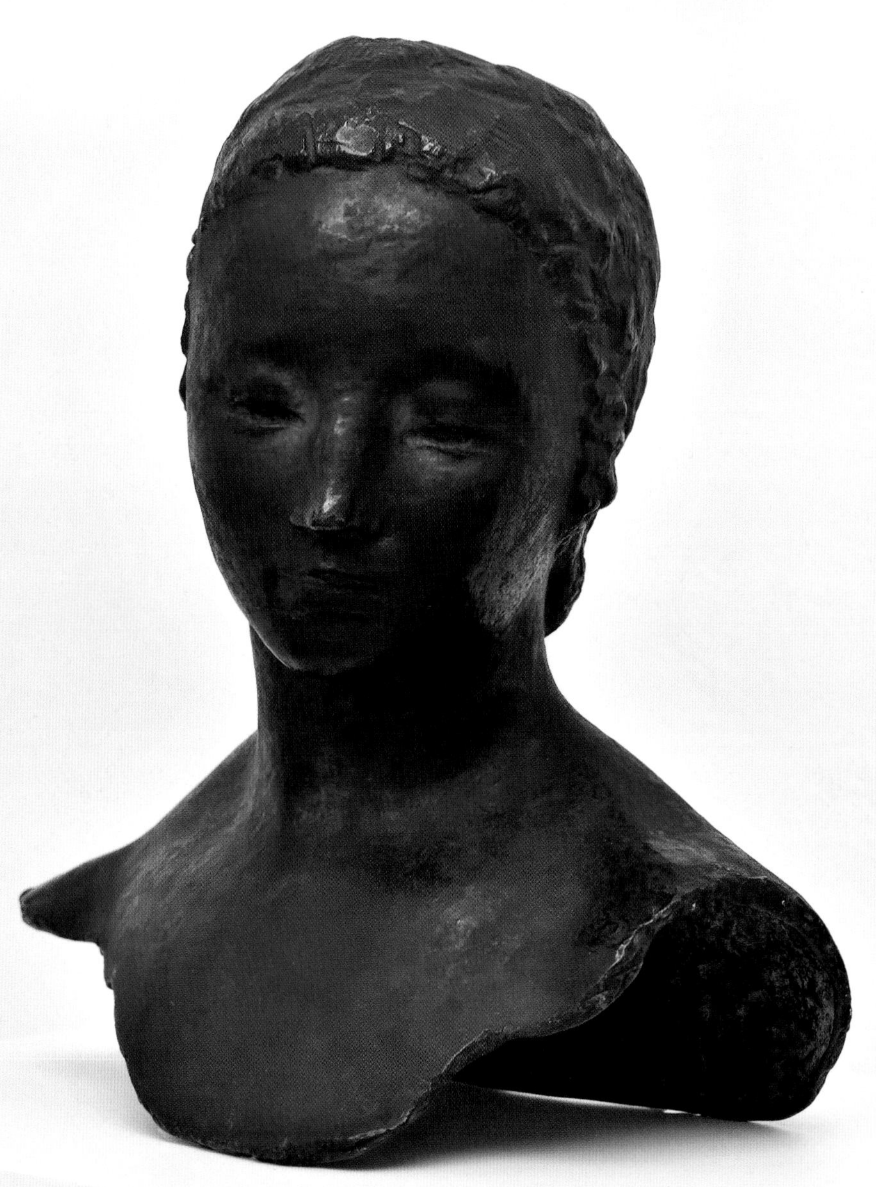

Wilhelm Lehmbruck, Gesenkter Frauenkopf —
Kopf der großen Stehenden, 1910
Inclined female Head — Head of the large
Standing Woman

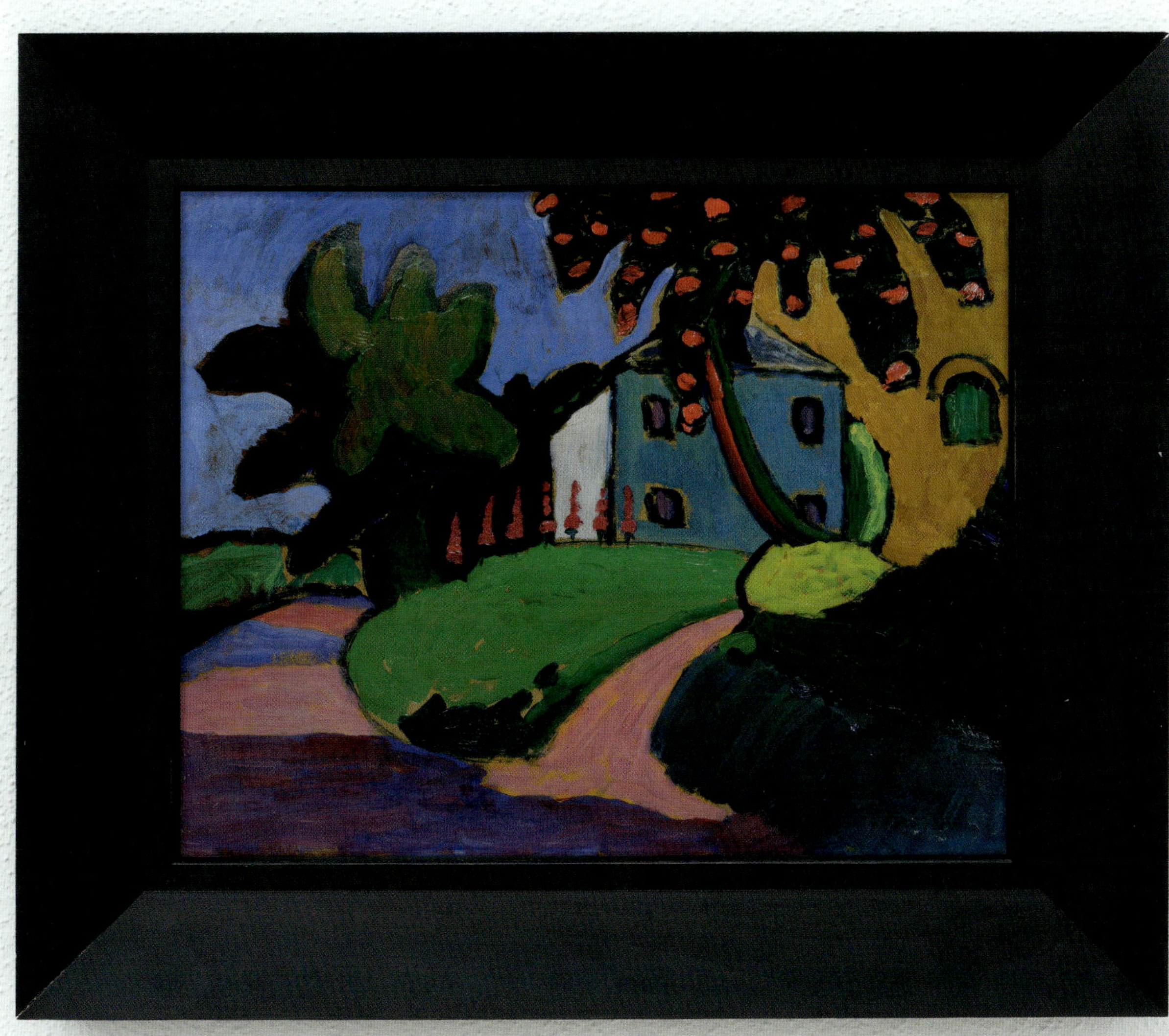

Gabriele Münter, Garten in Murnau, um 1910
Garden in Murnau, around 1910

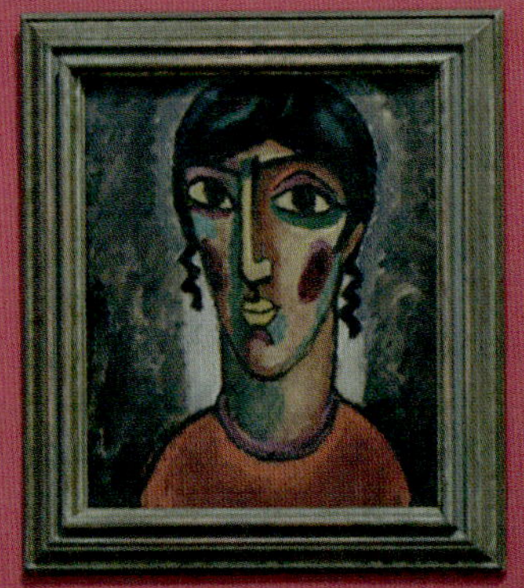

Alexej von Jawlensky, Spanierin
(Frau vor grauem Hintergrund), 1913
Spanish woman (Head of a Woman
with grey Background)

Wilhelm Lehmbruck, Geneigter
Frauenkopf – Büste der Knienden, um 1914
Bust of Kneeling Woman –
Inclined Female Head, around 1914

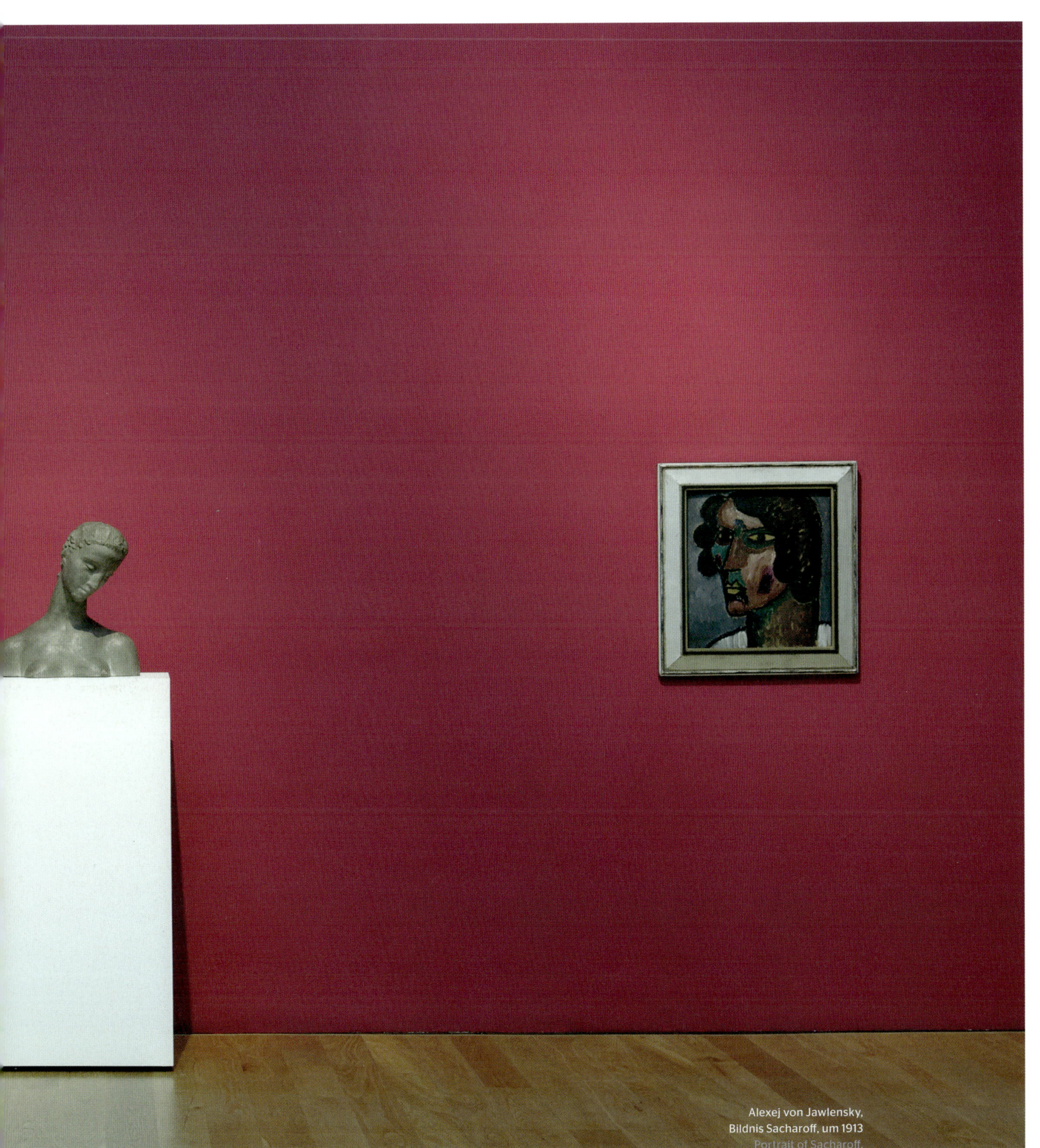

Alexej von Jawlensky,
Bildnis Sacharoff, um 1913
Portrait of Sacharoff,
around 1913

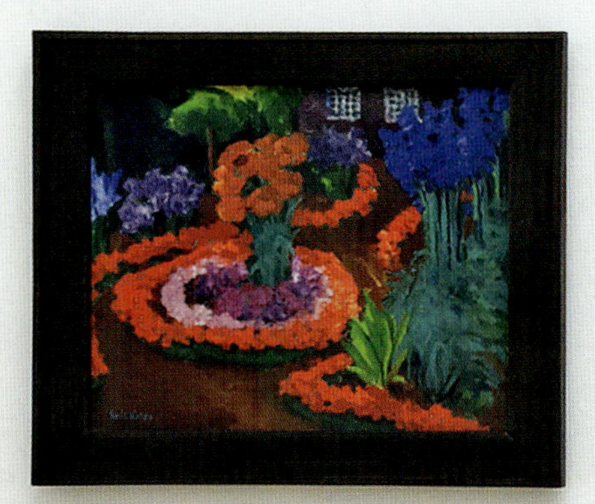

Emil Nolde, Blumengarten, um 1926
Flower Garden, around 1926

Otto Mueller, Liebespaar, 1917/19
Pair of Lovers

Erich Heckel, Maske mit
Buschbockfell, 1913
Mask with Bushbuck's Coat

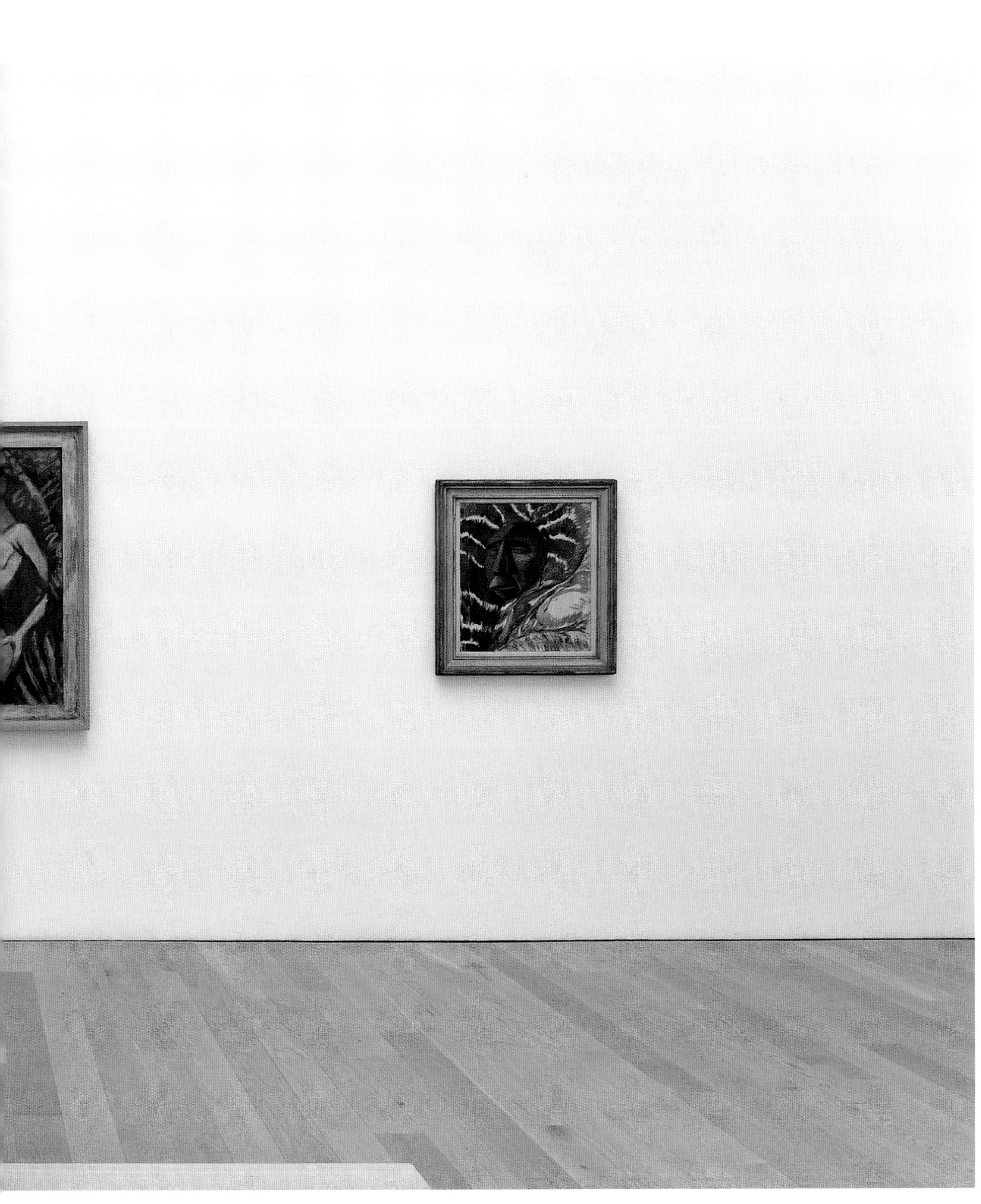

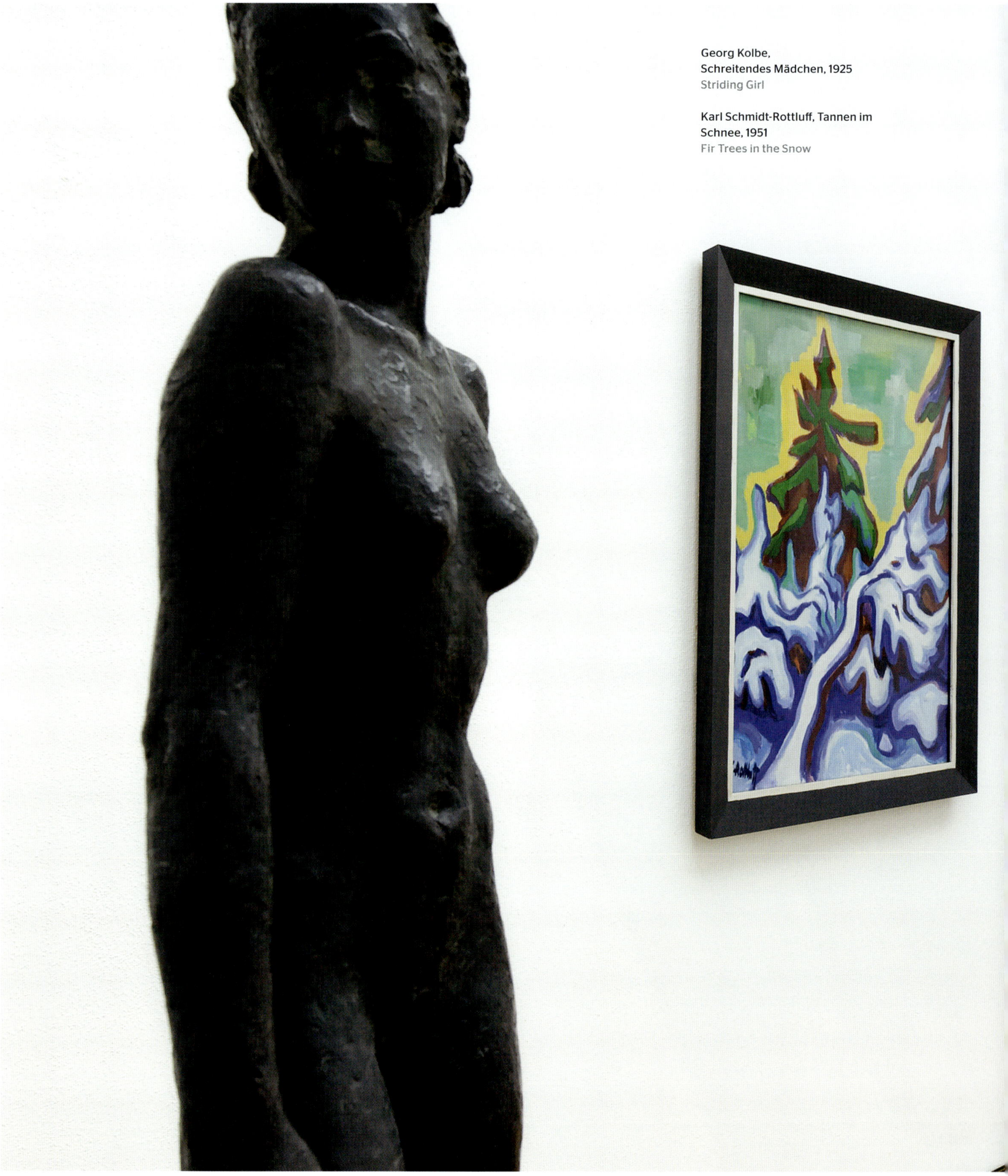

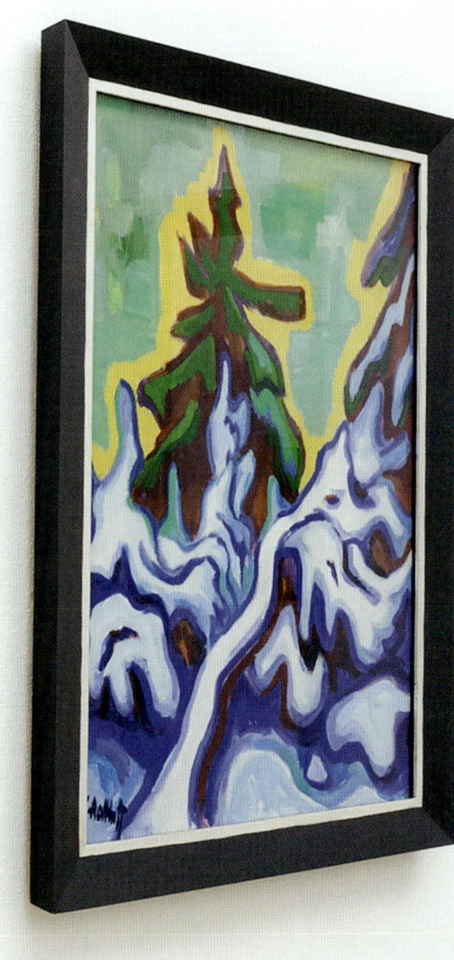

Georg Kolbe,
Schreitendes Mädchen, 1925
Striding Girl

Karl Schmidt-Rottluff, Tannen im
Schnee, 1951
Fir Trees in the Snow

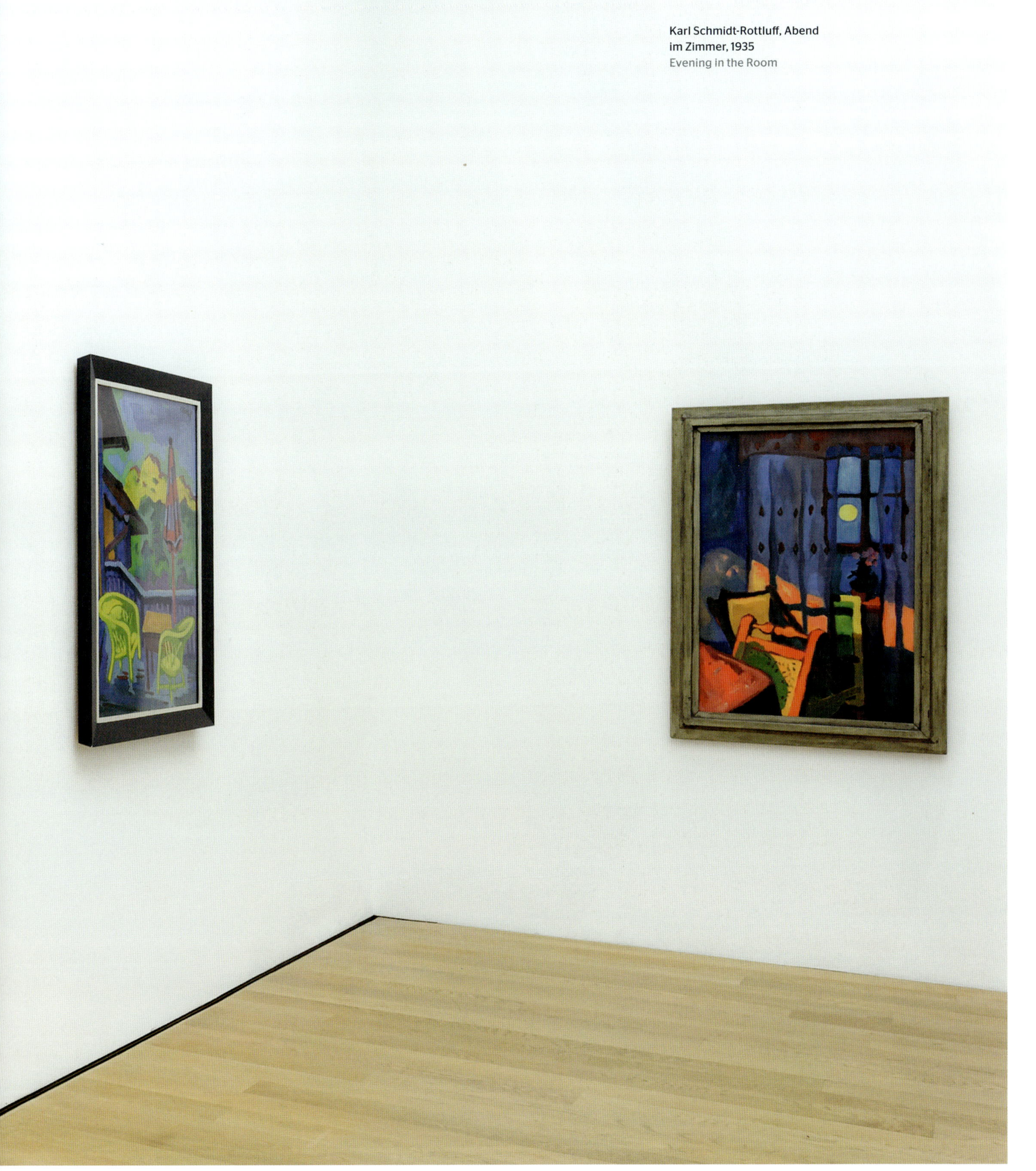

Karl Schmidt-Rottluff, Abend
im Zimmer, 1935
Evening in the Room

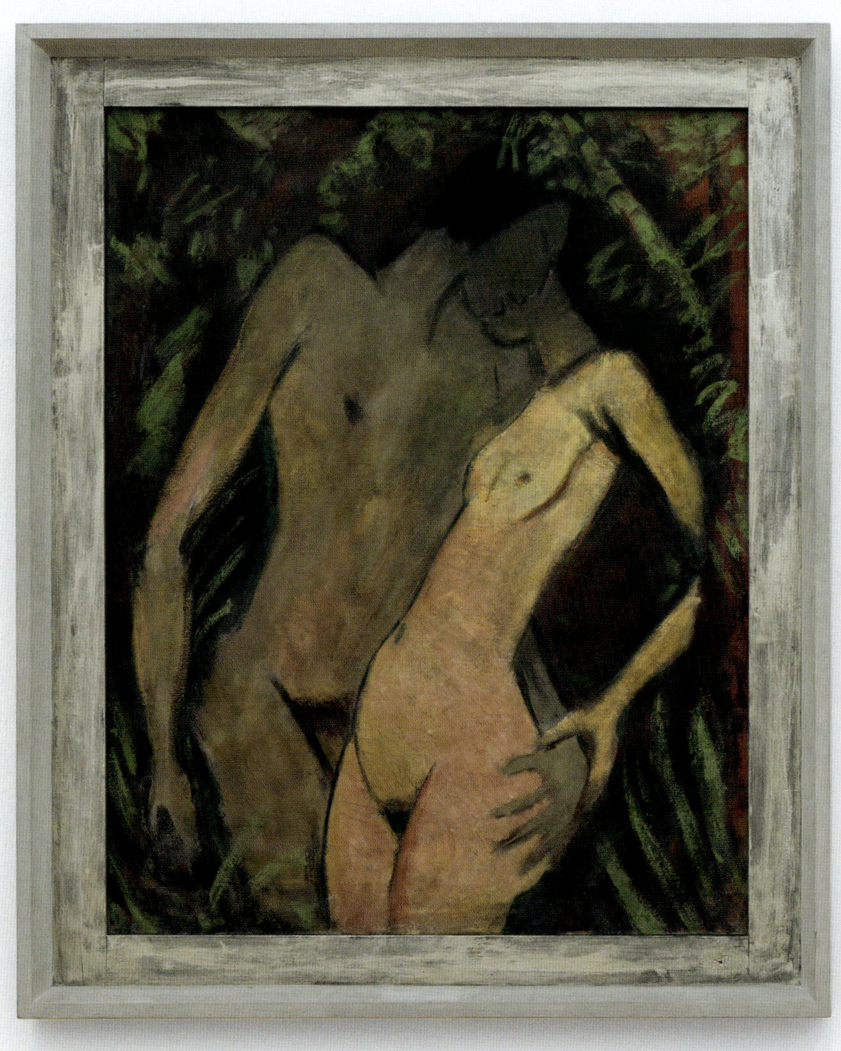

Otto Mueller, Liebespaar, 1917/19
Pair of Lovers

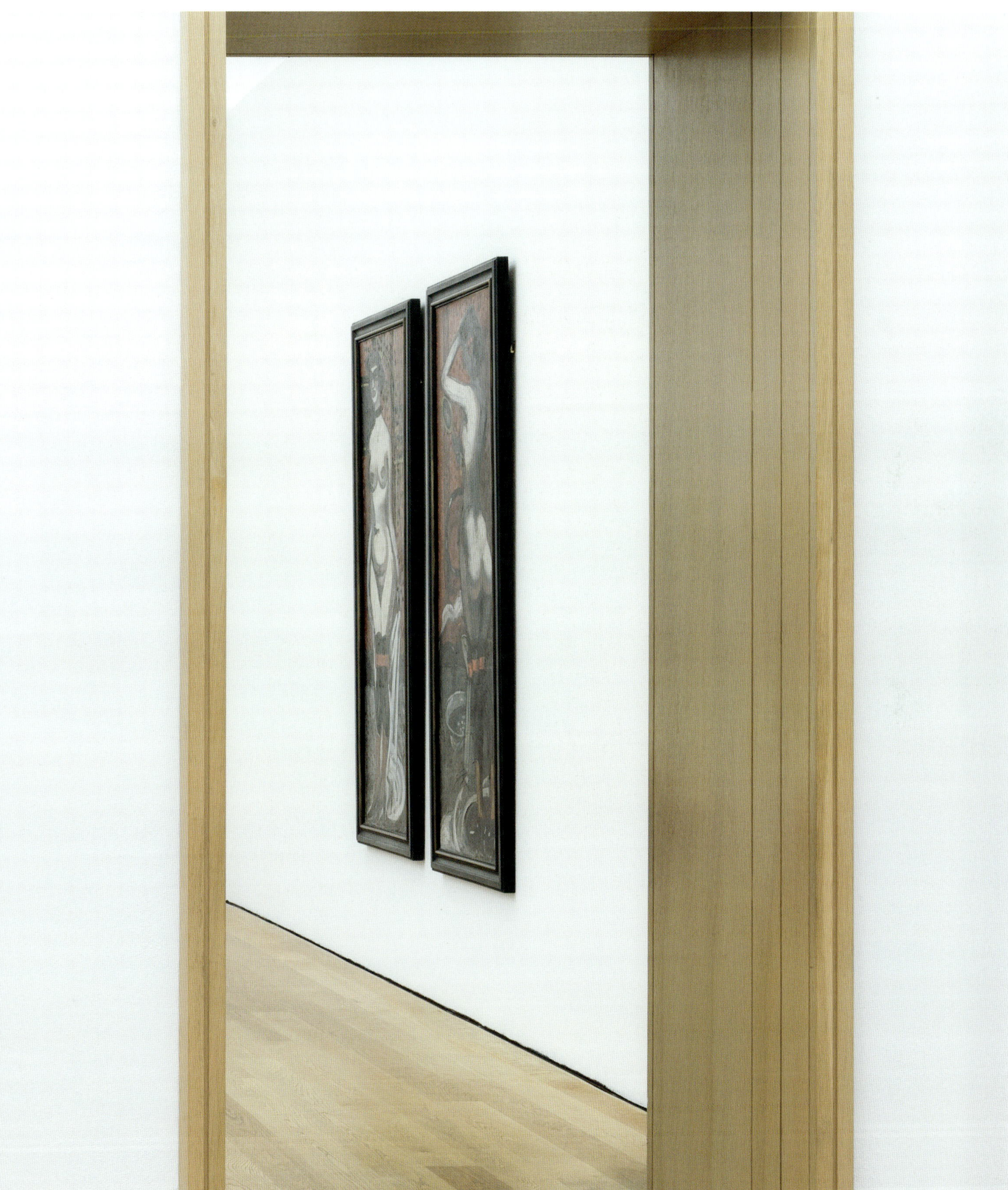

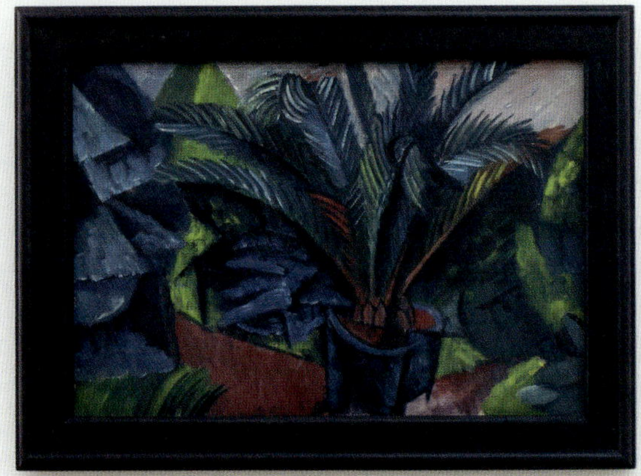

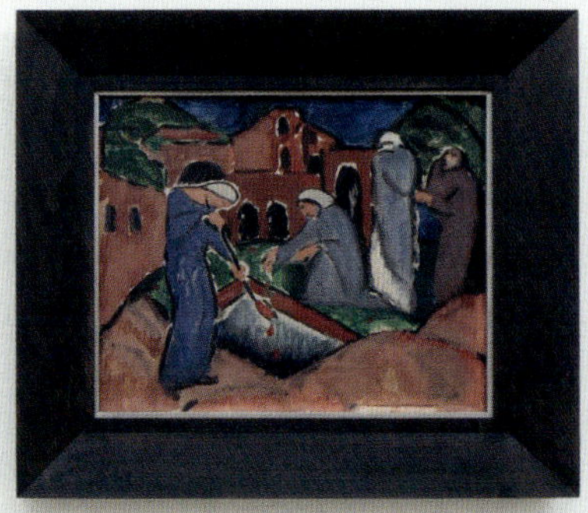

Conrad Felixmüller, Phönix-
Palme, 1918
Phoenix palm

Josef Eberz, Begräbnis, 1915
Burial

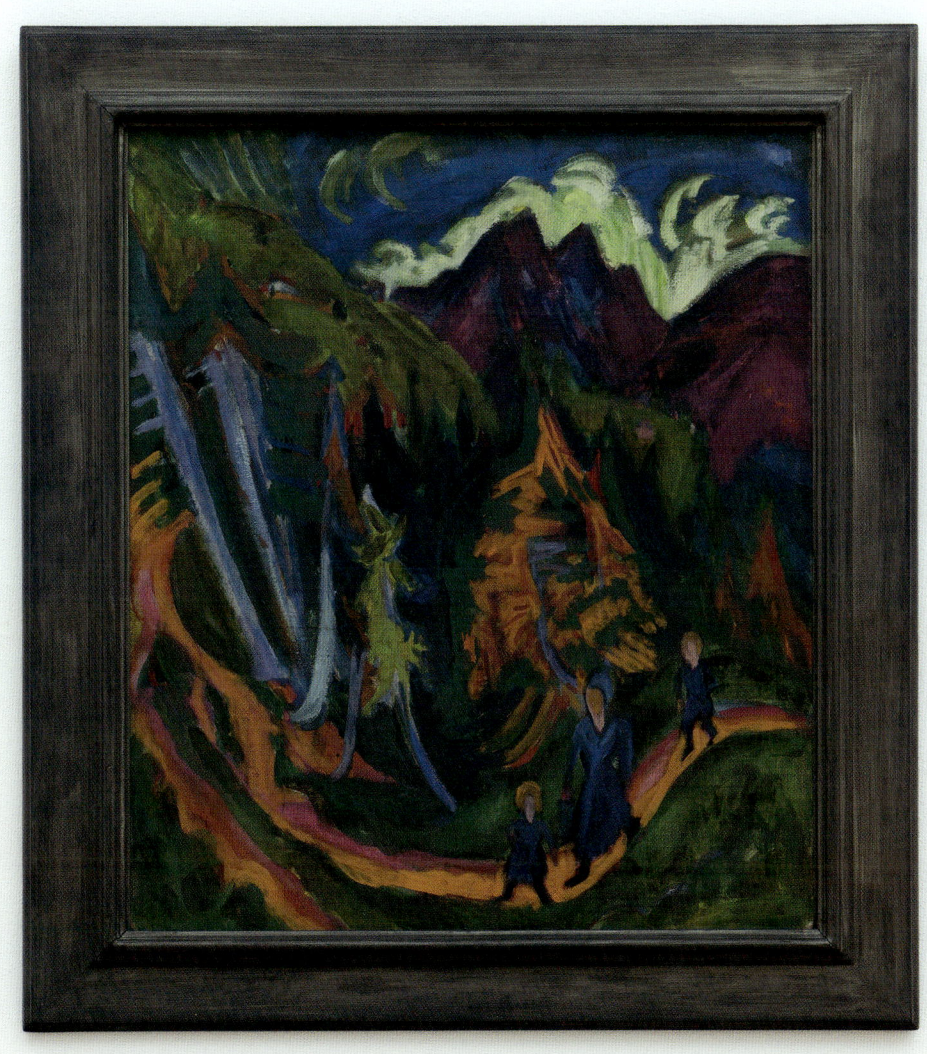

Ernst Ludwig Kirchner,
Seehorn, 1919

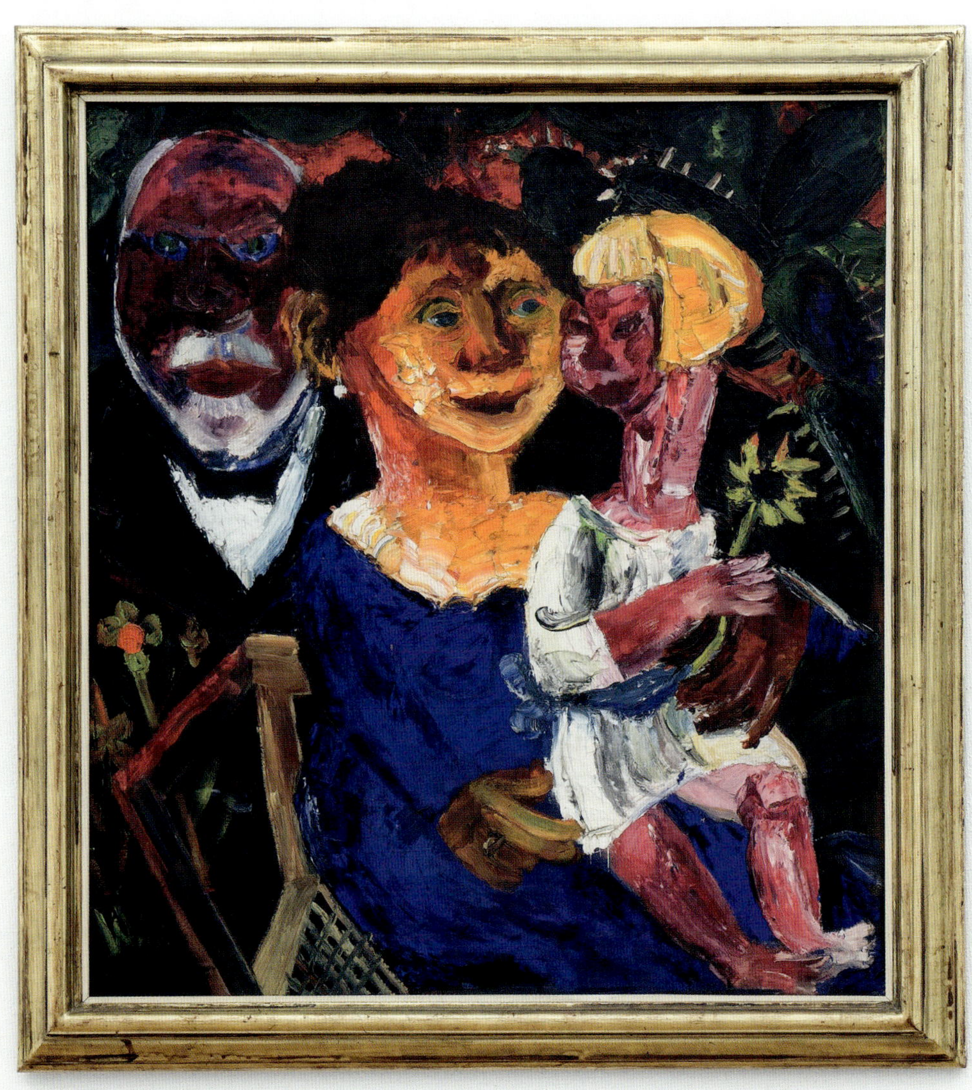

Walter Jacob, Die Familie Kirchhoff, 1920
The Family Kirchhoff

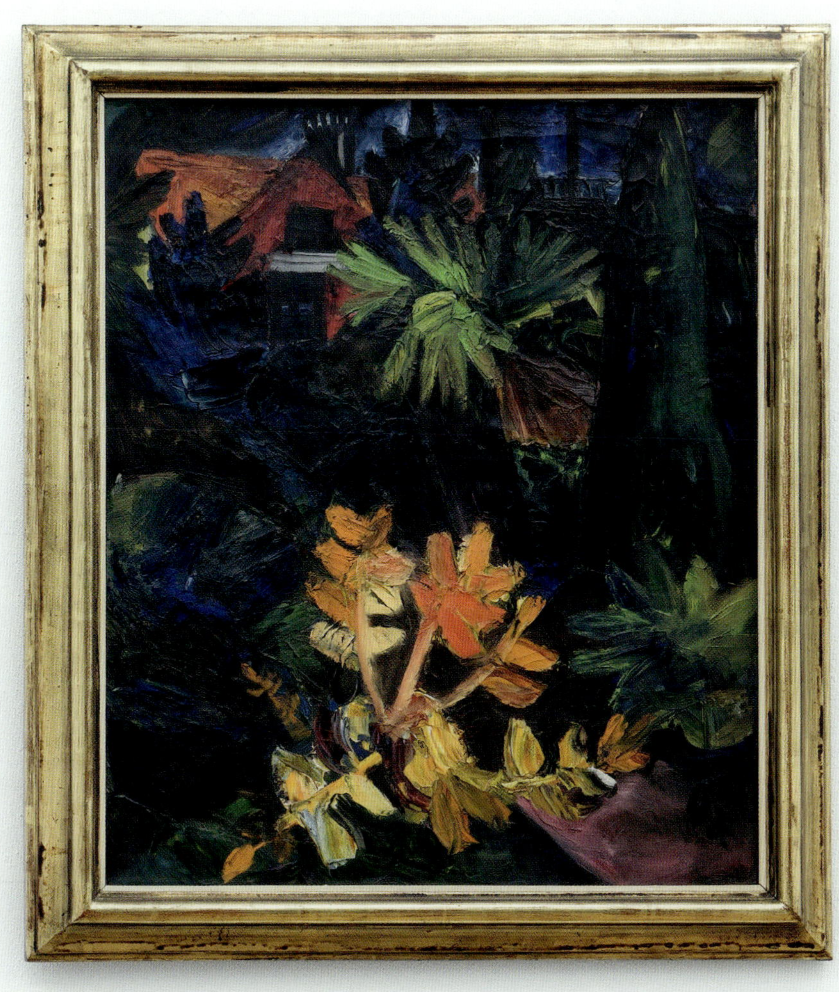

Walter Jacob, Der Garten Kirchhoff, um 1920
The Garden Kirchhoff, around 1920

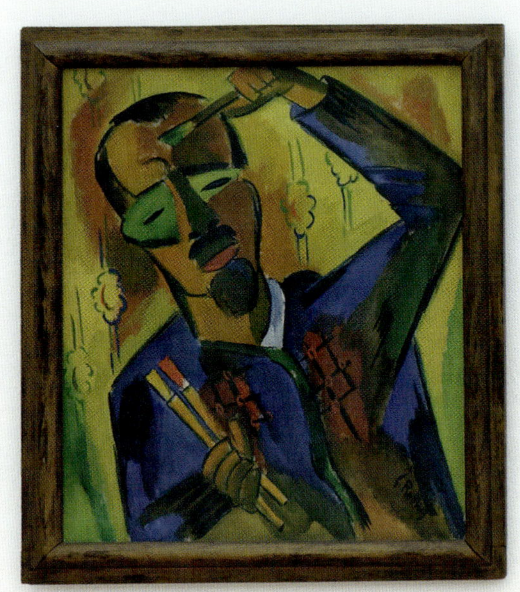
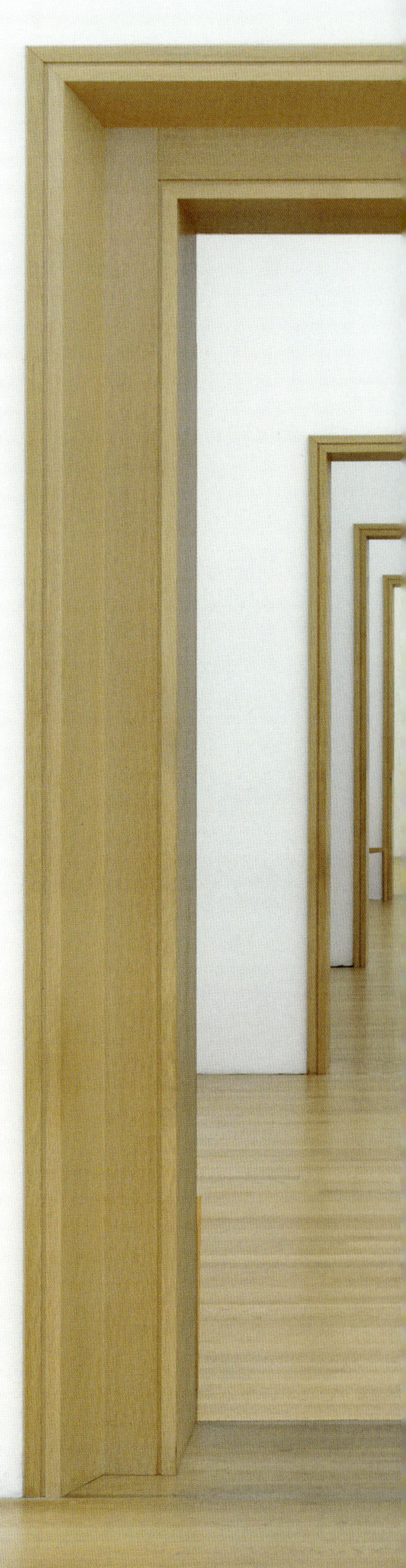

Karl Schmidt-Rottluff,
Selbstbildnis, 1920
Self-Portrait

Karl Schmidt-Rottluff,
Selbstbildnis mit Cigarre, 1919
Self-Portrait with Cigar

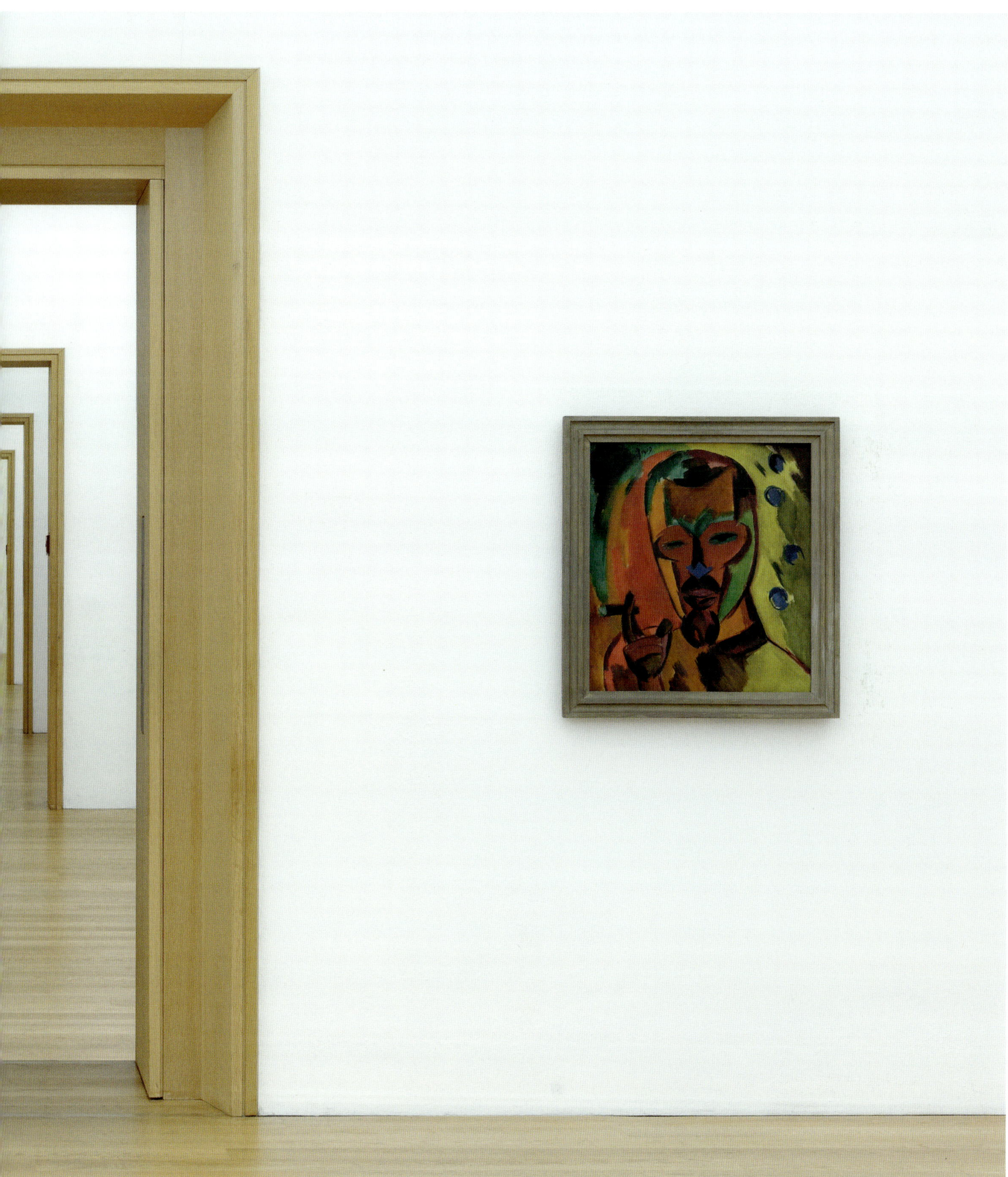

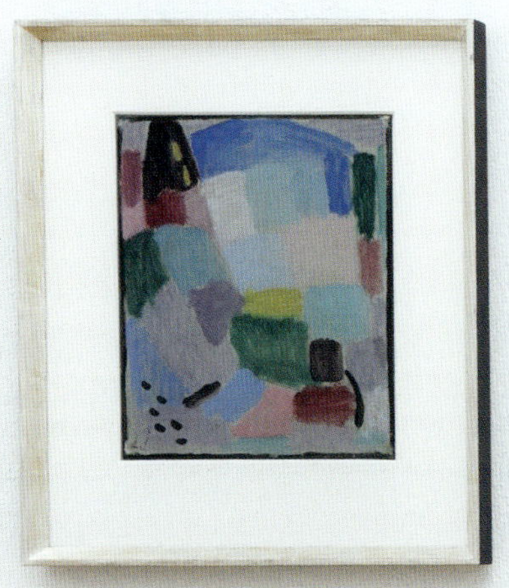 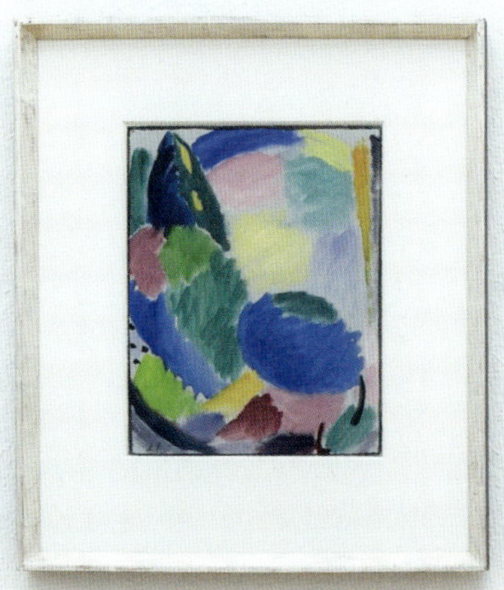

Alexej von Jawlensky, Variation — Lichter Morgen, 1916
Variation — Bright Morning

Alexej von Jawlensky, Variation — Von Frühling, Glück und Sonne, um 1917
Variation — About Spring, Luck and Sun, around 1917

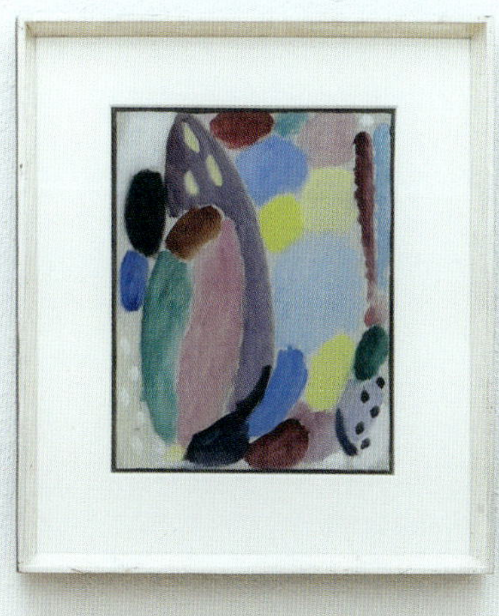 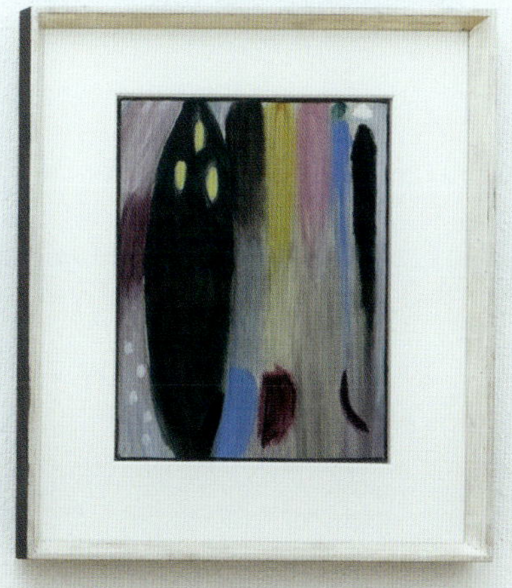

Alexej von Jawlensky, Variation – Zärtlichkeit, um 1918
Variation – Tenderness, around 1918

Alexej von Jawlensky, Variation – Geheimnis , 1921
Variation – Mystery

Alexej von Jawlensky,
Variation — Großer Weg, Abend, 1916
Variation — Wide Path, Evening

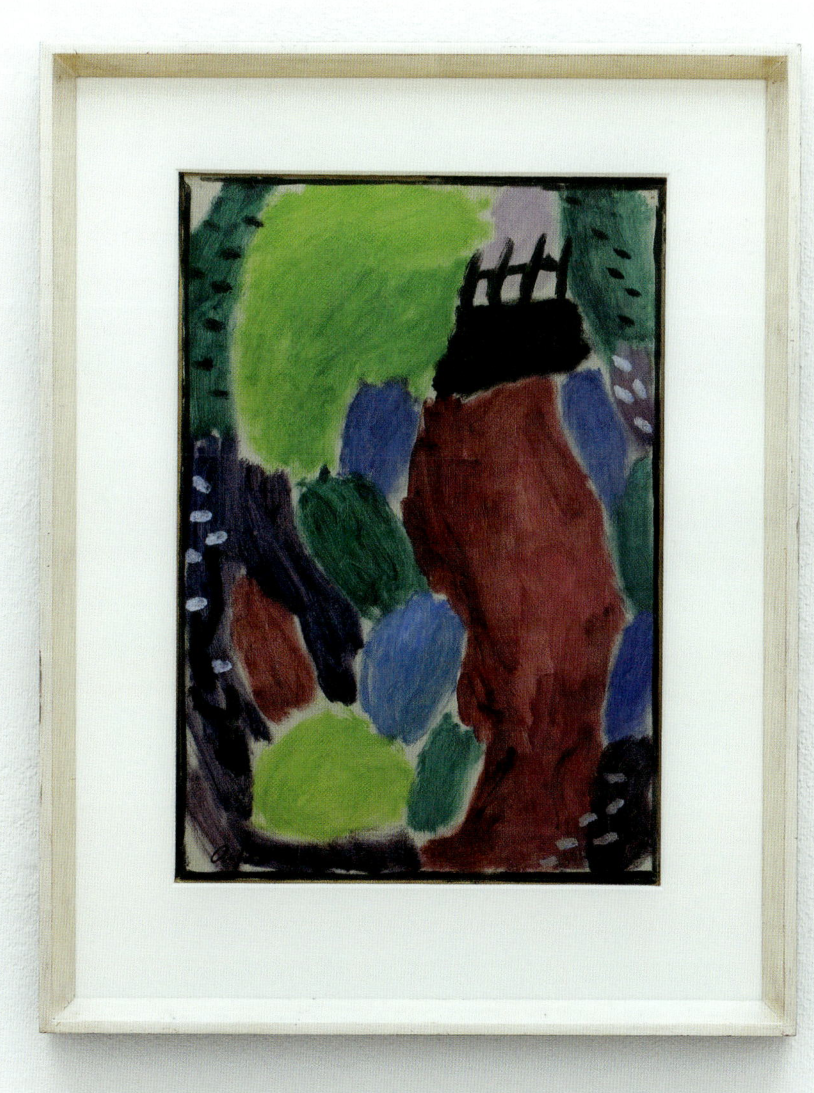

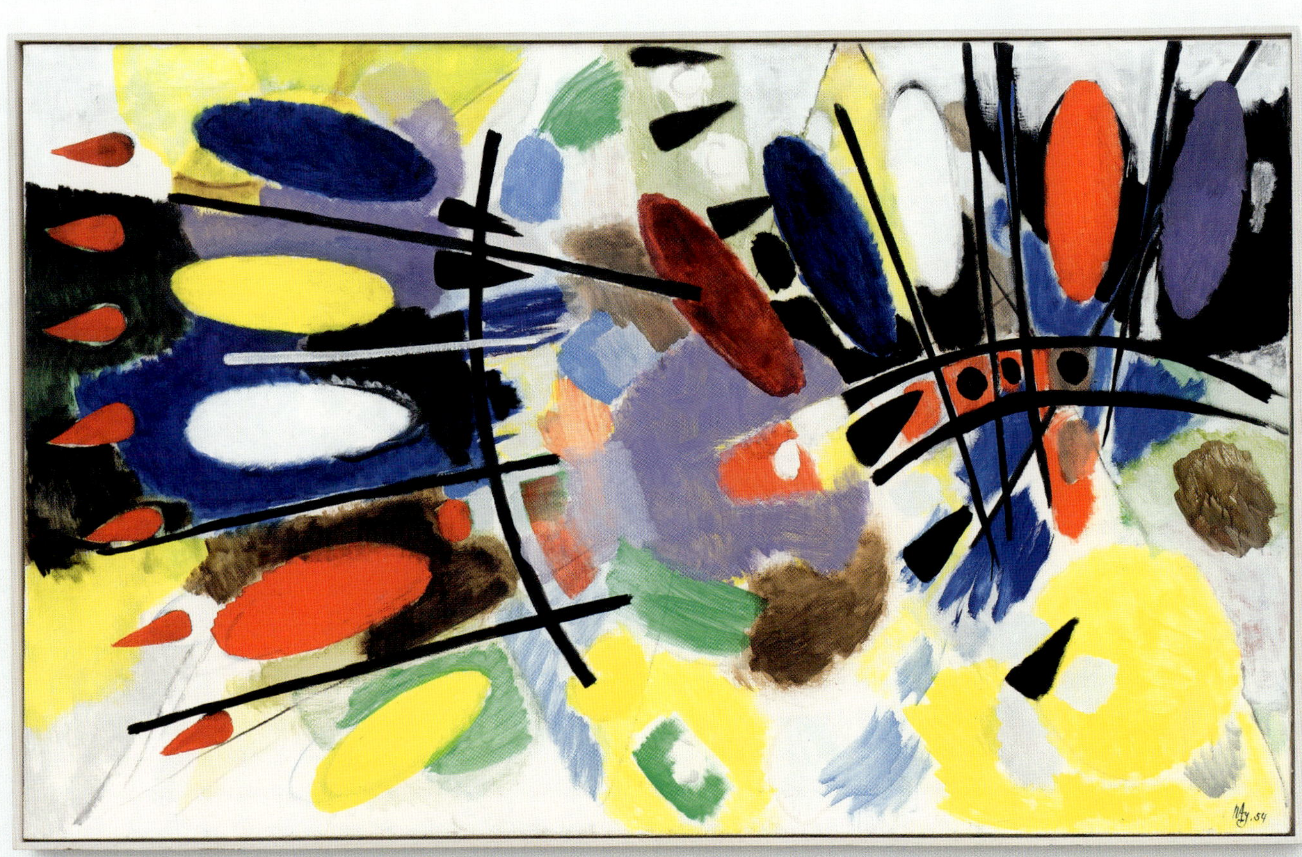

Ernst Wilhelm Nay, Afrikanisch, 1954
African

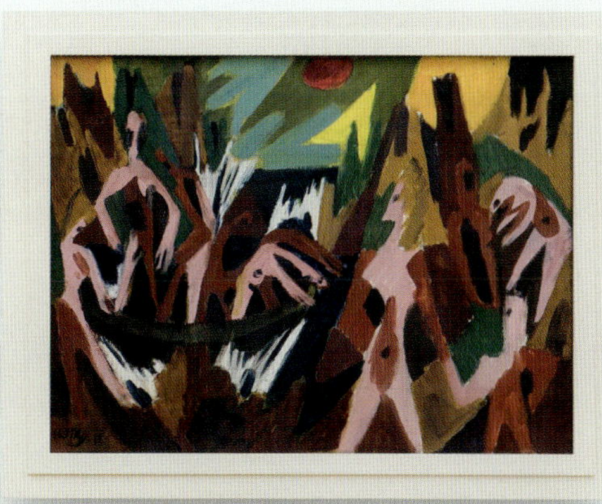

Ernst-Wilhelm Nay, Menschen in den Lofoten , 1938
People in the Lofoton

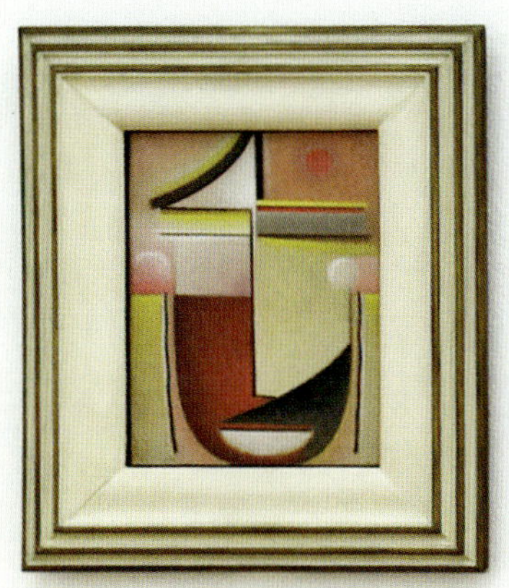 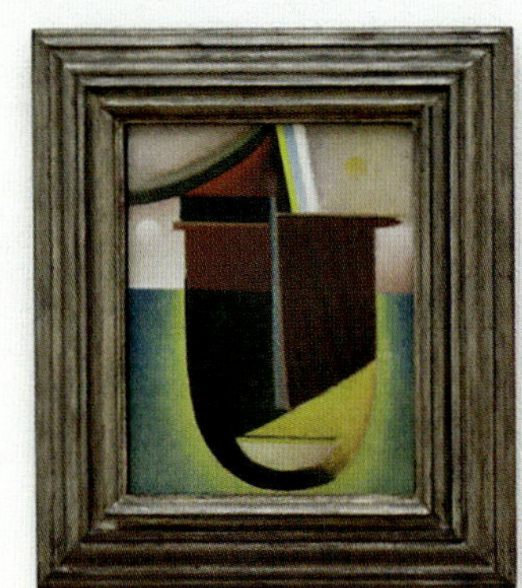 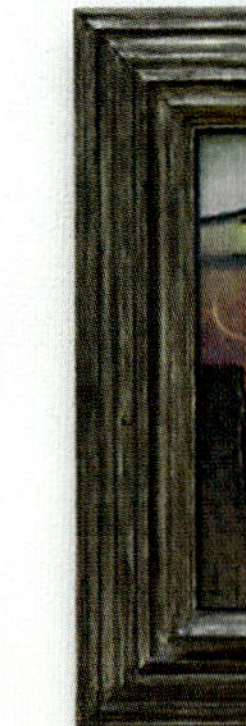

Alexej von Jawlensky, Abstrakter Kopf — Rot-Weiss-Gold, 1927
Abstract Head — Red-White-Gold

Alexej von Jawlensky, Abstrakter Kopf — Licht und Finsternis, 1925
Abstract Head — Light and Darkness

Alexej von Jawlensky, Abstrakter Kopf — Abend, 1931
Abstract Head — Evening

Alexej von Jawlensky, Abstrakter Kopf — Lebenstropfen, 1928
Abstract Head — Drops of Life

Alexej von Jawlensky, Abstrakter Kopf — Rotes Licht, 1930
Abstract Head — Red Light

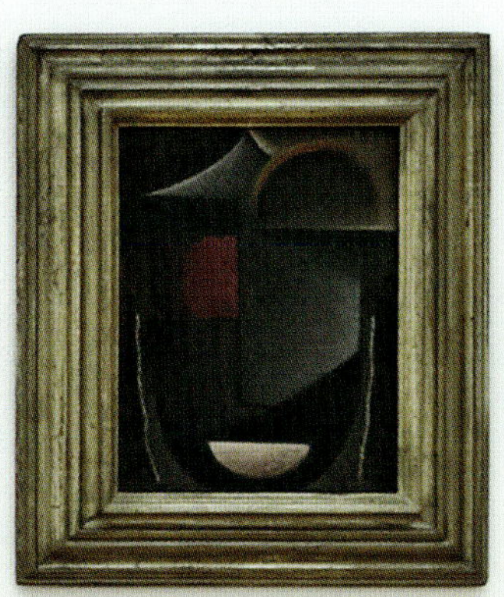

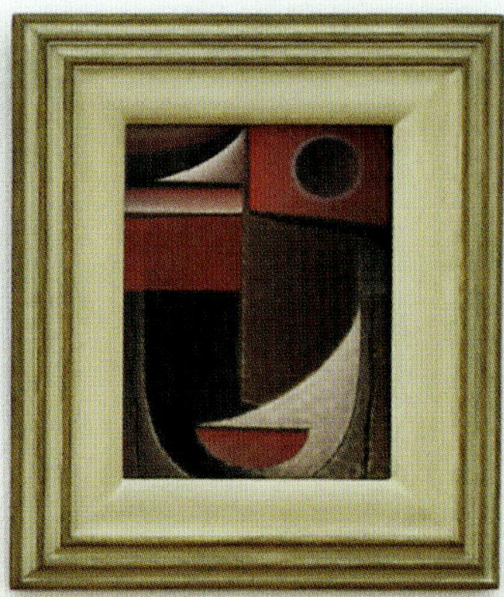

Alexej von Jawlensky, Abstrakter Kopf — Lebenstropfen, 1928
Abstract Head — Drops of Life

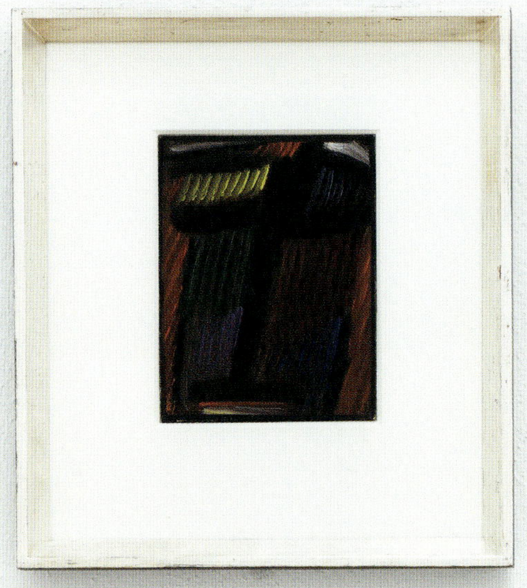

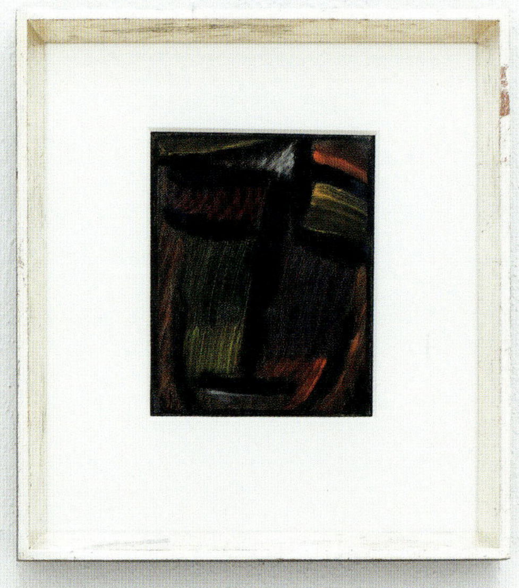

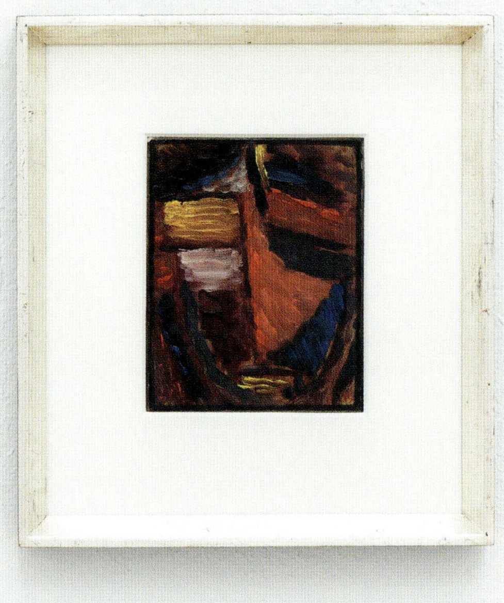

Alexej von Jawlensky, Meditation — Rückblick, 1935
Meditation — Retrospection

Alexej von Jawlensky, Meditation — Mein Geist wird weiterleben , 1935
Meditation — My Spirit will live on

Alexej von Jawlensky, Meditation — Versunken, 1934
Meditation — Absorbed

Alexej von Jawlensky, Meditation — Erinnerung an meine kranken Hände , 1934
Meditation — Memory of my deseased Hands

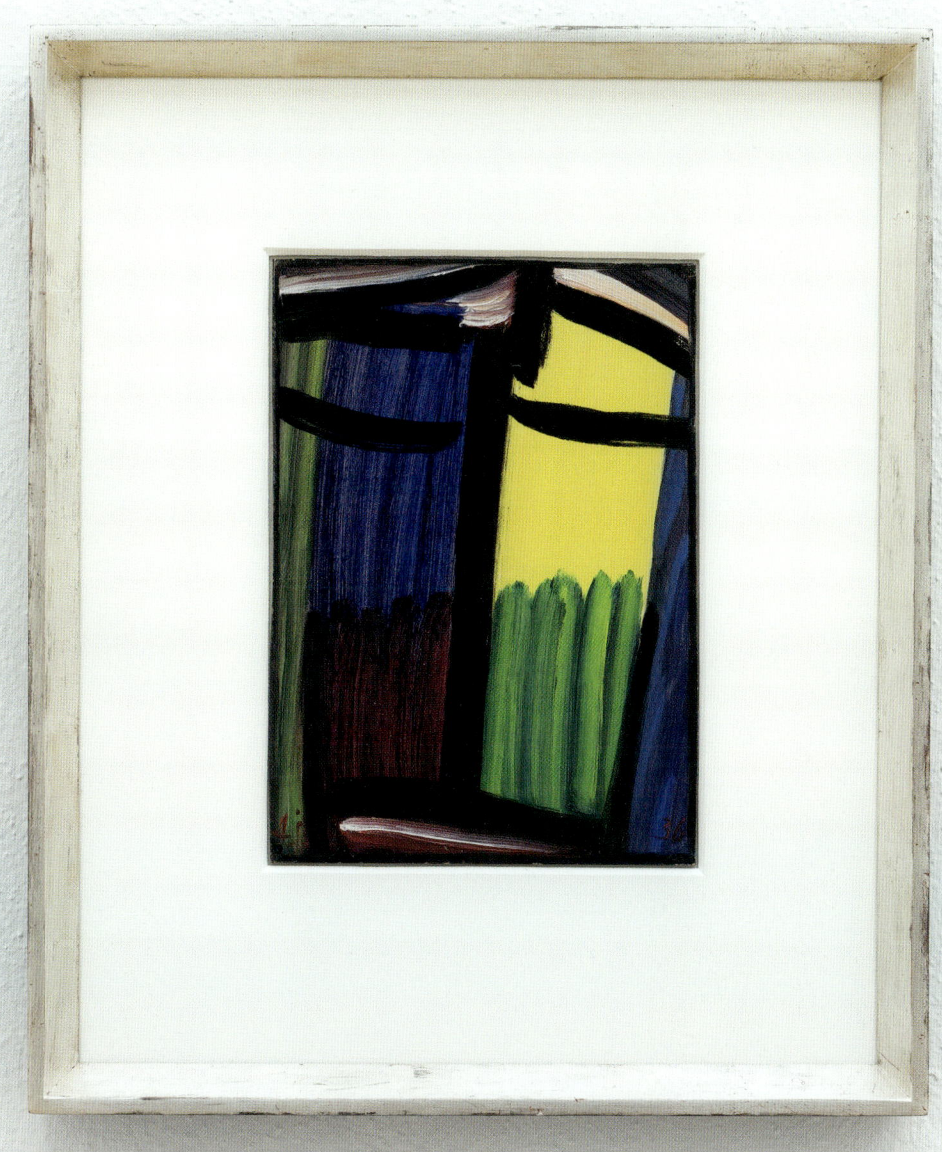

Alexej von Jawlensky, Große Meditation —
Johannes der Täufer, 1936
Large Meditation — John the Baptist

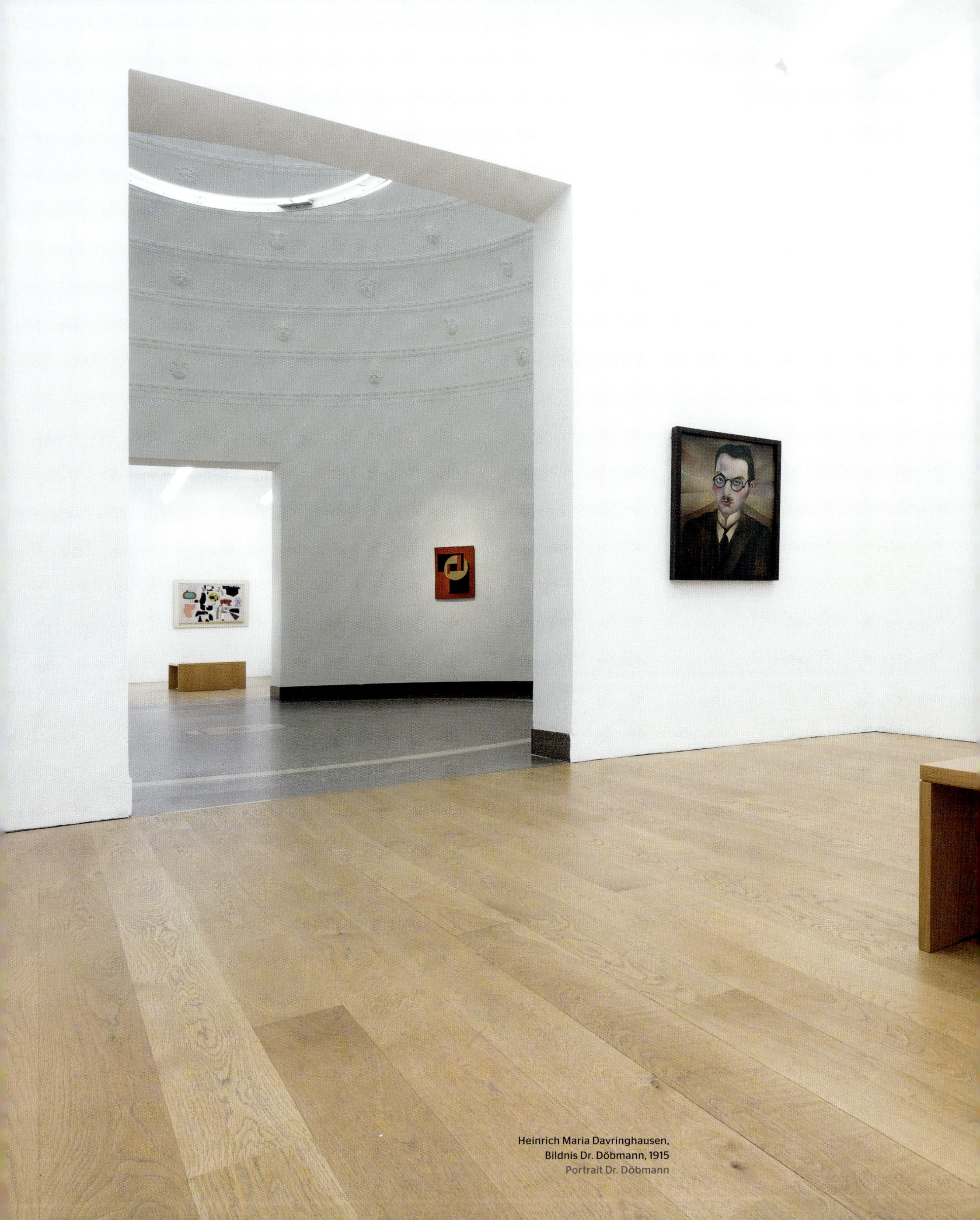

Heinrich Maria Davringhausen,
Bildnis Dr. Döbmann, 1915
Portrait Dr. Döbmann

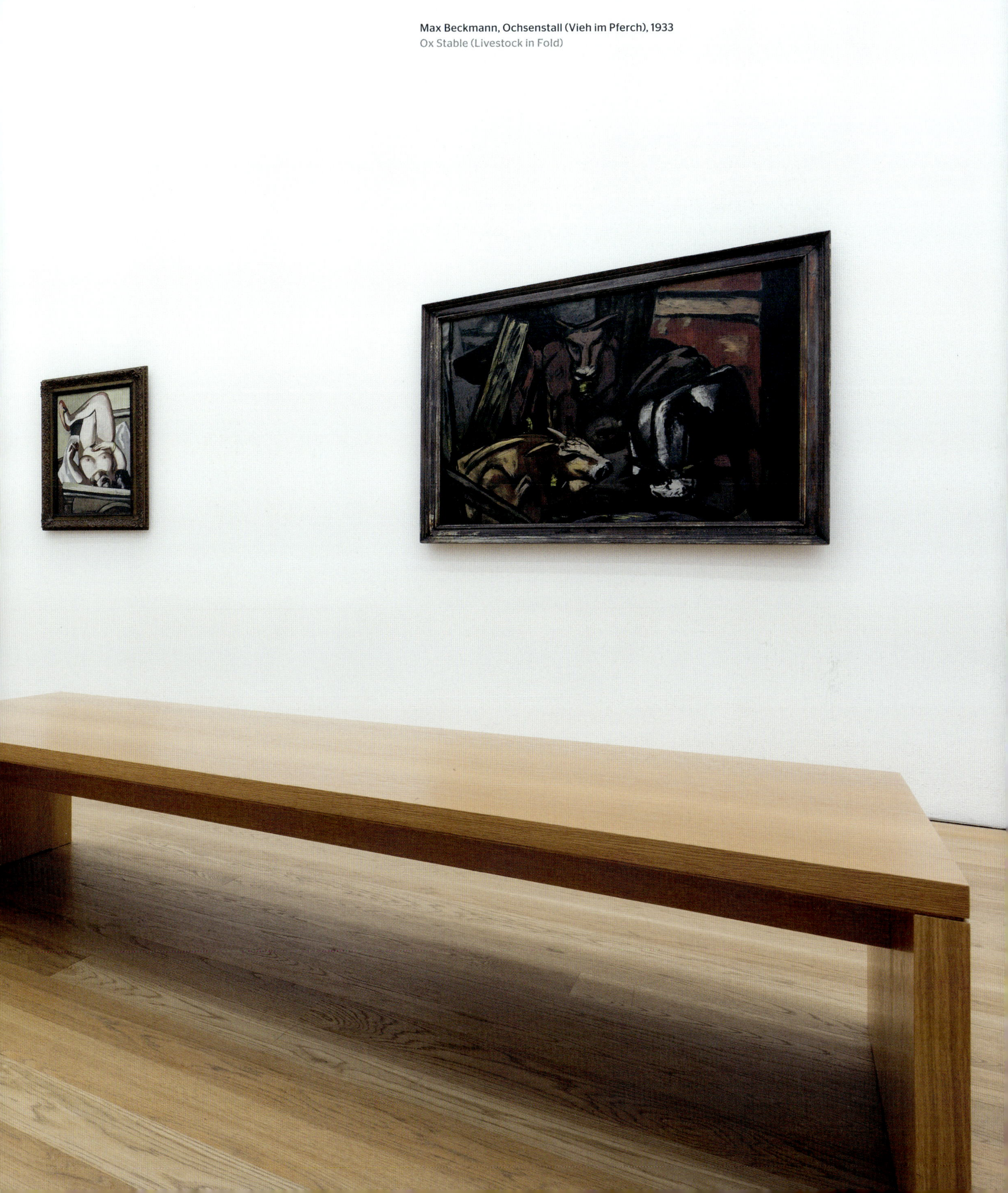

Max Beckmann, Ochsenstall (Vieh im Pferch), 1933
Ox Stable (Livestock in Fold)

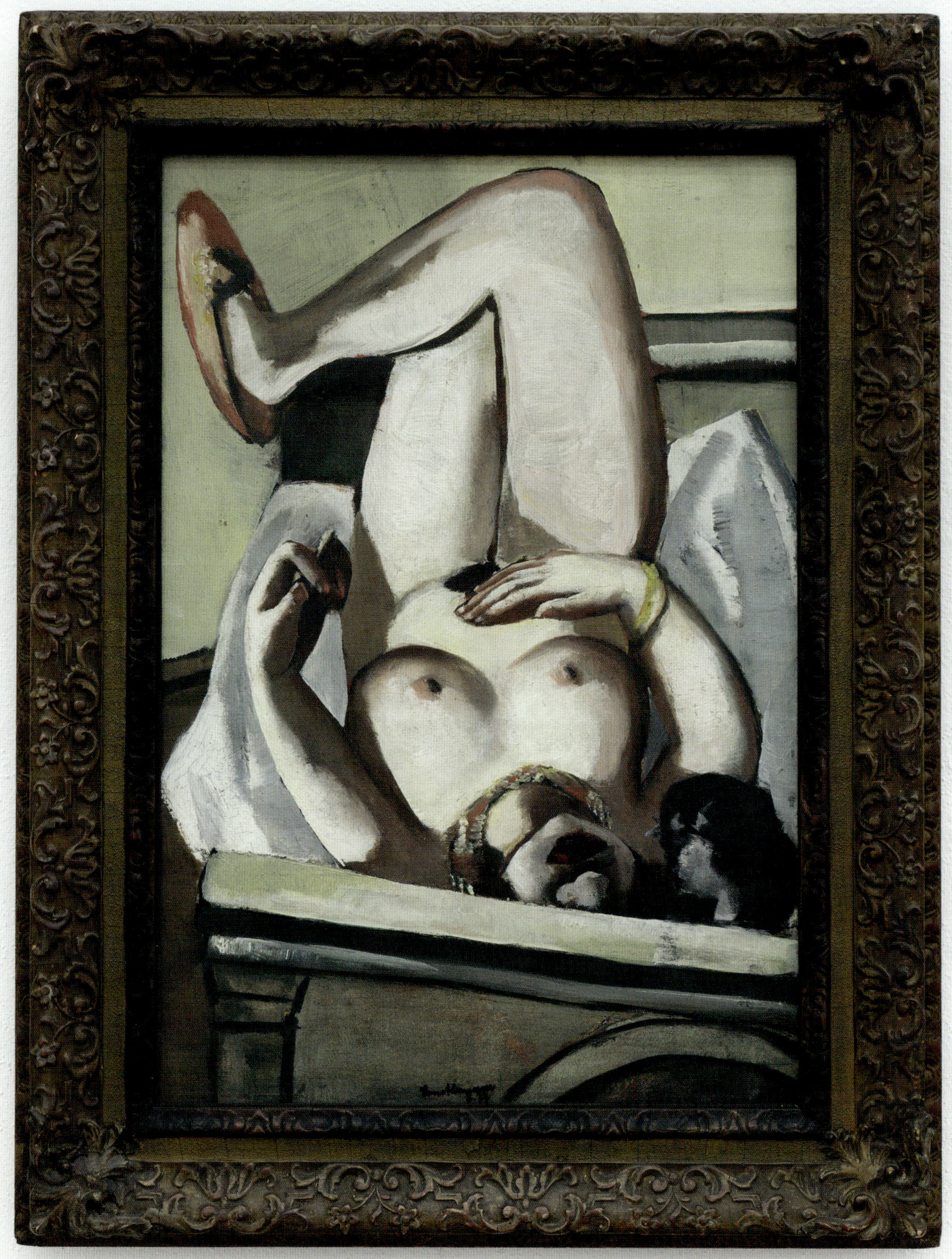

Max Beckmann, Weiblicher Akt mit Hund, 1927
Female Nude with Dog

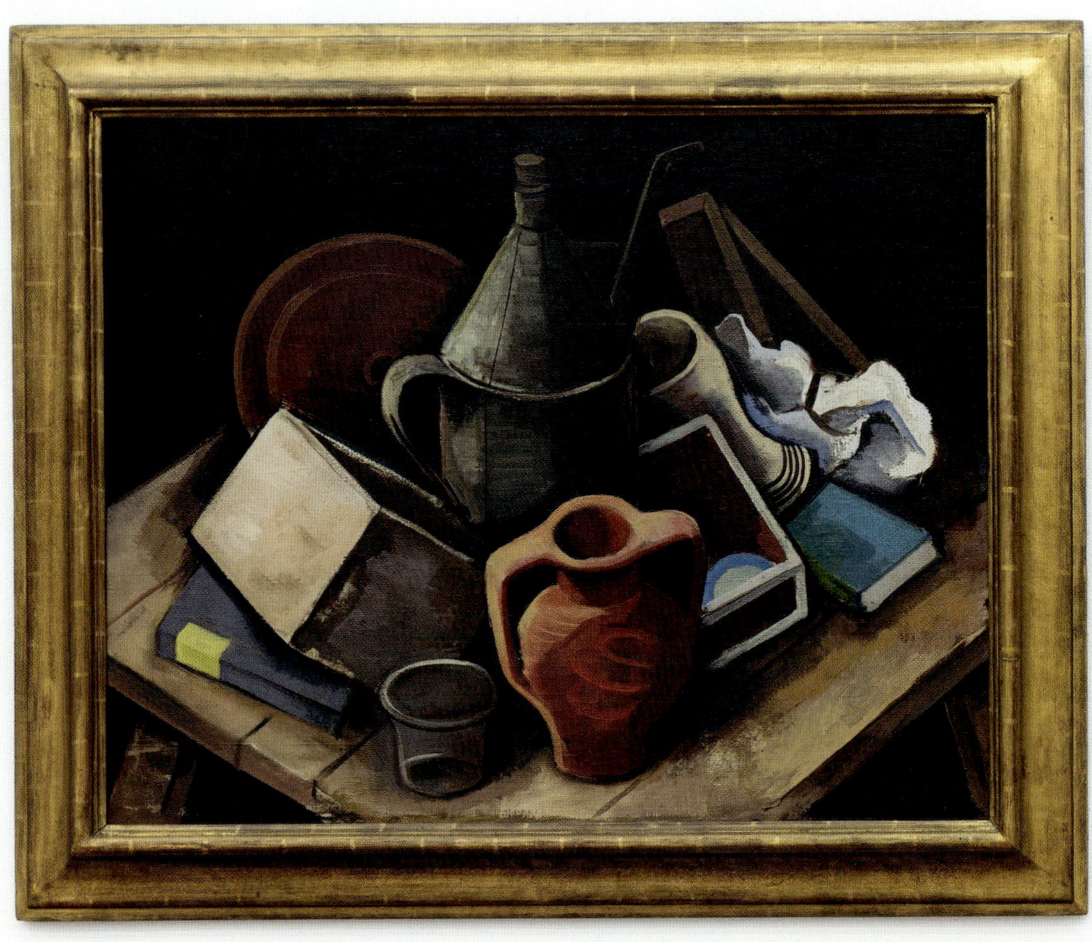

Karl Hofer, Stillleben mit Ölkanne, 1929
Still live with Oil Can

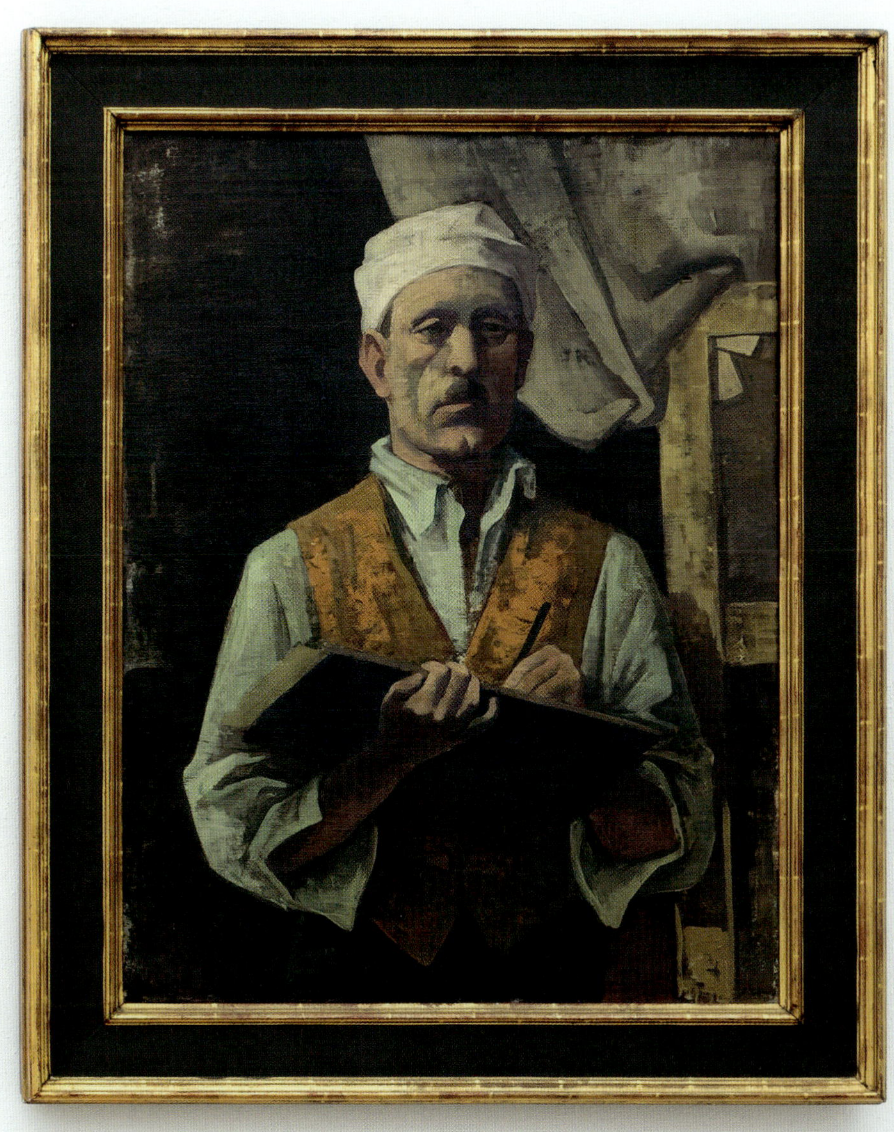

Karl Hofer, Selbstbildnis mit Zeichenblock, um 1927
Self Portrait with Sketchbook, around 1927

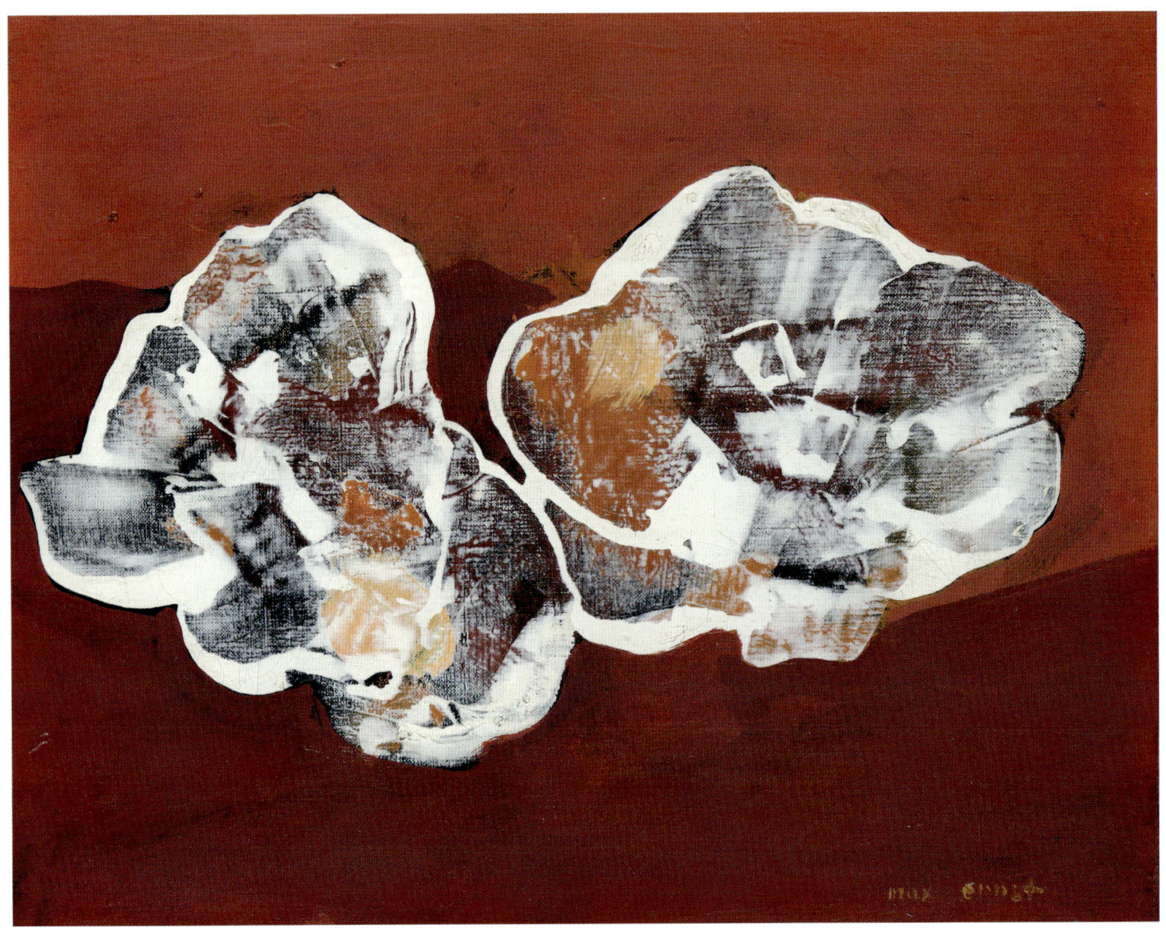

Max Ernst, Fleur-Coquille, um 1928

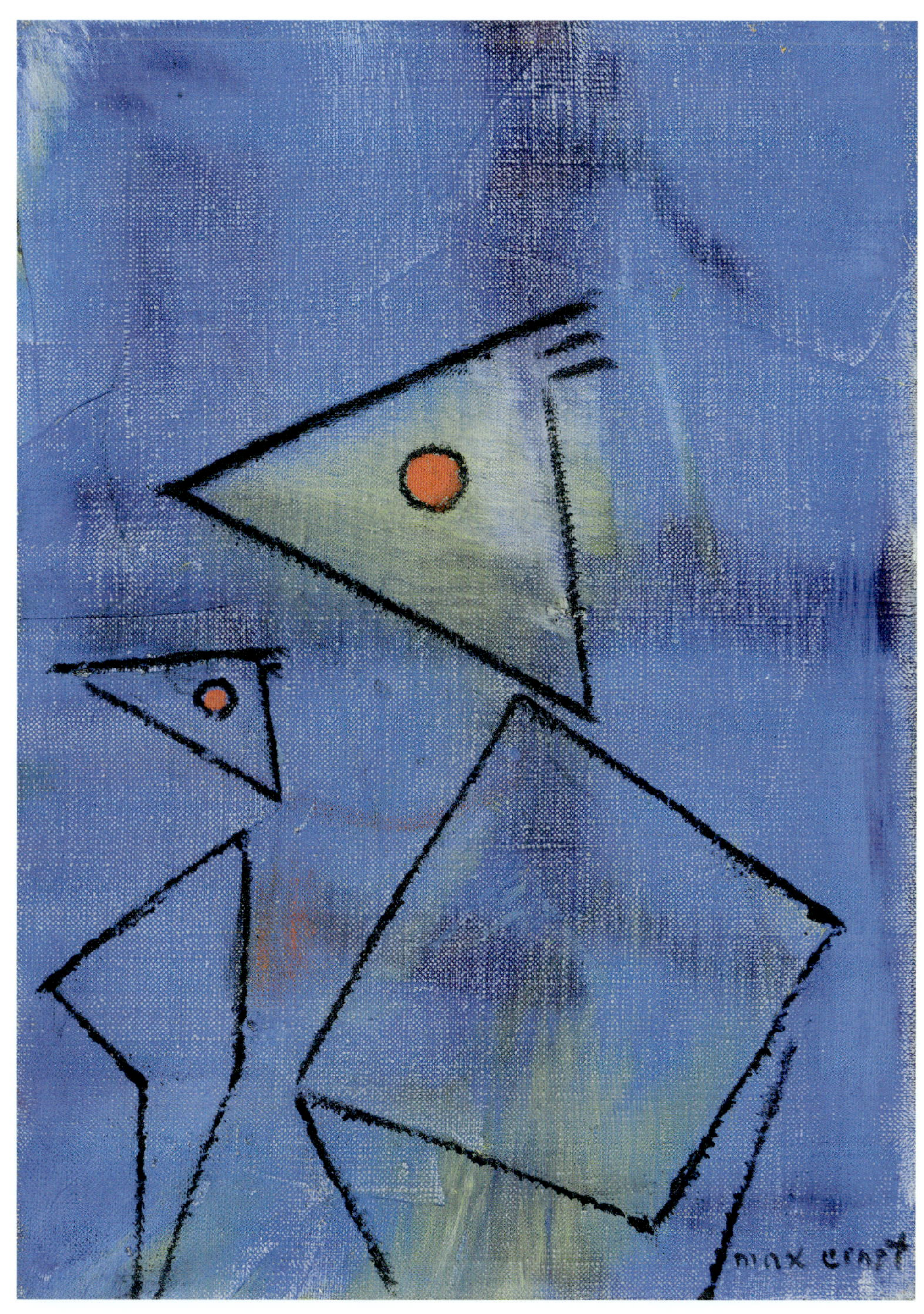

Max Ernst, Fillette et poupée, um 1960

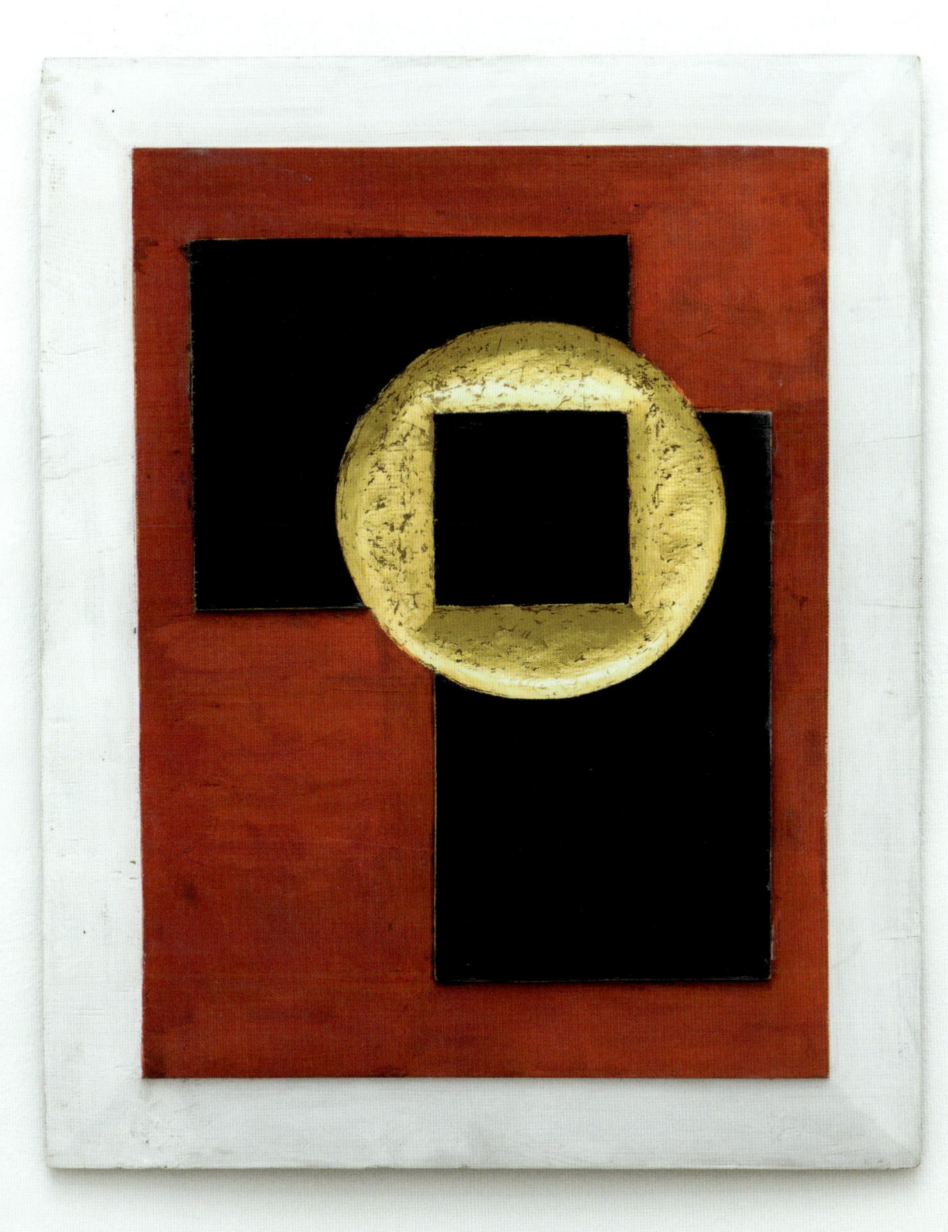

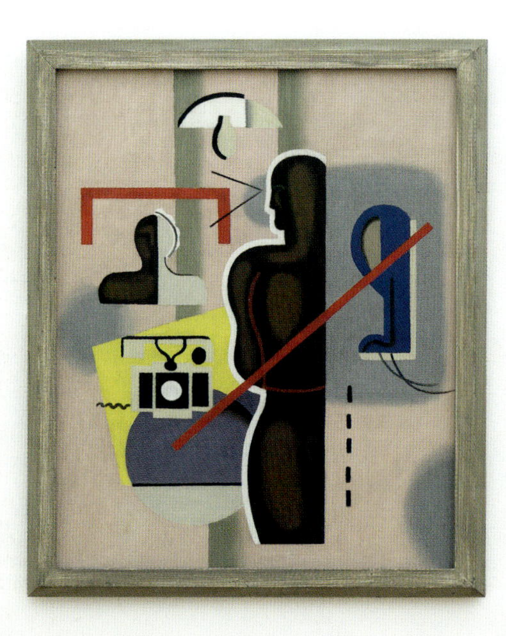

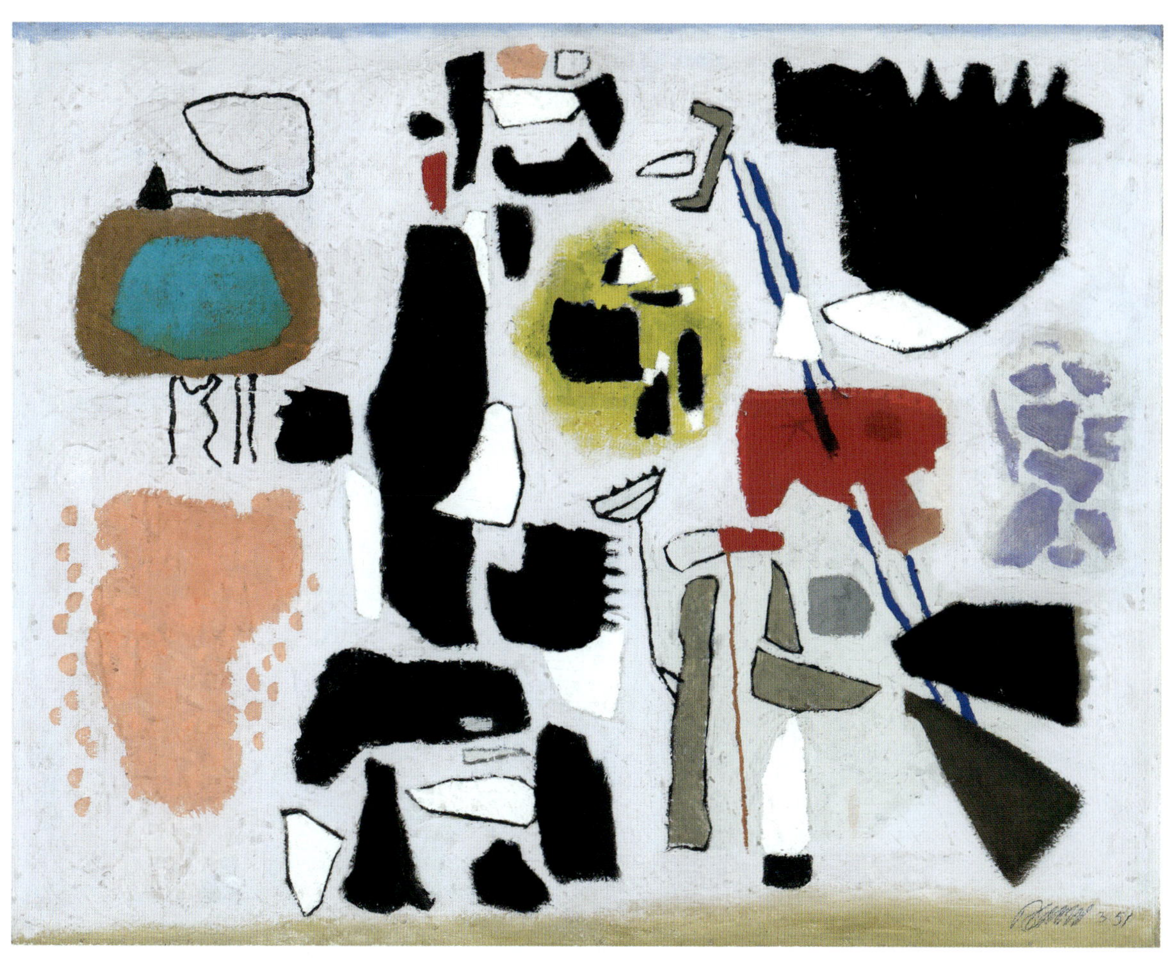

Willi Baumeister, Mogador auf Violett , 1951
Mogador on Violet

Willi Baumeister, Figuration — Figur und Telefon, 1930
Figuration — Figure and Telephone

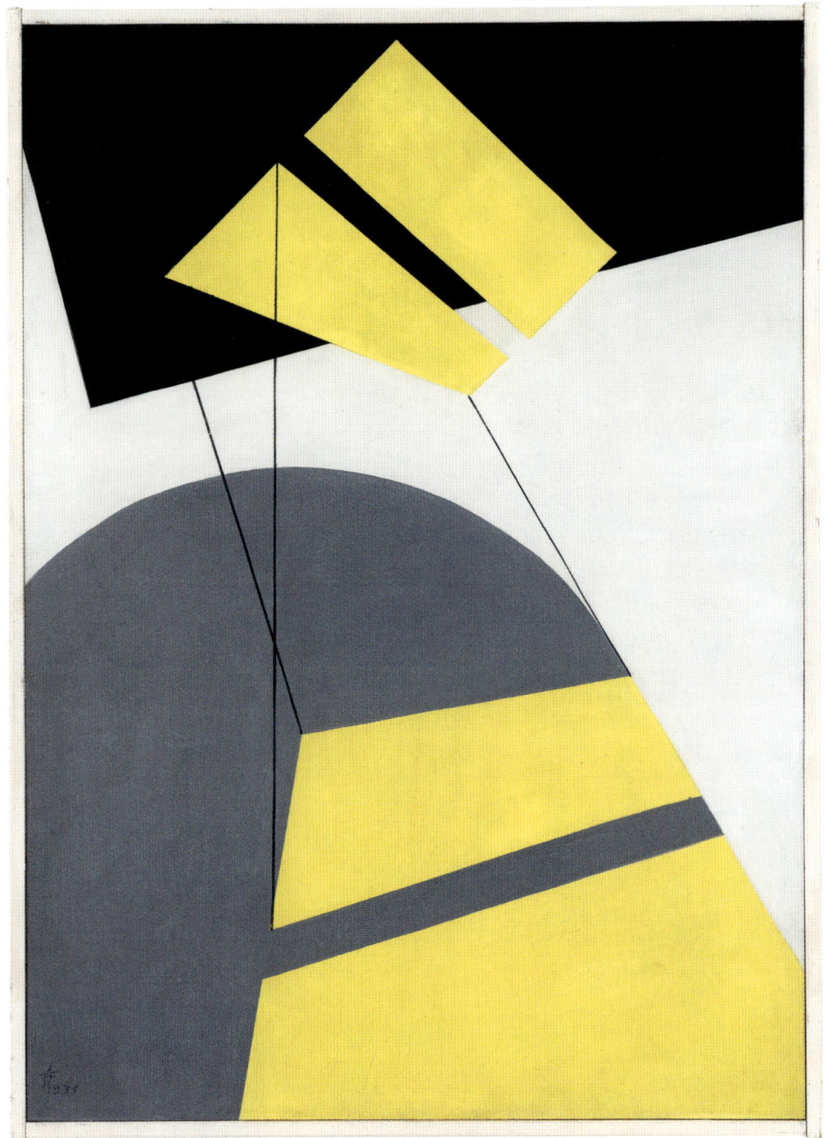

Anton Stankowski, Schwebend, 1931
Floating

1997   2009   2013

Ein Dreiklang: Künstlernachlässe und Erweiterung der Sammlungsschwerpunkte

VON ROMAN ZIEGLGÄNSBERGER

Three-Part Harmony: Artists' Estates and the Thematic Expansion of the Collection

Aufgrund der übermächtigen Künstlerpersönlich-keit ALEXEJ VON JAWLENSKYS in Wiesbaden, der gleich zweifach – einerseits als Wegbereiter des Blauen Reiters, in dessen Kontext er zwischen 1908 und 1910 in Murnau GABRIELE MÜNTER und WASSILY KANDINSKY maßgebli-che Anstöße für ihre Malerei gab, und andererseits, indem er als erster Künstler überhaupt das Serielle bedingungslos zum Kunstprinzip erhob – Kunstge-schichte geschrieben hat, lag für das hiesige Museum lange Zeit das Hauptaugenmerk der Sammlungspolitik zwangsläufig fast ausschließlich auf dem deutschen Expressionismus. Dies änderte sich ab 1987 unter dem Direktor VOLKER RATTEMEYER, der über das serielle Werk JAWLENSKYS den Weg freimachte für die Sammlung der Nachkriegsmoderne und so den Schwerpunkt zur US-amerikanischen Farbfeldmalerei und Minimal Art hin verlagerte. Die Jawlensky-Serie der *Abstrakten Köpfe,* die ohne die Kenntnis des deutschen Bauhauses, des hollän-dischen De Stijls und russischen Suprematismus nicht denkbar gewesen wäre, legitimierte darüber hinaus dessen ab etwa 1990 intensiviertes Interesse an kon-struktivistischer Kunst der ersten Hälfte des 20. Jahrhun-derts. Dies vor allem, weil der Konstruktivismus ent-scheidende Bedeutung hatte für die Entwicklung der US-amerikanischen Kunst ab 1950. Insofern war diese Erweiterung des Sammlungsschwerpunktes sinnfällig und musste nur, um ihn zu verankern, konsequent über mehrere Jahre hinweg durchgehalten und umgesetzt werden. Der erste Grundstein zu diesem Neuanfang wurde allerdings schon von CLEMENS WEILER gesetzt. Dieser hatte bereits 1959 das Gemälde *Glasarchitektur III* des ungarischen Konstruktivisten LÁSZLÓ MOHOLY-NAGY aus dem Jahr 1920/21 erworben → 216, ein tatsächlich ikonisches Werk, das der Künstler 1922 als Titelbild für die von LAJOS KASSÁK seit 1916 herausgegebene Zeit-schrift *ma* erneut aufgegriffen hatte. Es folgten frühe Arbeiten von ERICH BUCHHOLZ → 205 und ANTON STAN-KOWSKI → 208. Neben den drei großen Nachlässen von FRIEDRICH VORDEMBERGE-GILDEWART, WERNER GRAEFF und EDUARD STEINBERG markierten die Erwerbungen des druckgrafischen Gesamtwerks von WALTER DEXEL im Jahr 2010 sowie einiger wichtiger Arbeiten des Stutt-garter Malers ADOLF FLEISCHMANN Höhepunkte im Bereich der konstruktiven Kunst des 20. Jahrhunderts und erweiterten somit in jüngster Vergangenheit den Sammlungsschwerpunkt des Museums auf konstrukti-ven Positionen um die zweite, nachfolgende Künstlerge-neration. Heute nimmt die Wiesbadener Kunstsammlung damit eine Sonderstellung in der deutschen Museums-landschaft ein.

The overpowering celebrity of ALEXEJ VON JAWLEN-SKY in Wiesbaden and his significance for art history, in general, as both forerunner of The Blue Rider, having decisively influenced the work of GABRIELE MÜNTER and WASSILY KANDINSKY between 1908 and 1910 during their years together in Murnau, and as the first to raise the serial to an artistic principle, put the focus of the muse-um's collection policy for many years almost exclusively on German Expressionism. This began to change in 1987, however, under the directorship of VOLKER RATTEMEY-ER, who took JAWLENSKY'S serial work as a point of departure in the direction of post-war modernism, shifting the focus of collection onto American Color Field painting and Minimal Art. JAWLENSKY'S series of *Abstract Heads* would have been unthinkable without German Bauhaus, Dutch De Stijls and Russian Suprematism. The association substantiated RATTEMEYER'S acute interest, beginning in the 1990s, in early 20th century Constructiv-ism, a movement that strongly influenced the develop-ment of American art from the 1950s onward. Insofar, this new focus of the museum's collection was essential-ly "organic," having only to be consistently pursued and implemented for a number of years to be firmly estab-lished. The first cornerstone of this new focus, however, had been laid much earlier, in 1959, by CLEMENS WEILER with the acquisition of a painting from 1920/21 by Hun-garian Constructivist LÁSZLÓ MOHOLY-NAGY entitled *Glasarchitektur III* → 216, a truly iconic piece the artist selected in 1922 for the cover page of *ma,* a magazine founded in 1916 and edited by LAJOS KASSÁK. Other works, including early works of ERICH BUCHHOLZ → 205 and ANTON STANKOWSKI → 208 were soon added to the collection. In addition to the three sizeable estates of FRIEDRICH VORDEMBERGE-GILDEWART, WERNER GRAEFF and EDUARD STEINBERG, the acquisition of the complete graphic works of WALTER DEXEL in 2010 and several important works of ADOLF FLEISCHMANN marked a high point in the museum's collection of 20th century Con-structivist art in recent years, extending its Constructiv-ist focus to include second-generation artists and giving the museum pride of place in this regard among Germa-ny's museums.

**1997 — Erster Klang:
Friedrich Vordemberge-Gildewart**

Die in der Schweiz ansässige Stiftung Vordemberge-Gildewart (Rapperswil) entschloss sich im Jahr 1997, dem Museum Wiesbaden das reichhaltige Archiv des konstruktivistischen Künstlers zu überlassen. Zuvor konnten bereits mehrere Gemälde von FRIEDRICH VORDEMBERGE-GILDEWART (1899–1962) erworben werden, sodass seit spätestens dem Ende der 1990er-Jahre das gesamte Werk des vielseitig begabten Künstlers in der Kollektion repräsentiert ist. FRIEDRICH VORDEMBERGE-GILDEWART, der 1925 von THEO VAN DOESBURG als letztes offizielles Mitglied in die bereits 1917 von PIET MONDRIAN gegründete De-Stijl-Gruppe aufgenommen wurde, war nicht nur als Maler, Zeichner und Grafiker tätig, sondern auch als Baugestalter, Typograf, Innenarchitekt, Lehrbeauftragter und Dichter. Neben den neun Gemälden, die sich heute im Besitz des Museums befinden und die mit ihren harmonisch ausgeklügelten Kompositionen wie seltene Juwelen – es gibt lediglich 223 von ihnen – erstrahlen, obwohl sie teilweise während der dunklen Jahre des Nationalsozialismus im Amsterdamer Exil entstanden sind, können die Werkstatt- und Skizzenbücher, die umfangreiche Korrespondenz mit namhaften Kollegen, unzählige Manu- und Typoskripte sowie drei Gästebücher als wertvollstes kunst- und kulturhistorisches Archivgut gelten. An letzteren, reich und kreativ bebildert von so berühmten Besuchern wie HANS ARP, MAX BILL, THEO VAN DOESBURG, HANNAH HÖCH, LÁSZLÓ MOHOLY-NAGY, JOACHIM RINGELNATZ oder KURT SCHWITTERS, um nur einige zu nennen, lässt sich nicht nur das weitverzweigte Netzwerk des Künstlers ablesen, sondern auch der verschlungene Weg, den VORDEMBERGE-GILDEWART gegangen ist beziehungsweise gehen musste. 1899, geboren in Osnabrück, startete er seine Karriere mit einer Tischlerlehre und kam 1919 nach Hannover, um noch während seines Studiums an der hiesigen Kunstgewerbeschule in den Umkreis der Dadaisten zu gelangen. Dort gründete er unter anderem die „Gruppe K" und die „abstrakten hannover", bevor er aufgrund der Nationalsozialisten, die schon früh ein beobachtendes Auge auf die als völlig „entartet" geltende Hannoveraner Künstlergesellschaft geworfen hatten, 1937 in die Niederlande ins Exil floh. Erst zehn Jahre nach dem Ende des Zweiten Weltkrieges kehrte er zurück nach Deutschland. MAX BILL berief ihn als Leiter der Abteilung für Visuelle Gestaltung an die soeben gegründete Hochschule für Gestaltung in Ulm, wo er bis zu seinem Tod im Jahr 1962 arbeitete und lebte. In seinen Amsterdamer Jahren aber waren gerade während des Krieges seine leichtesten, seine fröhlichsten Kompositionen entstanden. Warum

**1997 — First Part:
Friedrich Vordemberge-Gildewart**

In 1997, the Vordemberge-Gildewart Foundation in Switzerland (Rapperswil) bequeathed its vast archive of the Constructivist artist's works to Museum Wiesbaden. Having already acquired several paintings by FRIEDRICH VORDEMBERGE-GILDEWART (1899–1962) at an earlier date, the museum now held the complete works of this versatile and accomplished artist in its collection. VORDEMBERGE-GILDEWART, who THEO VAN DOESBURG listed in 1925 as the last official member of the de Stijl group, founded by PIET MONDRIAN in 1917, was not only a painter, drawer and graphic artist but a building designer, typographer, interior designer, lecturer and poet. The new paintings among the Swiss archive, which remain in the museum's collection today, constitute rare gems – they number only 223 – of Constructivist art, with their elaborate, harmonic, even radiant, compositions, despite the fact that some of them were produced in the dark years of National Socialism during the artist's exile in Amsterdam. In addition to these works, the archive also contained valuable material of cultural and art historical significance, including the artist's workshop and sketch books, his extensive correspondence with other prominent artists, innumerable manuscripts and typo-scripts, as well as three guest books, richly "illustrated" by such notable figures as HANS ARP, MAX BILL, THEO VAN DOESBURG, HANNAH HÖCH, LÁSZLÓ MOHOLY-NAGY, JOACHIM RINGELNATZ and KURT SCHWITTERS, to name only a few. VORDEMBERGE-GILDEWART's book of visitors bears witness not only to his vast network of colleagues, but to the winding, sometimes tortuous, path his life took or was forced to take as a result of the Second World War. Born in Osnabrück in 1899, he began his career with a carpentry apprenticeship, moving to Hanover in 1919 to study at the school of fine arts there, where he found himself among a circle of Dadaists. VORDEMBERGE-GILDEWART remained in Hanover until 1937, founding, among other artistic societies, the "Gruppe K" and the "abstrakten hannover", before fleeing to the Netherlands with the rise of the National Socialists, who early on had trained their scrutinizing gaze on the city's "degenerate" artist community. It was not until a full decade after the war had ended that he returned to Germany, having been offered a position as the Head of the Department of Visual Design at the recently established Ulm School of Design by founding member MAX BILL. VORDEMBERGE-GILDEWART lived and taught in Ulm until his death in 1962. During his exile years in Amsterdam, however, while the war was raging, the artist produced the brightest, most cheerful compositions among his

nur, könnte man nun fragen? Weil der Künstler die Ansicht vertrat, dass er und die Seinen gegen den Nationalsozialismus verloren hätten, sähe man später seinem Werk jene unsägliche Unterdrückung an, die sie alle haben erleiden müssen. So aber – *das blaue bild* aus dem Jahr 1940 beweist es , in dem wir einen am Himmel segelnden grazilen „Drachen" frei, sicher und hoffnungsfroh fliegen sehen – hat *er* gewonnen. Und das nicht nur, weil der Betrachter von der Komposition an das Böse jener Zeit eben gerade nicht erinnert wird, sondern auch, weil der Künstler sich nicht hat beeinflussen lassen in der Wahl seiner Bildthemen und seinen Weg geradeaus, so schwer dies in jenen Zeiten auch gewesen sein mag, unbeirrt weitergegangen ist.

œuvre. Why? One might ask. Because these works arise from the artist's conviction that were the unspeakable repression under which they all so greatly suffered to be made visible, eternalized, if you will, in his works, then he and his fellow artists would have been truly defeated by the Nazis. Ultimately, as *The Blue Picture* from 1940, depicting a kite gracefully sailing across the sky, free, out of harm's way and hopeful, so clearly demonstrates, it is the artist who wins. Not merely because the viewer of this composition is precisely not reminded of the evil present at the time of its composition, but because the artist refused to let it influence his choice of subject, instead, forging steadfastly ahead on his own path, as difficult as this most certainly must have been.

2009 – Zweiter Klang:
Werner Graeff

Mit der Nachlassübernahme des künstlerischen Werks von WERNER GRAEFF (1901–1978) in den Jahren 2009/2010 wird dem ersten vom Museum Wiesbaden aufgenommenen Archiv, jenem VORDEMBERGE-GILDEWARTS, sinnfällig der nächste „Ton" erweiternd an die Seite gestellt. Nicht allein, weil GRAEFF wie VORDEMBERGE-GILDEWART als Grafiker, Typograf und sogar Bildhauer arbeitete, sondern auch, weil er in freundschaftlicher Nähe zur „gruppe ring neue werbegestalter" gearbeitet hat, den KURT SCHWITTERS 1927 im Taunus gegründet hatte und dem sich viele andere Künstler wie WILLI BAUMEISTER, ELLA BERGMANN-MICHEL, WALTER DEXEL, ROBERT MICHEL oder LÁSLÓ MOHOLY-NAGY anschlossen, die heute ebenfalls vom Museum Wiesbaden gesammelt und bewahrt werden.

Die Tragik WERNER GRAEFFS, der bereits Anfang 1920 Schüler am Bauhaus in Weimar gewesen ist, besteht nun darin, dass durch die Wirren des Nationalsozialismus nur einige wenige Arbeiten – mutig gerettet durch HANNAH HÖCH und KURT SCHWITTERS – aus der Vorkriegszeit erhalten geblieben sind. WILLI BAUMEISTER war es schließlich, der WERNER GRAEFF nach dessen Rückkehr aus dem Schweizer Exil nach Deutschland im Jahr 1951 animierte, sich auch wieder der freien Kunst zuzuwenden. Dabei fand jener bald wieder zum „Bauhaus" zurück, das ihn ja früh und entscheidend geprägt hatte, allerdings in einer „gelockerten Form" (WERNER GRAEFF), was für ihn eine kreative Überführung des Konstruktivismus in die zweite Hälfte des 20. Jahrhunderts bedeutete. Zufälligkeiten, wie sie die soeben im Entstehen begriffene Kunstrichtung des Informel zuließ, ja sogar forderte, waren nicht das Seine, da ihm – nach

2009 – Second Part:
Werner Graeff

Museum Wiesbaden's acquisition in 2009/2010 of the artistic works in the estate of WERNER GRAEFF (1901–1978) struck a proverbial chord with the archive of VORDEMBERGE-GILDEWART, forming a logical extension of the collection's new focus. This not least because, like VORDEMBERGE-GILDEWART, GRAEFF was both a graphic artist and typographer, as well as sculptor, but also because of his close association with the group "ring neue werbegestalter", founded by KURT SCHWITTERS in 1927 in Taunus and visited by numerous other artists, such as WILLI BAUMEISTER, ELLA BERGMANN-MICHEL, WALTER DEXEL, ROBERT MICHEL and LÁSLÓ MOHOLY-NAGY, all of whose work is also represented in the museum's collection.

The tragic history of WERNER GRAEFF, a student at the Bauhaus in Weimar already in the early 1920s, lies in the fact that very little of his work dating from before the war survived the ravages of National Socialism. The few pieces still extant today were saved through the courageous efforts of HANNAH HÖCH and KURT SCHWITTERS. Once GRAEFF had returned to Germany in 1951, after years of exile in Switzerland, it was WILLI BAUMEISTER who ultimately convinced GRAEFF to take up art again. He did and soon rediscovered his "Bauhaus" roots that had so decisively shaped his artistic sensibility as a young man, only now in "looser form," as the artist put it. This creative transition led GRAEFF to Constructivism in the second half of the 20th century. The spontaneity and "accident" admitted, even encouraged, by Informal Art were not something GRAEFF endorsed. In his own words, he had "hated [everything] ambiguous and nebulous … his whole life".

eigener Aussage – „Unbestimmtes, Nebulöses ... ein Leben lang verhasst" gewesen sei.

Der Nachlass GRAEFFS (dem Museum Wiesbaden großzügig von seiner Frau URSULA GRAEFF-HIRSCH und seinem Sohn ROBERT GRAEFF überlassen) umfasst eine Vielzahl von Gemälden, Architekturentwürfen (unter anderem gestalterische Vorschläge für den Nollendorf-platz in Berlin von 1923 oder zur „künstlerischen Gestal-tung des Ruhrlandes" von 1952), Piktogrammen (Material zum Problem einer internationalen Verkehrszeichen-sprache der 1920er-Jahre), Skulpturen (Multiples), Zeich-nungen, Grafiken und Archivalien. Seinen „Hürdenlauf durch das 20. Jahrhundert", wie er selbst sein Leben und seine durch MIES VAN DER ROHE angeregte Autobiografie genannt hatte, vermögen sein Werk wie auch seine verschriftlichten Erinnerungen auf bewegende, aber doch im gleichen Maße sehr konkret-sachliche Art und Weise vor Augen zu führen.

GRAEFF'S estate, generously donated to Museum Wiesbaden by his wife URSULA GRAEFF-HIRSCH and his son ROBERT GRAEFF, encompasses numerous paintings, architectural sketches (among others, proposals for the Nollendorfplatz in Berlin dated 1923 and for the "artistic design of the Ruhr region" dated 1952), pictograms (material on the development of an international "lan-guage" for traffic and road signs), sculptures (multiples), drawings, graphics and other papers. His work and his memoirs, as emotionally moving as they are precise and sober, enrich our understanding of GRAEFF'S "hurdle race through the 20th century," as he referred to his life, even taking the phrase as the title for his autobiography, which MIES VAN DER ROHE encouraged him to write.

2013 – Dritter Klang: Eduard Steinberg

GALINA MANEWITSCH, Witwe des 2012 verstorbenen russischen Malers EDUARD STEINBERG (1938 – 2012), überließ dem Museum Wiesbaden ein Jahr nach dem Tod ihres Mannes ein umfangreiches, insgesamt 77 Werke umfassendes Konvolut (66 teilweise mehrteilige Gemälde und elf Gouachen/Collagen). Das Besondere an dieser Werkgruppe ist, dass sie eine Auswahl des Künstlers darstellt, die explizit als Nachlass in ein deutsches Muse-um eingehen sollte. Schon bald nach dem Fall des Eiser-nen Vorhangs, als der russische „Nonkonformist", als der STEINBERG immer bezeichnet worden war, endlich nicht nur offiziell in Russland, sondern auch in Westeu-ropa ausstellen konnte, hatte er in Köln ein Lager ange-legt, in das er fortan zum Zwecke einer Nachlassstiftung als museal und also besonders gelungen erachtete Werke aus seinen beiden Ateliers in Paris (seiner neuen Wahl-heimat) und Tarussa (circa 110 Kilometer südlich von Moskau) überführte und sammelte. Es war folglich der Plan des Künstlers, dass an einem Ort in Zentraleuropa die Entwicklung seines Schaffens, die dieses seit 1962 bis zu seinem Tod 2012 genommen hat, abgebildet werden kann. Somit sind alle wesentlichen Werkphasen – die frühen figürlichen Arbeiten der 1960er-Jahre, die organi-schen Ansätze um 1970, der Beginn seiner sogenannten Metageometrie bis etwa 1985, der *Dorf-Zyklus* (1985–1990) sowie die späten, hochgradig konstruktivistisch wie atmosphärisch wirkenden Bilder – mit Hauptwerken vertreten. STEINBERG gehört neben ILYA KABAKOV, mit dem er im Moskau der 1960er-und 1970er-Jahre eng

2013 – Third Part: Eduard Steinberg

GALINA MANEWITSCH, widow of Russian painter EDUARD STEINBERG (1938–2012), bequeathed an exten-sive collection of some 77 of her late husband's works, including 66 paintings (some multi-piece) and 11 gouach-es/collages, the year after his death. What makes this collection of works remarkable is that it was selected by the artist himself, who explicitly intended that it to be left to a German museum. Very soon after the fall of the Iron Curtain, when STEINBERG, known by contemporar-ies as the Russian "nonconformist," was allowed to officially exhibit his work not only in Russia but also in western Europe, he secured a storage facility in Cologne, Germany, where he began to collect works produced in his atelier in Paris (his newly elected home) and in Tarussa (some 110 km south of Moscow) which he consid-ered particularly accomplished and worthy of exhibit in museum space. It was, then, the artist's own idea that the development of his artistic production in the period between 1962 and his death in 2012 be mapped, gathered and made available to the public in one single location in central Europe. All of the major phases of his produc-tion, from the early figural works of the 1960s to the organic works of the 1970s to the beginnings of his so-called meta-geometry phase, lasting until around 1985, through to the *Village Cycle* (1985–1990), as well as the late, highly constructivist and atmospheric period, are represented in the collection. STEINBERG'S ability to productively unite his eastern conception of art, shaped as it was by Russian tradition, with the western tenden-

befreundet war, aufgrund der Tatsache, dass er seine durch die russische Tradition geprägte östliche Kunstanschauung mit den westlichen Tendenzen der Nachkriegskunst fruchtbar zu vereinigen wusste, zu den herausragenden Künstlerpersönlichkeiten der Nonkonformisten. Für seine abstrakten Bilder, die stets eine völlige Harmonie der Elemente auf Grundlage einer abendländischen Weltordnung offenbaren, ist das von STEINBERG gerne zitierte DOSTOJEWSKI-Wort „Schönheit rettet die Welt" der Schlüssel zum Verständnis seiner Kunst.

Dass diese Schenkung ein großer Glücksfall für das Museum war, stand von Beginn an außer Frage, sie kam aber nicht rein zufällig zustande, das sei hier betont. STEINBERG erhielt von der R+V-Versicherung 1991 den Auftrag, vier wandfüllende Gemälde für das Treppenhaus des soeben neu erbauten Verwaltungsgebäudes in Wiesbaden auszuführen. Vor Ort lernte er damals nicht nur das Museum kennen, sondern auch die hier beheimatete weltberühmte Jawlensky-Sammlung, die erst kurz zuvor durch den Nachlass von HANNA BEKKER VOM RATH maßgeblich erweitert worden war. Und gerade zur Kunst von JAWLENSKY besteht ein unsichtbares Band, denn wie dieser große russische Maler versuchte auch STEINBERG zeitlebens in seinen Werken das Gleichgewicht zwischen Kunst (Komposition) und Religion (Seele) bildnerisch zum Ausdruck zu bringen. Seine eigenen Werke einmal neben jenen seines geistig so sehr verwandten „Vorfahren" zu wissen, dürfte sicherlich das eine oder andere Mal Gesprächsthema zwischen seiner Frau und ihm gewesen sein.

Obwohl sich seit 1990 die Wiesbadener Sammlung auch in Richtung der konstruktiven Tendenzen der zweiten Hälfte des 20. Jahrhunderts stetig fortentwickelte, zudem die Totalinstallation *Der Rote Waggon* aus den „Wendejahren" seines Freundes KABAKOV hier ihren festen Platz gefunden hatte → 42/43 und im Haus überhaupt neben JAWLENSKY mit Werken NATALIA GONCHAROVAS → 169, WASSILY KANDINSKYS → 136, ILJA REPINS → 297 oder MARIANNE VON WEREFKINS → 166/167 die russische Kunst hochgehalten wird, konnte doch erst durch das Verbindungsglied des so wertvollen STEINBERG-Konvoluts der noch relativ junge Sammlungsteil geometrischer Positionen der zweiten Generation von schönen einzelnen Tönen zum wohlklingenden Dreiklang werden. Zutiefst russisch, konstruktiv sowie von gehöriger malerischer Dichte, all dies sind auch die Werke von EDUARD STEINBERG.

cies of post-war art made him one of the most exceptional artistic personalities among Soviet Nonconformists, like ILYA KABAKOV, his close friend in Moscow during the 1960s and 70s. STEINBERG'S abstract paintings, all of which depict the consummate harmony of their elements on the basis of an occidental socio-cultural order, can best be understood through the words of DOSTOYEVSKY frequently quoted by the artist himself, "Beauty will save the world."

While there is no doubt that the gift of STEINBERG'S collection was most fortuitous for Museum Wiesbaden, it must be emphasized that the choice of Wiesbaden was not entirely accidental. In 1991, STEINBERG was commissioned by the insurance company R+V-Versicherung to paint four murals in the staircase of its newly erected administrative offices in Wiesbaden. While on site, STEINBERG became familiar with the city's museum and its illustrious Jawlensky collection, which, at that time, had so recently been expanded by significant works in HANNA BEKKER VOM RATH'S estate. STEINBERG'S connection to this great Russian painter lies in their common desire to visually express a balance between art (composition) and religion (the soul) in their work. The idea of having his own work displayed next to a "predecessor" so intellectually close to his own ideas was something he almost certainly would have discussed with his wife at one time or another.

Though Wiesbaden's collection of works from late 20th century Constructivist currents continued to grow after 1990 – reinforcing, moreover, the prominence of Russian art with LLYA KABAKOV'S "total" installation *The Red Wagon* → 42/43 from his pivotal post-Cold War years of production, as well as works by NATALIA GONCHAROVA → 169, WASSILY KANDINSKY → 136, ILJA REPIN → 297 and MARIANNE VON WEREFKIN → 166/167 – it was only with the addition of STEINBERG'S collection that the link was established to the relatively recent focal expansion of the museum's collection to geometrical positions of the second generation, turning individual artistic "voices" into a sonorous three-part harmony. The works of EDUARD STEINBERG are, at once, thoroughly Russian, Constructivist and artistically forceful.

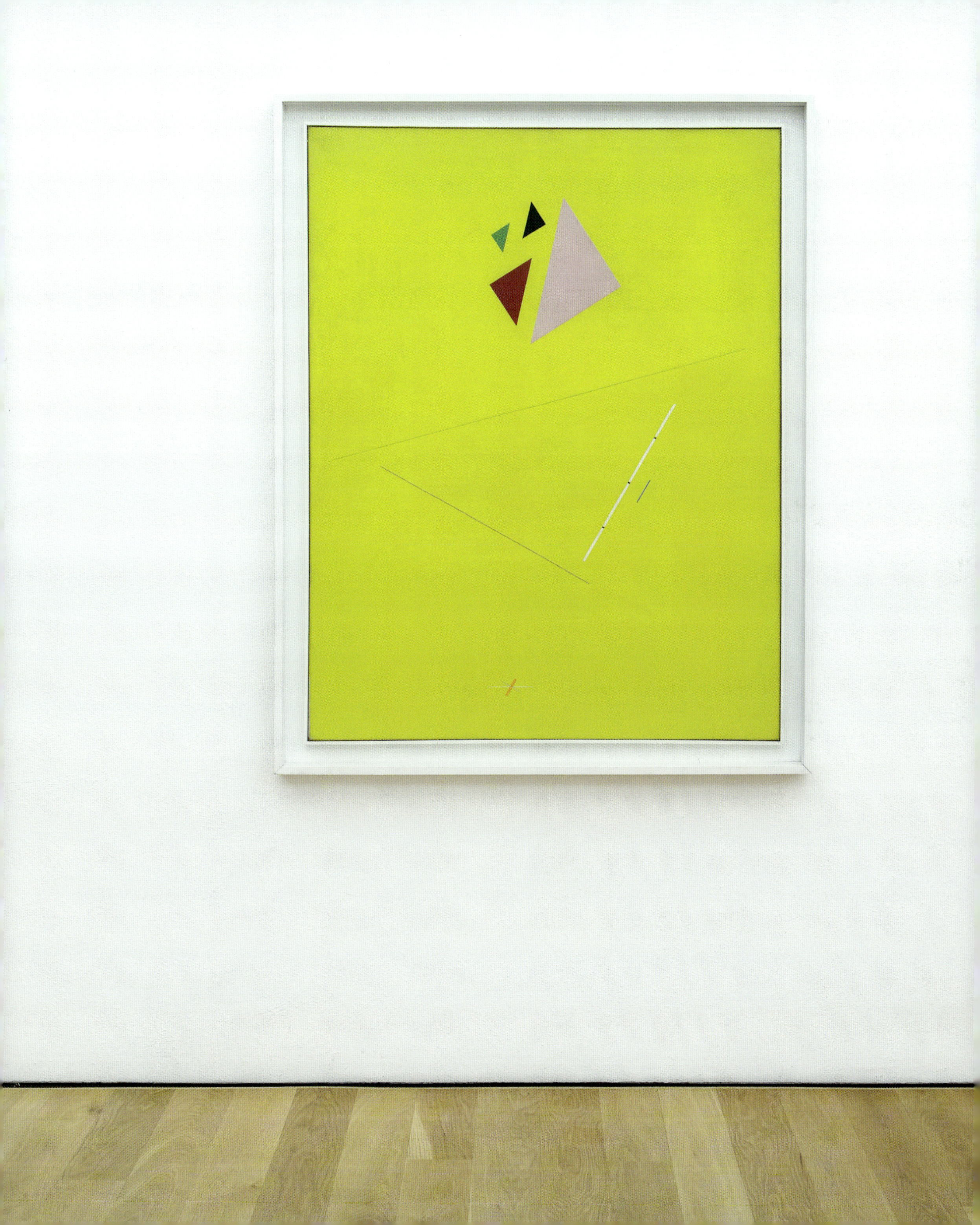

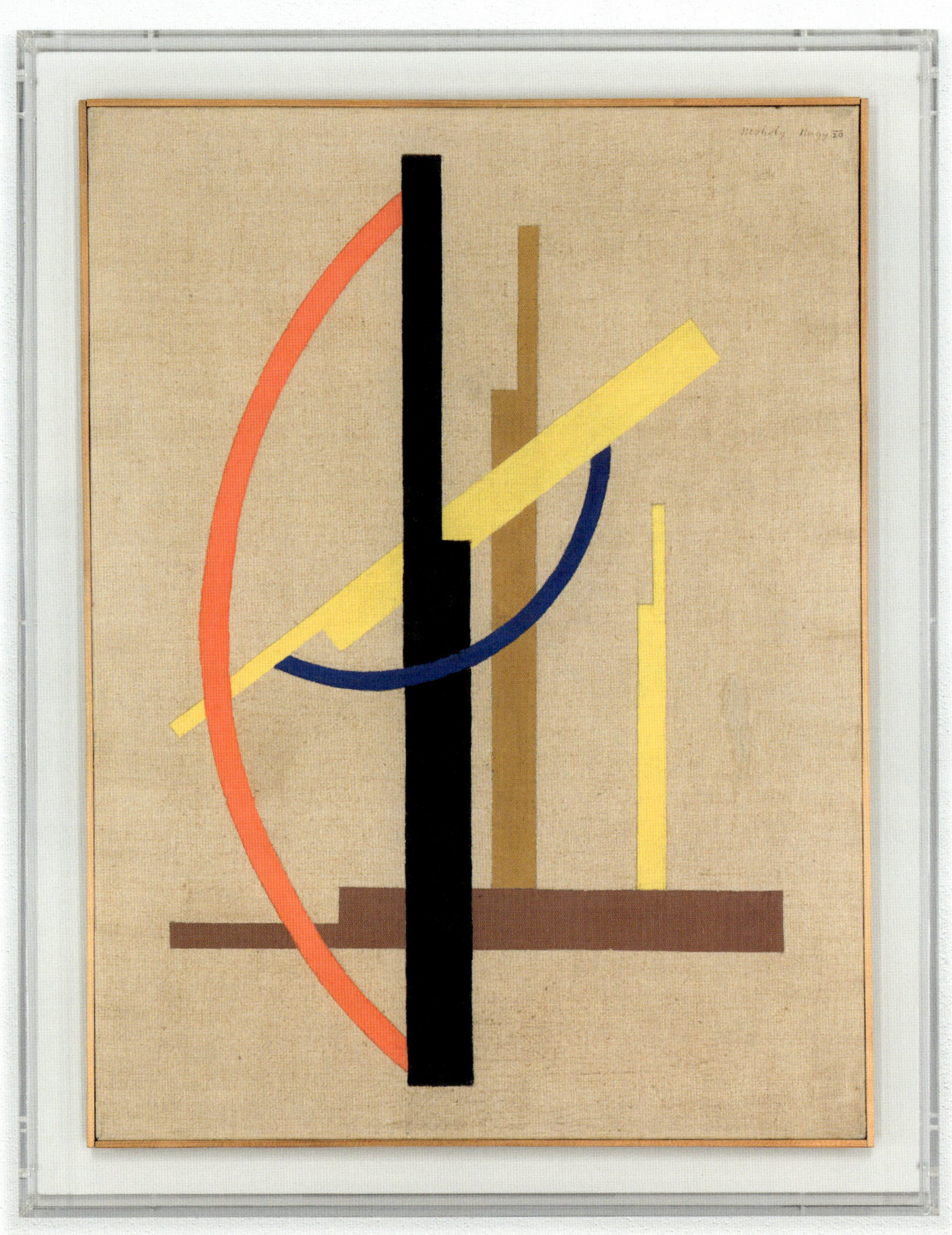

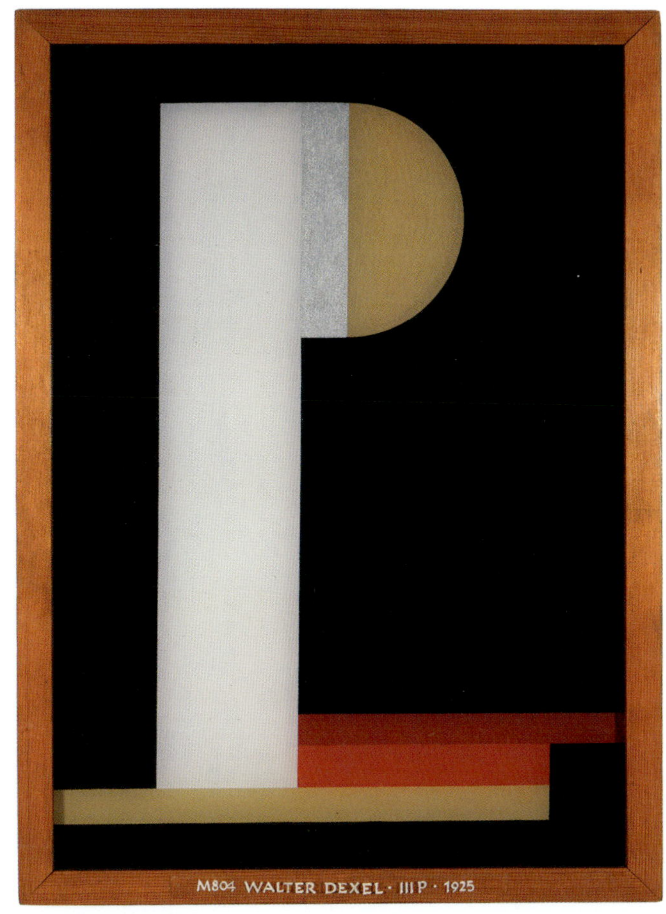

Walter Dexel, III P, 1925

László Moholy-Nagy, Glasarchitektur III, 1920 / 21
Glass architecture III

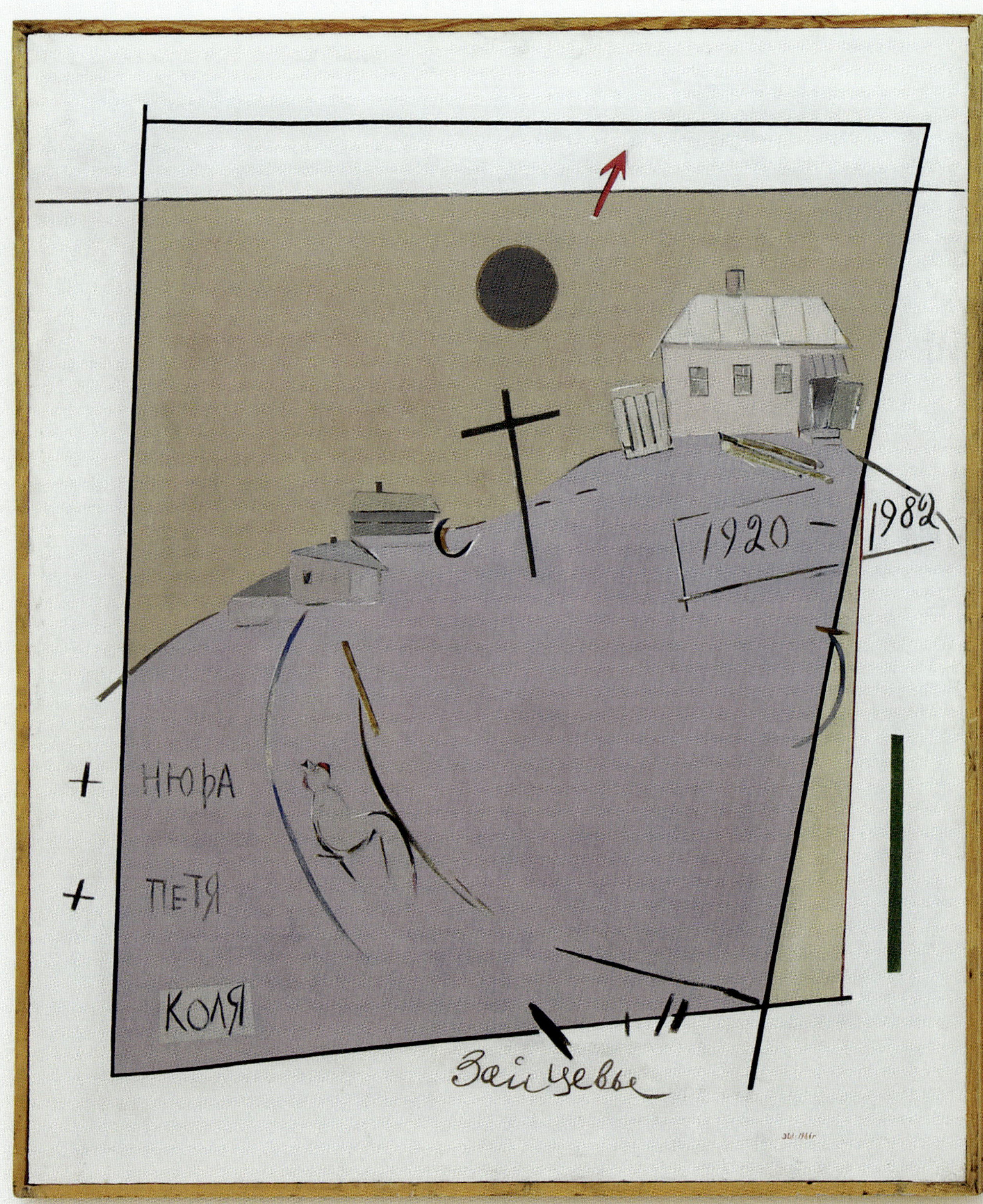

1920 — 1982
+ НЮрА
+ ПеТЯ
КОЛЯ
Зайцевы

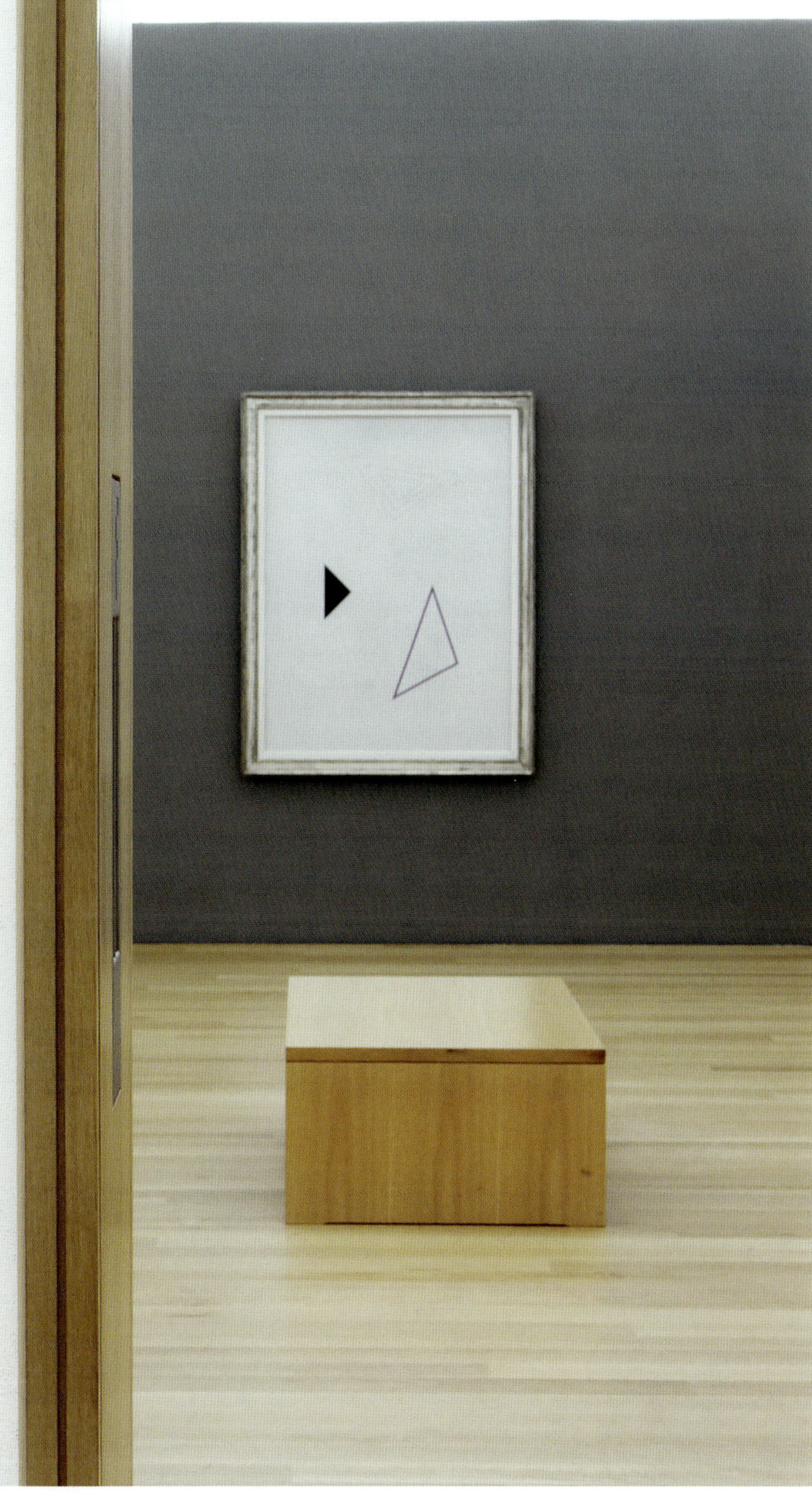

Eduard Steinberg, Komposition —
Njura, Petja, Kolja Saizevs, 1986
Composition —
Njura, Petja, Kolja Saizevs

Friedrich Vordemberge-
Gildewart, K 129, 1941

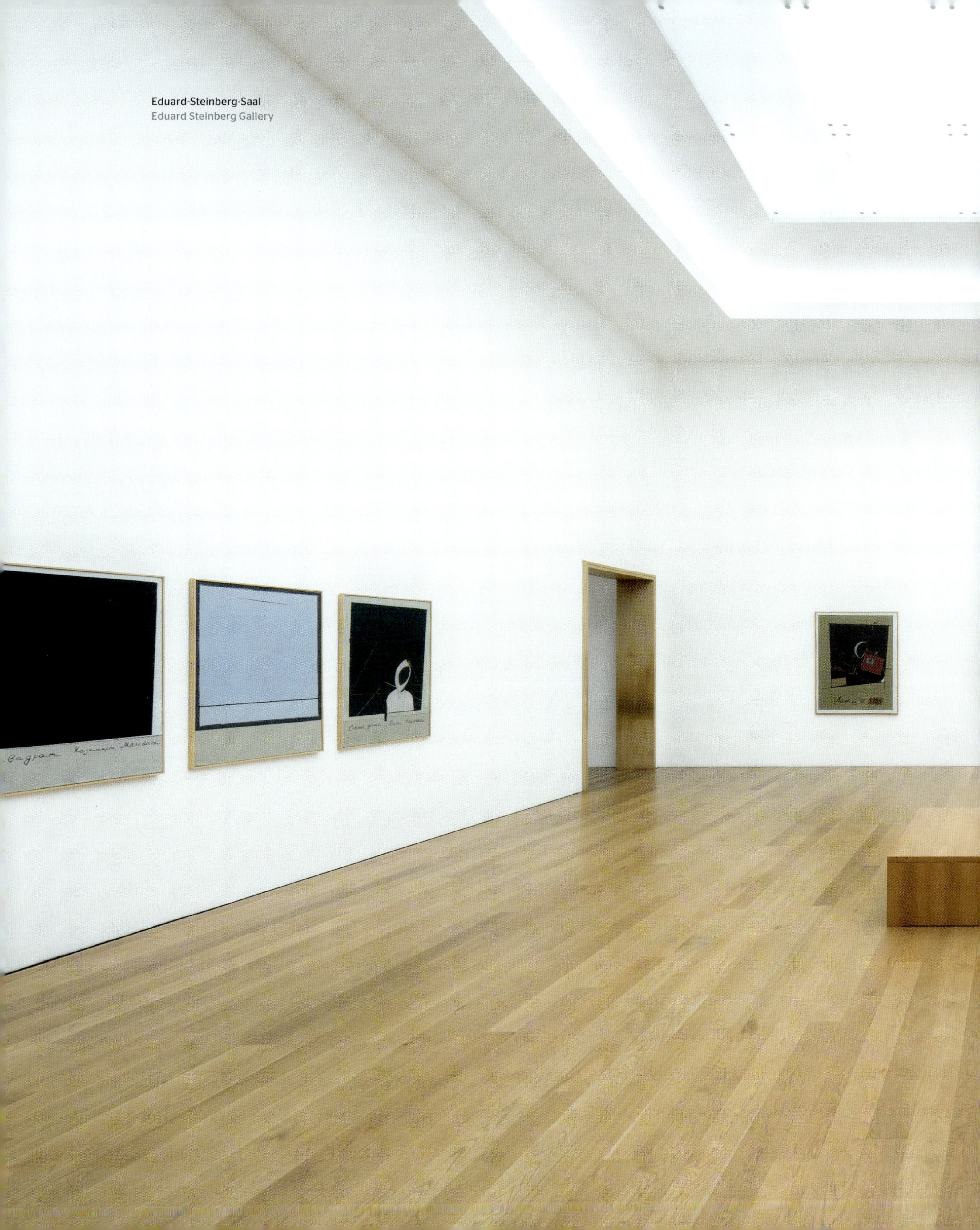

Eduard-Steinberg-Saal
Eduard Steinberg Gallery

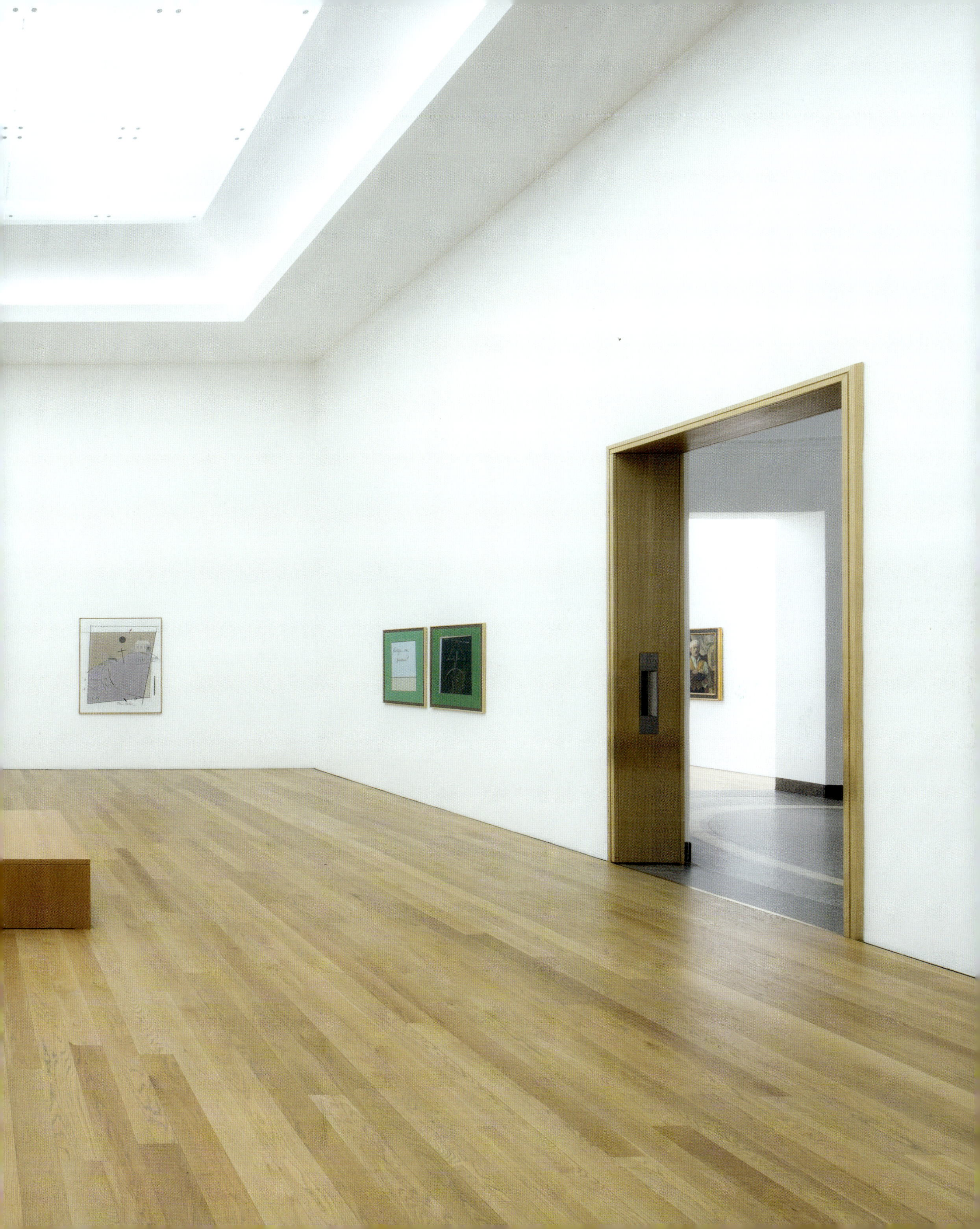

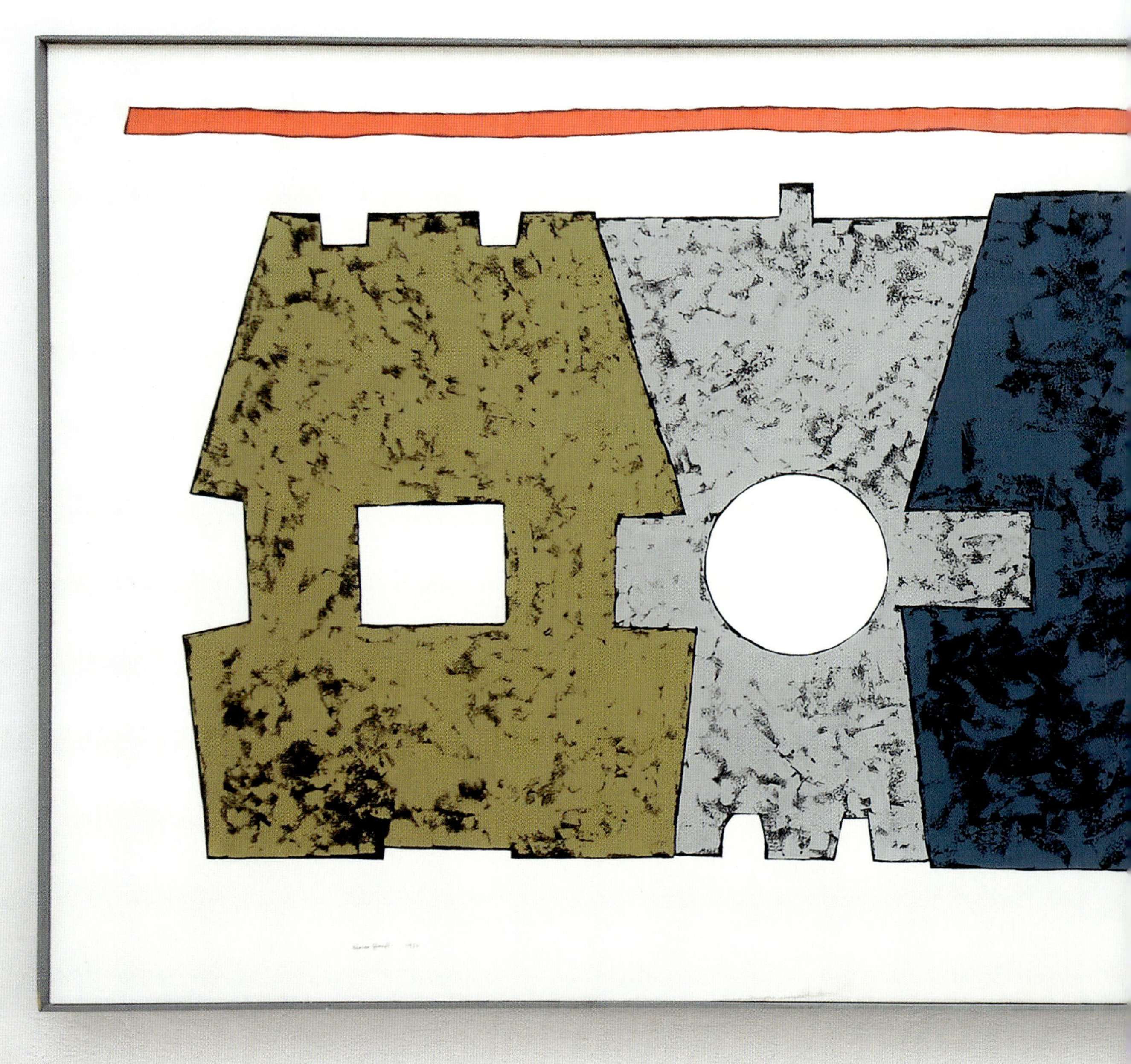

Werner Graeff, Makrobing, 1974

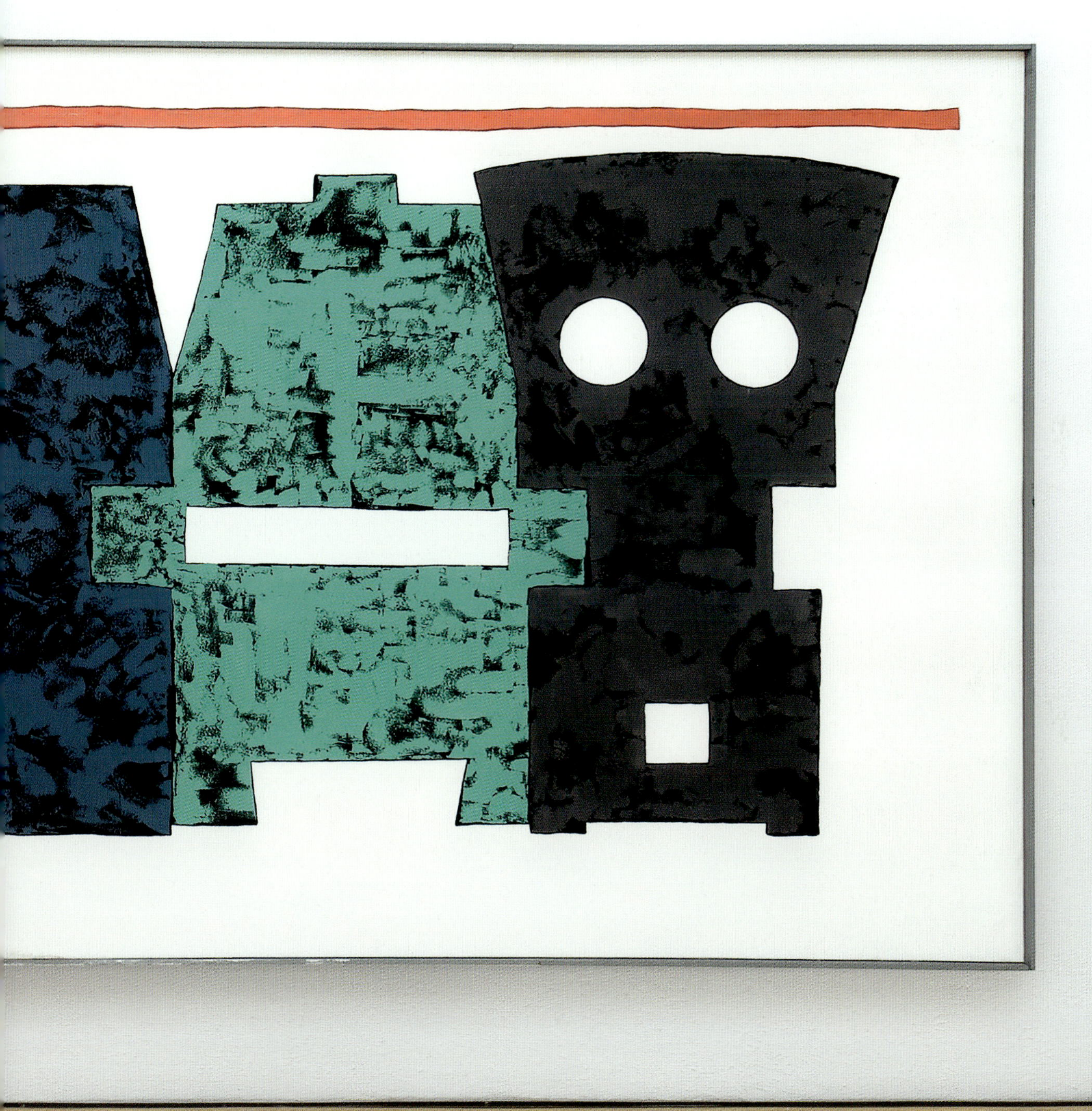

Alte Meister

Old Masters

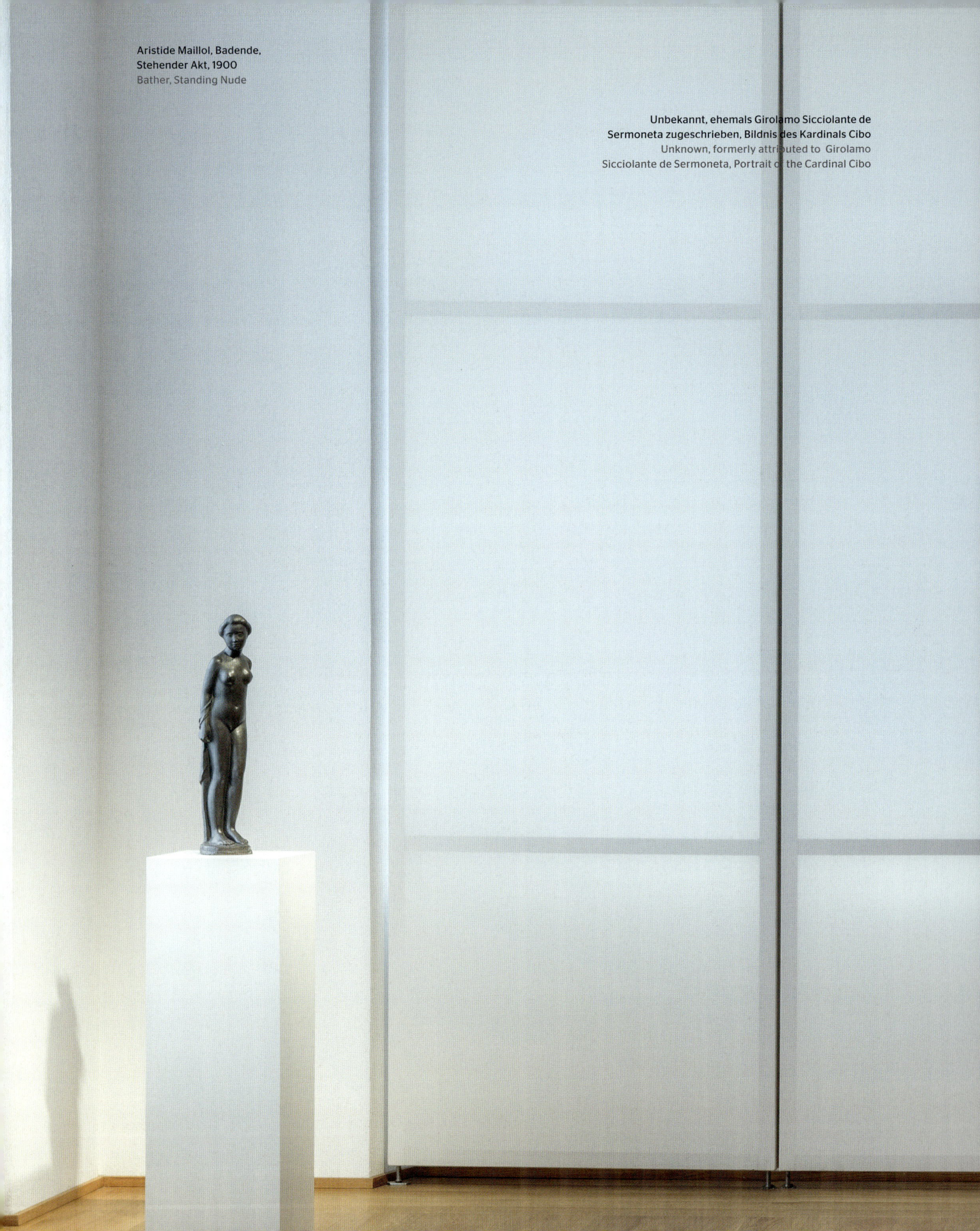

Aristide Maillol, Badende,
Stehender Akt, 1900
Bather, Standing Nude

Unbekannt, ehemals Girolamo Sicciolante de
Sermoneta zugeschrieben, Bildnis des Kardinals Cibo
Unknown, formerly attributed to Girolamo
Sicciolante de Sermoneta, Portrait of the Cardinal Cibo

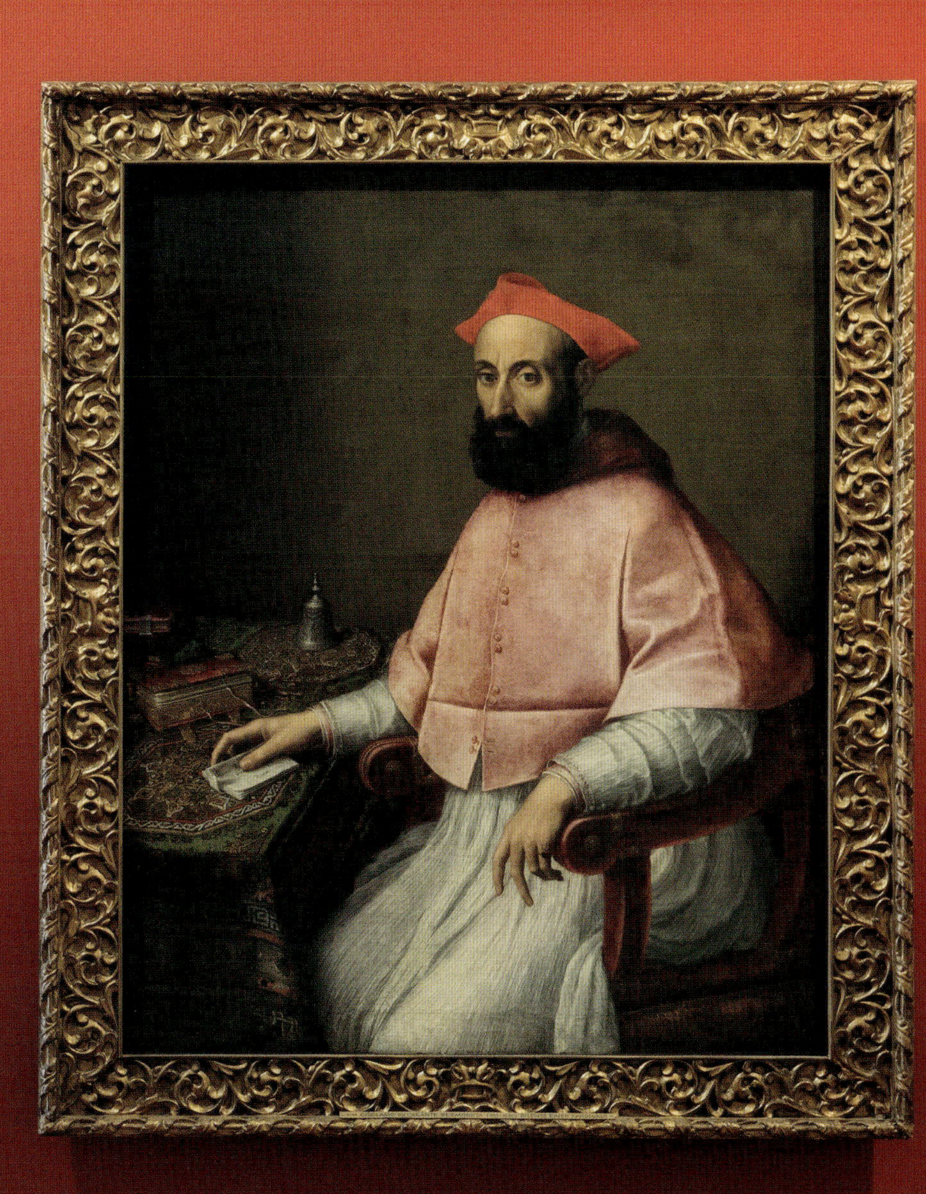

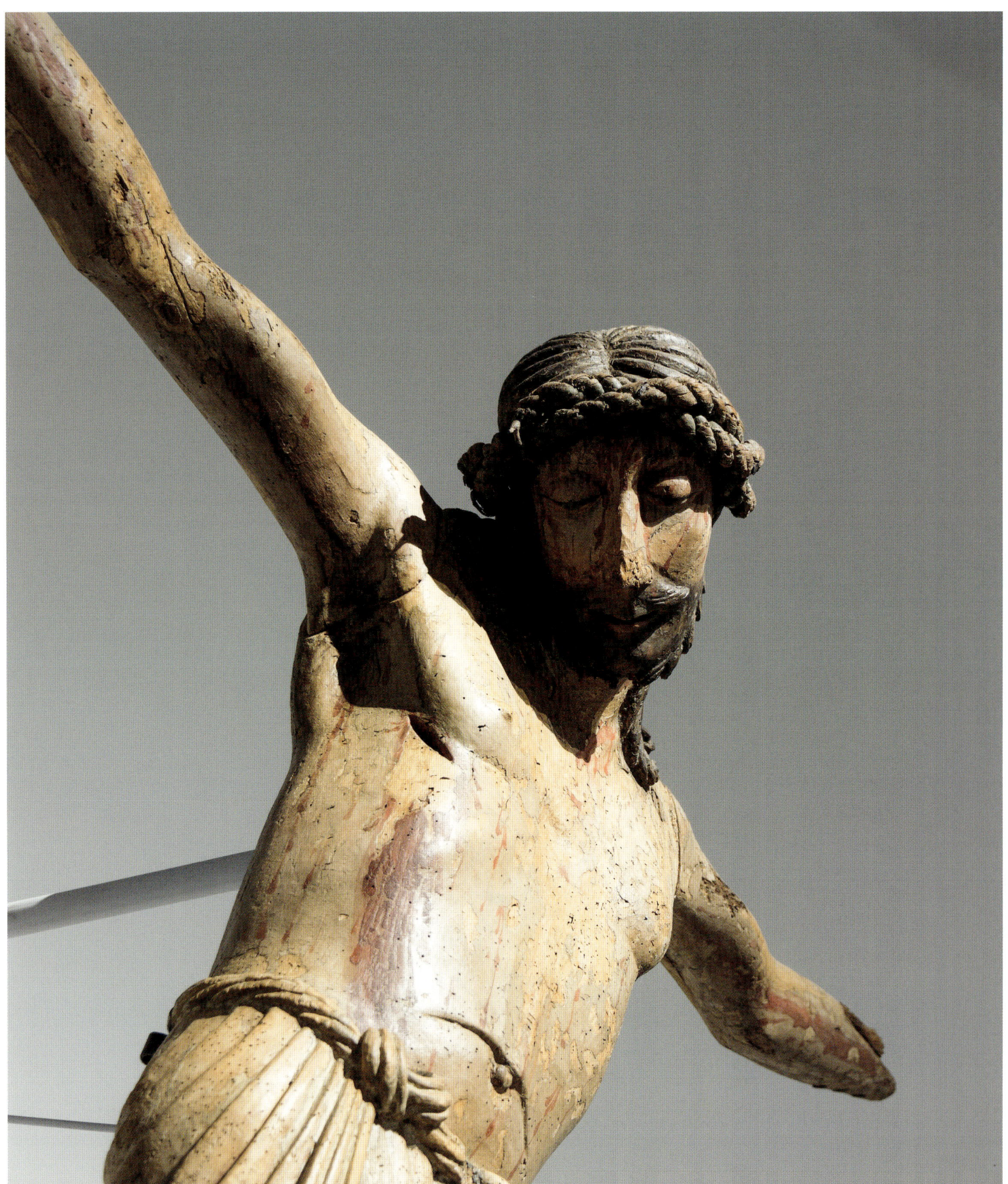

Eine kurze Sammlungsgeschichte der Alten Meister im Museum Wiesbaden

A Brief History of the Old Masters Collection at Museum Wiesbaden

VON PETER FORSTER

Mittelrhein, Kruzifix, um 1200
Middle Rhine, Crucifix, around 1200

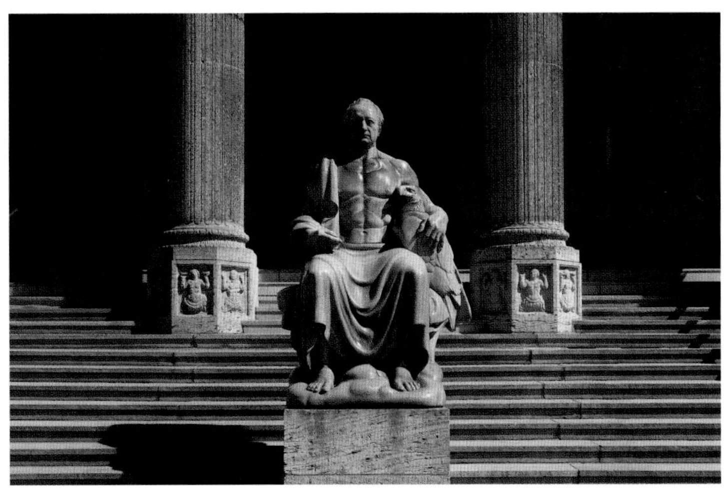

Hermann Hahn, Goethedenkmal, 1919
Goethe monument

Am 7. Mai 2013 begann im Museum Wiesbaden mit der Wiedereröffnung der Sammlung Alter Meister ein neues Kapitel der Geschichte des Hauses. Die heutige Präsentation umfasst mit über 100 Exponaten, ausgehend vom frühen Mittelalter bis ins 19. Jahrhundert, zentrale Werke aus allen Epochen der Kunstgeschichte. Die Sammlung kann auf eine sehr lange Tradition zurückblicken und begleitete die Historie des Museums durch all seine Phasen hindurch. In ihrer Wertschätzung durchlebte sie über die Zeiten aufgrund politischer, gesellschaftlicher, kulturpolitischer und museumsinterner Ereignisse Hoch- und Tiefpunkte. Ihr feierlicher Beginn fällt mit der Eröffnung des Museums am 1. April 1825 im Erbprinzenpalais in der Wilhelmstraße zusammen. Zu diesem Zeitpunkt umfasste die Gemäldegalerie vor allem die 156 Werke aus der Privatsammlung von JOHANN ISAAK VON GERNING (1767–1837), der diese 1826 zusammen mit Altertümern und „Naturalien" gegen Zahlung einer jährlichen Leibrente dem nassauischen Staat überlassen hatte. Die Initiative für diese Transaktion ging auch auf JOHANN WOLFGANG VON GOETHE zurück, der dem Frankfurter GERNING vorgeschlagen hatte, seine Sammlungen öffentlich in Wiesbaden zugänglich zu machen. Ein steingewordener Reflex auf diese Anregung findet sich noch heute zentral im Eingangsportal des Museumsbaus in Form einer monumentalen Granitskulptur von HERMANN HAHN (1868–1945). Seit 1919 thront GOETHE dort mit nacktem Oberkörper als idealisierter Göttervater Jupiter ↑ oben. Leider erwiesen sich zahlreiche VON GERNINGS Zuschreibungen an so prominente Künstlernamen wie HOLBEIN, DÜRER und

The re-opening of the Old Masters collection on 7 May 2013 marked the start of a new chapter in the history of Museum Wiesbaden. The current show encompasses over 100 works spanning from the Middle Ages to the 19th century, including major works from every epoch of art history. The Old Masters collection enjoys a long history that has accompanied that of the museum itself since its very beginnings. Its status among the museum's various collections has vastly varied in the context of changing political, social, cultural and institutional environments over the years, experiencing both highs and lows. Its glorious beginnings coincide with the opening of the museum on 1 April 1825 in the palace of the crown prince on Wilhelmstraße. At this point in its history, the picture gallery was composed primarily of the 156 works from the private art collection of JOHANN ISAAK VON GERNING (1767–1837), who donated it, together with his antiquities and natural history collections, to the Duchy of Nassau in exchange for a life annuity in 1826. The arrangement was initiated by JOHANN WOLFGANG VON GOETHE, who knew GERNING from Frankfurt and had encouraged him to make his collections available to the public in Wiesbaden, a city to which GOETHE had taken a shine during his visits to its spas. GOETHE'S contribution to the history of the museum is set in proverbial stone in the foyer of the building, which features a granite sculpture in his

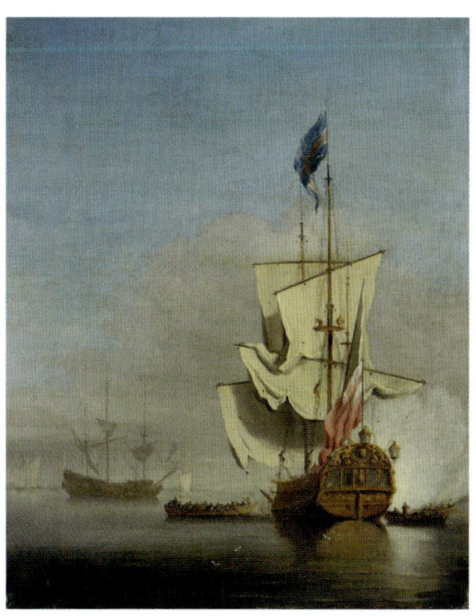

RAFFAEL genauso wenig als haltbar wie bei vielen weiteren Werken aus diesem Konvolut. Die wissenschaftliche „Erdung" jener Gemäldekollektion zeigt ein bis heute bestehendes Problem der gesamten Sammlung auf, die auch alle folgenden Erwerbungen einschließt: das bisherige Fehlen eines eigenen Bestandskatalogs der Werke der Alten Meister im Museum Wiesbaden.

Ein solcher könnte ein umfassendes und dokumentierendes Fundament für eine weitere kontinuierliche Erforschung und Kontextualisierung dieser Kunstwerke legen. Von den heute noch 73 im musealen Besitz befindlichen Werken GERNINGS sind derzeit 15 Gemälde in der Dauerpräsentation ausgestellt, darunter so bedeutende Bilder wie BARTHOLOMÄUS BRUYNS *Die Heimsuchung Mariae* (um 1512/1515) oder FRANZ SNYDERS *Stillleben mit Hase, Vögeln, Hummer und Trauben* → 299.

Im Gegensatz zu zeitgleich entstandenen Sammlungen weist GERNINGS Kollektion eine eigenständige Schwerpunktsetzung auf. Er besaß auffallend viele altdeutsche und altniederländische Gemälde sowie eine überdurchschnittliche Anzahl von frühen und späteren italienischen Werken. Durchaus untypisch für seine Zeit war auch der hohe Anteil an religiösen Themen. Zukünftig werden sukzessive weitere Werke aus der GERNING'SCHEN Sammlung, die sich derzeit aus Raumgründen im Depot befinden – etwa WILLELM VAN DE VELDES Kriegsschiff – sichtbar in den Sammlungskontext eingebunden werden ↑ oben.

likeness by the artist HERMANN HAHN (1868–1945). Since 1919, GOETHE has presided there, idealized as the (bare chested) Jupiter, father of the gods → 230. Unfortunately, GERNING'S numerous attributions of the works in his collection to such prominent artists as HOLBEIN, DÜRER and RAPHAEL have turned out to be far fewer and less tenable than was claimed. Scholarly attempts to trace the origins of the pieces in GERNING'S collection reveal a problem that has plagued the collection as a whole, including subsequent acquisitions, namely, the lack of a catalog of the Old Masters collection in Museum Wiesbaden, as such.

A catalog devoted exclusively to the works of this collection would provide a comprehensive, documentary foundation for the continuing examination and contextualization of these works. Of the 73 works stemming from GERNING'S private collection in the museum's possession today, 15 have made their way into the permanent exhibitions, among them such significant pieces as BARTHOLOMÄUS BRUYN'S *The Visitation* (ca. 1512/1515) and FRANZ SNYDER'S *Still Life with Hare, Lobster and Grapes* → 299. Unlike other collections assembled in the same period, GERNING'S had developed its own focus. He owned a remarkable number of old German and Dutch paintings, as well as an above average number of early and late Italian works. The remarkable number of religious works in the collection was also atypical for his time. Museum Wiesbaden plans to integrate additional works from GERNING'S collection more prominently into its permanent exhibition, such as WILLELM VAN DE VELDES *Battleship* ↑ above, which are currently in storage due to space considerations.

In den folgenden Jahrzehnten nach der Museumsgründung 1825 sind kaum nennenswerte Zuwächse der Bestände verzeichnet, was auch eine Folge des fehlenden Engagements des regierenden Hauses Nassau war, dessen eigene einzigartige Kunstschätze in den Niederlanden verblieben, wo sie seit Jahrhunderten Erbstatthalter waren. Diesen Mangel an fürstlicher Fürsorge in kulturellen Belangen glichen liberal gesonnene Bürger Wiesbadens 1847 mit der Gründung eines Vereines aus, dem bis heute existierenden Nassauischen Kunstverein (NKV). Dieser war von Anfang an vielfältig aktiv, er organisierte sowohl Ausstellungen als auch Verkaufsschauen, sicherte sich das Protektorat des Herzogs und nahm auch inhaltlichen Einfluss auf die Kunstsammlungen, die zu diesem Zeitpunkt noch der Verwaltung der Bibliothek unterstanden. Ab 1854 änderten sich die Strukturen, denn ab diesem Zeitpunkt zeichnete der Verein für die Belange der Bildergalerie verantwortlich. Als 1858 die Bibliothek aus dem nassauischen Erbprinzenpalais auszog, entstand jenes Dreispartenhaus (Natur / Nassauische Altertümer / Kunst), das bis 2010 das Profil des Museum bestimmte. Der Verein übernahm die frei gewordenen Räumlichkeiten und präsentierte fortan dort allein verantwortlich die Kunstsammlungen, veranstaltete Ausstellungen und bestimmte die Erwerbungspolitik. Innerhalb dieses Rahmens, der auch kontinuierliche Veränderungen mit einschloss, bestand dieses institutionell-organisatorische Konstrukt bis in die 1920er-Jahre. Zu den ersten Erwerbungen des Vereins

In the decades after the founding of the museum, there were few notable additions to the collection due largely to a lack of engagement on the part of the ruling house of Nassau, whose own unique art collection remained where it had been for centuries – as a hereditary treasure, in the Netherlands. This neglect of cultural matters by the ruling family was compensated for by a group of liberal minded citizens of the Wiesbaden in 1847, who established the Nassau Art Association (NKV), which still exists to this day. The association carried out a variety of activities, organizing exhibitions and showings for purposes of sale, securing the patronage of the duke, and even influencing decisions about the contents of the collection, which, at that time, fell under the jurisdiction of the library administration. Not until 1854 did the association assume control of the picture gallery, an organizational change that moved the library onto new premises and created a three-part structure for the museum's collections – natural history, antiquity, and art – which would define the museum until 2010. The art association continued to exhibit the three collections in this now expanded space and set the tone for the museum's acquisition policy. This institutional, organizational structure remained in place, though modified intermittently, until well into the 1920s. Among the association's first acquisitions in 1854 was ARTHUR VON RAMBERG'S *Good Friends (Girl with the Goat)* from 1853 → 233 and, in 1858, CARL FRIEDRICH LESSING'S *Forest Landscape*, painted in 1857.

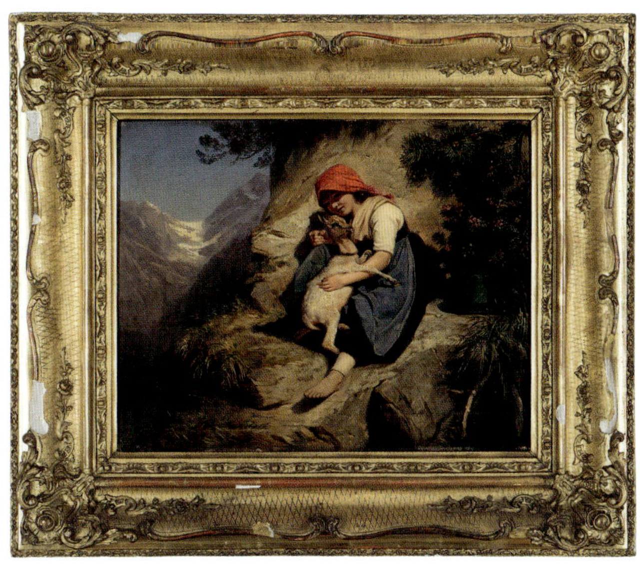

Arthur von Ramberg, Gute Freundschaft, 1853
Good Friends

zählten 1854 Arthur von Rambergs *Gute Freundschaft (Mädchen mit der Ziege)* von 1853 ↑ oben und Carl Friedrich Lessings *Waldlandschaft* von 1857, die 1858 erworben wurde.

Von einer nun einsetzenden enormen Steigerung der Erwerbungen kann aber in Wiesbaden keine Rede sein; kein Vergleich etwa zu dem, was sich zeitgleich im benachbarten Frankfurter Städel abspielte, dessen finanzielle Grundvoraussetzungen, gekoppelt mit einem regen bürgerschaftlichen Engagement und zudem befeuert durch die Möglichkeiten der Städelschule mit ihren Professoren-Künstlern und Schülern, sich zu einer herausragenden Erwerbungspolitik verdichteten. Auch die innerstädtische Entwicklung fand keine Entsprechung in der Sammlung: Während sich Wiesbaden selbst permanent entfaltete, stagnierte die Museumskollektion und hielt mit dem Wachstum der Stadt nicht Schritt. Statt zum Hort der Kunst war sie mit ihren Heilquellen vielmehr auf dem Weg zur „Weltkurstadt": Hotels, Theater und ein Casino sollten schon bald den luxuriösen Aufenthalt solventer Gäste bestimmen und spiegelten die eigentlichen Interessen innerhalb der Stadt wider. Das Museum profitierte davon nicht. Die nur geringe Identifikation der Bürger hatte das Haus aber letztlich auch selbst zu verantworten. Die Präsentation in den beengten Räumen mit ihrer phasenweisen Vermischungen der drei Sammlungsschwerpunkte war buchstäblich schlecht und wurde von der zeitgenössischen Kritik entsprechend kommentiert.

Yet, we cannot speak of any meaningful uptake in purchasing in Wiesbaden, certainly not in comparison to the activity of the neighboring Städel museum in Frankfurt, whose financial means and engaged citizens, in combination with the presence of the art school, its professorial and student artists, enabled the development of an exceptional acquisitions policy. While the city of Wiesbaden itself experienced continual growth, its museum's collection stagnated. Rather than a site of art and culture, the city was on its way to becoming an international health resort, with its mineral springs drawing wealthy visitors to its rapidly expanding infrastructure of luxurious hotels, theaters and casino. The city's predominantly economic interests did not at all benefit the museum. Moreover, the museum's abysmal exhibition "design" in rooms far too small with a virtually random mixture of pieces from its three different collections all displayed in the same space lead to a lack of identification of Wiesbaden's citizens with the museum, for which the museum itself was largely to blame.

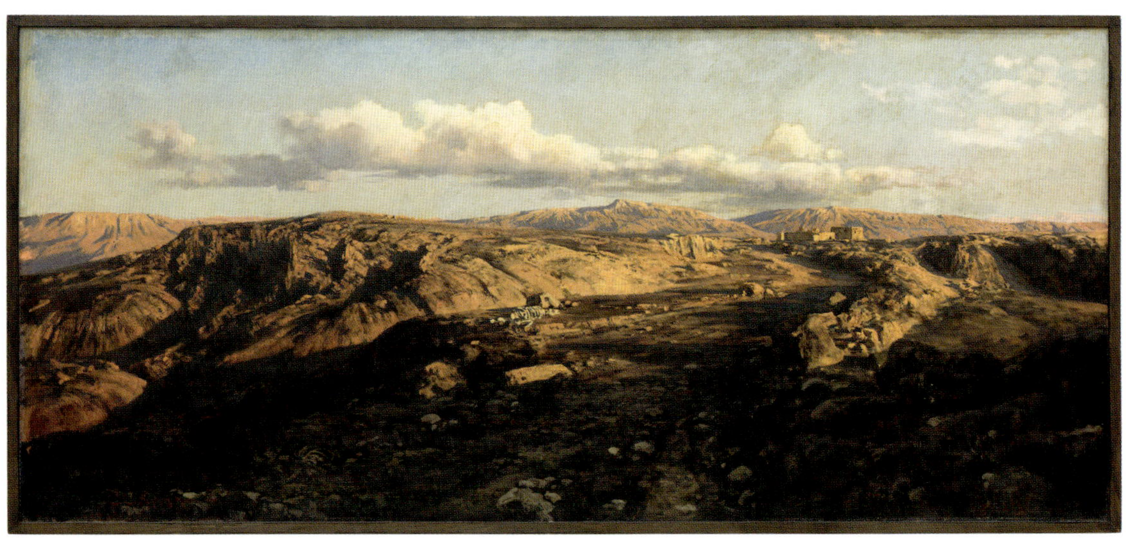

Carl Coven Schirm, Kasr el Jehude (Jordanebene), 1881
Qasr el Yahud (seen from Jordan Valley)

Mit der Annexion Nassaus durch Preußen 1866 ging die Gemäldegalerie in den Besitz des preußischen Staates über und wurde zur Königlich Preußischen Kunstsammlung. Aus diesem Umstand heraus wurden dem Museum 1884 und 1886 21 Leihgaben aus Berlin überwiesen, darunter zahlreiche italienische und holländische Barockgemälde, von denen die letztlich in Wiesbaden verbliebenen Werke bis zum 10. August 1973 das Bild der Sammlung signifikant mitbestimmten. Die nicht enden wollende Kritik an den bestehenden Ausstellungsräumen mündete allerdings schon bald nicht nur in den Ruf nach einem Neubau, sondern führte 1898 eine Deputation des Nassauischen Kunstvereins nach Berlin, um bei der Regierung auf die Situation aufmerksam zu machen und sich für einen neuen Museumsbau einzusetzen. Im Folgenden erhob die immer selbstbewusster werdende und inzwischen finanzstarke Stadt nun selbst Anspruch auf die Museumssammlungen. Im Jahre 1899 entstand daraus ein Vertrag zwischen der Stadt und der preußischen Regierung, der vorsah, dass Wiesbaden für einen Neubau zu sorgen habe und dann im Gegenzug als Eigentümer die Sammlungen übernehmen würde. Beauftragt mit der Errichtung des neuen Museums wurde THEODOR FISCHER (1862–1938), nach dessen Plänen im Kriegsjahr 1915 der imposante Bau vollendet wurde.

Einige Beispiele sollen die bis dahin erfolgte Erwerbungspolitik illustrieren: WILHELM LINDENSCHMIDTS *Martin Luther vor dem Kardinal Cajetan in Augsburg 1518*

With the annexation of Nassau by Prussia in 1866, ownership of the, soon thereafter, "Royal" painting gallery was transferred to the Prussian government, which, in turn, lent the museum 21 works from its collections in Berlin, including numerous Italian and Dutch Baroque paintings that would significantly shape the museum's landscape into the early 1970s. Persistent critique of the exhibition space soon lead not only to the call for construction of a new building but ultimately sent a delegation of the Nassau Art Association to Berlin in 1898 in an effort to raise the government's awareness of the situation and request approval for construction of a new museum. Wiesbaden's position as a self-confident and financially prosperous city, however, encouraged the delegation to reclaim ownership of the museum's collections, as well, and in 1899 a contract between the city and the Prussian state was signed, returning ownership to the city in exchange for assuming responsibility for the construction. The impressive new structure, designed by architect THEODOR FISCHER (1862–1938), was completed in 1915, despite the war.

The focus of the museum's acquisition activity at that time can best be illustrated by example: WILHELM LINDENSCHMIDT'S *Martin Luther before Cardinal Cajetan in Augsburg 1518* → 324/325, acquired in 1877, epitomizes the continued dominance of historical painting, while the immense popularity of landscapes, in particular

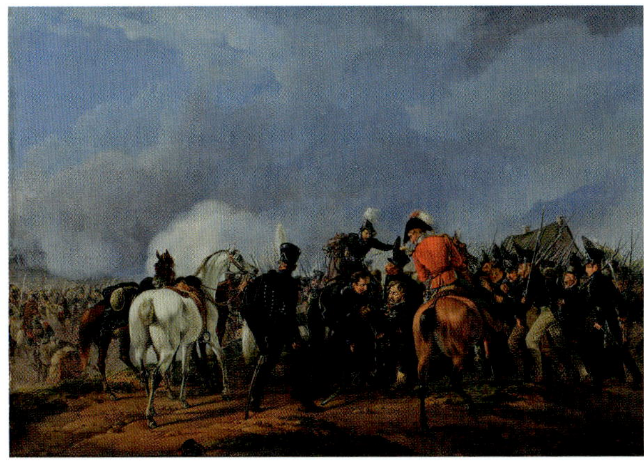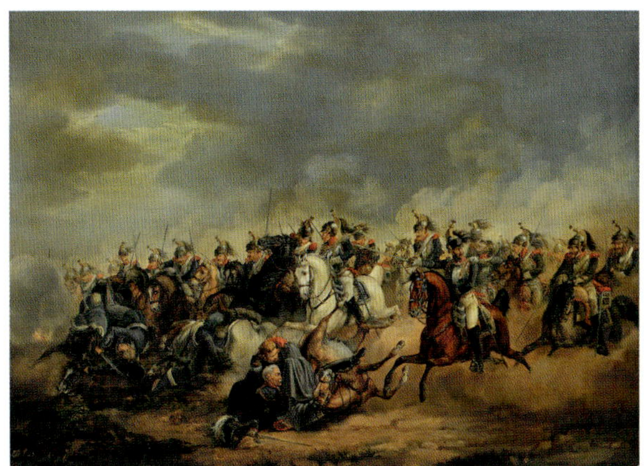

Dietrich Monten, Tod des Herzogs von Braunschweig bei Quatrebras, 1815
Death of the Duke of Brunswick at Quatrebras

Dietrich Monten, Sturz Blüchers bei Ligny, 1823
Spill of Blücher at Ligny

→ 324 / 325, das 1877 seinen Weg ins Museum fand, repräsentiert die in jener Zeit immer noch vorhandene Vorrangstellung der Historienmalerei. Die große Beliebtheit von Landschaften, insbesondere exotischen, illustriert etwa CARL COVEN SCHIRMS *Kasr el Jehude (Jordanebene),* das 1882, ein Jahr nach seiner Entstehung 1881, erworben wurde → 234. Die Historienmalerei erfuhr 1898 mit zwei Werken von DIETRICH MONTEN weiteren Zuwachs ↑ oben. Ein typisches Porträt des Venezianers DOMENICO MAGGIOTTO bereicherte den Bestand ab dem Jahre 1900 → 236. Aus der Sammlung PAGENSTECHER stammt WILHELM TRÜBNERS *Ökonomiegebäude in Amorbach,* das seit 1901 im Museum ist → 363. Richtig Fahrt nahmen die Zugänge um die Jahrhundertwende auf. 1902 erbte die Stadt die Sammlung AUGUST DEMMIN, unter deren 18 Gemälden sich so illustre Künstlernamen wie JANUARIUS ZICK → 322 und JAN WEENIX befanden.

Ein weiterer umfangreicher Nachlass folgte 1905 mit der 125 Bilder umfassenden Gemäldesammlung von DR. HEINRICH HEINTZMANN, die besonders reich an Werken des 19. Jahrhunderts mit Schwerpunkt auf der Düsseldorfer Malerschule war; dabei ragte OSWALD ACHENBACHS *Fontäne von Santa Lucia in Neapel* → 356/ 357 explizit heraus. Schon ein Jahr zuvor, 1904, hatte außerdem die wunderbare *Nanna* von ANSELM FEUERBACH von 1861 in Wiesbaden ihr Zuhause gefunden → 294 / 295. Auffallend und aus heutiger Sicht rückblickend festzustellen ist, dass hinter all den genannten Eingängen jedoch keine erkennbare kunsthistorische

exotic, can be seen in CARL COVEN SCHIRM'S *Qasr el Yahud (seen from Jordan Valley)* acquired in 1882, the year after it was painted → 234. In 1898, the museum's collection of historical painting was further expanded to include two works by DIETRICH MONTEN ↑ above. A typical portrait by Venetian painter DOMENICO MAGGIOTTO was added to the collection in 1900 → 236, as was WILHELM TRÜBNER'S *Farm Building in Amorbach* from the PAGENSTECHER collection, acquired by the museum in 1901 → 363. But it was not until the turn of the twentieth century that the number of new acquisitions increased, when in 1902 the city was bequeathed the collection of AUGUST DEMMIN, among whose 18 paintings were works by such illustrious artists as JANUARIUS ZICK → 322 and JAN WEENIX.

Another extensive estate was left to the museum in 1905 by DR. HEINRICH HEINTZMANN, whose 125 work collection contained largely works from the 19th century, in particular those of the Dusseldorf School, exceptional among them OSWALD ACHENBACH'S *Fountain of Santa Lucia in Naples* → 356/357. A year earlier, in 1904, the exquisite *Nanna* by ANSELM FEUERBACH, painted in 1861, had already made its way to Wiesbaden → 294/295. Remarkably, looking back from our current position, it is clear that none of these acquisitions was the result of any recognizable art historical tendency or conscious policy on the part of the museum. Rather, these works became part of the collection more or less by accident through donations and inheritance, without any kind of

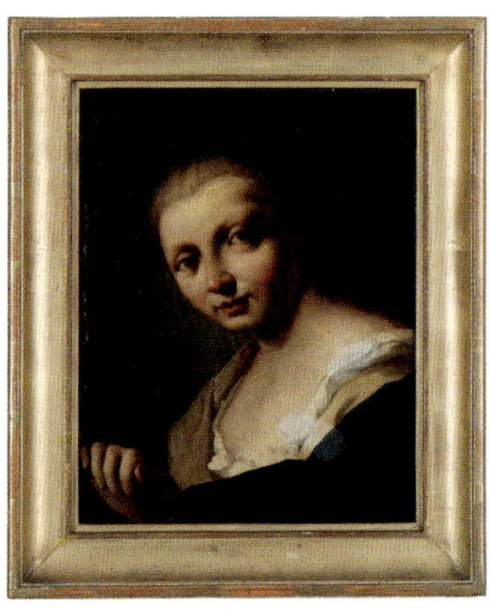

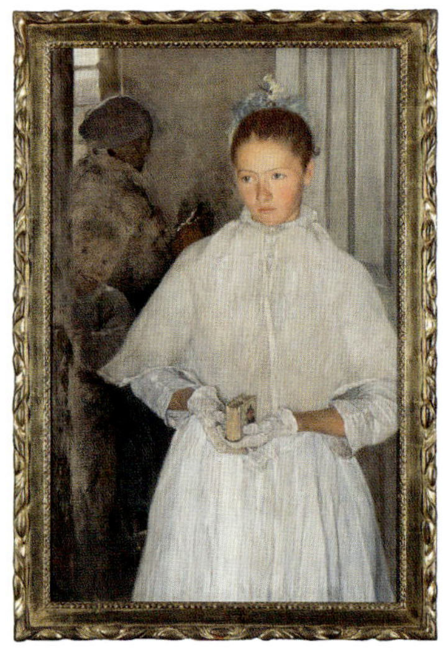

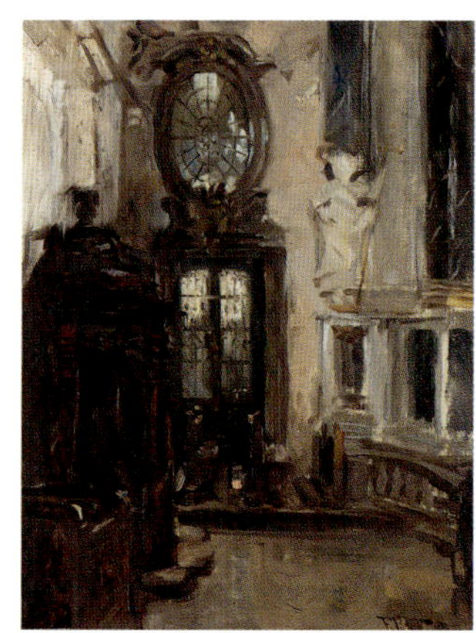

Domenico Maggiotto, Bildnis einer jungen Frau
Portrait of a young Woman

Adolf Hölzel, Die Erstkommunikantin, 1887
The First Communicant

Ferdinand Brütt, Aus dem Dom zu Würzburg, 1903
From the Cathedral in Würzburg

Handschrift oder Politik stand. Vielmehr waren die Erwerbungen mehr durch Zufälle wie Schenkungen und Erbschaften bestimmt und ließen eine klaren Strategie vermissen. Dennoch wiesen im Folgenden Werke ADOLF HÖLZELS, etwa *Die Erstkommunikantin* von 1887, erworben 1908 ↑ oben, FERDINAND BRÜTTS *Aus dem Dom zu Würzburg* von 1903, erworben 1909 ↑ oben, sowie MAX LIEBERMANNS, LOVIS CORINTHS oder FERDINAND HODLERS bereits in Richtung Moderne. Dazu zählte auch CARL SCHUCHS *Stillleben mit Zinnkrug* von 1885, das 1918 in die Sammlung gelangte → 333.

Trotz all der klangvollen Namen war nach wie vor aber unverkennbar, und dies fiel insbesondere in den frisch bezogenen neuen und großzügigen Museumsräumen auf, dass sowohl in der Quantität, aber vor allem auch in der Qualität große Lücken in den Wiesbadener Beständen klafften. Gepaart mit einer kaum vorhandenen Programmatik fiel bereits bei der Eröffnung des Hauses am 2. Oktober 1915 die Kritik sowohl an der Sammlung selbst als auch an ihrer Präsentation äußerst harsch aus. Mit Leihgaben aus Privatbesitz versuchte man hier Abhilfe zu schaffen. Die Sammlung PAGENSTECHER mit ihrem großen Trübner-Bestand als auch im Folgenden die Sammlung KIRCHHOFF wurden in die museale Ausstellung integriert. Mit dem Ende des Deutschen Kaiserreiches 1918 lässt sich sowohl für Wiesbaden selbst als auch für die Museumspolitik eine Zäsur konstatieren. Vorbei war der Glanz der kaiserlich-wilhelminischen

administrative strategy. Still works such as ADOLF HÖLZEL'S *The First Communicant* from 1887, acquired in 1908 ↑ above, FERDINAND BRÜTT'S *From the Cathedral in Würzburg* from 1903, acquired in 1909 ↑ above, as well as works by MAX LIEBERMANN, LOVIS CORINTH, FERDINAND HODLER and, finally CARL SCHUCH'S *Still Life with Pewter Mug* from 1885, acquired in 1918, pointed the museum toward the Modern era → 333.

Despite all of the illustrious names, there were evident gaps in not only the quantity but in the quality of works in Wiesbaden's collection, made all the more conspicuous after its relocation to the new, spacious building. These deficits, in combination with a virtually nonexistent methodology, brought about harsh critique of both the collection and its presentation when the museum opened its doors on 2 October 1915. Attempts were made to address the problem with loans of works from private collections, incorporating the PAGENSTECHER collection, with its large number of TRÜBNER pieces, and the KIRCHHOFF collection into the museum's exhibitions. The end of the German Empire in 1918 marks a turning point for both the city itself and the museum. The glamour of the imperial Wilhelminian era, when the emperor resided in the city for the month of May, had come to end, and Wiesbaden was forced to redefine itself. For the museum, that meant opening itself up to contemporary currents in art, like Expressionism. The Nassau Art Association, seated, too, in the

236

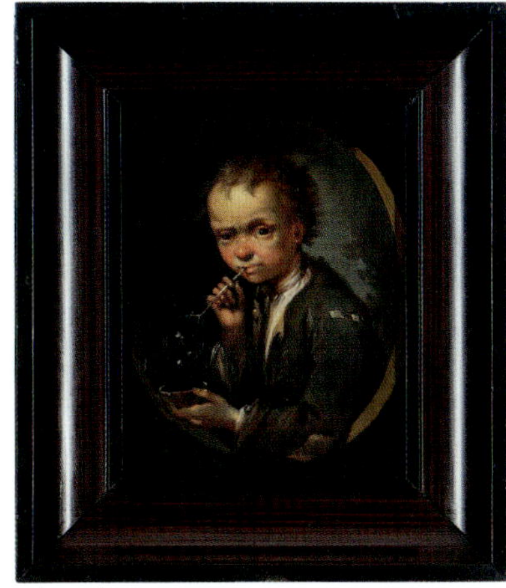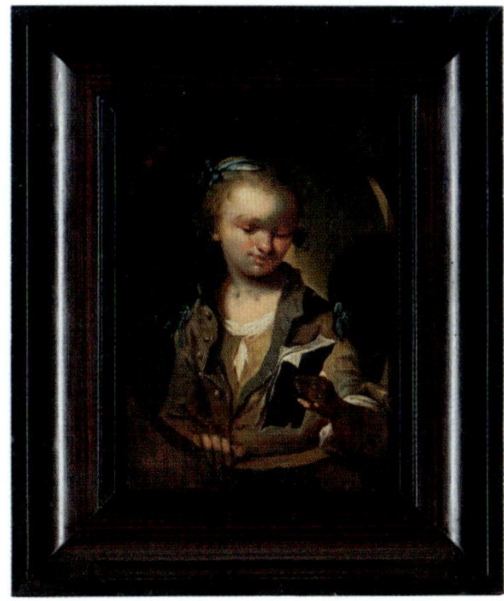

Johann Conrad Seekatz, Knabenbildnis
Portrait of a Boy

Johann Conrad Seekatz, Mädchenbildnis
Portrait of a Girl

Mairesidenz, die Stadt musste beginnen, sich selbst neu zu definieren. Dazu gehörte auch, dass sich die Museumsausrichtung fortan ganz den neuen zeitgenössischen Strömungen wie zum Beispiel dem Expressionismus öffnete. Federführend hierbei war wiederum der Nassauische Kunstverein, der seinen Sitz ebenfalls im neuen Museum gefunden hatte. Bereits zu diesem Zeitpunkt gelangten nur noch punktuell Werke älterer Kunst ins Haus, beispielsweise die beiden kleinformatigen Bilder von JOHANN CONRAD SEEKATZ ↑ oben. In den 1920er-Jahren etablierte sich vielmehr eine rege Ausstellungs- und Erwerbungstätigkeit mit zeitgenössischen Künstlern. Dieses neue Profil schärfte und formte dann ab 1929 EBERHARD SCHENK ZU SCHWEINSBERG, der der erste hauptamtliche Direktor der Kunstsammlung wurde. Ihm standen zwar so gut wie keine finanziellen Mittel zur Verfügung, aber dennoch gelang es ihm, den eingeschlagenen Weg zu festigen. Während dieser Zeit erfolgten wiederum nur noch sporadisch Erwerbungen Alter Meister, so gelangte LOVIS CORINTHS *Porträt des Pianisten Conrad Ansorge* (1903 → 238) 1929 etwa zeitgleich mit einer zweiseitig bearbeiteten Holztafel, die der Dürer-Schule zugeordnet wird, ins Museum → 239. Ein Jahr später, 1931, kam die bedeutende Bronzeskulptur *Badende, Stehender Akt* (1900 → 238) von ARISTIDE MAILLOL ins Haus und wiederum ein Jahr später folgte eine *Maria Magdalena* aus den Niederlanden des 17. Jahrhunderts. AELBRECHT BOUTS *Kopf Christi mit der Dornenkrone* fand 1933 seinen Platz → 275.

rooms of the new museum, played the leading role in this regard. The acquisition of older works, such as the two small format pieces by JOHANN CONRAD SEEKATZ ↑ above, was already limited at this time. The 1920s were marked much more by an enthusiasm for the exhibition and acquisition of works by contemporary artists, a direction pursued and shaped beginning in 1929 by the first full-time director of the art collection, EBERHARD SCHENK ZU SCHWEINSBERG, who managed to set the museum firmly on this path despite a lack of available funding. In this period of the museum's history, acquisitions for the Old Masters collection were sporadic, at best. The arrival of LOVIS CORINTH'S *Portrait of the Pianist Conrad Ansorge* (1903 → 238) in the museum in 1929, for example, was almost concurrent with the purchase of a two-sided wooden plate attributed to the Dürer School → 239. About a year later, in 1931, a major bronze sculpture by ARISTIDE MAILLOL, *Bather, Standing Nude* (1900, → 238), was added to the collection, followed a year later by a 17th century *Maria Magdalena* from the Netherlands. AELBRECHT BOUT'S *Head of Christ with Crown of Thorns* was acquired in 1933 → 275.

The focus of the museum's purchasing activity on its Modern collection, however, changed dramatically with the seizure of power by the National Socialists. SCHENK ZU SCHWEINSBERG resigned his post as director in 1934 to be replaced on 1 April 1935 by HERMANN VOSS. After the KIRCHOFF collection of predominantly Expressionist and early abstract paintings was returned

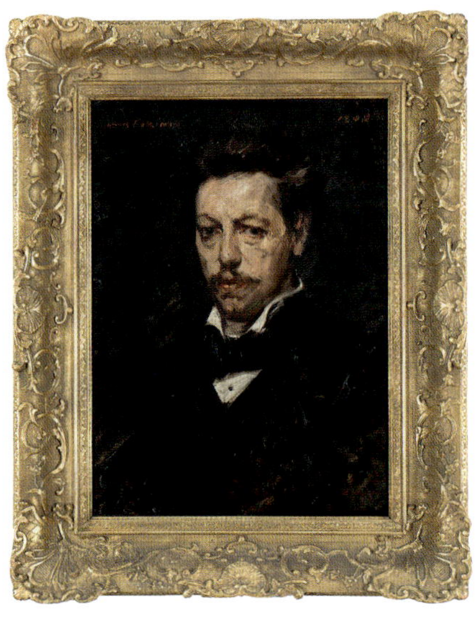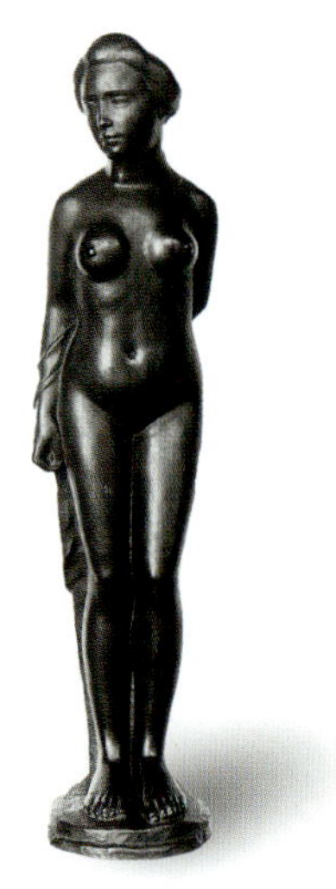

Lovis Corinth, Bildnis des Pianisten Conrad Ansorge, 1903
Portrait of the Pianist Conrad Ansorge

Aristide Maillol, Badende, Stehender Akt, 1900
Bather, Standing Nude

Der Fokus der großen Hauspolitik lag seinerzeit jedoch ganz auf der Neuen Galerie. Dies änderte sich unter dramatischen Umständen mit der Machtergreifung der Nationalsozialisten. Zunächst demissionierte Schenk zu Schweinsberg 1933, dessen Stelle am 1. April 1935 mit HERMANN VOSS wieder besetzt wurde. Nachdem das Museum Wiesbaden bereits am 11. April 1933 die Sammlung KIRCHHOFF, die überwiegend expressionistische und frühe abstrakte Werke umfasste, an den Sammler zurückgegeben hatte und vergleichbare Arbeiten abgehängt und ins Depot verbracht worden waren, hatte VOSS vor allem die Aufgabe, die zahlreichen nun leeren Ausstellungsräume im Einklang mit den kulturpolitischen Vorstellungen der Nationalsozialisten neu zu füllen. VOSS, der zwar kein Parteimitglied war, teilte jedoch deren inhaltliche Ausrichtung: Als Renaissance- und Barockexperte setzte er in diesen Bereichen seine wichtigsten Schwerpunkte. Aber auch ein ausgeprägtes Interesse für die Kunst des 19. Jahrhunderts schlug sich in seinen Erwerbungen nieder. Insgesamt erwarb VOSS über 200 Werke, die bis heute maßgeblich den Bestand der Museumssammlung wie auch ihre Präsentation bestimmen. Darunter sind prominente Arbeiten von OSWALD ACHENBACH, GIOACCHINO ASSERETO, NICOLAES PIETERSZ. BERCHEM, GIOVANNI BENEDETTO CASTIGLIONE, ehemals SIGISMONDO COCCAPANI (heute bekannt als ALESSANDRO ROSI), LUCAS CRANACH, LUCA GIORDANO, PIETER DE GREBBER, GENNARO GRECO, GERRIT VAN HONTHORST, BERNARDINO LICINIO, der MEISTER DER

to its owner on 11 April 1933, and the museum's remaining Modern pieces put in storage, VOSS was faced with empty exhibition space he needed to fill in accord with the cultural-political tenets of National Socialism. Though not an official party member, VOSS, in fact, shared the Nazi's artistic orientation. As a specialist in art of the Renaissance and Baroque periods, VOSS set the focus of acquisition accordingly, though it also reflected his strong interest in 19th century art, as well. Altogether Voss acquired over 200 works that continue to shape the museum's collection and its exhibits today. These include works by OSWALD ACHENBACH, GIOACCHINO ASSERETO, AND NICOLAES PIETERSZ. BERCHEM, GIOVANNI BENEDETTO CASTIGLIONE, the former SIGISMONDO COCCAPANI (known today as ALESSANDRO ROSI), LUCAS CRANACH, LUCA GIORDANO, PIETER DE GREBBER, GENNARO GRECO, GERRIT VAN HONTHORST, BERNARDINO LICINIO, MASTER OF THE WIESBADEN VISITATION (ALBERTO PIAZZA DA LODI), JOOS DE MOMPER, CARLO PORTELLI, SEBASTIANO RICCI, ROELANT SAVERY, CARL SCHUCH, CESARE DA SESTO, DOMENICO TINTORETTO, JOHANN FRIEDRICH AUGUST TISCHBEIN and MOSES VAN UYTTENBROECK. A large part of the collection was moved to Schloss Weesenstein near Dresden and Pirna during the war to protect from destruction. Voss selected a total of 84 works he considered significant enough to warrant special protection. With few exceptions, the paintings in this group remained in eastern Germany after the war and were later integrated, out of necessity, into the State

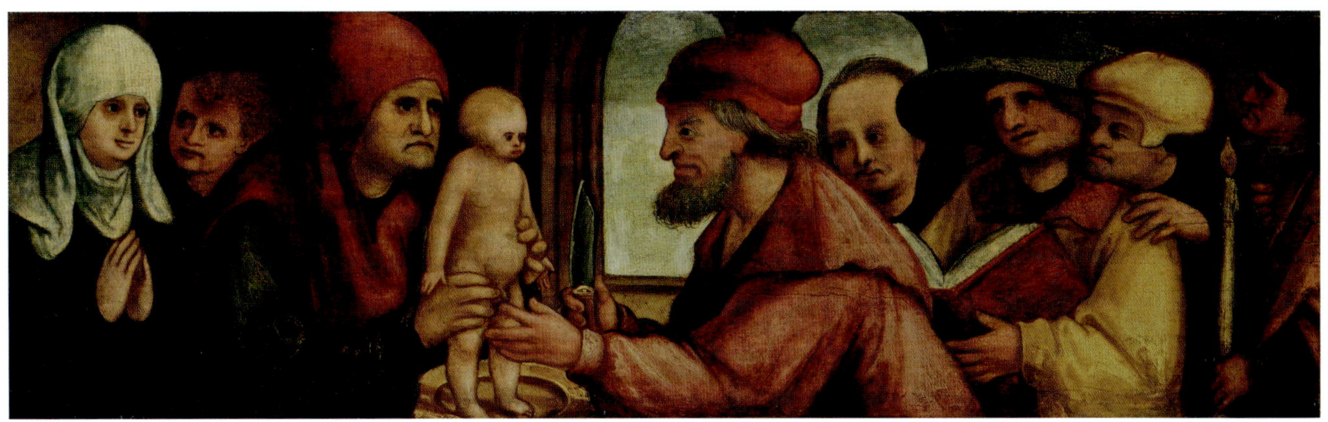

WIESBADENER HEIMSUCHUNG (ALBERTO PIAZZA DA LODI), JOOS DE MOMPER, CARLO PORTELLI (abgeschrieben), SEBASTIANO RICCI, ROELANT SAVERY, CARL SCHUCH, CESARE DA SESTO, DOMENICO TINTORETTO, JOHANN FRIEDRICH AUGUST TISCHBEIN und MOSES VAN UYTTENBROECK. Kriegsbedingt und zu ihrem Schutz wurden 1942 weite Teile der Sammlung ausgelagert und nach Schloss Weesenstein unweit von Dresden und Pirna verbracht. Insgesamt wählte VOSS 84 Gemälde aus, die er als die relevantesten und besonders schützenswerten Exponate der Sammlung ansah. Bis auf wenige Ausnahmen verblieben sie auch nach dem Ende des Zweiten Weltkrieges im Osten Deutschlands und wurden notdürftig von der Staatlichen Gemäldesammlung Dresden betreut. Erst im Rahmen des deutsch-deutschen Kulturabkommens von 1986 gelangten im Jahre 1988 64 der Bilder aus dem Bestand des Museums nach Wiesbaden zurück. Die fehlenden Kunstwerke gelten bis heute als verschollen, befinden sich aber zum Teil in russischen Museen. Da auf all den Erwerbungen von HERMANN VOSS bis zum Beweis des Gegenteils der Generalverdacht einer unrechtmäßigen Erwerbung liegt, betreibt das Museum Wiesbaden seit 2009 (im Zuge der Vorbereitung zur Neupräsentation) eine offene und transparente Provenienzforschung zur Aufklärung der Erwerbungsgeschichte jener Werke. Ziel ist es, kein weiteres Mal Unrecht zuzulassen und der Washingtoner Erklärung von 1998 folgend eine faire und gerechte Lösung anzustreben. Bislang konnten zahlreiche Werke

collection in Dresden. Not until under the terms of a cultural agreement between the two German states in 1986 were 64 of the paintings returned to Museum Wiesbaden. The remaining pieces are still considered missing, though some have been located in Russian museums.

Since the correctness and legality of all of the museum's acquisitions under the directorship of HERMANN VOSS must be called into question until verified otherwise, Museum Wiesbaden has been committed to an open and transparent provenance research to trace the origins of these works since 2009 in the course of its preparations for their exhibition in the newly renovated building. The goal of this research is never to repeat the injustice that took place in this period and to find fair and just solutions in keeping with the 1998 Washington Principles on Nazi-Confiscated Art to correct these wrongs. To date, the museum has brought about the restitution of numerous works (with the exception of the shepherds scene by PIETER FRANSZ. DE GREBBER) and rightfully purchased them for its collection.

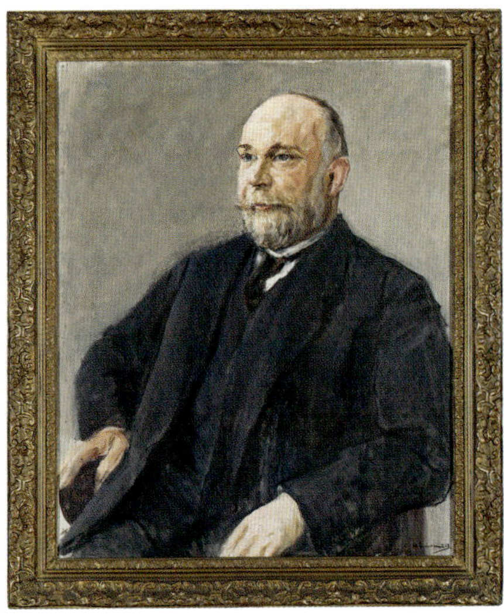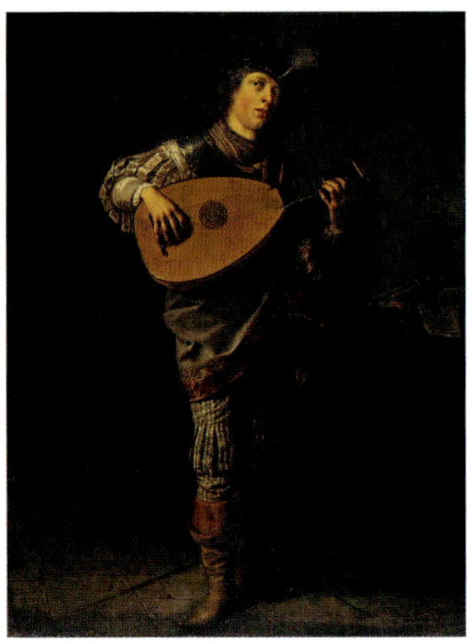

Max Liebermann, Porträt Herinrich Kirchhoff, 1918
Portrait Heinrich Kirchhoff

Willem Bartsius, Lautenschläger, 1633
Lute Player

restituiert werden, von denen – bis auf die Schäferszene von PIETER FRANSZ. DE GREBBER – alle in gerechter und fairer Weise im Sinne der Ergebnisse der Washingtoner Konferenz jetzt rechtmäßig vom Museum gekauft werden konnten.

Seit 1946 war CLEMENS WEILER Direktor, ihm oblag es nun, nach dem Ende des „Central Collecting Points", das Museum unter schwierigen Umständen wieder neu zu positionieren. Die einst bedeutende Sammlung der Klassischen Moderne war verloren und zentrale Werke der älteren Kunst standen nicht zur Verfügung. WEILER selbst, aber auch die ihm folgenden Direktoren setzen zum einen auf den Neuaufbau der Bestände von Werken der Klassischen Moderne mit Schwerpunkt auf ALEXEJ VON JAWLENSKY und griffen damit programmatisch die Blütezeit des Hauses auf, zum anderen wurde auch der jeweils aktuellen Kunst entsprechend Raum gegeben. Die ältere Kunst rückte wieder ins zweite Glied zurück, Erwerbungen konnten aufgrund der finanziellen Situation nur sporadisch stattfinden. Dennoch fanden seitdem immer wieder substanziell bedeutende Werke dieses Bereiches ihren Weg in die Sammlung, etwa LOVIS CORINTHS *Walchensee – Auf der Terrasse* 1955 → 361, MAX LIEBERMANNS *Porträt Heinrich Kirchhoff* 1957 ↑ oben, FRANS FLORIS' *Kreuzigung* 1960 → 303,309 und WILLEM BARTSIUS' *Lautenschläger* 1962 ↑ oben. Ab der Mitte der 1960er-Jahre gelangten dank der Dauerleihgaben der Bundesrepublik Deutschland überdies hochkarätige Wer-

In 1946, CLEMENS WEILER assumed directorship of the museum, which served after the war as a "Central Collecting Point" for cultural goods evacuated or confiscated by the allies. WEILER'S first task as director was to reposition the museum, whose once significant collection of Classical Modernist works had been purged and which had lost access to a number of major works from its Old Masters collection. WEILER, like the directors who succeeded him, focused his activities on rebuilding the Classical Modernist collection, particularly with the work of ALEXEJ VON JAWLENSKY, and reestablishing the link to the museum's progressive heyday in the 1920s, while contemporary art, too, remained a priority. To a large extent, the Old Masters collection fell out of focus and a lack of funding made acquisitions sporadic, at best. Yet, on occasion, those that did take place were quite significant, among them LOVIS CORINTH'S *Lake Walchensee – On the Terrace* 1955 → 361, MAX LIEBERMANN'S *Portrait Heinrich Kirchhoff* 1957 ↑ above, FRANS FLORIS' *Crucifixion* 1960 → 303,309 and WILLEM BARTSIUS' *Lute Player* 1962 ↑ above. Beginning in the mid-1960s, several prominent pieces by LUCA FERRARI, PIETRO LIBERI and, above all, CARL SPITZWEG'S *The Butterfly Hunter* (ca. 1840 → 365) also made their way into the museum through permanent loans by the German government. Efforts were made throughout the 1950s and beyond to add Wiesbaden's most famous 19th century artist LUDWIG KNAUS to its collection → 241. The museum devoted special exhibitions to his work in 1953 and

240

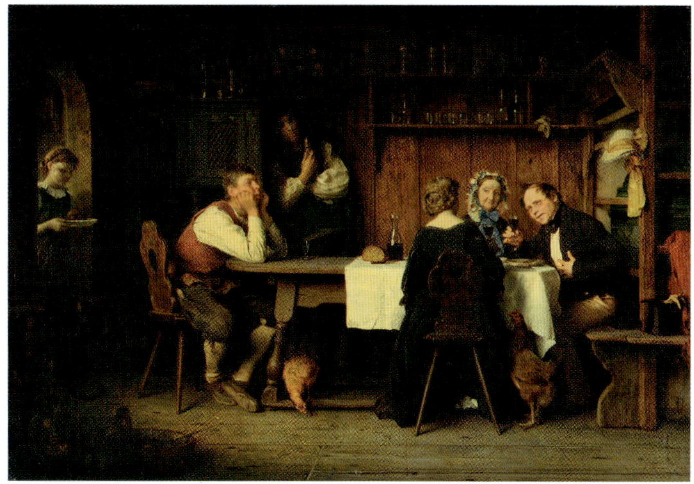

Ludwig Knaus, Die Brautschau (Kleinstädter in der Dorfschänke), 1864
Looking for a Bride

ke von Luca Ferrari, Pietro Liberi, vor allem aber Carl Spitzwegs *Der Schmetterlingsfänger* (um 1840 → 365) ins Haus. Kontinuierlich bemühte man sich schon seit den 1950er-Jahren um den bekanntesten Künstler des 19. Jahrhunderts aus Wiesbaden, um Ludwig Knaus ↑ oben. Ihm zu Ehren veranstaltete man Ausstellungen (1953/1973) und konnte immer wieder das Konvolut seiner Werke in der eigenen Sammlung vermehren. Dieser Tradition fühlen wir uns bis heute verpflichtet und planen, zukünftig dauerhaft eine Ludwig-Knaus-Galerie einzurichten.

An der inhaltlichen Ausrichtung änderte sich auch 1973 nichts, als die Trägerschaft des Museums von der Stadt Wiesbaden an das Land Hessen übergeben wurde und das Haus seitdem den Status als eines von drei hessischen Landesmuseen innehat. Ein weiteres privates Vermächtnis aus dem Jahre 1980 bereichert die Sammlung nicht ohne große Herausforderungen, darunter Werke von Liebermann, Klinger und Gustave Courbet. Dabei zeigt sich, dass die Provenienzforschung, die sich bislang auf die Zeit des Nationalsozialismus beschränkte, auch für Werke gefordert ist, die nach 1945 ins Haus gelangten. Aus diesem Konvolut wurde bislang ein zentrales Werk restituiert, Hans von Marées *Die Labung* (um 1880 → 331). Dank des Entgegenkommens der rechtmäßigen Erben konnte auch dieses Gemälde vor Ort erhalten bleiben. Mit einer bislang einzigartigen Kampagne in Deutschland unter dem titelgebenden Aufruf „Bitte wenden" richtete sich das Museum 2014

1973, enabling it to add new pieces of the artist's work to its collection. The connection to Knaus remains important to this day and plans are currently underway to create
a permanent exhibition of his work in the form of a Ludwig Knaus Gallery.

The focus of acquisition did not change in 1973, when responsibility for the museum was transferred from the city of Wiesbaden to the State of Hesse, making it one of three state museums. The inheritance of another private estate in 1980 enriched the museum's collection with works by Liebermann, Klinger and Gustave Courbet. Here, it became clear that provenance research, which had essentially been limited to works acquired during the period of National Socialism, must be extended to works obtained post-1945, as well. Thus far, the museum has been able to compensate the rightful heirs of at least one of the works out of this estate, Hans von Marées' *Refreshment* (ca. 1880 → 331), which remains in the collection thanks to the goodwill of the heirs and the civic response of the citizens of Wiesbaden to the museum's 2014 fundraising campaign.

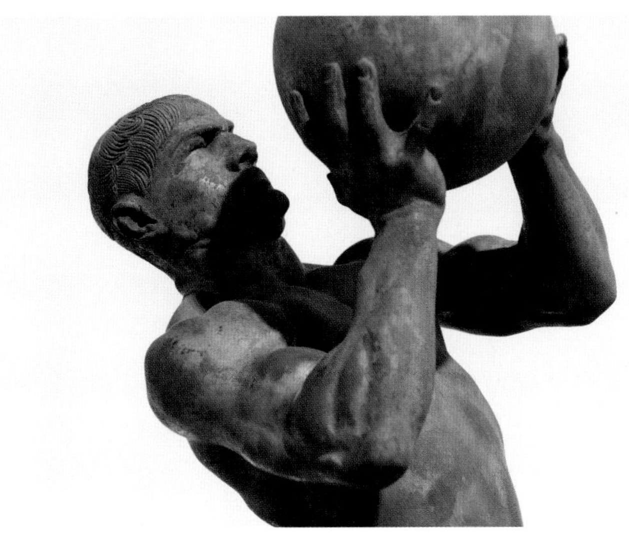

Franz von Stuck, Kugelstemmender Athlet, 1892
Ball Stemming Athlete

direkt an die Wiesbadener Bürger und bat sie um finanzielle Spenden zum – jetzt erstmals rechtmäßigen – Ankauf des Gemäldes. Dank der großen Unterstützung auch erfolgreich.

Seit Ende der 1980er-Jahren kamen aufgrund einer inhaltlich anderen Ausrichtung keinerlei Werke alter Kunst mehr ins Museum. Stattdessen lag die Konzentration ganz auf der Kernsanierung der inzwischen maroden Museumsräumlichkeiten, die seit den 1990er-Jahren bei laufendem Betrieb in diversen Bauabschnitten umgesetzt wurde.

Im Zuge der Vorbereitung der Neupräsentation der Bestände gelangten seit 2011 zahlreiche neue Dauerleihgaben, beispielsweise ein Werk von HANS CANON, und auch wenige neue Ankäufe in die Sammlung, etwa Werke FERDINAND KELLERS → 328, OSWALD ACHENBACHS → 356–358 und EGBERT VAN DER POELS → 346. Zudem fanden seither immer wieder umfassende Ausstellungen zu einzelnen Sammlungsbereichen statt, etwa die große Ausstellung *Rheinromantik. Kunst und Natur* 2013 und die Schau zu ANSELM FEUERBACHS *Nanna* 2014.

No further additions have been made to the Old Masters collection since the late 1980s. Instead, attention shifted to the renovation of the museum's meanwhile dilapidated building, which, beginning in the 1990s, underwent repair in stages during regular operations. In the course of preparing the new exhibitions of the overall collection, a number of pieces on permanent loan have entered the museum since 2011, for example, a work by HANS CANON, while others, such as those of FERDINAND KELLER → 328, OSWALD ACHENBACH → 356–358 and EGBERT VAN DER POELS → 346 have been purchased. Since then, the museum has organized extensive exhibitions of its individual collections, such as its 2013 show *Rhine Romantic. Art and Nature.* and its 2014 *Nanna* exhibit on the work of ANSELM FEUERBACH.

Mittelrhein, Werkstatt des sogenannten Brustlatzmeisters, Stehende Muttergottes, 1490–1500
Middle Rhine, Workshop of the so-called Master With The Bib, Standing Madonna

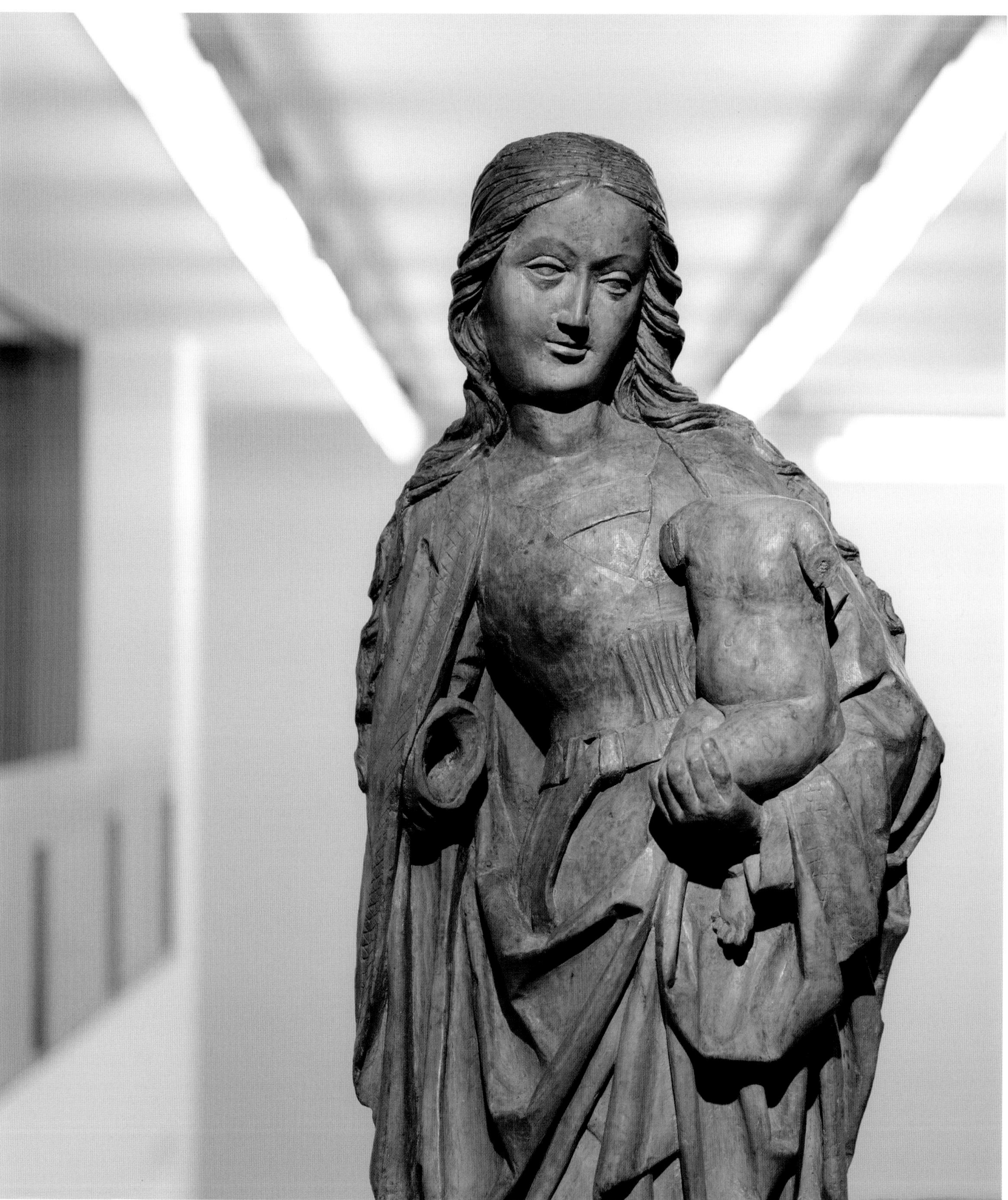

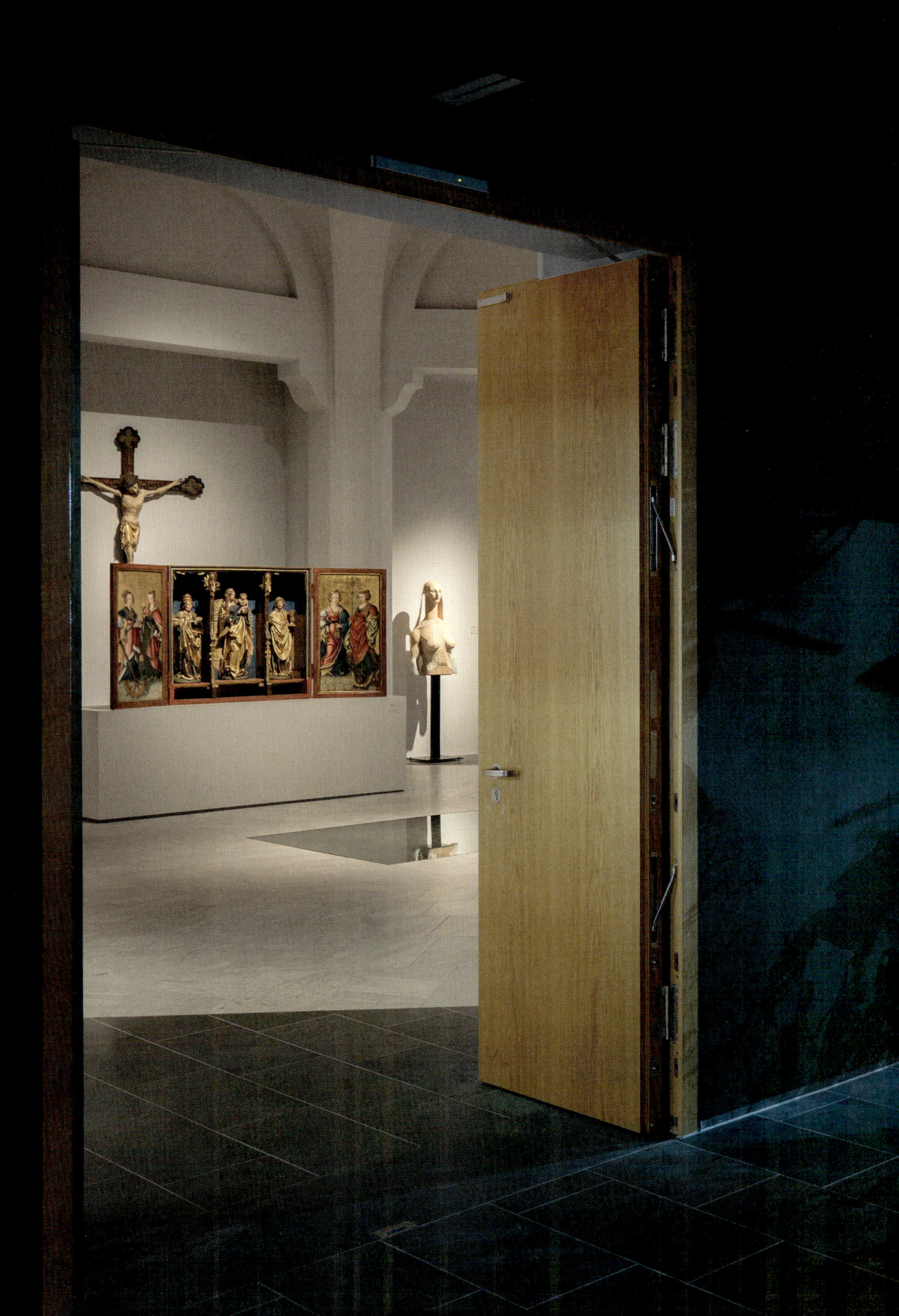

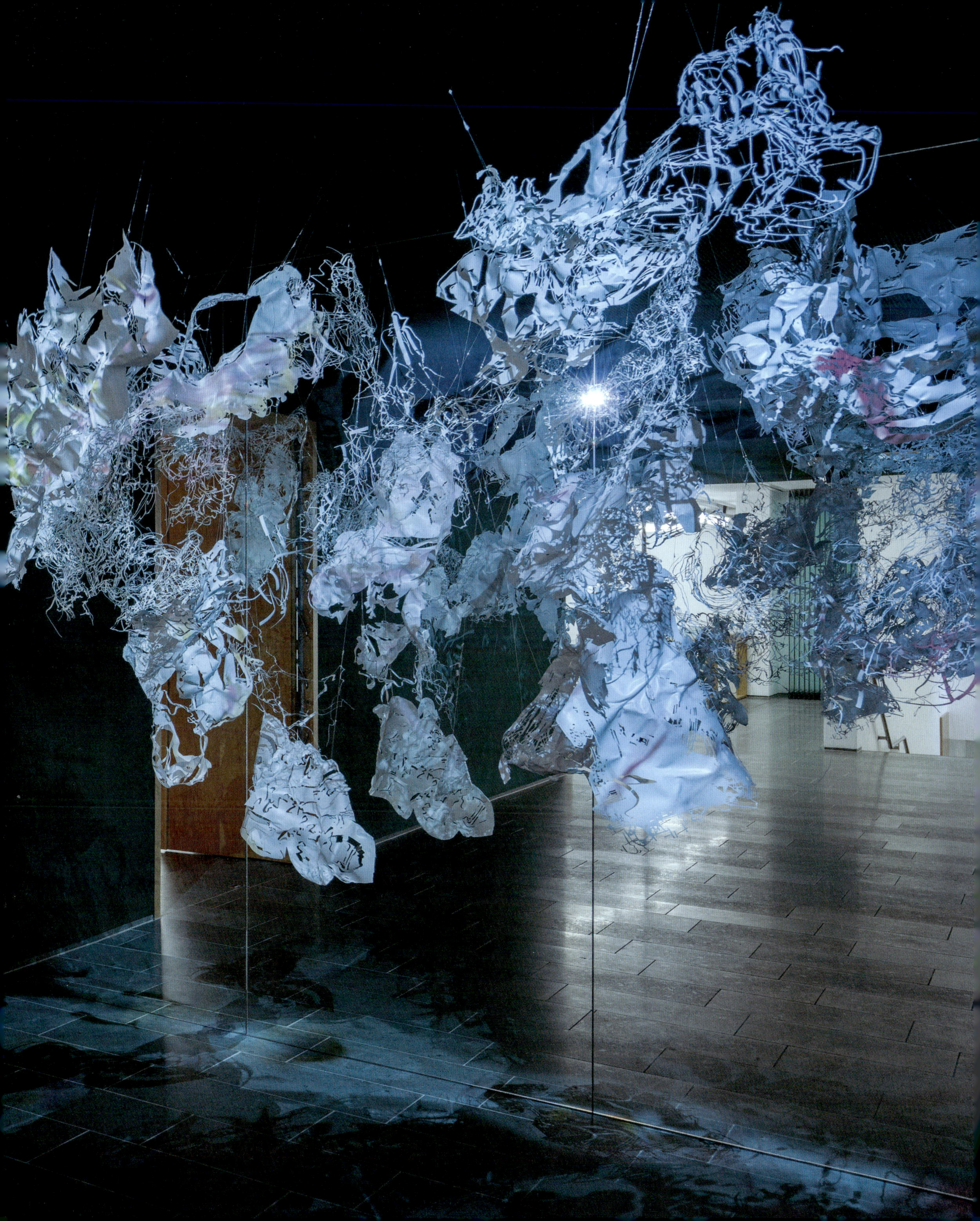

Die Alten Meister

Das Museum Wiesbaden zeigt in seiner Präsentation der Alten Meister seit 2013 dezidiert keine „gestapelte" Zeit. Es geht nicht mehr nur um eine bloße Zurschaustellung des Vorhandenen, sondern um eine konstruktive Befragung der Sammlung und ihrer Kunst. Auch die Zusammenarbeit mit lebenden Künstlerinnen und Künstlern nimmt dabei einen hohen Stellenwert ein.

Das hegelianische Konzept von um 1840, das von einer linear verlaufenden Geschichte ausgeht und damit auch eine entsprechend chronologische Präsentation der künstlerischen Zeugnisse dieser Geschichte nahelegt – so wie das bis heute für den Großteil der Museen immer noch verbindlich ist –, wurde bewusst vermieden. Stattdessen wurde für die zu zeigenden Werke, die immerhin einen Zeitraum vom frühen Mittelalter bis ins 19. Jahrhundert umfassen, eine thematische Zusammenstellung beschlossen. In den sieben „neuen" Räumen des zweiten Stockwerks des Südflügels finden sich nun folgende thematische Schwerpunkte wieder: Religion (zwei Räume), Mythologie, Porträts, Niederländer des 17. Jahrhunderts, Stillleben und Landschaft. Da künstlerische Prozesse innerhalb dieser Gattungen bis heute anhalten, werden diese Themenbereiche durch Positionen der zeitgenössischen Kunst ergänzt. Es handelt sich dabei um konkrete Auseinandersetzungen von heute wirkenden Künstlern mit den Alten Meistern innerhalb der jeweiligen Gattung. Es findet also auch hier keine statische Aneinanderreihung von alten und neuen Arbeiten statt, die sich bloß auf ein gemeinsames Thema reduzieren lassen, sondern es handelt sich stets um eine dezidierte künstlerische Kontextualisierung und Aktualisierung eines Themas. Hierfür wurde für jeden Raum und jedes Thema ein eigenes Konzept entwickelt, das jeweils auch in der Zukunft in einem lebendigen, sprich permanent veränderlichen Dialog mit der Dauerausstellung stehen soll.

Die Rauminstallation *Grapheme* des 1977 geborenen Berliner Künstlers Robert Seidel stellt das Entree zu den Räumlichkeiten der Alten Meister dar → 245. Einem Tunnel gleich verdichtet und erweitert sich der Raum gleichzeitig mittels Farben, Spiegeln, Skulpturen, Projektionen sowie Klang und nimmt den Betrachter mit auf eine sphärische Reise in unbekannte Welten.
Diese Reise komprimiert die künstlerischen Ausdrucksmöglichkeiten der Jahrhunderte über Farbe, Form, Raum und Aussage und versetzt diese Bewegung. Die Erinnerungen an ein Original mit seinen immer wieder neuen Bedeutungen erzeugen Reibungen in der Gegenwart. Die Rauminstallation Seidels steht für die ständig anhaltende Verlebendigung unseres kulturellen Erbes.

The Old Masters

No longer content to simply "display" its holdings, the presentation of the Old Masters in Museum Wiesbaden since 2013 consciously rejects the 19th century Hegelian notion of historical time as linear movement and the correspondingly chronological presentation of works of art, as continues to be practiced by the majority of museums today. Instead, the design of Museum Wiesbaden's exhibitions represent a critical engagement with the works of its collection, as a whole, fostering dialogue among the pieces in its archives and, importantly, their interaction with the work of contemporary artists. The works of the Old Masters collection, dating from the Early Middle Ages into the 19th century, are thematically arranged in the seven "new" rooms on the third floor of the south wing, as follows: religion (two rooms), mythology, portrait, the Golden Age, still life, and landscape. These themes or genres are still taken up by artists working today, whose positions are introduced to the visual dialogue, sometimes in the form of direct address to the Old Masters themselves. Here, too, the presentation goes beyond the mere juxtaposition of old and new renditions of similar themes to the active art historical contextualization and interpolation of these "arguments" into the present moment. Each room and each theme is arranged according to a unique concept, each of which enters into a "living," continually changing dialogue with the permanent exhibition.

The installation *Grapheme* by Berlin artist Robert Seidel (born 1977) serves as the entryway to the rooms housing the Old Masters → 245. Like a tunnel, the room contracts and expands all at once through the play of colors, mirrors, sculptures, projections and sound elements, taking the viewer on an ethereal journey to unknown worlds. The journey encompasses the possibilities of artistic expression over the centuries through color, form, space and word, setting them in motion. The memory of an original with its ever-new meanings generates points of friction in the present. Seidel's installation represents the continual dynamism of our cultural heritage.

Kirchensaal

Die Skulpturen im Kirchensaal gehörten ursprünglich zur Sammlung Nassauischer Altertümer, die bereits 1812 begründet wurde und damit die ehemals älteste Abteilung im Museum Wiesbaden darstellte. Mit der Sammeltätigkeit konzentrierte man sich ganz auf das Gebiet des ehemaligen Herzogtums Nassau. Ziel war es, dessen Geschichte einschließlich der Vor- und Frühgeschichte auf seinem damaligen Territorium zu erforschen. Alle Exponate weisen ausschließlich eine mittelrheinische Provenienz auf und diese regionale Prägung bestimmt auch den Charakter der Skulpturensammlung. Die jeweiligen Direktoren dieser Abteilung fokussierten sich einst vor allem auf die Archäologie, während die Sammlung der mittelalterlichen Skulpturen eher als ein Nebenprodukt über einen längeren Zeitraum mit einer vergleichsweise kleinen Anzahl an Werken entstand. Ein Gutteil der Eingänge fand zwischen 1860 und 1900 statt, deren Höhepunkt 1897 ein monumentales Lindenholzkruzifix aus dem späten 12. Jahrhundert als Schenkung der Pfarrgemeinde Walsdorf darstellt. Bis zum Zweiten Weltkrieg wurden noch unregelmäßig skulpturale Werke erworben, danach wurden die Bemühungen um eine Vermehrung auf diesem Sektor eingestellt. Mit der Übertragung der Nassauischen Altertümer an die Stadt beziehungsweise an das Stadtmuseum Wiesbaden fand eine Teilung der Bestände statt. Die im Museum Wiesbaden verbliebenen Arbeiten wurden danach zum Großteil im Kirchensaal präsentiert, während weitere als Leihgaben in das Kloster Eberbach kamen.

Der Kirchensaal wurde 1915 von Theodor Fischer eigens zum Zwecke der Unterbringung von Bildwerken des Mittelalters vom Ende des 13. bis zum Beginn des 16. Jahrhunderts geschaffen. Der oktogonale Zentralraum gibt ganz im Sinne des Historismus den aus ehemals sakralen Zusammenhängenden stammenden Figuren etwas von ihrer ursprünglichen Feierlichkeit zurück. Mit dem Wiedereinzug der Objekte 2013 in den neu sanierten Kirchensaal führt die heutige Präsentation diese Tradition fort.

Im Kern schwingt auch im Kirchensaal des Museums von 1915 noch immer etwas von jener romantisch begründeten Bildungsbürgermystik mit, die Kunsterleben als Heilsweg anbot, die Disziplinierung von Körper und Sinnen forderte und sich dafür gewaltige eigene Kultbauten schuf. Der entscheidende Einschnitt in die Geschichte des modernen Museums fand in der Epoche der Aufklärung, mithin nach der Säkularisierung und im Zuge der stärkeren politischen Teilhabe eines begüterten Bürgertums statt: Der Habitus des Bürgers, der seine Familie am Sonntag in ein Kunstmuseum

Church

The sculptures featured in the church were originally part of the Nassau Antiquities collection established in 1812, making it the oldest segment of the museum. Acquisition for this collection was restricted entirely to the former territory of the Duchy of Nassau, with the goal of exploring its history including its pre- and early history. All of the pieces exhibited in the church originate from the middle Rhine region, whose character shapes that of the sculptures collected here. Respective directors of this department focused chiefly on archaeology, so that the collection of medieval sculptures came about over a longer period of time as a by-product of this primary activity and encompassed a comparatively small number of works. The majority of pieces entered the collection between 1860 and 1900, the highlight among them a monumental lime wood crucifix dating from the 12th century, donated in 1897 by the congregation of the Evangelical church in Walsdorf. Other sculptures were added to the collection sporadically until the start of WWII, at which point no further efforts were made to expand the collection in this regard. In the process of the transfer of ownership to the city, more specifically to the city museum of Wiesbaden, the Nassau Antiquities collection was divided up. Most of the pieces remaining in the museum were exhibited in the church, while those from the other part of the collection were lent to Kloster Eberbach. The museum's church room was especially designed by Theodor Fischer in 1915 to house the its paintings of the medieval period between the end of the 13th and beginning of the 16th centuries. In good historicist spirit, the octagonal central room lends the figures, once at home in more sacred spaces, something of their original ceremonial quality back to them. Returning these objects to their home in the newly renovated "church" in 2013, the current presentation sustains this tradition.

At its core, the church room of the museum in 1915 still resonates something of the Romantic mysticism of the educated classes, who understood the experience of art as healing, called for discipline of body, mind and senses, and created its own impressive structures in which to achieve this. The Enlightenment marks a turning point in the history of the modern museum in the wake of secularization and intensified political participation of propertied citizens. The habitus of the citizen taking his family to the museum on Sundays was

Vorherige Seite: Robert Seidel, Grapheme, 2013
Pervious page: Grapheme

führte, unterschied sich dabei kaum von dem des Kirchenbesuchers. Der Schritt hatte gemessen, die Stimme gesenkt, die Stimmung andächtig zu sein. Verboten waren ausholende Gesten, Lärm, Lachen, Nahrungsaufnahme. Das mitteleuropäische 19. Jahrhundert formte also nicht nur einen ganz spezifischen Kunstbegriff, sondern auch eine ganz eigene Art von Verhaltenskodizes in musealen Räumen. Das Kunsterleben des Betrachters des 19. Jahrhunderts im Verhältnis zum zeitgenössischen Museumsbesucher unterscheidet sich im Grunde nicht wesentlich. Gesucht wurden und werden Versenkung, seelische Bewegung und Erhebung, ästhetischer Genuss und Bildung. Auf den ersten Blick gibt es also durchaus eine Verwandtschaft im Erleben von Kunst zur Religion, die man im Begriff der Sakralisierung bündeln kann. Aber auf der Basis der Säkularisierung. Man bedient oder besser man überträgt religiöse Formen auf nicht religiöse Bereiche. Mit einem vergleichbaren religiösen Erlebnis hat dies aber in Wirklichkeit nichts zu tun. Die Aufgaben von Museen sind vielmehr, zu sammeln, zu bewahren, zu erforschen und zu vermitteln. Aber die Adaption religiöser Formen in der Kunstvermittlung innerhalb der Museen hat dessen ungeachtet bis zum heutigen Tag Bestand. Diese museale „Geschichte" muss man sich vor Augen halten, wenn man im Kirchensaal des Museums Wiesbaden steht.

Bei den hier gezeigten mittelalterlichen Werken handelt es sich um Einzelfiguren, Figurenensembles sowie ein nahezu vollständig erhaltenes Flügelretabel von 1517 → 244, 253, 260. Durch die ausschließlich mittelrheinische Provenienz der Exponate lässt sich die Entwicklung von Themen und die Formensprache im Medium der sakralen Skulptur in einem kleinen regionalen Gebiet über Jahrhunderte hinweg ausschnitthaft verfolgen. Im Ergebnis zeigt sich, dass selbst hier keine lineare Entwicklung festzustellen ist. Es stehen sich höchst unterschiedliche Qualitätsstufen mit diversen nationalen und internationalen Einflüssen gegenüber. Das bedeutendste Werk stellt sicherlich das *Walsdorfer Kruzifix* vom Ende des 13. Jahrhunderts dar → 228, 259. Obwohl das originale Kreuz verloren ist, lässt sich anhand des Korpus seine ursprüngliche Bestimmung als monumentales Triumphkreuz nachweisen. Es zeigt Christus nicht mehr als triumphalen Sieger über den Tod, sondern als Christus patiens – als Leidenden –, der mit weit ausgebreiteten Armen am Kreuz hängt und mit tief herabgesunkenem Haupt die Gläubigen zum Mitleiden auffordert. Das dahinter stehende theologische Konzept basiert auf der Idee des gemeinsamen Leidens: So, wie die Gläubigen an der Schwelle des Todes mit ihm leiden, so leidet er, der Erlöser, auch mit ihnen und spendet so den Glauben an die Überwindung des Todes. Das heutige farbige Erschei-

virtually indistinguishable from that of the churchgoer: measure steps, lowered voice, and reflective attitude. Exaggerated gestures, noise, laughter, eating were all forbidden. The middle European 19th century, then, promulgated not only a very specific concept of art but also a very particular behavioral codex for museum space. The experience of art for visitors in the 19th century in relation to contemporary museum visitors is not essentially different. Both seek to immerse themselves, to have their emotions touched, to be uplifted, to experience aesthetic pleasure, and to learn. At first glance, then, there appears to be a close relation between religion and the experience of art that can be united in the concept of sacralization – but on the basis of secularization. We employ, or rather transpose, religious forms onto the non-religious. Yet, in reality, there is no comparable religious experience. The task of the museum is, much more, to collect, preserve, research and communicate. Still, the appropriation of religious forms in the presentation of art within museums has been unwittingly perpetuated to the present day. This aspect of the museum's "history" as an institution warrants reflection as you stand in the "church" at Museum Wiesbaden.

The works of the medieval period exhibited here include individual figures, ensembles, as well as an almost fully preserved winged retable dating from 1517 → 244, 253, 260. The origin of all the exhibited pieces in the middle Rhine region offers a cross-sectional view of the development of themes and formal language in the medium of sacred sculpture across the centuries within a limited geographical area. In effect, it becomes clear here, too, that development is nonlinear. Through juxtaposition, the viewer can identify vastly different levels of quality with different national and international influences. As noted above, the most significant piece of this collection is the 13th century *Walsdorf Crucifix* → 228, 259. Though the original crucifix has been lost, the corpus reveals its original purpose as a monumental triumphal rood. It depicts Christ not as victor over death but at Christus patiens – as sufferer – hanging upon the cross with widely spread arms and sunken head, calling for sympathy from the faithful. The theological concept upon which this depiction of Christ is based derives from the notion of shared suffering: Just as the faithful suffer with Christ on the verge of death, so does Christ suffer with the faithful, offering them hope of overcoming death. The color application of this extraordinary piece dates back to a 15th century reproduction. A noteworthy replica, produced in 2010 with the financial support of the Hessian state government, is located in the Limburg Cathedral. Other works in the church, especially from

nungsbild dieses herausragenden Werkes geht auf eine Zweitfassung des 15. Jahrhundert zurück. Im Limburger Dom befindet sich außerdem eine bemerkenswerte neu geschaffene Replik, die 2010 von der hessischen Landesregierung gestiftet wurde. Daneben sind im Kirchensaal besonders Werke aus der Zeit um 1500 vertreten, die eine künstlerische Nähe sowohl zu HANS BACKOFFEN (um 1470–1519) als auch zu TILMAN RIEMENSCHNEIDER aufweisen, wodurch der Übergang von der Spätgotik zur Renaissance in hochwertigen Werken nachvollzogen werden kann.

Exemplarisch ist hier ein Ensemble mit Figuren einer *Stehenden Muttergottes,* eines *Heiligen Laurentius* und eines *Heiligen Sebastian* aufgestellt (mittelrhein. 1515–1520 → 256/257), die sowohl kompositorisch als auch stilistisch in der Nachfolge HANS BACKOFFENS stehen. Alle drei Figuren stammen aus der Pfarrkirche aus Naurod.

Die mittelalterlichen Holzskulpturen korrespondieren mit zwei zeitgenössischen Arbeiten: *Morgenabend* (2006) von MICHA ULLMAN (geb. 1939) zeigt eine mit heimischem Granit gefüllte Grube als ein Symbol für den Anfang und das Ende und kommt so der menschlichen Existenz am nächsten → 253. KATSURA FUNAKOSHIS (geb. 1951) Skulptur *A Tale of the Sphinx* (2004) berührt durch unvergänglich wirkende Ästhetik und vermittelt ein Menschenbild, das Anmut und Würde, Stille und Zeitlosigkeit vereint → 255.

the period around 1500, bear a close aesthetic relationship to both HANS BACKOFFEN (ca. 1470–1519) and TILMAN RIEMENSCHNEIDER (ca. 1460–1531), spanning a bridge from the late Gothic period to the Renaissance in exquisite works of the highest quality, as can be seen in one ensemble of figures featuring a *Standing Madonna,* a *Saint Laurentius* and a *Saint Sebastian* (middle Rhine, 1515–1520 → 256/257), reminiscent of HANS BACKOFFEN in both composition and style. All three figures originate from the parish church in Naurod near Wiesbaden.

The medieval wooden sculptures enter into dialogue with two contemporary works: *Morningevening* (2006) by MICHA ULLMAN (* 1939) reveals a sunken pit filled with regional granite as the symbol of the beginning and end, mirroring, in effect, human existence → 253, while the seemingly immortal aesthetic of KATSURA FUNAKOSHI'S (born 1951) sculpture *A Tale of the Sphinx* (2004) moves the viewer, conveying an image of humanity that unites grace and dignity, tranquility and timelessness → 255.

Nächste Seite: Mittelrhein, Heiliger Paulus,
Madonna, Heiliger Jakobus, um 1500
Next page: Middle Rhine, Saint Paul, Madonna,
Saint James, around 1500

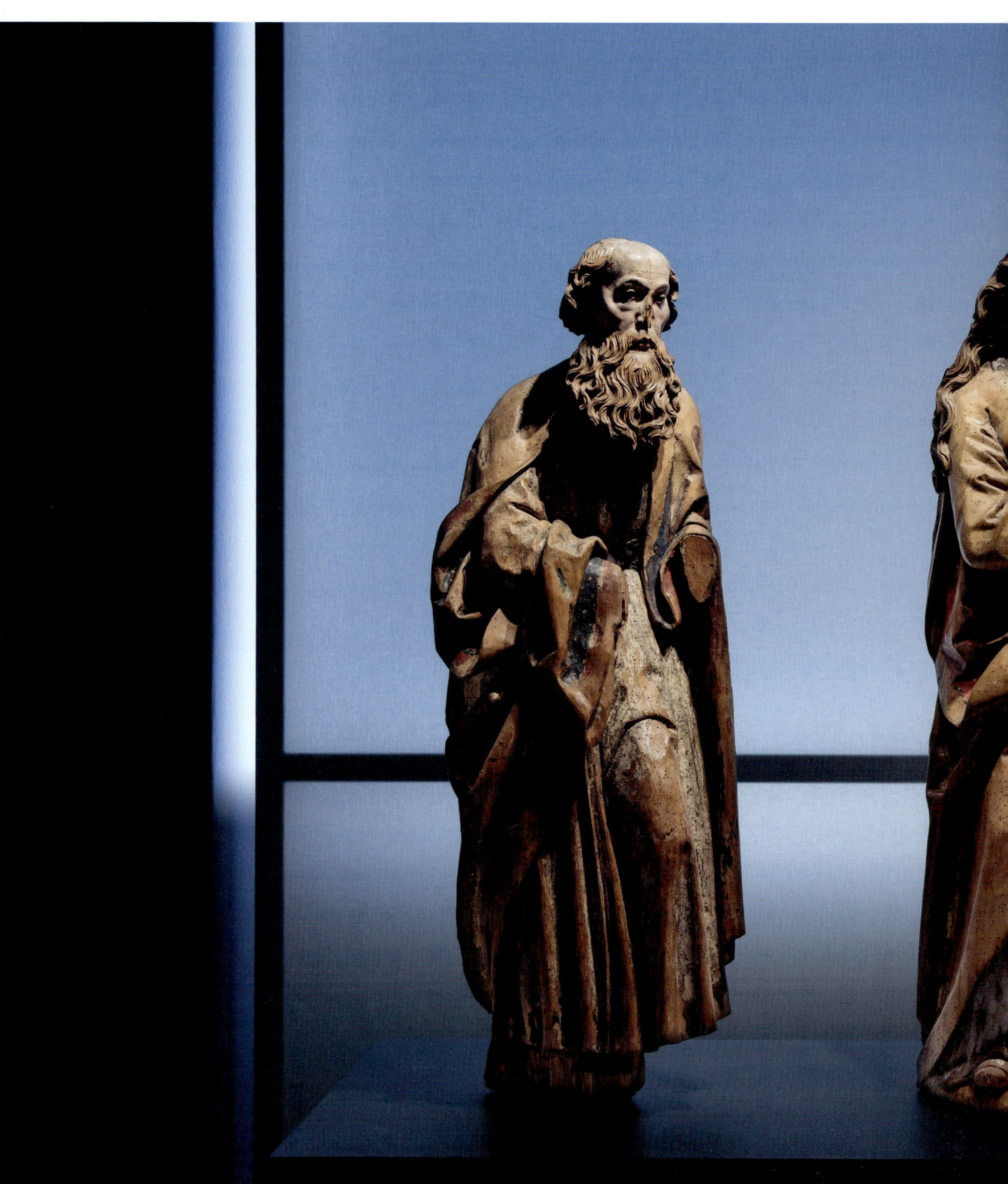

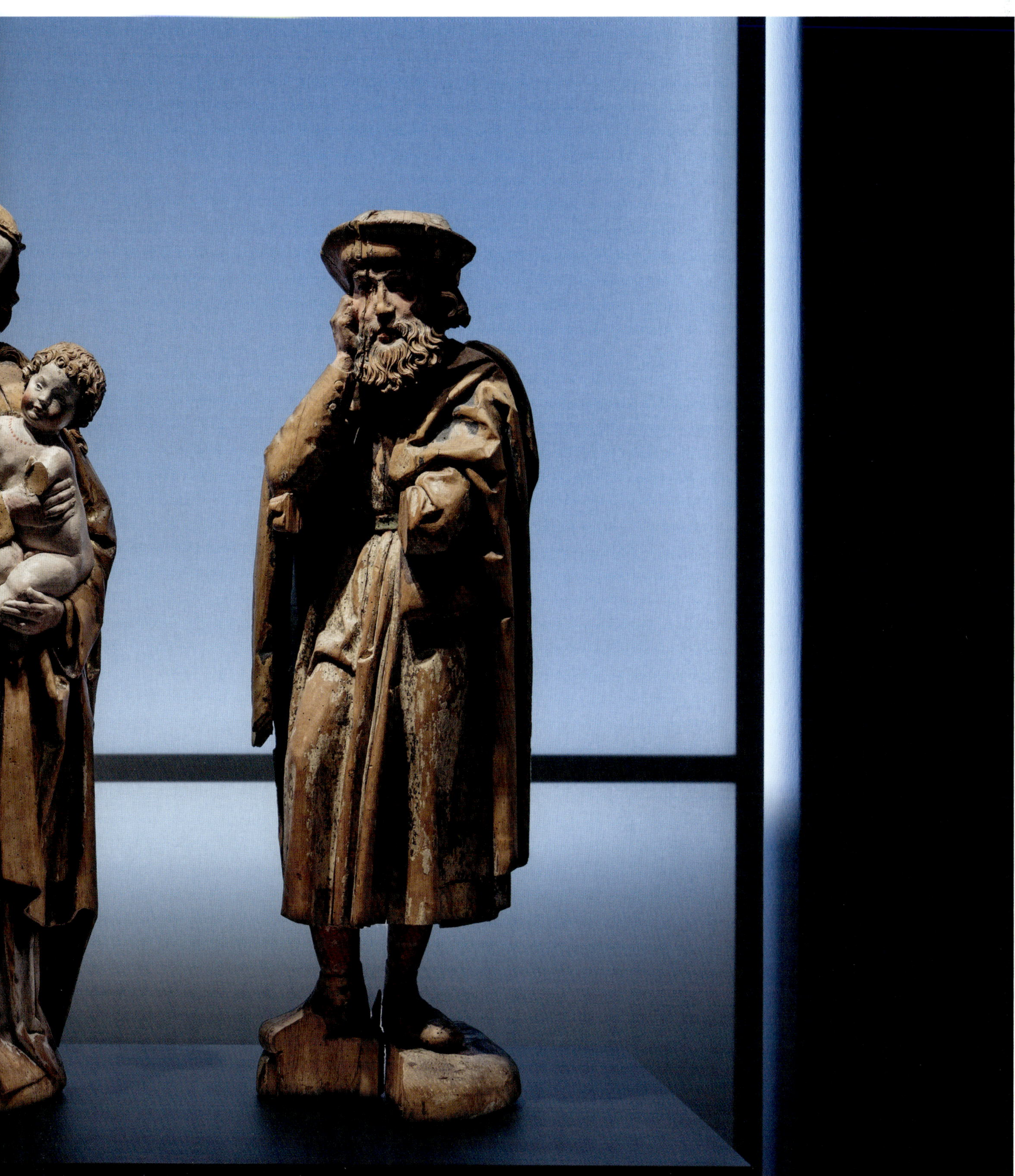

Micha Ullman, Morgenabend, 2006
Morningevening

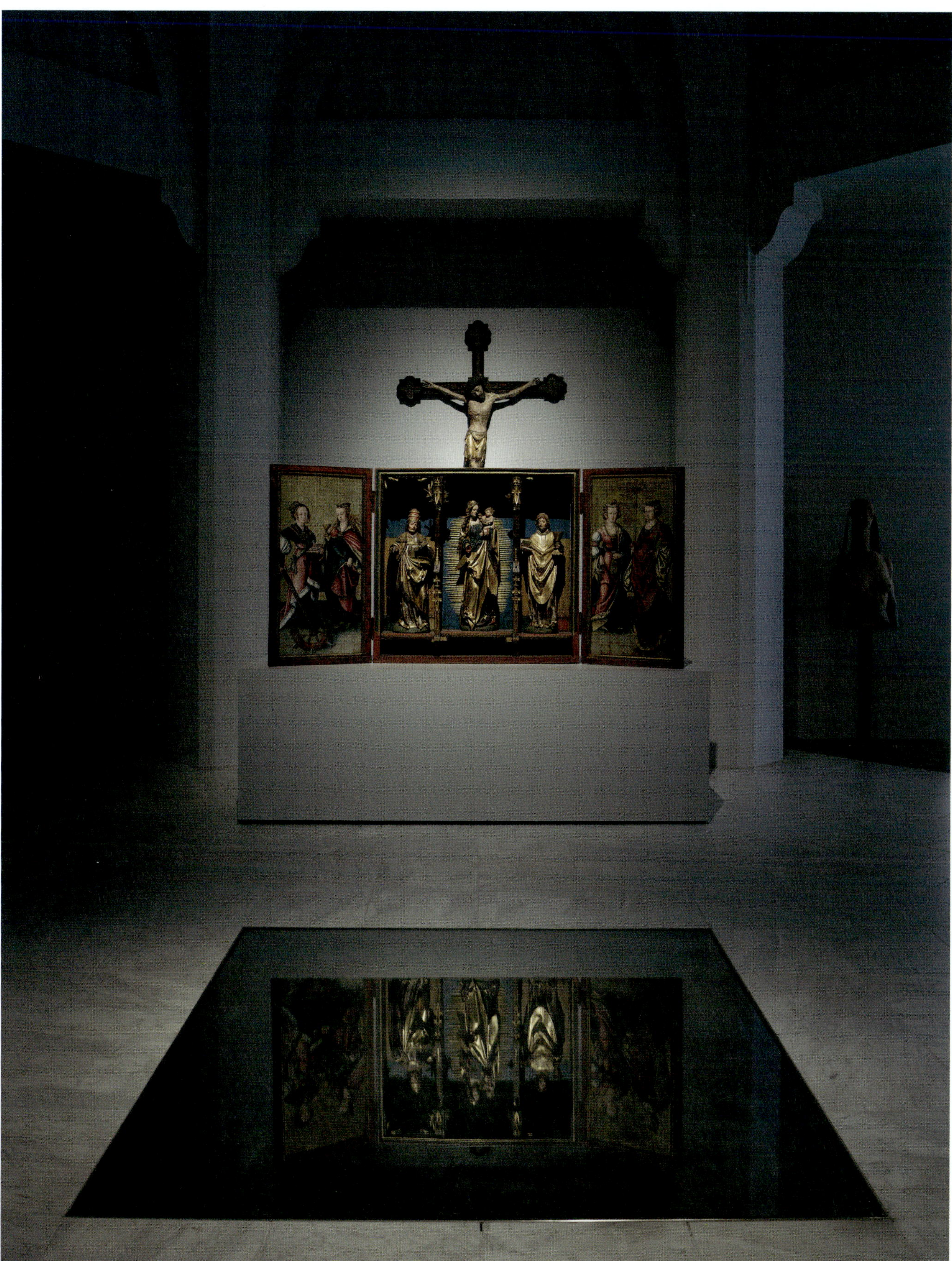

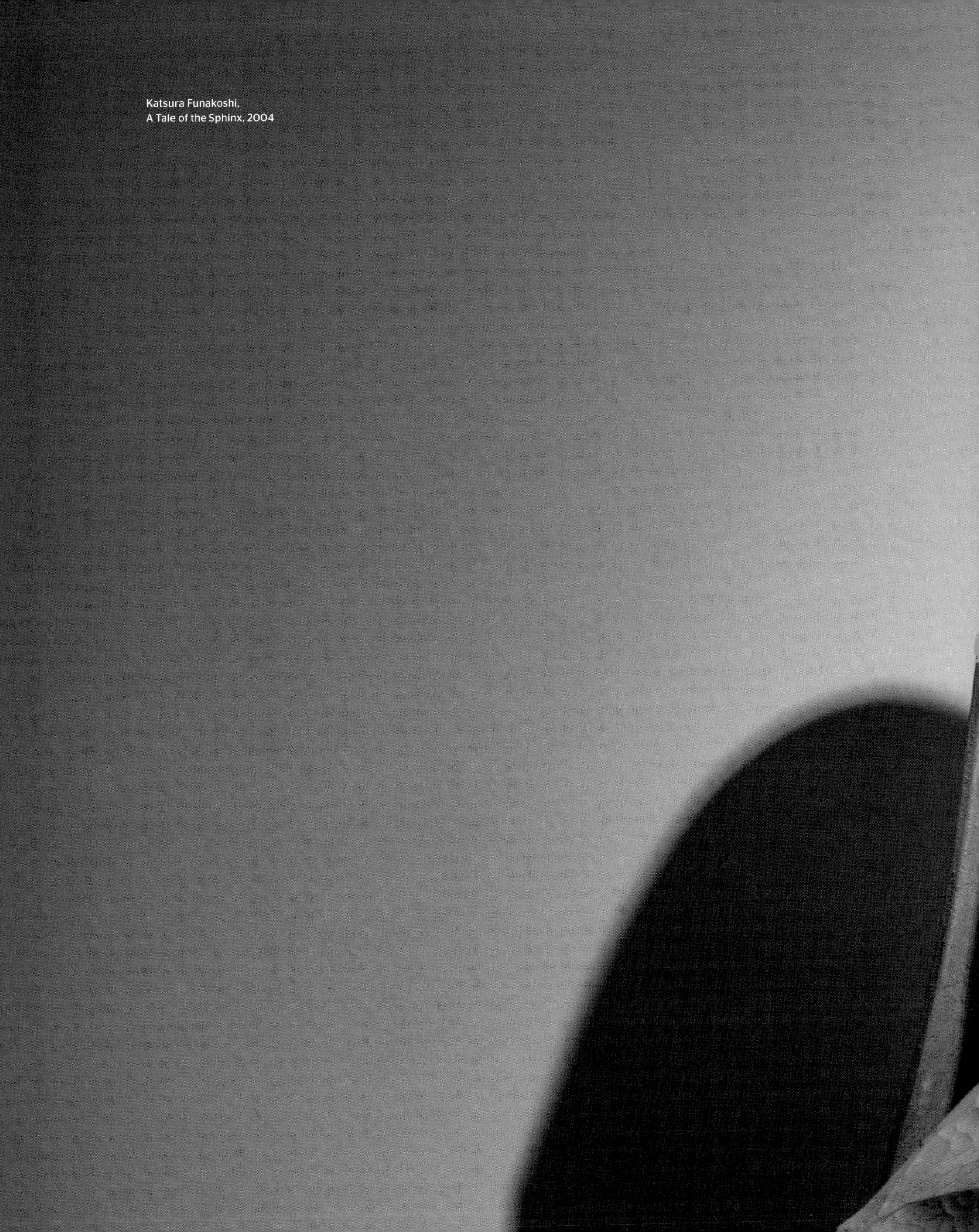

Katsura Funakoshi,
A Tale of the Sphinx, 2004

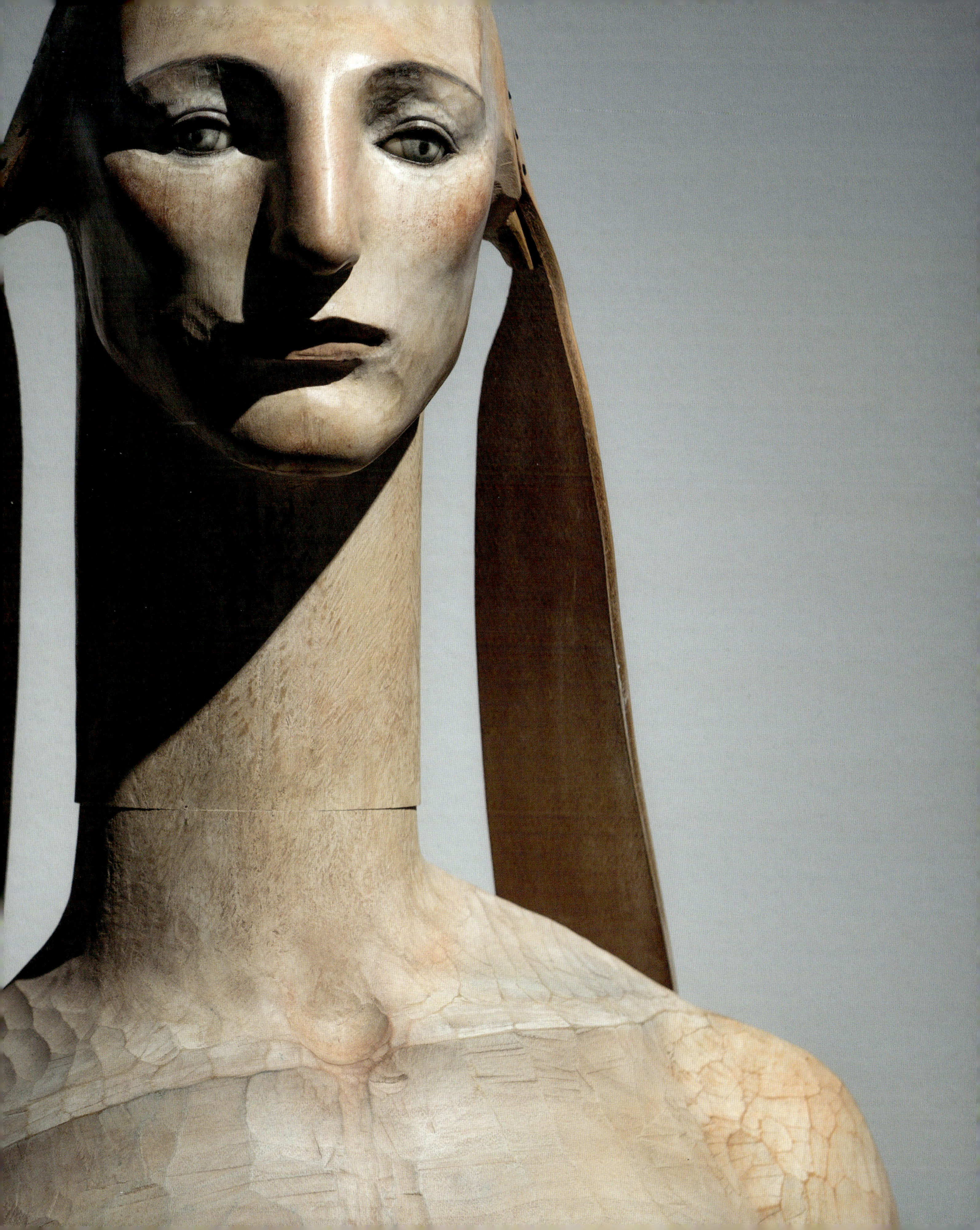

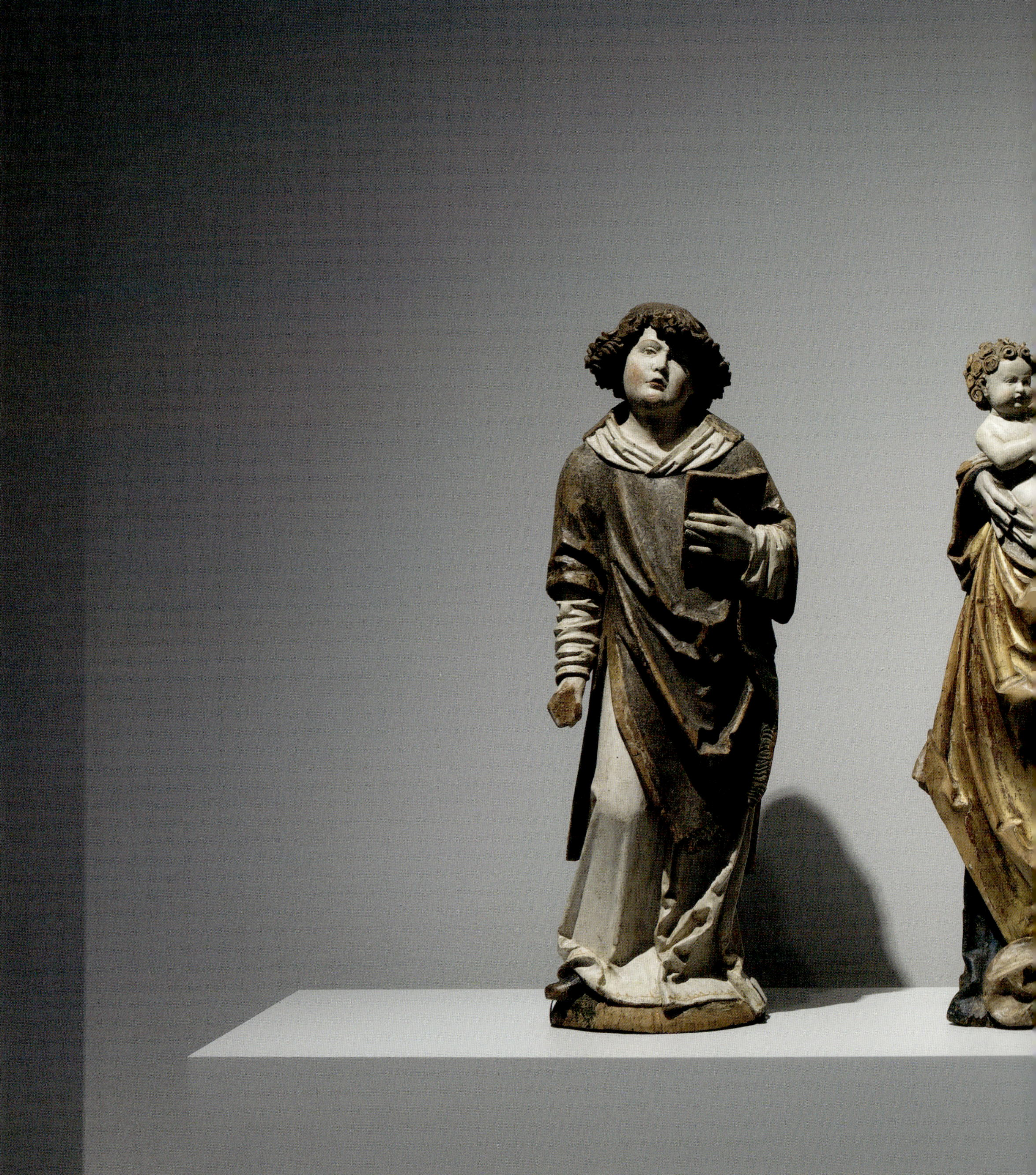

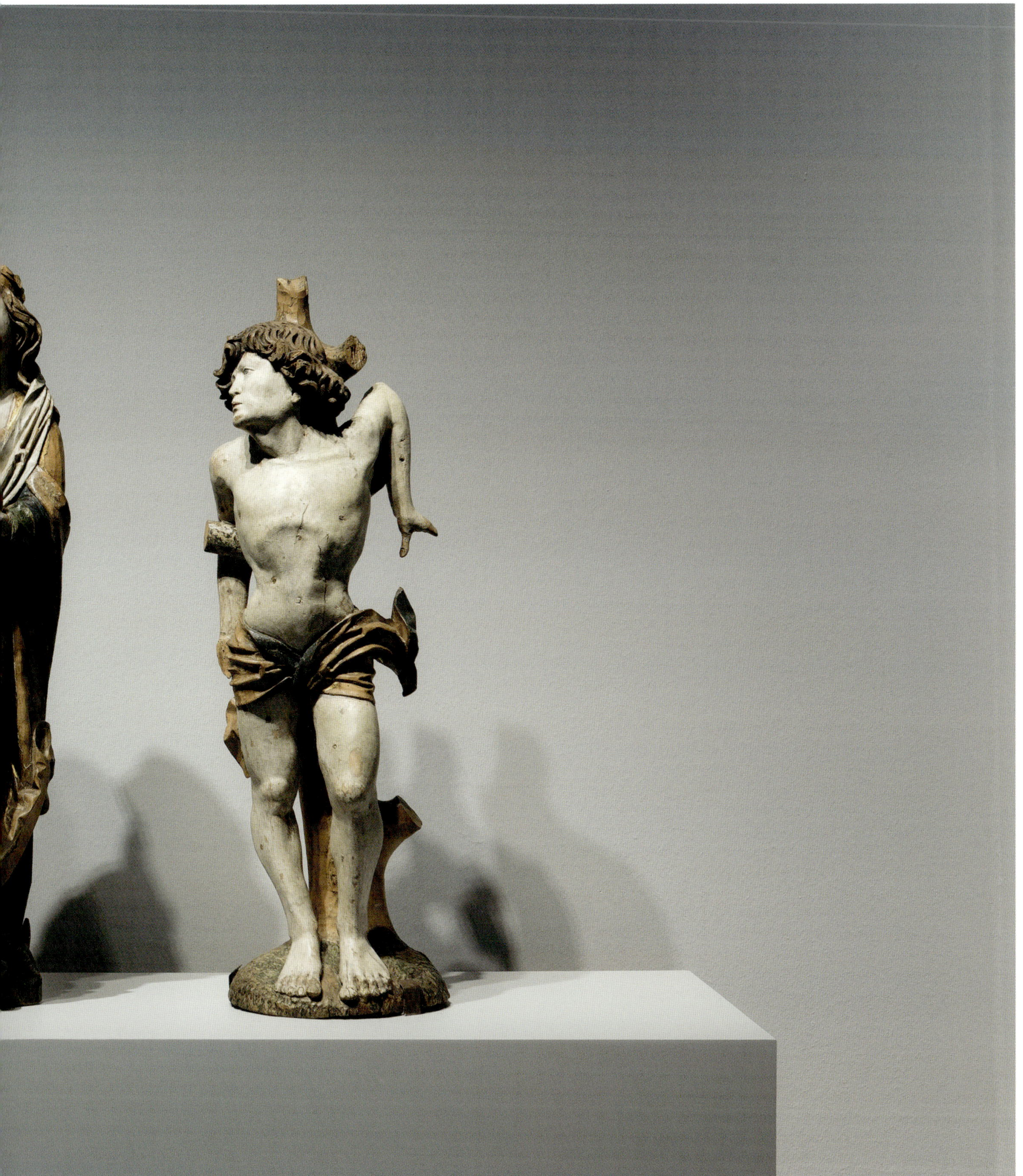

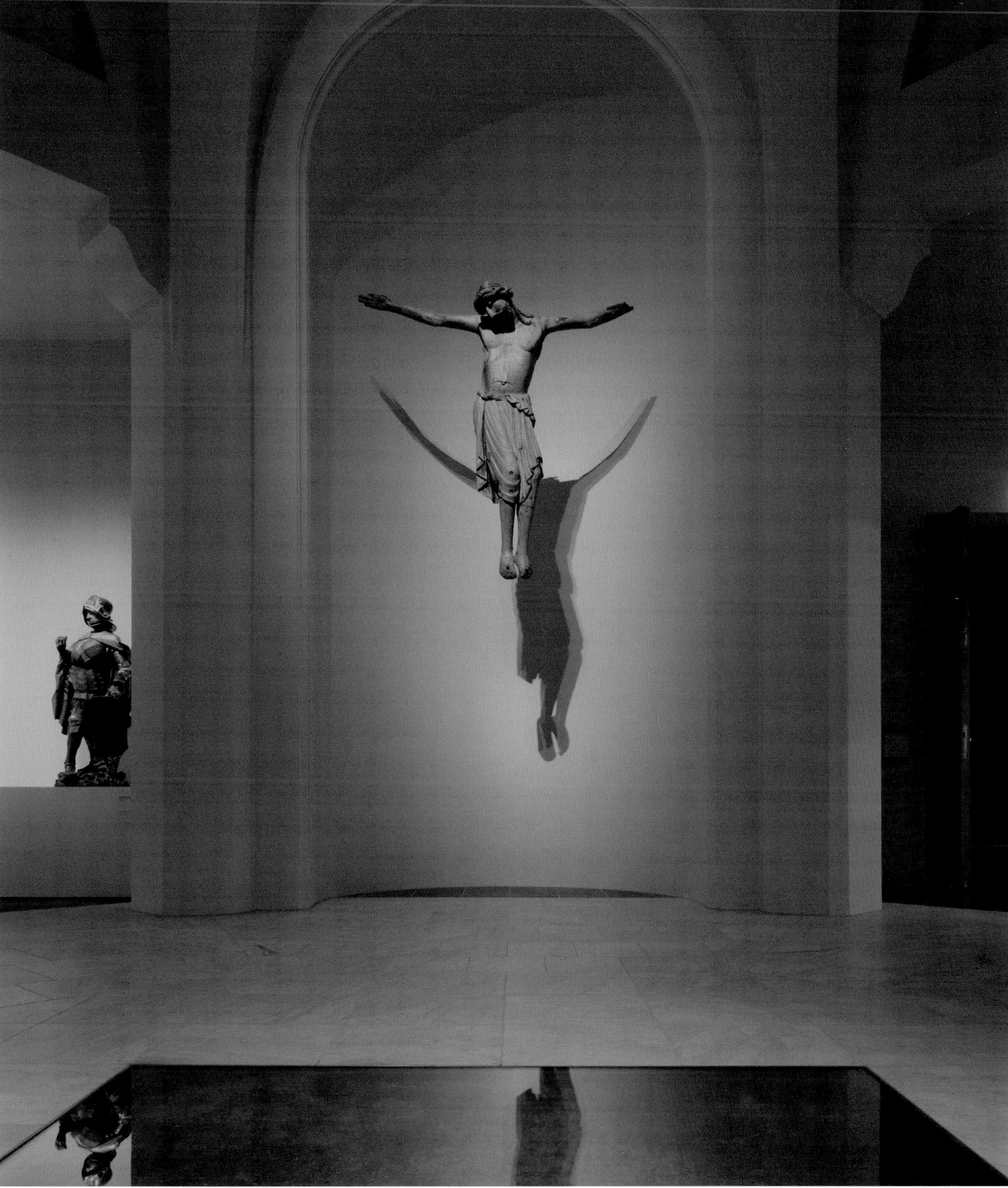

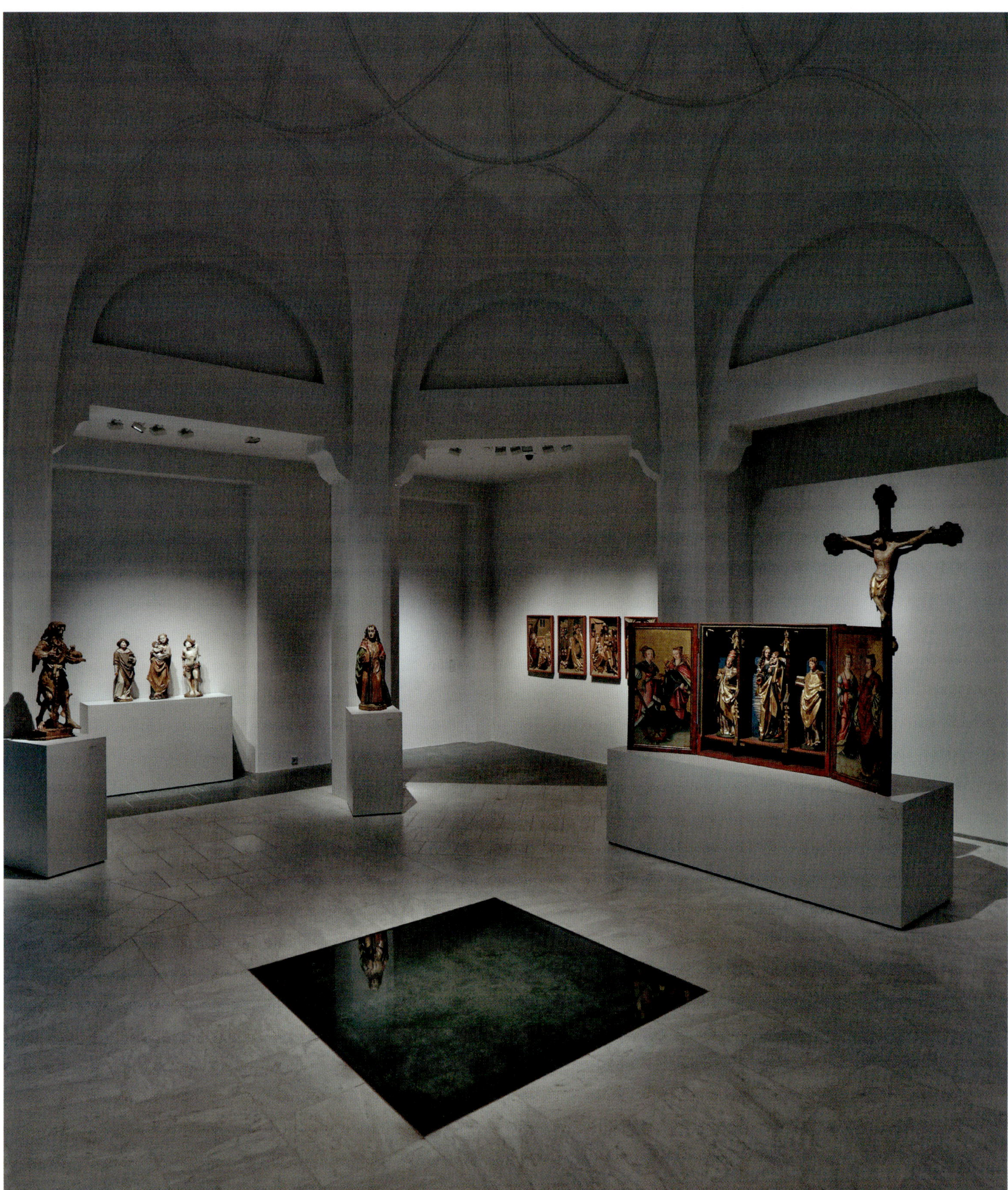

Neben der bedeutenden Sammlung mittelalterlicher Holzskulpturen besitzt die Sammlung Alter Meister einen umfangreichen Bestand an religiöser Malerei. Bereits die Sammlung von JOHANN ISAAK VON GERNING, die den Grundstock der Gemäldesammlung bildete, hatte einen thematischen Schwerpunkt auf religiösen Darstellungen. Im Anschluss an den Kirchensaal ist der folgende ebenfalls ausschließlich der religiösen Kunst vorbehalten. Er bietet Raum für die zum Teil sehr großformatigen religiösen Bildtafeln des 15. bis 18. Jahrhunderts, die unter anderem Szenen aus der Christus-, der Marien- und zahlreichen Heiligengeschichten zeigen. Anhand der Themen, zum Beispiel den Christusdarstellungen, kann man exemplarisch das wechselvolle Verhältnis von Religion und ihren sich wandelnden Bildprogrammen studieren. Bei den mittelalterlichen Altartafeln ragen besonders die beiden dem MEISTER DES HEISTERBACHER ALTARS zugeschriebenen Werke dank ihrer klaren Formensprache, des warmen Kolorits, der ineinanderfließenden Konturen sowie ihres weichen, plastisch modellierten Faltenstils heraus. Sie weisen darin eine stilistische Nähe zu STEPHAN LOCHNER auf. Weitere Werke des sogenannten weichen Stils im Umfeld der Kölner Malerei des 15. Jahrhunderts verweisen auf die Kunst der Niederlande. Dazu zählt etwa *Die Heimsuchung Mariae* (um 1512/1515 → 263) von BARTHOLOMÄUS BRUYN (1493–1555), die zeigt, wie Maria und Elisabeth sich – der Beschreibung des Lukasevangeliums folgend (Lk 1,39-56) – zärtlich und liebevoll umarmen. Links unten im Gemälde findet sich ein leeres Wappenschild, das eigentlich das Stifterwappen aufnehmen sollte; das Bild war einst Teil eines umfangreichen und teilweise nachweisbaren Bilderzyklus. BRUYN hat dem Renaissancestil in Köln zum Durchbruch verholfen. Als er 1533 ebenda zwei Häuser erwarb, die einmal STEPHAN LOCHNER gehört hatten, trat BRUYN demonstrativ dessen Nachfolge an. Eine *Himmelfahrt Mariens* vom MEISTER VON ST. SEVERIN stellt in der Ausstellung einen unmittelbaren Bezug zu BRUYN her, war er doch vormals Mitarbeiter in jener Werkstatt, die nach zwei Tafeln, die in der Kölner Sakristei von St. Severin aufbewahrt werden, benannt ist. Eine Kopie der *Kreuzabnahme* nach einem verlorenen Original von ROGIER VAN DER WEYDEN (1399/1400–1464) korrespondiert mit der Darstellung des *Heiligen Hieronymus,* der scheinbar vor dem lebendig Gekreuzigten Buße tut → 274. Bisher hat dieses wunderbare Bild, das eine zeittypische Vorstellung von Wüste wiedergibt, eine wechselhafte Zuschreibungsgeschichte erfahren. Derzeit wird es JAN VAN AMSTEL (um 1500–1540/1543) gegeben, der vermutlich identisch ist mit dem

The Old Masters collection also encompasses an extensive number of religious paintings, the foundation stone for which was laid early on in the museum's history with its incorporation of the GERNING collection. Wiesbaden's store of religious art is exhibited adjacent to the church in two rooms devoted explicitly to this segment of its collection. Overall, its spans the stylistic spectrum of religious art from the Italian Renaissance to Neapolitan Baroque and features large scale panel paintings dating from the 15th to 18th centuries depicting, among other motifs, biblical stories of Christ, the Virgin Mary and various saints. These themes, for example, the representations of Christ, illustrate the dynamic relationship between religion and its visual representation. Here are some of the highlights of Wiesbaden's collection.

We begin with the medieval altarpiece, remarkable for two works attributed to the MASTER OF HEISTERBACH for their clear formal structure, exquisitely warm coloring, fluid contours and soft, vividly modeled folding style, bearing a stylistic similarity to the work of STEPHAN LOCHNER. Other works in the so-called "soft style" associated with the 15th century Cologne School are closely associated to Dutch painting of that era, in particular *The Visitation* (ca. 1512/1515 → 263) by BARTHOLOMÄUS BRUYN (1493–1555), depicting the scene in the Gospel of Luke in which Maria and Elisabeth gently and lovingly embrace (Luke 1:39–56). In the lower left hand of the painting, we see a blank shield that was intended to bear the coat of arms of the commissioner of the painting. This work was once part of a much larger cycle of paintings, some of which are still in existence today.

BRUYN contributed to the breakthrough of Renaissance style in Cologne. Shortly after his arrival there in 1533, he purchased two houses that had once belonged to STEPHAN LOCHNER, demonstratively – literally – positioning himself as LOCHNER's successor. *The Ascension of Mary* by the MASTER OF ST. SEVERIN featured in the exhibit establishes a clear line to BRUYN, who served as apprentice in the Master's workshop. It is named after two panels in the sacristy of the Church of St. Severin in Cologne. A reproduction of the *Disposition* on the basis of a lost original by ROGIER VAN DER WEYDEN (1399/1400–1464) correlates to the representation of *Saint Hieronymus* who appears to do penance before the living, crucified Christ → 274. To date, this superlative work, with its representation of the desert so typical for this period, has been attributed to various hands. Currently, it is said to be the work of JAN VAN AMSTEL (ca. 1500–1540/1543), who is putatively one and the same with the so-called "BRAUNSCHWEIG

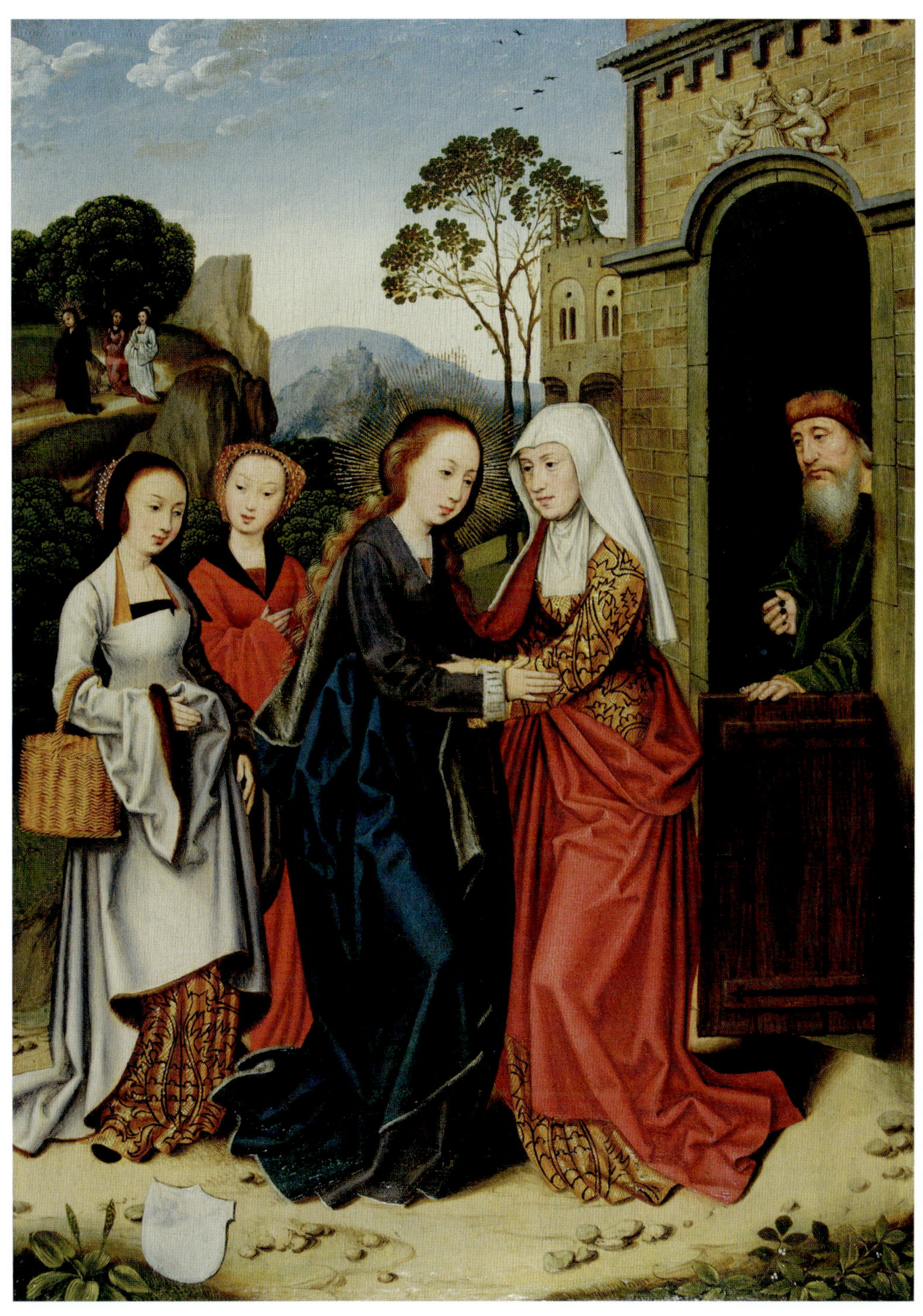

Bartholomäus Bruyn, Die Heimsuchung Mariae, um 1512–1515
The Visitation, around 1512–1515

sogenannten Braunschweiger Monogrammisten, der sich wiederum am Werk von Lucas van Leyden (1494–1533) orientierte. Im Zentrum steht aber die großformatige Altartafel des Meisters der Wiesbadener Heimsuchung → 266, 268. Bei dieser zweiten *Heimsuchung Mariae* ist das Personal um Josef und den Heiligen Sebastian erweitert, die Altersunterschiede zwischen der jugendlich schönen Maria und der betagten Elisabeth sind deutlich herausgestellt und die Landschaftsdarstellung wird besonders betont. Auffällig ist daneben insbesondere ein architektonisches Zitat aus Albrecht Dürers Kupferstich *Das Meerwunder*. Das Gemälde stammt vermutlich aus der Kirche San Giacomo im italienischen Savona, war dort Teil eines monumentalen Altars und wurde zuletzt Albertino Piazza da Lodi (1490–nach 1529) zugeschrieben. Ein weiteres beeindruckendes Werk aus der frühen Phase des 16. Jahrhunderts stammt von Cesare da Sesto (1477–1523) und zeigt den *Heiligen Martin* → 279. Sestos Werke weisen eine derartige Nähe zu Leonardo da Vincis Arbeiten auf, dass es eine intensive künstlerische Beziehung zwischen den Künstlern gegeben haben muss. Im Januar 1523 wurde er von den Ordensbrüdern von San Rocco in Mailand mit der Erstellung eines Polyptychons (also eines Altars mit mehr als zwei Flügeln) für deren Kirche beauftragt. Den Auftragsdokumenten nach war der *Heilige Martin* Teil eines insgesamt zehnteiligen Altarensembles, von dem Sesto vor seinem plötzlichen Tod noch sechs Tafeln selbst ausführen konnte, während die übrigen nach seinen Vorlagen und Vorarbeiten von seiner Werkstatt vollendet wurden. Dieses finale Werk von einem der führenden italienischen Renaissancekünstler stellt einen Höhepunkt der Wiesbadener Sammlung dar. Eine *Heilige Familie* → 271, 277, die derzeit noch unter florentinisch, Anfang des 16. Jahrhunderts firmiert und die Hermann Voss 1939 in die Nähe von Fra Bartolommeo (1472–1517) gerückt hatte, wird zukünftig Domenico Puligo (1492–1527) zugeschrieben werden. Der Venezianer Bernardino Licinio (1485–1560) hat mit einem Hauptwerk seines Œuvres, der *Darbringung im Tempel* → 266, 269 mitsamt eines integrierten Selbstporträts des Künstlers, einen glanzvollen Auftritt innerhalb der Hochrenaissance bei den Alten Meistern. Die römische Kunst ist mit zwei meisterhaften Beispielen ebenfalls vertreten: Giuseppe Cesari, genannt Il Cavaliere d'Arpino (1568–1640), ist mit einer *Ruhe auf der Flucht nach Ägypten* vertreten, während eine in ihrer Schönheit und Innigkeit kaum zu überbietende *Madonna* von Giovanni Battista Salvi, genannt Sassoferrato (1609–1685), uns bereits in das Rom des 17. Jahrhundert führt → 271, 277.

Monogrammist," who, in turn, was strongly influenced by the work of Lucas van Leyden (1494–1533).

At the center of the room stands a large-scale altarpiece by the Master of the Wiesbaden Visitation → 266, 268. This second *Visitation* also contains the figures of Joseph and St. Sebastian, while the differences in age between the beautiful, youthful Mary and the aged Elisabeth are foregrounded, as is the landscape. A striking, adjacent work is an architectonic citation of Albrecht Dürer's copperplate *The Sea Miracle*. The work is said to originate from the Church of San Giacomo in Savona, Italy, where it was part of a monumental altar, lately attributed to Albertino Piazza da Lodi (1490–ca. 1529). Another impressive piece from the early 16th century by Cesare da Sesto (1477–1523) depicts *Saint Martin* → 279. The influence of Leonardo da Vinci is so apparent in Sesto's work that the two artists must have enjoyed a close artistic relationship. In January 1523, Sesto was commissioned by the monks of San Rocco in Milan to construct a polyptychon (an altar with more than two wings) for their church. According to the documents commissioning the work, *Saint Martin* was one of a total of ten panels belonging to the altar ensemble, only six of which Sesto himself was able to finish before his sudden death. The remaining panels were finished by his workshop after his death according to his drafts and preliminary work. As one of the six panels completed by Sesto, one of Italy's leading Renaissance artists, this work forms a highlight of Wiesbaden's collection.

A *Holy Family* → 271, 277, currently considered an early 16th century Florentine work and identified by Herman Voss in 1939 as the work of Fra Bartolommeo (1472–1517), is soon to be attributed to the hand of Domenico Puligo (1492–1527). Venetian artist Bernardino Licinio (1485–1560) is prominently featured among the High Renaissance period of the Old Masters exhibit with one of the key works in his œuvre, the *Presentation in the Temple* → 266, 269, which even includes a self-portrait of the artist. Roman art is also strongly represented by two masterful works, *Rest on the Flight into Egypt* by Giuseppe Cesari, known as Il Cavaliere d'Arpino (1568–1640), and another by Giovanni Battista Salvi, known as Sassoferrato (1609–1685), the beauty and serenity of whose *Madonna* are unsurpassed and whose work transitions us to Rome of the 17th century → 271, 277.

Der neapolitanische Barock ist mit seinen beiden zentralen Protagonisten Luca Giordano (1632–1705) und Francesco Solimena (1657–1747) prominent vertreten → 280/281. Alles, was neapolitanische Barockmalerei international so erfolgreich machte, vor allem der Ausdruck eines barocken Lebensgefühls, das sich in der permanenten Polarität der Extreme des Daseins entäußerte, zwischen irdischer Katastrophe und himmlischer Ekstase, findet sich bei diesen beiden Meistern, in ihren großen Bilderzählungen und deren einzigartiger malerischer Brillanz. Dieses heilige Theater findet seine jetztzeitige Erdung in einer aktuellen Arbeit des Frankfurter Künstlers Jan Schmidt, der anhand einer Craquelé-Arbeit zu den Tafeln des *Heisterbacher Altars* zeigt, dass Bilder Uhren ohne Zeiger sind. Im Inneren tickt Zeit – und ihre Lebenszeit ist beschränkt, insbesondere wenn es sich um Holztafeln handelt. Ein kleines Netz von Rissen gibt über ihr bisheriges Leben Auskunft. Den Falten in Gesichtern von Menschen vergleichbar, geben sie Zeugnis über ihren derzeitigen Istzustand. Die „Falten" der Bilder heißen in der Fachsprache Craquelé und Schmidt erhebt die veränderte Oberfläche zur Kunst und „malt" Zeit → 270. Insgesamt erstreckt sich die stilistische Bandbreite religiöser Malerei in Wiesbaden mit weiteren bedeutenden Werken von der italienischen Renaissance bis hin zum neapolitanischen Barock.

Neapolitan Baroque is prominently represented by two of its central protagonists, Luca Giordano (1632–1705) and Francesco Solimena (1657–1747) → 280, 281. Everything that made Neapolitan Baroque so internationally acclaimed, its expression of a particularly Baroque lifestyle characterized by persistent existential extremes, the polarity of earthly catastrophe and heavenly ecstasy, can be found in the work of these two masters, in their grand visual narratives and unique aesthetic brilliance. This sacred theater finds its contemporary earthly counterpart in the work of Frankfurt artist Jan Schmidt, whose Craquelé Work, inspired by the panels of the *Heisterbach Altar*, illustrate that paintings are clocks without hands. They tick internally – their lifespan is limited, especially if they are wooden panels. A small network of fissures relates the history of their lives thus far. Like wrinkles in a human face, they bear witness to our present condition. The "wrinkles" of time on the image are called craquelé in specialist vocabulary – Schmidt raises the transformed surface to an art and "paints" time → 270.

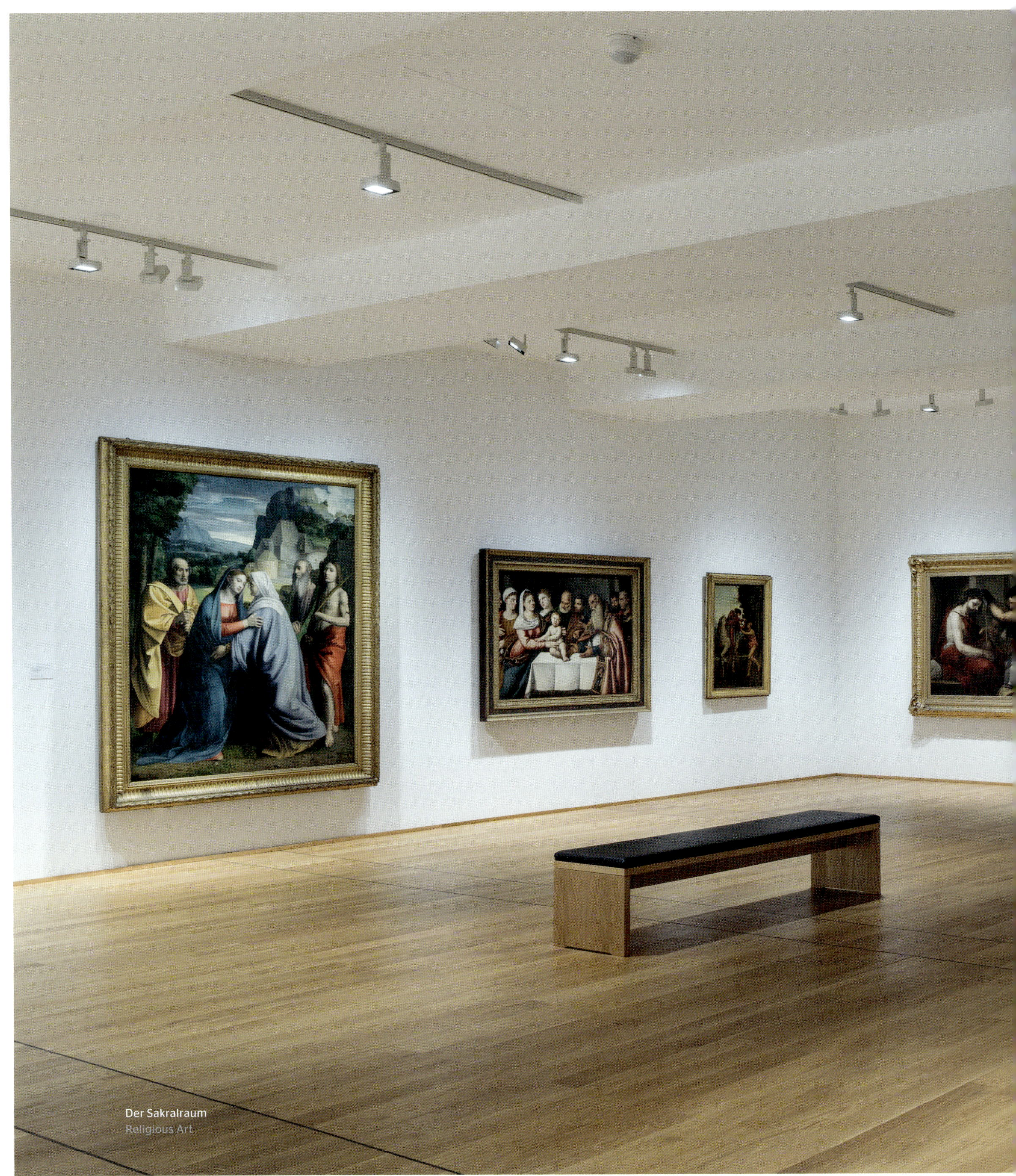

Der Sakralraum
Religious Art

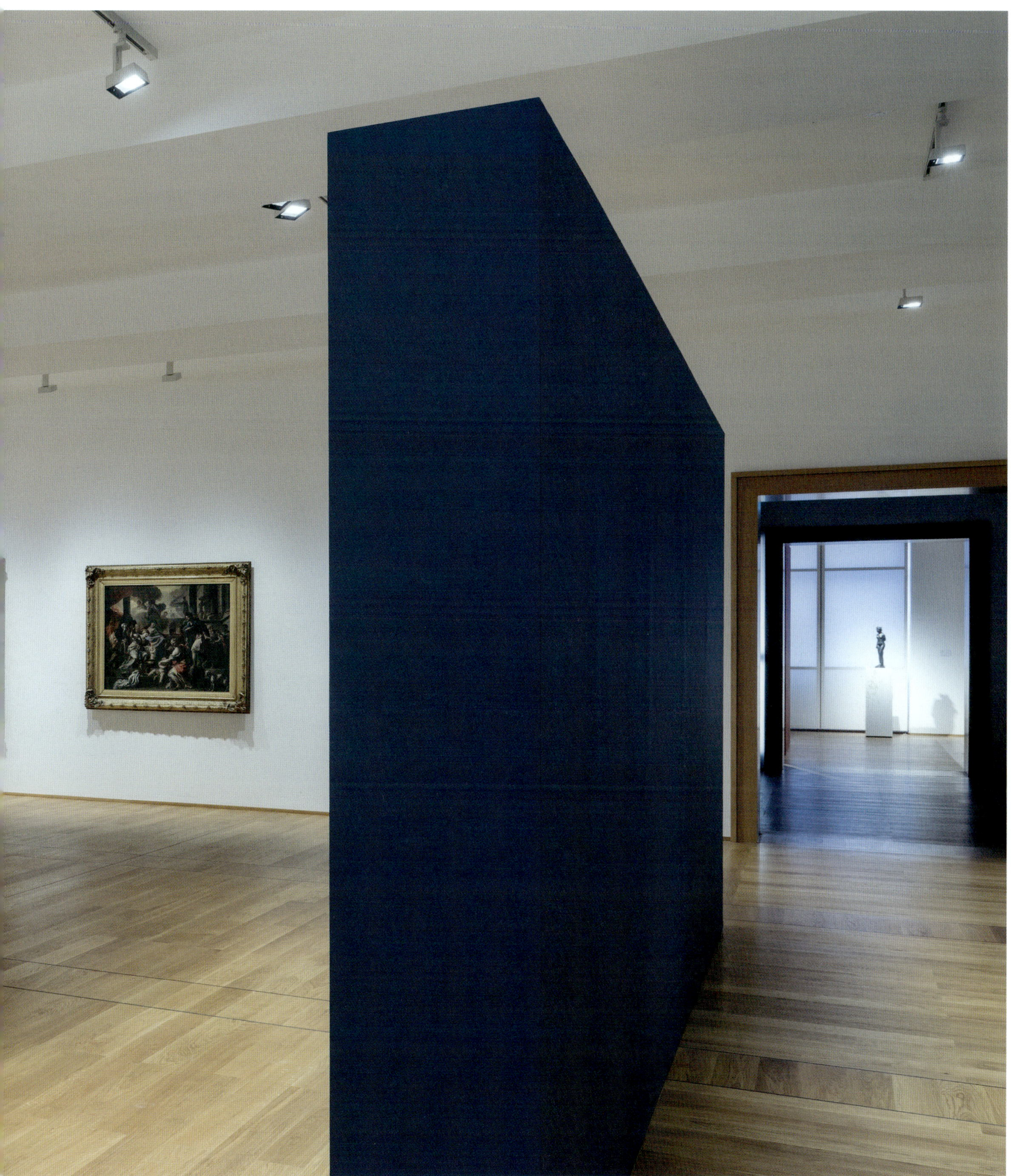

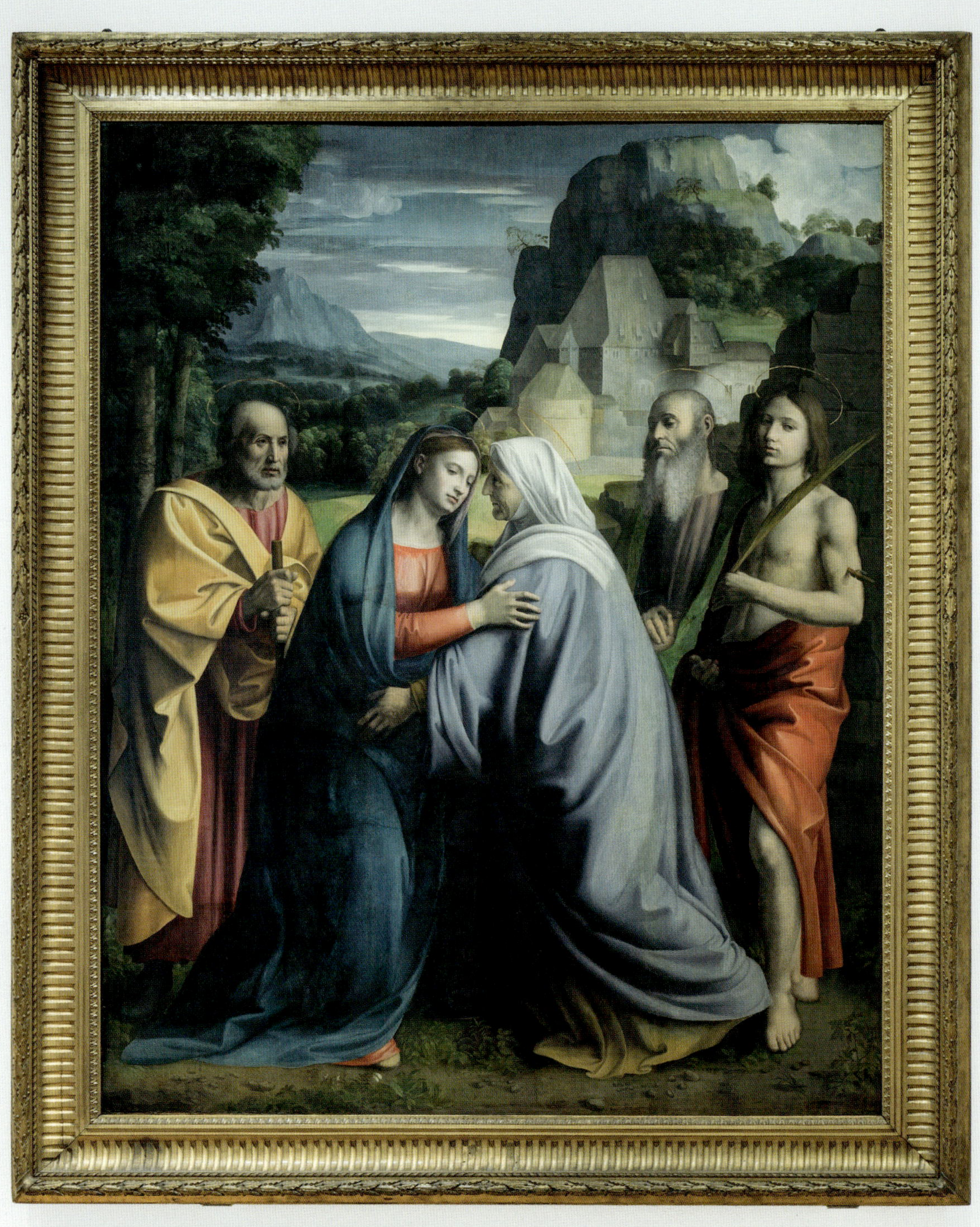

Ehemals Meister der Wiesbadener Heimsuchung, heute Alberto Piazza da Lodi, Heimsuchung Mariae, frühes 16. Jahrhundert
Formerly Master of the Wiesbaden Visitation, today Alberto Piazza da Lodi, The Visitation, early 16th century

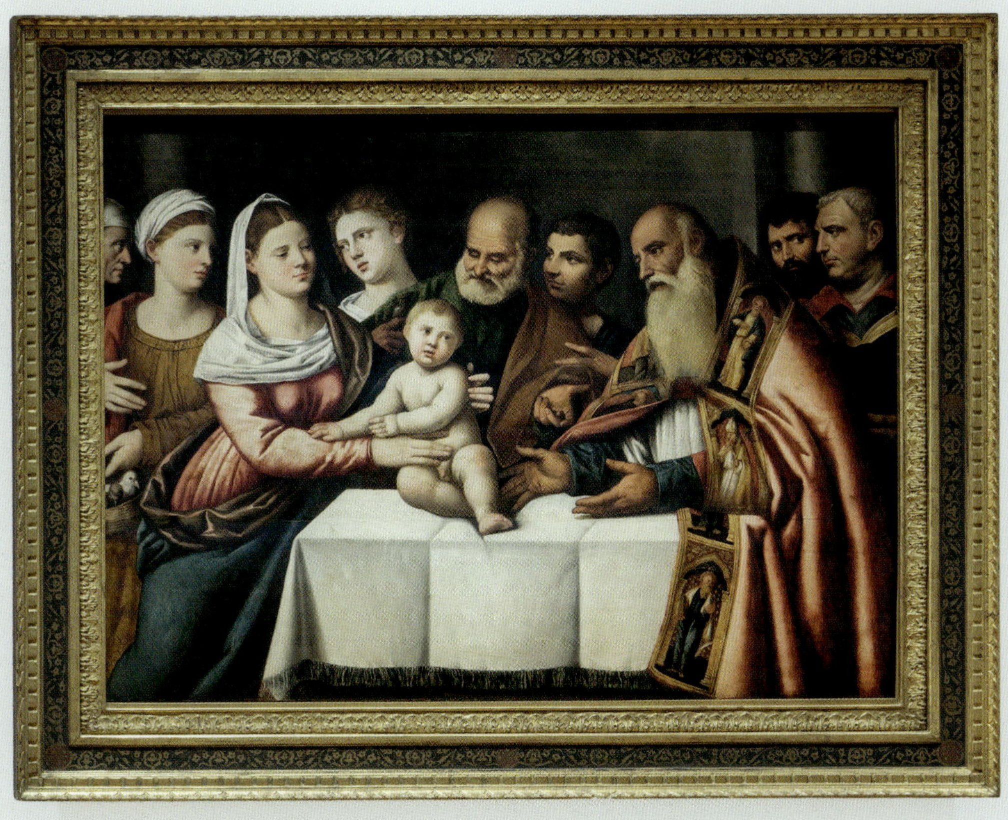

Bernardino Licinio, Darbringung im Tempel
Presentation in the Tempel

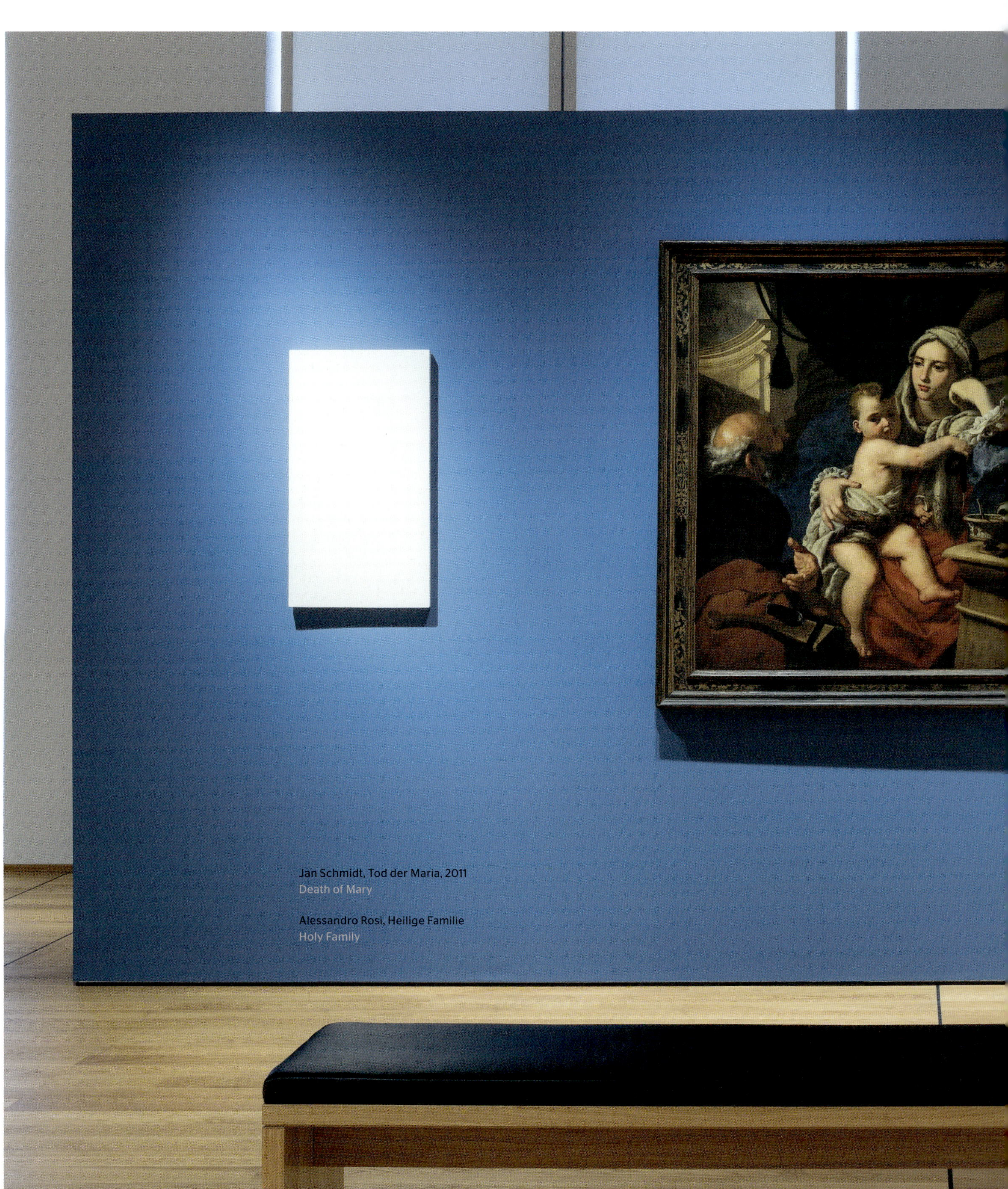

Jan Schmidt, Tod der Maria, 2011
Death of Mary

Alessandro Rosi, Heilige Familie
Holy Family

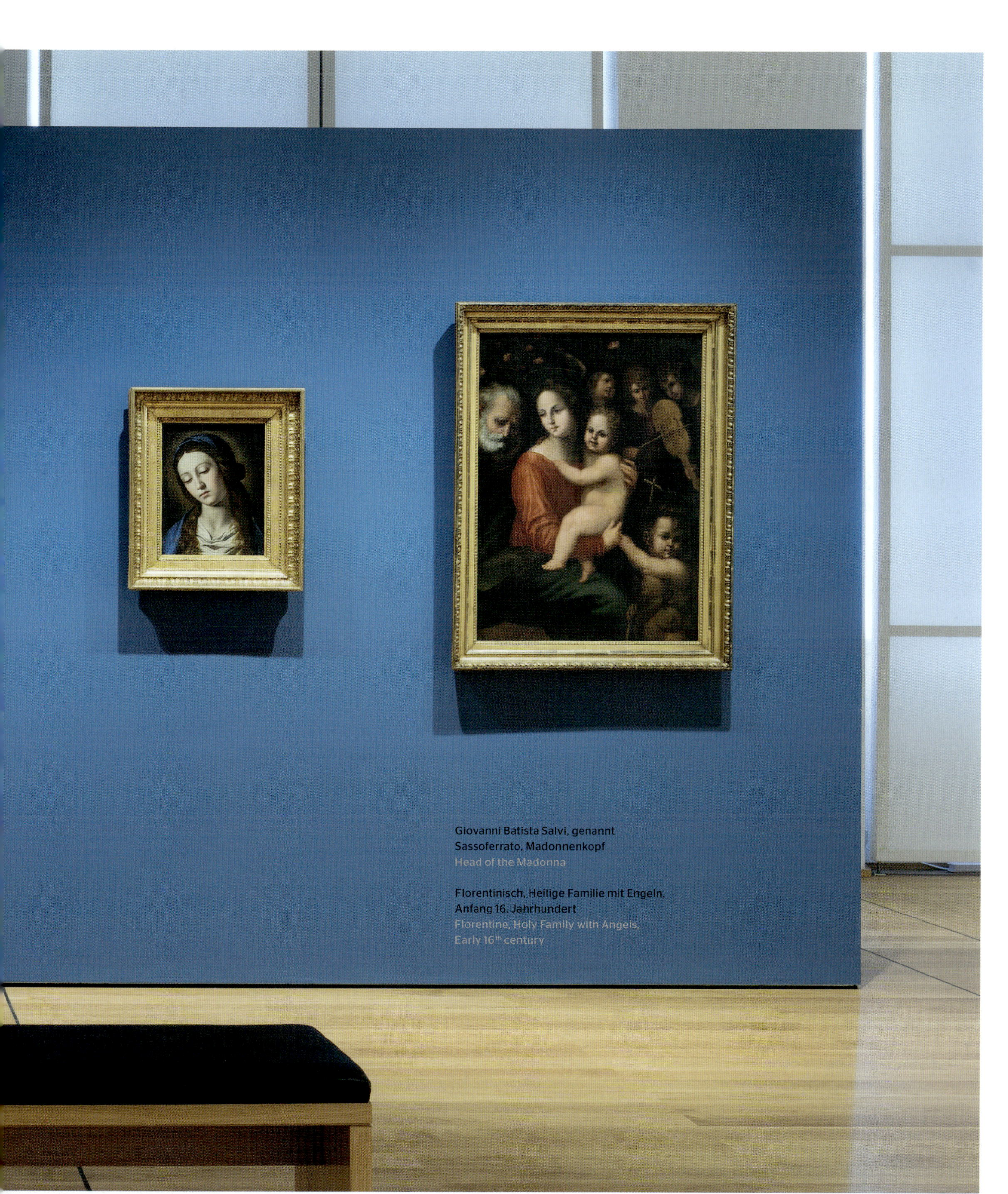
Giovanni Batista Salvi, genannt
Sassoferrato, Madonnenkopf
Head of the Madonna

Florentinisch, Heilige Familie mit Engeln,
Anfang 16. Jahrhundert
Florentine, Holy Family with Angels,
Early 16th century

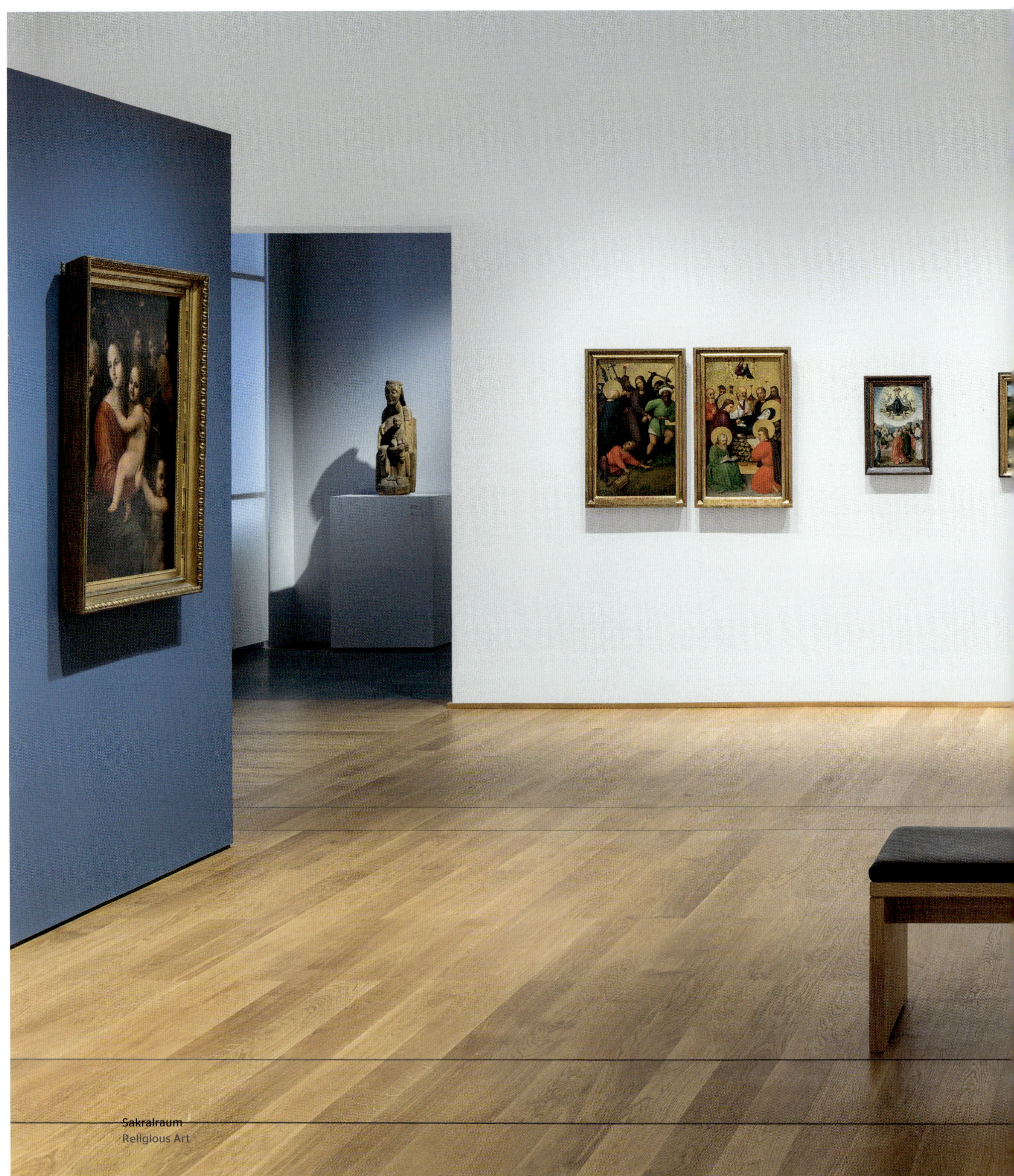

Sakralraum
Religious Art

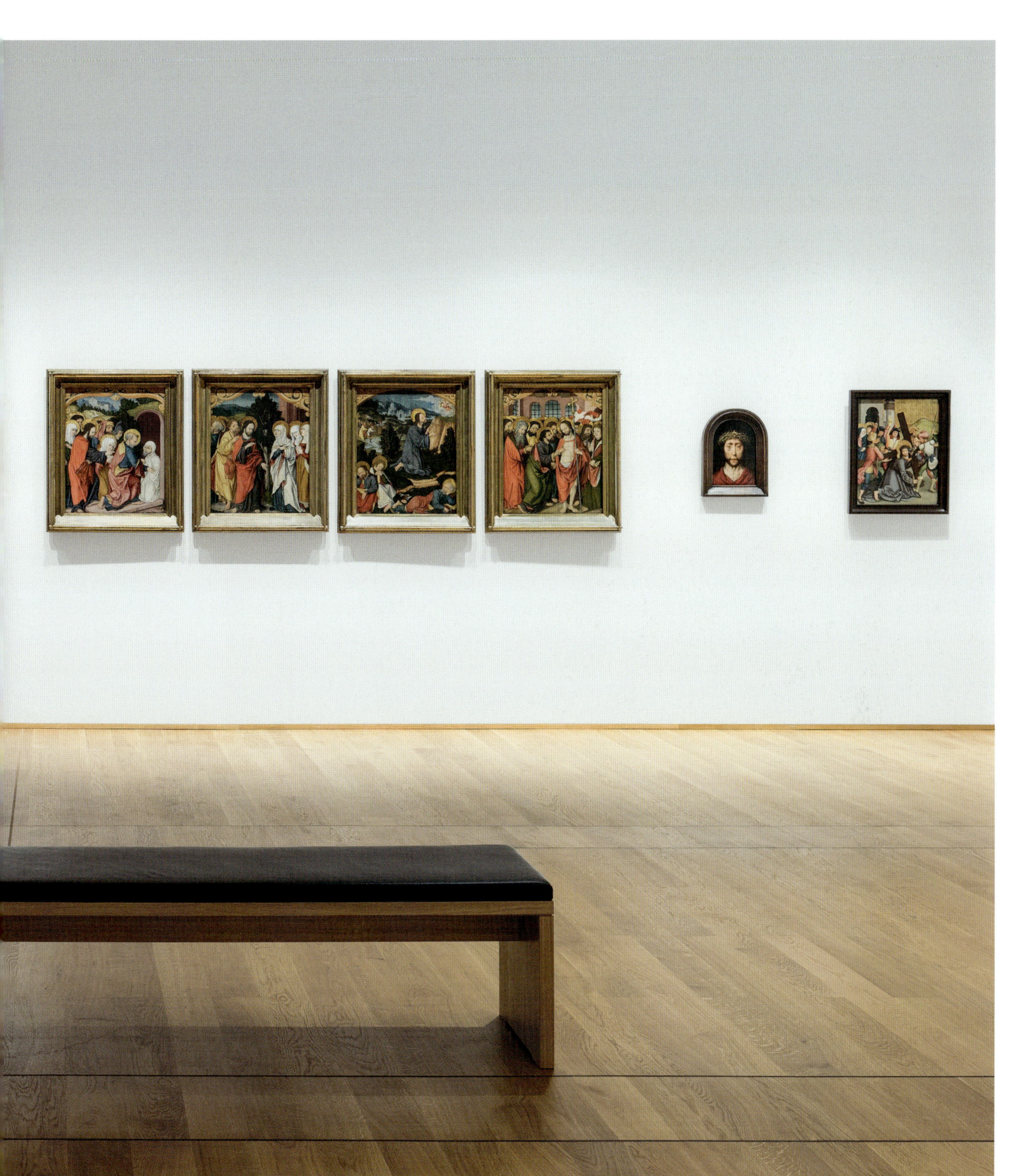

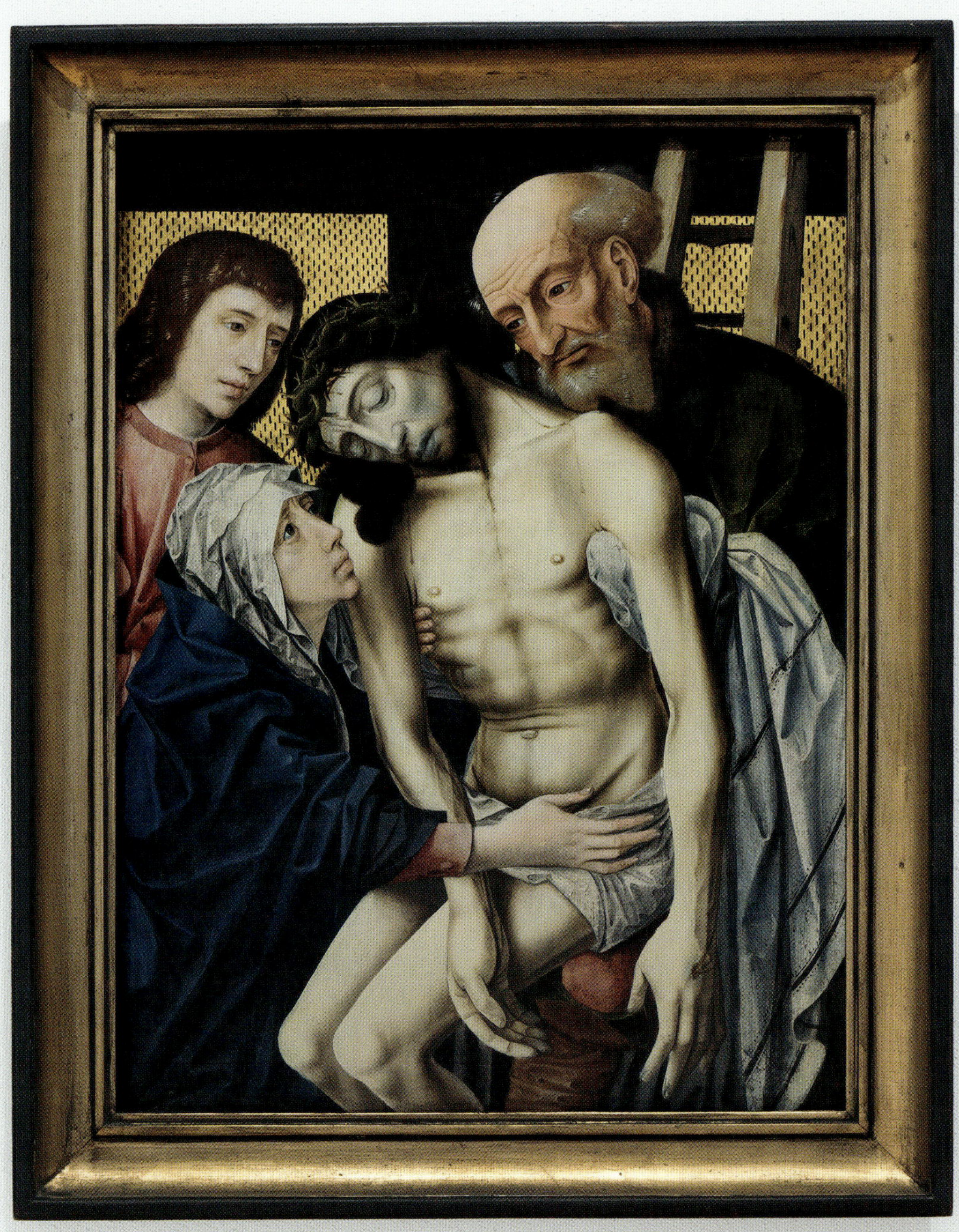

Kopie nach Rogier van der Weyden (spanisch), Kreuzabnahme, um 1500
Copy after Rogier van der Weyden (Spanish), Deposition from the Cross, around 1500

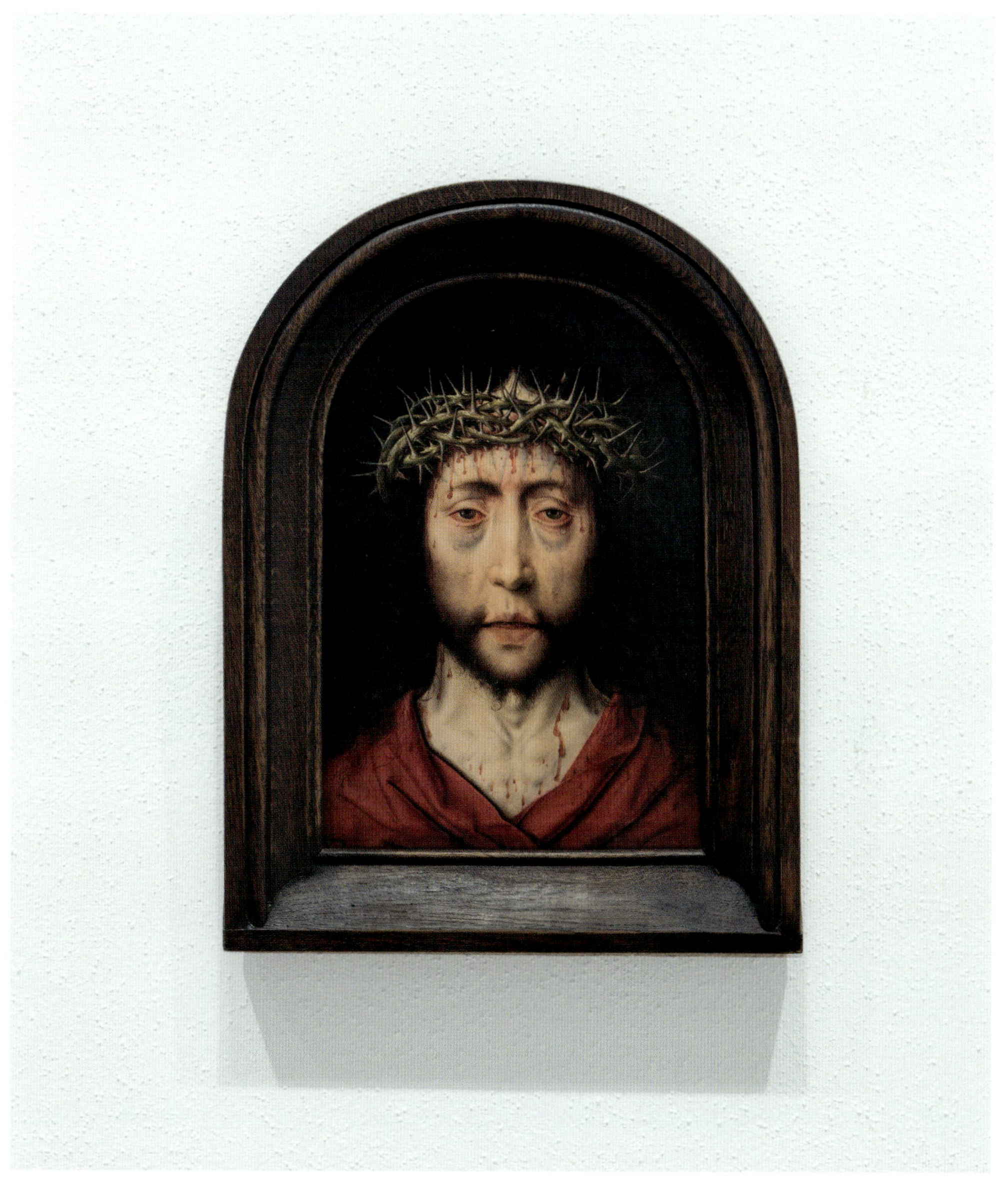

Aelbrecht Bouts, Kopf Christi mit der Dornenkrone, Flämische Schule
Head of Christ with Crown of Thorns, Flemish School

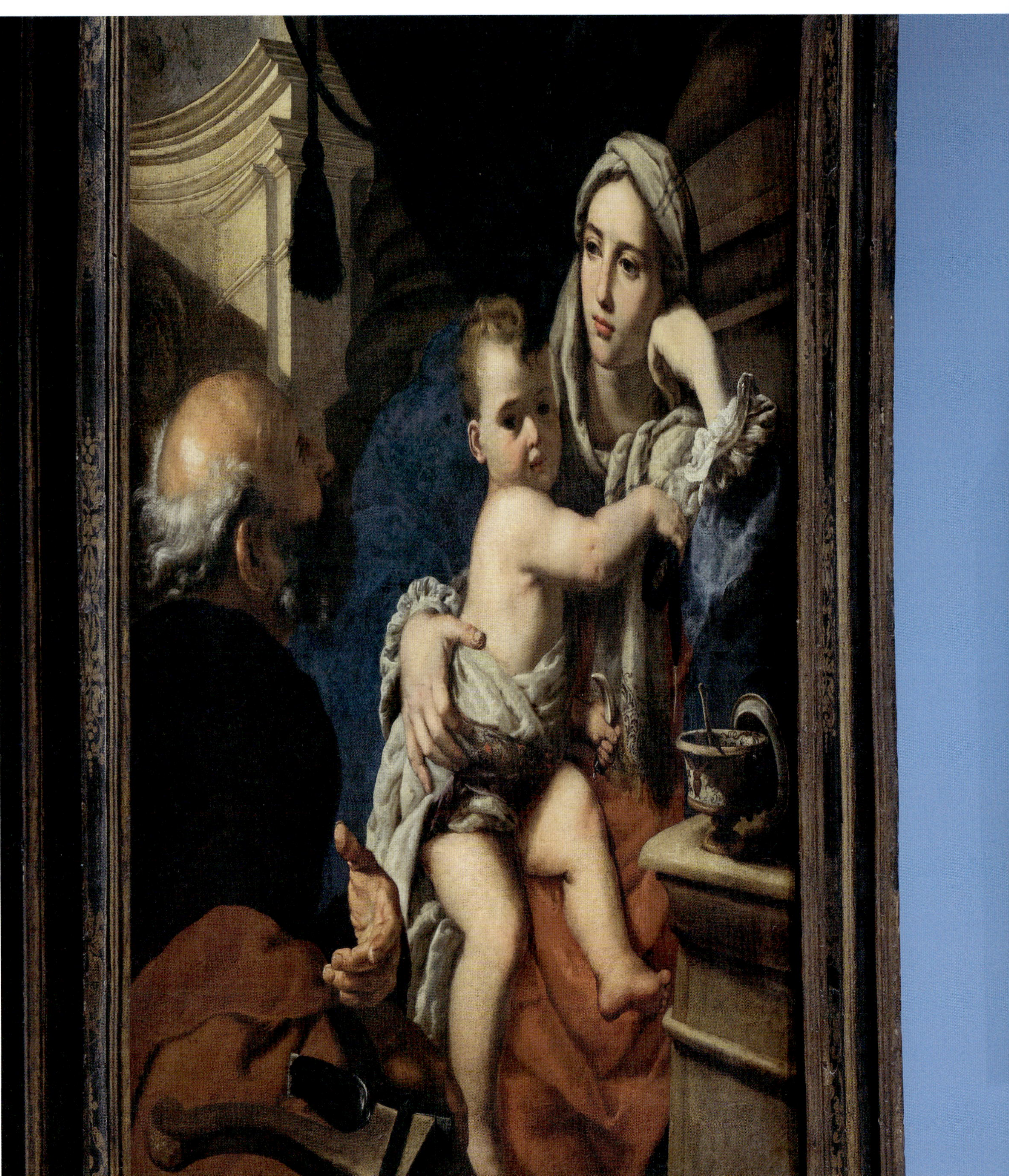

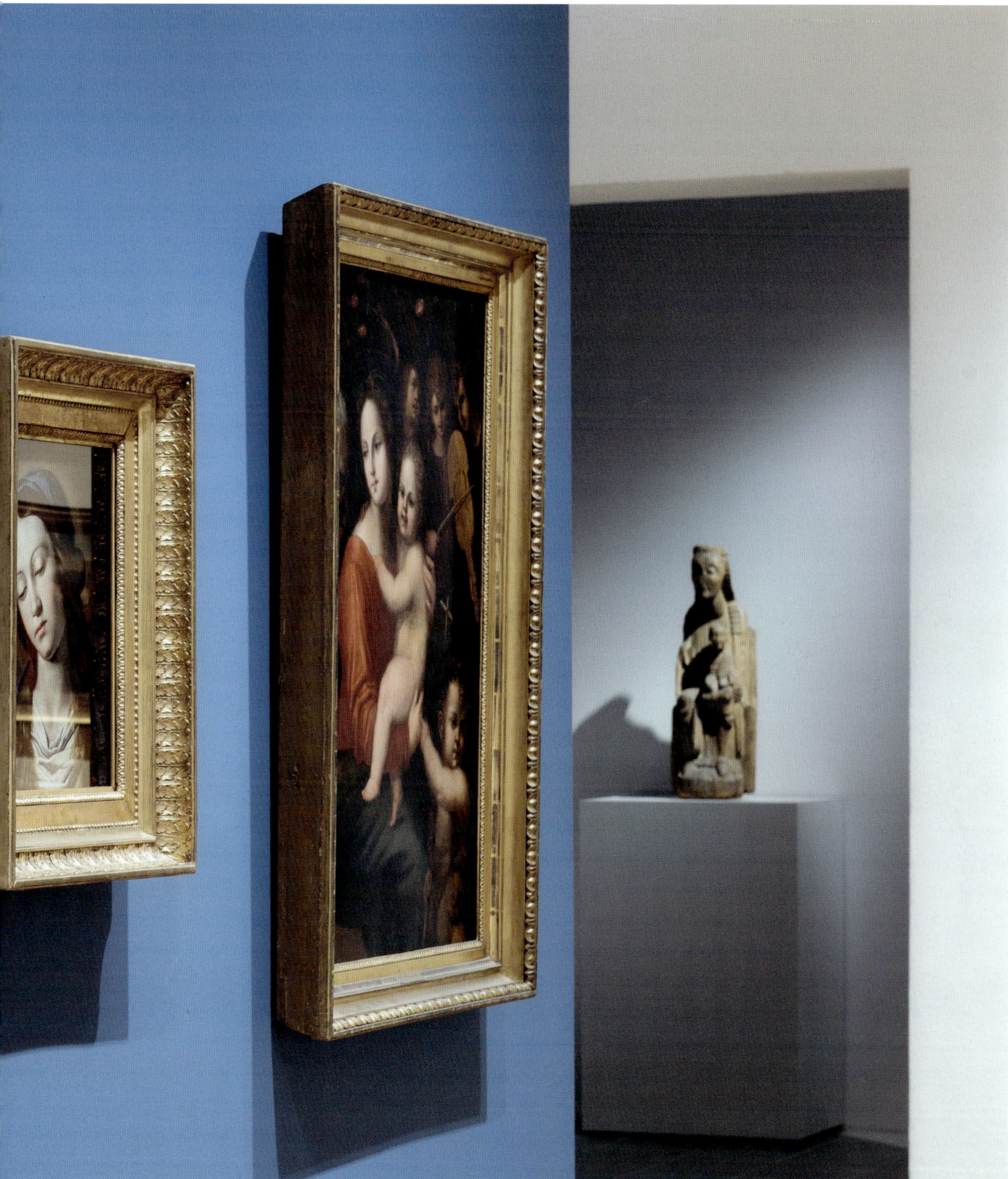

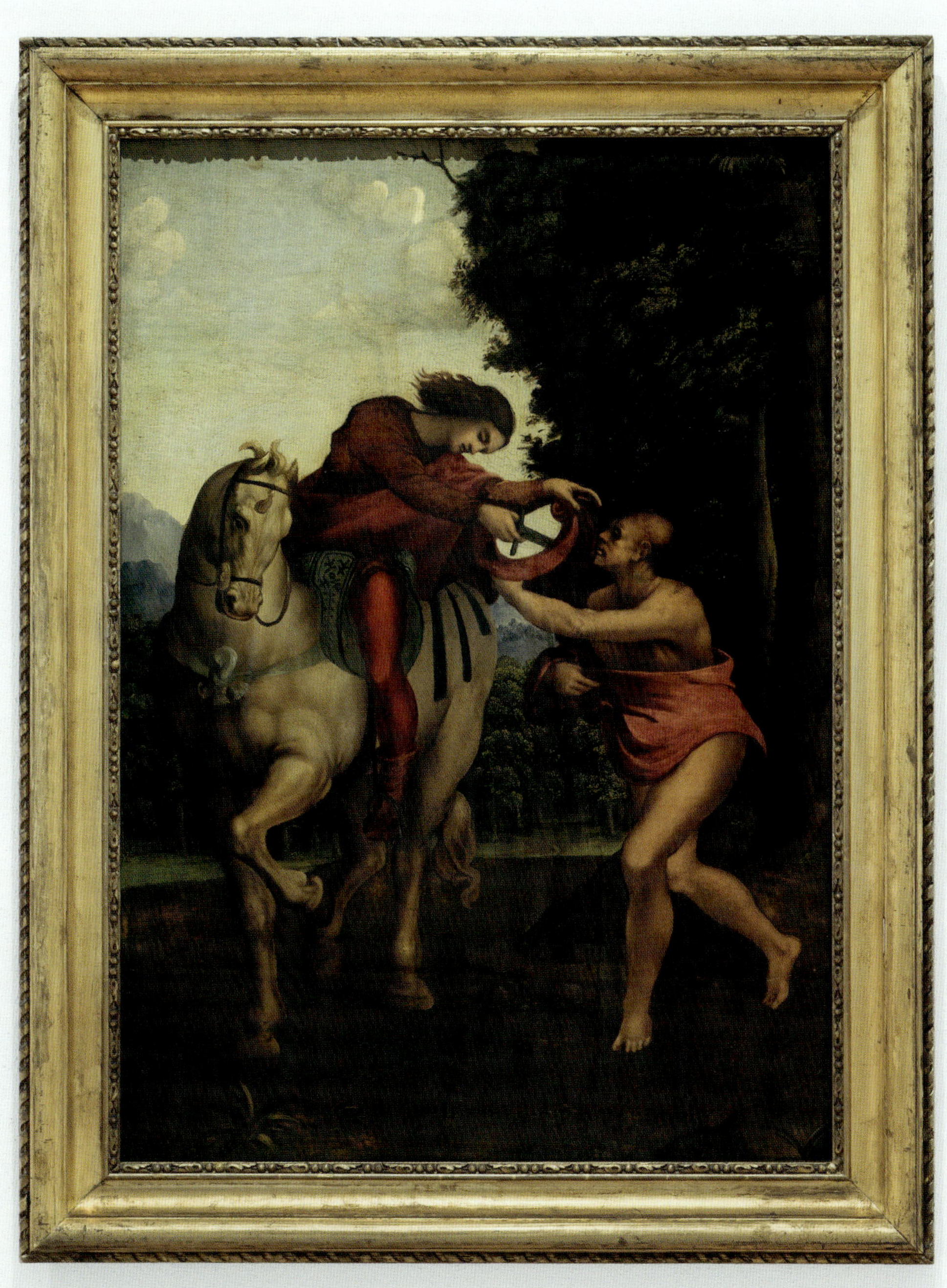

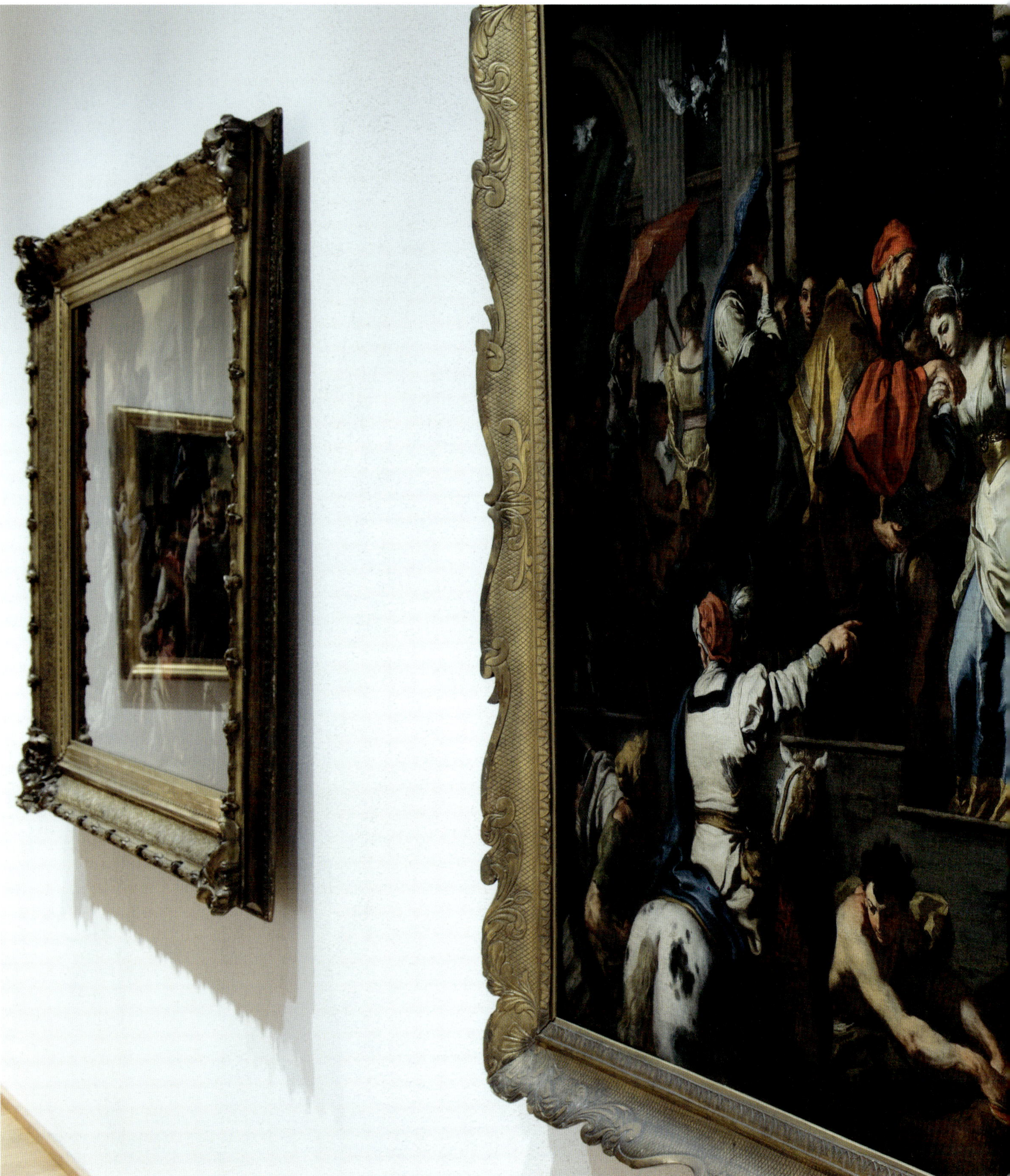

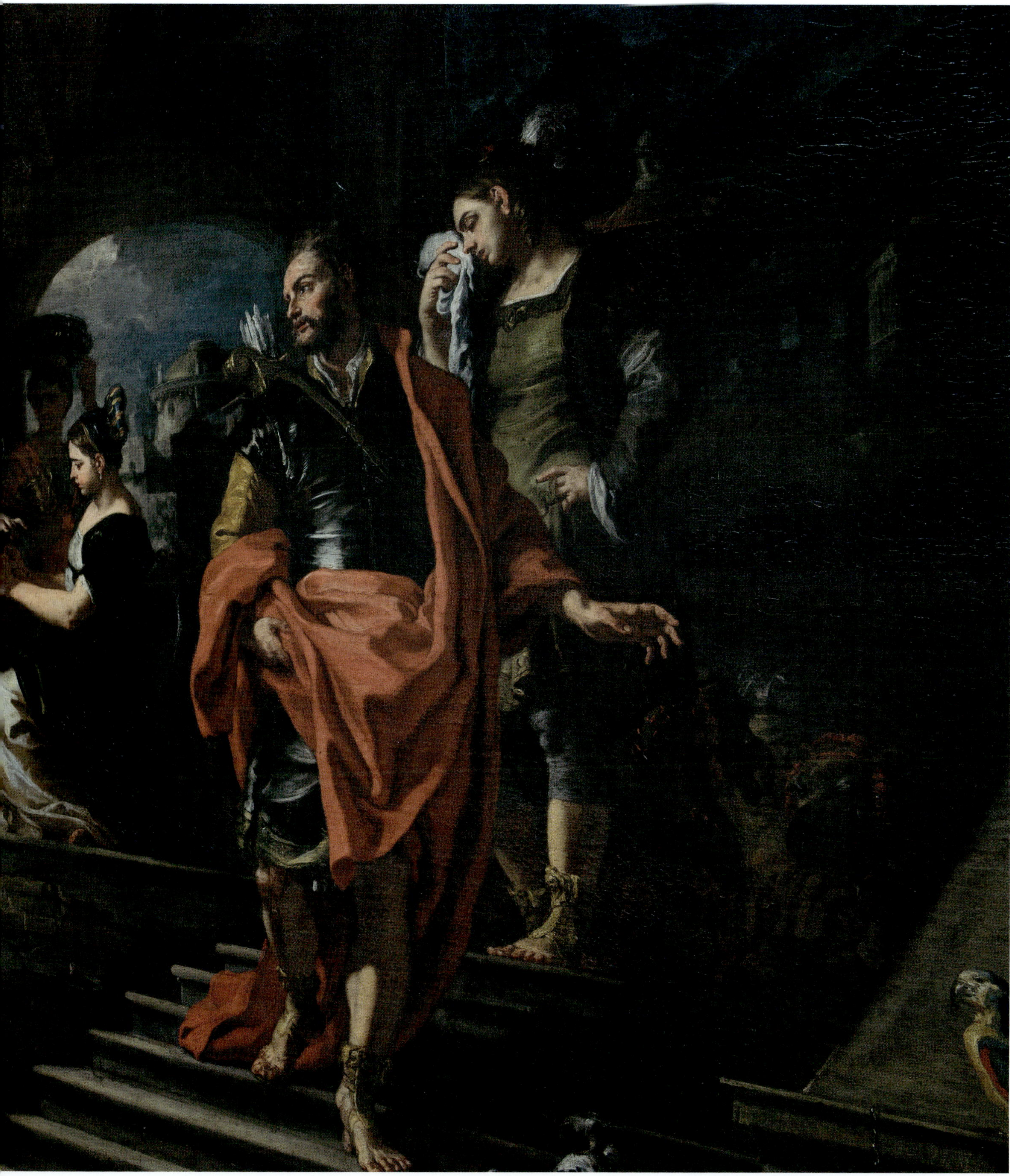

Porträt

Die Altmeisterabteilung beherbergt ein umfangreiches Konvolut an Porträtarbeiten.

Innerhalb der sehr wenigen frühen deutschen Beispiele ragt das *Bildnis eines älteren Herrn mit Rosenkranz,* das derzeit noch HANS MÜELICH (1516–1573) zugeschrieben wird, heraus → 286.

Das bekannteste Exponat des 18. Jahrhunderts stammt von ANGELIKA KAUFFMANN (1741–1807) und zeigt den „Gründungsvater" des Museums, JOHANN ISAAK VON GERNING, im Jahre 1798 → 28. Rein quantitativ haben die Porträts ihren Schwerpunkt im sogenannten langen 19. Jahrhundert.

Exemplarisch stehen stellvertretend für diesen Zeitraum das *Bildnis des Herrn Deinhard* von SIMON MEISTER (1833), FRIEDRICH VON AMERLINGS *Bildnis einer sitzenden Frau* und OTTO SCHOLDERERS *Junge Dame mit Sonnenschirm* (um 1872 → 292).

Derzeit liegt der Fokus im Porträtraum auf herausragenden italienischen Bildnissen von der Renaissance bis zum Barock. Das *Wiesbadener Porträt der Giulia Gonzaga* gehört mit zu den berühmtesten Werken des SEBASTIANO DEL PIOMBO (um 1485–1547). Sein Rang beruht dabei sowohl auf Originalität und Perfektion der künstlerischen Könnerschaft als auch auf dem vom Künstler verwendeten Trägermaterial → 284. Die Darstellung als Dreiviertelfigur wie auch die Größe des gewählten Bildformates spiegeln das Selbstbewusstsein der Dargestellten wider. Von dem Bild ging bereits in der Zeit seiner Entstehung eine grandiose Wirkung aus, was unter anderem auch daran lag, dass es auf eine massive, drei Zentimeter dicke Schieferplatte gemalt ist. SEBASTIANO DEL PIOMBO führte die seit der Antike bekannte Technik der Ölmalerei auf Schiefertafeln in die Malerei der Renaissance ein. Diese seine „Erfindung" war eine kunsttheoretisch zu seiner Zeit wichtige Tat, galt doch die Malerei lange als der Skulptur unterlegen, weil sie nicht so haltbar wie diese sei und folglich von geringerem Ewigkeitswert wäre. Für die Entstehung des Werkes liegen uns dank des Künstlerbiografen GIORGIO VASARI genaue Daten vor: PIOMBO reiste Anfang Juni 1532 im Auftrag seines glühenden Verehrers, Kardinal IPPOLITO DE' MEDICI, von vier Reitern begleitet zum Witwensitz der jungen Fürstin in der Grafschaft Fondi, etwa 100 Kilometer südlich von Rom gelegen. Innerhalb weniger Wochen vollendete er ihr Gemälde, das schon die Zeitgenossen als SEBASTIANOS glänzendste Bildleistung gerühmt haben. Dieses Porträt erreichte einen solchen Bekanntheitsgrad, dass es bereits im 16. Jahrhundert kopiert wurde. Bislang gilt das Wiesbadener Bild als die

Portrait

The Old Masters collection encompasses an extensive number of portraits. Among the very few early German exemplars of this genre, the *Portrait of an Old Man with Rosary* currently attributed to HANS MÜELICH (1516–1573), is extraordinary → 286, while the most widely known work of the 18th century is ANGELIKA KAUFFMANN'S (1741–1807) portrait of the museum's "founding father," JOHANN ISAAK VON GERNING, in 1798 → 12. From a purely quantitative perspective, the focus of museum's portrait collection lies in the so-called "long 19th century," as represented by such works as *Portrait of Mr Deinhard* by SIMON MEISTER (1833), FRIEDRICH VON AMERLING'S *Portrait of a Sitting Woman* and OTTO SCHOLDERER'S *Young Woman with Umbrella* (ca. 1872 → 292).

The current focus of the portrait exhibit lies on masterful Italian works from the Renaissance to the Baroque. Wiesbaden's portrait of GIULIA GONZAGA counts among the most famous works of SEBASTIANO DEL PIOMBO (ca. 1485–1547), whose reputation derives from the originality and perfection of his artistic skill, as well as from his base materials → 284. The portrait's presentation in three-quarter figure and its large-scale format reflect the self-confidence of its subject. The portrait attracted great attention at the time of its production resulting, in part, from the base material on which it was painted, a massive, three-centimeter thick piece of slate. SEBASTIANO DEL PIOMBO introduced the ancient technique of oil painting on slate into the Renaissance. At the time, his "innovation" was quite significant, given the inferior status of painting to sculpture, whose enduring material made it eternal, while the medium of painting was susceptible to deterioration. The artist's biographer, GIORGIO VASARI, provides detailed information of the work's production: Accompanied by four horsemen, PIOMBO travelled to the residence of the widowed young princess in the earldom of Fondi, about 100 km south of Rome, in early June 1532, at the request of his ardent admirer Cardinal IPPOLITO DE' MEDICI. Within a few weeks, PIOMBO had completed her portrait, which was celebrated by his contemporaries as his greatest work yet. The portrait became so well known that copies of it were produced as early as the 16th century. Wiesbaden's portrait is considered, to date, the best copy in existence, though there are good indications that it is, in fact, the original.

The *Venetian Woman* by DOMENICO TINTORETTO (1560–1635 → 285) constitutes another important representative of Italian portrait art of the 16th century.

beste Kopie. Gute Argumente sprechen jedoch dafür, dass es sich hierbei sogar um das Original handelt. Die *Venetianerin* von DOMENICO TINTORETTO (1560–1635, → 285) stellt ein weiteres bedeutendes Zeugnis der zeitgenössischen italienischen Porträtkunst dar. Der Rang der Dargestellten zeigt sich ebenfalls bereits im Format und in ihrer Darstellung als Kniestück. Frontal tritt sie dem Betrachter in ihrer plastischen Fülle und der demonstrativen Zurschaustellung ihres Reichtums gegenüber. Der helle, ungewöhnliche Kopfputz setzt sich zusammen mit dem hochgestellten, angesetzten Kragen in durchsichtig schimmerndem Weiß vor dem dunklen Hintergrund plastisch ab und fängt sich kompositorisch in ihrer Halskette. Meisterlich hat TINTORETTO ein kleines Blumengebinde in den Kopfputz eingeflochten, das auf Augenhöhe der Dargestellten einen zusätzlichen Farbakzent setzt. Belebt wird das Bild links durch einen Ausblick durch das offene Fenster auf eine Villen-architektur und rechts durch einen Vorhang. Es gelang dem Maler ein Repräsentationsbild, das dennoch etwas von den Gefühlen der Dargestellten vermittelt, auch wenn sie versucht, kühl und distanziert zu wirken. Das Museum darf noch ein weiteres Werk aus der Familie des großen JACOPO TINTORETTO sein Eigen nennen: die Darstellung einer *venezianischen Dame als Flora,* ver-mutlich von der Hand der Schwester DOMENICOS, MARIETTA ROBUSTI (um 1554–1590) → 288. Gemeinsam mit dem erwähnten ihres Bruders bilden beide Werke ein imposantes Paar. Neben dieser Galerie der „starken Frauen" sind es aber noch zwei gewichtige männliche Persönlichkeiten, die die italienischen Renaissance-porträts der Wiesbadener Sammlung bereichern. Zum einen das Kniestück eines *Florentiner Edelmannes* von CARLO PORTELLI (1510?–1574 → 287), einem der besten Florentiner Manieristen aus dem Umfeld BRONZINOS, zum anderen das *Bildnis des Kardinals,* das ehemals GIROLAMO SICIOLANTE DA SERMONETA (1521–um 1580) zugeschrieben wurde, der am Beginn der 1540er-Jahre einer der bekanntesten Künstler am päpstlichen Hof in Rom war. Dank der Aufschrift auf dem Brief in seinen Händen lässt sich das Porträt identifizieren: Es handelt sich um Kardinal INNOCENZO CIBO, der 1513 unter Papst LEO X. ins Amt berufen wurde und 1550 starb. Für dieses beeindruckende Gemälde, das durch seine aus-geprägte Farbigkeit, die lebhafte Präsenz des Dargestell-ten sowie eine konzentrierte Hingabe zum Detail be-eindruckt, dürfte künstlerisch allerdings FRANCESCO SALVIATI (1510–1563) verantwortlich zeichnen → 289.

The status of its subject is clearly conveyed by the format and dimension as a half-length portrait. She faces the viewer in the fullness of her vivacity, demonstratively displaying her wealth. The light, unusual headpiece and her high collar of shimmering translucent white, stand out vividly against the dark background, the composition culminating visually in the decorative necklace. TINTORETTO'S masterful incorporation of a flower arrangement into the headpiece sets a colorful accent at the subject's eye-level, while the painting is enlivened on the left by the view through the open window onto a villa and on the right by a curtain. TINTORETTO achieved a representative image that, nevertheless, conveys the emotions of its subject – try though she may to appear cool and distant.

The museum also boasts the work of another member of the great JACOPO TINTORETTO'S family: The depiction of a *Venetian lady as Flora,* likely from the hand of DOMENICO'S sister, MARIETTA ROBUSTI (ca. 1554–1590) → 288. The works of brother and sister form an imposing pair. Along with these strong female figures, the museum's Renaissance portrait collection is enriched by two heavy weight male personalities, as well: The half-length portrait of a *Florentine Nobleman* by CARLO PORTELLI (1510?–1574 → 287), one of the foremost Florentinian mannerists associated with BRONZINO, and the *Portrait of the Cardinal* formerly attributed to GIROLAMO SICIOLANTE DA SERMONETA (1521–ca. 1580), one of the most prominent artists in the Papal Court in Rome in the early 1540s. The inscription on the letter in the subject's hand reveals his identity: Cardinal INNOCENZO CIBO, who was appointed to office in 1513 by Pope LEO X and died in 1550. The distinctive application of color, the subject's vivacious presence, and the excruciating attention to detail demonstrated in this portrait, however, likely make it the work of FRANCESCO SALVIATI (1510–1563) → 289.

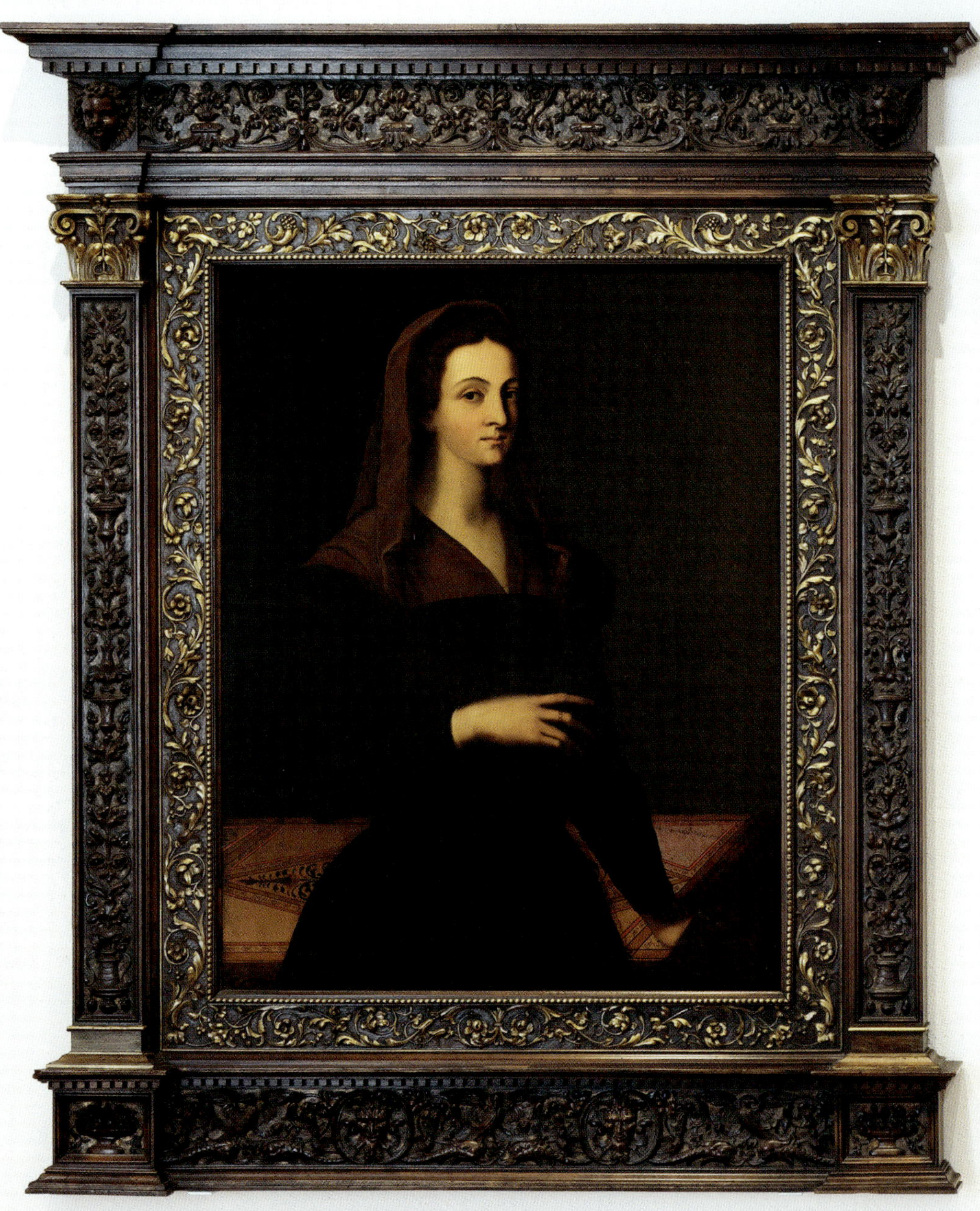

Sebastiano del Piombo,
Giulia Gonzaga, 1532

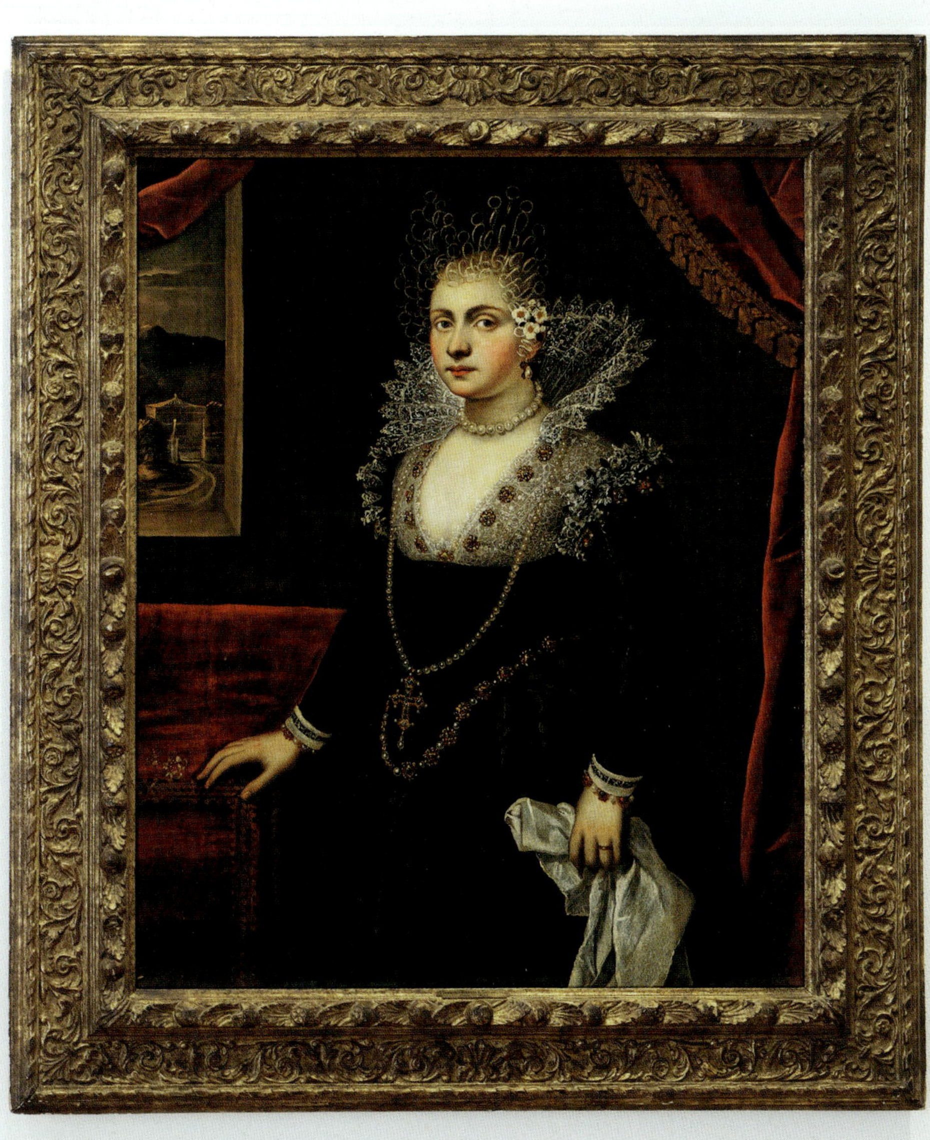

Domenico Tintoretto, Ventianerin
Venetian Woman

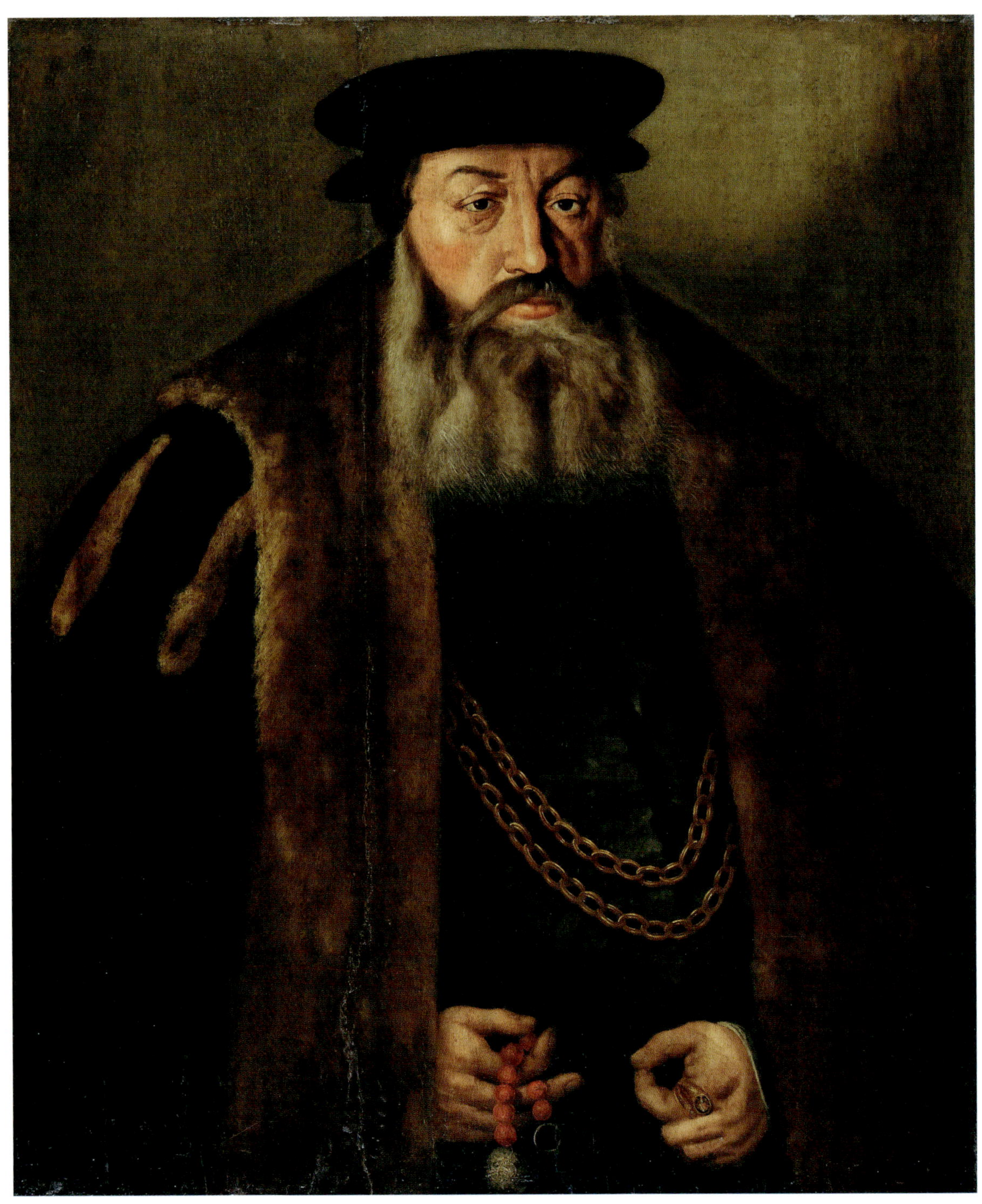

Hans Muelich, Bildnis eines älteren Herrn mit Rosenkranz, um 1555
Portrait of an Old Man with Rosary, around 1555

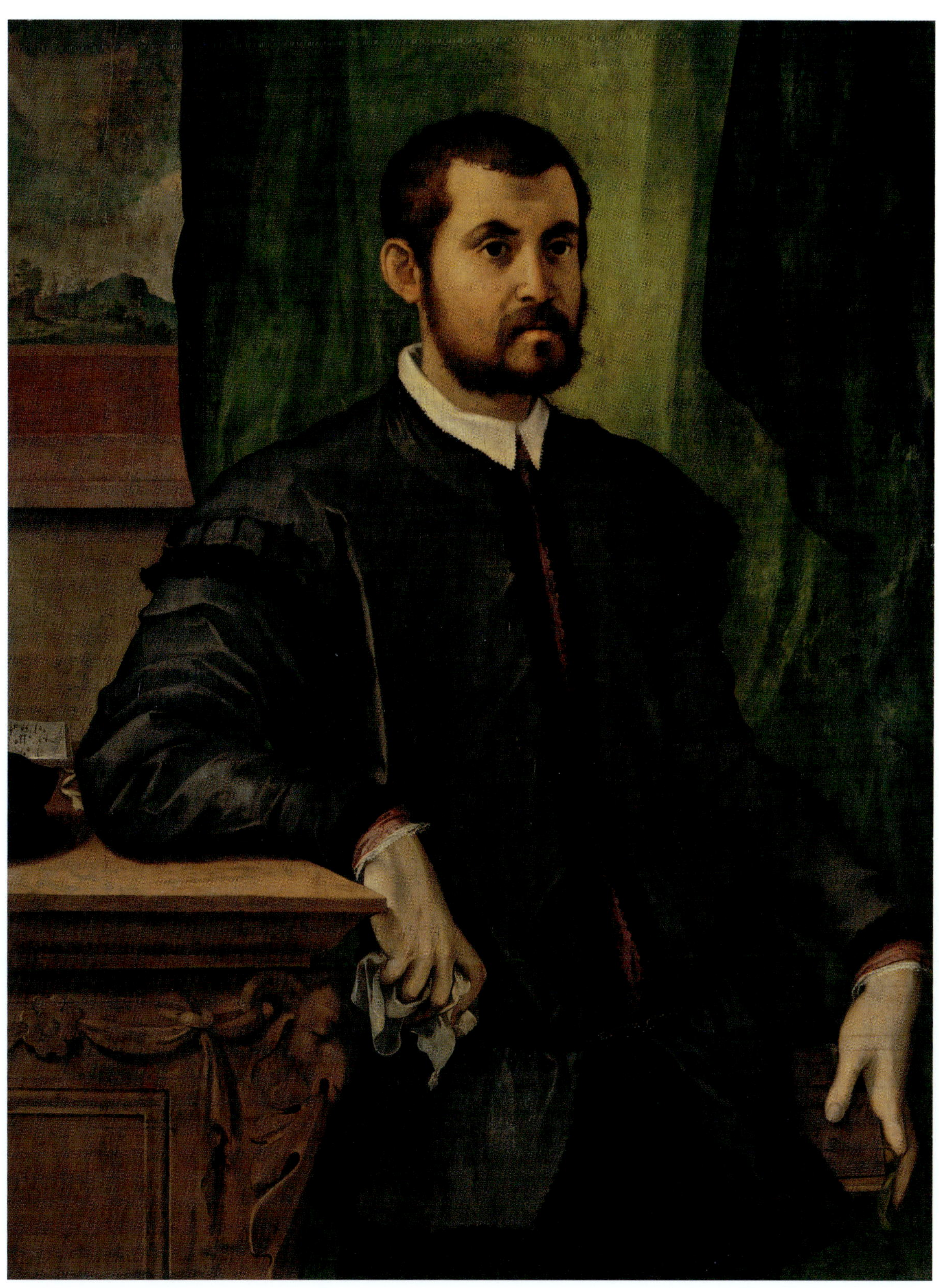

Carlo Portelli, Bildnis eines Florentiner Edelmannes
Portrait of a Florentine Nobleman

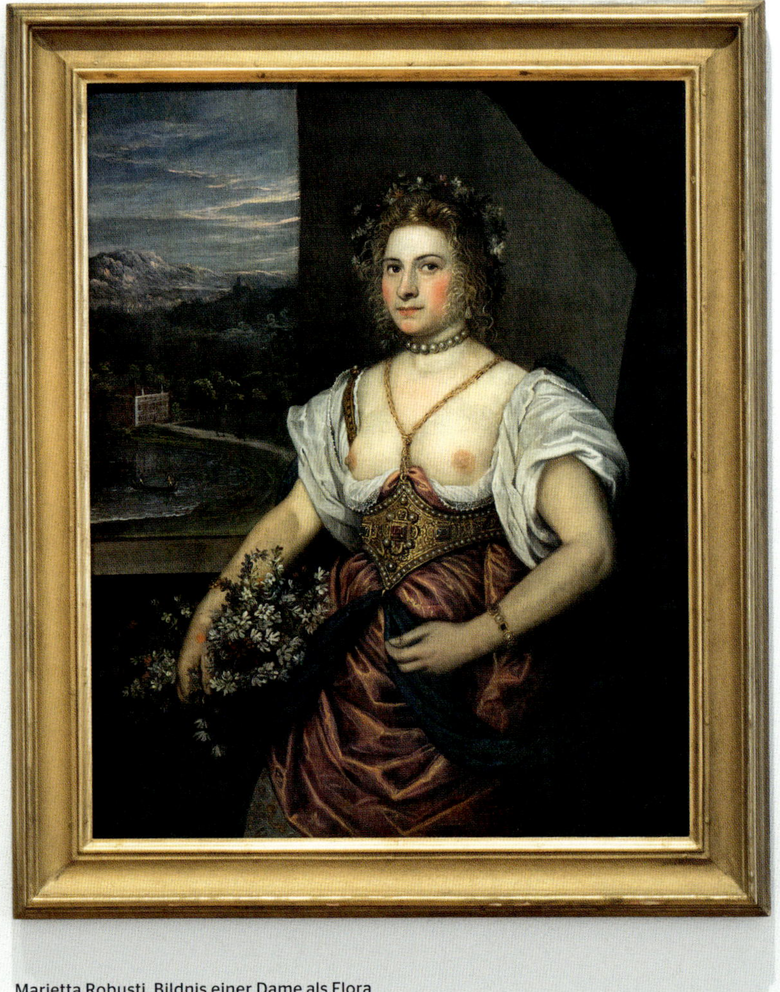

Marietta Robusti, Bildnis einer Dame als Flora
Portrait of a Lady as Flora

Unbekannt, ehemals Girolamo Sicciolante de Sermoneta zugeschrieben, Bildnis des Kardinals Cibo
Unknown, formerly attributed to Girolamo Sicciolante
de Sermoneta, Portrait of the Cardinal Cibo

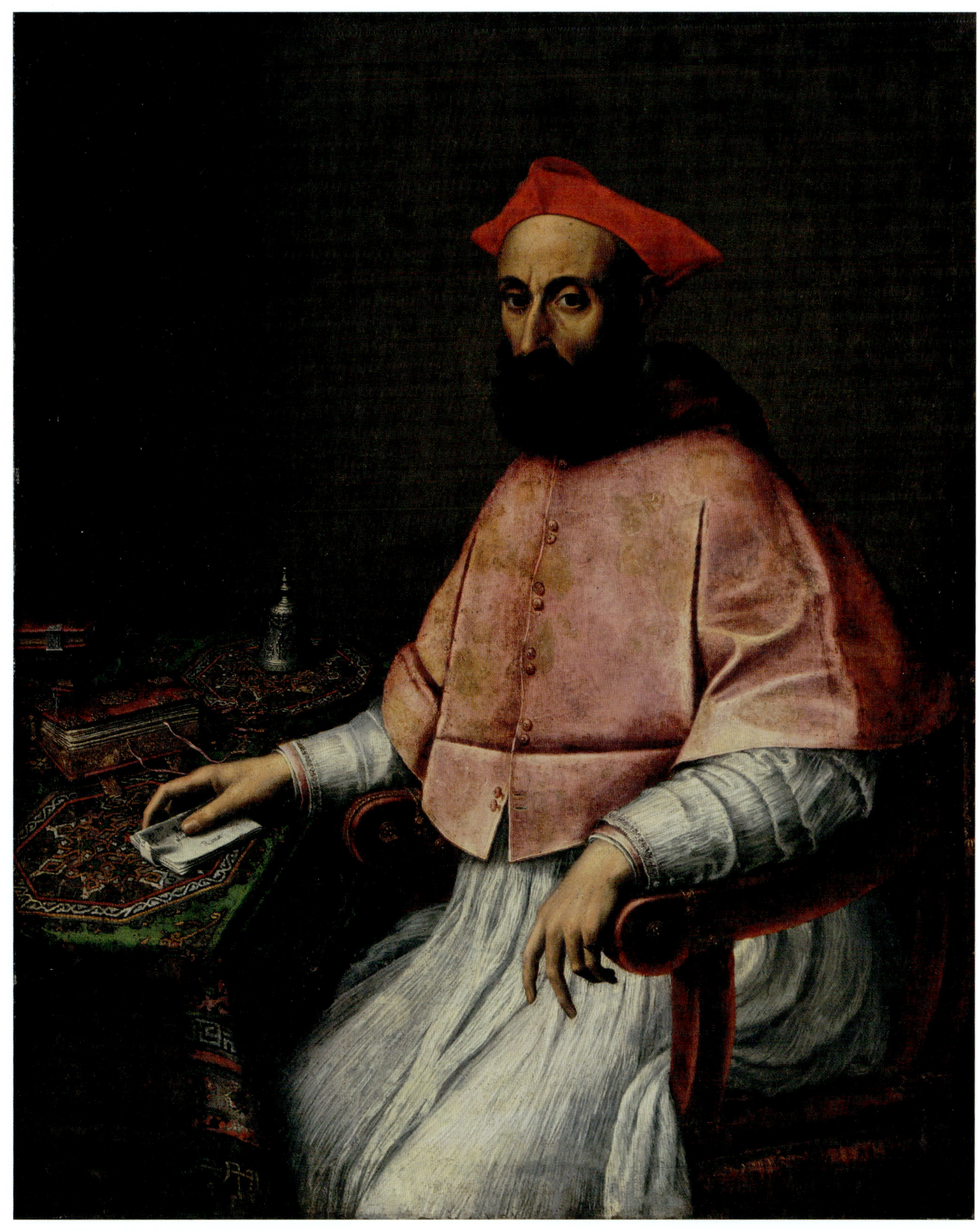

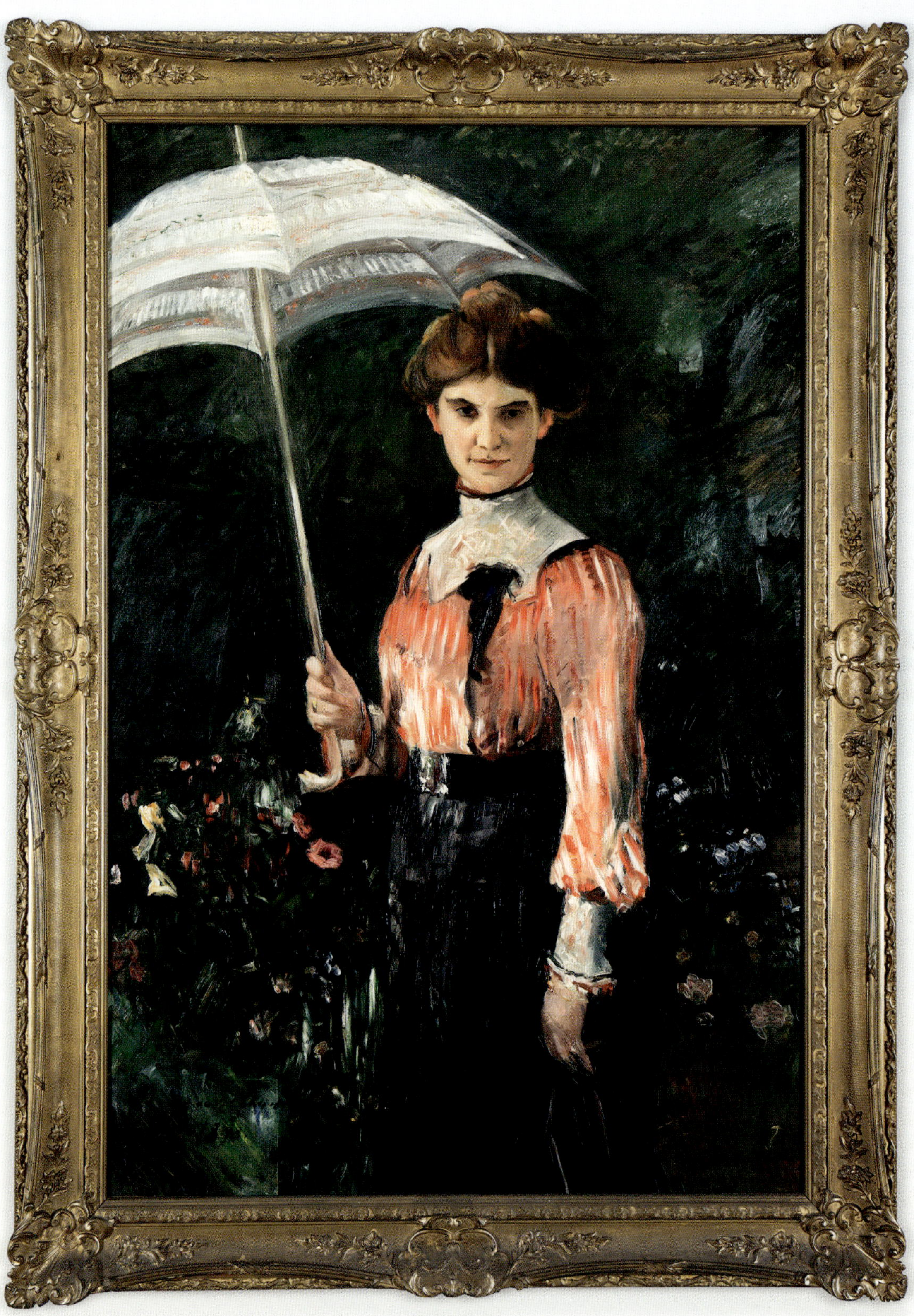

Lovis Corinth, *Bildnis Frau Halbe*, 1898
Portrait Mrs Halbe

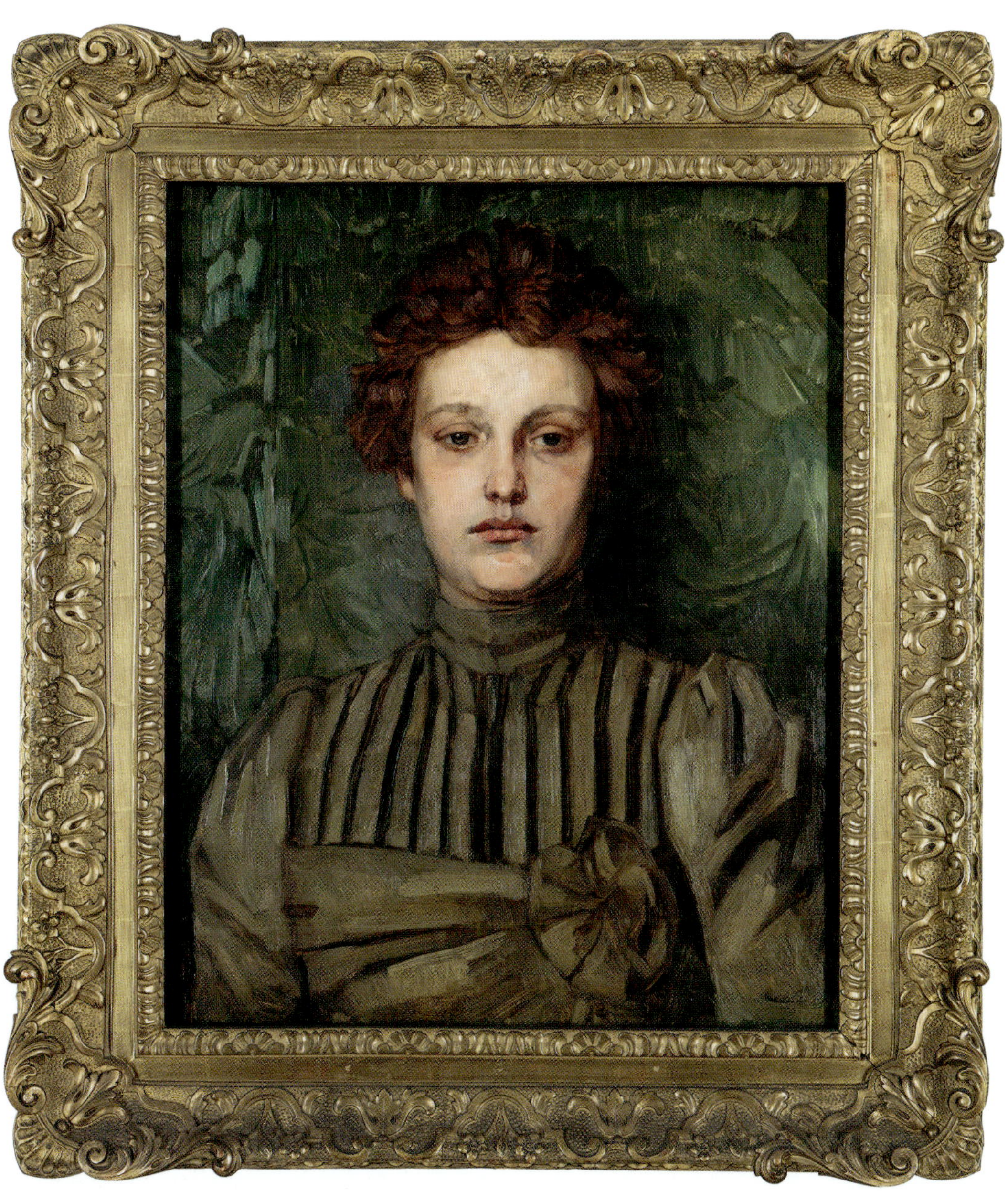

Wilhelm Trübner, Bildnis Fräulein v. W. (Maria Wüsthoff), 1898
Portrait Ms v. W. (Maria Wüsthoff)

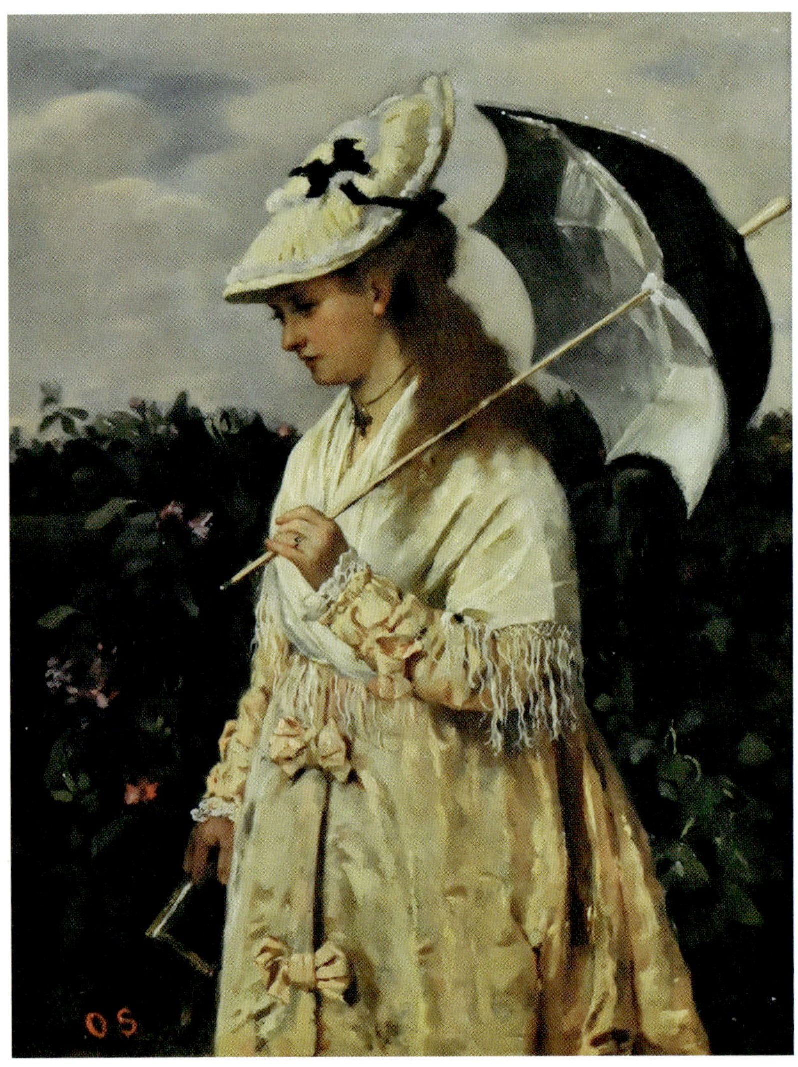

Otto Scholderer, Junge Dame mit Sonnenschirm, um 1870
Young Woman with Umbrella, around 1870

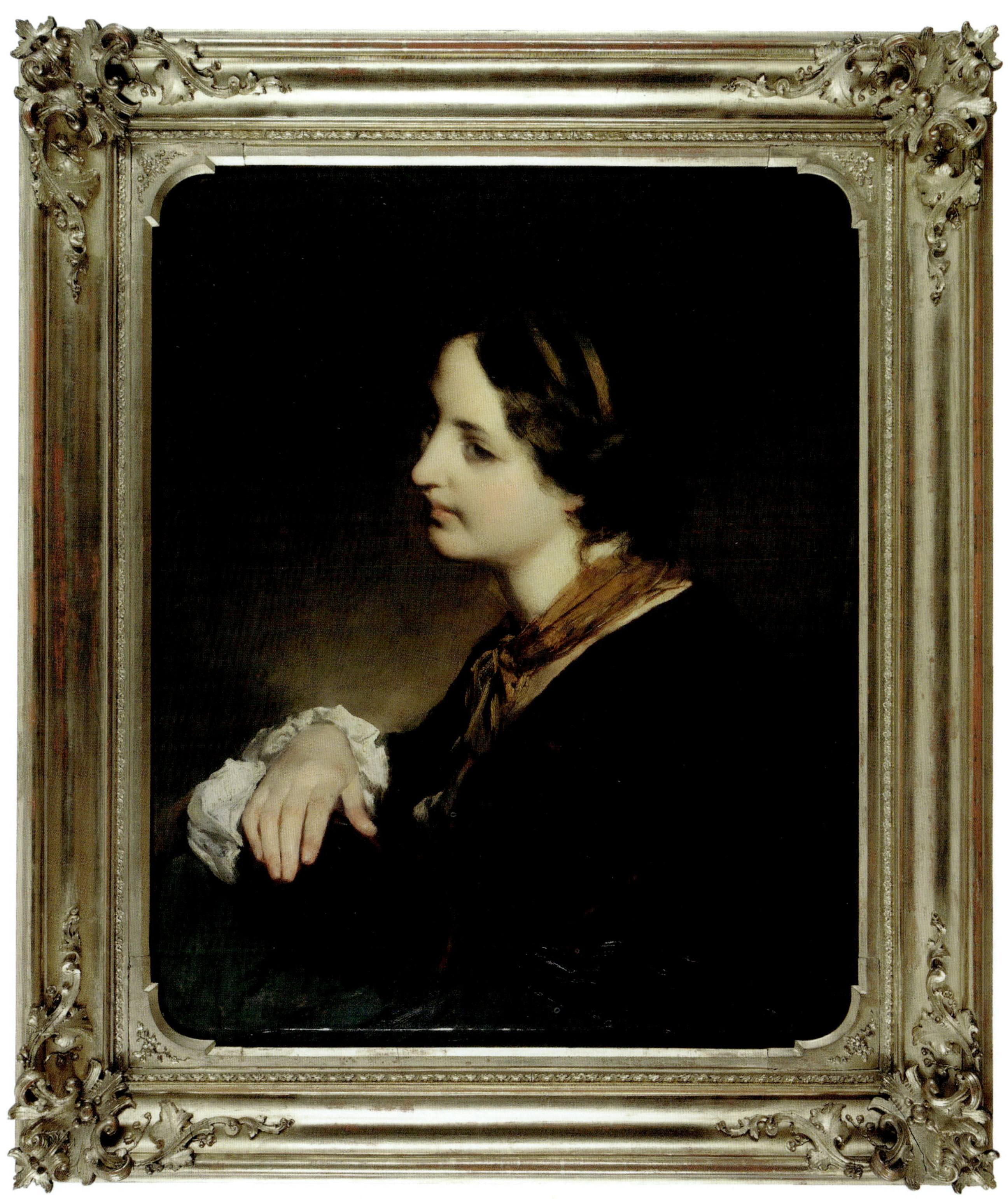

Friedrich von Amerling, Bildnis einer sitzenden Frau
Portrait of a Sitting Woman

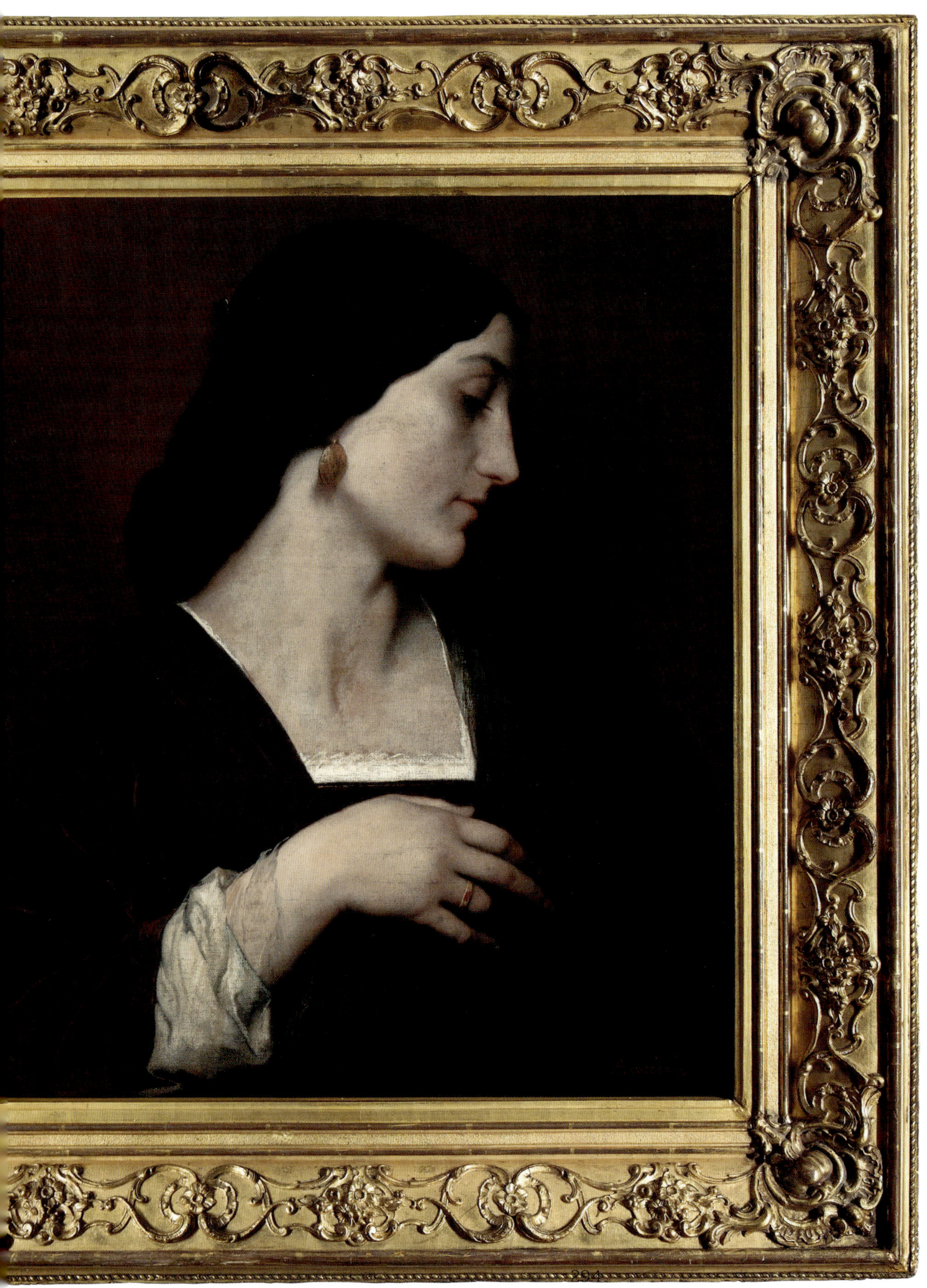

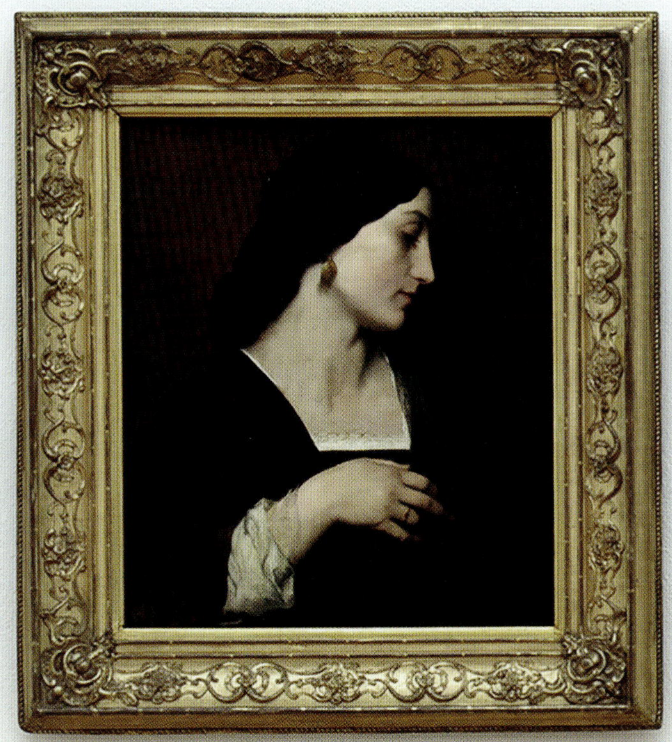

Anselm Feuerbach, Nanna, 1861

Ilja Repin, Bildnis Marianne von Werefkin, 1888
Portrait Marianne von Werefkin

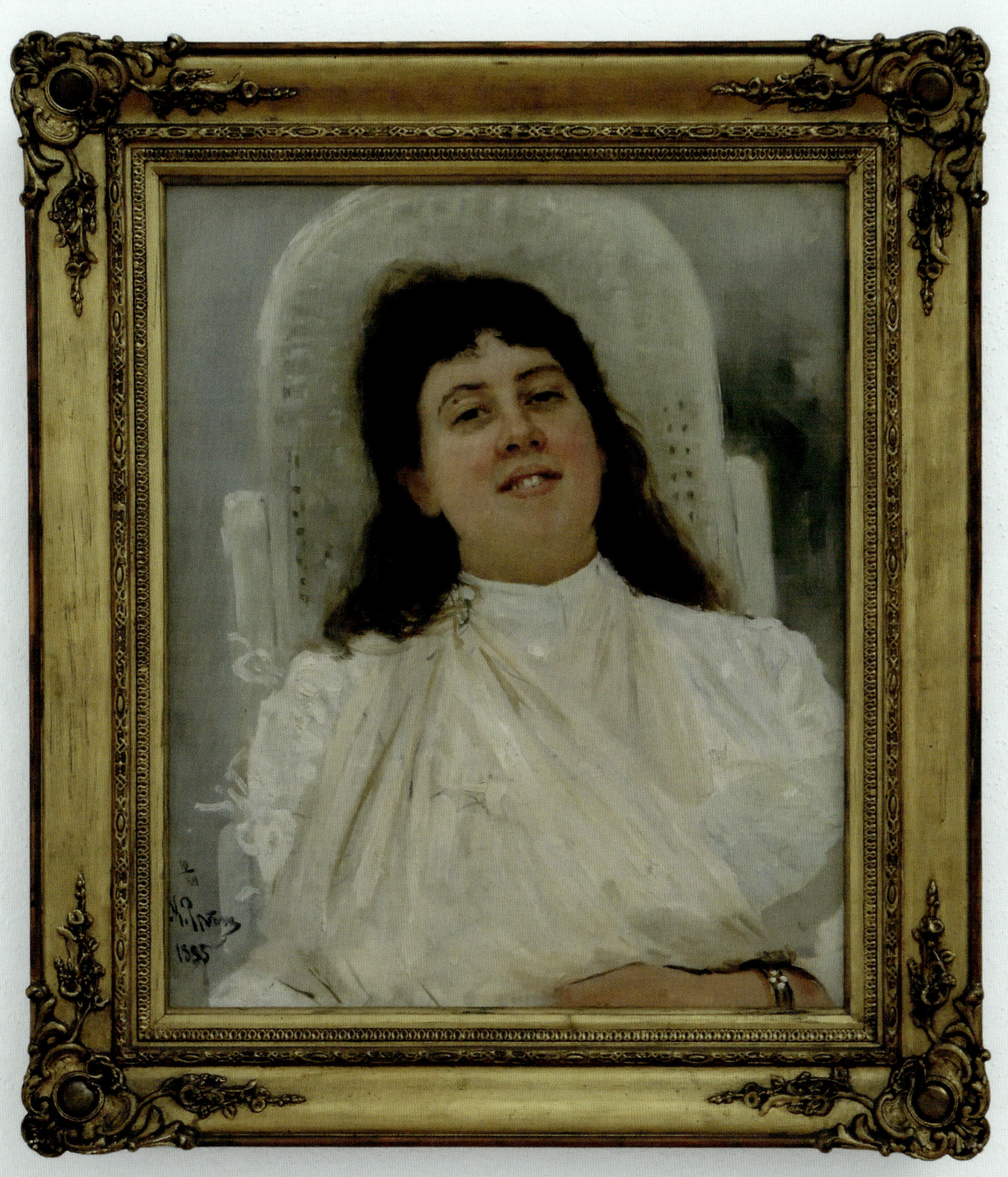

Das Goldene Zeitalter —
Niederländer im 17. Jahrhundert

Der Raum zum Goldenen Zeitalter und den Niederländern im 17. Jahrhundert setzt sich vom Konzept der übrigen Themenräume ab. Hier sind im Gegensatz zu jenen alle Gattungen vereint: Porträt, Stillleben, Landschaft, Genre und mythologische sowie religiöse Werke. In diesem Segment ist das Museum Wiesbaden so gut aufgestellt, dass die Werke erlauben, einen Querschnitt der malerischen Möglichkeiten der niederländischen Kunst in deren goldener Epoche, dem 17. Jahrhundert, aufzuzeigen.

Während dieser Zeit kam es zu tief greifenden gesellschaftlichen Veränderungen. Durch den wachsenden Wohlstand in breiten Kreisen, den Wegfall der katholischen Kirche als Auftraggeber und die Dominanz des Protestantismus in den nördlichen Niederlanden gab es eine verstärkte Nachfrage nach Bildern durch bürgerliche Schichten für den privaten Gebrauch. Das Interesse ging einher mit einer grundsätzlichen Tendenz zum Beobachten und Erforschen der Natur sowie dem Aufblühen der Kartografie, für die durch das Anwachsen des holländischen Überseehandels ein starker Bedarf bestand. Die Genremalerei als Gattung war neben den Landschaftsgemälden der wichtigste und charakteristischste Beitrag der Niederländer zur Malerei des 17. Jahrhunderts. Genremalerei ist figurative Malerei, sie steht jedoch im Gegensatz zur tradierten Historienmalerei mit deren geschichtlichen, mythologischen und religiösen Sujets. Sie erfindet ihre Themen nicht, sondern entnimmt sie dem Alltäglichen.

Im 17. Jahrhundert existierten dank der Spezialisierung der Künstler bereits viele Gattungen nebeneinander. Die holländische Kunst jener Epoche war weder Staats- noch Kirchenkunst mit einem festgelegten Programm, sondern eine Kunst, die auf dem freien Markt für die unterschiedlichsten Kundenkreise funktionieren musste. Ein entscheidendes Qualitätskriterium war dabei die Naturtreue des wiedergegebenen Gegenstandes, die Kunstfertigkeit, ihn lebensecht und glaubwürdig darzustellen.

Sowohl die beiden wunderbaren Blumenstillleben von GASPAR PEETER VERBRUGGEN D. J. (1664–1730) als auch das Stillleben von FRANZ SNYDERS (1579–1657) dokumentieren dies eindrucksvoll → 299. Nicht minder qualitätsvoll ist ein Stillleben mit Vögeln, das bislang CORNELIUS MAHU (1613–1689) zugeschrieben wurde, sich aber inzwischen als ein Werk von ALEXANDER ADRIAENSSEN (1587–1661) zu erkennen gab. Besonders interessant ist, dass sich auf der Rückseite der Eichenholztafel ein eingebranntes Monogramm „DB" mit einem darüber

The Golden Age —
The Netherlands in the 17ᵗʰ Century

The design of the Golden Age exhibit of seventeenth-century Dutch painting diverges from the concept of the other thematic rooms by uniting all of the themes – portrait, still life, landscape, genre and mythology – within a single epoch, offering visitors a cross-sectional view of Wiesbaden's uniquely varied collection of Dutch painting representing the full spectrum of its possibilities in its "golden age" of the 17ᵗʰ century.

This period in Dutch history is marked by deep social transformation. The growing prosperity of large circles of the Dutch population, the elimination of the Catholic Church as a commissioner of work, and the dominance of Protestantism in the country's north increased the demand for paintings for private consumption among the bourgeois class. This enthusiasm coincided with a general tendency toward observation and research of the natural world, as can be seen in the flourishing of cartography, the demand for which had increased in the wake of expanded Dutch trade overseas. Genre and landscape painting were the central, even characteristic, Dutch contribution to 17ᵗʰ century painting. Genre painting is figurative. Yet unlike historical painting with its historical, mythological and religious subjects, its subjects are those of everyday life.

Specialization among artists meant, in practice, the coexistence of a variety of genres already in the 17ᵗʰ century. Dutch art of this epoch was dominated neither by the state nor the church carrying out a particular agenda. Instead, it was art that had to sell on a free market serving a wide spectrum of customers. At the time, veracity of representation constituted a decisive mark of quality, the artistry of presenting the object believably and true to life.

The two extraordinary flower still lifes by GASPAR PEETER VERBRUGGEN D. J. (1664–1730) as well as the still life by FRANZ SNYDERS (1579–1657) offer impressive documentation of this → 299. No less impressive is the still life with birds, attributed until recently to CORNELIUS MAHU (1613–1689), but now recognized as the work of ALEXANDER ADRIAENSSEN (1587–1661). The identity of the panel maker, however, has been burnt into the back of the oak panel are the letters "DB," above which is the letter "F" and two open hands – the symbol of his gild in Antwerp. The initials "DBF," or rather "FDB" can be translated as FRANÇOIS DE BONT, who was active in the period between 1637 and 1643 → 310.

Representative works of landscape painting among Wiesbaden's collection include those of ROELANT SAVERY

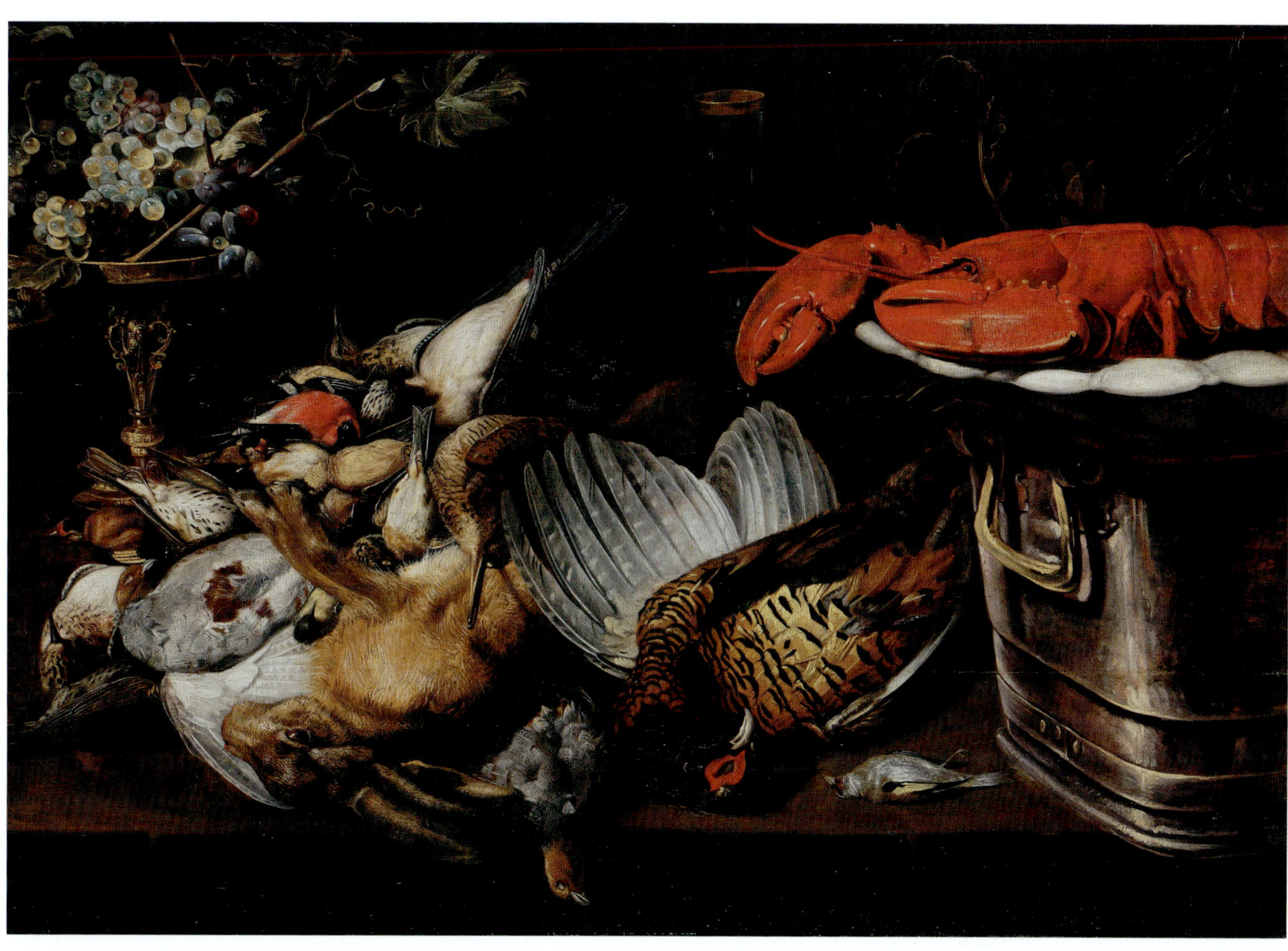

Frans Snyders, Stillleben mit Hase, Vögeln, Hummer und Trauben
Still Life with Hare, Lobster and Grapes

gesetzten „F" und zwei gespreizten Händen befindet. Es handelt sich um das Antwerpener Gildezeichen der Tafelmacher. Das persönliche Zeichen „DBF" oder besser „FDB" lässt sich auflösen mit François de Bont, dessen aktive Zeit zwischen 1637 und 1643 nachweisbar ist → 310.

Die Landschaftsmalerei ist unter anderem mit Werken von Roelant Savery (1576–1639), Joos de Momper (1564–1635 → 308) und David Vinckboons (1576–1632) vertreten. Das Genrefach besticht durch *Die Falschspieler* von Gerard van Honthorst (1592–1656, → 312) sowie Werken von Egbert van der Poel (1621–1664). Thematisch hochinteressant ist ein für Nicolaes Pietersz. Berchem (1620–1683) ungewöhnliches Motiv, die *Allegorie der himmlischen und irdischen Liebe* → 306/307. Bei den Porträts ragt das *Brustbild einer alten Dame* → 311 des wichtigsten Bildnismalers aus Den Haag, Jan Anthonisz. van Ravesteyn (um 1570–1657), mit der unmittelbaren Lebendigkeit ihres scharfen Blickes und in der Konzentration auf das Gesicht und die Schulterpartie heraus. Zu entdecken gilt es ferner eine *Mythologische Szene mit Kühen und Ziegen,* in deren Zentrum eine weiße Kuh steht, die aus dem Bild direkt herausblickt und von einer weiblichen Figur zärtlich umfasst, aber von einer grimmigen Gestalt dahinter auch bewacht wird. Es handelt sich hierbei um eine Episode aus den *Metamorphosen* Ovids und thematisiert ein erotisches Abenteuer von Jupiter und Io. Die Initialen „M.V.B." weisen Moses van Uyttenbroeck (1590–1648) als Urheber des Werkes aus, der mehrfach verschiedene Stadien dieser Geschichte gemalt hat → 351. Rätselhaft bleibt die Urheberschaft eines der ikonografisch interessantesten Werke der niederländischen Abteilung der Alten Meister: *Dädalus und Ikarus* → 313. Erworben wurde es von Gerning als ein Werk von Govaert Flinck (1615–1660), ab 1908 wurde es dann Jan Lievens (1607–1674) zugeschrieben. In rasanter Abfolge wurde es danach noch weiteren Künstlern gegeben und jeweils wieder abgeschrieben. Definitiv lässt sich derzeit nur feststellen, dass es motivisch stark von Anthonis van Dyck (1599–1641) beeinflusst und höchstwahrscheinlich englischen Ursprungs ist – und zwar nicht des 17. Jahrhunderts, wie bislang vermutet wurde, sondern ein Werk des 18. Jahrhunderts.

Eine bemerkenswerte und einzigartige zeitgenössische Auseinandersetzung mit der Kunst des Goldenen Jahrhunderts zeigt der documenta-Teilnehmer Kazuo Katase (geb. 1947) mit seiner Installation *Raum eines Raumes – Die Allegorie der Photographie* → 304/305. Katase hat sich dafür intensiv mit den Werken der niederländischen Malerei des 17. Jahrhun-

(1576–1639), Joos de Momper (1564–1635, → 308) and David Vinckboons (1576–1632), while *The Card Sharks* by Gerard van Honthorst (1592–1656 → 312) and works by Egbert van der Poel (1621–1664) exemplify genre painting. Nicolaes Pietersz. Berchem's (1620–1683) *Allegory of Heavenly and Earthly Love* → 306/307, in turn, is thematically fascinating for its motif, which is unusual for the artist. Particularly noteworthy among the portraits in this display is *Bust Portrait of an Old Woman* → 311 by Den Haag's most significant portrait painters, Jan Anthonisz. van Ravesteyn (ca. 1570–1657) with the unmediated vivacity of the woman's stern gaze and the concentration of the composition on her face and shoulders. Another gem of the collection worth discovering is the *Mythological Scene with Cows and Goats*, depicting at its center a white cow looking directly out of the painting and in the gentle embrace of a female figure. Behind them looms a grim figure closely observing them. The painting depicts an episode from Ovid's *Metamorphoses*, thematizing an erotic rendezvous between Jupiter and Io. The initials "M.V.B." point to Moses van Uyttenbroeck (1590–1648) as the originator of the work, a painter who has painted numerous stages of this story in other works→ 351.

What remains shrouded in mystery, however, is the originator of one of the most interesting iconographic works in the Old Masters collection: *Daedalus and Icarus* → 313. At the time of its acquisition as part of the Gerning's collection, the piece had been attributed to Govaert Flinck (1615–1660), beginning in 1908 to Jan Lievens (1607–1674). In rapid succession, a number of other artists were promulgated as the originator, only to be later deposed. The only definitive information we have today is that the painting's motif is strongly influenced by the work of Anthonis van Dyck (1599–1641) and is likely of English origin – it also dates from the 18th and not the 17th century, as has been thought until recently.

The installation *Room in a Room – The Allegory of Photography* → 304/305 by contemporary documenta artist Kazuo Katase (born 1947) enters into an intense dialogue with the art of the Golden Age. Katase's installation developed out of his thorough and attentive study of the museum's 17th century Dutch painting – contemplating their material, content, technique and interpretive possibilities. The result is a work bearing direct relation to 17th century Dutch painting yet translating it into new media – photography, light boxes and three-dimensional objects – interrogating it in new ways. Katase, a Japanese artist who has made his home in Kassel, Germany, essentially examines "the question"

derts im Museum auseinandergesetzt. Er hat ihr Material, ihre Inhalte, ihre Malweise und ihre Interpretationsmöglichkeiten aufs Genaueste studiert. Auf der Basis der gewonnenen Erkenntnisse konnte er eine Installation entwickeln, die an die niederländische Malerei des 17. Jahrhunderts anknüpft, sie aber zugleich in die von ihm benutzten neuen Medien – beispielsweise Fotografie, Lichtkästen und dreidimensionale Objekte – überführt und damit neu befragt. Der in Kassel lebende japanische Künstler untersucht im Kern „die Frage" nach der Wahrnehmung von Kunst. Im Ergebnis führt diese zu uns selbst, zum Betrachter, zurück und erhält dadurch existenzielle Bedeutung. KATASE hebt die traditionellen Grenzen von „alter" beziehungsweise „neuer" Kunst auf, macht sie fließend und verdeutlicht, dass die Werke einer „Sphäre" verpflichtet sind. Innerhalb dieser „Sphäre" werden Raum und Zeit nicht als feste Größen verstanden, sondern als fließender Übergang hin zu unserer allgemein menschlichen Existenz. In seinem Raum setzt er sich mit einem der bekanntesten holländischen Künstler des Barocks, JAN VERMEER VAN DELFT, auseinander. Zwei seiner bekanntesten Werke – *Das Mädchen mit dem Perlenohrgehänge* und *Die Malkunst (Allegorie der Malerei)* – werden von KATASE als Ausgangspunkt für seine künstlerische Gestaltung genutzt. VERMEERS einzigartiger Umgang mit dem Licht und die Nutzung der Camera obscura werden in dieser Installation zum einen thematisiert und zum anderen mittels einer komplexen Inszenierung neu befragt. In Kombination mit den niederländischen Werken des 17. Jahrhunderts aus der Kunstsammlung des Museums gelingt KATASE eine faszinierende Verbindung von alter und neuer Kunst. Die Installation in Wiesbaden mit ihrem System einer „Raum-Gliederung" entfaltet die Möglichkeit, das Betrachtungserlebnis von einst heute neu nachzuvollziehen.

of our perception of art — a question whose answer leads us, the viewers, back to ourselves and, thus, takes on existential meaning. KATASE transcends the traditional boundaries of "old" and "new" art, making them permeable, fluid. His work illustrates that these works are, much more, bound to a "sphere" within which space and time are no longer understood as fixed categories but as fluid transitions to our shared human existence. KATASE's room opens a conversation with one of the most renowned Dutch artists of the Baroque period, JAN VERMEER VAN DELFT, two of whose major works – *Girl with a Pearl Earring* and *The Art of Painting (Allegory of Painting)* – serve as a point of departure for KATASE's own artistic production. The installation thematizes VERMEER's unique use of light and of the camera obscura, which are interrogated anew through a complex staging of various elements. KATASE's dialogue with Wiesbaden's 17th century Dutch paintings establishes fascinating relationships between old and new art, which are fostered, as well, by the spatial possibilities within the museum's newly structured exhibition space, enabling visitors to experience the act of seeing in new ways.

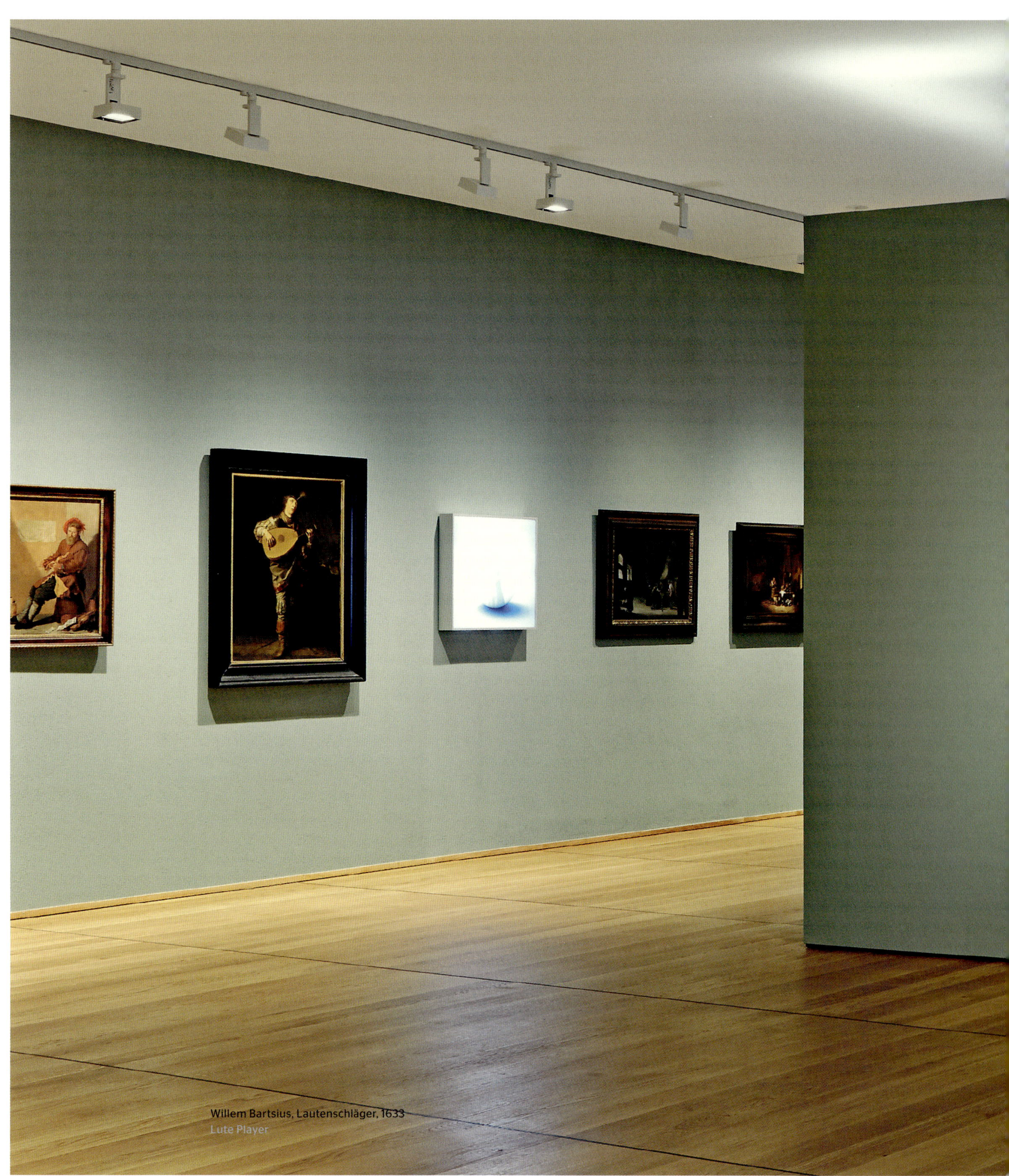

Willem Bartsius, Lautenschläger, 1633
Lute Player

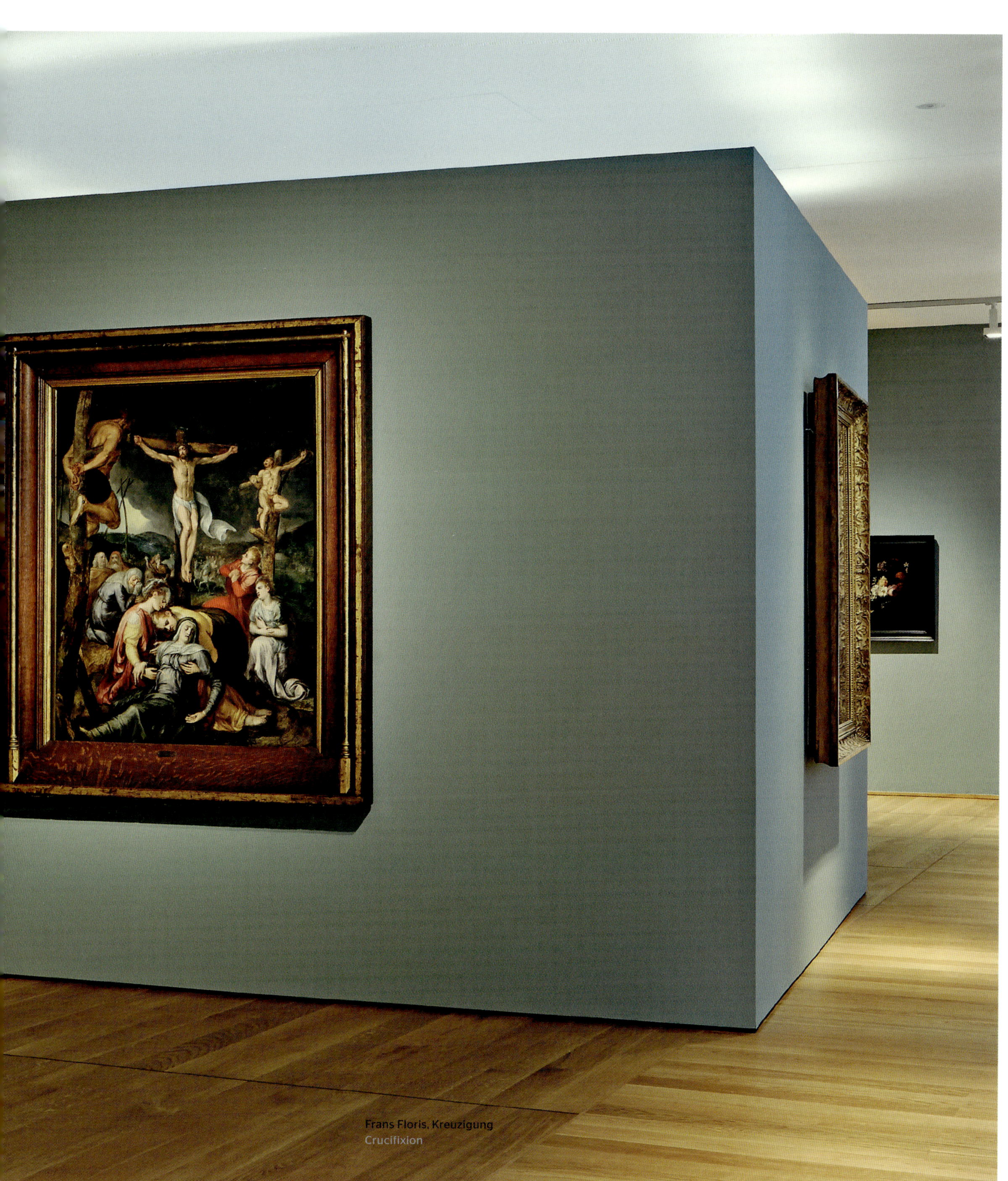

Frans Floris, Kreuzigung
Crucifixion

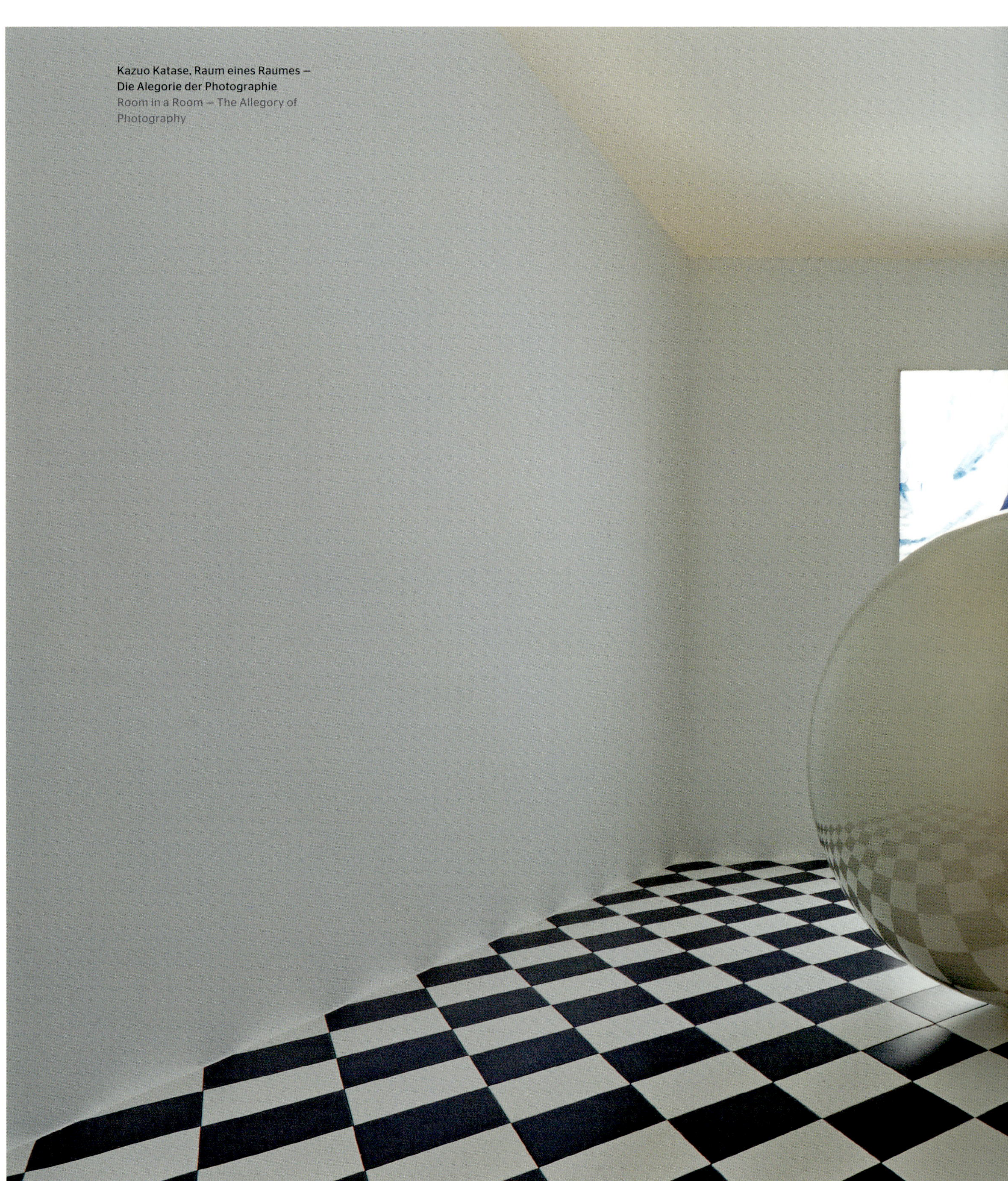

Kazuo Katase, Raum eines Raumes —
Die Alegorie der Photographie
Room in a Room — The Allegory of
Photography

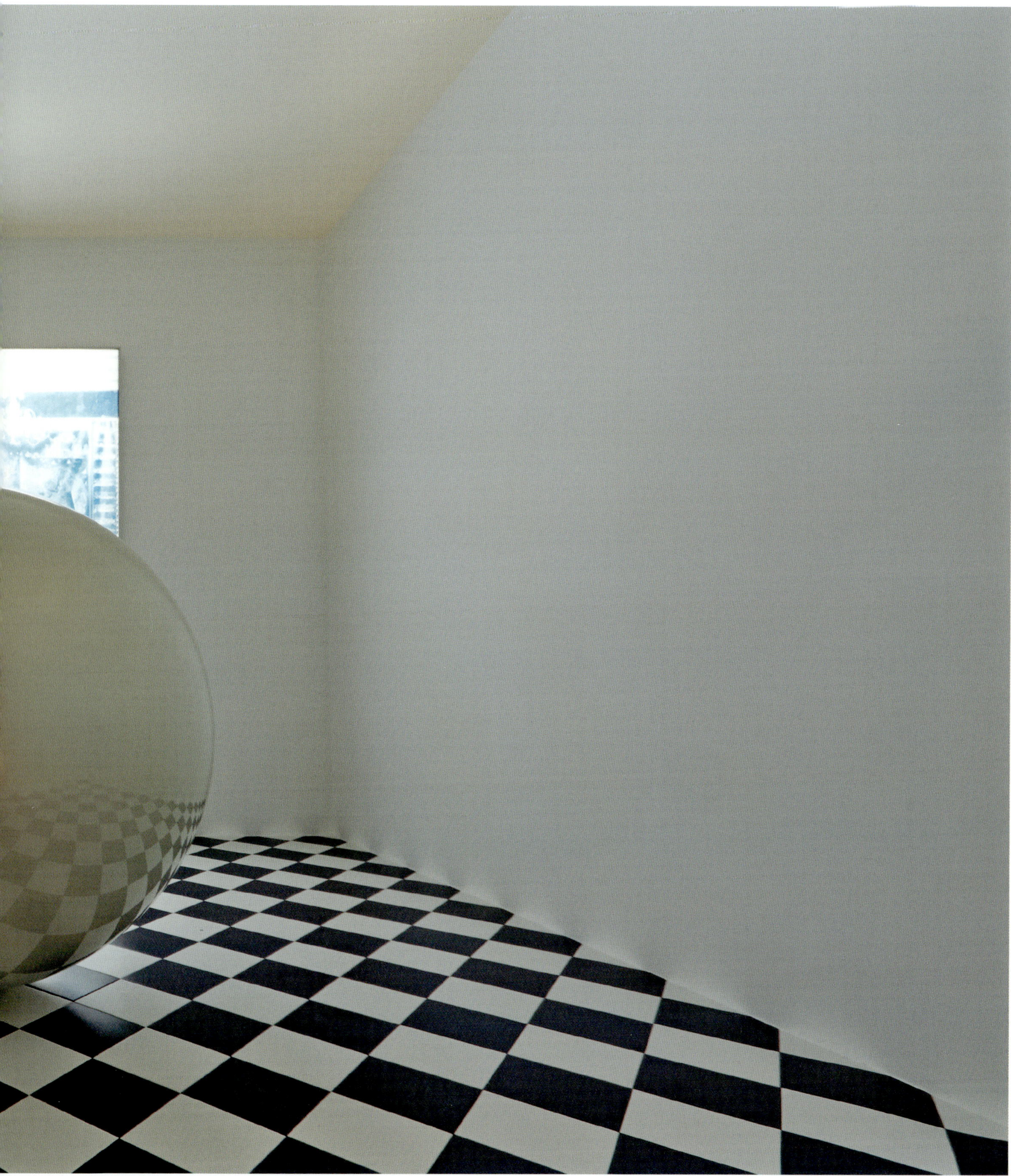

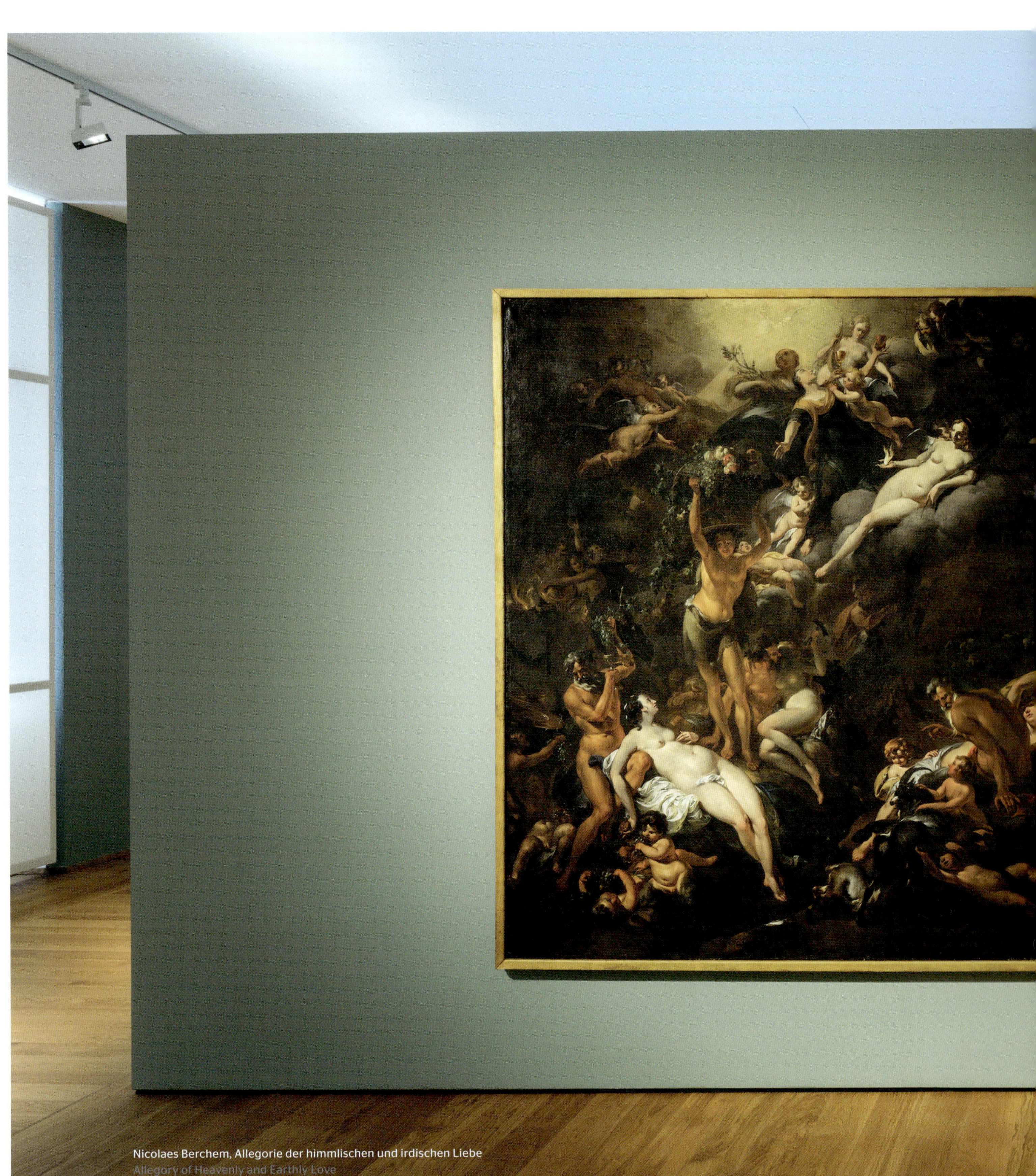

Nicolaes Berchem, Allegorie der himmlischen und irdischen Liebe
Allegory of Heavenly and Earthly Love

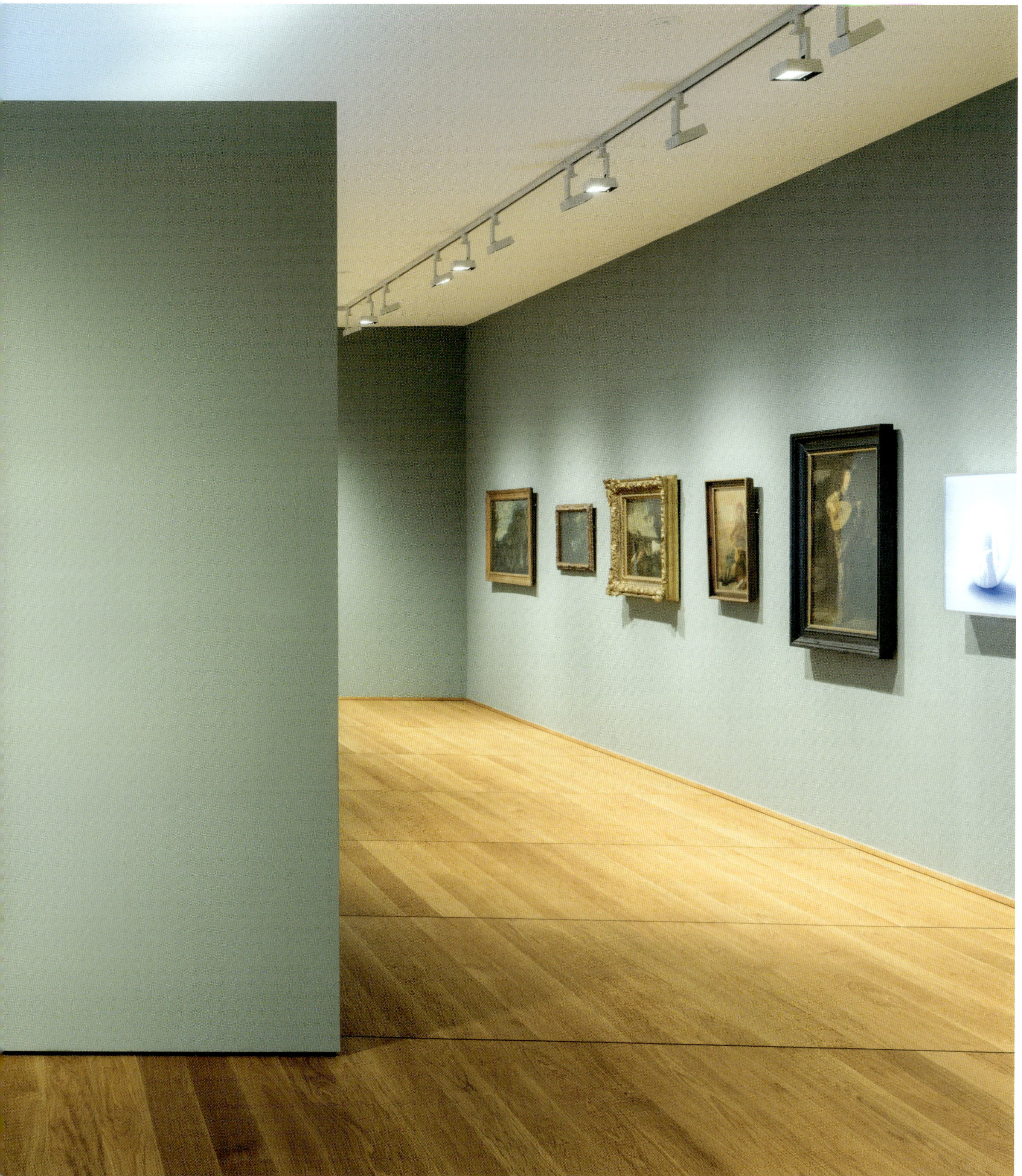

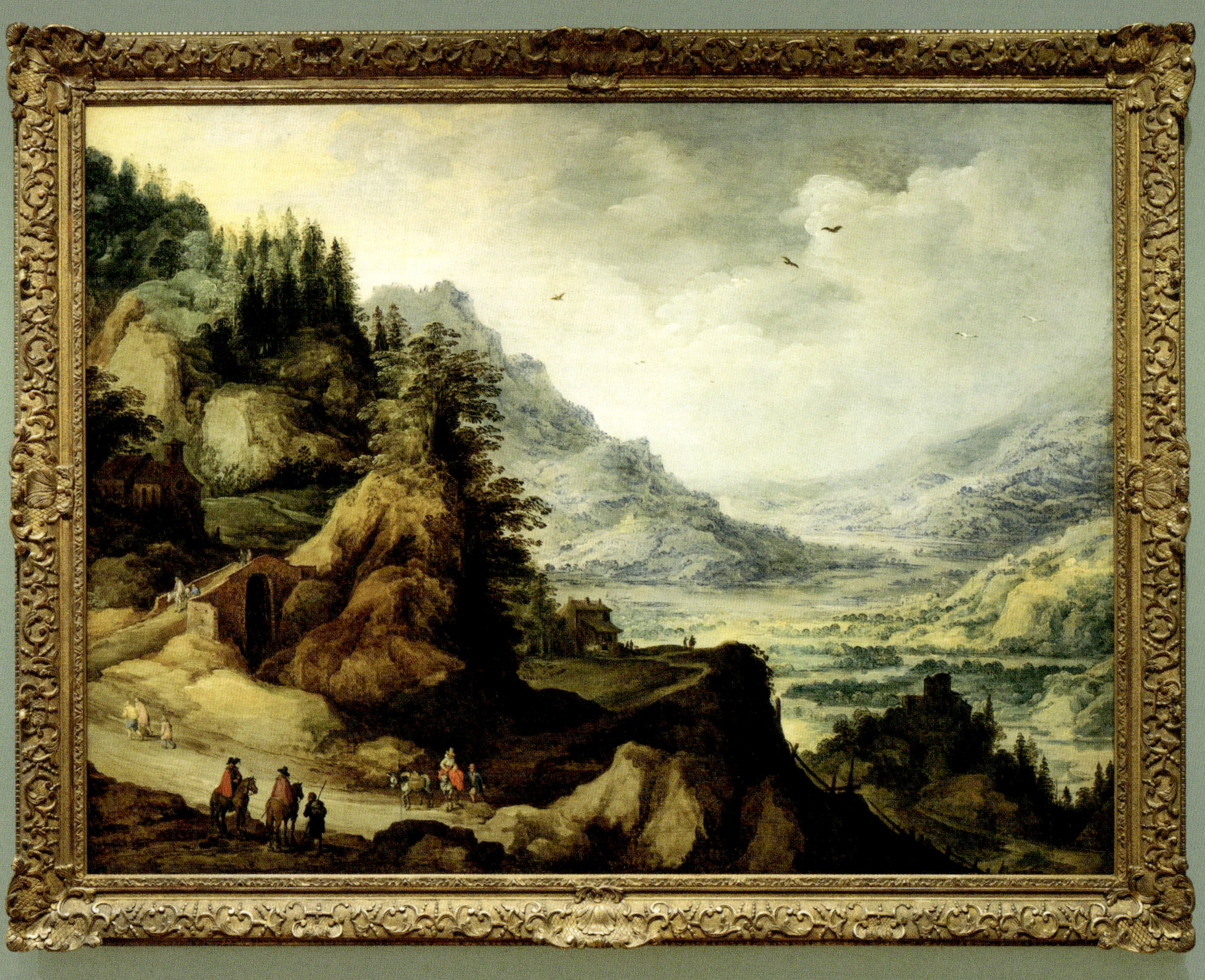

Joos de Momper, Gebirgslandschaft mit Flusstal
Mountain Landscape with River Valley

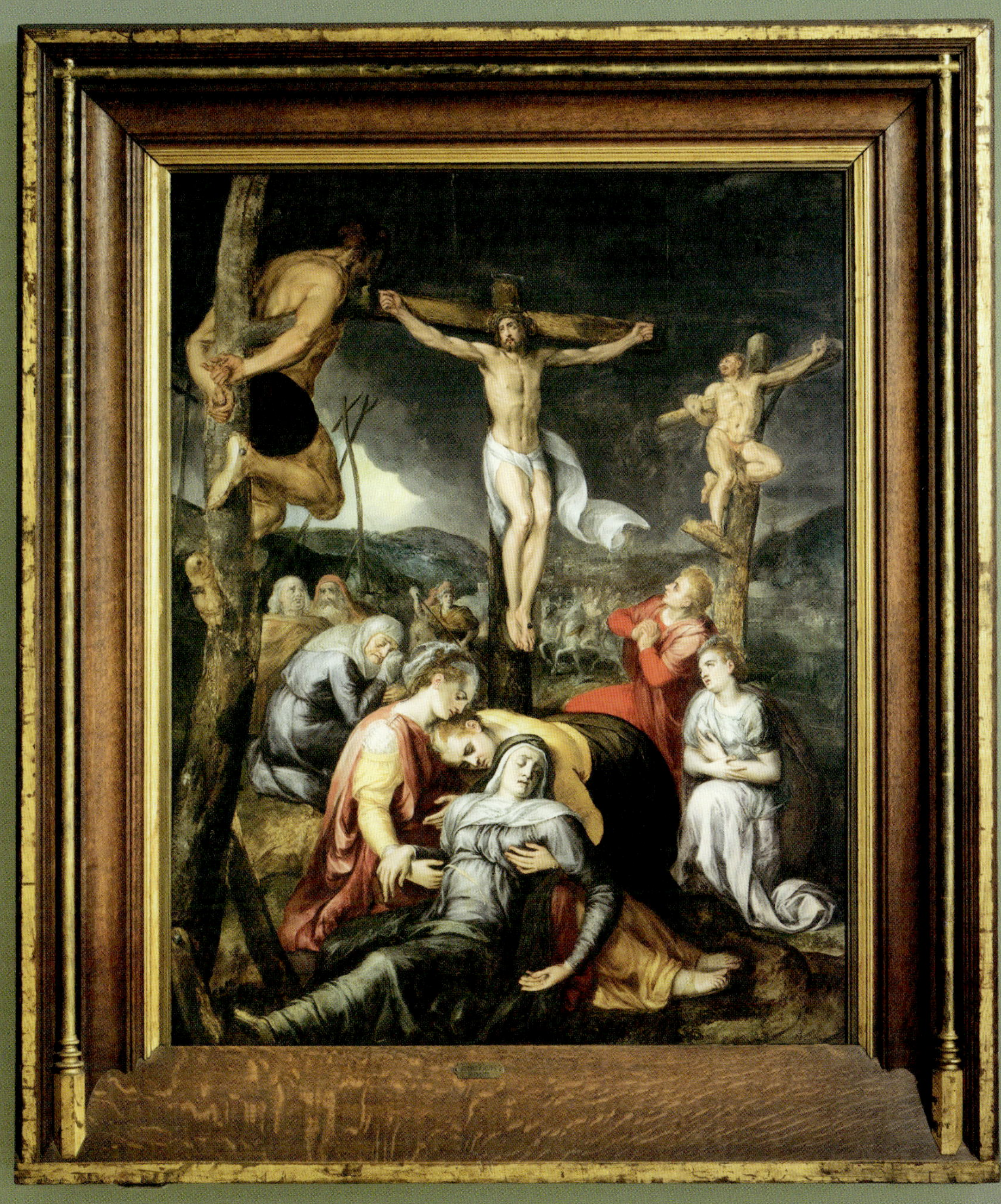

Frans Floris, Kreuzigung
Crucifixion

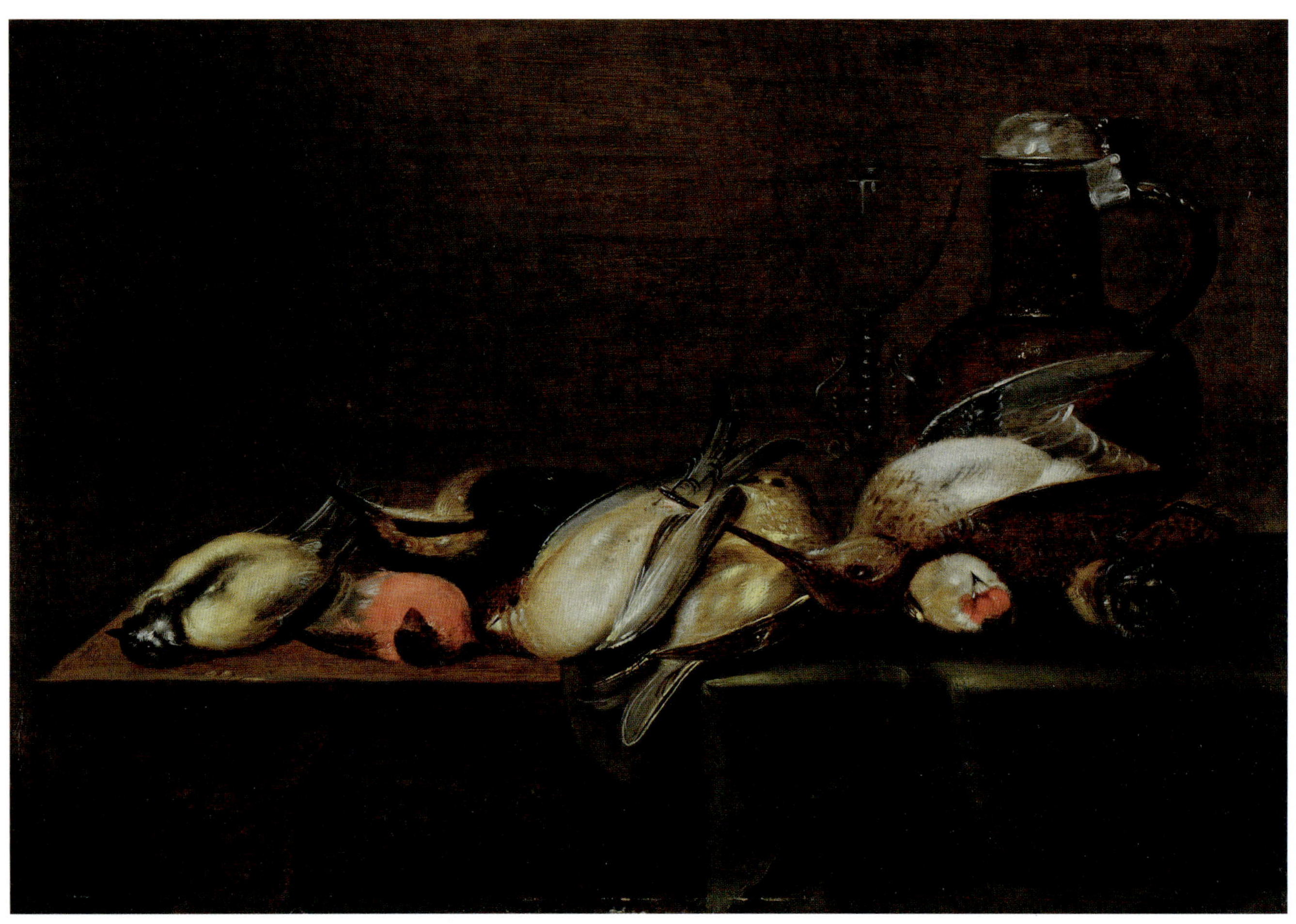

Ehemals Cornelius Mahu (1613—1689), heute Alexander
Adriaenssen (1587—1661) , Stillleben mit Vögeln
Formerly Cornelius Mahu (1613—1689), today Alexander Adriaenssen
(1587—1661) Still Life with Birds

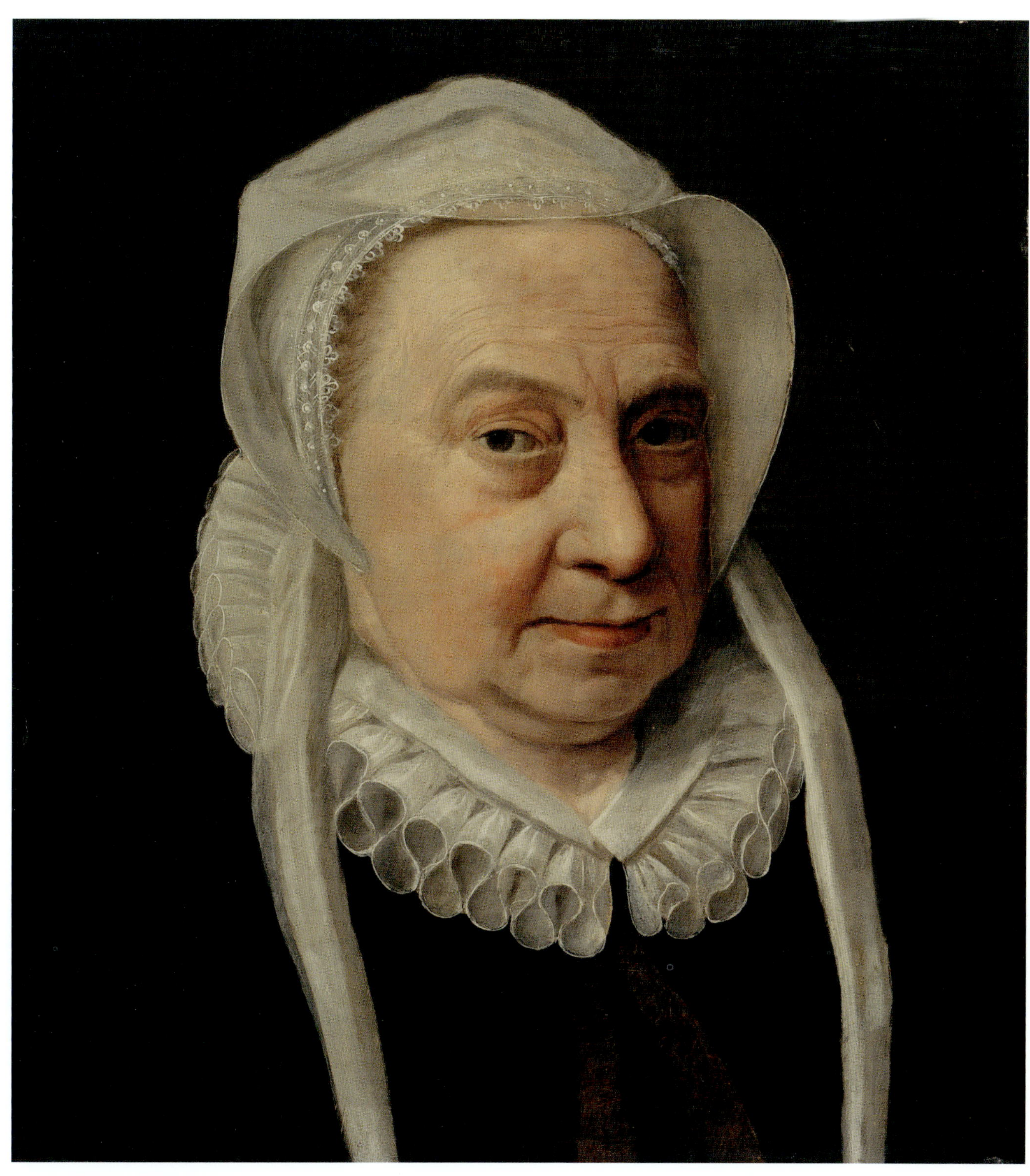

Jan Anthonisz. van Ravesteyn, Brustbild einer alten Dame
Bust Portrait of an Old Woman

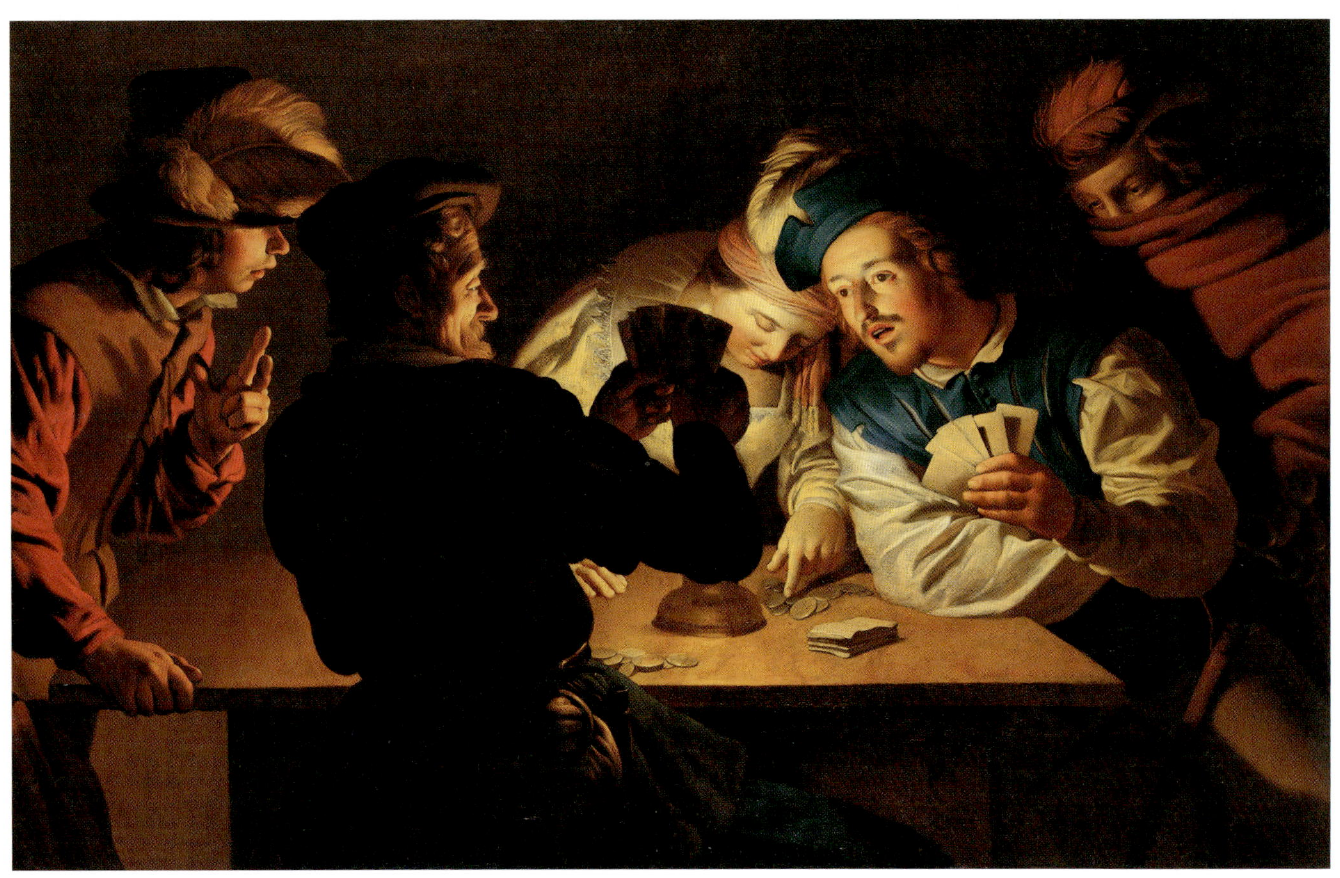

Gerard von Honthorst, Die Falschspieler, 1620
The Card Sharks

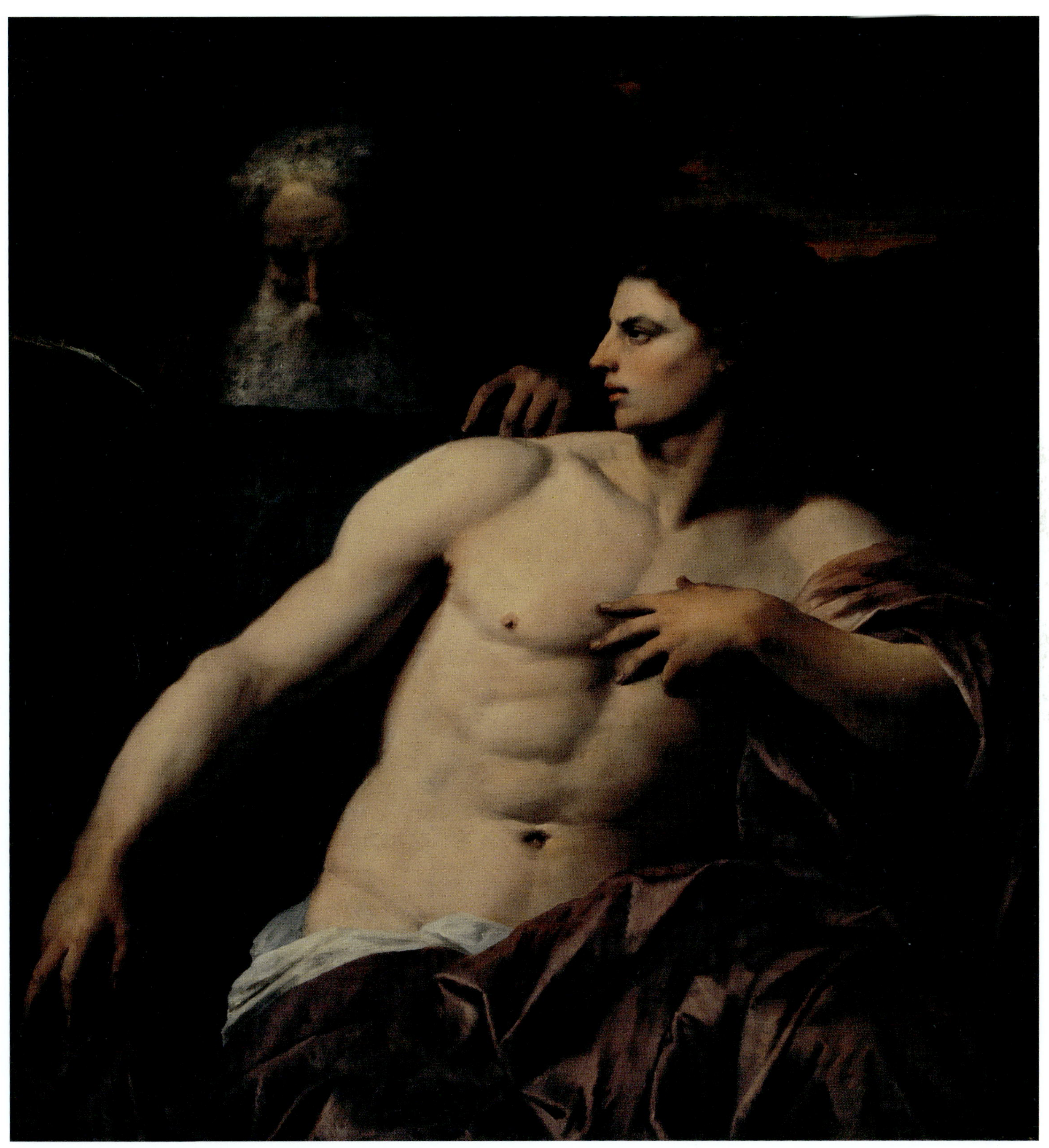

Unbekannt, ehemals Jan Lievens zugeschrieben, Dädalus und Ikarus
Unknown, formerly attributed to Jan Lievens, Daedalus and Icarus

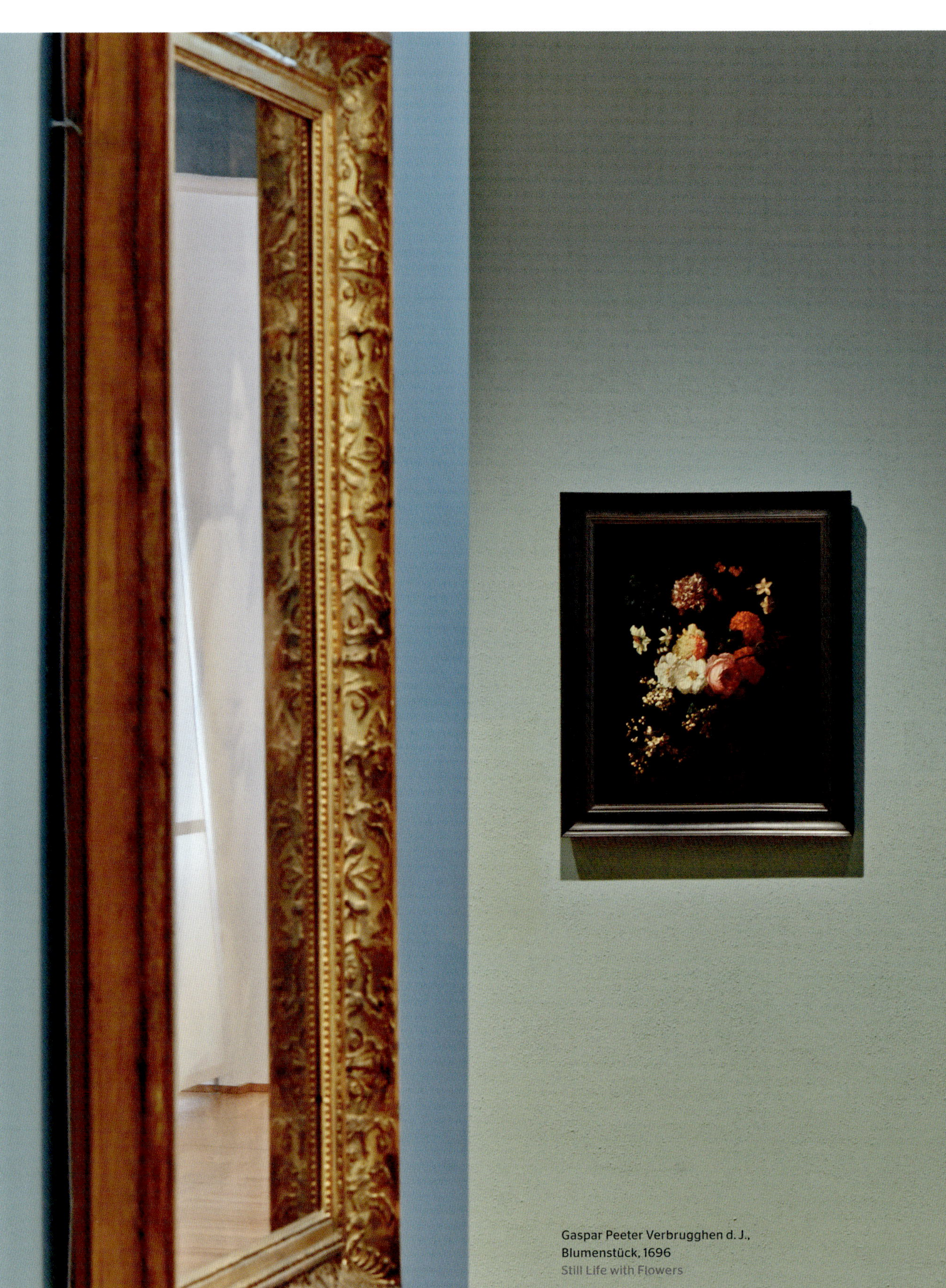

Gaspar Peeter Verbrugghen d. J.,
Blumenstück, 1696
Still Life with Flowers

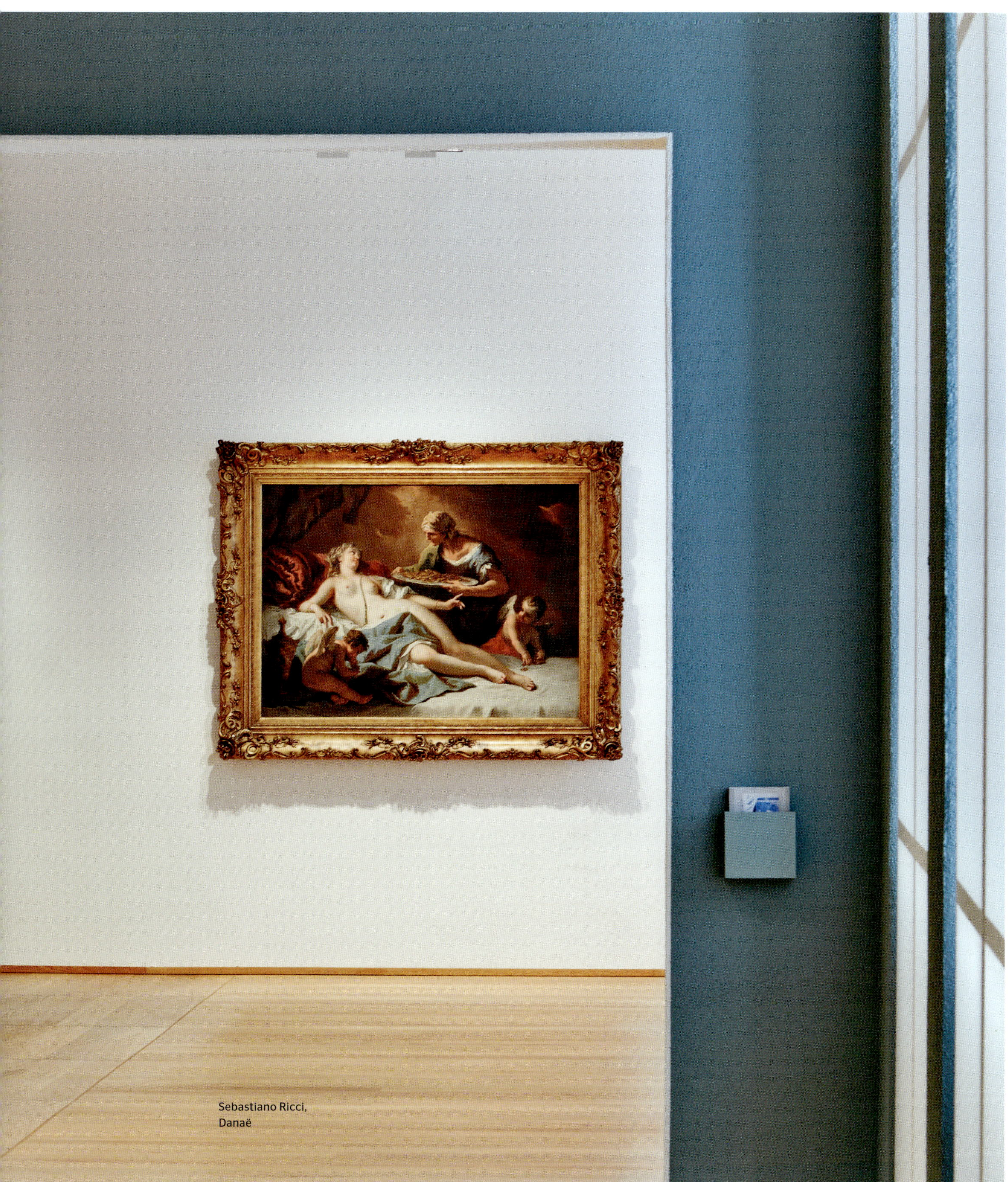

Sebastiano Ricci,
Danaë

Mythologie, Allegorie und Historienmalerei

Mit der Renaissance – der Wiedergeburt der Antike – setzte bei den Künstlern des 15. Jahrhunderts die Auseinandersetzung mit den Themen der griechischen und römischen Mythologie ein. Als wichtigste schriftliche Quelle für die Maler dienten damals die *Metamorphosen* des zur Regierungszeit Kaisers AUGUSTUS tätigen römischen Dichters OVID.

Die Aktivitäten der Protagonisten des antiken Götterhimmels hielten insbesondere im Zeitalter von Barock und Rokoko Einzug in die Malerei. Sie dienten dem festlichen Schmuck weltlicher Repräsentation wie zum Beispiel die *Venus mit Gefolge* des Barockmalers PIETRO LIBERI (1605–1687 → 318), genannt IL LIBERTINO. Das anmutige, harmonische und dennoch opulente Bild ist typisch für seine venezianische Phase. Ganz anders die symbolistische *Venus Anadyomene* aus dem späten 19. Jahrhundert von ARNOLD BÖCKLIN (1827–1901 → 319, die den Ursprung des Lebens aus der elementaren Kraft der Natur veranschaulicht. BÖCKLIN beschäftigte sich in seinen Gemälden häufig mit den Naturkräften der Erde und verbildlichte diese in mythologischen Gestalten. Die Figur der Venus Anadyomene wurde von ihm mehrfach dargestellt. Die bereits bei LIBERI erkennbare sehr freie Interpretation der mythologischen Götterwelt zeigt sich auch in der *Danaë* von SEBASTIANO RICCI (1659–1734 → 315). Mit seinen lichtdurchfluteten und farblich raffinierten, sich auf die Malerei eines PAOLO VERONESE zurückbesinnenden Bildern sowie mit dem flüssigen malerischen Farbauftrag, mit dem er religiöse, historische und mythologische Themen gestaltete, gehört der Künstler zu den Wegbereitern des venezianischen Rokokos. Im Mittelalter galt die Gestalt der Danaë als Symbolfigur der Keuschheit. Als Beispiel für die Vereinigung einer Gottheit mit einer Jungfrau wurde dieses Motiv darüber hinaus als Präfiguration der christlichen Verkündigung Mariä gedeutet. Danaë ist von den Malern häufig liegend dargestellt, während Zeus sich ihr in Gestalt eines feinen Goldregens oder einer Goldwolke nähert. In der Fassung von RICCI erinnern nur noch die Goldmünzen und die sich mittels der Hell-Dunkel-Bearbeitung über dem Haupt der Magd ergebende luftige Stelle an die Anwesenheit des Göttervaters. RICCI zeigt uns die Szene, nachdem Zeus bei Danaë verweilt hat. Durch die Präsentation der Goldmünzen werden der göttliche Akt profanisiert und Assoziationen an eine Bordellszene geweckt, in der die Magd zur Kupplerin avanciert.

Bei dem wunderbaren kleinformatigen Gemälde *Mit einem Köcher spielende Putten* handelt es sich zwar „nur" um ein Fragment, aber was seine Qualität und seinen kunsthistorischen Rang betrifft, zählt es zu den herausragendsten Stücken der Sammlung → 27. Es stammt von FRANCESCO PRIMATICCIO (1504–1570),

The Renaissance – the rebirth of Antiquity – reawakened the interest of 15th century artists in Greek and Roman mythology. The primary source of inspiration for many painters of this period was the work of a Roman poet written in the time of Emperor AUGUSTUS – OVID'S *Metamorphoses*.

The lives of the protagonists of the world of the ancient gods were particularly popular themes of Baroque and Rococo painting, serving as festive ornaments of worldly representation, as in the work *Venus and Her Followers* by Baroque painter PIETRO LIBERI (1605–1687 → 318), known as IL LIBERTINO. This refined, harmonious, yet opulent painting is typical of the artist's Venetian phase and stands in great contrast to the late 19th century symbolist *Venus Anadyomene* by ARNOLD BÖCKLIN (1827–1901 → 319), which dramatizes the origins of life out of the elementary forces of nature. BÖCKLIN'S work is frequently concerned with the natural forces of earth and visualizes them as mythological figures. The figure of Venus is one with which he was repeatedly fascinated.

The sometimes very liberal interpretation of the ancient world of the gods, something we see already in Liberi, is also visible in the *Danaë* by SEBASTIANO RICCI (1659–1734 → 315). RICCI'S light-flooded images and sophisticated use of color, his close aesthetic relationship to the painting of PAOLO VERONESE, as well as his fluid application technique and choice of religious, historical and mythological subjects, make him a precursor of Venetian Rococo. In the middle ages, the figure of Danaë was considered a symbol of female chastity. With its motif of the union of god and virgin, moreover, the story of Danaë can be seen as a prefiguration of the Christian annunciation of the Blessed Virgin Mary. Danaë is often portrayed lying down, while Zeus, in the form of a golden cloud or rain shower, approaches her. Zeus' presence in RICCI'S interpretation of the scene is limited to the symbolism of the gold coins and the juxtaposition of light and dark in the space above the maiden's head. RICCI depicts, here, the moments after Zeus' visit to Danaë. The gold coins suggest the profanity of his act by raising associations with a brothel, making of Danaë little more than a prostitute.

Though, as a fragment, its dimensions may be small, *Putti Playing with a Quiver* constitutes one of "biggest" works in Wiesbaden's collection with regard to its quality and art historical significance → 27. It is the work of one of the most important Mannerist artists and leader of the first School of Fontainebleau, FRANCESCO PRIMATICCIO (1504–1570). Appointed court painter by

einem der bedeutendsten Vertreter des Manierismus und der Kopf der ersten Schule von Fontainebleau. 1532 berief ihn FRANZ I. als Hofmaler nach Paris, dort zeichnete er für die Ausschmückung des Schlosses von Fointainebleau verantwortlich. Das Wiesbadener Fragment stammt aus einem großen Wandfresko der 1540er-Jahre, das sich dort einst über einem Kamin befand, die Schmiede des Gottes Vulkan thematisierte und schließlich bei dem Versuch seiner Abnahme zerstört wurde. Für einen großen Teil der heute verlorenen Wandekorationen aus Fontainebleau hat PRIMATICCIO Entwurfsskizzen gefertigt. Mittels dieser Quellen ist es möglich, das heutige Bruchstück des Kaminbildes in seiner ursprünglichen Form zu rekonstruieren. Man sah auf dem gesamten Bildfeld einst, wie Vulkan und die Zyklopen für die sich am Boden tummelnden Amoretten Pfeile schmieden, die diese eifrig einsammeln. Die Schmiede darf man dabei durchaus als eine amouröse Waffenschmiede deuten. LUCA FERRARI (1605–1654) führt hingegen in seinem großformatigen Werk *Die Fesselung des Prometheus* dramatisch die mythologische Erklärung für die Leiden der Menschheit vor Augen: Prometheus und Pandora – vereint auf einem Bild → 320. Die Büchse der Pandora ist im Gemälde bereits geöffnet und der von Merkur an den Felsen gekettete Prometheus windet sich in seiner Qual. Jetzt bekommt die Menscheit durch Pandoras Büchse jene Strafen, die Zeus ihr wegen des Raubes des Feuers durch Prometheus gesandt hatte.

Gelitten, wenn auch auf gänzlich andere Art, wird ebenso bei *Loth und seine Töchter* → 321. Während im Hintergrund die sündhafte Stadt Sodom untergeht und seine Frau zur Salzsäule erstarrt ist, wird der fromme Loth von den eigenen Töchtern verführt, um ihren Stamm zu erhalten. Das Motiv gehört zur Gruppe der sogenannten Weibermachtdarstellungen. Als malerischer Urheber dieses alttestamentarischen Themas galt bislang der „mythische" Lehrer von PETER PAUL RUBENS, OTTO VAN VEEN (1556–1629). Von diesem Gemälde existieren weitere Fassungen, darunter eine ähnliche, aber schwächere in der Bildergalerie des Schlosses Sanssouci in Potsdam, für welche sie FRIEDRICH II. VON PREUSSEN 1756/57 als ein Werk RAFFAELS in Rom erworben hatte. Als Autor dieses wie des Wiesbadener Bildes gilt heute allerdings JACQUES DE BACKER (auch JACOB DE BACKER, 1540/1545–vor 1600). Kein anderer Maler hat in Antwerpen nach dem Tode FRANS FLORIS' 1570 die Darstellung des nackten Körpers so virtuos beherrscht und so häufig in Bildern zur Anschauung gebracht wie jener Künstler, dessen Stil entscheidend beeinflusst wurde vom römischen und florentinischen Manierismus.

FRANCIS I in 1532, PRIMATICCIO relocated to Paris where his work was to adorn the palace at Fointainebleau. The fragment in Wiesbaden's collection was originally part of a large fresco depicting the smithy of Vulcan, painted in 1540 above a fireplace. The fresco was destroyed during the process of removal. Fortunately, PRIMATICCIO had completed preliminary sketches for the majority of the, now lost, frescos at Fontainebleau that serve as the source for reconstruction of the chimney fresco's fragment in its original context and form. There, we once saw Vulcan and the Cyclopes, as amorous armorers, making arrows for cupids, bustling about on the floor and busily collecting the arrows. LUCA FERRARI (1605–1654), by contrast, thematizes not love but suffering in his large-scale work *The Binding of Prometheus*, dramatizing the mythological justification for human suffering: Prometheus and Pandora – depicted together in a single painting → 320. Pandora's box has already been opened in the scene and Prometheus writhes in pain as Mercury chains him to the rock. Pandora's box is now the punishment Zeus had promised human kind after Prometheus stole the fire.

Suffering, albeit in a different form, is also the theme of *Lot and his Daughters* → 321. While in the background the wicked city of Sodom is destroyed and his wife is turned to a pillar of salt, Lot is seduced by his own daughters who want to ensure the continued existence of their clan. The motif belongs to a group of representations of "female trickery." This piece, with its biblical theme, has long been attributed to PETER PAUL RUBEN'S "mythical" mentor, OTTO VAN VEEN (1556–1629). It also exists in other versions, including a similar, though weaker, version in the picture gallery of Schloss Sanssouci in Potsdam, which was purchased in Rome in 1756/57 by FRIEDRICH II of Prussia as the work of RAFFAEL. However, the originator of the paintings in Wiesbaden and Potsdam is recognized today as JACQUES DE BACKER (also known as JACOB DE BACKER, 1540/1545– ca. 1600). No other painter in Antwerp after the death of FRANS FLORIS in 1570 could achieve so masterful a representation of the naked body, nor with such repeated virtuosity than he, whose style was so deeply influenced by Roman and Florentinian Mannerism.

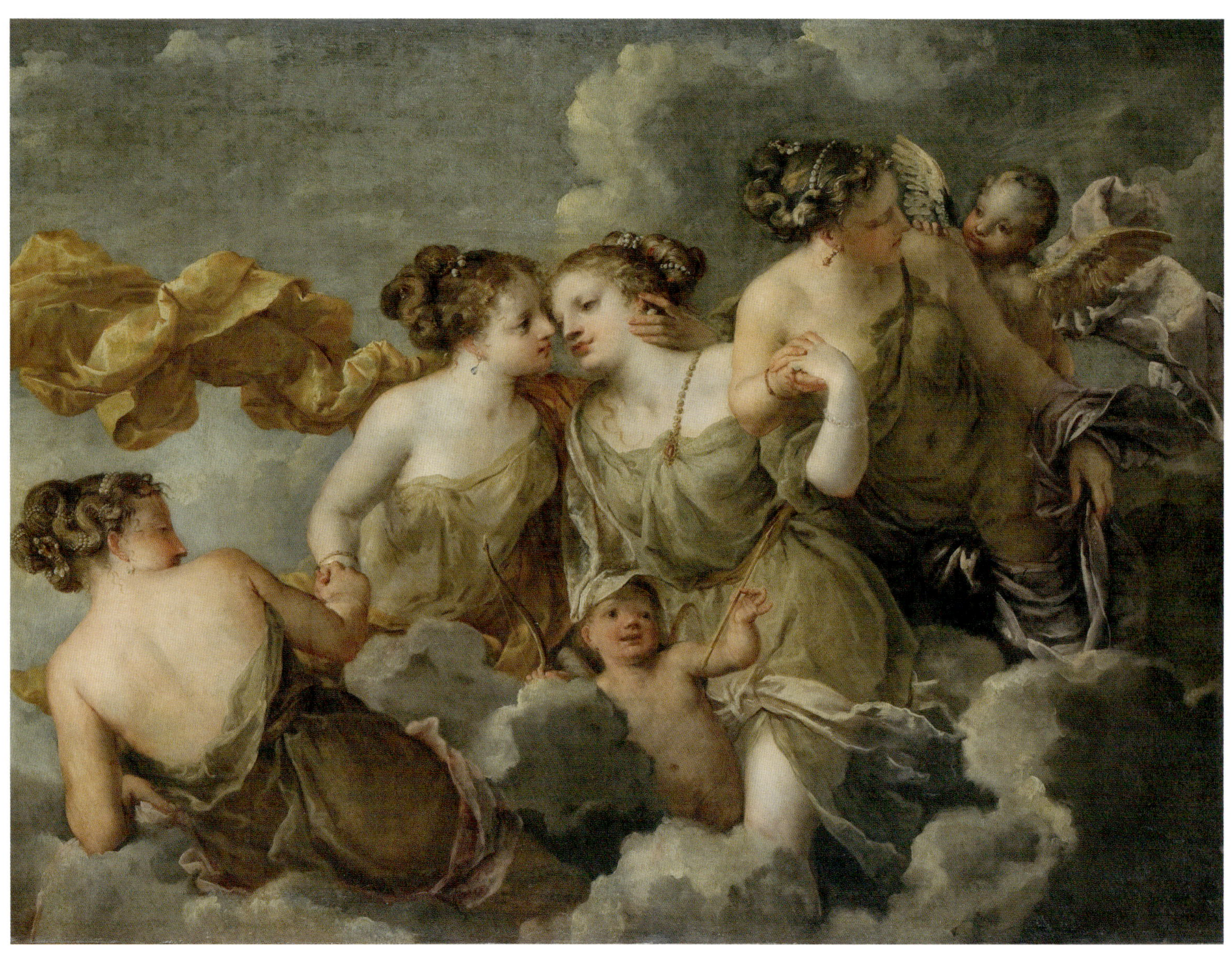

Pietro Liberi, Venus mit Gefolge, 1891
Venus and Her Followers

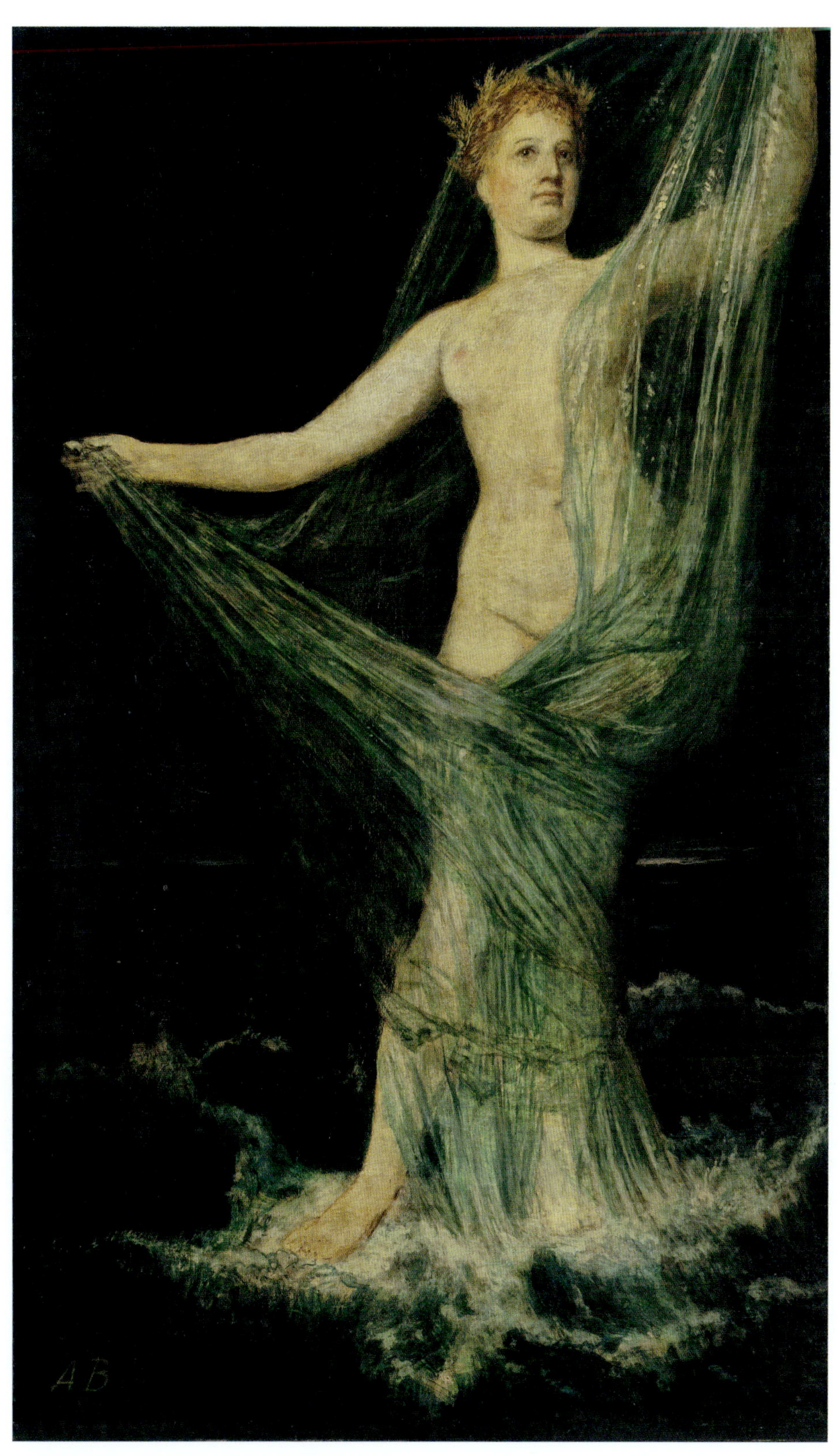

Arnold Böcklin, **Venus Anadyomene, Grüne Venus, 1891**
Venus Anadyomene, Green Venus

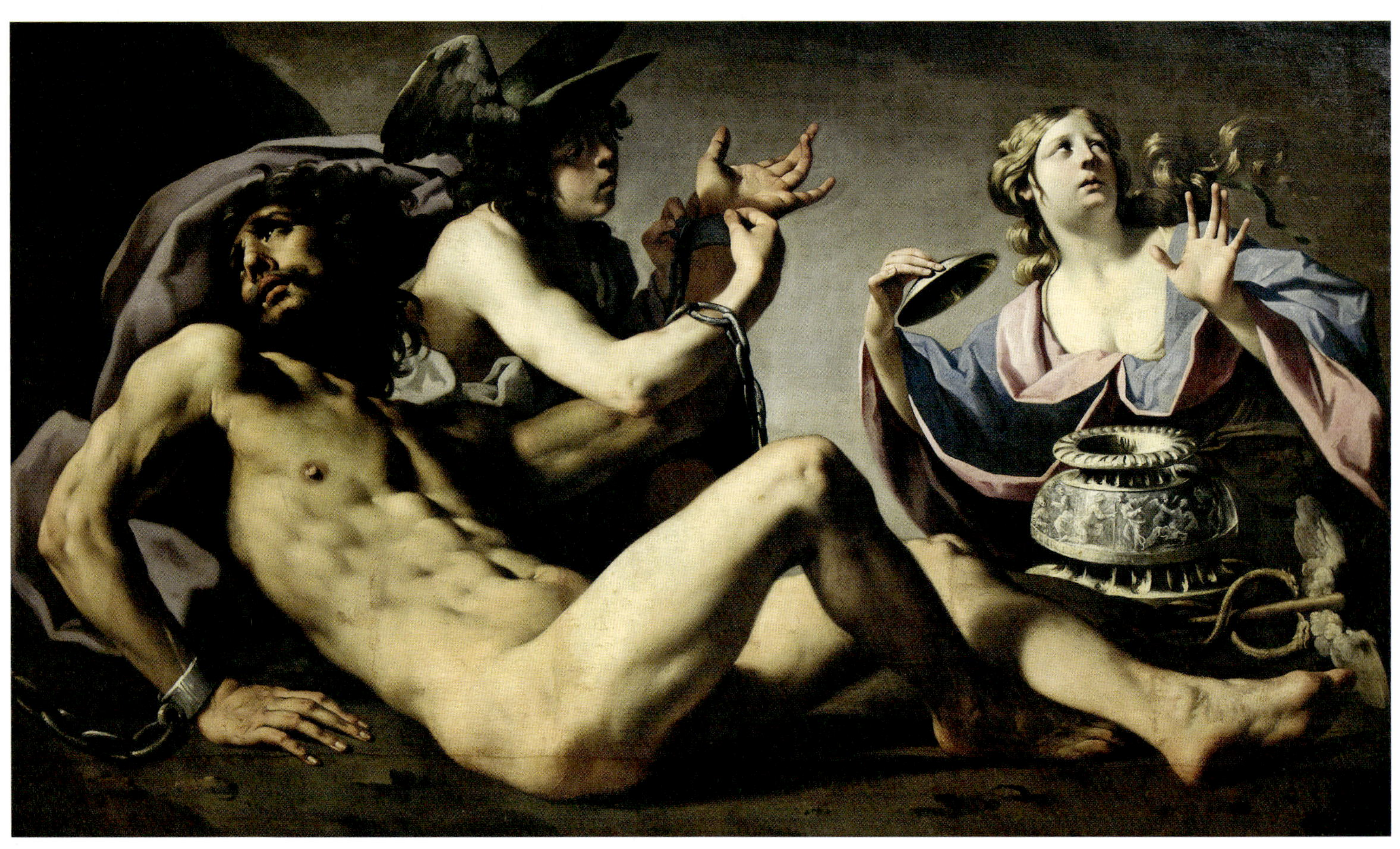

Luca Ferrari, Fesselung des Prometheus
The Binding of Prometheus

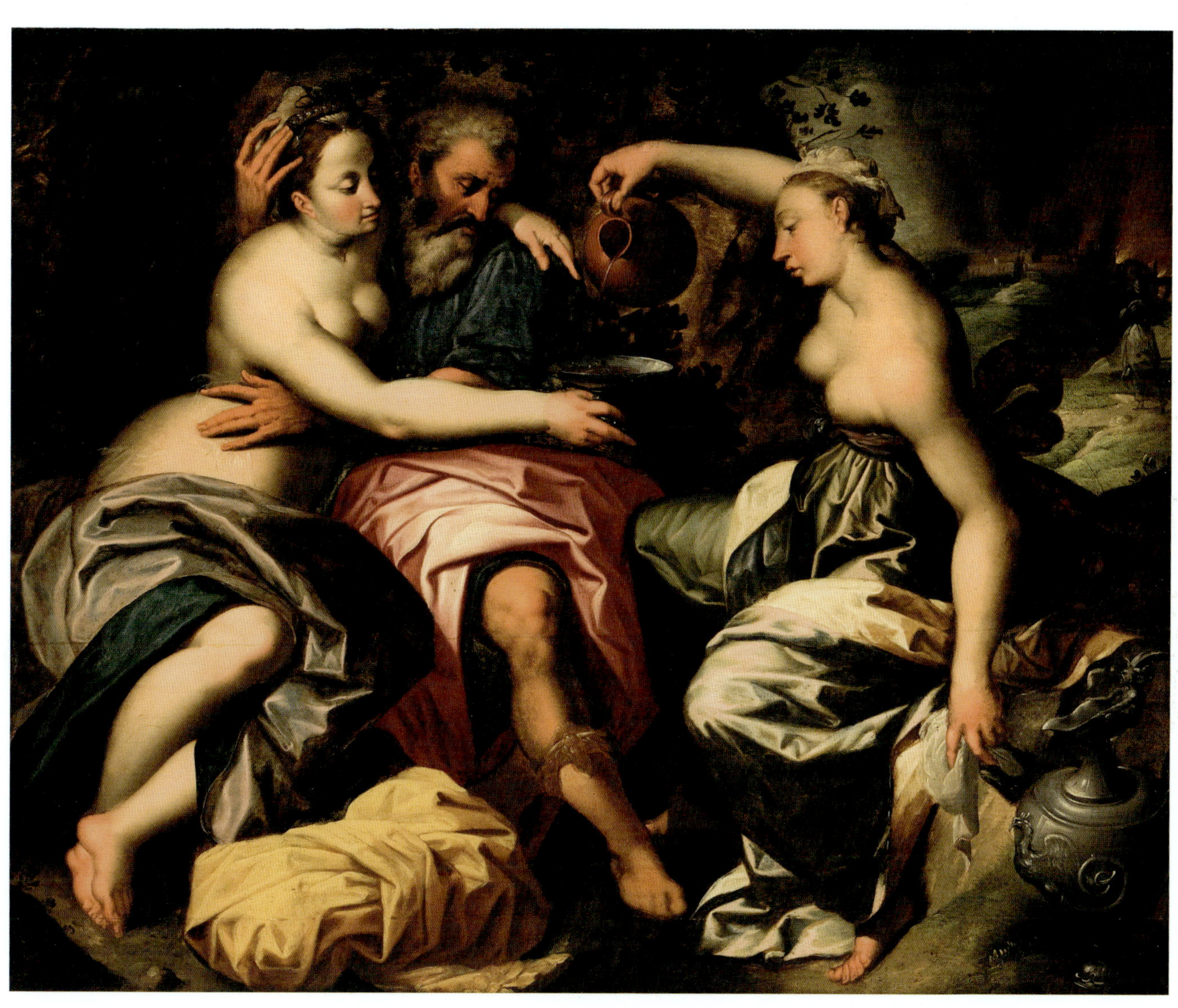

Jacques de Backer, Loth und seine Töchter
Loth and His Daughters

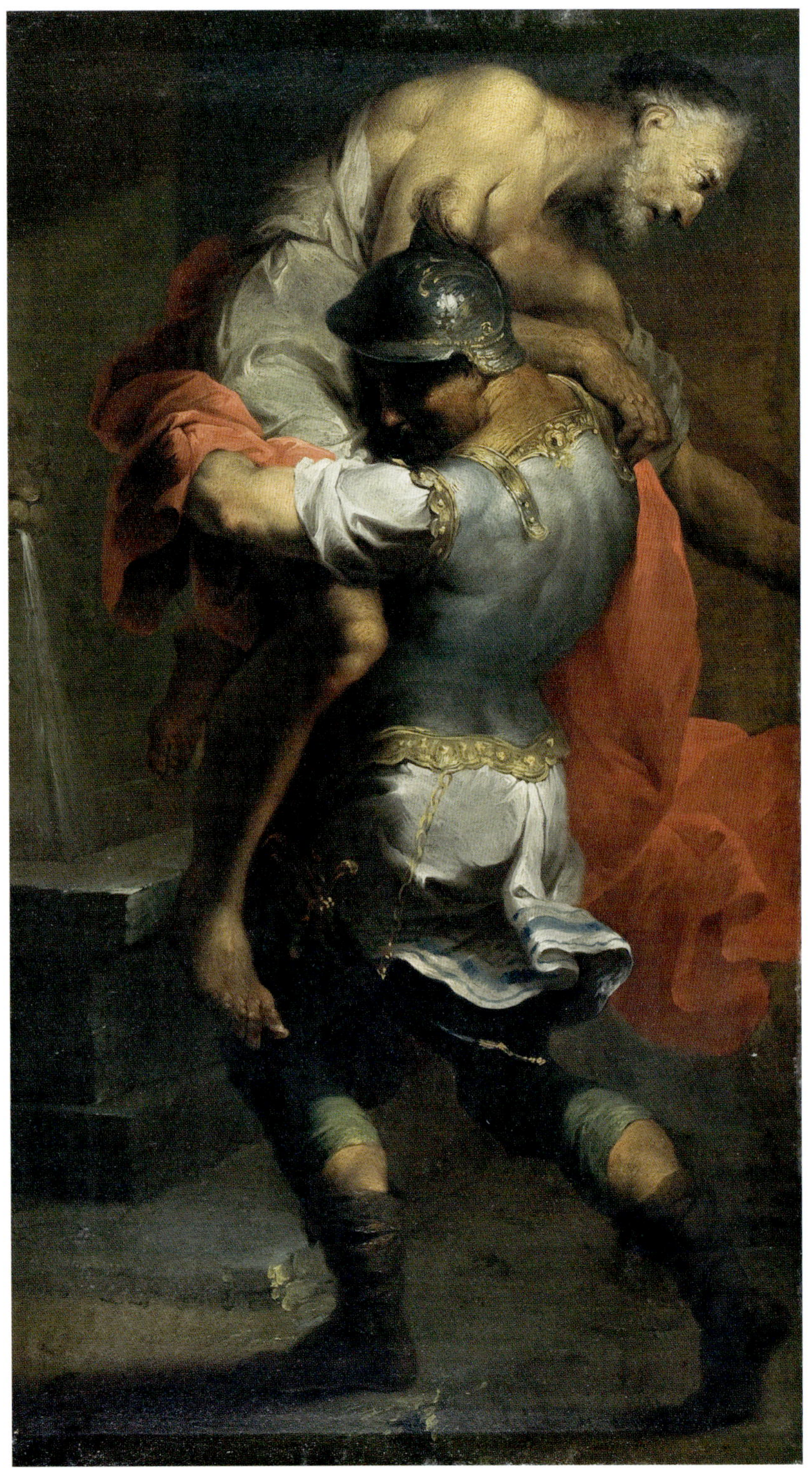

Januarius Zick, Aeneas rettet seinen Vater Anchises aus dem brennenden Troja, um 1794
Aeneas Saving His Father Anchises from Burning Troy, around 1794

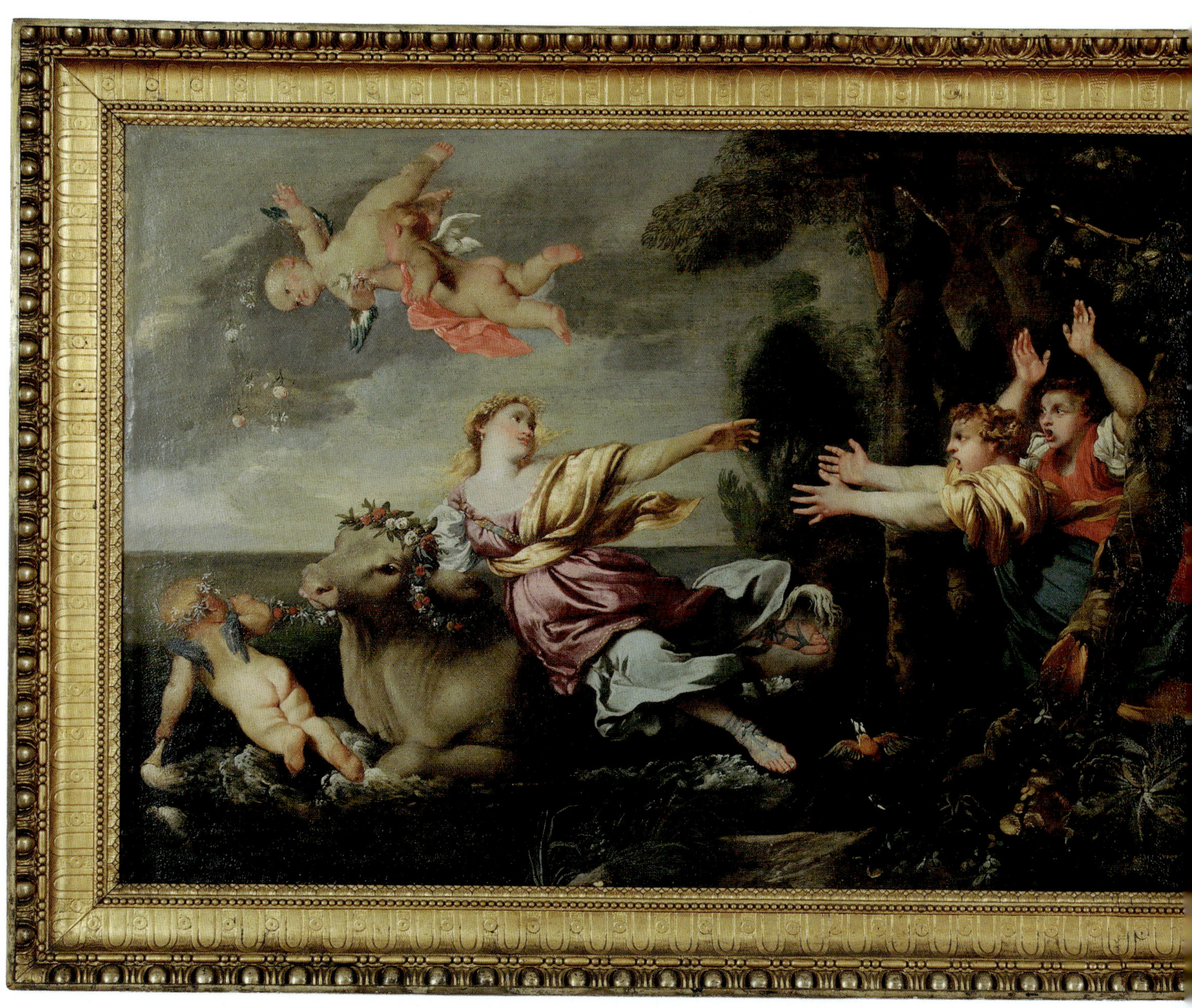

Giovanni Benedetto Castiglione, Raub der Europa
The Abduction of Europa

Wilhelm Lindenschmidt,
Martin Luther vor dem Kardinal
Cajetan in Augsburg 1518
Martin Luther before Cardinal
Cejetan in Augsburg 1518

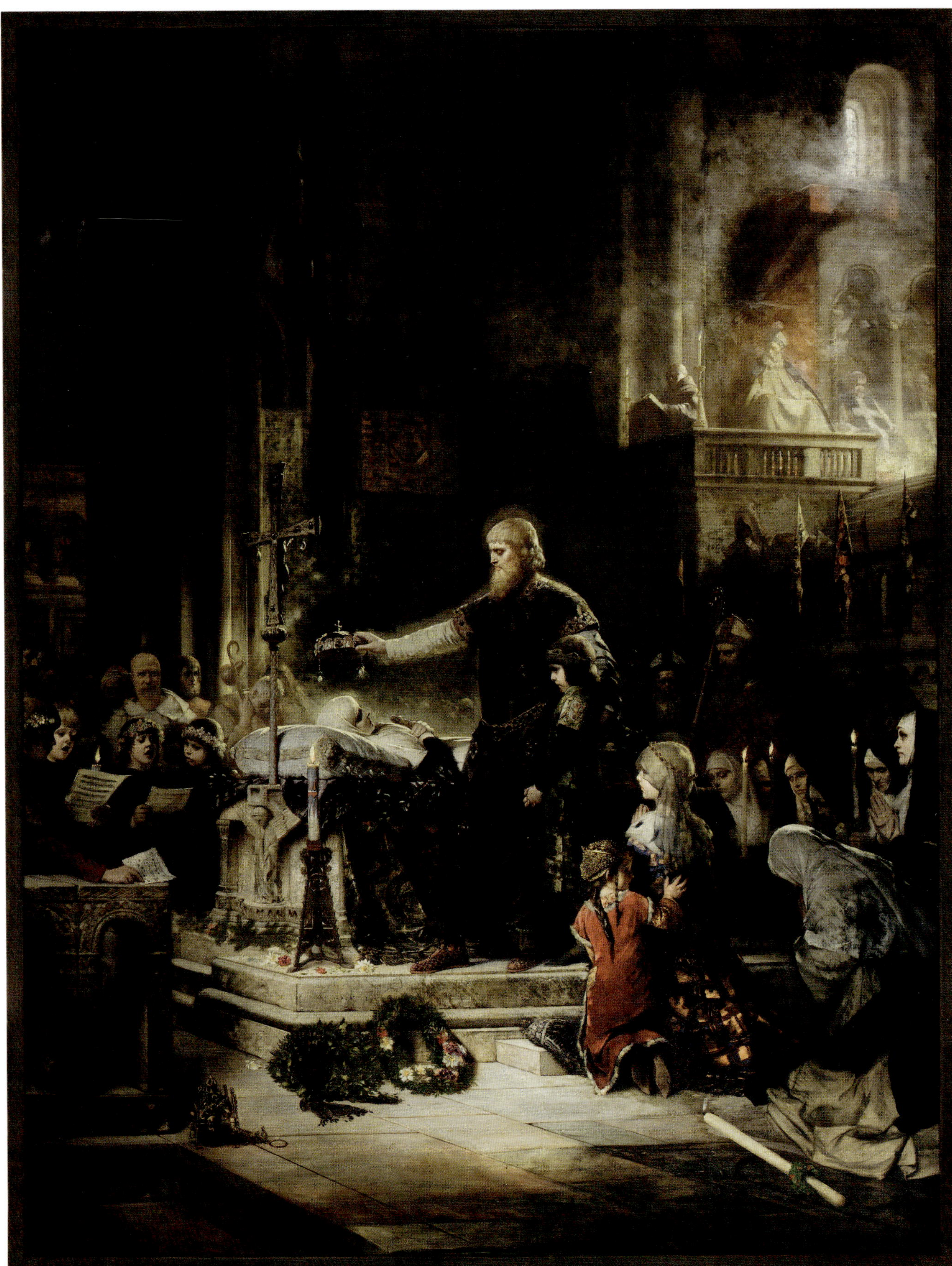

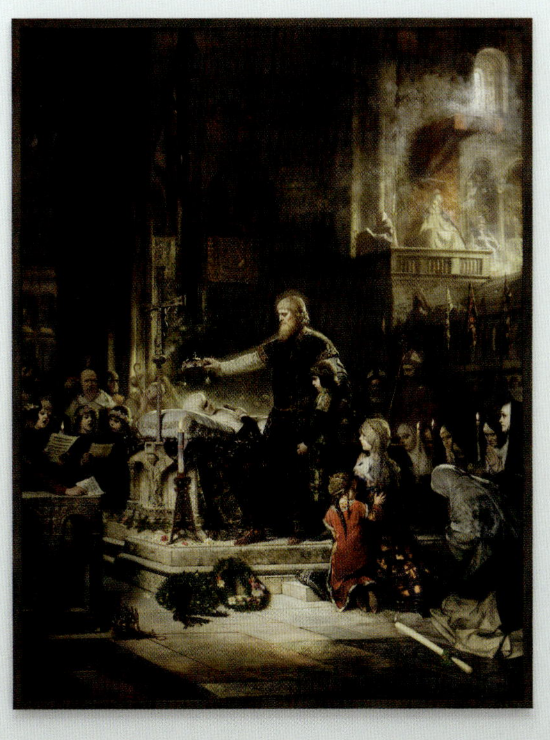

Hermann Kaulbach, Tod und Krönung der Heiligen Elisabeth
Death and Crowning of Saint Elisabeth

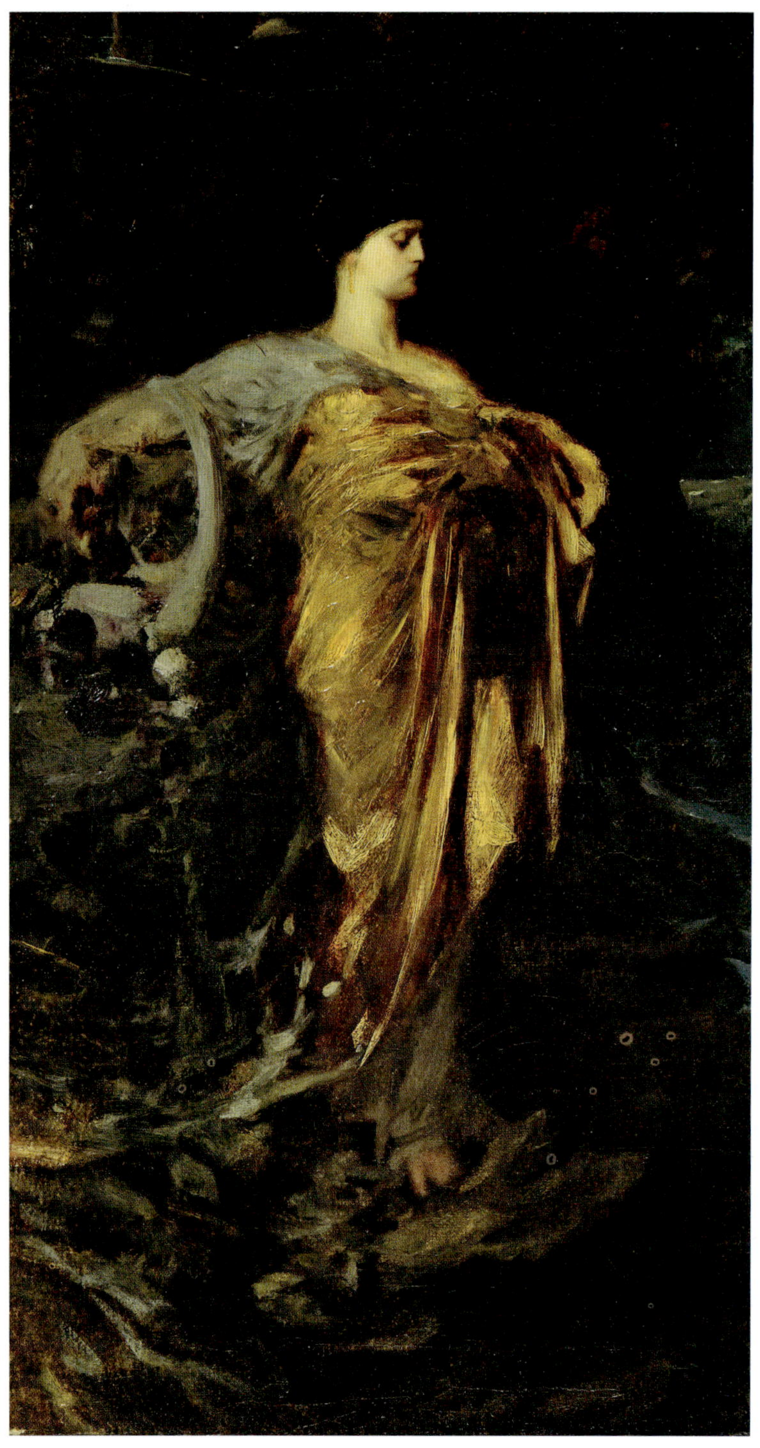

Ferdinand Keller, Sappho, 1883/84

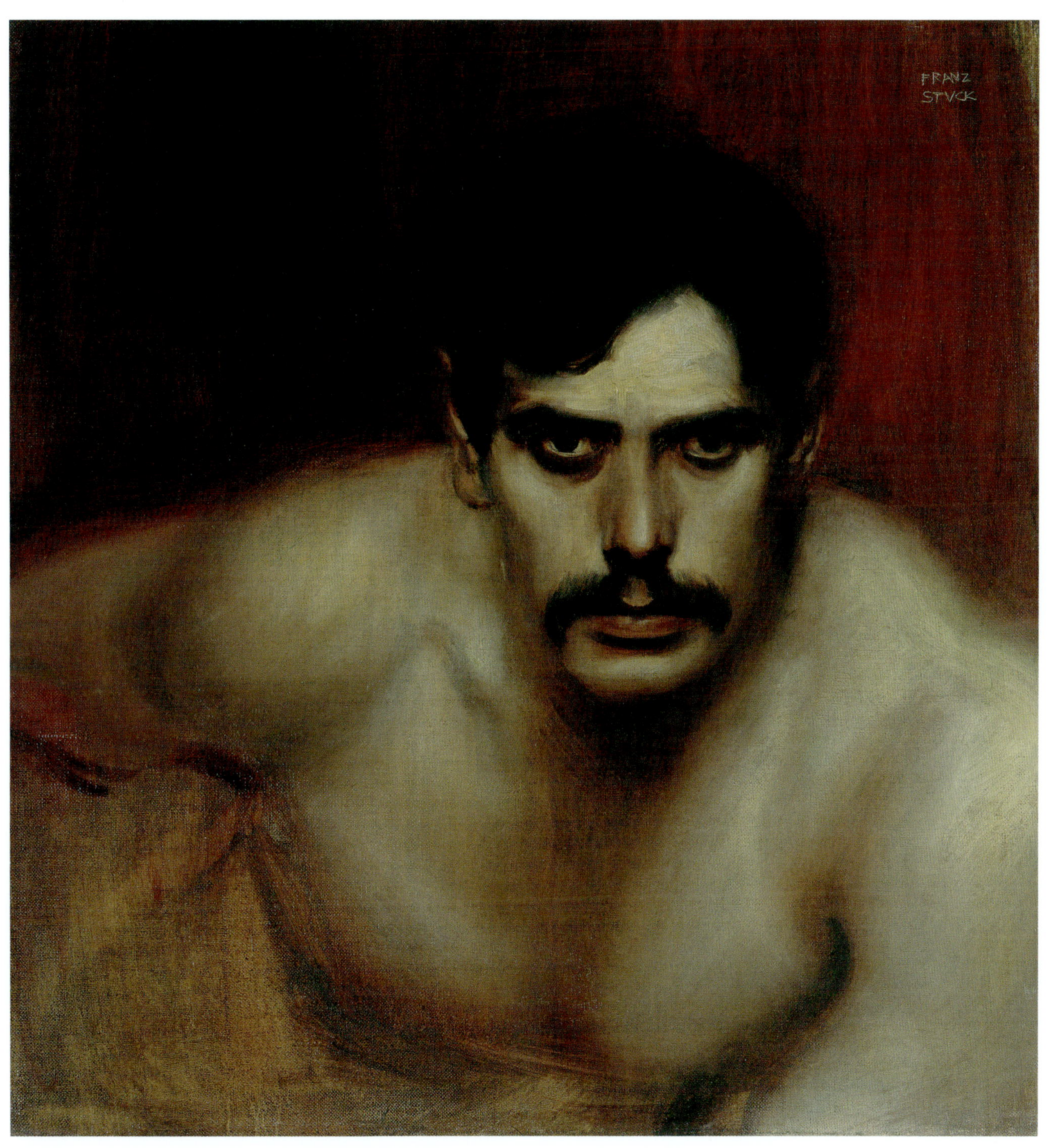

Franz von Stuck, Männliche Portraitstudie (Das böse Gewissen), um 1896
Male Portrait Study (The Evil Conscience) , around 1896

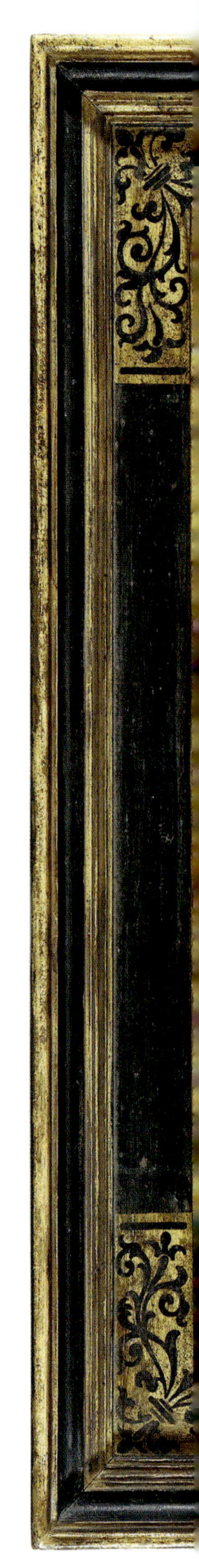

Hans von Marées, Die Labung, um 1880
Refreshment, around 1880

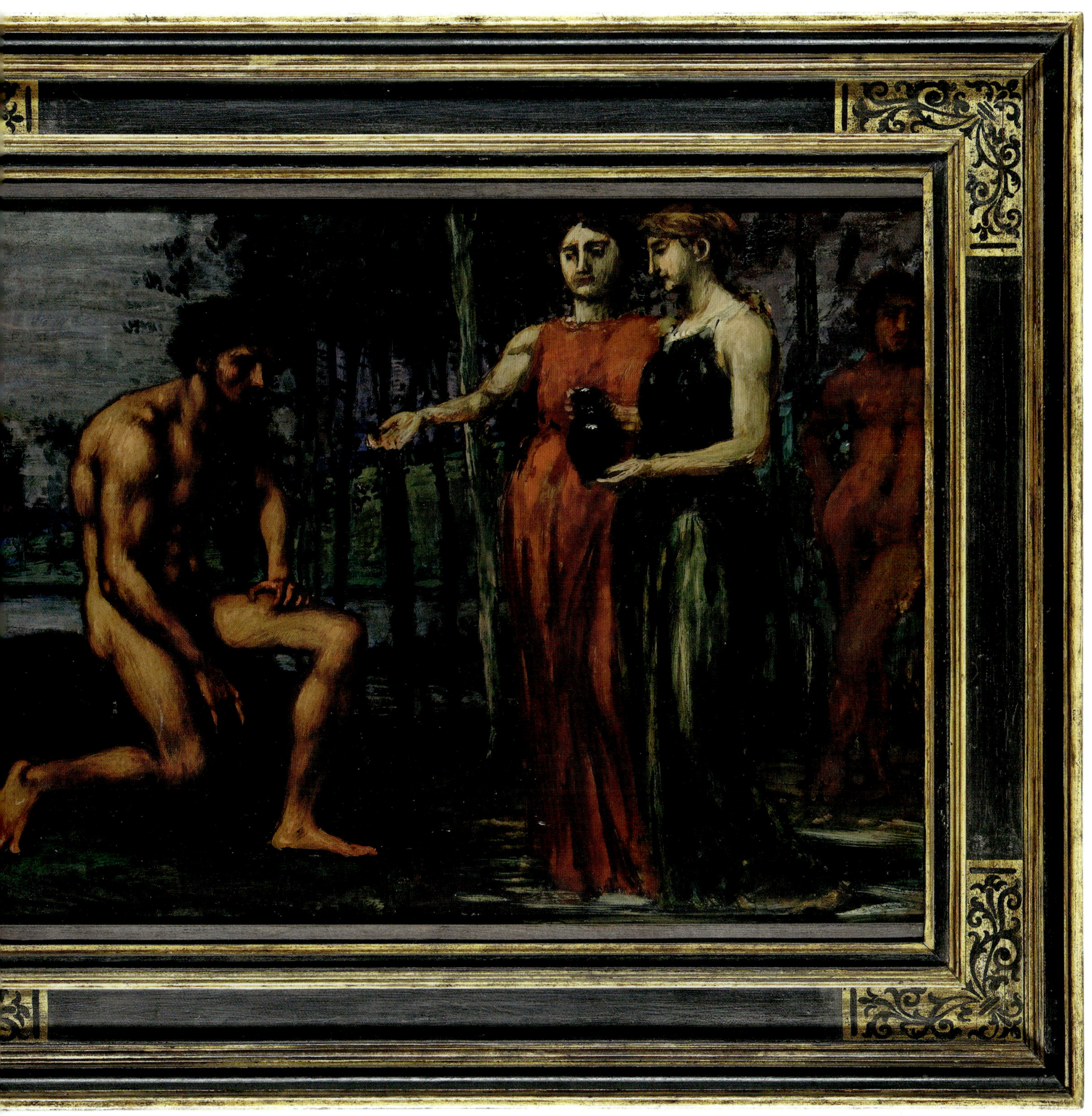

Stillleben

Von dem in Wiesbaden geborenen Künstler JOHANN DANIEL BAGER (1734–1815), der später in Frankfurt am Main Karriere machen sollte und dessen Früchtestillleben schon GOETHE äußerst lobend erwähnte, besitzt die Sammlung zwei signifikante Stücke → 334/335. Der Themenraum zur „natura morta" zeigt ausgehend vom 17. bis zum späten 19. Jahrhundert exemplarisch die Entwicklung und den Facettenreichtum dieser Gattung auf. Als Stillleben wird heute im Allgemeinen die bildhafte, abgeschlossene Darstellung mehrerer kleinerer arrangierter Objekte bezeichnet. Dabei wird nach den dargestellten Gegenständen unterschieden, unter anderem Blumen-, Bücher-, Fisch-, Früchte-, Jagd-, Küchen-, Markt-, Musikinstrumenten- oder gar Waffenstillleben. Oft bestechen sie durch offensichtliche und verborgene Sinnschichten und können Reflexionen über Leiden, Vergänglichkeit und Tod anstoßen. Die enthaltenen moralischen, religiösen und erotischen Implikationen sind nicht selten auch als Mahnungen zu deuten, die vor der Dekadenz des Überflusses warnen. Die Anfänge des Stilllebens liegen im 16. Jahrhundert, der Begriff an sich kommt erstmals um 1650 auf. Im 17. Jahrhundert erlebt das Stillleben, dynamisiert durch den wirtschaftlichen Aufschwung in den Niederlanden und von dem damit verbundenen Wohlstand der Bürger, eine erste Blütezeit. Importierte Luxusgüter wie Zitronen, Hummer, Wein, exotische Gewürze und wertwolle Sammlerobjekte gehörten zum Motivrepertoire vieler Künstler. Doch auch und gerade in solchen Prunkstillleben finden sich Vanitas-Motive wieder, die auf die Vergänglichkeit aller irdischen Güter hinweisen – sie repräsentieren den Wohlstand und verweisen zugleich auch auf dessen Endlichkeit. Im 18. Jahrhundert wurde – nun meist in höfischem Auftrag – die Tradition des üppig-dekorativen Stilllebens ohne tiefere Bedeutung fortgeführt, bevor es im 19. Jahrhundert die bürgerlichen Realisten und Impressionisten für sich neu entdeckten. Nun kam es vermehrt zu einer absichtlich dargestellten Unschärfe, die bewusst die realitätsgetreue Darstellung vernachlässigte. Jene Stillleben sind meist klar strukturiert und ihre Gegenstände weisen immer auf menschliche Anwesenheit hin. Trotzdem geben sie nie die Realität als solche wieder, sondern stets eine künstlich arrangierte. Derzeit befinden sich im Stilllebenraum des Museums diverse Leihgaben, vor allem niederländische Werke. Ein prominentes Stück aus der eigenen Sammlung stammt von CRISTOFORO MUNARI (1667–1720) und zeigt ein prachtvolles Stillleben mit Früchten und Musikinstrumenten → 336/337 in luxuriöser spätbarocker Ausführung. Der auf Stilllebenmalerei spezialisierte MUNARI

Still Life

Wiesbaden's Still Life collection contains two significant pieces by JOHANN DANIEL BAGER (1734–1815), a native of the city who went on to establish his career in Frankfurt am Main and whose still life with fruit was honored with the praise of GOETHE himself → 334/335. The thematic room "natura morta" illustrates the development and variety of this genre from the 17th to the late 19th centuries. Today, the term still life generally refers to the coherent, pictorial representation of a group of arranged objects, ranging in subject from flowers, books, fish and fruit to the hunt, kitchen and marketplace through to musical instruments and even weapons. Often these works attract our attention through their apparent yet veiled layers of meaning, provoking the viewer to reflection about suffering, transitoriness and death. The moral, religious, even erotic implications contained in works of this genre are not infrequently to be understood as warnings about the decadence of excess. The beginnings of the genre date back to the 16th century, while the term "still life" itself was first used around 1650. In the wake of an economic boom in the Netherlands and increased wealth of its bourgeois classes, the still life witnessed its first zenith. Imported luxury goods, such as lemons, lobster, wine, exotic herbs and valuable collector's items, all became part of the repertoire of many artists. Yet here too, perhaps especially so, in such opulent still lifes we find the vanitas motif, pointing to the transitoriness of all things earthly – they depict prosperity while suggesting at once its reverse side. The tradition of still life illustrating opulence alone, without any deeper allusions to its downside, was popular in the 18th century, commissioned primarily by members of court society, before the rediscovery of the genre in the 19th century by bourgeois Realist and Impressionist painters. These works increasingly included elements of purposeful imprecision in order to undercut the veracity of their representations. These still lifes are most often clearly structured and their objects always allude to human presence. Still, they never represent reality as such but always as an artificial arrangement. The museum's Still Life exhibit currently displays a number of works, above all from the Netherlands, on loan. One prominent piece from its own collection by CRISTOFORO MUNARI (1667–1720), however, depicts a *Still Life with Fruit and Musical Instruments* → 336/337 in luxurious late Baroque style. MUNARI, a specialist in the genre, stands out for his explicit naturalism, the subtle play of light and translucent quality of his color surface. The collection's strong point is 19th century still life, in particular the work of Austrian

besticht in seiner Kunst durch einen ausgeprägten Naturalismus, gepaart mit einem subtilen Lichtspiel und transparenten Farbflächen. Insbesondere im 19. Jahrhundert zeigt die Sammlung ihre Stärken, wobei ein Künstler mit seinen Werken besonders hervorzuheben ist: CARL SCHUCH (1846–1903). Von dem österreichischen Künstler besitzt das Museum zwei herausragende Bilder, *Stillleben mit Zinnkrug* (1885) ↓ unten und *Stillleben mit Marasquinoflasche und Schale* → 341, die beide in seine Pariser Zeit fallen. Schuch verstand es, mit seiner einzigartigen Farbbehandlung zu einer, wie er es formulierte, „ätherischen Essenz der Erscheinung" zu gelangen.

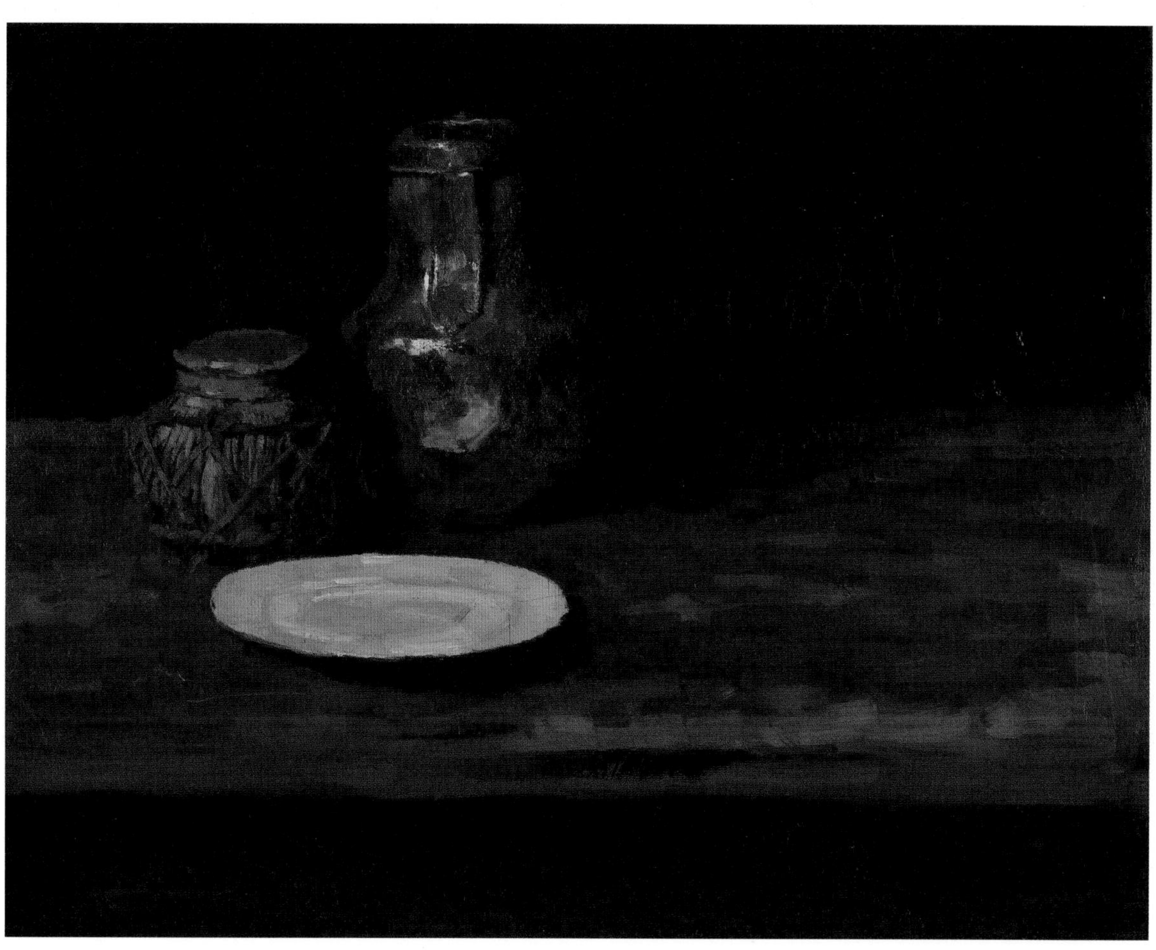

Carl Schuch, Stillleben mit Zinnkrug, 1885
Still Life with Pewter Mug

artist CARL SCHUCH (1846–1903), of whose work the museum owns two exquisite paintings: *Still Life with Pewter Mug* (1885) ↑ above and *Still Life with Maraschino Bottle and Bowl* (1888) → 341, both works stemming from his Paris productions. Schuch was a master of color, who knew how to achieve, as he put it, the "ethereal essence of appearance."

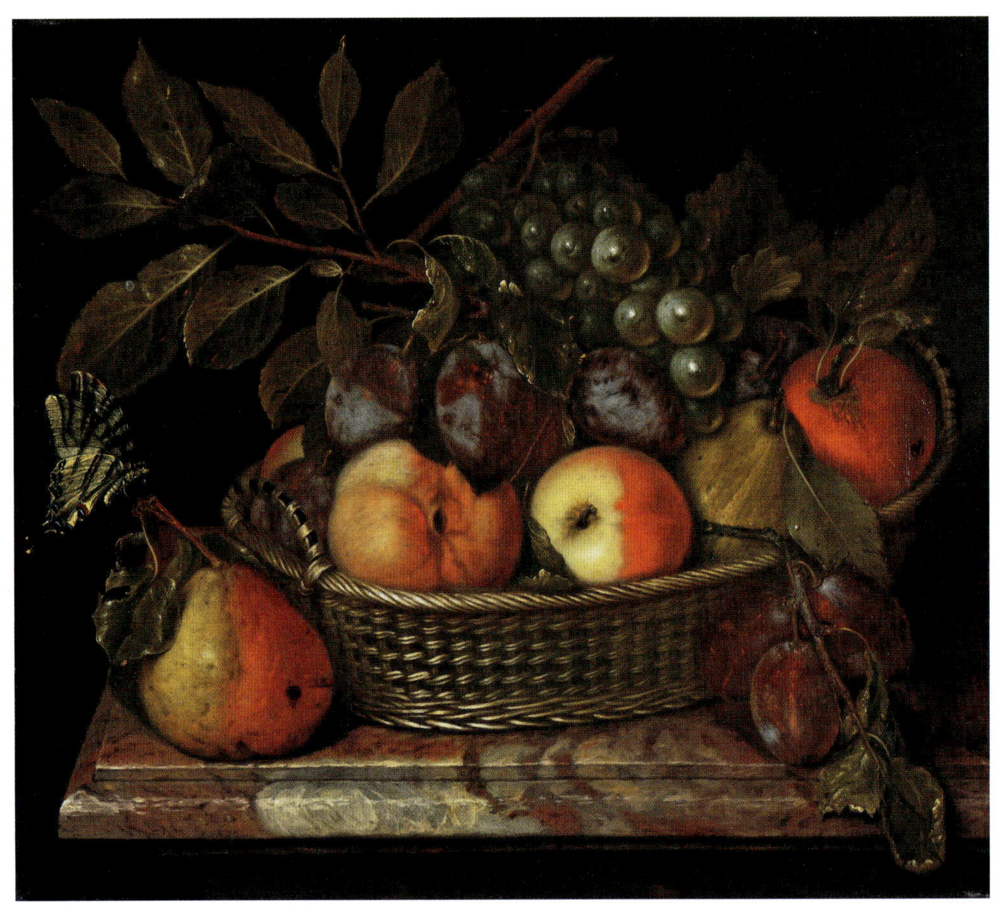

Johann Daniel Bager, Fruchtstück
Still Life with Fruit

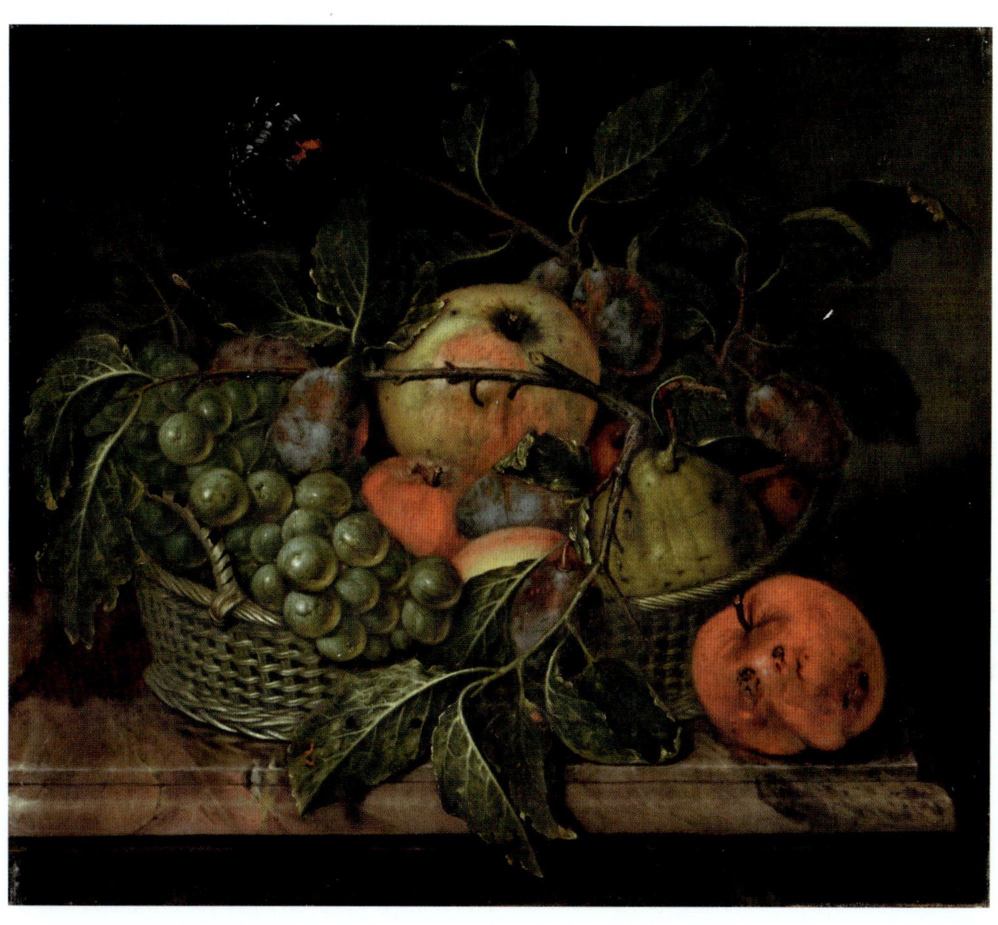

Johann Daniel Bager, Fruchtstück
Still Life with Fruit

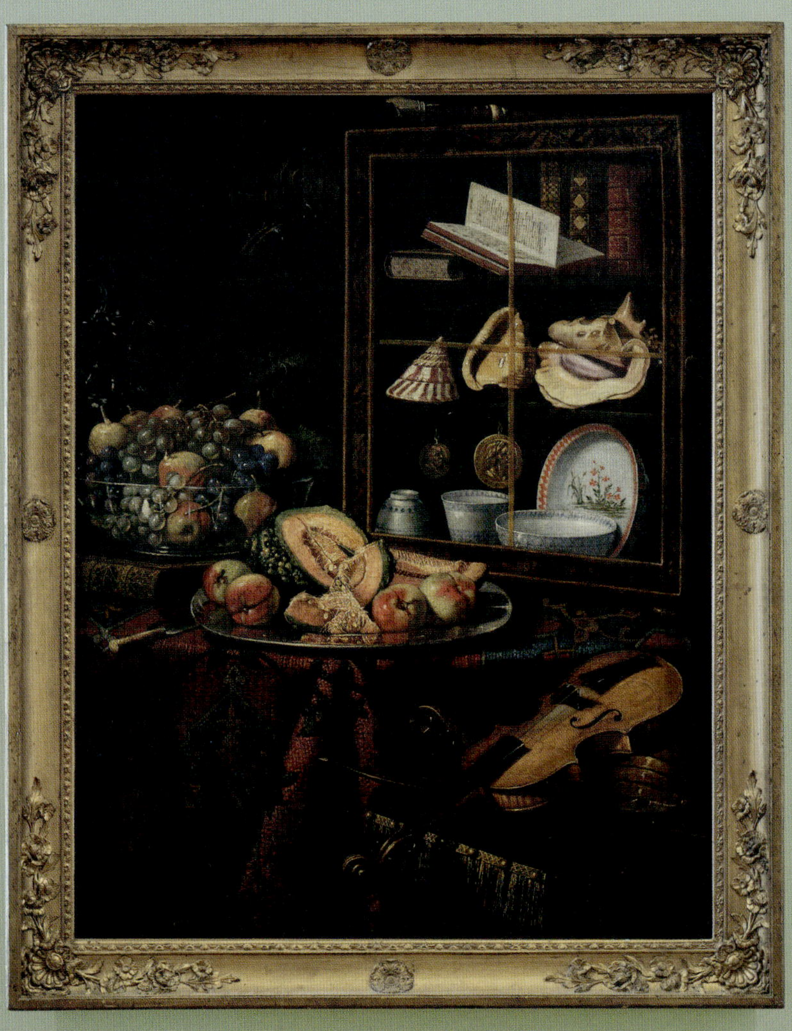

Cristoforo Munari, Stillleben mit Früchten und Musikinstrumenten
Still Life with Fruits and Musical Instruments

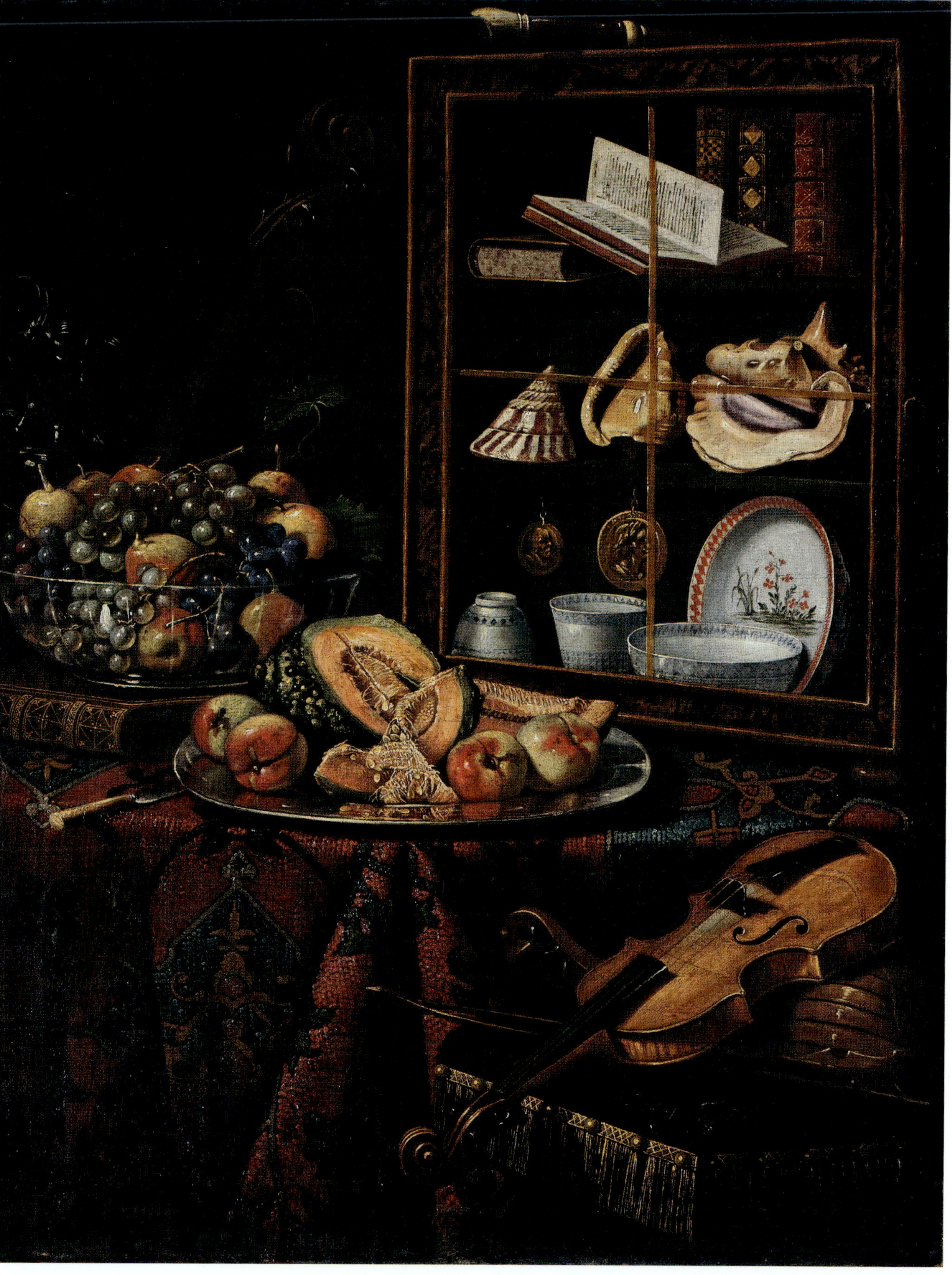

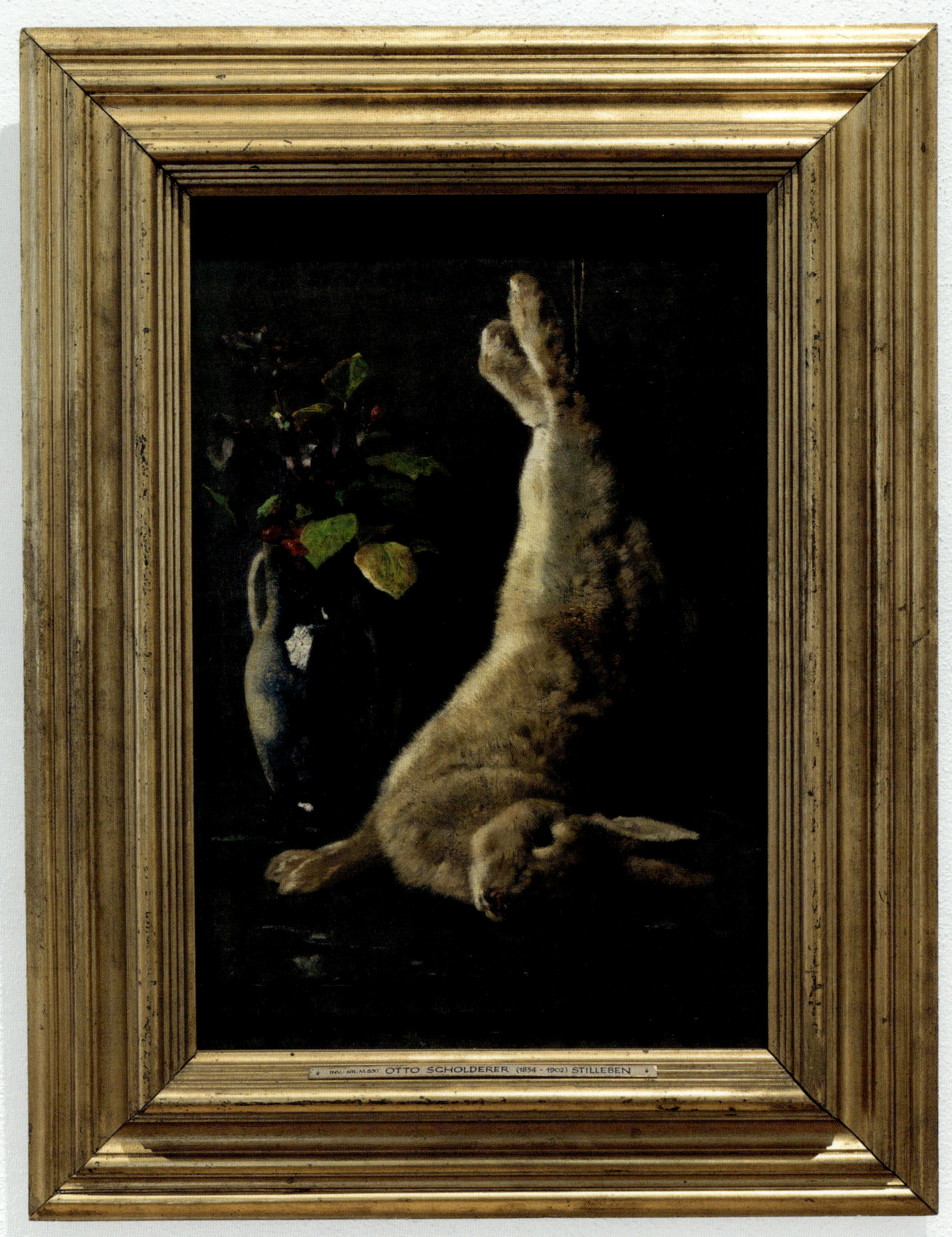

INV.-NR. M 630 OTTO SCHOLDERER (1834 - 1902) STILLEBEN

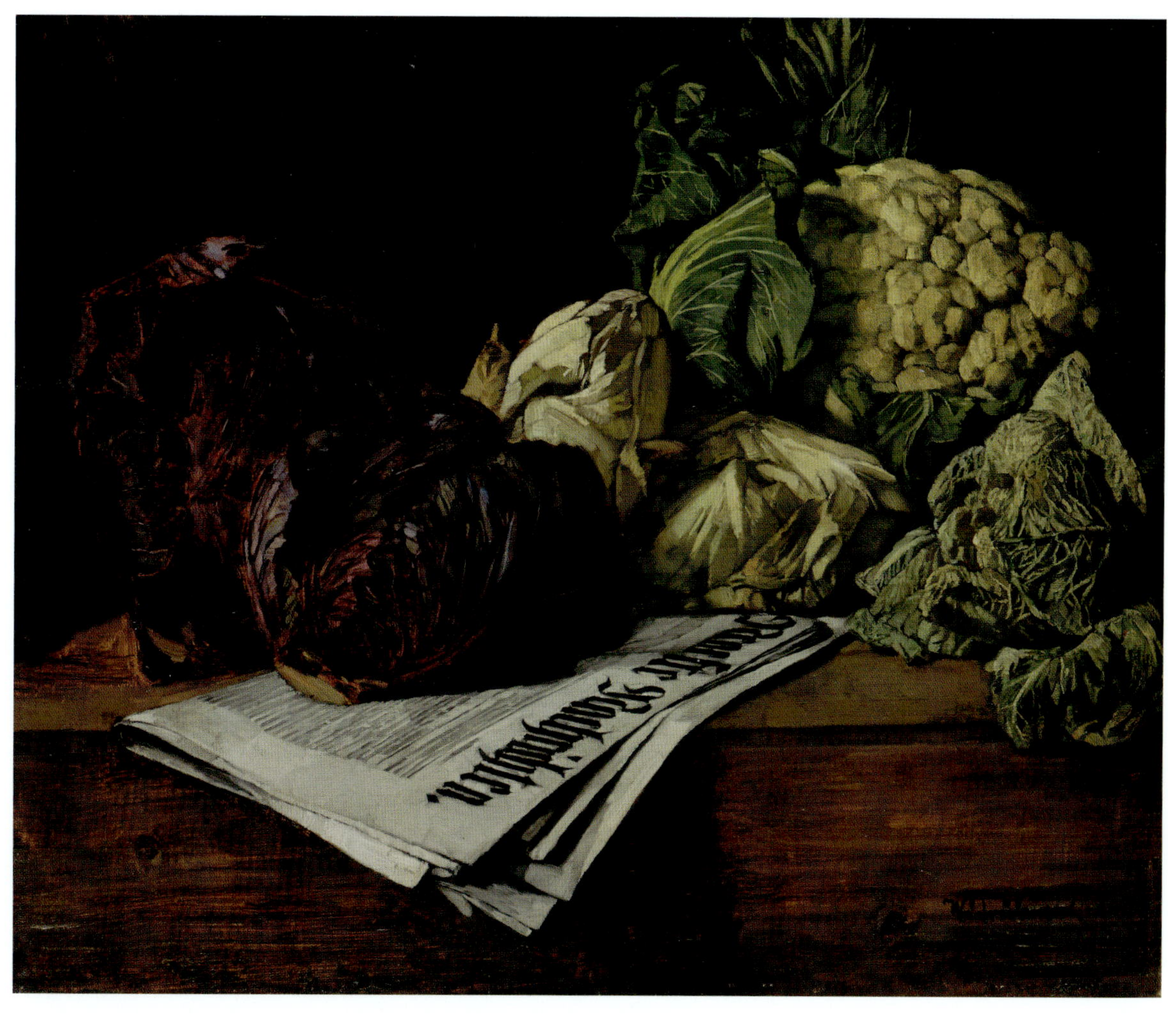

Wilhelm Trübner, Gemüsestillleben (Stillleben mit Kohlköpfen und Zeitung), 1880
Still Life of Vegetables (Still Life with Cabbages and Newspaper)

Otto Scholderer, Stillleben mit Stechpalme und Hase, um 1892
Still Life with Holly and Rabbit, around 1892

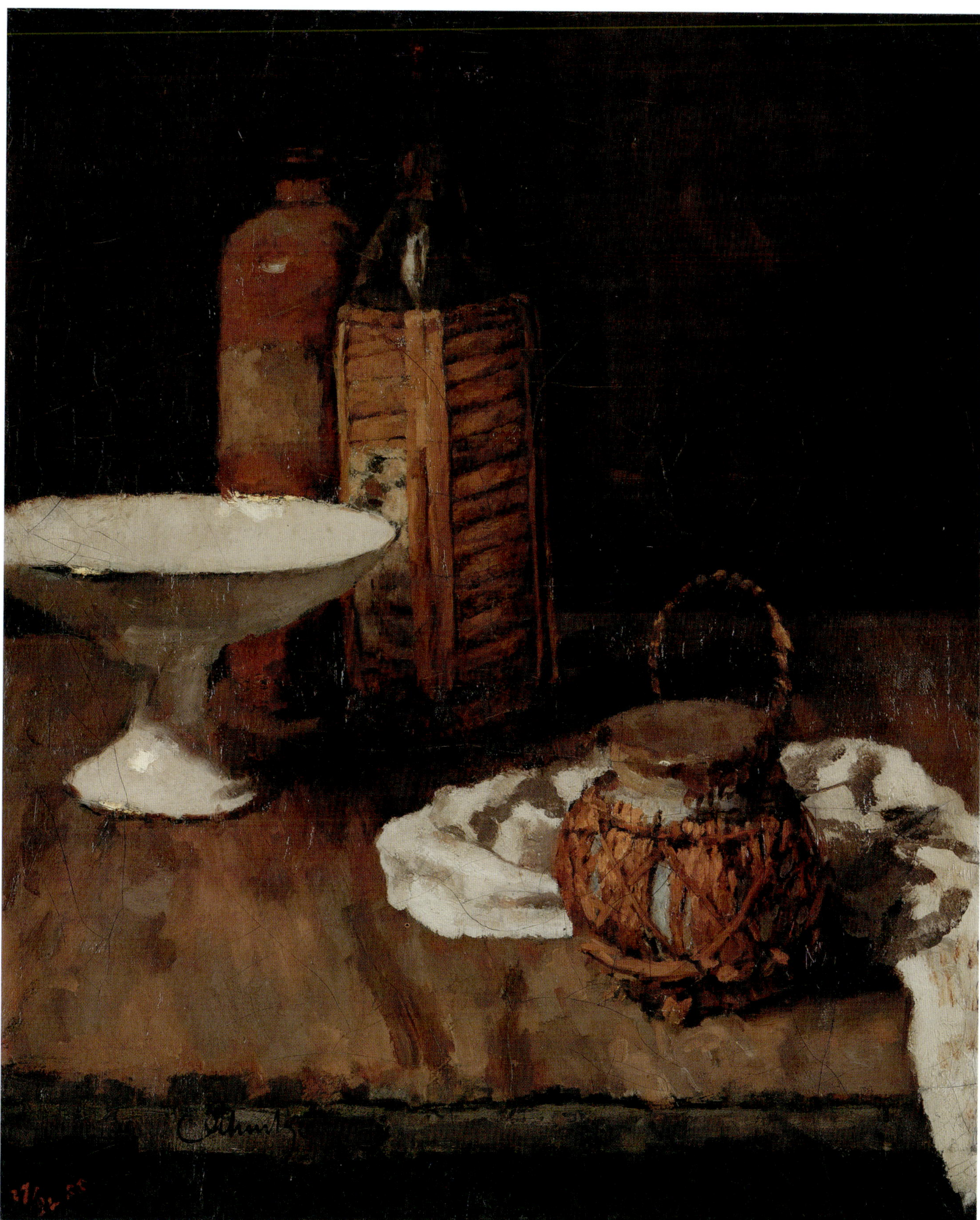

Landschaft

Das Sammeln von Landschaftsdarstellungen gehörte und gehört zum guten Ton des Hauses. Entsprechend breit ist dieses Segment aufgestellt. In Werken wie JOHANN LINGELBACHS (1622–1674) *Rast vor der Schenke* → 349, FRANZ JOACHIM BEICHS (1665–1748) *Landschaft mit Kühen am Wasser* → 348, JOSEPH FAISTENBERGERS (1675–1724) *Ideallandschaft mit Viehherde* → 344 / 345, CHRISTIAN GEORG SCHÜTZ D. Ä. (1718–1791) *Ansicht von Eltville* von 1774 → 347 und WILHELM VON KOBELLS *Rast beim Pflügen* von 1790 → 350, 352 / 353 zeigt sich ein breites Spektrum früher Landschaftsdarstellungen. Im Laufe der Jahrhunderte vollzogen sich auch in dieser naturbetonenden Sicht auf die Welt Wandlungen, Brüche und oft überraschende Umwälzungen. Mit der Wende zum 17. Jahrhundert war die Landschaft, bisher nur Schauplatz mythologischer oder historischer Szenen, zu einer eigenständigen Bildgattung geworden. Den niederländischen Malern gelang es, die Naturdarstellung aus ihren bisherigen inhaltlichen Zwängen zu befreien und sie als autonomes bildwürdiges Thema zu etablieren. Nicht mehr die ganze Welt und ihre Ordnung standen im Fokus, vielmehr war es das Ziel der Künstler, eine größtmögliche, unermessliche Weite im doch immer begrenzten Bild wiederzugeben. Es fanden sowohl eine ständige geografische Erweiterung der Landschaftsansicht als auch eine Befreiung der Form und eine ebenso erweiterte Freiheit des Pinselstriches statt. Die natürliche Landschaft kennt keine festen Proportionen, was einen ausgeprägten Sinn für individuelle und technische Meisterschaft beim Malen voraussetzt. Außerdem steht die Landschaft in besonderer Beziehung zum Empfinden des Betrachters. Wie kaum ein anderes Medium eignete sie sich dazu, künstlerisch die Rolle des Individuums in der Welt beziehungsweise den Blick des Einzelnen auf seine jeweilige Umwelt zu reflektieren. In diesem Sinn sind Werke der Landschaftskunst kaum jemals als bloße Abbilder einer tatsächlichen Naturansicht zu verstehen. Vielmehr bündeln sich in ihnen kollektive und individuelle Perspektiven und offenbaren sich gesellschaftliche Modellvorstellungen ebenso wie private Wünsche, Ängste und Sehnsüchte. Jeweils aktuelle gesellschafts- und kulturgeschichtliche Entwicklungen wurden dabei zuweilen gespiegelt oder sogar vorweggenommen; in anderen Fällen entstanden träumerische, melancholische oder kritische Gegenbilder zur jeweils erlebten Realität. Fehlende Umrisse von Naturerscheinungen, beispielsweise Wolken, wurden besonders seit dem 19. Jahrhundert als Hinwendung zu einer vermehrt unschematischen Darstellung gedeutet. Diese „Imaginationsräume" sind in einigen Werken der Sammlung,

Landscape

Wiesbaden has long established a reputation for its collection of landscape paintings and its collection is accordingly expansive. Works such as JOHANN LINGELBACH'S (1622–1674) *Rest Outside the Tavern* → 349, FRANZ JOACHIM BEICH'S (1665–1748) *Landscape with Cows at the Water* → 348, JOSEPH FAISTENBERGER'S (1675–1724) *Ideal Landscape with Cattle Herd* → 344 / 345, CHRISTIAN GEORG SCHÜTZ D. Ä. (1718–1791) *View of Eltville* from 1774 → 347 and WILHELM VON KOBELL'S *Resting at the Plow* from 1790 → 350, 352 / 353 illustrate the broad spectrum of early landscape representations. Over the course of centuries, despite the emphasis on nature in its view of the world, this genre has experienced transformations, disruptions and often surprising revolutions. At the turn of the 17th century, landscape, which until that time had been merely the backdrop of mythological or historical scenes, came into its own as a genre. Dutch painters emancipated the representation of nature from the constraints of content, establishing it as a worthy subject of representation in its own right. The artist's goal was no longer to represent the world as a whole or its order but rather to depict the greatest possible, immeasurable vastness, albeit always within the limited frame of a painting. Landscape painting experienced a continual geographical expansion of perspective, as well as an emancipation of form and the development of new brush stroke techniques. Natural landscapes have no fixed proportions but instead require artistic sensibility and the individual, technical mastery of painting. What is more, the landscape forms a special relationship to viewers' emotions. Like virtually no other medium, it provokes, artistically, the place and purpose of the individual in the world or, rather, the individual's view of his or her respective environment. In this sense, landscape paintings can hardly be understood as mere reproductions of any actual natural view. More properly understood, they combine collective and individual perspectives, laying bare social ideals, as well as private dreams, fears and longing. At times, these works both reflect and even anticipate developments in their respective societies and cultures; at others, they embody dream-like, melancholy or critical counter images to the lived realities of the artists who paint them. The contourlessness of natural phenomena, such as clouds, has been interpreted, particularly since the 19th century, as a turn toward increasingly unschematic representation. This "imaginative space" can be admired in several works of the collection, such as GUSTAVE COURBET'S *Landscape with Waterfall* → 354. From now on, paintings are completed in nature, outside, inspired by the impres-

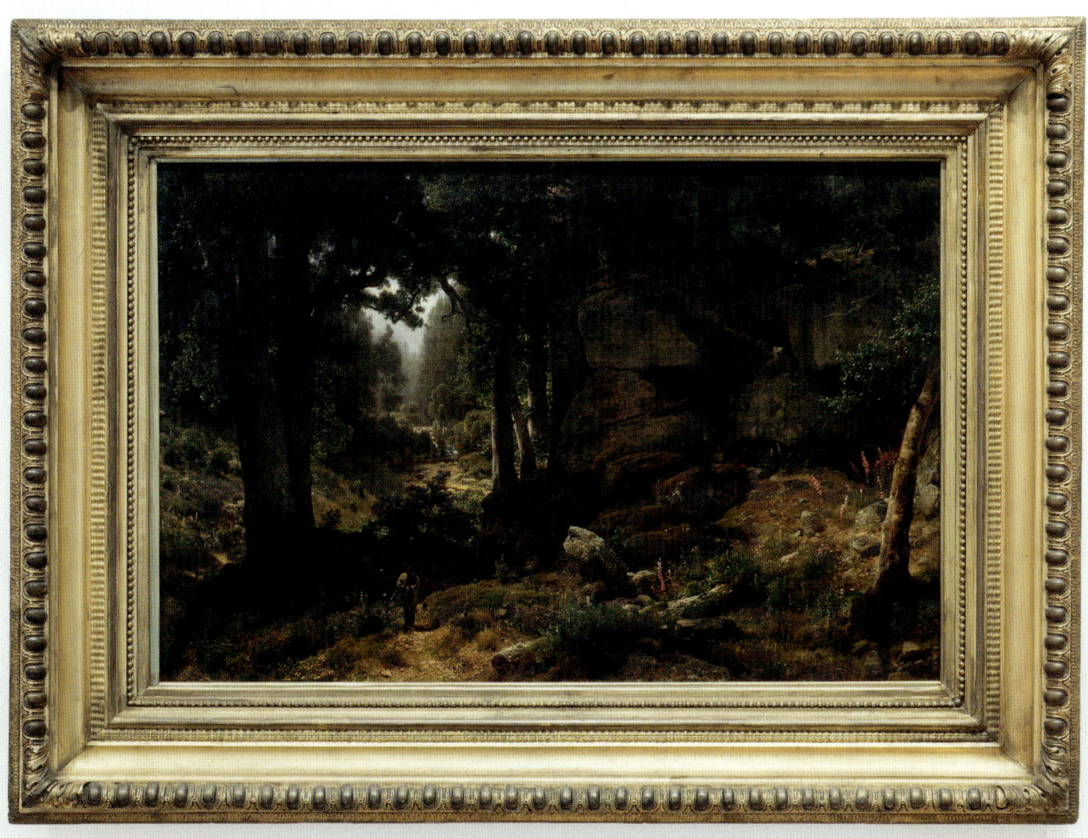

Karl Friedrich Lessing, Waldlandschaft, 1857
Forest Landscape

zum Beispiel bei GUSTAVE COURBETS *Landschaft mit Wasserfall* → 354, zu bewundern. Bilder werden von nun an in der Natur, ausgehend von dem momenthaften Eindruck gemalt. Wieder sind es die Künstler des langen 19. Jahrhunderts, die diesen Weg beschritten haben und die in Wiesbaden mit ihren Werken versammelt sind. Darunter Arbeiten von KARL FRIEDRICH LESSING (1808–1880), CARL SPITZWEG (1808–1885), OSWALD ACHENBACH (1827–1905), HANS THOMA (1839–1924), CHRISTIAN ROHLFS (1849–1938), MAX LIEBERMANN (1847–1935), WILHELM TRÜBNER (1851–1917) und LOVIS CORINTH (1858–1925). Herausragend sind die *Reisigträgerinnen* von JEAN-FRANÇOIS MILLET (1814–1875 → 355), eine zarte Pastellarbeit, die um 1867 entstand. Kontrastierend führt uns die zeitgenössische *Reise zum Wald* von JÖRN STAEGER (geb. 1965) in einem preisgekrönten Film in die Gegenwart unserer heutigen Wälder.

sions of the moment. Once again, it is the artists of the long 19th century who followed this path and whose works have made their way to Wiesbaden, these include KARL FRIEDRICH LESSING (1808–1880), CARL SPITZWEG (1808–1885), OSWALD ACHENBACH (1827–1905), HANS THOMA (1839–1924), CHRISTIAN ROHLFS (1849–1938), MAX LIEBERMANN (1847–1935), WILHELM TRÜBNER (1851–1917) and LOVIS CORINTH (1858–1925). Exceptional among them is *Faggot Carriers* by JEAN-FRANÇOIS MILLET (1814–1875 → 355), a soft pastel work dating from around 1867. As a counterpoint, the award winning film of contemporary artist JÖRN STAEGER (born 1965), *Journey to the Woods* transports us into the presence of our own forests today.

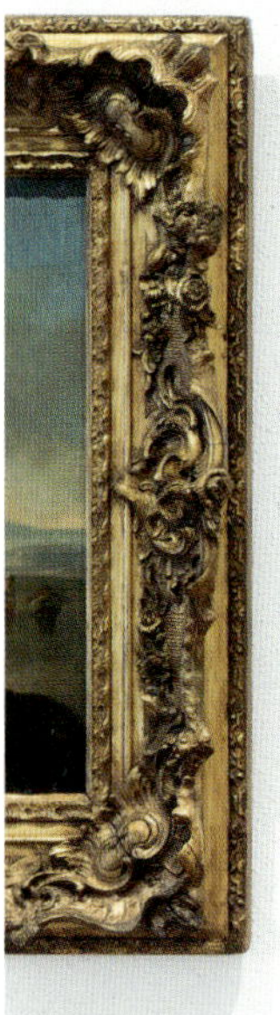

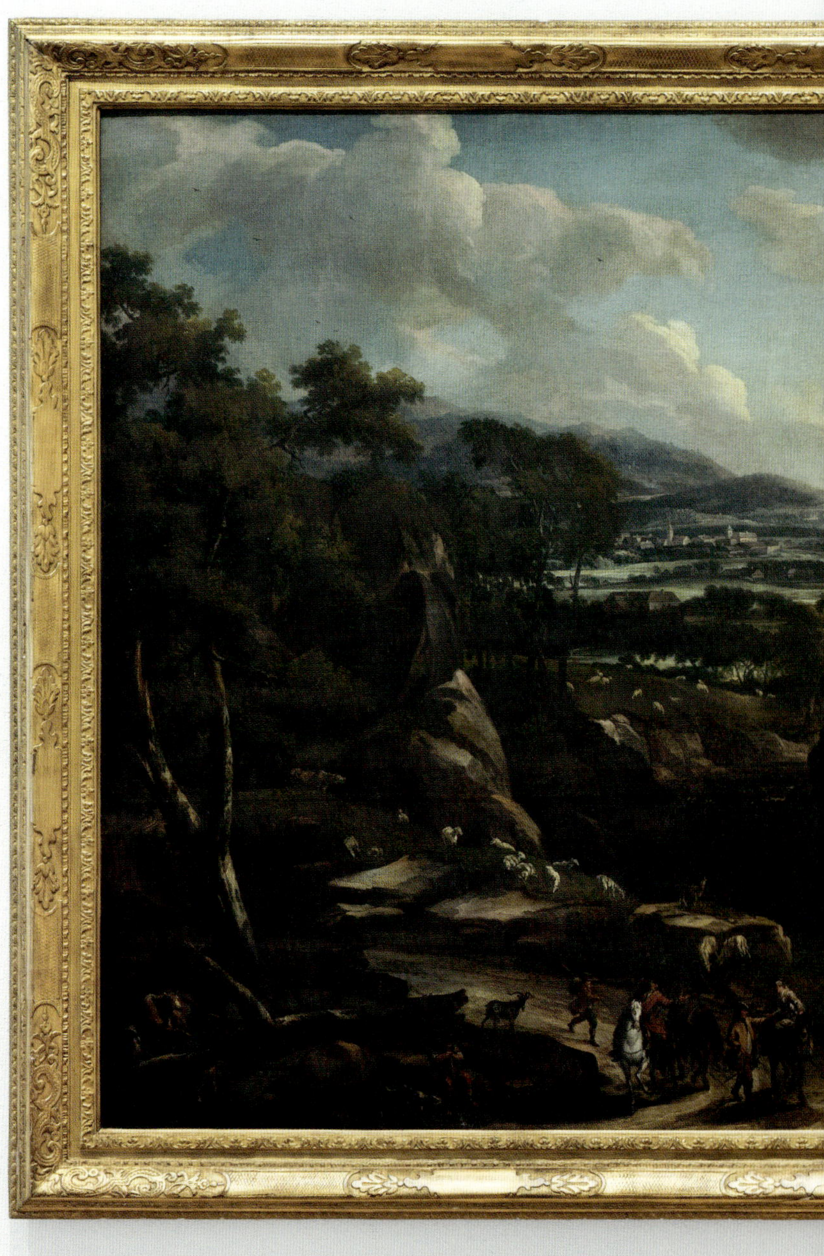

Joseph Faistenberger, Ideallandschaft mit Viehherde
Ideal Landscape with Cattle Herd

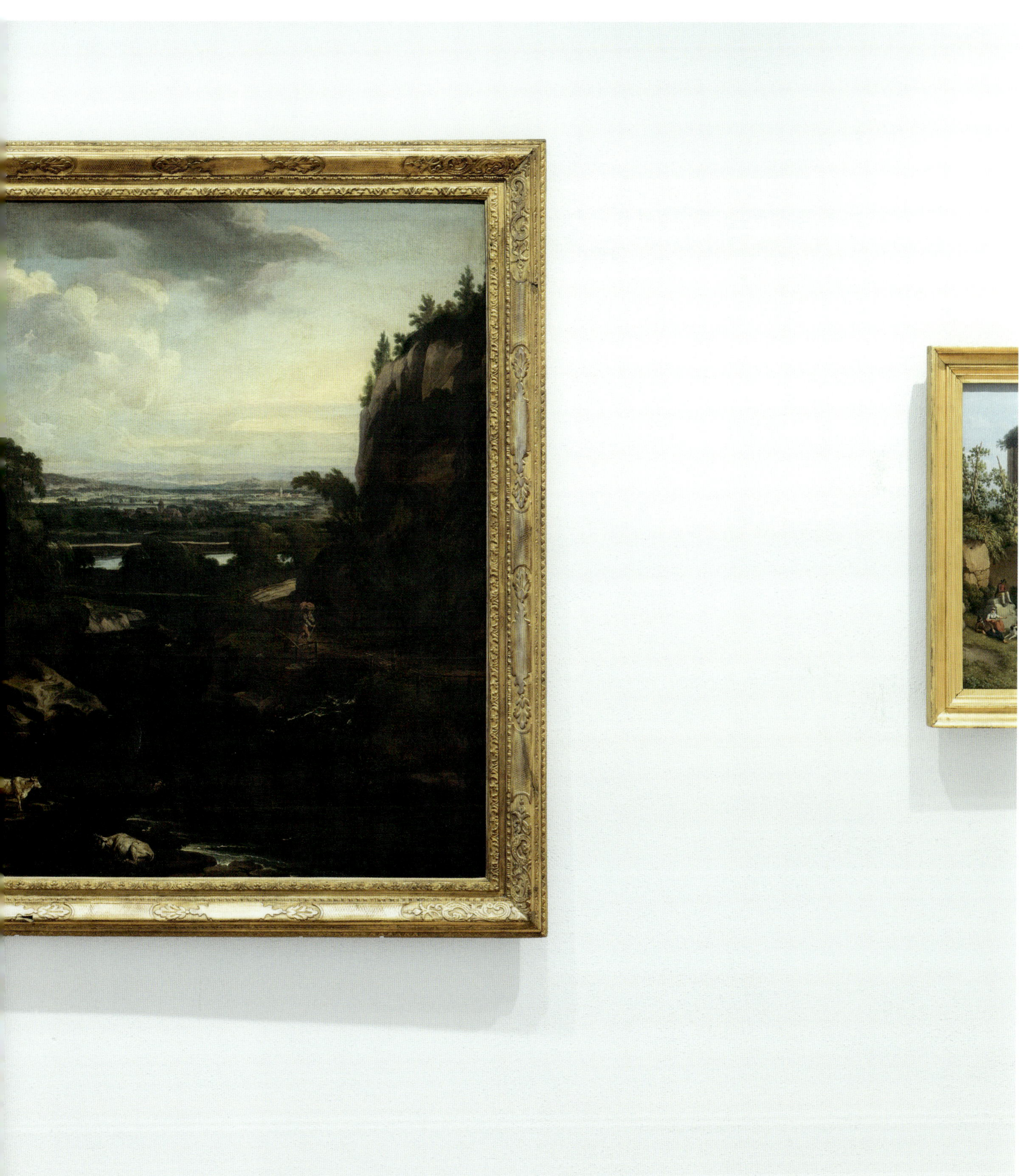

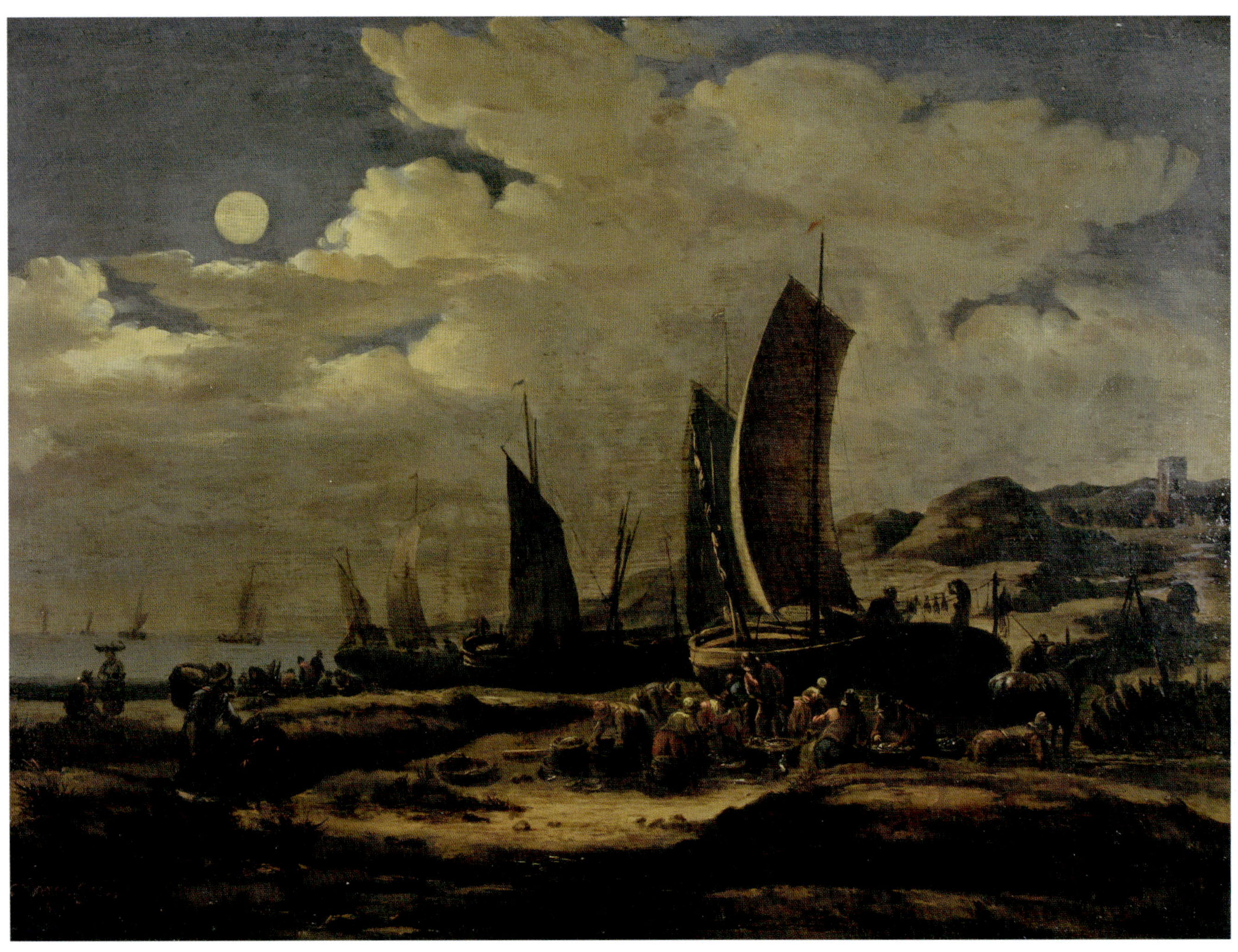

Egbert van der Poel, Küste bei Scheveningen bei Mondschein, 1664
Coast near Scheveningen in Moonlight

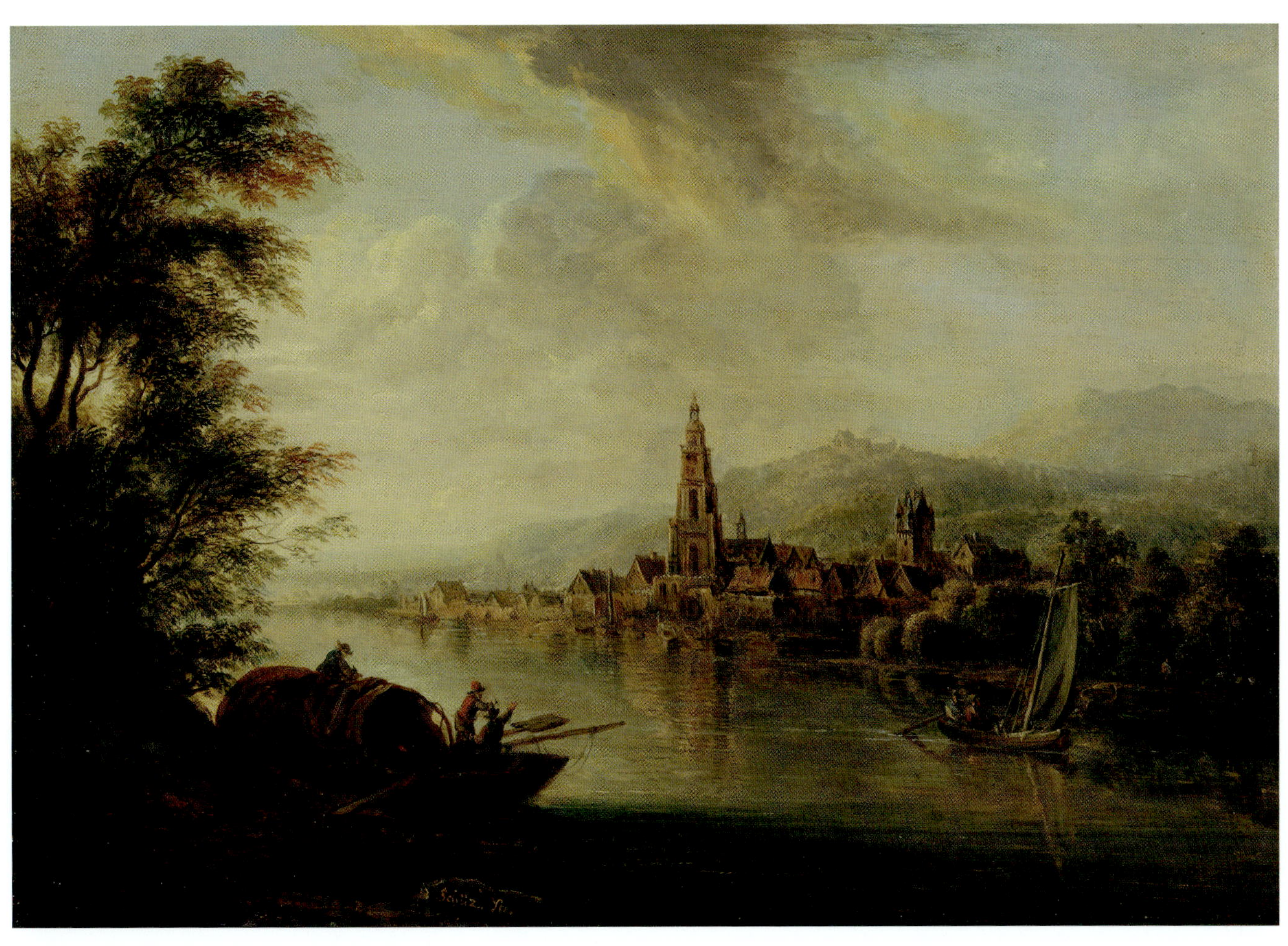

Christian Georg Schütz d. Ä., Ansicht von Eltville, 1774
View of Eltville

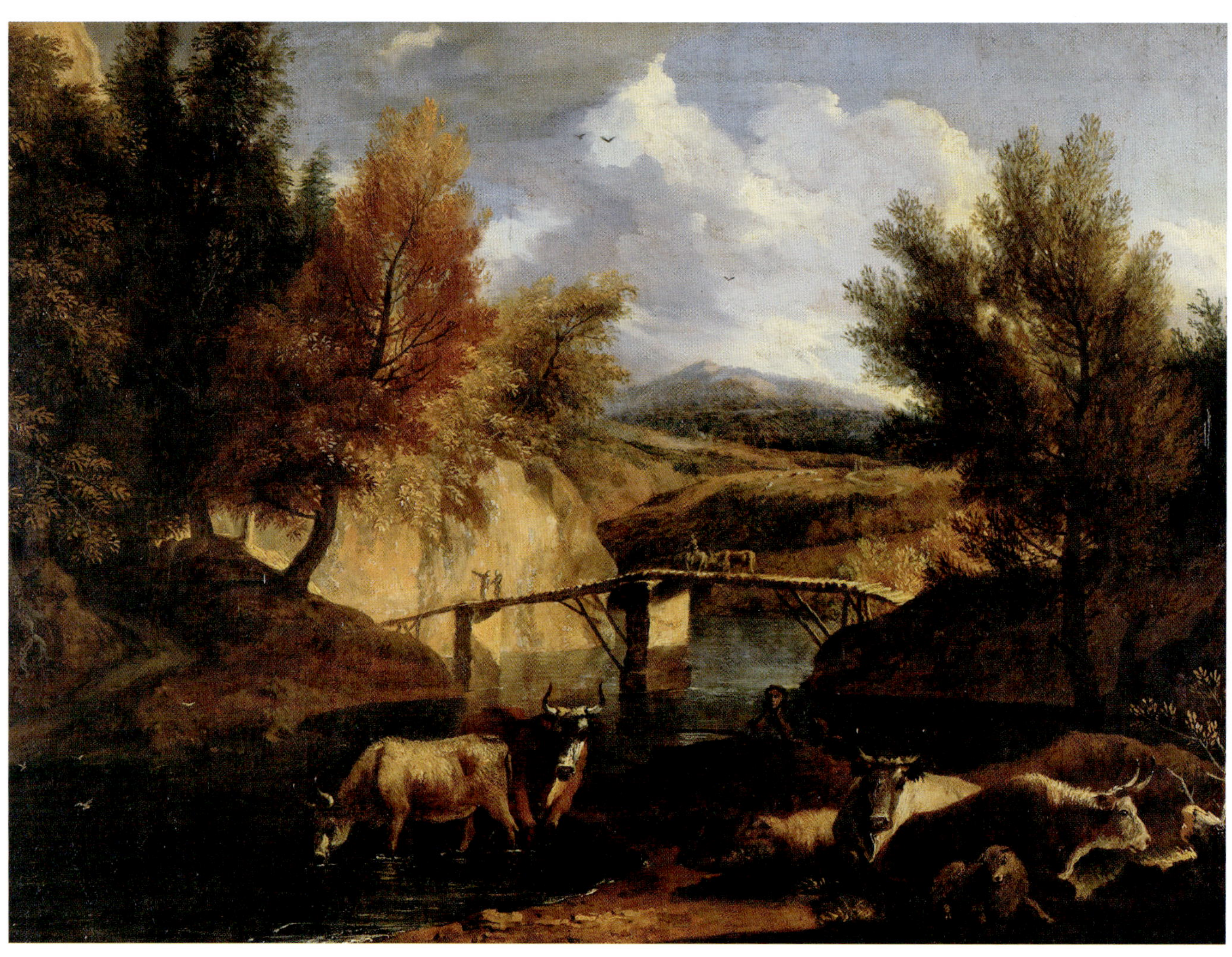

Joachim Franz Beich, Landschaft mit Kühen am Wasser
Landscape with Cows at the Water

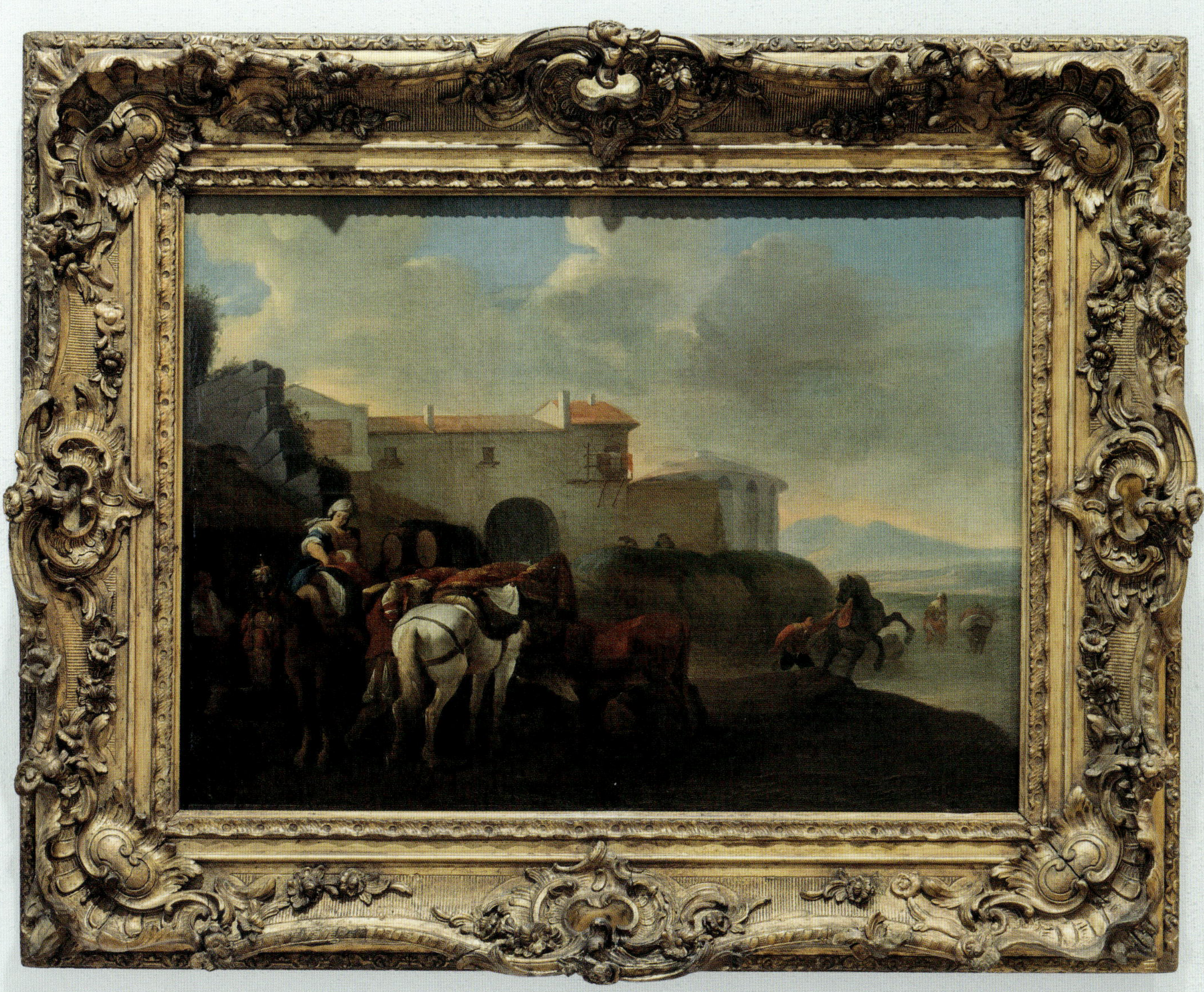

Johann Lingelbach, Rast vor der Schenke
Rest outside the Tavern

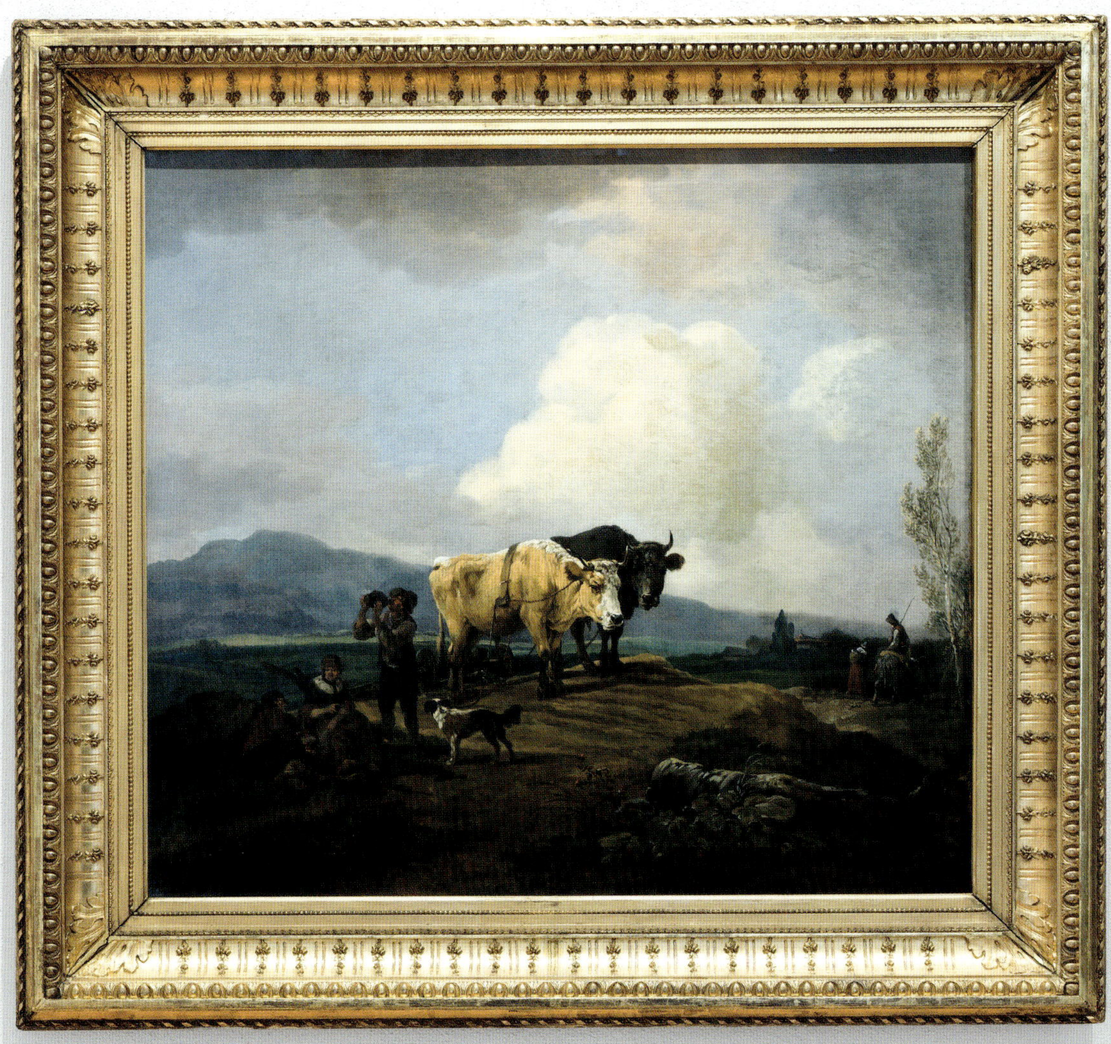

Wilhelm von Kobell, Rast beim Pflügen, 1790
Resting at the Plow

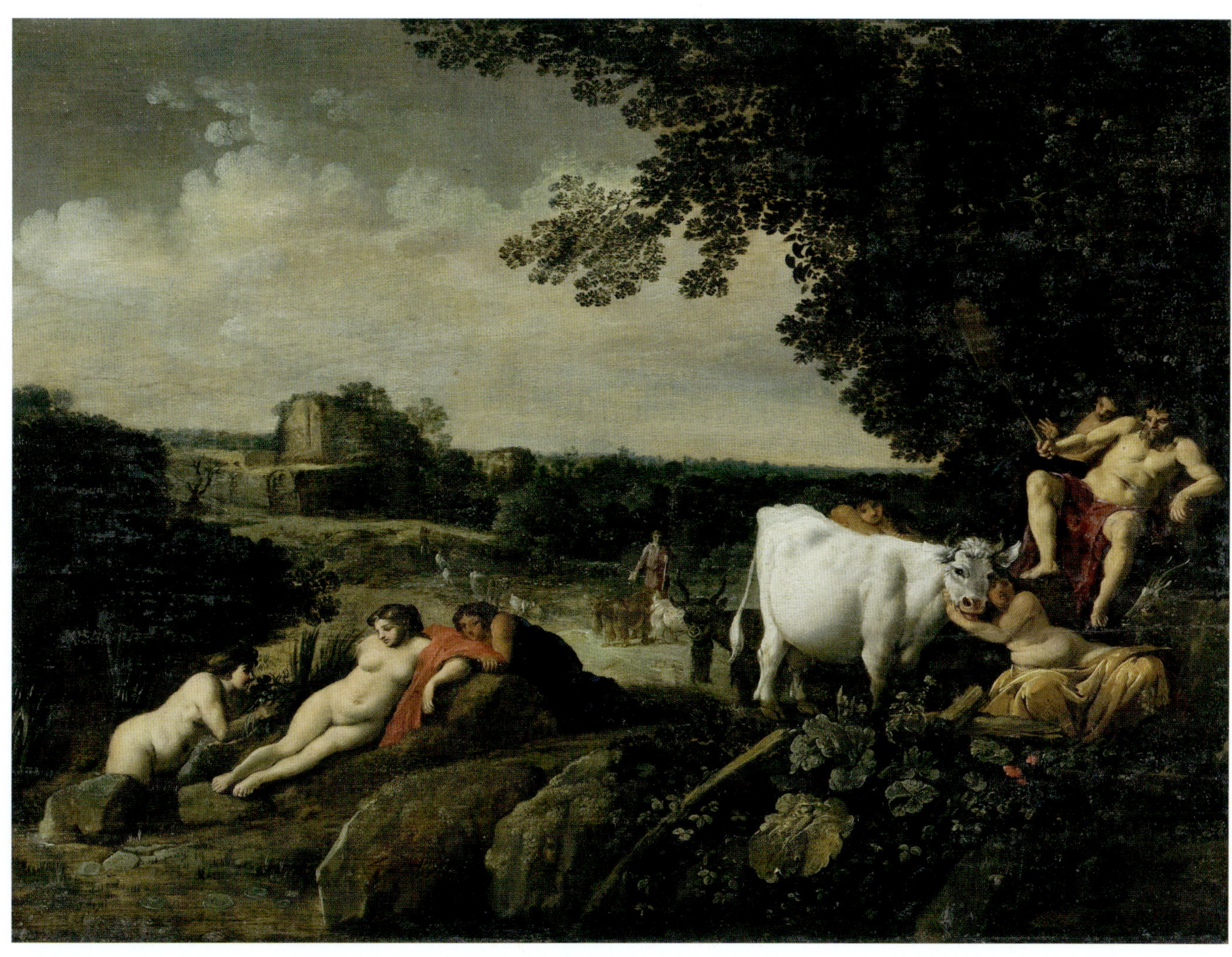

Moysesz Uyttenbroeck, Mythologische Szene mit Kühen und Ziegen, 17. Jahrhundert
Mythological Scene with Cows and Goats, 17th century

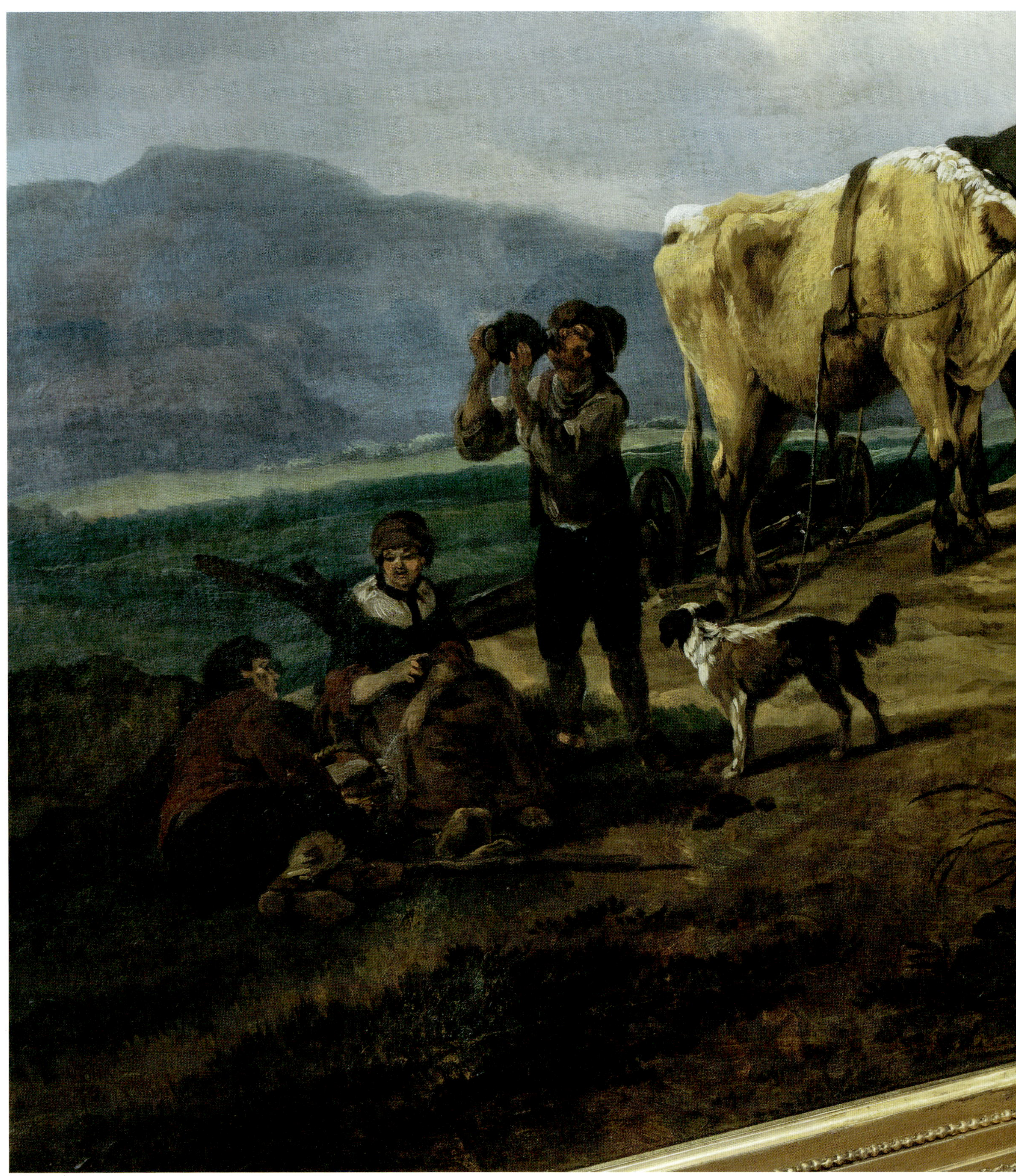

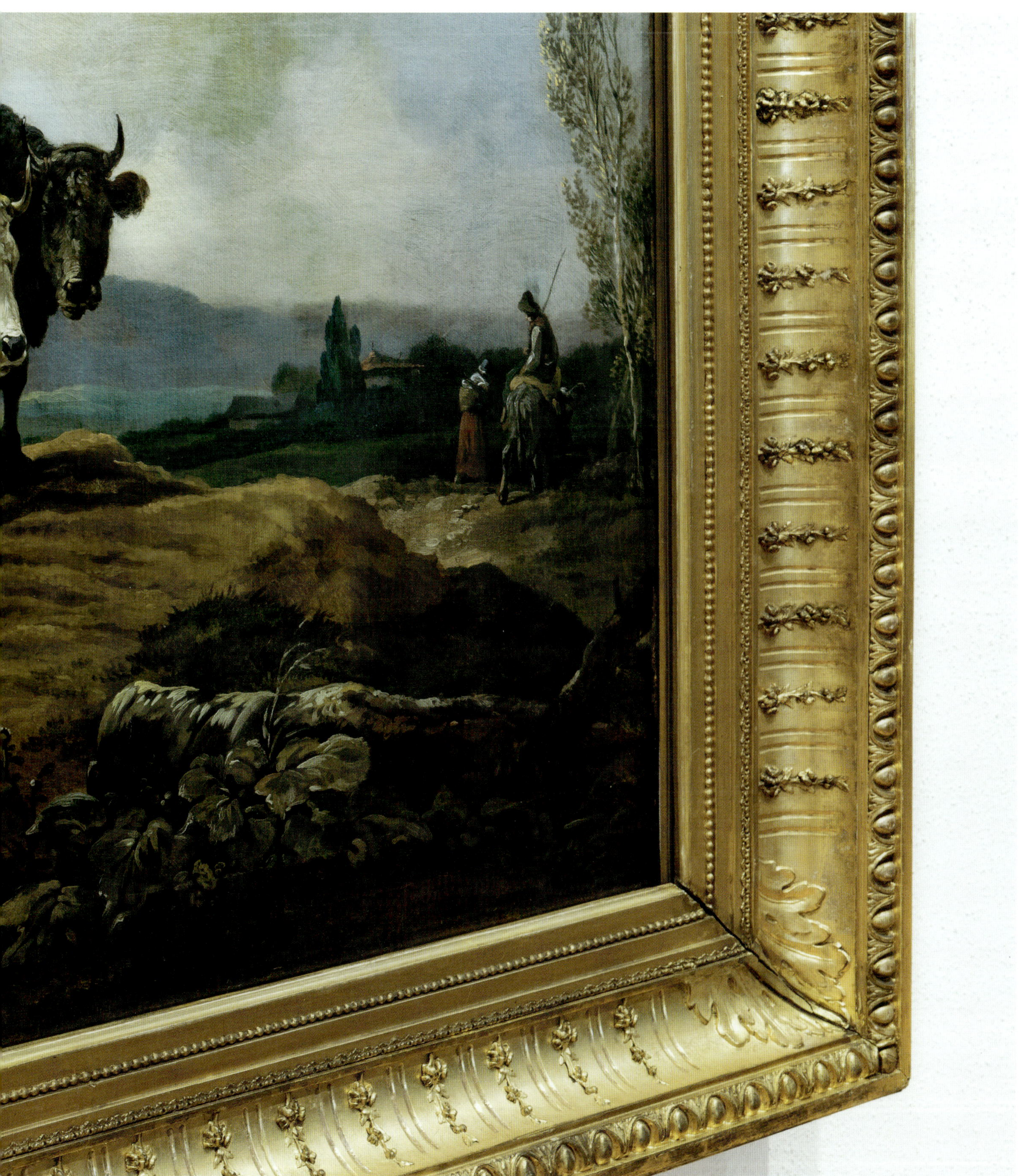

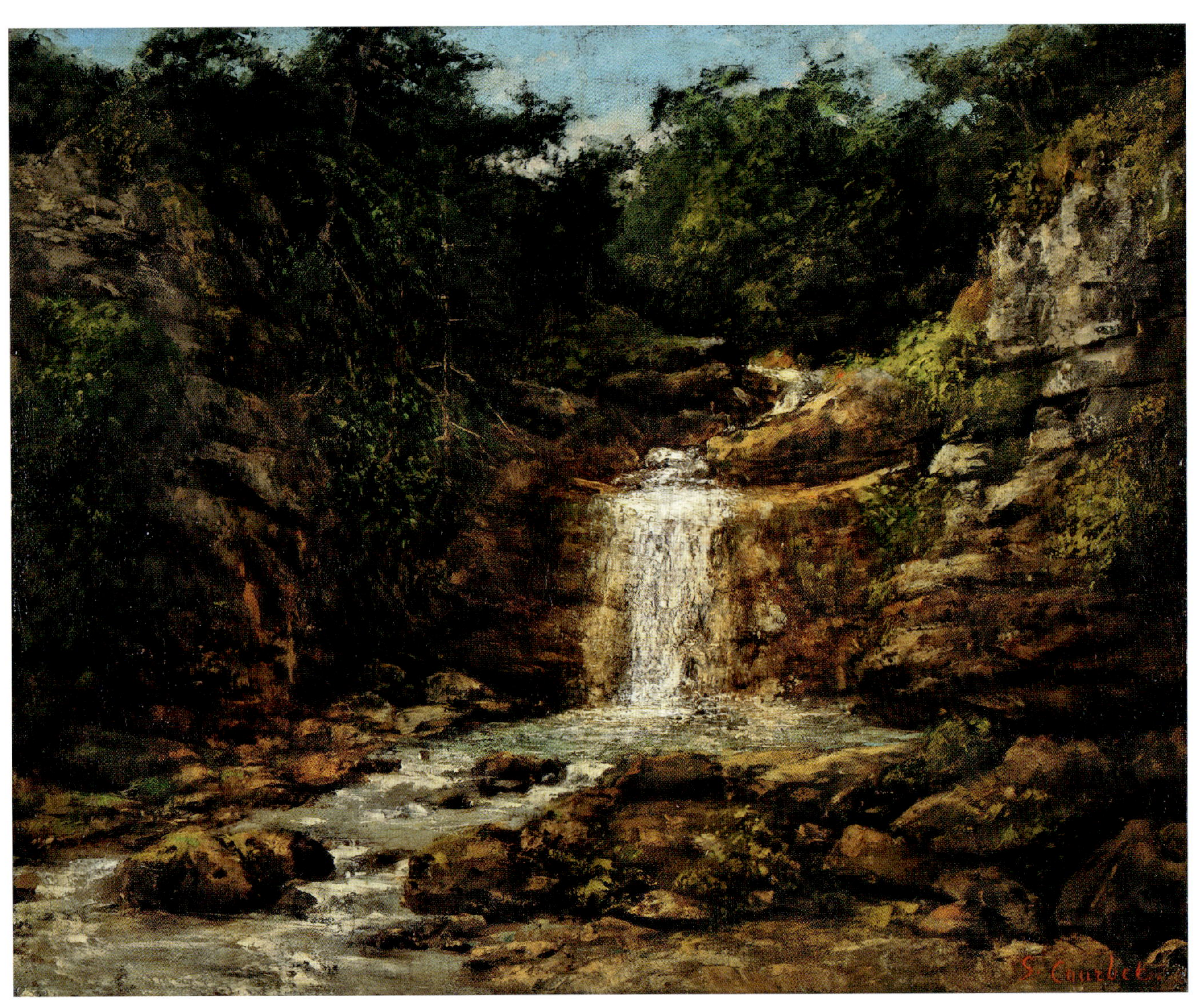

Gustave Courbet, Landschaft mit Wasserfall
Landscape with Waterfall

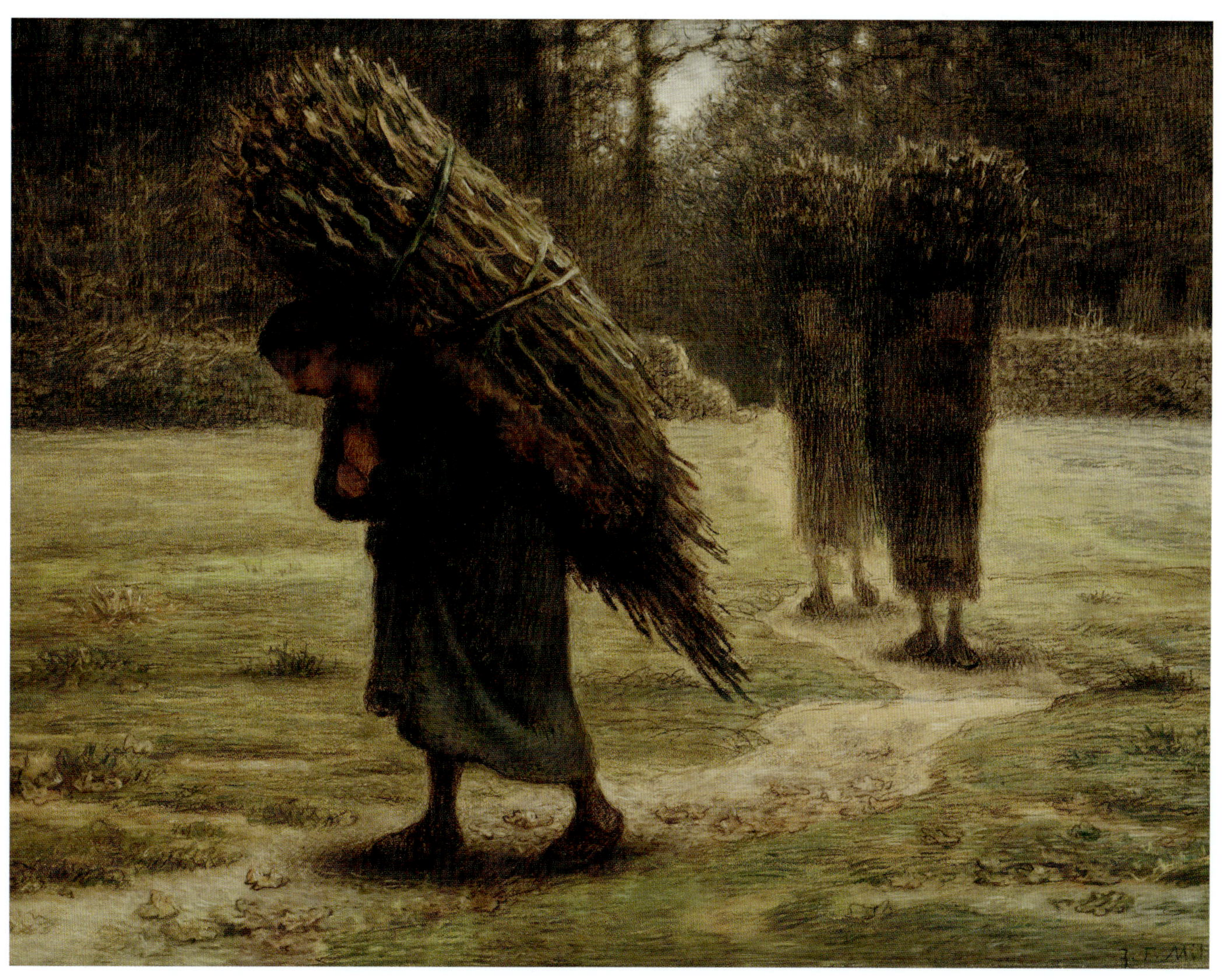

Jean Francois Millet, Reisigträgerinnen, um 1867
Faggot Carriers, around 1867

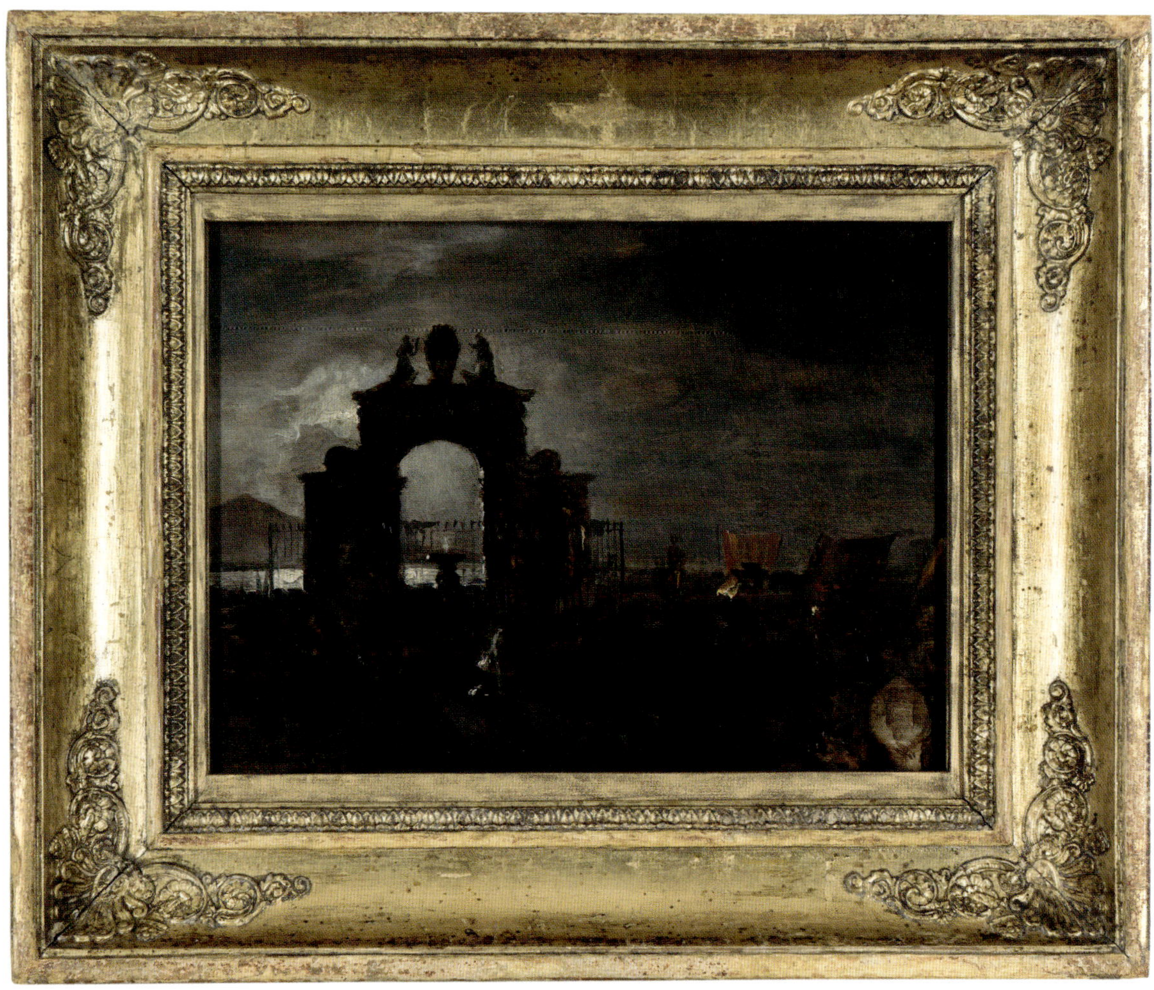

Oswald Achenbach, Studie zum Gemälde „Nächtliches Fest der Santa Lucia", 1875
Sketch for "Nocturnal Festivity of Santa Lucia"

Oswald Achenbach, Nächtliches Fest
der Santa Lucia in Neapel, 1875
Nocturnal Festivity of Santa Lucia in Naples

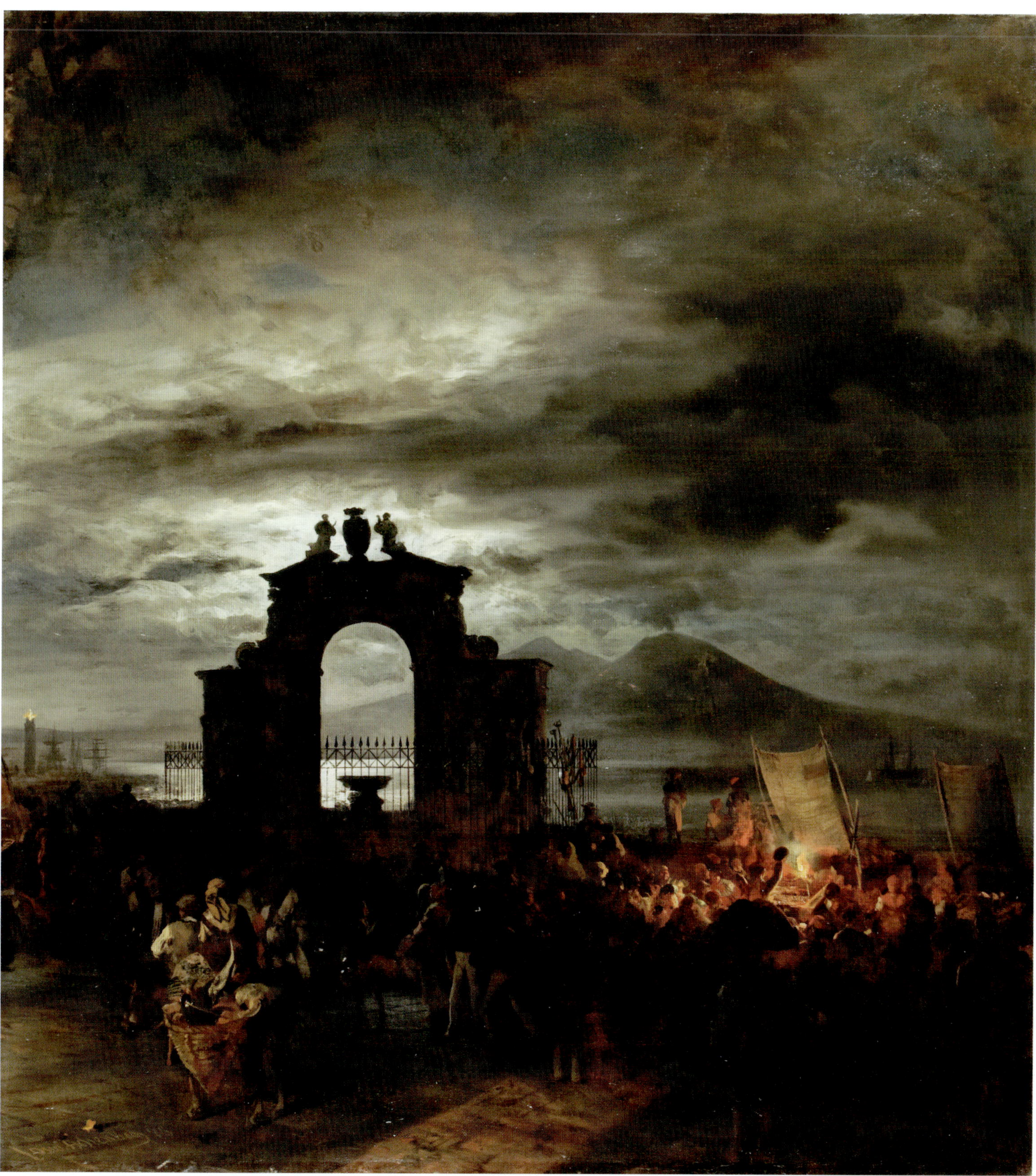

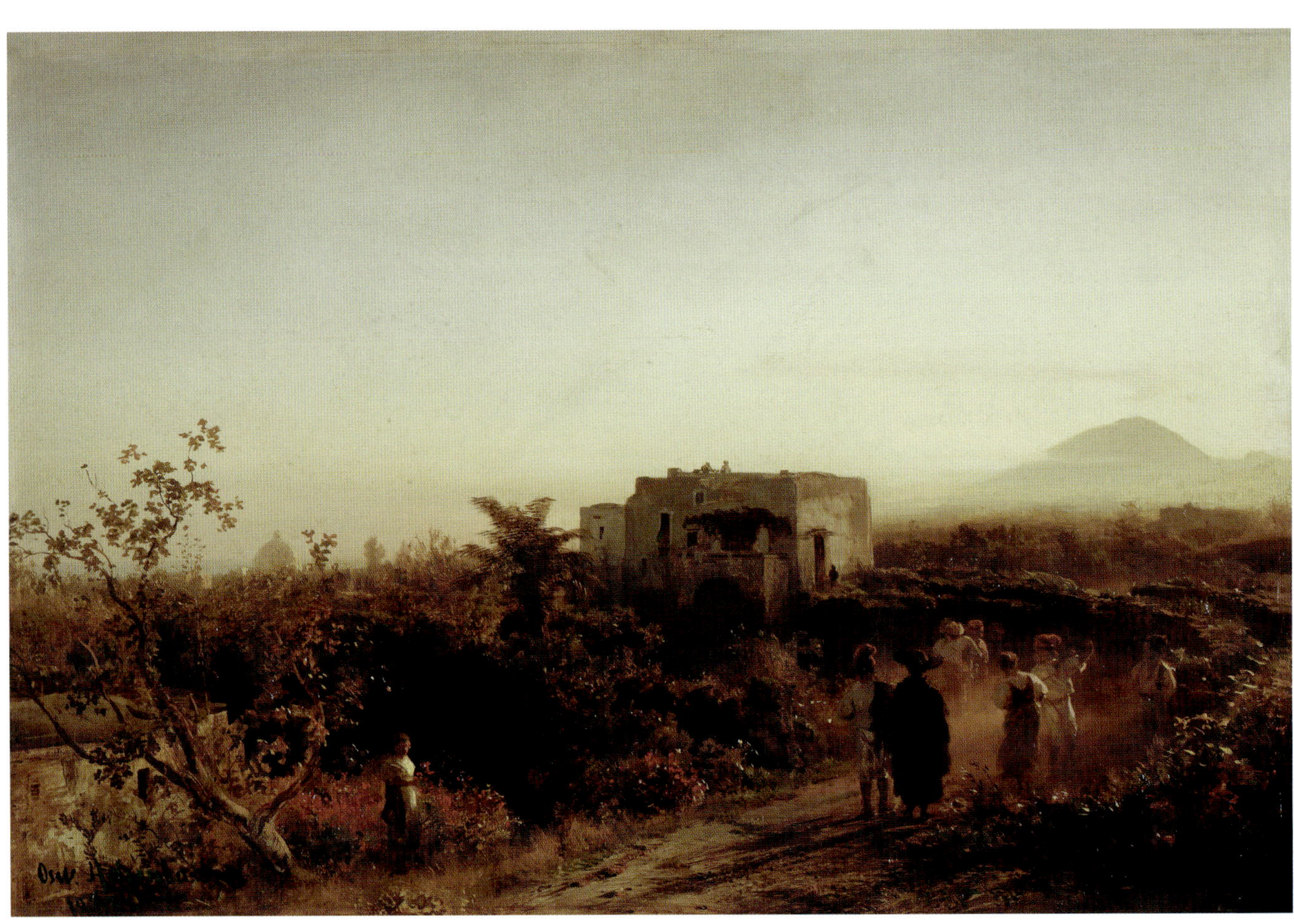

Oswald Achenbach, Abendstimmung in der Nähe von Neapel, 1863
Evening Mood near Naples

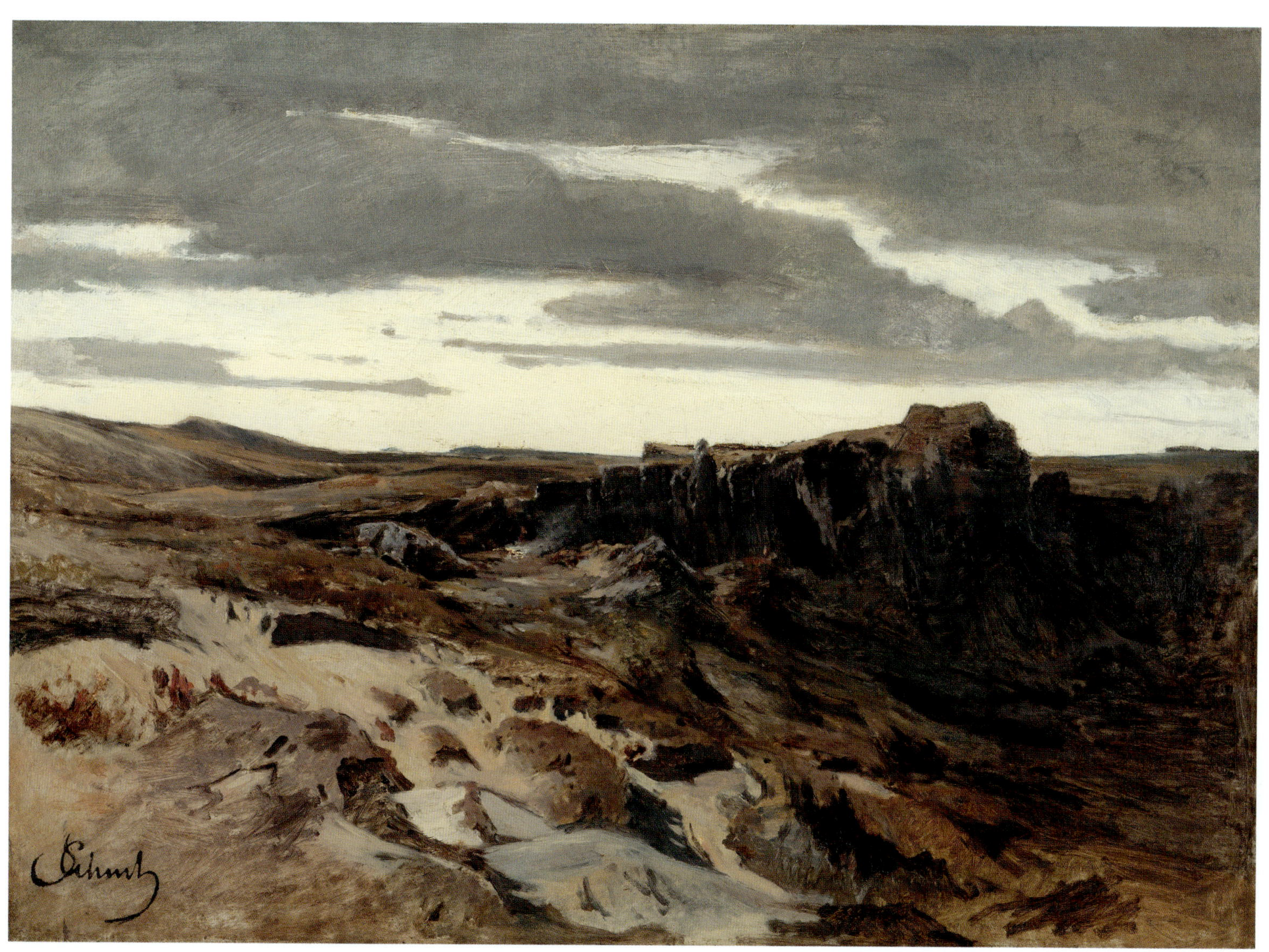

Carl Schuch, Felsschlucht in der Campagna, 1870
Gorge in the Campagna

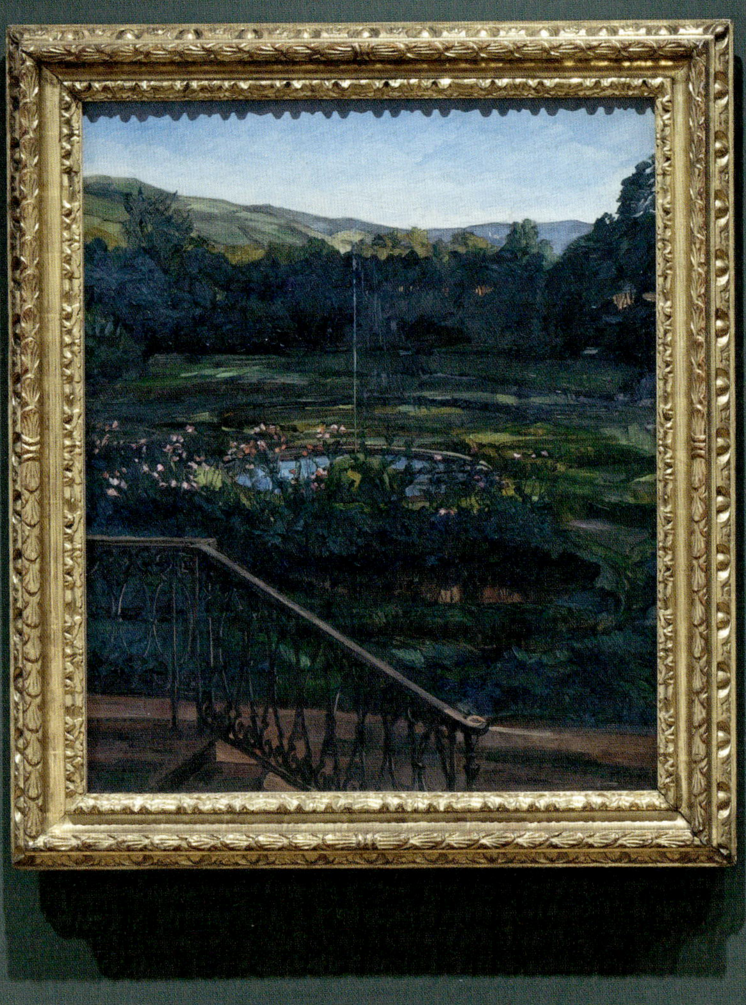

Wilhelm Trübner, Rosengarten beim Schlosspark Hemsbach, 1904
Rose Garden of Schlosspark Hemsbach

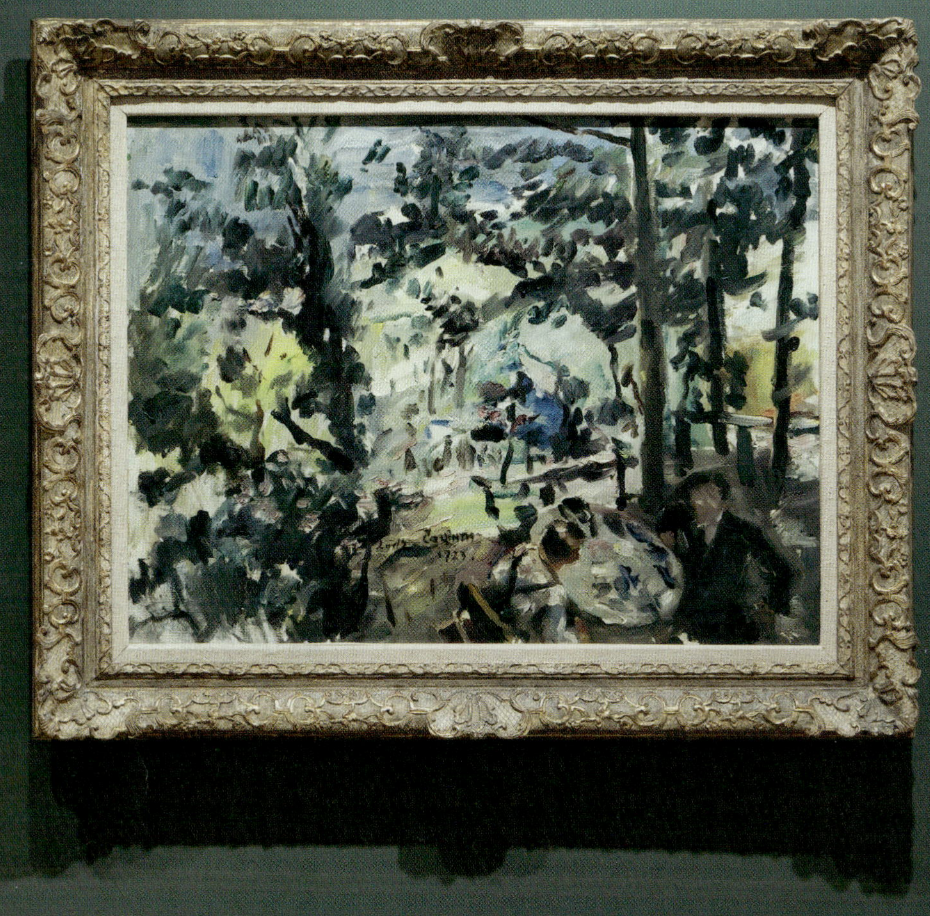

Lovis Corinth, Walchensee, auf der Terrasse, 1922/23
Walchensee, on the Terrace

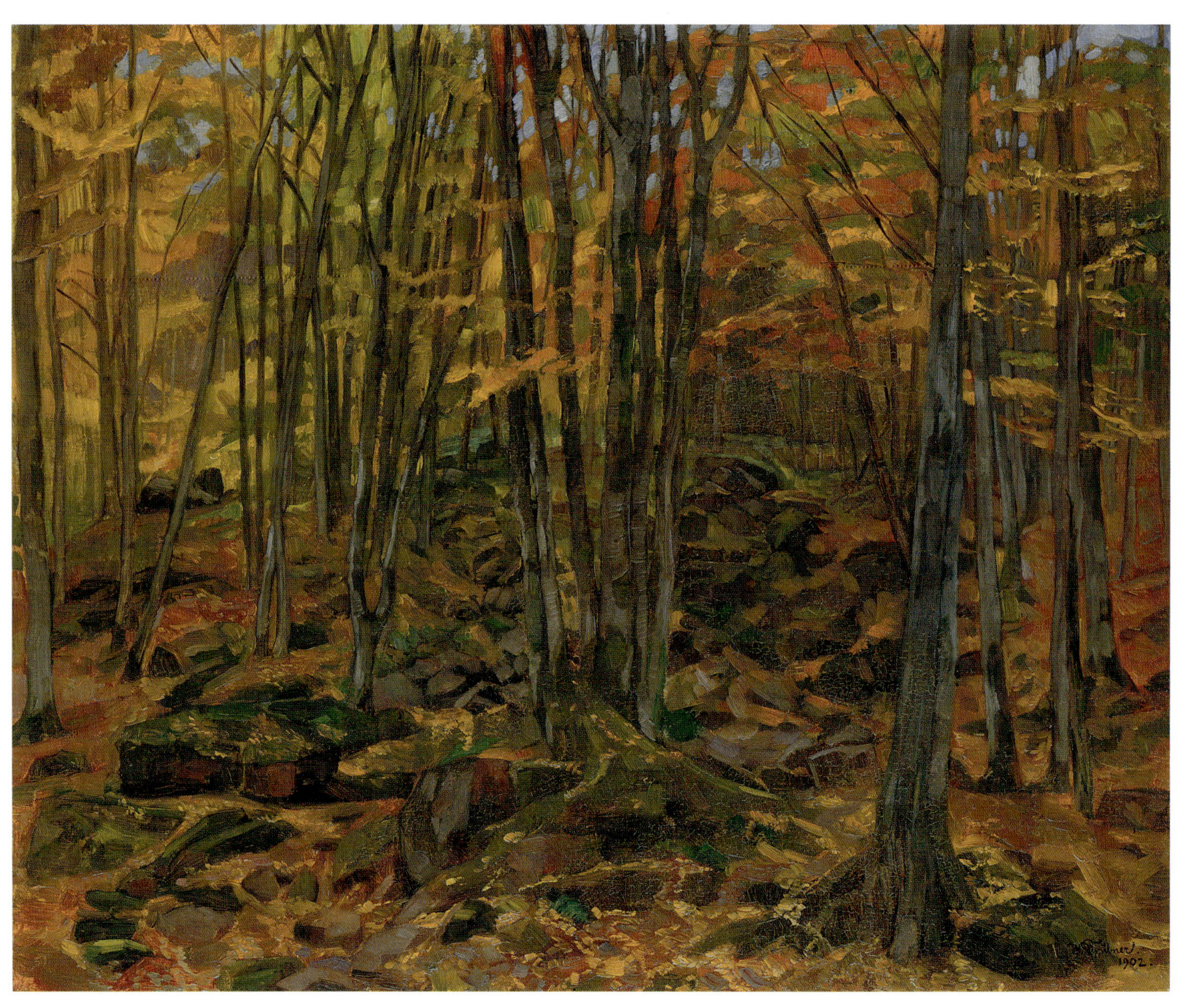

Wilhelm Trübner, Partie aus dem Odenwald, 1902
Odenwald Landscape

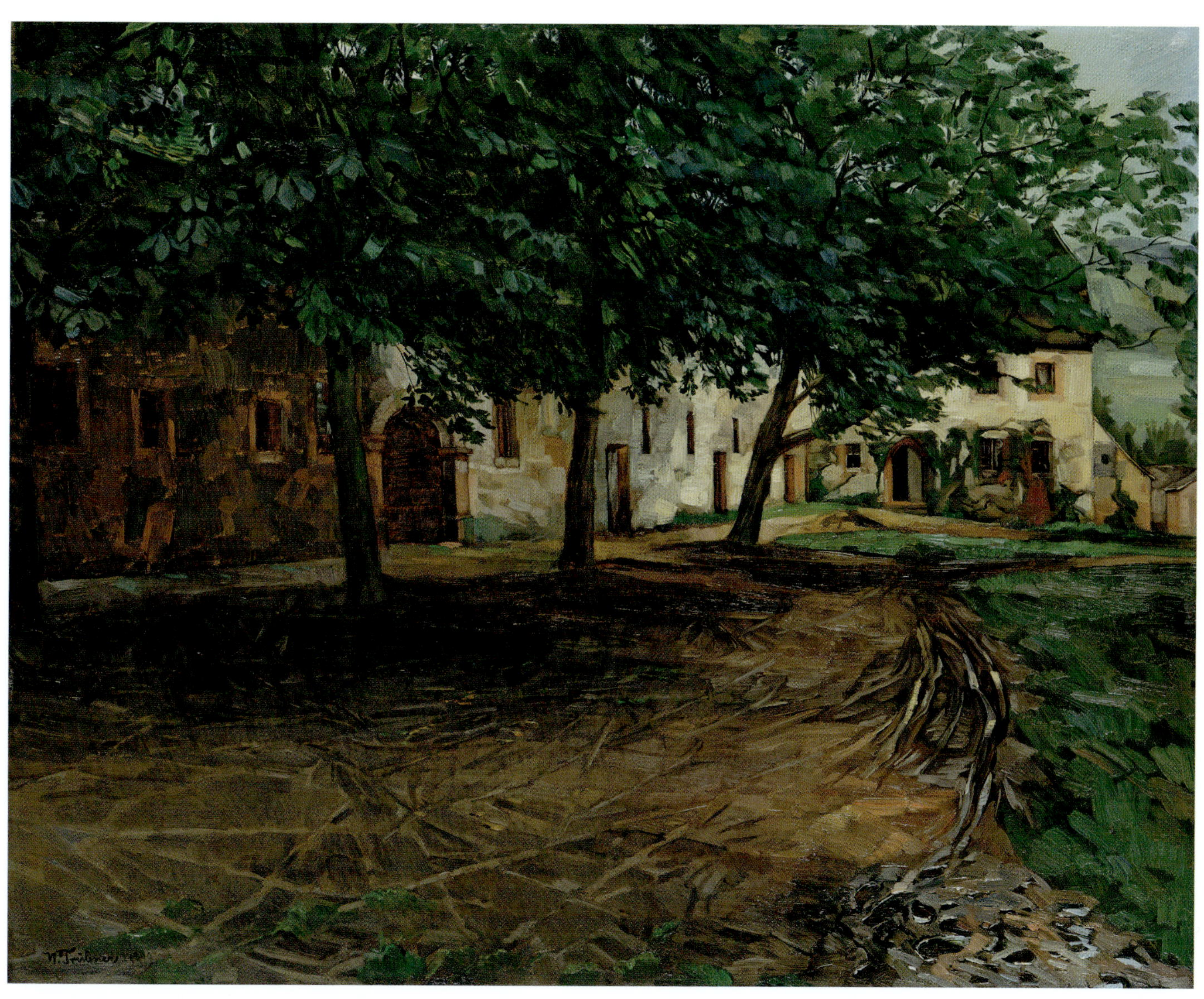

Wilhelm Trübner, Ökonomiegebäude in Amorbach, 1899
Farm Building in Amorbach

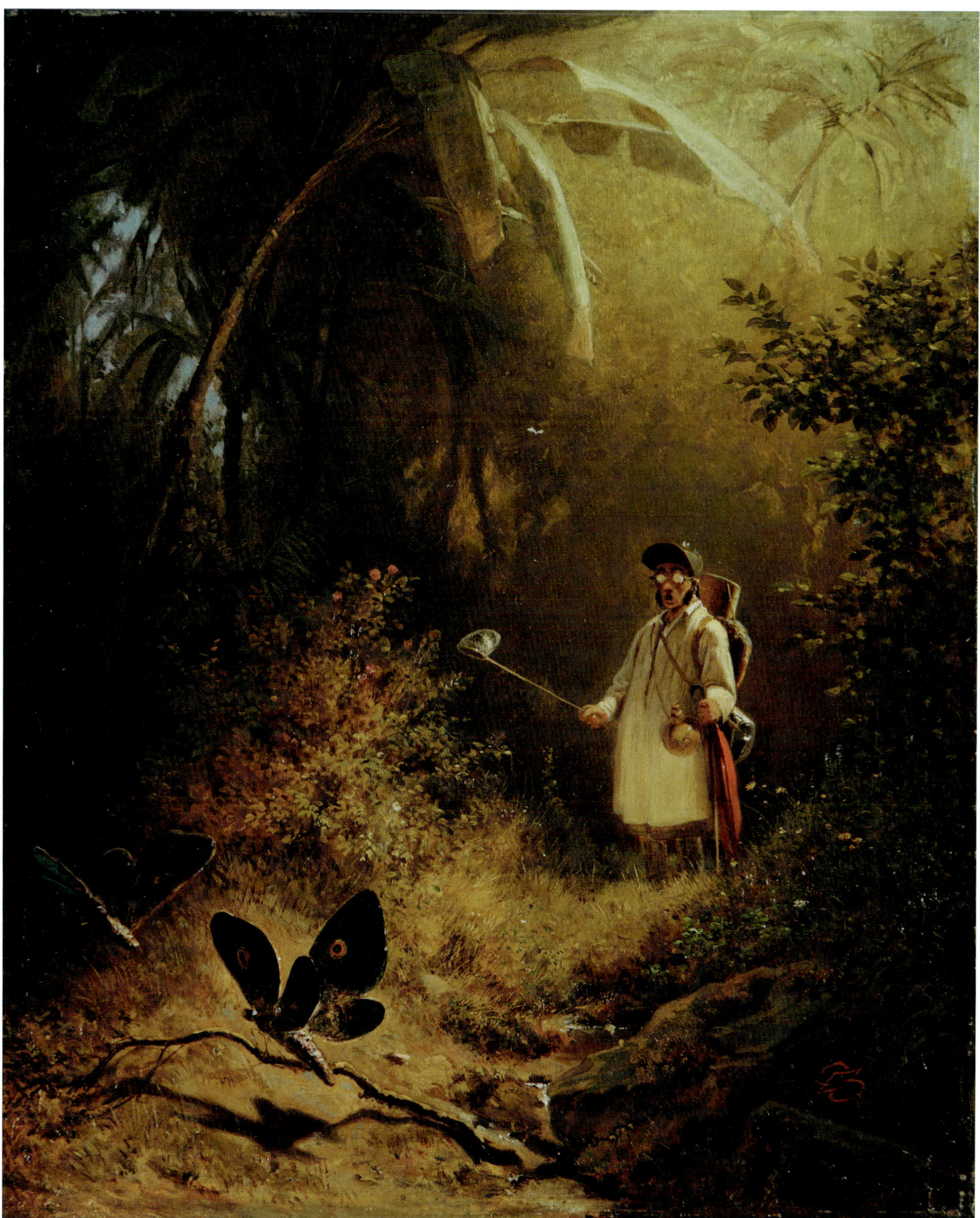

Verzeichnis der abgebildeten Werke

Index of Reproduced Works

OSWALD ACHENBACH (1827–1905)

Abendstimmung in der Nähe von Neapel/Evening Mood near Naples, 1863. Öl auf Leinwand/Oil on canvas, 46 × 66,5 cm. Erworben/Acquired in 1938 → 358

Nächtliches Fest der Santa Lucia in Neapel/Nocturnal Festivity of Santa Lucia in Naples, 1875. Öl auf Leinwand/Oil on canvas, 91 × 80,5 cm. Erworben/Acquired in 1905 → 357

Studie zum Gemälde „Nächtliches Fest der Santa Lucia"/Sketch for "Nocturnal Festivity of Santa Lucia", 1875. Öl auf Holz/Oil on wood, 23,7 × 32 cm. Erworben/Acquired in 2012 → 356

MAX ACKERMANN (1887–1975)

Komposition 3.6.62 – Überbrückte Kontinente/Composition 3.6.62 – Bridged Continents, 1962. Öl auf Leinwand/Oil on canvas, 65,5 × 50,5 cm. Erworben/Acquired in 1979 → 55

FRIEDRICH VON AMERLING (1803–1887)

Bildnis einer sitzenden Frau/Portrait of a Sitting Woman. Öl auf Leinwand/Oil on canvas, 76,2 × 61,3 cm. Erworben/Acquired in 1944 → 293

Ehemals/Formerly **CORNELIUS MAHU** (1613–1689), heute/today **ALEXANDER ADRIAENSSEN** (1587–1661)

Stillleben mit Vögeln/Still Life with Birds, Öl auf Holz/Oil on wood. Erworben/Acquired in 1943 → 310

JACQUES DE BACKER (1540/1545–ca. 1600)

Loth und seine Töchter/Loth and His Daughters. Mischtechnik auf Holz/Mixed media on wood, 76 × 91 cm. Erworben/Acquired in 1943 → 321

JOHANN DANIEL BAGER (1734–1815)

Fruchtstück/Still Life with Fruit. Öl auf Leinwand/Oil on canvas, 36 × 40 cm. Erworben/Acquired in 1824 → 334

Fruchtstück/Still Life with Fruit. Öl auf Leinwand/Oil on canvas, 36 × 40 cm. Erworben/Acquired in 1824 → 335

WILLEM BARTSIUS (1612–1657)

Lautenschläger/Lute Player, 1633. Öl auf Leinwand/Oil on canvas, 91,5 × 68 cm. Erworben/Acquired in 1962 → 240, 302

GEORG BASELITZ (*1938)

Stilleben (Farbtöpfe)/Still life (Paint-pots), 1969. Öl auf Leinwand/Oil on canvas, 130 × 160 cm. Erworben/Acquired in 1980 → 61

WILLI BAUMEISTER (1889–1955),

Figuration – Figur und Telefon/Figuration – Figure and Telephone, 1930. Öl auf Leinwand/Oil on canvas, 81 × 65 cm. Dauerleihgabe/Permanent loan des Vereins zur Förderung der bildenden Kunst in Wiesbaden e. V., erworben/acquired in 1987 aus der Privatsammlung Nachlass Hanna Bekker vom Rath → 206

Mogador auf Violett/Mogador on Violet, 1951. Öl auf Hartfaserplatte/Oil on hardboard, 81 × 100 cm. Erworben/Acquired in 1961 → 207

THOMAS BAYRLE (*1937)

Mao und die Gymnasiasten/Mao and the Schoolboys, 1965. Sperrholz, Press-Span, Elektromotor/Plywood, press-board, electric motor, 136 × 53,5 × 14 cm. Erworben/Acquired in 1978 → 52

MAX BECKMANN (1884–1950)

Ochsenstall (Vieh im Pferch)/Ox Stable (Livestock in Fold), 1933. Öl auf Leinwand/Oil on canvas, 86 × 118 cm. Dauerleihgabe/Permanent loan des Vereins zur Förderung der bildenden Kunst in Wiesbaden e. V., erworben/acquired in 1987 aus der Privatsammlung Nachlass Hanna Bekker vom Rath → 149, 197

Weiblicher Akt mit Hund/Female Nude with Dog, 1927. Öl auf Leinwand/Oil on canvas, 67 × 47 cm. Dauerleihgabe/Permanent loan des Vereins zur Förderung der bildenden Kunst in Wiesbaden e. V., erworben/acquired in 1987 aus der Privatsammlung Nachlass Hanna Bekker vom Rath → 197, 198

JOACHIM FRANZ BEICH (1665–1748)

Landschaft mit Kühen am Wasser/Landscape with Cows at the Water. Öl auf Leinwand/Oil on canvas, 43,5 × 58 cm. Erworben/Acquired in 1936 → 348

NICOLAES BERCHEM (1620–1683)

Allegorie der himmlischen und irdischen Liebe/Allegory of Heavenly and Earthly Love. Öl auf Leinwand/Oil on canvas, 202 × 170 cm. Erworben/Acquired in 1937 → 306/307

JOSEPH BEUYS (1921–1986)

Blue Jeans mit getrockneten Fischen/Blue Jeans with Dried Fish, 1970. Objektkasten, Jeanshose, Fische/Box, jeans, fish, 100 × 82 cm. Erworben/Acquired in 2010 aus der Sammlung Murken → 44

Unbetitelt (Sanitätstasche, Zweiter Weltkrieg)/Untitled, um/around 1978. Sanitätstasche aus Segeltuch, überarbeitet unsigniert/Paramedic Bag. Erworben/Acquired in 2009 → 123

ARNOLD BÖCKLIN (1827–1901)

Venus Anadyomene, Grüne Venus/Venus Anadyomene, Green Venus, 1891. Öl auf Holz/Oil on wood, 140 × 81,5 cm. Erworben/Acquired in 1966 → 319

CHRISTIAN BOLTANSKI (*1944)

Reserve Détectives II, 1987. 223 Pappkartons, Zeitungsausschnitte, Klebeband, Wachskreide, Lampen, Holzregal, Maße variabel/Cardboard boxes, newspaper clippings, adhesive tape, wax crayon, lamps, wooden shelf, dimensions variable. Erworben/Acquired in 1994 → 126/127

AELBRECHT BOUTS (1451–1549)

Kopf Christi mit der Dornenkrone/Head of Christ with Crown of Thorns, Flämische Schule/Flemish School. Öl auf Eichenholz/Oil on oak, 27,8 × 25,7 cm. Erworben/Acquired in 1933 → 275

PETER BRÜNING (1929–1970)

74/61, 1961. Öl auf Leinwand/Oil on canvas, 130 × 110 cm. Erworben/Acquired in 1970 → 60

FERDINAND BRÜTT (1849–1936)

Aus dem Dom zu Würzburg/From the Cathedral in Würzburg, 1903. Öl auf Leinwand/Oil on canvas, 50 × 65 cm. Erworben/Acquired in 1909 → 236

BARTHOLOMÄUS BRUYN (1493–1555)

Die Heimsuchung Mariae/The Visitation, um/around 1512–1515. Öl auf Eichenholz/Oil on oak, 50 × 36 cm. Erworben/Acquired in 1824 → 263

ERICH BUCHHOLZ (1891–1972)

Mit 5 mach 1/With 5 Make 1, 1922. Ölfarbe, Holz, Blattgold/Oil-paint, wood, gold leaf, 60 × 48 cm. Erworben/Acquired in 1970 → 205

GIOVANNI BENEDETTO CASTIGLIONE (1609–1664)

Raub der Europa/The Abduction of Europa. Öl auf Leinwand/Oil on canvas, 77 × 108 cm. Erworben/Acquired in 1939 → 323

LOVIS CORINTH (1858–1925)

Bildnis des Pianisten Conrad Ansorge/Portrait of the Pianist Conrad Ansorge, 1903. Öl auf Leinwand/Oil on canvas, 69 × 50 cm. Erworben/Acquired in 1929 → 238

Bildnis Frau Halbe/Portrait Mrs Halbe, 1898. Öl auf Leinwand/Oil on canvas, 145 × 96 cm. Erworben/Acquired in 1918 → 290

Walchensee, auf der Terrasse/Walchensee, on the Terrace, 1922/23. Öl auf Leinwand/Oil on canvas, 71 × 91 cm. Erworben/Acquired in 1955 → 361

GUSTAVE COURBET (1819–1877)

Landschaft mit Wasserfall/Landscape with Waterfall. Öl auf Leinwand/Oil on canvas, 46 × 55 cm. Erworben/Acquired in 1980 → 354

HEINRICH MARIA DAVRINGHAUSEN (1894–1970)

Bildnis Dr. Döbmann/Portrait Dr. Döbmann, 1915. Öl auf Leinwand/Oil on canvas, 90,7 × 69,6 cm. Erworben/Acquired in 1975 → 196

WALTER DEXEL (1890–1973)

III P, 1925. Hinterglasbild/Reverse painting on glass, 38 × 27 cm. Erworben/Acquired in 1962 → 217

DÜRER-SCHULE

Beschneidung Christi, Fegefeuer/Circumcision of Christ, Purgatory, um/around 1510. Mischtechnik auf Holz/Mixed media on wood, 15 × 47 cm. Erworben/Acquired in 1929 → 239

JOSEF EBERZ (1880–1942)

Begräbnis/Burial, 1915. Öl auf Karton/Oil on cardboard. Erworben/Acquired in 2014 → 180

ULRICH ERBEN (*1940)

Ohne Titel/Untitled, 1978. Öl auf Leinwand/Oil on canvas, 5 Teile/5 parts, Erworben/Acquired in 2003 → 72/73

BRUNO ERDMANN (1915–2003)

Hommage à Florenz, 1981. Acryl auf Leinwand / Acrylic on canvas, 90 × 90 cm. Erworben / Acquired in 2015, Schenkung von / Donation Klaus M. Meyer-Abich aus dem Nachlass Bruno Erdmann → 59

FRITZ ERLER (1863–1940)

Weiblicher Akt / Female Nude, 1909/10. Öl auf Sperrholz / Oil on plywood, 82,5 × 99 cm. Erworben / Acquired in 1911 → 152

Frau am Meer / Woman at the Sea, um / around 1906. Öl auf Leinwand / Oil on canvas, 140 × 77 cm. Erworben / Acquired in 1911 → 153

MAX ERNST (1891–1976)

Fillette et poupée, um / around 1960. Öl auf Leinwand / Oil on canvas, 26 × 19 cm. Stiftung / Donation W. und M. Rick 2013 → 203

Fleur-Coquille, um / around 1928. Öl auf Leinwand / Oil on canvas, 22 × 27 cm. Stiftung / Donation W. und M. Rick 2013 → 202

JOSEPH FAISTENBERGER (1675–1724)

Ideallandschaft mit Viehherde / Ideal Landscape with Cattle Herd. Öl auf Leinwand / Oil on canvas, 143,5 × 216 cm. Erworben / Acquired in 1935 → 344/345

CONRAD FELIXMÜLLER (1897–1977)

Familienbildnis Kirchhoff / Family-Portrait Kirchhoff, 1920. Öl auf Leinwand / Oil on canvas, 121 × 91 cm. Erworben / Acquired in 1966 → 139

Phönix-Palme / Phoenix palm, 1918. Öl auf Karton / Oil on cardboard, 48 × 68,3 cm. Erworben / Acquired in 1978 → 180

LUCA FERRARI (1605–1654)

Fesselung des Prometheus / The Binding of Prometheus. Öl auf Leinwand / Oil on canvas, 130 × 219 cm. Erworben / Acquired in 1966. Dauerleihgabe / Permanent loan BRD OFD München → 320

ANSELM FEUERBACH (1829–1880)

Nanna, 1861. Öl auf Leinwand / Oil on canvas, 74 × 62 cm. Erworben / Acquired in 1909 → 294

FLORENTINISCH / FLORENTINE

Heilige Familie mit Engeln / Holy Family with Angels, Anfang 16. Jahrhundert / Early 16th century. Öl auf Pappelholz / Oil on poplar, 96,5 × 70 cm. Erworben / Acquired in 1824 → 271

FRANS FLORIS (1517–1570)

Kreuzigung / Crucifixion. Öl auf Holz / Oil on wood, 130 × 105 cm. Erworben / Acquired in 1960 → 303, 309

THOMAS FLORSCHUETZ (*1957)

Enclosure (CC) 15, 2010/13. C-Prints, Diasec, 2-teilig / 2 parts, je / each 228 × 183 cm. Erworben / Acquired in 2013 → 110/111

KATSURA FUNAKOSHI (*1951)

A Tale of the Sphinx, 2004. Kampferholz (bemalt), Leder, Marmor / Camphor wood (painted) leather, marble, 96,5 × 52 × 31 cm. Erworben / Acquired in 2005, mit Mitteln der Freunde des Museums → 254/255

RUPPRECHT GEIGER (1908–2009)

Blau auf Schwarz / Blue on Black, 1959. Öl auf Leinwand / Oil on canvas, 151 × 126 cm. Erworben / Acquired in 1979 → 57

JOCHEN GERZ (*1940)

Die Schwierigkeit des Zentaurs beim vom Pferd steigen (zweite Fassung) / The Centaur's Difficulty when Dismounting the Horse, realisiert / carried out in 1997. Erworben / Acquired in 1992 → 98

LUCA GIORDANO (1634–1705)

Verspottung Christi (Dornenkrönung) / The Mocking of Christ (Crowning With Thorns). Öl auf Leinwand / Oil on canvas, 132 × 182 cm. Erworben / Acquired in 1944 → 266

PIERRE-PAUL GIRIEUD (1876–1948)

Stillleben mit Äpfeln / Still life with Apples, um / around 1910/30. Enkaustik auf Leinwand auf Holz / Encaustic on canvas on wood, 31 × 48 cm. Erworben / Acquired in 2012 → 154

NATALIA GONTCHAROVA (1881–1962)

Baignade / Bath, um / around 1911. Öl auf Leinwand / Oil on canvas, 114,5 × 94,5 cm. Erworben / Acquired in 1989, mit Mitteln der Hessischen Kulturstiftung und des Vereins zur Förderung der bildenden Kunst in Wiesbaden e. V. → 169

K. O. GÖTZ (*1914)

Krakmo, 1958. Mischtechnik auf Leinwand / Mixed media on canvas, 175 × 145 cm. Erworben / Acquired in 1958 → 48

WERNER GRAEFF (1901–1978)

Makrobing, 1974. Öl auf Leinwand / Oil on canvas, 170 × 400 cm. Stiftung / Donation Ursula Graeff-Hirsch 2010 → 222/223

GOTTHARD GRAUBNER (1930–2013),

Weißer Torso / White Torso, 1966. Kissen auf Leinwand montiert, Holzplatte / Cushion mounted on canvas, board , 50 × 50 × 10 cm. Erworben / Acquired in 1988 → 58

WIEBKE GRÖSCH (*1970) / **FRANK METZGER** (*1969)

Ohne Titel / Untitled, 2012. Glas, Beton, Stahl / Glas, cement, steel. Erworben 2015 und Dauerleihgabe der Hessischen Kulturstiftung / Acquired in 2015 and permanent loan of the Hessian Cultural Foundation. → 90/91

KATHARINA GROSSE (*1961)

Sieben Stunden, Acht Stimmen, Drei Bäume / Seven Hours, Eight Voices, Three Trees, 2015. Rauminstallation, Pigment auf Stoff und Holz / Room installation, pigment on wood and cloth, 330 × 1400 × 2400 cm. → 37, 131/132

HERMANN HAHN (1868–1945)

Goethedenkmal / Goethe monument, 1919. Granit / Granite. Erworben / Acquired in 1919 → 230

ERICH HECKEL (1883–1970)

Maske mit Buschbockfell / Mask with Bushbuck's Coat, 1913. Öl auf Leinwand / Oil on canvas, 64,7 × 57 cm. Dauerleihgabe / Permanent loan des Vereins zur Förderung der bildenden Kunst in Wiesbaden e. V., erworben / acquired in 1987 aus der Privatsammlung Nachlass Hanna Bekker vom Rath → 175

ERWIN HEERICH (1922–2004)

Elf Kartonplastiken / Eleven Cardboard Sculptures, 1983. Karton / Cardboard, Maße variabel / Dimensions variable. Erworben / Acquired in 2005 → 102/103

DIETRICH HELMS (*1933)

Diverse Arbeiten / Various Works, 1967–1971. Papier, Holz, Schnur, Farbe, Fundobjekte / Mixed media, found objects, Maße variabel / Dimensions variable. Erworben / Acquired in 1999 → 101

EVA HESSE (1936–1970)

Eighter from Decatur, 1965. Tempera, Lack, Schnur, Seil, Fundobjekt (Holz, Metall), Spanplatte, Holz / Mixed media, 96,5 × 68 × 21,5 cm. Erworben / Acquired in 1991 → 89

Ohne Titel / No title, 1961/62. Öl auf Leinwand / Oil on canvas, 169,5 × 216 cm. Erworben / Acquired in 1993 → 84

Ohne Titel / No title, 1965. Öl auf Leinwand / Oil on canvas, 81,2 × 102,2 cm. Erworben / Acquired in 1991 → 85

Sans II, 1968. Polyesterharz, Glasfaser, eines von insgesamt 5 Elementen / Polyester resin, glass fibre, one piece of five, 96,5 × 218,5 × 15,5 cm. Erworben / Acquired in 1996 → 87

GERHARD HOEHME (1920–1989)

Spazio Meteorologico, 1959. Kunstharz, Öl auf Leinwand / Resin, oil on canvas, 200 × 180 cm. Erworben / Acquired in 1969 → 49

KARL HOFER (1878–1955)

Selbstbildnis mit Zeichenblock / Self Portrait with Sketchbook, um / around 1927. Öl auf Leinwand / Oil on canvas, 90 × 67 cm. Erworben / Acquired in 2013 → 201

Stillleben mit Ölkanne / Still life with Oil Can, 1929. Öl auf Leinwand / Oil on canvas, 82 × 100 cm. Erworben / Acquired in 1961 → 200

ADOLF HÖLZEL (1853–1934)

Die Erstkommunikantin / The First Communicant, 1887. Öl auf Leinwand / Oil on canvas, 95,5 × 60,5 cm. Erworben / Acquired in 1908 → 236

GERARD VON HONTHORST (1592–1656)

Die Falschspieler / The Card Sharks, 1620. Öl auf Leinwand / Oil on canvas, 125 × 190 cm. Erworben / Acquired in 1939 → 312

REBECCA HORN (*1944)

Circle for Broken Landscape, 1997/
2007. Rauminstallation, Sand, Steine,
Metall, Elektromotoren, Schmetter-
lingsflügel, Spiegel, Wasser, Buntstift
und farbige Tusche auf Papier/Room
installation, mixed media. Erworben
/Acquired in 2007 mit Mitteln
der Hessischen Kulturstiftung und
der Kulturstiftung der Länder
→ 116/117, 118/119

Jupiter im Oktogon/Jupiter in the
Octagon, 2007. Stahl, 4 Spiegel,
vergoldeter Trichter, Motoren,
Elektronik, Lichtquelle/Mixed media,
1200 × 200 cm. Erworben/Acquired
in 2007 → 115

JÖRG IMMENDORFF (1945–2007)

Baby für Zunder-Zunder/Baby for
tinder tinder, 1966. Öl auf Press-Span-
platte/Oil on press board, 167 ×
142 cm. Erworben/Acquired in 1977
→ 64

Deutsche Nichtschwimmer ins Wasser
/German Non-swimmers into the
Water, 1965. Öl auf Nessel/Oil on
nettle, 100 × 100 cm. Erworben
/Acquired in 1977 → 65

WALTER JACOB (1893–1964)

Der Garten Kirchhoff/The Garden
Kirchhoff, um/around 1920. Öl auf
Leinwand/Oil on canvas, 80 × 71,5 cm.
Erworben/Acquired in 1962 → 183

Die Familie Kirchhoff/The Family
Kirchhoff, 1920. Öl auf Leinwand/Oil
on canvas, 101 × 89 cm. Erworben
/Acquired in 1961 → 182

ALEXEJ VON JAWLENSKY (1864–1941)

Abstrakter Kopf – Abend/Abstract
Head – Evening, 1931. Öl auf Karton
/Oil on cardboard, 42,8 × 33 cm.
Dauerleihgabe/Permanent loan des
Vereins zur Förderung der bildenden
Kunst in Wiesbaden e. V., erworben
/acquired in 1987 aus der Privat-
sammlung Nachlass Hanna Bekker
vom Rath → 192/193

Abstrakter Kopf – Lebenstropfen
/Abstract Head – Drops of Life, 1928.
Öl auf Karton/Oil on cardboard,
42,8 × 33 cm. Dauerleihgabe
/Permanent loan des Vereins zur
Förderung der bildenden Kunst in
Wiesbaden e. V., erworben/acquired
in 1987 aus der Privatsammlung
Nachlass Hanna Bekker vom Rath
→ 193

Abstrakter Kopf – Licht und Finsternis
/Abstract Head – Light and Darkness,
1925. Öl auf Karton/Oil on cardboard,
42,5 × 32,5 cm. Dauerleihgabe
/Permanent loan des Vereins zur
Förderung der bildenden Kunst in
Wiesbaden e.V., erworben/acquired
in 1987 aus der Privatsammlung
Nachlass Hanna Bekker vom Rath
→ 192

Abstrakter Kopf – Rotes Licht
/Abstract Head – Red Light, 1930. Öl
auf Karton/Oil on cardboard, 42,7 ×
33 cm. Erworben/Acquired in 1957
→ 193

Abstrakter Kopf – Rot-Weiss-Gold
/Abstract Head – Red-White-Gold,
1927. Öl auf Karton auf Holz/Oil on
cardboard on wood, 42,5 × 32,5 cm.
Erworben/Acquired in 1967 → 192

Bauernmädchen mit Haube/Peasant
girl wearing a bonnet, um/around
1906/07. Öl auf Karton/Oil on
cardboard, 53 × 39 cm. Erworben
/Acquired in 1971 → 158

Bildnis Marianne von Werefkin
/Portrait Marianne von Werefkin, um
/around 1906. Öl auf Karton/Oil on
cardboard, 67,5 × 49,5 cm. Dauerleih-
gabe/Permanent loan des Vereins zur
Förderung der bildenden Kunst in
Wiesbaden e. V., erworben/acquired
in 1987 aus der Privatsammlung
Nachlass Hanna Bekker vom Rath
→ 159

Bildnis Sacharoff/Portrait of Sacharoff, um 1913. Öl auf Karton/Oil on
cardboard, 53,8 × 49,5 cm. Erworben
/Acquired in 1954 → 173

Blaue Berge (Landschaft mit gelbem
Schornstein)/Blue mountains, 1912.
Öl auf Karton/Oil on cardboard, 33,5 ×
44,5 cm. Erworben/Acquired in 1953
→ 168

Dame mit Fächer/Lady with Fan,
1909. Öl auf Karton/Oil on cardboard,
92 × 67 cm. Erworben/Acquired
in 1956 → 163

Dorf in Bayern (Wasserburg/
Kirch-Eisselfing)/Village in Bavaria,
um/around 1907. Öl auf Karton/Oil
on cardboard, 40 × 60,5 cm. Erworben
/Acquired in 1953 → 158, 160

Große Meditation – Johannes der
Täufer/Large Meditation – John the
Baptist, 1936. Öl auf Malpapier auf
Karton und Holzplatte/Oil on drawing
paper on cardboard and wood plate,
25 × 17,6 cm. Erworben/Acquired
in 1981 → 195

Helene im spanischen Kostüm
/Helene in Spanish Costume, um
/around 1901/02. Öl auf Leinwand
/Oil on canvas, 190,5 × 96,5 cm.
Stiftung/Donation Frank Brabant
2014 → 151

Meditation – Erinnerung an meine
kranken Hände/Meditation – Memory of my deseased Hands 1934. Öl auf
Malpapier auf Karton/Oil on drawing
paper on cardboard, 20 × 16 cm.
Erworben/Acquired in 1948 → 194

Meditation – Mein Geist wird weiter-
leben/Meditation – My Spirit will live
on, 1935. Öl auf Malpapier auf Karton
/Oil on drawing paper on cardboard,
20 × 15 cm. Erworben/Acquired
in 1948 → 194

Meditation – Versunken/Meditati-
on – Absorbed, 1934. Öl auf Malpapier
auf Karton/Oil on drawing paper on
cardboard, 20 × 16 cm. Erworben
/Acquired in 1948 → 194

Meditation – Rückblick/Meditation –
Retrospection, 1935. Öl auf Malpapier,
auf Karton und Holzplatte/Oil on
drawing paper, on cardboard and
wood, 18 × 13,5 cm. Erworben
/Acquired in 1979, Dauerleihgabe
/Permanent loan der Landeshauptstadt Wiesbaden → 194

Nikita, 1910. Öl auf Karton/Oil on
cardboard, 85,5 × 73,5 cm. Erworben
/Acquired in 1951 → 164

Selbstbildnis/Self-Portrait, 1912. Öl auf
Karton/Oil on cardboard, 53,5 ×
48,5 cm. Erworben/Acquired in 1973
→ 142

Sommertag/Summer day, 1907. Öl auf
Karton/Oil on cardboard, 45 ×
53,7 cm. Erworben/Acquired in 1962
→ 159, 161

Spanierin (Frau vor grauem Hinter-
grund)/Spanish Woman (Head of a
Woman with Grey Background), 1913.
Öl auf Karton/Oil on on cardboard,
64,4 × 53,4 cm. Dauerleihgabe
/Permanent loan des Vereins zur
Förderung der bildenden Kunst in
Wiesbaden e. V., erworben/acquired
in 1987 aus der Privatsammlung
Nachlass Hanna Bekker vom Rath
→ 172

Stillleben mit gelber Decke (Rückseite
von Nikita)/Still Life with Yellow Table
Cloth, 1910. Öl auf Karton/Oil on
cardboard, 73,5 × 85,5 cm. Erworben
/Acquired in 1951 → 165

Variation – Geheimnis/Variation –
Mystery, 1921. Öl auf Malpapier auf
Karton/Oil on drawing paper on
cardboard, 35,7 × 26,9 cm. Erworben
/Acquired in 1969 → 187

Variation – Großer Weg, Abend
/Variation – Wide Path, Evening, 1916.
Öl auf Malpapier auf Karton/Oil on
drawing paper on cardboard, 52 ×
35 cm. Erworben/Acquired in 1958
→ 189

Variation – Lichter Morgen/Variati-
on – Bright Morning, 1916. Öl auf
Leinwand auf Karton/Oil on canvas
on cardboard, 34,4 × 27, 3 cm.
Erworben/Acquired in 1968 → 186

Variation – Von Frühling, Glück und
Sonne/Variation – About Spring, Luck
and Sun, um/around 1917. Öl auf
Malpapier auf Karton/Oil on drawing
paper on cardboard, 32,5 × 25 cm.
Dauerleihgabe/Permanent loan des
Vereins zur Förderung der bildenden
Kunst in Wiesbaden e. V., erworben
/acquired in 1987 aus der Privatsammlung Nachlass Hanna Bekker
vom Rath → 186

Variation – Zärtlichkeit/Variation –
Tenderness, um 1918. Öl auf Malpapier
auf Karton/Oil on drawing paper on
cardboard, 35,5 × 27,2 cm. Erworben
/Acquired in 1964 → 187

DONALD JUDD (1928–1994)

Ohne Titel (Seven Cubes)/Untitled
(Seven Cubes), 1973. Sperrholz
(Douglasie), 7 Teile/Ply wood
(Douglas fir), 7 pieces, je/each 200 ×
200 × 200 cm. Erworben/Acquired
in 1995 → 90/91

ILYA KABAKOV (*1933)

Der Rote Waggon/The Red Wagon,
1991. Rauminstallation, Holzkonstruk-
tion, Leinwand, Ölfarbe, Fotokopien,
Text, verschiedene Materialien/Room
installation, Mixed media. Erworben
/Acquired in 2001, mit Mitteln der
Kulturstiftung der Länder → 42/43

WASSILY KANDINSKY (1866–1944)

Allerheiligen/All Saints, um/around
1910. Aquarell/Watercolour, 38 ×
47 cm. Dauerleihgabe/Permanent
loan des Vereins zur Förderung der
bildenden Kunst in Wiesbaden e. V.,
erworben/acquired in 1987 aus der
Privatsammlung Nachlass Hanna
Bekker vom Rath → 136

KAZUO KATASE (*1947)

Raum eines Raumes – Die Alegorie
der Photographie/Room in a Room
– The Allegory of Photography.
Rauminstallation/Room Installation.
Erworben/Acquired in 2010
→ 304/305

Schale 21.2.2012/Bowl, 2012. Pastell
auf Bütten/Pastel on hand made
paper, 90 × 125 cm. Erworben
/Acquired in 2014 → 70/71

ANGELIKA KAUFFMANN (1741–1807)

Johann Isaak von Gerning, 1798. Öl
auf Leinwand/Oil on canvas, 64 ×
50 cm. Erworben/Acquired in 1825
→ 12

HERMANN KAULBACH (1846–1909)

Tod und Krönung der Heiligen
Elisabeth/Death and Crowning of
Saint Elisabeth, 1886. Öl auf Leinwand
/Oil on canvas, 316 × 235,5 cm,
Erworben/Acquired in 1886
→ 326/327

FERDINAND KELLER (1824–1922)

Sappho, 1883/84. Öl auf Leinwand
/Oil on canvas, 61 × 32,5 cm. Erworben
/Acquired in 2011 → 328

ELLSWORTH KELLY (*1923)

White Relief over Black, 2004. Öl auf
Leinwand/Oil on canvas, 145 × 144 ×
7 cm. Erworben/Acquired in 2013, mit
Mitteln der Hessischen Kulturstiftung
und der Kulturstiftung der Länder
→ 94

ERNST LUDWIG KIRCHNER
(1880–1938)

Seehorn, 1919. Öl auf Leinwand/Oil on canvas, 86 × 80 cm. Dauerleihgabe/Permanent loan des Vereins zur Förderung der bildenden Kunst in Wiesbaden e. V., erworben/acquired in 1987 aus der Privatsammlung Nachlass Hanna Bekker vom Rath → 181

LUDWIG KNAUS (1829–1910)

Die Brautschau (Kleinstädter in der Dorfschänke)/Looking for a Bride, 1864. Öl auf Leinwand/Oil on canvas, 63 × 87 cm. Erworben/Acquired in 1864 → 241

WILHELM VON KOBELL (1766–1853)

Rast beim Pflügen/Resting at the Plow, 1790. Öl auf Leinwand/Oil on canvas, 85 × 94 cm. Erworben/Acquired in 1824 → 350

GEORG KOLBE (1877–1947)

Schreitendes Mädchen/Striding Girl, 1925. Bronze, 107 cm. Erworben/Acquired in 1926 → 176

KÖLN ODER MITTELRHEIN/**COLOGNE OR MIDDLE RHINE**

Kruzifix/Crucifix, um/around 1340. Schenkung/Donation 1852 → 253

HEINZ KREUTZ (*1923)

Polyptychon, 1959. Öl auf Leinwand/Oil on canvas, 4 Teile/4 pieces, 160 × 40/160 × 130/160 × 221/160 × 100 cm. Erworben/Acquired in 1969 → 50/51

VOLLRAD KUTSCHER (*1945)

Leuchtende Vorbilder/Shining Examples, 1990/2000. Rauminstallation, 60 Wandhalterungen mit Halogenleuchten und bemalten Glaskappen, dazu Luminogramme auf Fotoleinwand/Room Installation, Mixed media. Erworben/Acquired in 2002, Schenkung des Künstlers/Donation of the Artist → 128/129

UWE LAUSEN (1941–1970)

Schlaraffenland/Land of Milk and Honey, 1962. Öl auf Leinwand/Oil on canvas, 180 × 140 cm. Erworben/Acquired in 1981 → 63

WILHELM LEHMBRUCK (1881–1919)

Geneigter Frauenkopf — Büste der Knienden/Bust of Kneeling Woman — Inclined Female Head, um/around 1914. Steinguss/Stone cast, 49,5 × 47 × 32 cm. Erworben/Acquired in 2012 durch den Verein der Freunde des Museums Wiesbaden e. V. → 173

Gesenkter Frauenkopf — Kopf der großen Stehenden/Inclined female Head — Head of the large Standing Woman, 1910. Bronze, 43 cm. Erworben/Acquired in 1914 → 170

KARL FRIEDRICH LESSING
(1808–1880)

Waldlandschaft/Forest Landscape, 1857. Öl auf Leinwand/Oil on canvas, 63 × 94,5 cm. Erworben/Acquired in 1858 → 343

PIETRO LIBERI (1605–1687)

Venus mit Gefolge/Venus and Her Followers, 1891. Öl auf Holz/Oil on wood, 154 × 202,5 cm. Erworben/Acquired in 1969 → 318

BERNARDINO LICINIO (1485–1560)

Darbringung im Tempel/Presentation in the Tempel. Öl auf Pappelholz/Oil on poplar, 110 × 154 cm. Erworben/Acquired in 1940 → 266

MAX LIEBERMANN (1847–1925)

Landschaft (Wannsee)/Landscape (Wannsee), um/around 1924. Öl auf Leinwand/Oil on canvas, 50 × 60 cm. Erworben/Acquired in 1980 → 156

Porträt Herinrich Kirchhoff/Portrait Heinrich Kirchhoff, 1918. Öl auf Leinwand/Oil on canvas, 90 × 71,5 cm. Erworben/Acquired in 1957 → 240

WILHELM LINDENSCHMIDT
(1806–1848)

Martin Luther vor dem Kardinal Cajetan in Augsburg 1518/Martin Luther before Cardinal Cejetan in Augsburg 1518. Öl auf Leinwand/Oil on canvas, 148 × 200 cm. Erworben/Acquired in 1876 → 324/325

JOHANN LINGELBACH (1622–1674)

Rast vor der Schenke/Rest Outside the Tavern. Öl auf Leinwand/Oil on canvas, 50,5 × 67,5 cm. Erworben/Acquired in 1939 → 349

MORRIS LOUIS (1912–1962)

Loom, 1959. Acryl auf Leinwand/Acrylic on canvas, 349 × 251 cm. Sammlung/Collection RE Wiesbaden → 77

DOMENICO MAGGIOTTO (1713–1794)

Bildnis einer jungen Frau/Portrait of a young Woman. Öl auf Leinwand/Oil on canvas, 46 × 36 cm. Erworben/Acquired in 1900 → 236

ARISTIDE MAILLOL (1861–1944)

Badende, Stehender Akt/Bather, Standing nude, 1900. Bronze, 63 cm. Erworben/Acquired in 1930 → 226, 238

ROBERT MANGOLD (*1937)

Green/Black Zone VIII, 1997. Acryl, schwarzer Farbstift auf Leinwand/Acrylic, black pen on canvas, 228,6 × 503,6 cm. Erworben/Acquired in 1998 → 80/81

BRICE MARDEN (*1938)

12 Views of Caroline Tatyana, 1977–1979. Portfolio mit 12 Aquatinta-Radierungen, AP 2/13 (Edition: 50 plus 13 Aps)/Portfolio of 12 aquatint etchings, (1–8) 25 × 17,6/67,3 × 51,9 cm, (9–12) 25 × 35,2 cm/67,3 × 51,9 cm. Erworben/Acquired in 2008 → 96/97

HANS VON MARÉES (1837–1887)

Die Labung/Refreshment, um/around 1880. Öl und Tempera auf Pappelholz/Oil and tempera on poplar, 64 × 85 cm. Erworben/Acquired in 1980. Rückkauf nach Erfolg der Restitution von Erben der Sammlung Max Silberberg 2014/Acquired after restitution from the heirs of Collection Max Silberberg → 331

Ehemals **MEISTER DER WIESBADENER HEIMSUCHUNG**, heute **ALBERTO PIAZZA DA LODI**/Formerly **MASTER OF THE WIESBADEN VISITATION**, today **ALBERTO PIAZZA DA LODI**

Heimsuchung Mariae/The Visitation, frühes 16. Jahrhundert/early 16th century. Öl auf Pappelholz/Oil on poplar, 210 × 164 cm. Erworben/Acquired in 1936 → 266

MARIO MERZ (1925–2003)

Spiraltisch mit Iglu — Gambe che corrono/Spiral Table with Igloo — Gambe che corrono, 1988/95, 1980. Rauminstallation, Aluminium, Weinreben, Neonzahlen, Stahl, Glas, Zink, Schwefel, Wachs, Blütenblätter/Room installation, Mixed media. Mischtechnik auf Leinwand, Neonzahlen, Weidenruten/Mixed media on canvas, neon cyphers. Sammlung/Collection Lafrenz im Museum Wiesbaden → 124/125

JEAN-FRANÇOIS MILLET (1814–1875)

Reisigträgerinnen/Faggot Carriers, um/around 1867. Pastell auf Papier/Pastell on paper, 73 × 92,5 cm. Erworben/Acquired in 1942 → 355

MITTELRHEIN, Werkstatt des sogenannten **BRUSTLATZMEISTERS**/**MIDDLE RHINE,** Workshop of the so-called **MASTER WITH THE BIB**

Stehende Muttergottes/Standing Madonna, 1490–1500. Linde/Lime, 109 cm. Erworben/Acquired in 1938 → 243

MITTELRHEIN/**MIDDLE RHINE**

Flügelretabel/Retable, 1517. Erworben/Acquired in 1860 → 253

Heiliger Jakobus/Saint James, um/around 1500. Linde/Lime, 106 cm. Erworben/Acquired in 1924 → 251

Heiliger Paulus/Saint Paul, um/around 1500. Linde/Lime, 102 cm. Erworben/Acquired in 192 → 250

Kruzifix/Crucifix, um/around 1200. Schenkung der/Donation of Kirchengemeinde Walsdorf 1897 → 259

Madonna, um/around 1500. Linde/Lime, 107 cm. Erworben/Acquired in 1924 → 250/251

PAULA MODERSOHN-BECKER
(1876–1907)

Armhäuslerin mit Ziege/Poor Woman with Goat, 1903. Öl auf Karton/Oil on cardboard, 53 × 70 cm. Erworben/Acquired in 1963 → 155

LÁSZLÓ MOHOLY-NAGY (1895–1946)

Glasarchitektur III/Glass architecture III, 1920/21. Öl auf Leinwand/Oil on canvas, 84 × 61 cm. Erworben/Acquired in 1959 → 216

OSKAR MOLL (1875–1947)

Havelkähne/Tubs on the Havel, um/around 1907. Öl auf Leinwand/Oil on canvas, 58,5 × 64,3 cm. Erworben/Acquired in 2014 → 157

JOOS DE MOMPER (1564–1635)

Gebirgslandschaft mit Flusstal/Mountain Landscape with River Valley. Öl auf Leinwand/Oil on canvas, 129 × 170,5 cm. Erworben/Acquired in 1936 → 308

DIETRICH MONTEN (1799–1843)

Tod des Herzogs von Braunschweig bei Quatrebras/Death of the Duke of Brunswick at Quatrebras, 1815. Öl auf Leinwand/Oil on canvas, 38,5 × 53,5 cm. Erworben/Acquired in 1898 → 235

Sturz Blüchers bei Ligny/Spill of Blücher at Ligny, 1823. Öl auf Eichenholz/Oil on oak, 38 × 52,5 cm. Erworben/Acquired in 1898 → 235

OTTO MUELLER (1874–1930)

Liebespaar/Pair of Lovers, 1917/19. Öl auf Rupfen/Oil on gunny, 110 × 85 cm. Erworben/Acquired in 1954 → 174/175, 178

HANS MUELICH (1516–1573)

Bildnis eines älteren Herrn mit Rosenkranz/Portrait of an Old Man with Rosary, um/about 1555. Öl auf Lindenholz/Oil on lime, 92 × 76,5 cm. Erworben/Acquired in 1938 → 286

CRISTOFORO MUNARI (1667–1720)

Stillleben mit Früchten und Musikinstrumenten/Still Life with Fruits and Musical Instruments. Öl auf Leinwand/Oil on canvas, 130 × 98 cm. Erworben/Acquired in 1824 → 336/337

GABRIELE MÜNTER (1877–1962)

Garten in Murnau/Garden in Murnau, um/around 1910. Öl auf Karton/Oil on cardboard, 37,5 × 46 cm. Stiftung/Donation W. und M. Rick 2013 → 171

Mittelrhein, Nachfolge Hans Backoffen/**Middle Rhine, Succession of Hans Backoffen**

Heiliger Laurentius/Saint Laurentius, 1515–20. Erworben/Acquired in 1924 → 256

Heiliger Sebastian/Saint Sebastian, 1515–20. Erworben/Acquired in 1924 → 257

Stehende Muttergottes/Standing Madonna, 1515–20. Erworben/Acquired in 1924 → 256/257

Ernst Wilhelm Nay (1902–1968)

Afrikanisch/African, 1954. Öl auf Leinwand/Oil on canvas, 125 × 200 cm. Erworben/Acquired in 1955 → 190

Menschen in den Lofoten/People in the Lofoton, 1938. Öl auf Leinwand/Oil on canvas, 50 × 65 cm. Erworben/Acquired in 1953 → 191

Emil Nolde (1867–1956)

Blumengarten/Flower Garden, um/around 1926. Öl auf Leinwand/Oil on canvas, 72,5 × 88 cm. Erworben/Acquired in 1953 → 174

David Novros (*1941),

Ohne Titel/Untitled, 1972. Öl auf Leinwand/Oil on canvas, 159 × 309 cm. Erworben/Acquired in 2009, Schenkung aus Privatbesitz/Donation from a private Collection → 82/83

Albert Oehlen (*1954)

Ohne Titel (Baum 16)/Untitled (Tree 16), 2014. Öl auf Alu-Dibond/Oil on Alu-Dibond, 375 × 250 cm. Erworben/Acquired 2015, Geschenk des Künstlers/Donation of the Artist → 34

Nam June Paik (1932–2006)

Zen for Head, 1962. Papier, Krawatte, Tusche/Paper, tie, indian ink, 404 × 36/123,5 × 5,5 cm. Erworben/Acquired in 1962, Relikt der Performance bei den Fluxus-Festspielen/Relict of a Performance of the Fluxus-Festival → 53

Sebastiano del Piombo (1485–1547)

Giulia Gonzaga, 1532. Öl auf Schiefer/Oil on slate, 110 × 86 cm. Dauerleihgabe/Permanent loan der Bundesrepublik Deutschland → 284

Egbert van der Poel (1621–1664)

Küste bei Scheveningen bei Mondschein/Coast near Scheveningen in Moonlight, 1664. Öl auf Eichenholz/Oil on oak, 37,5 × 49 cm. Schenkung/Donation Familie Misselhorn 2013 → 346

Carlo Portelli (1510–1574)

Bildnis eines Florentiner Edelmannes/Portrait of a Florentine Nobleman. Öl auf Pappelholz/Oil on poplar, 119,5 × 87,9 cm. Erworben/Acquired in 1936 → 287

Francesco Primaticcio (1504–1570)

Mit einem Köcher spielende Putten/Putti Playing with Quiver. Mischtechnik auf Leinwand auf Holz/Mixed media on canvas and wood, 39 × 29 cm. Erworben/Acquired in 1938 → 27

Arthur von Ramberg (1819–1875)

Gute Freundschaft/Good Friends, 1853. Öl auf Eichenholz/Oil on oak, 30 × 37 cm. Erworben/Acquired in 1854 → 233

Jan Anthonisz. van Ravesteyn (1570–1657)

Brustbild einer alten Dame/Bust Portrait of an Old Woman, Öl auf Eichenholz/Oil on oak, 42 × 37 cm. → 311

Ilja Repin (1844–1930)

Bildnis Marianne von Werefkin/Portrait Marianne von Werefkin, 1888. Öl auf Leinwand/Oil on canvas, 65 × 81 cm. Erworben/Acquired in 1958 → 297

Sebastiano Ricci (1659–1734)

Danaë. Öl auf Leinwand/Oil on canvas, 99 × 133 cm. Erworben/Acquired in 1937 → 315

Gerhard Richter (*1932)

Königin Elisabeth/Queen Elisabeth, 1967. Öl auf Leinwand/Oil on canvas, 62 × 53 cm. Erworben/Acquired in 1979 → 67

Terese Andeszka, 1964. Öl auf Nessel/Oil on nettle, 170 × 150 cm. Erworben/Acquired in 1977 → 67, 68

Otto Ritschl (1885–1976)

54/53, 1954. Öl auf Leinwand/Oil on canvas, 155 × 221 cm. Erworben/Acquired in 1960 → 55

Marietta Robusti (1554/55–1590)

Bildnis einer Dame als Flora/Portrait of a Lady as Flora. Öl auf Leinwand/Oil on canvas, 124,5 × 98,5 cm. Erworben/Acquired in 1936 → 288

Peter Roehr (1944–1968)

FO-2, 1964. Offset auf Papier auf Karton/Offset on paper on cardboard, 30,7 × 28,7 cm. Erworben/Acquired in 2007 → 53

Winston Roeth (*1945)

Quiet Night, 2013. Pigment auf Schiefer/Pigment on slate, 15-teilig/15 pieces, je/each 50,8 × 25,4 cm. Erworben/Acquired in 2014, Schenkung/Donation Sammlung Mondstudio → 93

Alessandro Rosi (1627–1697)

Heilige Familie/Holy Family. Öl auf Leinwand/Oil on canvas, 118,5 × 102,5 cm. Erworben/Acquired in 1943 → 270

Mark Rothko (1903–1970)

Ohne Titel/Untitled, 1967. Acryl auf Papier auf Leinwand/Arcylic on paper on canvas, 181,5 × 103 cm. Erworben/Acquired in 1992, Museumsverein Otto Ritschl e. V. → 79

Giovanni Batista Salvi, genannt/named **Sassoferrato** (1609–1685)

Madonnenkopf/Head of the Madonna. Öl auf Leinwand/Oil on canvas, 42 × 35 cm. Erworben/Acquired in 1824 → 271

Fred Sandback (1943–2003)

Untitled (Construction in one plane #2423), 2001. Wandinstallation, Acrylgarn/Installation, acrylic yarn. Erworben/Acquired in 2005 → 76

Carl Coven Schirm (1852–1928)

Kasr el Jehude (Jordanebene)/Qasr el Yahud (seen from Jordan Valley), 1881. Öl auf Leinwand/Oil on canvas, 115 × 250 cm. Erworben/Acquired in 1882 → 234

Jan Schmidt (*1976)

Tod der Maria/Death of Mary, 2011. Kreidegrund auf Eichenholz/Chalk base on oak, 78 × 42 cm. Erworben/Acquired in 2012 → 270

Karl Schmidt-Rottluff (1884–1976)

Abend im Zimmer/Evening in the Room, 1935. Öl auf Leinwand/Oil on canvas, 112 × 76 cm. Dauerleihgabe/Permanent loan des Vereins zur Förderung der bildenden Kunst in Wiesbaden e. V., erworben/acquired in 1987 aus der Privatsammlung Nachlass Hanna Bekker vom Rath → 135, 177

Bildnis Hanna Bekker/Portrait Hanna Bekker, 1952. Öl auf Leinwand/Oil on canvas, 73,5 × 65,5 cm. Schenkung/Donation Maximiliane Kraft aus der Sammlung Hanna Bekker vom Rath 2013 → 146

Selbstbildnis/Self-Portrait, 1920. Öl auf Leinwand/Oil on canvas, 91 × 75,5 cm. Dauerleihgabe/Permanent loan der Erben von Robert Graetz → 184

Selbstbildnis mit Cigarre/Self-Portrait with Cigar, 1919. Öl auf Leinwand, 73 × 65 cm. Dauerleihgabe/Permanent loan des Vereins zur Förderung der bildenden Kunst in Wiesbaden e. V., erworben/acquired in 1987 aus der Privatsammlung Nachlass Hanna Bekker vom Rath → 185

Tannen im Schnee/Fir Trees in the Snow, 1951. Öl auf Leinwand/Oil on canvas, 102 × 77 cm. Dauerleihgabe/Permanent loan aus Privatbesitz → 176

Verandamorgen/Veranda Morning, 1951. Öl auf Leinwand/Oil on canvas, 101 × 79,5 cm. Stiftung/Donation W. und M. Rick 2013 → 134

Otto Scholderer (1834–1902)

Junge Dame mit Sonnenschirm/Young Woman with Umbrella, um/about 1870. Öl auf Leinwand/Oil on canvas, 41 × 30,5 cm. Erworben/Acquired in 1936 → 292

Stillleben mit Stechpalme und Hase/Still Life with Holly and Rabbit, um/around 1892. Öl auf Leinwand/Oil on canvas, 54 × 36 cm. Erworben/Acquired in 1902 → 338

Eugen Schönebeck (*1936)

Kopf/Head, 1965. Öl auf Leinwand/Oil on canvas, 71,5 × 54,5 cm. Erworben/Acquired in 1981 → 69

Carl Schuch (1846–1903)

Felsschlucht in der Campagna/Gorge in the Campagna, 1870. Öl auf Leinwand/Oil on canvas, 54,5 × 73,5 cm. Erworben/Acquired in 1936 → 359

Stillleben mit Zinnkrug/Still Life with Pewter Mug, 1885. Öl auf Leinwand/Oil on canvas, 65,0 × 81,0 cm. Erworben/Acquired in 1918 → 333

Stillleben mit Marasquinoflasche und Schale/Still Life with Maraschino Bottle and Bowl, 1888. Öl auf Leinwand/Oil on canvas, 76,5 × 62 cm. Erworben/Acquired in 1980 → 341

Bernard Schultze (1915–2005)

Sitting Mahood, 1961. Farbe, Draht, Stoff, Gips über Holzstuhl/Mixed media on chair, 170 × 70 × 180 cm. Erworben/Acquired in 1974 → 46

Venen und Tang/Veins and Seaweed, 1955. Öl auf Leinwand/Oil on canvas, 80 × 101 cm. Erworben/Acquired in 1957 → 46

Christian Georg Schütz d. Ä. (1718–1791)

Ansicht von Eltville/View of Eltville, 1774. Öl auf Lindenholz/Oil on lime, 26 × 35,5 cm. Erworben/Acquired in 1918 → 347

Johann Conrad Seekatz (1709–1768)

Knabenbildnis/Portrait of a Boy. Öl auf Eichenholz/Oil on oak, 21 × 16 cm. Erworben/Acquired in 1918 → 237

Mädchenbildnis/Portrait of a Girl. Öl auf Eichenholz/Oil on oak, 21 × 16 cm. Erworben/Acquired in 1918 → 237

Robert Seidel (*1977)

Grapheme, 2013. Projektionsskulptur, 4 Projektoren, HD-Zuspieler, Stereolautsprecher, Spiegelwand, Ton/Projection sculpture, 4 projectors, HD-player, stereo speakers, mirror wall, audio. Erworben/Acquired in 2013 → 245

Cesare de Sesto (1477–1523)

Heiliger Martin/Saint Martin, 1523. Mischtechnik auf Holz/Mixed media on wood, 106 × 73,5 cm. Erworben/Acquired in 1943 → 279

Frans Snyders (1579–1657)

Stillleben mit Hase, Vögeln, Hummer und Trauben/Still Life with Hare, Lobster and Grapes. Öl auf Eichenholz/Oil on oak, 77 × 107 cm. Erworben/Acquired in 1824 → 299

Francesco Solimena (1657–1747)

Die Geburt der Maria/The Birth of Mary. Öl auf Leinwand/Oil on canvas, 100 × 128,5 cm. Erworben/Acquired in 1937 → 267

Carl Spitzweg (1808–1885)

Der Schmetterlingsfänger/The Butterfly Hunter, um 1840. Öl auf Holz/Oil on wood, 31 × 25 cm. Erworben/Acquired in 1966, Dauerleihgabe/Permanent loan der Bundesrepublik Deutschland → 365

Anton Stankowski (1906–1998)

Schwebend/Floating, 1931. Öl auf Pressspanplatte/Oil on pressboard, 59 × 42 cm. Erworben/Acquired in 1988 → 208

Eduard Steinberg (1937–2012)

Komposition — Njura, Petja, Kolja Saizevs/Composition — Njura, Petja, Kolja Saizevs, 1986. Öl auf Leinwand/Oil on canvas, 140 × 121 cm. Schenkung/Donation Galina Manewitsch 2013 → 218

Walter Stöhrer (1937–2000)

Black Man, 1977. Acryl, Mischtechnik, Collage auf Leinwand/Acrylic, mixed media, collage on canvas, 220 × 190 cm. Erworben/Acquired in 1984 → 62

Franz von Stuck (1863–1928)

Kugelstemmender Athlet/Ball Stemming Athlete, 1892. Bronze. Erworben/Acquired in 1969, Dauerleihgabe/Permanent loan der Bundesrepublik Deutschland → 242

Männliche Portraitstudie (Das böse Gewissen)/Male Portrait Study (The Evil Conscience), um/around 1896. Öl auf Leinwand/Oil on canvas, 50 × 46,5 cm. Erworben/Acquired in 1966, Dauerleihgabe/Permanent loan der Bundesrepublik Deutschland → 329

Domenico Tintoretto (1560–1635)

Ventianerin/Venetian Woman. Öl auf Leinwand/Oil on canvas, 121 × 98,5 cm. Erworben/Acquired in 1943 → 285

Wilhelm Trübner (1851–1917)

Bildnis Fräulein v. W. (Maria Wüsthoff)/Portrait Ms v. W. (Maria Wüsthoff), 1898. Öl auf Leinwand/Oil on canvas, 64 × 51 cm. Erworben/Acquired in 1938 → 291

Gemüsestillleben (Stillleben mit Kohlköpfen und Zeitung)/Still Life of Vegetables (Still Life with Cabbages and Newspaper), 1880. Öl auf Leinwand/Oil on canvas, 45 × 53,3 cm. Erworben/Acquired in 1980 → 339

Ökonomiegebäude in Amorbach/Farm Building in Amorbach, 1899. Öl auf Leinwand/Oil on canvas, 62 × 76 cm. Erworben/Acquired in 1901 → 363

Partie aus dem Odenwald/Odenwald Landscape, 1902. Öl auf Leinwand/Oil on canvas, 79 × 93 cm. Erworben/Acquired in 1944 → 362

Rosengarten beim Schlosspark Hemsbach/Rose Garden of Schlosspark Hemsbach, 1904. Öl auf Leinwand/Oil on canvas, 92 × 78 cm. Erworben/Acquired in 1918 → 360

Alan Uglow (1941–2011)

Standard, 1993. Acryl auf Baumwolle/Acrylic on cotton, 214 × 183 cm. Erworben/Acquired in 2010, Schenkung/Donation Sammlung Mondstudio → 75

Micha Ullman (*1939)

Morgenabend/Morningevening, 2006. Marmor, Vulkanerde, Glas/marple, volcanic soil, glass. Erworben/Acquired in 2006 → 253

Nachtag/Nightday, 2006. Rauminstallation, Marmor, Schiefer, Glas/Installation, marble, slate, glass. Erworben/Acquired in 2006 → 108/109

Unbekannt/Unknown, ehemals zugeschrieben/formerly attributed to **Girolamo Sicciolante de Sermoneta** (1521–um/around 1580)

Bildnis des Kardinals Cibo/Portrait of the Cardinal Cibo. Öl auf Leinwand/Oil on canvas, 118,5 × 94 cm. Erworben/Acquired in 1938 → 227, 289

Unbekannt/Unknown, ehemals zugeschrieben/formerly attributed to **Jan Lievens**

Dädalus und Ikarus/Daedalus and Icarus, Öl auf Leinwand/Oil on canvas, 130 × 111 cm. Erworben/Acquired in 1824 → 313

Moysesz Uyttenbroeck (1590–1648)

Mythologische Szene mit Kühen und Ziegen/Mythological Scene with Cows and Goats, 17. Jahrhundert/17th century Öl auf Holz/Oil on canvas, 54,5 × 71,4 cm. Erworben/Acquired in 1941 → 351

Willelm van de Velde (1633–1717)

Ruhige See mit Kriegsschiff/Calm Sea with Battleship. Öl auf Leinwand/Oil on canvas, 47 × 37,5 cm. Erworben/Acquired in 1824 → 231

Gaspar Peeter Verbrugghen d. J. (1664–1730)

Blumenstück/Still Life with Flowers, 1696. Öl auf Leinwand/Oil on canvas, 65 × 54 cm. Erworben/Acquired in 1943 → 314

Friedrich Vordemberge-Gildewart (1899–1962)

K 129, 1941. Öl auf Leinwand/Oil on canvas, 145 × 110 cm. Dauerleihgabe/Permanent loan David Juda, London → 219

K 133, 1942. Öl auf Leinwand/Oil on canvas, 145 × 110 cm, Erworben/Acquired in 1993 → 215

Wolf Vostell (1932–1998)

Fluxus Memorial für George Maciunas 1962–1978/Fluxus Memorial to George Maciunas 1962–1978, Zeichnung collagiert, verschiedene Materialien/Drawing and collage, mixed media, 100 × 129 × 12,5 cm. Erworben/Acquired in 1978 → 47

Franz Erhard Walther (*1939),

Arbeiten aus dem Kontext der „Sieben Werkgesänge"/Works from the context of the „Seven Work-Songs", 1962/63. Erworben/Acquired in 2006–2008 → 106/107

Andy Warhol (1928–1987)

Diamond Dust Shadow, um/around 1979. Synthetische Polymere, Diamantstaub, Siebdruck auf Leinwand/Synthetic polymeres, diamond dust, silk screen print on canvas, 193 × 127 cm. Dauerleihgabe/Permanent loan Sammlung Mondstudio → 77, 95

Self-Portrait, 1967. Synthetische Polymere und Siebdruckfarbe auf Leinwand/Synthetic polymer and screen printing ink on canvas, 57 × 57 cm. Dauerleihgabe/Permanent loan Sammlung Mondstudio → 66

Marianne von Werefkin (1860–1938)

Badehaus/Bath House, um/around 1911. Mischtechnik auf Karton/Mixed media on cardboard, 46 × 70 cm. Erworben/Acquired in 1990 → 166

Schindelfabrik/Clapboard Factory, 1910. Mischtechnik auf Karton/Mixed media on cardboard, 105 × 80 cm. Erworben/Acquired in 1958 → 167

Kopie nach **Rogier van der Weyden** (spanisch)/Copy after **Rogier van der Weyden** (Spanish)

Kreuzabnahme/Deposition from the Cross, um/around 1500. Tempera auf Eichenholz/Tempera on oak, 84,5 × 63 cm. Erworben/Acquired in 1824 → 274

Januarius Zick (1730–1797)

Aeneas rettet seinen Vater Anchises aus dem brennenden Troja/Aeneas Saving His Father Anchises from Burning Troy, um/around 1794. Öl auf Leinwand/Oil on canvas, 86,5 × 47 cm. Erworben/Acquired in 1901 → 322

Weiterführende Literatur

Further Readings

Sammlungskataloge allgemein
General Readings on the Collection

Aus der königlichen Gemäldegalerie zu Wiesbaden. Der Nassauische Kunstverein seinen Mitgliedern, o. O. [1899]

Kurzes Verzeichnis der Gemälde in der städtischen Galerie zu Wiesbaden, Wiesbaden 1901

Katalog der Gemälde-Gallerie im Museums-Gebäude zu Wiesbaden, Rüdesheim [1903]

Kurzes Verzeichnis der Gemälde in der städtischen Galerie zu Wiesbaden, Wiesbaden 1904

Verzeichnis der Gemälde in der städtischen Galerie zu Wiesbaden, Wiesbaden 1908

Gemäldegalerie der Residenzstadt Wiesbaden. Katalog, Wiesbaden [1916]

Städtische Gemäldesammlung Wiesbaden. Katalog, o. O. [nach 1926]

Amtlicher Katalog der Gemäldegalerie Wiesbaden, Wiesbaden 1937

Amtlicher Katalog der Gemäldegalerie Wiesbaden. Nachtrag, Wiesbaden 1939

Amtlicher Katalog der Gemäldegalerie Wiesbaden. Nachtrag, Wiesbaden 1950

Städt. Museum, Gemäldegalerie. Kunstwerke aus Galeriebesitz. Wiesbaden, 14. Oktober 1956–17. März 1957, Ausst.-Kat., Wiesbaden 1957

Städtisches Museum Wiesbaden. Kunst und Altertum. Ausstellung veranstaltet von der Landeshauptstadt Wiesbaden, 30. März bis 30. Juni 1958, Ausst.-Kat, Wiesbaden 1958

Städtisches Museum, Gemäldegalerie, Wiesbaden 1959

Schmidt, Ulrich [Katalogbearb.]: Städt. Museum Wiesbaden, Gemäldegalerie. Katalog, Wiesbaden 1967

Weiler, Clemens: Die Gemäldegalerie des Wiesbadener Museums, Hanau 1968 (Meisterwerke deutscher Museen)

Städt. Museum Wiesbaden, Gemäldegalerie. Aus der Graphischen Sammlung, Ausst.-Kat., Wiesbaden [1969] (extra)

Fircks, Juliane von: Bestandskatalog der Skulpturensammlung des Mittelalters 12.–16. Jahrhundert im Museum Wiesbaden, unveröffentlichtes Typoscript, [2003]

Forster, Peter / Zieglgänsberger, Roman [Bearb.]: Die Wahrheit steht auf dem Papier. Meisterblätter der Graphischen Sammlung im Museum Wiesbaden, Ausst.-Kat., Wiesbaden 2012

Geschichte und Architektur des Museums
History and Architecture of the Museum

Frimmel, Theodor: Die Galerie zu Wiesbaden, in: Kleine Galeriestudien, Bd. 1, Bamberg 1892, S.98–114, 316–318

Lübbecke, Fred: Das Neue Museum in Wiesbaden, in: Feuer. Monatsschrift für Kunst und künstlerische Gestaltung, 2.1920 / 21, S.383–407

Götting, Franz: Johann Isaac von Gerning 1767–1837, in: Nassauische Lebensbilder, 5.1955, S. 114–131

Götting, Franz / Leppla, Rupprecht: Geschichte der Nassauischen Landesbibliothek zu Wiesbaden und der mit ihr verbundenen Anstalten 1813–1914. Festschrift zur 150-Jahrfeier der Bibliothek am 12. Oktober 1963, Wiesbaden 1963

Schmidt, Ulrich: Bürgerliche Kunstförderung in Wiesbaden. Zur Geschichte des Nassauischen Kunstvereins, in: Nassauische Annalen, 84.1973, S. 151–169

Schmidt, Ulrich: 150 Jahre Museum in Wiesbaden, in: Wiesbadener Leben, 24.1975, H. 4, S. 12–13

Mandera, Heinz-Eberhard: 150 Jahre Museum in Wiesbaden. 2. Teil – Die Sammlung Nassauischer Altertümer, in: Wiesbadener Leben, 24.1975, H. 5, S. 10–13

Mentzel, R.: 150 Jahre Museum in Wiesbaden. 3. Teil – Die naturwissenschaftliche Sammlung, in: Wiesbadener Leben, 24.1975, H. 6, S. 12–13, 20

Schmidt, Ulrich: 150 Jahre Museum in Wiesbaden. 4. Teil – Die Kunstsammlungen, in: Wiesbadner Leben, 24.1975, H. 7, S. 16–18

Jesberg, Paulgerd [Red.]: Neues Bauen in Wiesbaden 1900–1914. Eine Ausstellung der Landeshauptstadt Wiesbaden, Stadtentwicklungsdezernat … im Nassauischen Kunstverein Wiesbaden e. V., Ausst.-Kat., Wiesbaden 1984

Herbst, Arnulf : Zur Geschichte des Wiesbadener Collecting Point, in: Kunst in Hessen und am Mittelrhein, 1985, H. 25, S. 11–19

Schmidt, Ulrich: Die Kunstsammlungen im Museum Wiesbaden, 2. Aufl., München [u. a.] 1988

Bildende Kunst in Wiesbaden. Von der bürgerlichen Revolution bis heute. Der Nassauische Kunstverein, Wiesbaden 1997

Rattemeyer, Volker: Die Wiesbadener Kunstsammlung, in: Museumskunde 65.2000, H. 1, S. 48–55

Farmer, Walter I.: Die Bewahrer des Erbes. Das Schicksal deutscher Kulturgüter am Ende des Zweiten Weltkrieges, Berlin 2002 (Schriften zum Kulturgüterschutz = Cultural Property Studies)

Rattemeyer, Volker [Hrsg.]: Das Museum Wiesbaden. Museum des Jahres 2007, Wiesbaden 2007

Iselt, Kathrin: „Sonderbeauftragter des Führers". Der Kunsthistoriker und Museumsmann Hermann Voss (1884–1969), Köln [u. a.] 2010

Forster, Peter / Merz, Miriam Olivia: Kulturelle Ausbeutung in der NS-Zeit. Provenienzforschung im Museum Wiesbaden 2009–2011, in: Nassauische Annalen, 123.2012, S. 635–665

Cilleßen, Wolfgang P.: „Eine so viel besuchte, an Ausdehnung und Umfang täglich wachsende Stadt, durch Sammlungen und wissenschaftliche Anstalten noch bedeutender zu machen". Der Frankfurter Sammler Johann Isaak von Gerning (1767–1837) und das Museum Wiesbaden, in: Forster, Peter [Hrsg.]: Rheinromantik. Kunst und Natur, Ausst.-Kat., Regensburg 2013

Zu Teilbereichen und einzelnen Werken der Sammlung
Subareas and Individual Works of the Collection

Koszinowski, Ingrid [Bearb.]: Schwerpunkte. 30 Neuerwerbungen aus der Sammlung Hanna Bekker vom Rath, Ausst.-Kat, Wiesbaden 1988

Koszinowski, Ingrid [Bearb.]: Alexej von Jawlensky. Gemälde und graphische Arbeiten aus der Sammlung des Museums Wiesbaden, Wiesbaden 1997

Koszinowski, Ingrid [Bearb.]: Otto Ritschl 1885–1976. Retrospektive. Museum Wiesbaden, Von der Heydt-Museum Wuppertal, Ausst.-Kat., Wiesbaden 1997

Rattemeyer, Volker [Hrsg.]: Ilya Kabakov. Der Rote Waggon, Ausst.-Kat., Wiesbaden 1999

Rattemeyer, Volker [u. a]: Rebecca Horn, Trägerin des Alexej von Jawlensky-Preises 2007 der Landeshauptstadt Wiesbaden. Jupiter im Oktogon. Museum Wiesbaden, Ausst.-Kat., Wiesbaden [u. a.] 2007

Rattemeyer, Volker [Hrsg.]: Jawlensky in Wiesbaden. Gemälde und graphische Arbeiten in der Kunstsammlung des Museums Wiesbaden, Wiesbaden 2007

Daur, Jörg / Rattemeyer, Volker: Brice Marden, Jawlensky-Preisträger. Retrospektive der Druckgraphik. Museum Wiesbaden, Ausst.-Kat., Wiesbaden 2008

Rattemeyer, Volker [u. a.]: Kazuo Katase, Otto Ritschl-Preisträger 2009. Raum eines Raumes. Die Allegorie der Photographie, Ausst.-Kat., Wiesbaden 2009

Klar, Alexander [Hrsg.]: Fluxus at 50, Ausst.-Kat., Bielefeld 2012

Klar, Alexander [Autor]: Thomas Florschütz. Assembly, Ausst.-Kat., Ostfildern 2013

Forster, Peter [Hrsg.]: Nanna. Entrückt, überhöht, unerreichbar. Anselm Feuerbachs Elixier einer Leidenschaft, Ausst.-Kat., Petersberg 2013

Zieglgänsberger, Roman [Bearb.]: Zwischen Brücke und Blauem Reiter. Hanna Bekker vom Rath als Wegbereiterin der Moderne, Ausst.-Kat., Köln 2013

Zieglgänsberger, Roman [Bearb.]: „nichts – und alles". Der De-Stijl-Künstler Friedrich Vordemberge-Gildewart, Ausst.-Kat., Bielefeld [u. a.] 2013

Daur, Jörg / Mönig, Roland [Red.]: David Novros. Museum Wiesbaden, Museum Kurhaus Kleve – Ewald-Mataré-Sammlung, Ausst.-Kat., Bielefeld [u. a.] 2014

Klar, Alexander [Hrsg.]: Albert Oehlen. Die 5000 Finger von Dr. Ö, Ausst.-Kat, Bielefeld [u. a.] 2014

Forster, Peter [Hrsg.]: Ludwig Knaus. Ein Lehrstück, Ausst.-Kat, Petersberg 2014

Zieglgänsberger, Roman [Hrsg.]: Goethe – Faust – Beckmann, Ausst.-Kat, München 2014

Riese, Hans-Peter / Zieglgänsberger, Roman [Hrsg.]: Ost-West. Eduard Steinberg zwischen Moskau und Paris, Ausst. Kat, Köln 2015

Impressum
Imprint

Herausgeber / Publisher
Alexander Klar

Autoren / Authors
Jörg Daur, Peter Forster, Alexander Klar,
Roman Zieglgänsberger

Wissenschaftliche Redaktion / Editors
Evelyn Bergner, Annika Haas

Projektmanagement Verlag
Project management Publisher
Kerstin Ludolph

Produktion / Production
Hannes Halder

Lektorat / Copy-editing
Katrin Günther, Evelyn Bergner, Rebecca Krämer,
Annika Haas, Sarah Meisinger

Übersetzungen / Translation
Staci von Boeckmann

Gestaltung / Design
Frank Bernhard Übler

Fotografie / Photography
Bernd Fickert

Lithographie / Lithography
reproline mediateam, Unterföhring

Typografie / Typography
Stag, Publico

Papier / Paper
150 g/m² LuxoArt Samt

Museum Wiesbaden
Hessisches Landesmuseum
für Kunst und Natur

www.museum-wiesbaden.de

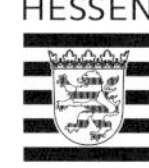

Bibliografische Information der Deutschen
Nationalbibliothek: Die Deutsche Nationalbibliothek
verzeichnet diese Publikation in der Deutschen
Nationalbibliografie; detaillierte bibliografische Daten
sind im Internet über http://www.dnb.de abrufbar.

Bibliographical data of the Deutsche Nationalbibliothek:
The Deutsche Nationalbibliothek lists this publication
in the Deutschen Nationalbibliografie; detailed bib-
liographic information is available on the Internet at
http://www.dnb.de.

Bildnachweis / Picture Credits

© 2015 der Werke von: Max Ackermann; Willi Bau-
meister; Thomas Bayrle; Max Beckmann; Joseph Beuys;
Christian Boltanski; Peter Brüning; Max Ernst; Conrad
Felixmüller; Thomas Florschuetz; Rupprecht Geiger;
Jochen Gerz; K. O. Götz; Natalia Gontcharova; Gotthard
Graubner; Erwin Heerich; Dietrich Helms; Gerhard
Hoehme; Karl Hofer; Rebecca Horn; Ilya Kabakov; Georg
Kolbe; Vollrad Kutscher; Uwe Lausen; Robert Mangold;
Brice Marden; Gerhard Merz; Mario Merz; László Moholy-
Nagy; Oskar Moll; Gabriele Münter; David Novros;
Otto Ritschl; Peter Roehr; Karl Schmidt-Rottluff; Eugen
Schönebeck; Walter Stöhrer; Bernard Schultze; Wolf
Vostell; Jacob Walter; Franz Erhard Walther:
VG Bild-Kunst, Bonn

© 2015 der Werke von: Georg Baselitz: Georg Baselitz;
Ulrich Erben: Ulrich Erben; Wiebke Grösch: Wiebke
Grösch; Kazuo Katase: Kazuo Katase; Ellsworth Kelly:
Ellsworth Kelly; Heinz Kreutz: Heinz Kreutz; Frank
Metzger: Frank Metzger; Albert Oehlen: Albert Oehlen;
Gerhard Richter: Gerhard Richter; Winston Roeth:
Winston Roeth; Micha Ullman: Micha Ullman

© 2015 der Werke von: Erich Buchholz: Erbengemein-
schaft Buchholz; Walter Dexel: Nachlass Walter Dexel;
Bruno Erdmann: Nachlass Bruno Erdmann; Pierre-Paul
Girieud: Maxime Girieud Collection; Werner Graeff:
Museum Wiesbaden; Katharina Grosse: Katharina Grosse
und VG Bild-Kunst, Bonn; Erich Heckel: Nachlass Erich
Heckel, Hemmenhofen; Eva Hesse: The Eva Hesse Estate,

**Museum
Wiesbaden**

Courtesy Galerie Hauser & Wirth, Zürich London; Jörg Immendorff: The Estate of Jörg Immendorff, Courtesy Galerie Michael Werner Märkisch, Wilmersdorf, Köln & New York; Donald Judd: Art Judd Foundation. Licensed by VAGA, NY / VG Bild-Kunst, Bonn; Morris Louis: Maryland College Institute of Art / VG Bild-Kunst, Bonn; Ernst Wilhelm Nay: Elisabeth Nay-Scheibler, Köln / VG Bild-Kunst, Bonn; Emil Nolde: Nolde-Stiftung Seebüll; Nam June Paik: Nam June Paik Estate, Woodside, USA; Mark Rothko: Kate Rothko-Prizel & Christopher Rothko / VG Bild-Kunst, Bonn; Fred Sandback: Fred Sandback Archive, Harrisville USA; Anton Stankowski: Stankowski-Stiftung, Stuttgart; Eduard Steinberg: Galina Manewitsch; Friedrich Vordemberge-Gildewart: Friedrich-Vordemberge-Gildewart-Stiftung, Raperswil und Museum Wiesbaden; Andy Warhol: The Andy Warhol Foundation for the Visual Arts, New York, USA

Sollte es trotz intensiver Recherche nicht gelungen sein, alle Bildrechte zu eruieren, mögen sich nicht genannte Rechteinhaber bitte an den Herausgeber wenden. Berechtigte Ansprüche werden selbstverständlich im Rahmen der üblichen Vereinbarungen vom Museum Wiesbaden abgegolten.

Abbildungsnachweis / Reproduction Credits

Alle Abbildungen von Bernd Fickert, bis auf:
S. 13: Stadtmuseum Wiesbaden
S. 16: Architekturmuseum der TU München, TU 305/74
S. 22, 23 und 28: Stadtarchiv Wiesbaden
S. 34: Stefan Rohner
S. 96/97: Ed Restle
S. 259, 260, 302/303, 304/305 312/313 und 344/345: Arne Landwehr

1. Auflage 2015 / 1st Edition 2015

© 2015 Museum Wiesbaden, Hirmer Verlag GmbH, München / Munich, und die Autoren / and the authors

Druck und Bindung / Printing and binding
Printer Trento Srl, Trento

Printed in Italy

www.hirmerverlag.de

ISBN 978-3-7774-2464-4

Partner der Sammlung der
Alten Meister

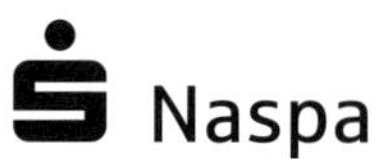

Partner der Sammlung
Klassische Moderne

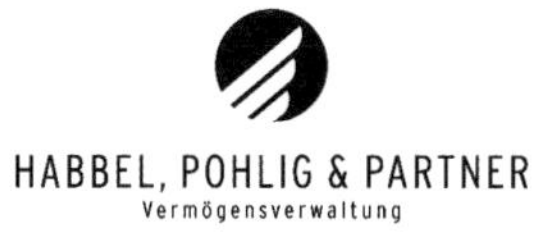

Partner der Sammlung
Moderne und Gegenwart

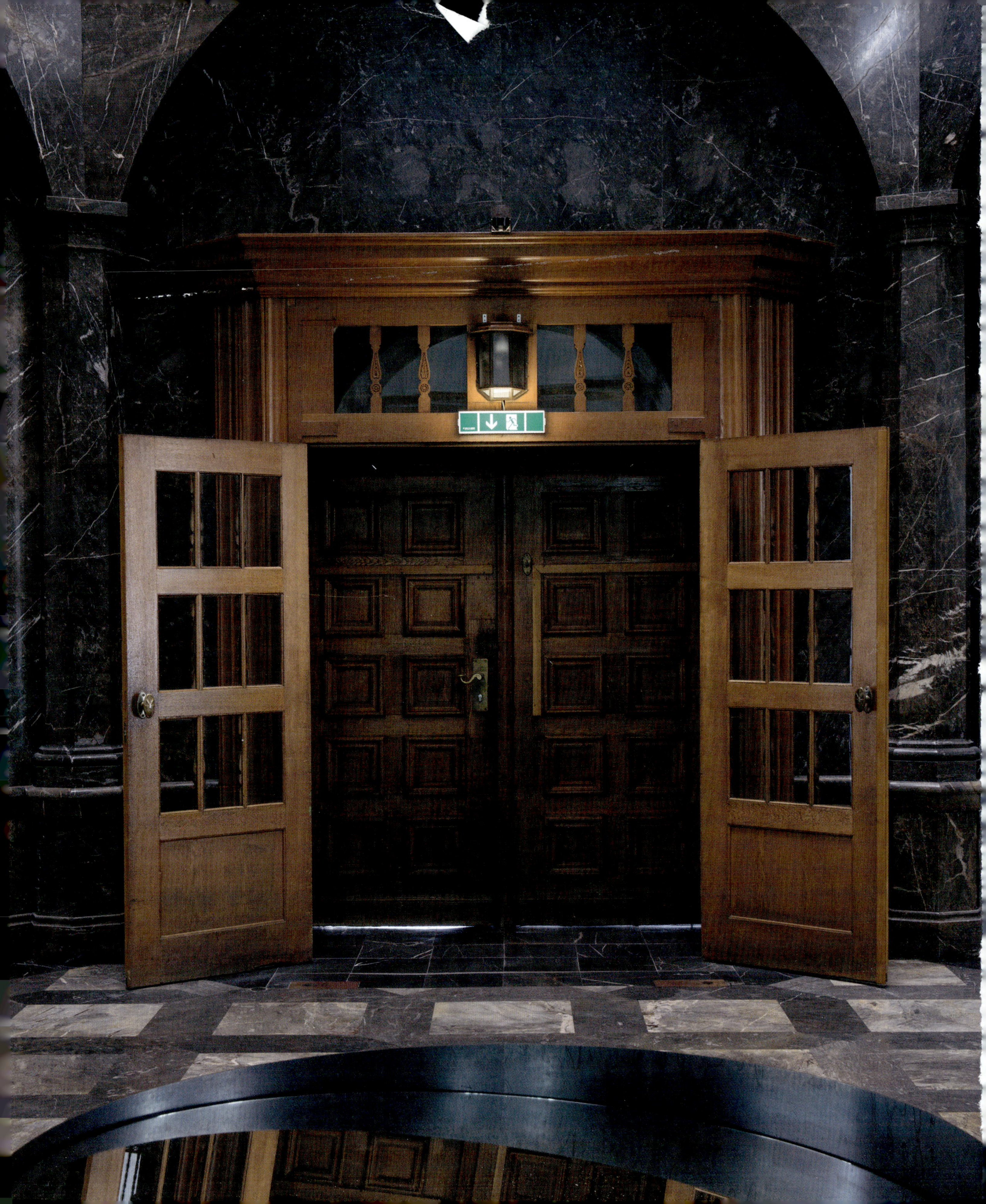